营销的真相

原书第11版

[美]迈克尔·R. 所罗门（Michael R. Solomon）
[美]格雷格·W. 马歇尔（Greg W. Marshall）
[美]爱诺拉·W. 斯图尔特（Elnora W. Stuart）

著

赵占波　李世豪　赵捷　译

Solomon

Marketing

Real People, Real Choices, 11th Edition

机械工业出版社
CHINA MACHINE PRESS

营销学界唯一一本从营销从业者角度出发、通过真人真事来介绍市场营销的书。优秀的公司每天都在做真实的市场营销决策。这本书以及时的、相关的、动态的方式向读者展示营销概念是如何实施的，以及它们在现实中真正的含义。提供了每个营销人员都需要知道的核心问题，包括价值、指标和分析、道德和可持续营销。三位作者在他们学术训练和经验之外，都在市场营销行业领域有着丰富的工作经验，因此，本书以"真实的人，真实的选择"为宗旨，旨在通过真实和新鲜的例子，帮助读者了解当今市场营销的世界正在发生什么。

图书在版编目（CIP）数据

营销的真相：原书第 11 版／（美）迈克尔·R.所罗门（Michael R. Solomon），（美）格雷格·W. 马歇尔（Greg W. Marshall），（美）爱诺拉·W. 斯图尔特（Elnora W. Stuart）著；赵占波，李世豪，赵捷译.
北京：机械工业出版社，2025.1. —— ISBN 978-7-111-77551-5

Ⅰ. F713.50

中国国家版本馆 CIP 数据核字第 2025LG4491 号

机械工业出版社（北京市百万庄大街22 号　邮政编码100037）
策划编辑：李新妞　戴思杨　　责任编辑：李新妞　戴思杨
责任校对：梁　园　张　薇　　责任印制：常天培
北京联兴盛业印刷股份有限公司印刷
2025 年6 月第1 版第1 次印刷
180mm×250mm·37 印张·2 插页·783 千字
标准书号：ISBN 978-7-111-77551-5
定价：199.00 元

电话服务　　　　　　　　　　　网络服务
客服电话：010-88361066　　　机　工　官　网：www.cmpbook.com
　　　　　010-88379833　　　机　工　官　博：weibo.com/cmp1952
　　　　　010-68326294　　　金　书　网：www.golden-book.com
封底无防伪标均为盗版　　　机工教育服务网：www.cmpedu.com

献给我最喜欢的 Gail, Amanda, Zachary, Alex, Orly, Rose, Evey 和 Arya。

——迈克尔·R.所罗门

献给 Patti 和 Justin。

——格雷格·W.马歇尔

献给 Sonny, Patrick, Allyson 和 Gaby。

——爱诺拉·W.斯图尔特

作者也将此书献给所有受到 COVID-19 疫情影响的人及其亲友。我们衷心祝愿大家未来幸福安康、前程似锦。

译者序

     当今世界正处在飞速发展与变化之中，互联网、信息技术、人工智能等前沿技术正在深刻重塑着商业世界，也必将给市场营销学科的发展带来无尽的可能性。营销学相关理论与实践不断丰富，营销的重要性不仅没有丝毫减弱，反而愈发凸显。值此背景下，我们有幸将市场营销领域大师的四部经典著作翻译成中文，呈现给广大专业读者。这些书均经过多次修订，其内容经久不衰，在国际上广受赞誉，由于其富含的深刻见解以及对实践的有益指导，多年来始终是市场营销学者与专业人士的必读之选。

     《营销的原则》（原书第 5 版）是由被誉为"现代营销学之父"的菲利普·科特勒教授与合作者共同编写的经典教材。这本书以其独特的亚洲视角，强调了营销的创造性、顾客关系和品牌的重要性，以及企业社会责任和在线营销的新兴趋势。书中丰富的亚洲企业案例，尤其是中国公司的营销实践，能够帮助读者全方位地理解市场营销的精髓。

     《营销的真相》（原书第 11 版）由营销学界世界级权威迈克尔·R.所罗门教授等所著，以真实案例和从业者视角，向读者展示了市场营销决策的真实面貌。书中不仅提供了营销人员需要了解的核心问题，还通过真实新鲜的例子，帮助读者把握市场营销的最新动态。

     《实用市场调研》（原书第 7 版）是"营销界传奇人物"纳雷希·K.马尔霍特拉教授的经典代表作，系统地介绍了营销调研的各个步骤，反映了国际上营销调研的最新趋势。书中大量的真实案例能够帮助读者理解营销调研，并将其运用到真实的营销场景中。

     《全球营销》（原书第 10 版）是国际营销学者马克·C.格林和沃伦·J.基根教授的代表作。这本书不仅概览了全球商务环境，还详细阐述了企业的全球营销策略和方式，能够帮助读者形成全局观和系统思维，在全球营销中更好地把握发展机会。

     若干年前，作为译者的我们在专业学习的过程中深受大师们的影响，对大师著作的拜读使我们受益匪浅。曾经，这些书籍被更多地作为高等学校专业教材使用，只有学习相关专业的本科生和研究生能够深入了解营销大师们的思想与理论。如今，我们希望让更广泛的从业者阅读并理解这些市场营销的相关理论，并将这些知识付诸于实践，促进个人与企业的共同成长。

在翻译这一系列大师著作的过程中，我们深感肩负重任，在力保准确性的基础上，尽可能增强译文的可读性。我们希望这些翻译作品能够帮助中文读者更好地理解大师们在原著中所倾注的深层含义，同时又能略微感知大师们在表达上的精妙。

在此，我们要感谢机械工业出版社，感谢杜晓梦博士、张语涵博士、张璇博士、李世豪博士、谢毅博士、操群博士、赵捷博士，以及北京林业大学的王奕菲女士等，是他们的辛勤工作才使营销大师系列丛书得以顺利出版。当然我们也深知自己的翻译工作仍有许多不足之处，对于大师们独到而深刻的见解尚未完美呈现，请读者海涵，也欢迎读者们通过各种方式与我们进行交流、批评指正。

赵占波

甲辰秋月　燕园

前　言

市场营销：真实的人，真实的选择

我们为什么要写这本书？可以用一句简单而深刻的话来回答：不是由公司而是由顾客做出市场选择。这些选择，在当今的时代背景下，显得尤为困难，营销人员不得不为此而做出调整。我们必须一起去适应这个"陌生的新世界"。

但不论经济社会条件带来怎样的变化，至少在现在，好的市场营销就是好的市场营销！这就是为什么"真实的人，真实的选择"是我们的宗旨。

真实的人物简介指向现实世界里存在的各种各样的真实决策制定者，从公司首席执行官到品牌经理，他们在工作中制定的决策关系到每个部门。这些小片段帮助读者理解市场营销在真实的公司中如何发挥作用，包括李维斯公司、百事可乐、AdventHealth 医疗中心和许多其他公司组织。每一个简介都包括了一个"某某的问题"板块，展示了营销人员真实的选择。读者可以用他们的批判性思维去思考每个问题最好的解决方案。

在第 11 版中，我们将用一种谈话式的、没有专业术语的、不全是学术风格的而且可以让读者真正享受其中的方式来传播知识。我们能做到这一点的一个原因是，三位作者都在市场营销行业领域有着丰富的工作经验。时至今日，他们仍然在公司里担任市场营销顾问！这就是让本书能够如此真实的原因！

致谢

感谢 Pearson 团队对我们的大力支持，包括（按姓名字母排列）Claudia Fernandes、Julie Jigour、Kristin Ruscetta 三位编者，还有我们的编辑 Lynn Huddon。阿斯伯里大学的 George Allen 是业界最优秀的案例作者之一，他为第 11 版构思了一系列新修订的营销决策案例，对此我们十分感谢。我们也十分荣幸地介绍两位新编者：圣约瑟夫大学的 Janée Burkhalter 和圣路易斯大学的 Brad Carlson Kudos。同样值得称赞的还有克拉姆默商学院罗林思学院的工商管理硕士生 Chrissy Schreiber 和 Christian Panier，他们巧妙地将自己的观点加入了第 11 版的更新中，提供了许多新的例子，并从读者的角度对主题和变化提出了批评和建议，这对我们作者来说是非常有价值的。所有人都完成得十分出色！

审稿人

以下审稿人通过对第 10 版的回顾提出的指导建议帮助我们在修订这个新 11 版的

《营销的真相》内容和特色时做出更好的选择。我们十分感谢他们的再次审阅并相信他们的反馈是不可或缺的：

William Branson，Phoenix College

W. Peter Cornish，Temple University

Oliver Cruz-Milan，Texas A & M University-Corpus Christi

Randy Hacker，Baylor University

David Kaiser，Temple University

Nick Levandusky，University of Delaware

Lynda P. Walker，Eastern Michigan University

Andrew Thoeni，University of North Florida

企业高管

除上述审稿人外，我们还想对百忙之中为《营销的真相》慷慨地抽出时间的首席执行官们表达我们的感谢：

第 1 章：Suzanne McFadden，Comcast

第 2 章：Tom Szaky，TerraCycle

第 3 章：Bob Roncska，AdventHealth

第 4 章：Cindy Bean，Campbell Soup Company

第 5 章：Josh Barbieri，Philadelphia Phillies

第 6 章：Dondeena Bradley，WW International

第 7 章：Jen Sey，Levi Strauss

第 8 章：Sheryl Adkins-Green，Mary Kay

第 9 章：Aaron Keller，Capsule

第 10 章：Imad Khalidi，Auto Europe

第 11 章：Michael Ford，BDP International

第 12 章：Paula Hopkins，PepsiCo

第 13 章：Sara Bamossy，Pitch

第 14 章：Andrew Mitchell，Brandmovers

作者简介

迈克尔·R. 所罗门，博士，2006 年起作为市场营销专业教授就职于费城圣约瑟夫大学（Saint Joseph's University）的豪布商学院（Haub School of Business）。2007 年到 2013 年，他还任教于英国曼彻斯特大学（the University of Manchester）教授消费者行为学。1995 年到 2006 年，他曾任奥本大学（Auburn University）消费者行为学人类科学教授。在 1995 年加入奥本大学之前，他曾在新泽西州立新不伦瑞克的罗格斯大学（Rutgers University）的商学院市场营销系担任主任。所罗门教授的主要研究领域包括：消费者行为和生活方式问题，品牌战略，产品的象征意义，时尚心理学、装饰心理学和形象心理学，服务营销及以视觉为导向的在线研究方法的发展。他是《消费者行为杂志》（*Journal of Consumer Behaviour*）、《营销教育进步杂志》（*Journal for the Advancement of Marketing Education*）和《营销理论与实践杂志》（*Journal of Marketing Theory and Practice*）以及《时尚与美容批判研究》（*Critical Studies in Fashion and Beauty*）的编辑委员会成员。此外，他还著有培生集团的《消费者行为学》一书，该书在世界各地的大学广泛应用。所罗门教授经常出现在电视和广播节目中就消费者行为和营销问题发表评论，如《今日秀》、《早安美国》、第一频道、《华尔街日报》广播网和美国国家公共广播电台，他也是《福布斯》网站的定期撰稿人。

格雷格·W. 马歇尔，博士，佛罗里达州温特帕克罗林斯学院（Rollins College）克拉默商学院（Crummer Graduate School of Business）的市场营销和战略教授。他还担任罗林斯公司战略营销副总裁。在加入罗林斯之前，他曾在俄克拉荷马州立大学（Oklahoma State University）、南佛罗里达大学（University of South Florida）和得克萨斯 TCU 大学任教。他还在英国伯明翰阿斯顿商学院（Aston Business School）市场营销组担任访问教授。马歇尔教授拥有塔尔萨大学（University of Tulsa）市场营销学士学位和工商管理硕士学位，以及俄克拉荷马州立大学市场营销博士学位。他的研究方向包括销售管理、营销管理决策和组织内部关系。担任《欧洲市场营销杂志》（*European Journal of Marketing*）主编，《营销理论与实践》（*Journal of Marketing Theory and Practice*）、《个人销售与销售管理》（*Journal of Personal Selling & Sales Management*）编辑，还在《营销科学杂志》（*Journal of the Academy of Marketing Science*）、《商业研究杂志》（*Journal of Business Research*）、《工业营销管理杂志》（*Industrial Marketing Management*）的编委会任职。马歇尔教授是美国营销协会（American Marketing Association）学术委员会的前任主席，也是美国营销协会董事会的前成员。他是营销科学学院（Academy of Marketing Science,）和营销进步协会（Society for Marketing Advances）的杰出研究员和前任主席。2018 年，他获得了美国营销协会销售和销售管理特别兴趣小组（SIG）颁发的终身成就奖，2019 年，他获得了直销教育基金会颁发的荣誉圈奖。在进入学术界之前，他的行业经验包括产品管理、现场销售管理，以及在华纳 – 兰伯特（Warner-Lambert），Mennen 和塔吉特（Target）等公司担任零售管理职位。

爱诺拉·W. 斯图尔特，博士，曾任南卡罗来纳北部大学（University of South Carolina Upstate）乔治·迪恩·约翰逊商业与经济学院（Dean of the George Dean Johnson, Jr. College）的市场营销教授和副院长，现任南卡罗来纳大学杰出名誉教授。她一直从事教学、咨询和研究工作。在 2008 年加入南卡罗来纳北部大学之前，她是开罗美国大学（the American University in Cairo）的营销学教授和 BP 埃及石油管理研究教授，南卡罗来纳州罗克希尔温斯洛普大学（Winthrop University）的营销学教授，以及南卡罗来纳大学的教师。她还曾是西班牙马德里的 IE 商学院（Instituto de Empresa）和德国兰茨胡特应用科学学院（Landshut College）的客座教授。她在北卡罗来纳大学格林斯博罗分校（University of North Carolina at Greensboro）获得了戏剧和演讲学士学位，在南卡罗来纳大学获得了新闻和大众传播硕士学位和市场营销博士学位。斯图尔特教授的研究已在主要学术期刊上发表，包括《消费者研究杂志》（Journal of Consumer Research）、《广告杂志》（Journal of Advertising）、《商业研究杂志》（Journal of Business Research）、《公共政策与营销杂志》（Journal of Public Policy and Marketing）、《促销管理杂志》（Journal of Promotion Management）以及《国际医药和保健营销杂志》（International Journal of Pharmaceutical and Healthcare Marketing）。25 年来，她一直担任美国和埃及众多企业和非营利组织的顾问。

目　录

第二部分　确定不同消费者需要的价值主张

第 5 章
市场分析：欢迎来到
数据主导洞察的时代

MARKETING
REAL PEOPLE, REAL CHOICES
营销的真相（原书第11版）

第 6 章
理解消费者和商业市场

第 9 章
产品Ⅱ：产品策略、
品牌和产品管理

第 10 章
价格：价值主张的货币体现

第四部分 传递价值主张

第 11 章 商品交付：决定分销策略

目录

第 12 章
传递客户体验

营销的真相
（原书第11版）

MARKETING
REAL PEOPLE, REAL CHOICES

第一部分
理解价值主张

MARKETING
REAL PEOPLE,
REAL CHOICES

营销的真相 （原书第11版）

第 1 章　欢迎来到营销的世界
——创造和传递价值

学习目标

- 什么是市场营销、市场营销组合、可以营销什么、营销的价值。
- 解释市场营销观念的演进过程。
- 从消费者、生产者、社会的角度来理解价值。
- 解释营销计划的基本原理。
- 了解如何通过使用营销流程创建个人品牌，来增加你获得第一份好工作以及事业成功的机会。

Suzanne McFadden

真实的人，真实的选择：苏珊娜·麦克法登

▼康卡斯特的决策者

苏珊娜·麦克法登（Suzanne McFadden）是康卡斯特有线电视公司（康卡斯特 NBC 环球的一部分）的客户体验和通信部门高级副总裁。康卡斯特有线电视公司总部位于费城，旗下的 Xfinity 是美国居民最大的视频、高速互联网和电话服务提供商之一，它也为企业提供这些服务。此外，该公司还为用户提供无线、安全和自动化服务。

苏珊娜在特拉华大学获得市场营销和金融双学士学位，1997 年加入康卡斯特从事区域营销方面的工作，积累了客户获取、竞争以及运营等许多营销经验，随着在公司职位等级的上升，她目前负责端到端的客户沟通，也就是从后端企业和合作伙伴，走到前端客户的沟通过程。从入职到现在，她参与了贯穿客户生命周期的康卡斯特有线电视业务。

苏珊娜的信息

我不工作时做什么：

喜欢花时间与家人和朋友在一起，尤其是旅行和体验美食。同时，我也会挤出时间来阅读、锻炼和看电视。

走出校园后的第一份工作：

费城体育频道的营销协调员。

职场最佳表现：

参与康卡斯特高速互联网服务的推出。1997 年初，许多公司都在质疑这个"互联网事物"是否真的会带来回报——看到它的影响着实令人惊讶。

一个我希望自己没有犯过的职场错误：

没有早一点拓展到国内的其他地区和世界市场。

我心目中的英雄：

在我之前的所有职业女性。当我回顾职场上的性别刻板印象时，我很惊讶，因为那些忍受不平等的女性，我们才能取得成功，并有了今天的成就。

我的座右铭：

不要过河拆桥。

我的动力：

不停工作，就是这个行业竞争的本质。这是一个快节奏的行业，所以你需要随时了解情况并迅速做出决定。

我的管理风格：

伙伴关系和相互理解。我确保自己知道是什么激励和驱动我的员工取得成功，并努力提供他们所需要的领导力、时间、关注或空间。领导者必须明白每个人的情况都不一样。

与我面谈的时候不要这样做：

一遍又一遍地说"我"。

苏珊娜的问题

康卡斯特一直致力于改善客户服务和品牌声誉。在过去的几年里，团队使用了一些工具来衡量顾客利益代言和满意度，为了帮助顾客，为员工提供了一个实时的反馈回路来报告和解决问题。此外，他们不断创新产品线，以满足顾客日益增长的娱乐、沟通和家庭需求。因此，他们看到了品牌认知和顾客满意度在持续上升。

但由于现在提供的选择太多，顾客在购买时并不总是能够订购到最合适的套餐和服务，而康卡斯特提供30天的全额退款保证，因此在尝试新服务时，顾客会觉得自己有权利更改套餐。

研究表明，顾客的焦虑在他们下订单后会上升，直到服务完成后。如果顾客已经订阅了四种功能（Xfinity电视、互联网、语音和家庭安全），那么会有很多关于安装和激活的事项要告知顾客。因此，团队的首要任务之一就是确保顾客前90天的服务体验是完美的。

该团队找到了一个简单的解决方案：在"新用户引导"过程中与顾客保持联系，让他们放心。团队利用新的沟通技巧来保持这种联系。通过使用电子邮件和SMS（短信服务）等平台给顾客发短信，顾客的服务满意度显著攀升。

团队知道前30天不仅是顾客的学习时间，还是顾客确保他们订购了合适的服务和产品的关键时间，因此团队希望联系顾客以提供他们可能需要的其他附加服务。这个时候，团队的成员就会向顾客发送服务邮件和文本介绍他们所拥有的产品。现在，团队还考虑使用电子邮件向顾客提供他们可能需要的产品的更多详细信息。

由于康卡斯特允许顾客在销售网点接收营销信息，因此可以通过电子邮件将促销信息发送给顾客。康卡斯特需要权衡非关键与关键促销服务信息——过多的信息可能会导致顾客屏蔽所有信息，但如果不发送任何信息，也就无法帮助顾客了解什么服务可能更适合他们。

她的方案1、2、3

发邮件只告诉顾客他们现有产品的相关信息，此外不透露任何信息。维持当前的消息传递惯例，只向他们展示如何安装有线电视盒，提醒他们预约，告诉他们配套元件何时到达，并向顾客介绍他们拥有的服务和功能。这种选择将确保顾客不会因为非关键性促销信息而忽略消息。如果顾客在90天内意识到他们没有选到满足他们需求的理想套餐，而公司选择运用缺少促销信息的邮件策略，使顾客不了解其他类型套餐，也就使公司更难帮助顾客找到合适的套餐。

将促销邮件添加到流程中，但要将它们与服务邮件区分开，以确保顾客不会因为认为这只是一条销售信息而忽略服务邮件。发电子邮件鼓励顾客升级他们的服务，但要清楚地标明这是促销信息，并包括便捷升级方式的信息。和其他与销售相关的电子邮件一样，顾客可以根据邮件主题或快速浏览内容来自由选择是否忽略该邮件。如果顾客对现有的有线电视套餐不满意，这种方案仍然允许他们选择"合适的套餐"。但还是存在风险：顾客可能取消订阅康卡斯特的电子邮件，甚至可能选择完全不使用康卡斯特的电子邮件。这也意味着失去了与顾客联系的机会。

发电子邮件时突出显示升级服务的计划，并将此作为服务的一部分。这种方案会比方案2对顾客的干扰性更小，因为顾客会认为这些电子邮件是有用的。尽管如此，顾客还是有可能会拒绝接收这些额外的电子邮件，从而对康卡斯特努力营造的前90天完美新手引导期造成负面影响。

现在，假如你处在苏珊娜的位置上，你会选择哪一个方案呢？为什么？

> **你会选择**
>
> 你会选择哪一个方案？为什么？
>
> ☐ 方案1　　　☐ 方案2　　　☐ 方案3

市场营销：是什么

市场营销。人们要么喜欢它，要么讨厌它。最疯狂的是，不管他们喜欢还是讨厌它，大多数人都不知道营销到底是什么。蕾哈娜（Rihanna）在亚特兰大或芝加哥的演唱会吸引伊利诺伊州皮奥里亚（Peoria）的粉丝前往这些城市和当地人一起欣喜若狂地尖叫，这种情况该怎么解释呢？你的脸书（Facebook）页面上会弹出你上周在Poshmark上搜索内容的相关广告。当然，你的收件箱里也会塞满来自亚马逊（Amazon）的电子邮件，这些邮件推荐的产品可能会诱使你花掉一些辛苦赚来的钱。是的，这些都是营销的例子。而这还只是冰山一角。

其实你已经很熟悉市场营销了。从一开始，这就是你生活的一部分。作为全球数十亿**消费者（consumer）**中的一员，你是一件商品或服务的最终使用者。每次当你购买或使用你的汽车、衣服、快餐厅的午餐（无论是老式汉堡还是素食汉堡）、看电影或理发时，你都是营销过程的一部分。在本章，我们将告诉你，为什么你属于营销的一部分，以及为什么你应该关心营销。

事实上，像你这样的消费者（以及谦卑的作者）就是所有营销活动的中心。顺便说一下，当提到消费者时，我们并不只是指个人。组织——无论是企业、政府、妇女联谊会还是慈善机构——也都是消费者。

关键在于：**市场营销首先是为了满足消费者的需求**。我们喜欢说消费者是国王（或王后），但重要的是不要忽视卖家也有需求——获利、继续经营、以尽可能地销售最高质量的产品而自豪。产品的销售同时满足了消费者和营销人员的需求。

让我们考虑一下如何满足消费者的需求。虽然这很容易理解，但实现起来却很困难。消费者面对的是提供无数产品的无数家公司。

以前，营销专家会告诉我们，我们所需要做的就是以合理的价格为消费者提供优质产品，并向他们展示，如果他们拥有产品，他们的生活将如何改善。瞧！成功和利润！

今天，如果想以这种方式获得成功有点难。实际上，全球有数以百万计的公司都在争夺消费者有限的需求。消费者不仅接触传统的营销活动，还接触公司和其他像他们一样每周7天每天24小时在线的消费者。

那么一个品牌如何获得成功呢？如今，重要的是**客户体验（customer experience，CX或CEX）**。客户体验是对客户与企业的每一次互动的综合评估，从浏览公司网站到与客服交谈，再到产品到达。如今的消费者只会购买并忠于一直给他们带来积极体验的品牌。即使是一次糟糕的体验也会让顾客纷纷投奔你的竞争对手。

当你要求人们给**市场营销（marketing）**下定义时，会得到很多答案。有些人说：

"那就是我的电脑上收到的所有来自亚马逊和其他我知道的网站的邮件和弹出窗口，试图让我从他们那里买东西。"很多人会说："哦，简单，那是电视广告。"学生们可能会回答："那是我拿到商科学位之前的必修课程。"这些回答都有一定道理，而美国营销协会在 2013 年对市场营销的官方定义是：

市场营销是为消费者、客户、合作伙伴和整个社会创造、传播、传递和交换有价值的产品的活动、制度和过程。

这个稍显复杂的定义背后的基础观点是，市场营销是将价值传递给与交易相关的每一个人。这是一个冗长的解释。让我们把它拆开来了解市场营销到底是什么。

"市场营销是活动、制度、过程……"

正如我们将在本章中讨论的那样，市场营销包括大量活动——从一家大公司的首席营销官（CMO）进行的顶级营销计划到在大学创建脸书主页。组织对营销活动的重视程度差异很大，一些公司的高层管理人员是营销导向的，而在另外一些公司中，营销是事后才考虑的。一项研究表明，超过 25% 的首席执行官（CEO）具有市场营销或销售背景——这些信息与营销非常相关，所以让我们继续看下去！

在本文中，我们讨论了多项营销活动，包括：

- 通过市场调研更好地了解顾客需求。
- 选择市场上最有可能获得成功的人群或组织。
- 产品开发。
- 产品定价。
- 将产品送到顾客手中。
- 通过传统和在线广告以及一系列其他活动传递营销信息。

我们还将了解各种帮助公司制定更好的营销方案的机构：

- 与公司合作创建和发布各种营销传播活动的广告机构和其他类型的机构，这些"营销传播活动"包括传统广告以及新兴的数字传播、促销和调研活动。

当然，如今还有许多不同类别的机构。其中一些是：

- 初创企业营销。
- 公共关系。
- 广告。
- 数字营销。
- 内容营销和搜索引擎优化。
- 社交媒体营销。
- 市场调研公司（如尼尔森），提供对规划和实施营销计划至关重要的数据。
- 传统媒体。
- 互联网和社交媒体。

- 政府部门，它们制定法律法规以确保营销以公平和合规的方式开展。
- 最高效地将产品交付给顾客的物流公司。
- 与最终顾客直接互动的零售商。

我们还讨论了营销人员为满足顾客需求与这些机构联合的一些流程——所有营销活动的最终目的。

无论是全球消费品生产巨头，还是小型组织，营销人员的决策都会影响公司的其他活动，并受公司的其他活动的影响。营销经理必须与财务人员和会计人员合作，确定产品是否有利可图，制定营销预算，并确定价格。他们必须与制造部门的人员合作，以确保新 iPhone 按时按量生产，满足那些在苹果商店前安营扎寨来体验新机型的狂热 iPhone 粉丝。营销人员还必须与研发专家合作，创造满足消费者需求的产品。最重要的是，营销人员必须不断更新他们的专业知识，以应对每天都会发生变化的营销创新。

"创造、传播、传递和交换……"：市场营销组合

正如我们所说，市场营销与满足需求相关。为此，营销人员需要很多工具。**市场营销组合（marketing mix，也称营销组合）**是营销人员的战略工具箱。它是企业为在目标顾客群中塑造预期反响所采用的一系列工具。这些工具包括产品本身、产品价格、向顾客推介产品的促销活动（如广告和社交媒体营销）以及产品的销售渠道。我们通常将营销组合的要素称为 **4P（product，price，promotion，place）**：产品、价格、促销和渠道。

虽然我们把 4P 作为营销战略的独立部分加以讨论，事实上，产品、价格、促销和渠道是相互依存的。四者中任意一个要素都会受到其他营销组合要素的影响，同时也影响其他营销组合要素。例如，如果 Superdry（一家快速发展的日本服装公司）决定推出一款比目前正在生产的款式更高端的皮革机车夹克会如何呢？如果公司使用更昂贵的材料来制造这件新产品，那么就必须提高售价来弥补成本；这也向顾客释放出这件服装更高档的信号。此外，Superdry 还必须制作广告和用其他促销策略来传递高质量的形象。再者，该公司必须将波道夫·古德曼（Bergdorf Goodman）和布鲁明代尔（Bloomingdale's）百货公司等高端零售商纳入其分销战略中，以确保寻求高端商品的顾客能够接触到这款夹克。因此，营销组合中的所有拼图碎片，也就是四个 P 共同发挥了作用。如图 1-1 所示，每个 P 都与其他三个 P 相互关联。这表明，四个 P 中的每一个的活动与其他三个 P 都必须协调。

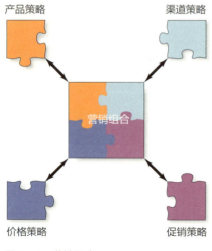

图 1-1　营销组合
营销组合是营销人员的战略工具箱。

本书后面的部分会详细研究营销组合的这些部分。现在，让我们简单看一下每个 P 的含义及其在营销组合中的角色。

产品

你最近花时间和金钱买了什么？周五晚上的一份比萨，周末的一场音乐会，一架从高空拍摄照片的无人机，甚至是一本精彩的营销教科书？这些都是产品。**产品（product）** 可以是物品、服务、创意、地点、人物，即个人或组织在交易中提供的任何可出售对象。创造新产品对一个组织的成功甚至生存是至关重要的。作为营销组合要素之一，产品不仅包括设计和包装、实体特征，还包括任何相关的服务，如免费送货。

产品是许多不同元素的组合，这些元素对产品的成功很重要。想想你的大学教育，你买的不仅仅是化学课上无聊的讲座（或者营销课上精彩的讲座）。你还需要支付使用健身房、游泳池和攀岩墙的费用；支付教学楼的建造费；支付足球队和篮球队的开销。

促销

虽然我们都熟悉广告，但**促销（promotion，也叫营销传播）** 包括营销人员用来告知顾客产品信息和激励潜在顾客购买这些产品的所有活动。促销的形式包括人员推销、电视广告、店内优惠券、广告牌、杂志广告、新闻发布、网页、社交媒体网站等。今天，营销人员正在迅速将他们的大部分精力和资金用于设计和实施数字营销传播，包括移动营销、地理位置营销、基于行为的数字营销，当然还有社交媒体营销。

Edwin Remsberg/Alamy Stock Photo

产品实际上是利益的"捆绑"，对于一些大学来说，这意味着除了提供优质教育外，它们还提供酷炫的设施，如攀岩墙。

渠道

渠道（place） 指在期望的时间和地点，产品对于顾客的可获得性。这个 P 与**分销渠道（channel of distribution）** 有关，即由多级企业或个人构成，推动产品从生产者到达最终用户的一系列过程。对于服装或电子产品，分销渠道包括本地零售商和其他店铺，如零售商的网上商店努力在正确的时间用正确的形式提供正确数量的产品。分销现在已经超越了传统的分销渠道，扩展到了顾客本身，这些顾客将房屋、汽车或房车租给共享经济中的其他顾客，我们稍后会详细讨论这个话题。

价格

价格（price）——我们都知道什么是价格。是买比萨、演唱会门票、网球拍的钱，没错，还有买这本书的钱。价格是价值的分配，或者是顾客为获得产品必须支付的金额。营销人员经常利用价格来增加顾客对产品的兴趣，这种情况往往发生在一件商品促销的时候。在其他情况下，如果营销人员想要传达产品是高质量或先进的这样一种信息，那么他们会试图以高于人们习惯的价格来出售这件产品。例如，名牌服装和配饰的价格太高以至于只有少数顾客能买得起。没有多少人能买得起标价 9600 美元的普拉达（Prada）蟒蛇皮/拱廊条纹框架挎包，或者花 1045 美元买华伦天奴（Valentino）Rockstud 系列金属牛皮中跟鞋。

每一个营销行为的核心，无论大小，都是我们所说的交换关系。**交易（exchange）**发生在一个人给予某物而得到另一物作为回报的时候。买方收到满足其需要的物品、服务或想法，而卖方收到他认为具有同等价值的东西。今天，大多数交易是以货币交易的形式进行的，在这种交易中，一方使用货币（以现金、支票、信用卡甚至比特币的形式）来换取商品或服务。但也有其他类型的交易。例如，一位政治家同意为某些目标而努力，以换取你的选票；如果你在生活中经常回收利用物品，市政官员可能会为你提供一个更清洁的生活环境；卫生部门官员告诉你，如果你用肥皂和热水洗手 20秒，你就可以挽救生命（也许是你自己的）。

要进行交易，必须至少有两个人或组织愿意进行交易，而且每一方都必须有另一方想要的东西。双方必须就交易的价值以及如何进行交易达成一致。每一方必须可以自由地接受或拒绝对方的交易条件。在这些前提下，抢劫犯提出用你的钱"交换"你的生命并不构成有效的交易。相比之下，尽管有人可能会抱怨商店的价格是"拦路抢劫"，但如果他仍然付钱在那里买东西，交易就发生了——即使购买后他仍然抱怨。

更复杂的是，并非所有人都同意交换的条件。以盗版电影为例，当一部新的漫威大片在电影院上映之前，你就能在街角以几美元的价格买到，或者用 BitTorrent 下载，就会发生这种情况。

"……供应物……"：我们可以营销什么？

营销人员能够营销的和将要营销的东西有什么限制吗？市场营销不仅适用于上大学前你母亲给你买的新 iPhone 和微波炉。

一些最好的营销人员来自服务公司或非营利组织。政客、运动员和演员利用市场营销来达到他们的目的。像政治制度、宗教和艺术等思想也在"市场"中竞争接受度。在本文中，我们将涉及任何可以作为产品营销的商品、服务、人、地点或想法，即使你所购买的可能不是实物。

消费品和服务

消费品（consumer goods） 是个体消费者为个人或家庭使用而购买的有形产品。**服务（services）** 是我们支付并且使用但是却不能拥有的无形产品。2017 年，美国和其他发达国家的服务业交易占国内生产总值（GDP）的 80%。营销人员需要了解当他们营销无形服务而不是有形的商品时所面临的特殊挑战。因为商品和服务都是产品，所以说"商品和服务"比"产品和服务"更准确。

MARKETING REAL PEOPLE, REAL CHOICES 营销的真相（原书第11版）

企业对企业的商品和服务

B2B 营销（business to business marketing）是一个组织向另一个组织开展的产品和服务的营销活动。尽管我们经常把营销与我们每天购买的大量消费品联系起来，但是更多的产品是卖给商业客户和组织而不是消费者的。他们购买这些**工业品（industrial goods）**以进一步加工或用于商业运作。例如，汽车制造商购买成吨的钢材用于制造。它们还购买功能强大的计算机系统，以追踪生产成本和其他必需的运营信息，并在汽车上安装更小的计算机，以提供那些让车主感到安全和愉快的优质功能。

同样，**电子商务（e-commerce）**的增长不仅来自人们在互联网上为自己购买的东西——书本、服装、汽车等。就像真实世界一样，很多网上交易也属于 B2B 营销的范畴。

非营利营销

如前所述，即使你不是商人，也会用到市场营销原理。很多**非营利组织**或**非政府组织（not – for – profit organizations，or nongovernmental organizations，NGOs）**，包括博物馆、动物园，甚至教堂也使用市场营销观念。地方政府采用市场营销技巧吸引新的企业和产业到它们的国家和城市。甚至连各州政府也开始采取行动：我们很早就知道"我♥纽约"的宣传口号，但最近肯塔基州和俄勒冈州都聘请了广告代理公司来策划全州范围内的品牌宣传活动。（俄勒冈州现在的官方宣传语是"俄勒冈州，我们爱梦想家"。）

理念、地点及人员营销

营销原则也开始改变人们的理念，或朝着积极的方向改变自己的行为。很多组织致力于"销售"一切，从消除种族主义和性别歧视到收留宠物，再到制止青少年欺凌。我们都很熟悉旅游营销，比如用"微笑！你在西班牙！"或"在希腊创造你的神话"标语来宣传美丽的景点。

你可能听说过这种说法："明星是造出来的而不是天生的"。这有几分道理。阿黛尔（Adele）可能有迷人的嗓音，克里斯·戴维斯（Chris Davis）可能有深受欢迎的棒球技术，但是天赋本身不会让成千上万甚至数百万人购买他们的 CD 或比赛门票。有些打造名人的通用原则也同样适用于你。一个艺人必须"包装"他或她的才华，识别出可能受欢迎的市场，然后努力工作，提高在适宜场地的出镜率来赢得潜在的顾客。

同样地，像你这样的普通人在创建一个吸引人的社交媒体简介时，也可以"包装"自己。这种个人营销视角比以往任何时候都更有效——现在几乎每个人都能在网站、博客或 YouTube 视频上找到"15 分钟成名"的机会。有一个新词"微名人"，形容那些并不一定被千百万人所知晓，而是存在于关注他们更新的数百甚至数千人的心中的人。

"……为顾客创造价值……"

如今，大多数成功的公司都在实践**营销理念（marketing concept）**——也就是说，营销人员首先识别消费者的需求，然后提供产品满足这些需求，以确保公司长期盈利。

当然，实践营销观念更加复杂，需要营销人员理解成功营销的基本元素。

这些元素——**需要（need）、欲望（want）、利益（benefit）、需求（demand）、市场（market）和交易平台（marketplace）**——在表 1 – 1 中列出并予以解释。

表 1 – 1　对顾客的价值

术语	定义	实际应用
需要	是指感知到的顾客的实际状态与理想或期望状态之间的差别	当这种差别足够大，顾客就会有动力采取行动来满足需求。当你饿的时候，你会买零食，如果你对自己的发型不满意，你可以换个发型
欲望	是指用特定的方式来满足需求，这样的方式会受到文化和社会因素的影响	如果两个学生都饿了，第一个学生可能是一个健康狂人，幻想着吞下一大把什锦干果，而第二个学生可能渴望油腻的芝士汉堡和薯条；第一个学生想要的是什锦干果，而第二个学生想要的是快餐
利益	顾客追求的结果，它能够刺激购买行为，满足顾客的欲望或需要	在经历了数年销售下滑之后，麦当劳终于响应了顾客的最大诉求；全天供应早餐。这项新举措不仅挽回了流失的顾客，还带动了午餐时段的业绩增长
需求	顾客在有资源获取产品的条件下对产品的渴望	对一辆时髦的红色宝马敞篷车的需求等于所有潜在购买人群减去无力购买或租赁的消费者群体
市场	所有通过某种特殊产品满足同一种需要的顾客和潜在顾客，他们拥有资源进行交换，并愿意进行交换，而且有权利进行交换	奖学金、政府补助和助学贷款的普及扩大了高等教育的市场规模，如今越来越多的学生能负担得起教育费用
交易平台	用来进行交易活动的地点或媒介	如今，这种交易可以是面对面的，也可以通过邮寄产品目录、电视购物网、eBay 拍卖网或手机应用程序进行

例如，你可能需要交通工具，想要一辆新的特斯拉（Tesla）Model S Performance。特斯拉 Model S Performance 不仅能让你从 A 点到达 B 点，还能在 3 秒内从 0 加速到 96 千米/小时。不幸的是，特斯拉在估计 Model S 的需求或市场规模时，可能不会把你算在内，因为其价格大约为 9 万美元，你买不起这么贵的车。在这种情况下，你需要看看另一个**交易平台（marketplace）**：二手车交易市场。

当然，市场还在不断发展。越来越多的消费者，尤其是年轻的消费者，宁愿租用而不是购买他们使用的产品。最大的变化之一发生在汽车销售领域，新用户的汽车购买量直线下降。像 Zipcar 这样的初创企业发现，许多人，尤其是那些住在城市地区的人，更愿意按小时租车，而不是选择购车后去处理汽车贷款和寻找停车位的麻烦。现在，许多大公司正在试探。宝马现在全资拥有 DriveNow 电动汽车共享项目和在北美城市运营的 ReachNow。

交通市场的第二个变化是拼车。成立于 2009 年的优步（Uber）已经成为实践这一理念的代表。优步司机使用自己的车，想工作时就工作。与传统出租车相比，普通顾客更喜欢优步，因为通常情况下，优步提供的车更干净。就连商务旅行者也在选择优

MARKETING
REAL PEOPLE, REAL CHOICES
营销的真相（原书第 11 版）

步，而不是租车和出租车——一项研究显示，2017 年，这种出行方式占企业地面交通费用的 2/3。很明显，这项业务正在蓬勃发展——仅 2017 年，优步就提供了 40 亿次出行服务！第二大拼车公司 Lyft 在 2012 年开始以 Zimride 的名字开展业务。

相应地，数以百万计的声势浩大的消费者正在考虑加入共享经济，也就是把他们不用的东西租出去；他们在法国的 Zilok 和美国的 Craigslist 等网站上提供各种各样的东西，从烧烤架、电动工具到万圣节服装。一些分析师将这种迅速发展的趋势称为协作消费。

随着越来越多的消费者有能力和偏好租赁或借用商品而不是购买商品，共享经济持续繁荣。据估计，到 2025 年，共享经济规模将从 2014 年的 140 亿美元增长到 3350 亿美元。这一估计是以优步和爱彼迎（Airbnb）的快速增长为参考。我们将在第 10 章和第 11 章讨论更多关于共享经济的内容。

Rent the Runway 是由两位刚从商学院毕业的学生创立的一项服务。它从黛安·冯芙丝汀宝（Diane von Furstenberg）等设计师那里租用高端服装，价格大约是在实体店购买同款服装的 1/10。顾客可以租用礼服四晚；它会被直接送到家门口，就像奈飞的 DVD 一样。顾客用预付的封套将衣服归还，租金已包含干洗费用。

Bryan Bedder/Stringer/Getty Images

营销创造效用

在本章的开头，我们讨论了营销的定义："营销是……为了传递价值给顾客。"对顾客来说，价值是刺激购买的（顾客所感知的）收益与成本的比率。利益是由 4P 所提供的商品和服务的某种效用。因此，**效用（utility）**指的是顾客通过产品本身、价格、分销以及与之相关的营销传播所获得的有用性或利益。营销过程创造了几种不同的效用，为顾客提供价值：

- *形式效用*是营销提供的把原材料加工成成品的利益，就像服装制造商将丝、线和拉链组合在一起来制作伴娘礼服。
- *地点效用*是营销让顾客在需要的地方能获得产品所提供的利益。如果不能及时运达，即使是在纽约缝制的最精致的晚礼服，对于在堪萨斯州的伴娘来说也没什么用。
- *时间效用*是营销通过将产品一直储存到人们需要时所提供的利益。许多女性租赁自己的婚礼服装而不是购买，因为她们只穿一次（她们希望如此！）。

- *所有权效用*是营销通过允许顾客（以合理的价格）拥有、使用和享受产品所提供的利益。婚纱店提供多种款式和颜色的服装，但是对于亲自装办婚礼、聚会的女性是没有用的。

正如我们看到的，营销人员提供多方面的效用。现在，让我们看一下顾客和其他相关方是如何"获取"这些附加价值的。

SOLO 的一些产品采用了环保材料——绿色营销在起作用。

为顾客和合作伙伴创造价值

市场营销不只满足顾客的需求，还满足不同利益相关者的需求。**利益相关者（stakeholders）**指的是买方、卖方或公司的股东、社区居民，甚至是生产和销售产品和服务的所在国家的人民——换句话说，就是与成果有利益关系的任何个人或组织。因此，营销就是要让参与营销过程的每个人都满意。

对整个社会的价值

是否有可能在对社会和地球做出积极贡献的同时，还能给股东带来丰厚的利润？美国最大的零售商之一塔吉特似乎是这么认为的。该公司在 2012 年的企业责任报告中宣称，其五大优先事项中的两项是环境可持续性和负责任采购。

学习目标总结

市场营销是在创造、传播、传递和交换产品中，为顾客、客户、合作伙伴以及整个社会带来价值的一系列活动、过程和体系。因此，营销就是要把价值传递给利益相关者，也就是说，传递给每一个涉及交易的人。市场营销是每一个通过识别和满足消费者的需要和愿望来保证长期盈利的组织在采用的观念。

市场营销组合包括产品、价格、渠道和促销。产品是有形产品、服务、创意及其组合，能够通过交换满足消费者或商业客户的需求。价格是指定的价值或用于交换产品的金额。渠道或分销渠道将产品送达消费者。促销是用来劝说消费者购买的组织行为。

任何可以营销的商品、服务或观念都是一种产品，不管其是否具备实体形态。消费品是消费者为个人或家庭的使用而购买的有形产品。服务是消费者购买和使用但不能拥有的无形产品。企业之间的商品和服务是卖给商业和其他组织用来作进一步加工处理或在商业经营中使用的物品。非营利组织、观念、地点和人员都可以被营销。

当企业践行营销观念，专注于识别和满足顾客需求时，市场营销就为顾客提供了价值。市场营销提供形式、地点、时间和所有权效用，通过满足不同利益相关者、社会和全世界人民的需求来提供价值。

市场营销从何时开始？
观念的演进

现在我们已经了解营销过程是如何运行的，让我们退一步看看这个流程在"过去"是如何运行（或不运行）的。尽管这听起来像是常识，但商业和其他组织只有在满足顾客的需求时才会成功，这一观念实际上是最近才出现的。在20世纪50年代之前，企业只需要让产品生产得更快、更便宜就能成功。让我们快速浏览一下营销这门学科是如何发展的。表1-2告诉我们在营销历史上发生的一些事件。

表1-2 营销的重大事件

年份	营销事件
1961	宝洁（Procter & Gamble）将帮宝适投放市场
1964	蓝带体育用品公司（Blue Ribbon Sports）（现在被称为耐克）生产了第一双鞋
1971	香烟广告被禁止在广播和电视上播出
1980	特德·特纳（Ted Turner）创立了美国有线电视新闻网（CNN）
1981	音乐电视频道（MTV）出现
1985	新款可乐投放市场，79天后，旧款可乐回归并改名为经典可口可乐
2004	美国的在线销售额达到1000亿美元
2010	苹果推出iPad；该平板电脑第一天卖出了30万台，28天卖出了100万台，少于销售100万台iPhone所需74天的一半。消费者每月在线观看超过300亿个视频
2014	脸书斥资20亿美元收购虚拟现实头戴式耳机制造商Oculus Rift，标志着社交网络的下一个前沿
2016	微软以261亿美元收购领英（LinkedIn）
2017	税制改革使美国公司将业务转移到国外的优势减弱，这对喜欢"美国制造"的消费者来说应该是好消息
2018	可口可乐开发了新口味（车厘子味、芒果味、姜汁青柠味和橙味）的健怡可乐
2020	Zoom作为数字会议平台领域的权威领导者，迅速超越了更成熟的竞争对手Cisco WebEx（思科网讯）和Microsoft Team。需求是发明之母，Zoom迅速进行创新和调整，使营销人员和销售人员能在一个方便顾客的和直观的平台上处理业务和客户关系，该平台具有更强的功能

资料来源：Patricia Sellers, "To Avoid Trampling, Get Ahead of the Mass," Fortune, 1994, 201-2, except as noted. Keith Regan, "Report: Online Sales Top $100 Bilion." June 1. 2004 http: //www. ecommercetimes. com/story/34148. html

生产时代

我们认为市场营销的历史经历了四个不同的时代，总结在表1-3，我们先进行简单讲述。许多人说亨利·福特的T型车改变了美国。从1908年开始，当T型车这样的老式小汽车或廉价小汽车以575美元的价格销售的时候，福特就在生产上不断改进。

福特的关注点体现了一种**生产导向（production orientation）**，这在需求大于供给的卖方市场最有效，因为它专注于以最有效率的方式生产和分销产品。

推销时代

在一个产品供给超过了需求的买方市场中，商人们开始"强行推销"，使用销售人员来强力贩卖他们的产品。**推销导向（selling orientation）**意味着管理者将营销视为一种销售职能，或者是保证库存不会积压的方法。推销导向在第二次世界大战结束后广泛流行，一直持续到20世纪50年代。但消费者通常不喜欢被强迫，硬性推销给营销带来了负面影响。

那些依然奉行推销导向的公司在开发一次性销售方面可能更加成功，而不是重复性销售。这在销售非渴求产品的公司中更常见，也就是销售消费者不熟悉，或虽然熟悉但不感兴趣、不主动寻求购买的商品——那些没有激励人们就不会购买的产品。例如，大多数人都不会渴望买墓地，所以有必要激励他们在自己最后安息的地方多花一点钱。我们发现竞争对手仍然在试图持续了解并掌握消费者不断变化的需求。这就是对尸体减少防腐处理的生态葬，以及火葬和可以在网上观看亲人照片的在线丧礼越来越受欢迎的原因。

表1-3　市场营销的演变

标志	时代	描述	示例
Vira Honcharenko/Shutterstock	生产时代	消费者必须接受任何可用的东西，市场营销的作用相对不重要	亨利·福特的T型车售价不到575美元，占据了60%的市场
HitToon/Shutterstock	推销时代	在一个可获得的产品超过需求的买方市场中，管理层将营销视为销售的职能，或者将仓库中的产品出清以避免库存积压的方法。商人们开始"硬性销售"，使用销售人员来积极主动地推广自己的产品	第二次世界大战后，当战后需求得到满足，公司需要销售更多产品时，推销导向开始流行起来
marcojavier/DigitalVision Vectors/Getty Image	消费者时代	公司的消费者导向是满足消费者的需要和愿望	公司通过调研来了解不同消费者的需求，并开发产品以满足不同群体的需求
Inspiring/Shutterstock; wannasak saetia/Shutterstock; Dawn Hudson/Shutterstock	三重底线时代	公司强调需要最大化三个组成部分：1. 财务底线 2. 社会底线 3. 环境底线	公司试图为利益相关者创造财务利润，为公司运营所在社区做出贡献，并参与可持续的商业实践，尽量减少对环境的破坏，甚至改善环境

消费者时代

美捷步（Zappos）是一家在线零售商，全公司的目标是让顾客"惊叹"。美捷步是众多采用**消费者导向（customer orientation）**的公司之一。

捷蓝航空（JetBlue）是另一家以消费者导向著称的公司。自2000年成立以来，捷蓝航空的目标一直是提供让顾客满意的服务，让飞行变得有趣。在所有航空公司经济舱中，捷蓝航空的飞机提供最宽敞的可伸开腿的空间，每架飞机上都配有免费的高速Fly–Fi宽带；每个座椅的背后都有免费的娱乐设施；有免费的零食和软饮料；有受过培训的机组人员提供优质服务，并且机票价格实惠。在捷蓝航空20年的运营中，该航空公司获得了13个君迪（J. D. Power）年度最佳客户满意度奖。

在推销时代之后，世界上最成功的公司都开始采用消费者导向，这给营销人员提供了一种可以在竞争中胜出的新方法——比竞争对手更好地满足消费者需求。在消费者时代，企业越来越专注于改善产品质量。20世纪90年代早期，一种被称作**全面质量管理（TQM）**的方法在营销领域得到广泛的认可，这是一种管理理念，从生产线开始，所有员工都参与到产品质量的持续改进中。

三重底线时代

最近，企业开始意识到赚钱固然重要，但除了财务底线，还有更多的东西需要考虑。于是，他们开始关注**三重底线导向（triple-bottom-line orientation）**。这种看待商业的新方式强调，需要最大化的是三个组成部分：

1. 财务底线：保证利益相关者的经营利益。
2. 社会底线：为公司所在地区做出贡献。
3. 环境底线：建立可持续发展的商业形式，最小化对环境的伤害，甚至改善环境。

这种新的长期思维方式的另一个结果就是**社会营销观念（societal marketing concept）**，即认为营销人员在满足消费者需求的同时必须有益于社会，同时也要为企业获利。现在一个类似的重要趋势就是公司在设计和生产产品时开始关注如何实现**可持续性（sustainability）**，我们将其定义为"既能满足当代人的需求，又不能损害后代人满足其需求的能力"。这种哲学通常被称为"善者常富"。许多大型或小型公司，都通过努力满足社会对更清洁、更安全环境的需求来践行可持续性。

Bombas公司是一个践行社会营销观念的好例子。袜子是无家可归者最需要的物品。具有社会良知的公司Bombas从热门节目《创智赢家》（Shark Tank）中起步，决心解决这个问题。该公司每卖出一双袜子就会捐赠一双袜子，从而使860万双袜子流向全国各地无家可归的人。

可持续性适用于商业经营和很多方面，包括社会和经济业务（例如，人道的工作环境、阻止战争的外交策略，以防止食物供应、大气质量与生命遭受损害）。它的另一个关键支柱是产品对环境的影响。**绿色营销（green marketing）**是指通过在消费者头脑中形成一个建立在环境基础上的级差效益来支持环境管理。绿色营销是公司对可持续性总体承诺的一个方面。

除了建立长期关系和专注社会责任之外，三重底线公司也非常关注**责任（accountability）**——衡量一家公司的市场营销活动创造了多少价值。这就意味着这些公司的营销人员必须反思一下他们努力的真正价值及对各重底线有何影响这类难以回答的问题。这些问题全都可以归结为一个简单的**投资回报率（return on investment，ROI）**，或者，对营销来说，是营销投资回报率（ROMI）。营销人员现在意识到如果他们想要评估自己为公司创造了多少价值，他们需要准确地知道自己花费了多少营销费用以及营销活动的实际效果。

然而，营销活动的价值并不容易衡量。很多时候，管理者使用像"提高产品知名度"或者"鼓励人们吃健康快餐"这类含糊的话来描述营销目标。这些目标是重要的，但有时候这些目标因缺失特异性，而让公司高层管理者很难对市场营销的真实影响做出评估。因为市场营销活动被视为成本而不是投资，所以在公司的预算中经常是第一个被砍掉的。为了获得对正在实施活动的持续支持（有时仅为了保住职位），三重底线公司的营销人员在努力向管理层证明，通过在公司整个商业目标范围内安排市场营销活动，他们正在创造可衡量的价值。通常三重底线公司在年度报告中会提供包括公司的社会底线、环境底线以及传统的财务底线等内容供股东查看。

PictureLux/The Hollywood Archive/Alamy Stock Photo

乐高品牌在利用用户生成内容方面处于领先地位。

米勒康胜公司认为实施问责制的关键是财务人员尊重营销人员的专业知识，反之亦然。该公司通过在双方之间建立更紧密的联系，使之成为可能，例如把首席财务官（CFO）和首席营销官的办公室安排在相邻的两个房间以及将财务人员分散在营销人员之中。

营销发展的下一步是什么

虽然没有人能真正预测未来，但大多数人都认为，在未来几年里，我们将看到当今营销人员所考虑的重要因素正在加速发展。这些预测包括优质内容、用户生成内容、品牌内容、大数据、移动营销、共享经济、人工智能和企业公民。让我们简短地了解一下这些术语的含义。

顾客对优质内容的需求将继续主导在线营销。**用户生成内容**或**消费者生成内容（user-generated content，or consumer-generated content）**，即消费者参与广告创作等营销活动，将增长并超过**品牌内容（branded content）**的重要性。多年来，品牌内容一直是一种重要的传播策略。品牌内容由某一个特定的品牌生产，即便有的时候品牌可能只是一个赞助商，但品牌依然试图通过这些内容表明品

MARKETING REAL PEOPLE, REAL CHOICES 营销的真相（原书第11版）

牌的象征含义，而不仅仅是售卖产品。《乐高大电影》便是品牌内容的典型案例，尽管有人声称这部电影不是为了贩售乐高积木而创作的，但乐高公司确实在电影细节的决策上有很大的发言权。

顾客对在线评论、博客和社交媒体的使用，将比以往任何时候都更要求品牌为每一位顾客以及在公司与顾客的任何接触点创造积极的形象，无论是线上或是线下。这些都意味着品牌化将成为一种双向对话，让顾客有更大的发言权。因为这提高了营销人员追踪消费者行为的能力，他们将能够提供更个性化的品牌传播体验。

通过行善而获得成功的公司将变得比以往更加重要。顾客将继续当前的趋势，即奖励做得好的品牌，惩罚做得不好的品牌。**企业公民**或**企业社会责任（corporate citizenship，or corporate social responsibility）**，指的是企业对经营所在的社区和整个社会的责任。未来，培养良好的企业公民将成为营销的主要职能。

大数据是营销人员用来描述企业日常收集的大量数据的术语。对于大数据而言，收集多少数据或者如何收集并不重要；它的重要性在于企业如何使用它。企业有能力且应该分析大数据以获得决策洞察力。大数据可以帮助一家企业：

- 了解产品、定价或促销失败的原因。
- 根据从消费者处获取的数据，向他们提供优惠券或推送其他促销活动。
- 开发符合消费者需求的新产品。

*移动营销*通过手机、平板电脑和智能手表等可穿戴显示设备与消费者互动，将成为影响市场营销未来的主要因素之一。这些小的设备不仅可以使商家与消费者建立更个性化的关系，同时发展中国家手机的数量增长将大大增加潜在消费者的数量。

正如我们在本章前面部分所讨论的，*共享经济*是一个术语，用来描述点对点网络的商品租赁和共享。

*人工智能（AI）*使得机器自动学习并执行类人任务。有了人工智能，无论你谈论的是自动驾驶汽车还是创建个人广告，计算机都可以通过处理大量数据并从中找到模式来得到训练。

无论在线上商店还是在实体店，人工智能都能使营销人员为顾客提供满意的体验。许多电子商务营销人员预计，人工智能的使用量将在 2023 年增加 200%，因为它正迅速成为接触消费者的唯一方式。人工智能将不再如过去那样复杂；相反，它现在是营销人员购买的应用程序的标配。

*物联网（IoT）*是一个物理对象网络，它使用传感器、软件和连接器来交换和收集数据。人工智能使机器可以自动学习并执行类人任务。

在未来，顾客会期望品牌组织有一个目标。目标解答了组织存在的意义，并指导了组织的所有决策。公司利用目标加深与顾客之间的联系，阐明其解决的问题，为它们所在的社区做更多的事情，并在这个过程中取得更大的回报。

毫无疑问，未来的营销会涉及*更多消费者*。据估计，到 2022 年，来自新兴市场的约30亿消费者将接入互联网。同时，在2022年，20%的零售销售额将来自目前居住在这些新兴市场的买家。

营销传播将继续发展和扩大。现今，消费者自行制作媒体作品并制定自己的规则，营销人员面临着拥有庞大数量媒体的市场。

客户体验（CX 或 CEX）已成为市场营销的核心。正如我们前面所说，消费者不再购买产品。他们购买体验和情绪。情感品牌能让企业脱颖而出。最成功的品牌为消费者提供真实的体验和情感。迪士尼乐园和可口可乐贩售幸福，阿迪达斯和耐克给你追逐梦想的勇气，欧莱雅使人保持年轻貌美。这就是人们购买这些品牌的产品的原因。

社交媒体促进了影响者营销的发展。如今，相较于市场营销人员提供的信息，互联网用户更信任喜爱的 YouTube 创作者推荐的内容。

我们正在从商品主导逻辑转向**服务主导逻辑**（service-dominant logic）。当我们提到销售企业时，通常会想起商品的生产者。这一过程建立在商品主导逻辑的基础上，其重点是建立、交换和破坏（通过使用它）价值。像铁矿石这样毫无价值的原材料，被加工并最终制作成一辆汽车，这辆汽车会被卖给以后驾驶它的消费者，直到这辆车以远低于初始价值的价格出售，或者最终报废。

如今，我们正从销售商品转向提供服务。我们需要转向服务主导逻辑，它关注服务的交换而不是价值。在服务主导逻辑中，顾客成为关注的焦点，而不是价值。服务可以看作为消费者完成一项工作，这个过程需要消费者和服务提供者之间的互动。

服务主导逻辑主张消费者不需购买商品或服务；他们购买的是提供服务和创造价值的产品。如果我们想完成的工作是把我们或其他人从一个地方送到另一个地方，我们可能会买辆车，或者使用优步或 Lyft 的乘车服务。我们甚至可以支付会员费，如此一来我们的选择范围会很广，每天可以从汽车服务商那里选择一辆不同（或相同）的车来驾驶。服务主导逻辑的优势在于，通过专注于完成工作，营销人员可以获得更多的机会。

顾客共创（customer co-creation）是指公司和客户一起工作，共同开发一种产品来满足客户的需求。共创是一个双赢的选择，公司有机会更好地了解客户对产品的愿望和需求，客户也会对公司有更进一步的了解。虽然共创项目和实验这种形式非常新颖，但包括宜家、可口可乐、安海斯－布希、星巴克、联合利华、乐高和宝马在内的大公司都已经采用了。

学习目标总结

在20世纪早期，企业遵循的是一种生产导向，即专注于最有效率的生产和分销产品的方法。从20世纪30年代开始，一些公司采取了推销导向，鼓励销售人员积极地向顾客销售产品。在20世纪50年代，公司采用了消费者导向，专注于提高顾客满意度，这推动了营销观念的发展。今天，许多公司正在朝着三重底线导向发展，包括对质量和价值的承诺，在关注经济和社会利益的同时，也致力于保护环境。社会营销观念认为，营销人员必须满足顾客需求，造福于社会，同时仍然为公司带来利润。同样，公司在设计和制造产品时，也会关注可持续性，或者"为善者诸事顺"。专家认为，随着优质内容、大数据、移动营销、指标和责任、顾客互动和企业公民更多发挥作用，市场营销将继续发生变化。

市场营销的价值与价值的市场营销

我们说过，市场营销就是向交易涉及的每一个人传递价值，包括消费者、生产者和社会。

消费者如何决定他们将从购买中获得多少价值呢？一种看待价值的简单方法是将它视为收益与成本的比率——也就是说，消费者"投资"宝贵的时间和金钱与公司做生意，同时期望获得一定的回报。

让我们从交易涉及的各方（消费者、生产者和社会）的不同角度来看待价值。

消费者视角的价值

想象一件你想购买的东西，比如一双新鞋。你已经划定了选择范围，你的购买决策毫无疑问会受到每种鞋的成本与收益之比的影响。当你买一双鞋时，你会考虑价格（和其他成本）以及其提供给你的所有其他好处（效用）。

营销人员以**价值主张（value proposition）**的形式向顾客传递这些好处，这是一种市场供应物，公平而准确地总结了如果购买产品顾客将实现的价值。价值主张包括公司承诺提供的一整套利益，而不仅仅是产品本身的利益。例如，虽然开宝马汽车，相较于奔驰或奥迪，大多数人可能并不会更快到达目的地，但许多忠诚顾客都忠于自己最喜欢的品牌。

这些主要品牌在很大程度上是根据它们的形象进行营销的——这意味着它们各自的营销传播公司在精心制作广告、YouTube 视频为它们精心打造形象。当你买了一辆崭新的宝马汽车，你所做的不仅是选择一辆车，带你在城里四处转转；你也要陈述你是什么样的人或者你希望自己是什么样的人。除了提供优质的乘坐体验或高级维护服务，你所陈述的内容也是产品传递给你的价值的一部分。营销人员面临的挑战是创造精彩的价值主张。这个挑战的重点是说服客户：我们的价值主张比竞争对手的更优越。

价值主张是指顾客从产品中获得的所有利益，而不仅仅是产品的物理属性。在这种情况下，Lunchables 出售的是食品，但孩子们也体验到了"乐趣"。

卖方视角的价值

我们已经看到市场营销交易为买方创造了价值，那么如何体现出对于卖方的价值呢？卖方又是怎样确定一个交易是否有价值呢？答案是显而易见的：看一个交易对他们是否有利可图，是否能为公司管理层、员工和股东盈利？

吉普利用诸如吉普车嘉年华大会、Camp Jeep 和 Jeep 101 等品牌盛会，培养其忠实用户。

这是一个重要但不唯一的因素。就像消费者眼中的价值不能仅用功能、效用来衡量，卖方眼中的价值也有很多形式。例如，除了赚钱，许多公司还使用其他维度来衡量价值，比如在竞争对手中的威望或出色地完成事情而产生的自豪感。正如我们之前所说，在线鞋业零售商美捷步的最高核心价值是"用服务震撼顾客"，捷蓝航空的核心价值是"取悦顾客"。一些组织甚至不关心赚钱的问题，或者它们不被允许去赚钱。一些非营利组织，如绿色和平组织（Greenpeace）、史密森研究所（Smithsonian Institution）或国家公共广播电台（National Public Radio），将它们激励、教育或娱乐大众的能力视为价值。

近年来，许多公司已经转变做生意的方式。它们将顾客视为交易中的合作伙伴，而不是被动的"接受者"。这就解释了为什么公司越来越普遍地举办活动（有时被称为**品牌盛会，brandfests**）来感谢顾客对它们的忠诚。例如，当吉普（Jeep）每年举办几次周末越野冒险活动时，它与吉普四驱车车主建立了牢固的联系。在吉普车嘉年华大会（Jeep Jamboree）上，吉普车车主可以挑战吉普四轮驱动车在越野赛道上的性能极限，并与其他品牌的顾客交流。另一个受欢迎的品牌盛会是山姆·亚当斯啤酒节（Sam Adams October Fest）。那些喜欢参与啤酒节的人，可能有兴趣知道啤酒节起源于德国慕尼黑，当时为庆祝王储的婚礼，举办了 16 天的狂欢庆典，活动中供应的正是传统贮藏啤酒（Märzen）。

吉普对四驱车爱好者的培养和山姆·亚当斯啤酒节反映了公司收获的一个重要的经验：吸引一个新消费者比维系现有消费者的成本更高。这一观念改变了许多公司的经营方式，我们将在本书中多次重复这一点。然而，有一个例外情况：近年来，企业都在更加努力地计算消费者关系的真正价值，它们会问："这个消费者对我们究竟有多少价值？"公司意识到要维系消费者对于公司的忠诚需要耗费大量的金钱和人力。通常这些行动会有所回报，但在一些情况下，维系一个消费者是无利可图的。

上述计算*顾客终身价值（CLV）*的概念在市场营销中非常重要。为了计算顾客的终身价值，企业首先需要估计顾客可能产生的消费，然后减去企业维系顾客需要付出的成本。你将在后续的第 5 章中阅读到更多关于顾客终身价值和其他重要指标的内容。

通过竞争优势提供价值

所有类型的公司都在寻求获得**竞争优势（competitive advantage）**——一种超越竞

争对手的优势，使它们有更高的销售额、更高的利润、更多的客户——简而言之，年复一年地获得更大的成功。一般来说，竞争优势要么来自成本优势，要么来自差异化优势。当企业能够以比竞争对手更低的成本生产产品或提供服务，从而向客户收取更少的钱时，企业就具有成本优势。差异化优势意味着该公司生产的产品与竞争对手的产品有很大的不同，并且客户认为该产品更好。

企业如何创造竞争优势？第一步就是识别出哪些方面最出色。**独特能力**（**distinctive competency**）是公司相对它的直接竞争对手表现得更出色的能力。例如，可口可乐在全球市场取得的成就——在全球软饮料市场上占有近50%的市场份额——就与它在分销和营销传播上的独特能力有关。可口可乐全球分销系统的竞争力早在第二次世界大战期间就获得了极大的提高，当时可口可乐与军方合作，确保每个士兵都能喝到其软饮料。实际上，军方支付了可口可乐的运输费用，并帮助公司建立了瓶装工厂，让士兵开心。可口可乐娴熟的营销传播计划是其第二个独特能力，也为其全球成功做出了贡献。可口可乐不只是销售一种饮料，它还贩卖"快乐"。

建立竞争优势的第二步是将独特能力转化为**差异化利益**（**differential benefit**）——顾客想要但是竞争对手没有提供的价值。差异化利益通过为顾客提供一些顾客想要的独特利益，即竞争优势，来将自己的产品与竞争对手的产品区别开来。差异化利益也使顾客愿意为公司的产品支付额外费用，同时表现出强烈的品牌偏好。多年来，与其他使用电脑的用户相比，忠实的苹果电脑用户获得了出众的绘图能力这一利益。然后，当竞争对手也有了这一竞争优势时，苹果又依靠其富有创造力的产品设计人员创造了另一项差异化利益——具有多种颜色的未来派计算机，这种竞争优势甚至吸引了许多使用其他电脑的用户来支持苹果电脑（见表1-4）。从苹果电脑的富有未来感的外观中可以看出，苹果的独特能力在于其产品设计，这种独特能力一直延续到手机和其他产品的设计中，使它成为世界市场的领导者。

表1-4　企业如何通过独特能力获得竞争优势

企业	独特能力	差异化利益	竞争优势
可口可乐	分销和营销传播	为世界各地的顾客带来便利以及提高品牌意识	其他软饮料无法从可口可乐手中夺走忠实顾客。可口可乐拥有世界软饮料市场超过50%的市场份额
苹果	产品质量和设计	尖端技术的可获得性	随着个人电脑市场的整体下滑，苹果的Mac台式机销量增长了28.5%
捷蓝航空	客户服务	舒适有趣的飞行体验	连续13年，捷蓝航空被君迪评为顾客满意度排名榜首
亚马逊	满意度和分销	可用性、便利性、易于访问、便利顾客的服务和政策，以及通过第三方卖家提供的极其多样化的产品选择	55%的消费者搜索时的首选是亚马逊。在全球范围内，它还拥有6.4%的电子商务市场份额，并且自成立以来年增长率为20%
星巴克	产品质量	顾客满意度	星巴克在行业中约占33%的市场份额

通过价值链增加价值

给消费者创造和传递价值需要公司内外很多不同的参与者一起合作。**价值链**（value chain）就是表示价值是所有人一起创造出来的，这一术语包含设计、生产、营销、传递和支持任何产品的一系列活动。除市场营销活动外，价值链还包括像人力资源管理和技术开发这样的商业职能。

价值链的概念提醒我们，每一种产品都是从对最终消费者而言只有相对有限价值的原材料开始的，例如矿石或原油。价值链中的每个环节都具有在消费者最终要购买的产品中增加或减少价值的潜力。成功的公司能够在其中一项或多项活动上做得比其他公司更好——这是它们的独特能力，也是它们获得竞争优势的原因。价值链成员的主要活动包括：

- **内向物流**：采购生产产品所需的材料或零部件。
- **生产经营**：将生产材料转化为另一种形式或最终产品。
- **外向物流**：把最终产品装载运出。
- **市场营销**：宣传和销售最终产品。
- **服务**：通过提供额外支持来满足消费者的需求。

为了更好地了解价值链，想象在当地苹果商店购买新的 iPad 时，你是否考虑过设计、生产和运送过程中涉及的所有人员和步骤呢？他们是如何将该产品运送到商店的？更别说那些创建品牌广告、开展小型平板电脑消费者调研，以及制作包装盒或防止设备在运输过程中被损坏的人。没有他们，就不会有 iPad——而是一箱原材料和零件。

如表 1-5 所示，所有这些活动和公司都包含在苹果的价值链中。这意味着苹果必须做出很多决策，如：它的音乐播放器将使用哪些电子元件？包装中包含哪些配件？哪些货运公司、批发商和零售商会将 iPod 运送到商店？销售完成后会为顾客提供什么服务？需要使用什么营销战略？在某些情况下，价值链的成员通过一起协调活动来提高效率，从而建立竞争优势。

表 1-5　苹果的价值链

内部后勤	生产经营	外部后勤	市场营销	服务
• 平面锂电池（索尼） • 硬盘（东芝） • MP3解码器和控制芯片（PortalPlayer公司） • 闪存芯片（夏普电子公司） • 立体声模拟信号转换器（欧胜微电子有限公司） • 火线接口控制器（得州仪器）	• 消费者调研 • 新的产品开发团队 • 工程和生产	• 货运公司 • 批发商 • 零售商	• 广告 • 社交媒体和其他形式的营销传播 • 销售团队	• 计算机技术人员

苹果的价值链包括内部后勤、生产经营、外部后勤、市场营销和服务。

资料来源：Based on information from Erik Sherman, "Inside the Apple iPod Design Triumph." May 27, 2006, http://www.designchain.com/coverstory.asp? issue = summer 02.

本书是围绕营销过程中的一些必要的先后顺序来组织内容的，这些步骤在确保恰当的价值交易发生的同时使交易双方都满意，从而使他们未来更有可能继续交易。图1-2展示了这些步骤。基本上，我们将要学习在获取原材料和零部件到生产产品，最终再到交付到顾客手中的价值链过程中，营销人员都做了些什么。

我们将从第一部分开始，重点关注公司如何通过全球营销和道德营销的策略获得成功。在第二部分中，我们将看到调研和大数据如何帮助营销人员了解和满足不同顾客的需求。接着第三部分将探讨公司如何确定产品在市场中的"定位"，包括选择产品的外观、如何向顾客传递价值，以及它的定价。在第四部分结束营销之旅时，我们将讨论产品如何真实交付和推广给消费者。

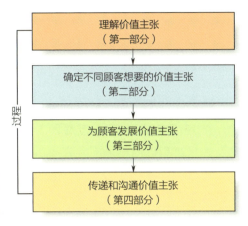

图1-2 创造和传递价值

为确保适当的价值交换使交易双方都满意，本书围绕这些必要的步骤顺序进行编排。每一步和本书的四个部分一一对应。

顾客创造的价值：从观众到同盟

如前文所述，营销领域最振奋人心的变化是人们不仅仅购买，同时还*创造了*价值——顾客正在转变为广告导演、零售商和新产品开发顾问。他们为产品创作自己的广告（有些广告有奉承的味道，有些广告没有）并将它们发布在像 YouTube 这样的网站上。他们在 eBay 上买卖商品，从披头士乐队（Beatles）的纪念品到洗衣机。他们与时装设计师交流新的观点、设计新广告，并在网站上定制属于自己的独特版本的产品。有些人甚至自豪地在他们拍摄的**"开箱视频"**（**haul videos**）中介绍他们购买的最新商品。

这些明显的变化意味着营销人员必须调整他们对消费者的认识：他们需要停止将消费者视为被动的观众，而应该将他们视为同盟，鼓励他们参与产品的生产和消费过程。他们也是品牌传播过程的一部分，因为他们制作视频、提供产品评论、参与博客，这种消费者生成内容的例子包括：

消费者通过社交媒体创造价值——创造自己的内容并与他人分享。"开箱视频"允许用户与他们的关注者分享他们"开箱"商品。

- 洛伊斯酒店（Loews Hotels）选择在营销中使用真实顾客的照片，而不是雇用演员，它通过查看顾客分享的 Instagram 照片开展这种营销。这种灵感变成了#TravelForReal 活动，它邀请真正的旅行者来发现每家酒店的亮点、收集照片并将其用于它的网站、社交媒体等，标语是"没有人比你更能讲述我们的故事"。
- 卡尔文·克莱恩（Calvin Klein）让其顾

第1章 欢迎来到营销的世界——创造和传递价值

025

客填写空格："我____在#MyCalvins里。"很快，近20万张带有此标签的照片发布到了Instagram上，该品牌还在脸书、Instagram和推特上获得了数百万新粉丝，最终，它建立了一个照片库，在四个月内互动激增至450万次。

- 十年间，多力多滋（Doritos）一直因其"冲破超级碗"活动获得大量曝光与收益，粉丝们制作提交30秒的广告。获胜的多力多滋广告（由粉丝投票选出）在超级碗比赛期间播出，获胜者不仅可以炫耀成果，也可以获得100万美元的奖金。

顾客创造的价值：社交网络

在20世纪90年代，**互联网1.0时代（Web 1.0）**以网站创建者提供的静态内容为代表，企业和机构几乎不允许顾客参与网站创建过程。这些以商业和技术为基础的组织创建的网站通常比较粗糙、简单，并且只是被设计用来实现一项特定功能。后来，**互联网2.0时代（Web 2.0）**提供脸书等社交网站，为营销人员提供了双向交流的渠道。人们写博客文章，使电子商务得以发展。

在互联网上，几乎任何人都可以成为名人，丽莎·科希的职业生涯始于Vine，之后她开设了自己的YouTube频道，该频道拥有1700多万订阅者，她演过各种各样的角色，主持过节目，并获得了许多奖项，包括儿童选择奖。

有了网站后，消费者通过*社交媒体*创造价值。社交媒体基于互联网的平台，允许用户创建自己的内容并分享给其他浏览者。社交网络以及产品评论网站等，都是社交媒体。在**社交网络平台（social networking platforms）**上，用户在网站上发布个人资料并提供和接收网络中其他成员的链接，以交流彼此共同的兴趣爱好。

像这样的社交媒体平台如今非常流行，越来越多的广告商意识到这些网站是吸引观众的好方法，消费者们会定期查看关注的好友在某个周末派对的照片，发表对政治议题或社会问题的看法，或分享发现的新音乐家。社交媒体平台有几个重要特征：

- 它随着使用者的增加而改进。例如，亚马逊向您推荐的书籍、电影、音乐会和其他销售的商品，基于其他有类似爱好者购买的商品，在这一过程中会使用人工智能和**推荐引擎（recommendation engine）**。随着它追踪更多使用搜索引擎的人，推荐会变得更加精准。
- 它赚的是人们的"眼球"。谷歌根据有多少用户在输入搜索词条后能看到它的广告，而向广告商收取费用。
- 它免费且始终处于测试状态。与静态网站或纸质书籍不同，社交网络内容持续更新，在线百科全书维基百科通过用户之间相互更正错误而不断更新。

- 它根据大众分类法（folksonomy）而不是"专业分类法"对条目进行分类。换句话说，网站依赖用户而不是预先设定的系统来分类内容。潘多拉（Pandora）的听众们根据其喜欢的艺术风格对歌曲进行分类，创建了自己的"广播电台"。

最后这个特征凸显出新媒体公司处理业务方式的一个关键变化：委员会式的营销策略。**群体智慧（wisdom of crowds）**（来自同名书籍）认为，在适当的情况下，群体智慧要胜过群体中最聪明的个人。如果这是真的，则意味着大量（非专业的）消费者可以预测出成功的产品。通过社交网络社区将营销活动外包给一大群人时，营销人员依赖于**众包（crowdsourcing）**。例如，乐高提供乐高 CUUSOO 众包平台，向粉丝征集产品和概念创意，该公司定期收集 1 万名支持者的想法，看看哪些想法有机会成为真正的乐高产品，而想法被采用的"获胜者"将获得产品 1% 的销售净利润。

社会视角的价值

所有公司的活动都会或好或坏地影响着周围的世界。因此，我们必须考虑营销交易如何增加或削减社会方面的价值。在许多方面，作为消费者的我们任由营销人员摆布，因为相信他们向我们出售的产品如同他们许诺的那样安全，也相信他们会公平地为产品定价和分销。但是当市场成功的压力引发不道德的商业行为时，就容易出现冲突——美国国际集团（AIG）和高盛（Goldman Sachs）等大型金融服务机构的巨大失败就是一个惨痛的教训。

公司通常会发现强调道德和社会责任是好事。互联网和社交媒体使消费者能交流有关不安全或有缺陷的产品、糟糕的服务或诈骗的经历。有些企业得到了惨痛的教训。

美国环境保护署指责大众汽车公司使用软件使得 48.2 万辆大众柴油动力汽车看起来比实际情况更干净。大众汽车起初否认了这一指控，但后来承认了，造成一天内公司股票损失了三分之一的市值，该公司最终支付超过 150 亿美元来了结诉讼。

在美国联邦贸易委员会的一项类似的裁决中，Luminosity 大脑训练计划的制造商 Lumos Labs 必须支付 200 万美元的赔偿金。在没有任何科学证据的情况下，该公司声称 Luminosity 游戏有助于用户在学习或工作中表现更好，并减缓年龄增长带来的认知能力衰退。

2019 年，百威英博被迫从百威淡啤的广告和包装中去除"无玉米糖浆"字样。

营销和消费者行为的阴暗面

某些人（希望不是很多人，也希望不是你），在阅读完本书之后会认为市场营销是一个不好的词汇。无论是否是故意的，一些营销人员确实违背了与消费者的信任关系，不幸的是，市场营销的"阴暗面"常常成为被严酷批判的主题。在某些情况下，这些违规行为是非法的，例如当零售商采用"诱导转向法"销售策略，利用低价产品吸引消费者进入商店，其真正的意图是让他们购买高价产品。

有时，营销行为虽不违法，却有害于社会。一些烟酒公司在那些存在酗酒和烟草滥用问题的街区做广告，还有一些赞助广告也会以负面的形式描绘人群，或销售那些鼓励反社会行为的产品。一个改编自哥伦拜恩中学校园枪击案的在线游戏受到多方面批判，有些人认为它让令人发指的杀人犯行为变得平常。

尽管调研人员、政府监管机构和相关行业人士尽了最大努力，但有时消费者最大的敌人就是他们自己。我们倾向于认为自己是理性的决策制定者，尽可能冷静地获得那些对自己、家庭以及社会的健康与福利产生最大效率的产品和服务。然而，在现实中，消费者的欲望、选择和行动往往会给个体和社会带来负面影响。其中一些行为相对无害，但其他行为的后果则很严重，一些有害的消费行为，如过量饮酒或吸烟，源于社会压力，而人们看重金钱的文化价值观鼓励了诸如商店盗窃或保险欺诈等行为。置身于不可能达到的关于美和成功的理想状态中可能会引发人们对自身的不满，让我们简单回顾一下消费者行为的"阴暗面"。

上瘾性消费：**消费者上瘾（consumer addiction）** 是对商品或服务的生理或心理依赖。

Jean Chung/Bloomberg/Getty Images

这些问题包括酗酒、毒瘾和吸烟，许多公司借助上瘾性的产品或通过销售解决方案来获利。最近，正如我们已经看到的，许多人开始担心小屏上瘾（small-screenaddiction，如手机或pad）问题。尽管大多数人将上瘾等同于"毒品"，但实际上消费者可以利用任何东西来缓解问题（暂时地）或满足一些需求，到达一个使这种依靠变得极端的点。"购物狂"去购物就像上瘾的人去吸毒或酗酒一样。中国、韩国的许多网瘾康复中心（现在美国也有一些）都有处理互联网或小屏上瘾的案例——一些游戏的死忠玩家已经上瘾到废寝忘食的地步！

网络过度使用或成瘾在世界各地都是一个日益严重的问题，韩国政府很担心青少年长时间泡在网络"bangs"上，连续几小时玩电子游戏。

非法活动：据估计，消费者犯罪对企业造成的损失每年超过400亿美元。由麦肯世界集团（McCann Erickson）进行的一项调查揭示了以下的有趣信息：

- 91%的人表示他们经常撒谎。其中约33%的人谎报体重，25%的人谎报收入，21%的人谎报年龄，9%的人甚至会谎报自己的天生发色。
- 40%的美国人会尽量垫付保险单来掩盖可免税扣除部分。
- 19%的人表示他们曾偷偷溜进剧院以逃避支付入场费。
- 超过60%的人表示他们曾因谎称做过没有做过的事情时而受到赞扬。皮尔斯贝里（Pillsbury）的首席执行官表示："这种行为如此普遍，我们给它起了一个名称叫快速完成（speed scratch）。"

反消费：有几种类型的破坏性消费行为被称为**反消费（anticonsumption）**，即人

MARKETING
REAL PEOPLE, REAL CHOICES
营销的真相（原书第11版）

们故意污损或以其他方式损坏产品。这种行为的范围从相对温和的行为，如在建筑物和地铁上喷漆涂鸦，到严重的产品篡改事件，甚至是制造让大公司束手无策的电脑病毒。

学习目标总结

价值是指顾客从购买商品或服务中获得的利益。市场营销将这些利益作为价值主张传达给顾客。对于顾客来说，价值主张包括产品承诺提供的所有利益，而不仅仅是产品本身的利益。卖方通过评估交易是否有利可图，他们是否通过创造竞争优势为利益相关者提供价值，以及他们是否通过价值链提供价值来确定价值。当顾客变成广告总监、零售商和新产品开发顾问时，他们就会产生价值，这通常是通过社交网络、利用社交媒体实现的。当生产者强调道德和社会责任时，社会将从营销活动中获得价值。对市场营销和消费者活动的批评在少数情况下可能是正确的，但在大多数情况下是没有根据的。

<table>
<tr><td>营销的真相</td></tr>
<tr><td>**1.4**</td></tr>
</table>

市场营销是一个过程

我们对市场营销的定义中提到它是一个*流程*。这意味着市场营销并非一次性操作。在正常情况下，市场营销是一个决策过程，在这个过程中，营销经理要确定有助于公司达到其目标的战略，然后使用他们所掌握的工具来执行这些战略。在本节中，我们将看到营销人员如何制定商业决策、计划活动，以及他们用来实施计划所使用的工具。第 3 章将在此基础上进行简要概述。

营销过程的一个重要部分是*营销计划*，在这个过程中，我们仔细地、战略性地思考"宏观框架"，以及公司及其产品在市场中的位置。营销计划的第一阶段是分析市场环境，这意味着我们要通过评估可能会助力或干扰产品开发和营销的因素，来了解公司当前的优势和劣势。这一分析还必须考虑公司在市场中可能遇到的机会和威胁，例如竞争对手的反应、文化和技术变迁以及整个经济大环境等。

制订营销计划的公司（或个人）需要了解以下问题：

- 在未来三到五年内，我们的消费者需要的产品利益是什么？
- 能够使本公司与竞争对手有区别的能力有哪些？
- 对我们来说未来还有哪些消费者群体可能是重要的细分市场？
- 技术方面的变化将如何影响我们的生产过程、沟通策略和分销策略？
- 当前有哪些社会和文化价值观方面的变化将在未来几年影响我们的市场？
- 消费者对环境问题的感知将如何影响他们对于我们生产设施的态度？
- 哪些法律和监管问题可能会影响我们在国内和全球市场的经营活动？

关于这些问题和其他问题的答案为制订公司的营销计划提供了基础。这是一份用来描述营销环境，概述营销目标和战略，同时明确营销战略各部分实施者的文件。关于营销计划将在第 3 章中详细讨论——事实上，在第 3 章中你将了解营销计划的基本布局和内容。对于大多数公司来说，一个重要的营销决策是向哪些消费者营销哪些产品，同时又不会放弃其他的消费者。有些公司通过向**大众市场（mass market）**提供商品或服务，以此来触及尽可能多的消费者。大众市场包括市场中所有的潜在消费者，不考虑这些消费者的具体需求和需要方面的差异。此后营销计划就变成了开发一种基本产品、实施单一策略，并涉及所有消费者的过程。

尽管这种方法具有成本优势，但公司会面临失去潜在顾客的风险，因为竞争对手的营销计划可能试图满足市场上某一特定群体的需求。**细分市场（market segment）**指的是在一个大市场上，彼此之间在某些方面具有相似性，但需求又与其他消费者有所差异的明确的顾客群。例如，福特、通用和宝马等汽车制造商为不同的细分市场提供不同的汽车。公司根据自身的目标和资源，可能会选择专注于一个或多个细分市场。目标市场是一个公司营销计划的聚焦点和营销努力的方向，营销人员制定市场定位策略，以在消费者心目中建立与竞争对手品牌相比更被目标市场认同产品的方式。

当营销人员为未来规划战略时，最好记得市场营销不是静态的，它会持续改变。要想成功，营销人员需要为颠覆做好准备，将其视为机遇，并做出相应的反应。

颠覆性营销

本章提供了市场营销的介绍和概述。然而，我们不敢在不讨论**颠覆性营销（disruptive marketing）**的情况下结束这一章。许多专家认为，颠覆性营销是企业长期生存的唯一途径。

那么，何谓颠覆性营销呢？颠覆性营销要求营销人员必须首先了解顾客，确定市场缺少的、能满足顾客需求的产品，并打破常规。颠覆性营销意味着颠覆现有的营销规则，不仅改变顾客对你的公司和品牌的看法，还改变顾客对整个行业的看法。《哈佛商业评论》将颠覆性营销定义为"一家资源较少的小公司能够成功挑战现有市场的过程"。

颠覆性营销颠覆了一些公认的东西，比如用一种全新的产品来取代现有产品以满足消费者的需求。这是在营销品牌时做一些有风险的事情，如果其他品牌试图做同样的事情，它们会被消费者忽视。

也许理解颠覆性营销的最好方法是看一些颠覆性营销的例子。

第一辆汽车会颠覆市场吗？不完全会，因为早期的汽车非常昂贵，只有少数人能买得起。然而，福特的 T 型车颠覆了市场，因为它让成千上万的人买得起汽车。它取代了马车，彻底改变了一个行业。

阿迪达斯集团意识到可持续性正变得越来越重要，消费者愿意为那些能够提供可持续替代品的品牌支付更多的钱。为此，阿迪达斯推出了使用从海洋中收集的 11 个塑料瓶制成的 UltraBOOST 跑鞋。阿迪达斯集团旗下的一个品牌锐步（Reebok）开发出了首款基于植物的运动鞋 Forever Floatride GROW，由蓖麻籽、藻类、桉树和天然橡胶制成。

微软推出了新款 Xbox 自适应控制器，旨在为所有游戏玩家"创造公平的竞争环境"，它是针对行动不便的游戏玩家的需求而设计的。

学习目标总结

制订营销计划的战略过程始于对组织内外部环境中可能有助于或阻碍产品开发和营销因素的评估。在此分析的基础上，营销人员设定目标和制定战略。许多公司采用目标市场营销战略，它们将整个市场划分为几个部分，然后瞄准最有吸引力的一个（或多个）。然后，它们设计营销组合，以获得在目标市场的竞争地位。

营销的真相

1.5

打造你的品牌：管理职业生涯的框架

我们想把泰勒的情况介绍给你，泰勒是一名商科专业的本科生。人们问泰勒毕业后打算做什么，泰勒不知道，这有点尴尬。泰勒现在正在考虑毕业后要从事的职业，也许在毕业前会去实习，但凭空想象也不能让他达成目标，他知道他需要帮助。

在市场营销课上，他听说了"打造你的品牌"（Brand You），并立即意识到这正是他需要做的。他很高兴，他终于找到了一条他认为可以让他得到他想要的实习机会和职业的道路。

你推广的最重要的品牌是什么？"打造你的品牌！"

如果你是那种每当有人问你"毕业后想做什么"时都会退缩的人……

如果你是有几个实习想法，但不确定选哪一个的人……

或者如果你知道自己想做什么，但不知道如何在这一领域找到一份工作……

那么"打造你的品牌"是为你打造的！

"打造你的品牌"是一个过程，使用营销人员用来创造耐克、星巴克和苹果的工具来创建个人品牌。当你在大学期间寻找实习和工作时，你的品牌将帮助你在雇主面前展示自己。

打造一个伟大的品牌不是一蹴而就的，而是一个过程。在这个过程中，营销人员必须确定目标市场的需求，创造一种为客户提供价值的产品，为它定价，并传递令人信服的信息，说服消费者尝试该产品。在这个过程中，你有机会发现你的独特之处，以及你能为雇主和顾客带来什么好处。

开始"打造你的品牌"过程

发展个人品牌的过程将帮助你回答许多关键问题，比如：你知道自己想要什么样的工作吗？你有没有想过你喜欢在什么样的公司工作？你知道要为你的领域做什么准备吗？你有没有想过未来的职业，而不只是毕业后想做什么工作？通过阅读和研究品牌营销策略，你可以学到必要的技能，增加你可为雇主创造的价值。当然，这些营销策略将帮助你成功地找到工作——你将能够用清晰、生动的信息来传达你的价值。

如果因为你不是营销专业而认为你不需要创建个人品牌的话，再考虑一下吧。无论你想从事哪种类型的职业，创建个人品牌都会帮助你管理好自己的职业。个人品牌会帮助你确定你是谁，你想做什么，它能让你有效地与未来的雇主沟通，为什么他应该选择你从事这份工作。无论你应聘的是会计、运营、人力资源、销售还是其他领域的工作，个人品牌都可以帮助你从其他求职者中脱颖而出。

在你毕业时，无论经济是繁荣或是衰退，总会有一些好工作在等着你。每天都会有新的岗位出现。想象一下未来十年将会出现的新工作。如果你在经济低迷的时候进入就业市场，那么从现在开始努力"打造你的品牌"就比以往任何时候都重要。虽然你不能对留任做任何假设，但你仍然会有安全感——这种安全感来自于你是一个职业生涯规划的积极分子，以及你不断地审视新的增值机会。

运用市场营销概念打造你的品牌

建立品牌标识（brand identity）只是第一步。品牌一旦创建，就需要营销。以下是市场营销概念应用于个人品牌的三种方式。

市场营销是关于满足需求的。 这意味着你必须弄清楚你想为哪些雇主工作，以及这个职位需要哪些技能和知识。工作之所以存在，是因为雇主需要能够完成任务和解决问题的人。

市场营销是关于创造效用的。 你的个人品牌的目标是向潜在的雇主传达你的技能和知识对他们有用，也就是说，你能满足他们的需求。为了传达效用，营销人员制定了一个价值主张——一种总结顾客购买产品后将实现的价值的声明。"打造你的品牌"将引领你发展自己的个人价值主张，以适应目标雇主的需求。

市场营销是关于交易关系的。 在销售商品或服务时，当营销人员用商品或服务换取一定数量的钱时，就存在交易关系。工作是一种终极的交易关系——你用你的技能换取学习机会、合适的工作安排以及经济回报。

泰勒现在明白了个人品牌的一些好处，并准备开启这个过程。他希望通过这个过程，能找到以下问题的答案：我想要什么样的工作？我想在什么样的公司工作？泰勒也知道，为了得到他想要的好工作，他需要让自己与众不同，让自己在其他刚毕业想要找到同一份工作的人中脱颖而出。

MARKETING REAL PEOPLE. REAL CHOICES 营销的真相（原书第11版）

学习目标总结

"打造你的品牌"是一个创建个人品牌的过程，在学生时期实习或毕业后找工作时，它将帮助你向雇主展示自己。"打造你的品牌"策略并不仅仅适用于营销专业。无论你想从事哪种类型的职业，个人品牌都能让你脱颖而出，并帮助你管理好自己的职业生涯。

三个营销观念适用于你的个人品牌：

- 市场营销是关于满足需求的。
- 市场营销是关于创造效用的。
- 市场营销是关于交易关系的。

MARKETING
REAL PEOPLE,
REAL CHOICES

营销的真相（原书第11版）

第2章　全球营销、道德营销和可持续营销

学习目标

- 了解全球营销的情况，以及企业在考虑全球化时必须做出的决策。
- 解释国际组织以及经济共同体和个别国家的规章制度如何在全球化机遇中促进或限制企业的发展。
- 了解企业外部商业环境因素如何影响国内和全球市场的营销战略和成果。
- 解释企业可以用来进入全球市场的战略和战术。
- 了解道德营销实践的重要性。
- 解释可持续性在营销计划中的作用。
- 确定适合你的行业和工作环境。

真实的人，真实的选择：汤姆·萨奇
▼ 泰瑞环保的决策者

Tom Szaky

汤姆·萨奇（Tom Szaky）是一名首席执行官，他所在的公司泰瑞环保（TerraCycle）是一家位于新泽西州特伦顿的全球社会企业。汤姆生于 1982 年，父母都是医生。切尔诺贝利灾核事故发生后，他和家人逃离了匈牙利。他们在德国和荷兰先后停留了一段时间，最终在加拿大定居，并成为加拿大公民。汤姆就读于公立学校，学习北美资本主义下的商业和创业精神。

汤姆迷上了"垃圾"。他从一个简朴的国家来到了一个什么都能得到、充斥着过度消费的世界，他对人们扔进垃圾桶的东西感到震惊——他平生第一次见到电视机就是在垃圾桶里。在这样的环境中长大，汤姆意识到了浪费是现代人普遍存在的一种观念。随后，他来到美国进修。

汤姆的信息
我不工作时做什么：

我会花时间与朋友和家人在一起。我总是出差，所以当有时间休息时，我会住在新泽西州特拉华河沿岸的房子里。我喜欢在后院做些手工项目，比如为孩子们建造滑索和树屋等有趣的东西！

走出校园后的第一份工作：

坦白地说，正是泰瑞环保。我 19 岁在普林斯顿大学读大一时，就有了创建泰瑞环保的想法。于是，我从常春藤联盟辍学，一心发展事业。以前，我专注于学习关于创业的一切，包括在 14 岁时自学编程，并建立了一个网站。但泰瑞环保是我的第一份工作，是我一直在做的事情。

我的动力：

垃圾是一个简单的概念——要么是垃圾，要么不是垃圾。但相关的"经济账"，以及如何清除垃圾的方法却是复杂的。对我来说，将处理垃圾这件"正确的事"赋予更多利益和价值以解决这个问题是一生的难题。即使公司内部拥有正确的业务框架，这个问题也可能导致公司落后于竞争对手。商业是世界上最强大的变革工具。成为变革进程中的一分子并推动未来发展是我的不懈追求。

我的管理风格：

比起经理，我认为自己更像一个教练。对我来说重要的是，我的员工（他们中的许多人负责高知名度的项目并与顾客保持互动）能够自行找到工具，得出自己的结论。在需要我介入之前，我可以完全不插手。

与我面谈的时候不要这样做：

不要问我一些在网上可以找到答案的问题！我非常乐意分享见解，但是回答可以在网站上找到的内容有点无聊。

我不喜欢的小毛病：

不存在付出 100%，也不存在努力激发潜力。每个人都有能力突破个人成长的极限。我倾向于以某种特定方式工作，所以我希望我的同事也这样。

汤姆的问题

由于世界对"一次性"物品的依赖导致全球范围内的垃圾泛滥。"一次性"物品指的是使用一次或几次就被丢弃的产品和包装。在 20 世纪 50 年代之前，产品都是可重复使用的。如今，我们制造和购买的东西增加了 70 倍，其中大部分在购买后 12 个月内被送到垃圾填埋场。

随着人口的逐年增长，这个问题变得越来越严重。过去几年，消费者越来越关注塑料污染和一次性用品造成的浪费，他们希望企业承担责任，并提供解决方案。

汤姆在 2001 年提出了关于泰瑞环保的想法。最初，这个理念是提交给普林斯顿大学年度创业俱乐部年度创业计划竞赛的，因为 5000 美元的大奖引起了他的注意。

当汤姆还是大学生时，他就将植物肥料（通过将普林斯顿大学的食物垃圾喂给蠕虫来生产）装在捡来的废弃汽水瓶中，销售这种完全由垃圾制成的产品。这促使他思考：如果压根儿没有"垃圾"这个概念（即任何东西都是有价值的）呢？不久，汤姆从普林斯顿大学辍学，全身心投入他的业务中。

如今，泰瑞环保在 21 个国家/地区开展业务（而且还在不断增加），与世界上最大的品牌、零售商和制造商建立了合作关系，收集和回收目前用于填埋或焚烧的产品和包装。泰瑞环保是 Loop 的母公司，Loop 是一个新的循环购物平台，让消费者能够以耐用、可重复使用的包装购买喜爱的品牌。自创立泰瑞环保以来，汤姆已经写了四本书，并成为泰瑞环保真人秀纪录片的执行制片人。

泰瑞环保帮助企业从对它们来说难以回收的产品和包装中获取价值，在全国范围内提供其首创的回收解决方案，并向顾客进行回收利用方面的教育和授权。但汤姆的团队认识到回收利用并非垃圾问题的根本解决方案，只是一种治标不治本之举。废弃性才是问题所在。

了解到人们对垃圾账的认识以及浪费存在的原因后，汤姆决定将其作为依据，使用新的生产和消费模式，为当今消费者提供他们所需的便利、美观和功能等价值；以及充分发挥智慧，避免浪费，使用耐用的、可再填充的、社区化的模式，比如"送奶工"，即将鸡蛋、牛奶、黄油和食用油等消耗品装在耐用的容器中进行投送。在 20 世纪 50 年代，大规模生产、合成材料和一次性用品在迅速发展、从未停滞，几乎淘汰了耐用、可重复使用和共享的经济模式。回收利用和回收系统难以处理全球的材料复杂性和数量庞大的问题，而现代社会已经习惯了一次性用品带来的便利。为了让全球消费者以不同的方式购物，汤姆的团队需要创建一个能够满足所有利益相关者——生产商、零售商和消费者——的解决方案。

在 2017 年于瑞士达沃斯举行的世界经济论坛年会上，泰瑞环保为世界第一洗发水品牌海飞丝推出了世界上第一款由沙滩塑料制成的可回收洗发水瓶。汤姆的公司与海飞丝的母公司宝洁及其在欧洲的合作伙伴苏伊士环境集团合作，采购志愿者人工收集的沙滩塑料。随着项目扩展到世界各地的其他品牌和市场，沙滩塑料瓶项目在当时成了一项革命性的举措，并且获得了联合国的奖项。

没有公开的是，泰瑞环保一直在孵化另一个可能改变世界的创意。这个创意在内部被称为沙滩瓶项目的"第二阶段"，这是一种耐用的包装模式。在此模式中，企业创建了自己产品的耐用版。这些产品以前装在一次性包装中，未来将会装在玻璃、不锈钢、铝和工程塑料的结合体中，这种包装至少可以使用 100 次，最终损坏时，泰瑞环保还可以回收它们。

通过遵循循环经济的耐用性原则和使用可再生资源，最大限度地回收、重复利用和再利用，该项目有望推动生产范式向生产者责任、消费主义和实用主义转变。但是，像所有创新一样，这需要大量时间和资金的投入，并且最重要的是需要勇气。

与品牌合作伙伴和零售商的第一次对话将会围绕改变现状和线性经济来展开。因为长期以来，改变现状和线性经济能够有效地满足消费者需求、创造就业机会和促进增长。对话通常讲究时机，而当人们聚集在达沃斯时，就是一个绝佳的机会。

他的方案 1、2、3

在达沃斯会议上介绍 Loop 平台。当许多利益相关者聚集在一个地方，泰瑞环保可以接触到大量有影响力的受众，从而获得世界各地组织的支持。当多个利益相关者同时认可一个想法时，每个人的风险都会降低。达沃斯是一个企业、政府、品牌和专家齐聚一堂的商业活动，人们随时准备达成交易，改变世界经济。泰瑞环保与宝洁合作的沙滩瓶项目已经取得了成功，因此这可能是提出另一个创意想法的好时机。

另外，这是沙滩塑料瓶面向世界的"亮相"，它并不一定会以零售的形式进入市场。首批 15 万海飞丝的包装瓶是当时世界上生产规模最大的可回收洗发水瓶，由沙滩塑料制成，定于当年夏天在法国巴黎上架。团队在产品发布中投入了大量工作，所以发布取得了成功，产品得以销售出去，只是现在谈论承诺给合作伙伴的投资回报率还为时尚早。

在此重大公告期间发生的大型对话具有一定程度的风险。提出一些以前从未做过的事情，可能会让人觉得时机不对或越界了。此外，关于 Loop 平台的成功对话对于沙滩瓶项目本身也有风险——如果将时间、金钱和注意力转移到 Loop 平台的开发上，沙滩瓶项目的销售情况可能会受到影响。

等待并推迟宣布 Loop 平台。现在，泰瑞环保要做的是享受在沙滩塑料瓶项目倡议中获得的极佳反馈，然后在其取得显著成功后提出新的想法。沙滩塑料瓶的成功和在其他市场的产品发布将为泰瑞环保赢得信誉，并推动与现有品牌合作伙伴和潜在合作者的关系。此外，沙滩塑料瓶的促销、营销以及继续采购和生产材料需要大量资源管理，包括能源和时间。在进入另一条业务线前需稍加等候，使企业专注于沙滩塑料瓶，保证项目进展顺利。

泰瑞环保的整个商业模式建立在前所未有的生产和消费模式之上。Loop 背后的概念并不是全新的，它呼吁"送奶工"模式的无浪费的智慧，将耐用、可重复使用的包装的责任和所有权交给其所属产品的生产商，并允许消费者退回包装，再次盛放商品，因此其他平台将此概念推广到市场也是迟早的事。在升级的容器中提供值得信赖的产品（包括世界上最实用、最漂亮的一品脱冰淇淋），消费者可以在享受他们喜爱的产品的同时消除包装浪费——这是利润和可持续性的"双赢"。

消费者关注可持续性，但他们对更好的产品的前景更感兴趣。一次性包装的缺点之一是消费者愉悦感的减少，即消费者在与产品互动时的积极情感反应会降低。出于同样的原因，我们在高档餐厅不提供一次性餐具和纸盘，是因为消费者对玻璃或金属制成的产品，以及漂亮的餐具有好感。

以前一次性包装的耐用消费品可能听起来很独特，但现在的目标是让容器有更长时间的使用寿命，让人们从他们购买的东西中获得他们真正想要的东西，并对社会上已有的产品进行升级。

汤姆一向趁热打铁，等待从来都不是他的风格！世界已经为一次性用品的解决方案做好准备，而等待会耽误汤姆和他的团队解决问题。

<table>
<tr><td>营销的真相

方案3</td><td>**根本不去追求耐用包装系统的概念**。泰瑞环保长期以来一直以"回收不可回收的东西"而闻名。今天，人们意识到公共回收正处于失败的境地，因为我们试图以正确的方式回收的东西在更多情况下被扔掉了。但在 2017</td></tr>
</table>

年，这些消息才开始被大众所知。目前看来，仅仅收集和回收"难以回收"的产品已经是巨大的改进，而采用全新模式则可能过于雄心勃勃。公共回收正在不断变糟，因此泰瑞环保的存在比以往任何时候都更加重要。依靠回收企业的身份可以让人们更加关注回收问题。泰瑞环保的使命是消除浪费的观念。如果只关注回收利用将忽视其根本：一次性使用和丢弃的观念。

现在，假设你是汤姆：你会选择哪一个方案呢？为什么？

你的选择

你会选择哪一个方案？为什么？

☐ 方案 1　　　☐ 方案 2　　　☐ 方案 3

2.1

谢幕：全球舞台上的市场营销

这是一个重要的问题：你将自己视为美国小镇的居民，还是世界社区的一分子？现实情况是，你和其他人都是世界公民，是全球市场的参与者。你很可能吃厄瓜多尔的香蕉，喝墨西哥的啤酒，喝澳大利亚、南非或智利的葡萄酒。回家后，你可以脱掉泰国生产的鞋子，把脚放在从印尼进口的鸡尾酒桌上，在智能电视上观看巴西或加拿大的世界杯足球比赛，同时在你的智能手机上查看你的脸书页面，智能电视和智能手机都是中国制造。你甚至可能正在一家拥有全球业务的企业里寻觅一份振奋人心的工作。

在全球经济中开展业务的企业面临着未来全球市场的不确定性。多年来，消费者和国际领先企业一直认为，自由贸易和单一全球市场的发展将使我们所有人受益，因为它使生活在发展中国家的人们能够获得与较发达国家公民同样的经济利益。

许多领导者想要一个单一的市场还有其他原因。一个重要原因是担心**温室效应（greenhouse effect）**可能对地球的未来造成威胁。什么是温室效应？简而言之，我们的工厂和汽车排放到空气中的二氧化碳（最重要的温室气体）变多，同时由于滥伐雨林，植被释放到空气中的氧气量减少。由此，温室气体增加，导致全球变暖，正如温室为幼小的植物提供温暖的庇护。许多人认为，这将导致**气候变化（climate change）**，即全球变暖，对地球造成灾难性的影响。这些担忧导致许多人要求达成国际协议，迫使行业和政府建立并遵守环境标准，来保护地球的未来。

你可能会问："这些事件与营销课程有什么关系吗？"不管我们喜不喜欢，我们都生活在同一个地球村。任何地方发生的任何事都有可能影响营销人员获得成功的可能性，以及营销人员需要采取什么措施才能在国内和全球取得成功。我们将在本章和整本书中讨论这些影响。

全球营销竞争激烈，赌注高昂，一不小心就可能输得血本无归。竞争来自本地和外国企业，不同的国家法律、文化习俗以及消费者偏好都会使你迷茫。在本节中，我们将首先讨论目前国际贸易的状况。然后，我们将探讨企业在考虑全球机遇时必须做出的决策。

国际贸易

国际贸易（world trade）是指货物和服务在不同国家间的流动——世界各国进出口的价值总和。从 2007 年到 2009 年，全球经历了一场全球性的经济危机，导致全球出口急剧下降。随后，经济蓬勃发展，国际贸易不断扩大，全球商品出口额从 2009 年的 12 万亿美元增长至 2019 年近 19 万亿美元。2015 年的贸易衰退主要是由于商品价格下降和汇率变化，而不是贸易量下降。当然，并非所有国家都平等地参与国家间的贸易

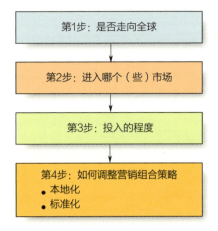

图 2-1 进入全球市场的决策步骤

进入全球市场涉及一系列决策。

流动。在营销人员制定全球贸易战略时，了解谁与谁做生意的"全局"对营销人员来说非常重要。

在偏远市场拥有消费者是一件好事，但满足他们的需求需要具备灵活性和对当地社会经济环境的适应能力。例如，当外国企业无法为它们想要购买的产品支付现金时，你必须根据这些贸易伙伴的要求做出调整。通常由于政府的限制，多达 100 个国家的货币是不可兑换的。这意味着你不能在该国境外消费或兑换它们。在一些国家，由于根本无法获得足够的现金或信贷，贸易公司制定了精心设计的**对等贸易**（countertrade）协议，它们相互交易产品，甚至提供商品以换取当地政府的税收优惠。

我们越来越频繁地接触来自全球的产品，然而这种现象也存在其负面影响：近年来，随着世界贸易的增长，不安全的产品激增。

我们应该走向国际市场吗

图 2-1 表明，当企业走向国际市场时，它们的决策包括以下 4 个步骤：

- 第 1 步。要不要走出去——为了实现最大利益，我们应该只关注国内市场，还是应该将网也撒向其他地方？
- 第 2 步。如果决定"走出去"，那么哪些市场最具吸引力？哪个或哪些国家为我们提供了最佳机会？
- 第 3 步。什么样的市场进入策略，或者更确切地说，何种程度的投入是最好的？正如我们将看到的，简单地将产品出口到海外市场的风险极低。但如果企业决定在其他国家建立和运营制造基地，尽管投入和风险巨大，潜在的更高回报可能值得这么做。
- 第 4 步。我们如何在这些国外市场制定成功的营销组合策略——应该在所有国家/地区采取标准化营销，还是应该为每个国家/地区制定独特的适应性营销策略呢？

我们现在来看看这些决策中的第一个——是否走向国际市场。

尽管在其他国家拥有数百万甚至数十亿的消费者的前景是诱人的，但并非所有企业都能够或应该走向国际市场。营销人员做决策时，需要考虑许多导致企业在国外成功或失败的因素。让我们回顾一下对决策至关重要的两个因素：国内需求和企业在国内享有的竞争优势。

观察市场环境和机会

很多时候，一家企业之所以决定走向国际市场，是因为扩大国内市场业务和获取更多利润的机会已经达到顶峰，甚至出现下滑，而国外市场则提供了大幅增长的机会。

MARKETING
REAL PEOPLE, REAL CHOICES

营销的真相（原书第 11 版）

如果国内仍有增长业务和利润的空间，那么此时投资更大的全球市场可能不是一个好主意。

星巴克几乎为所有喝咖啡的美国人提供咖啡。1971年，星巴克在西雅图开设了第一家门店。在获得家乡人民的喜爱后，企业开始扩散至美国各地。星巴克的全球扩张始于1996年，当时它在东京开设了第一家北美以外的门店。从那以后，它每年都在其他国家开设门店。如今，星巴克在80个市场经营着3万多家门店。

考虑你的竞争优势

在第1章中，我们讨论了企业如何创造超越竞争对手的竞争优势。当企业进入全球市场时，这一挑战就更大了。参与的竞争者更多了，并且通常本土企业拥有"主场优势"。就像足球一样——虽然越来越多的美国人开始参与这项运动，但他们的对手在"足球热"深深扎根的欧洲和南美洲。在那些地方，孩子们会走路时就开始学习运球。

如果企业想要走向全球，它需要审视使其在本国取得成功的竞争优势。这条腿能很好地支撑它"进军"其他国家吗？如果答案是肯定的，那么企业应该更认真地考虑全球化。星巴克长期以产品质量、卓越的客户服务、公平对待员工以及尊重当地文化而闻名，在海外和美国本土市场上都实现了巨大的销售增长。

既然我们已经讨论了国际化决策过程的第一步，我们将继续讨论有助于营销人员决定进入哪些市场的重要因素，包括政府实施的全球贸易管制。我们还将研究影响国内外营销决策外部环境的各种因素。最后，我们将研究营销人员对国际化投入水平的决策，以及是否和如何调整国内市场使用的营销策略从而在其他国家取得成功。

学习目标总结

不断增长的国际贸易——各国之间的商品和服务的流动——可能通过现金、信贷支付或对等贸易进行。当国内增长的机会减少，企业认为在国外市场取得成功的可能性更大时，往往会决定走向全球。在一家企业决定走向全球之后，它必须考虑哪些市场最具吸引力，哪种市场进入战略是最好的，以及如何更好地开发营销组合。

营销的真相

2.2

理解国际、地区和国家的贸易管制

即使是最强大的竞争优势也不能保证企业在国外市场取得成功。许多政府参与的活动支持这样的观点，即世界应该是一个开放的大市场，每个国家的企业都可以自由地竞争。但它们常常言行不一。在许多国家，地方政府可能会"弄虚作假"，以支持国内竞争者。通常，它们会设置路障，偏袒本地企业而不是外来者，这使得扩展到国外市场变得更加困难。事实上，在美国，是否要对贸易进行监管以使美国公司获得优势，或者说减少总部设在其他国家的公司从本国政府获得的优势，仍然是政界和商界最具争议的问题之一。

国际合作和监管方面的举措

近年来，一些国际倡议减少了世界自由贸易的壁垒。值得注意的是，第二次世界大战后，联合国建立了**关税及贸易总协定（General Agreement on Tariffs and Trade，GATT）**，致力于建立国（地区）与国（地区）之间的自由贸易。在 1984 年被称为"乌拉圭回合"谈判的会议上，关贸总协定决定成立**世界贸易组织（World Trade Organization，WTO）**。世贸组织有 164 个成员方和 23 个寻求加入的观察员国，世贸成员方占据了世界贸易的 98%。世贸组织在创建统一、开放的世界市场方面取得了长足的进步。它是唯一一个处理国家（地区）间贸易规则的全球性国际组织。其主要职能是"确保贸易尽可能顺利、可预测和自由地流动。"

世贸组织还处理阻碍开放和公平世界市场的其他问题。也许你在其他国家待过一段时间，并注意到大量价格低得离谱的豪华手表、皮包和流行的音乐光盘。谁能抗拒 20 美元的劳力士手表？当然，有一个问题：它们是假货或盗版。版权保护和专利权保护是让许多企业头疼的问题，也是世贸组织努力解决的优先事项。盗版对企业来说是一个严重的问题，因为非法销售会严重侵蚀它们的利润。我们经常看到有关警方没收价值数百万美元的商品的新闻头条——从假冒的奢侈手袋到假冒的药品。

另外两个组织对国际贸易的发展产生了重大影响：**世界银行（World Bank）**和**国际货币基金组织（International Monetary Fund，IMF）**。世界银行是一家国际贷款机构，成立于 1944 年，有 189 个成员国。世界银行的目标是通过改善经济和促进可持续发展，来减少贫困和改善人民生活。为了实现这一目标，世界银行每年提供约 200 亿美元的贷款给其发展项目。最贫穷的国家可能要耗费长达 50 年的时间来偿还无息贷款。

同样成立于 1944 年的国际货币基金组织的主要目的是通过控制**外汇汇率（foreign exchange rate，or forex rate）**的波动来确保国际货币汇率的稳定。汇率简单来说是一种货币对另一种货币的价格。稳定汇率有助于防止严重的**国际收支（balance of payments）**问题，从而使各国能够开展贸易。一个国家的国际收支是一个国家贸易出口量与进口量的对比。如果一个国家买的商品比卖的商品多，它就会出现国际收支逆差（但也不一定是坏事）。相反则为国际收支顺差。

受保护的贸易：配额、禁运和关税

尽管世贸组织致力于实现自由贸易，但一些政府在对外国企业采取政策以给予本国企业优势时，采取了**贸易保护主义（protectionism）**政策。许多政府对外国商品设定**进口配额（import quotas）**，以保护国内就业和产业。配额还可防止不公平的外贸行为，如倾销（进口定价低于生产成本）。为了维护国家安全，配额是必要的。国家通过保护国防相关产业，可以在战时减少对外国进口产品的依赖。配额使得更便宜的外国商品减少了，国内企业降价的竞争压力也随之降低，这可能导致国内商品价格上升。例如，当唐纳德·特朗普总统对太阳能电池板（30%）和洗衣机（50%）征收关税以帮助美国制造商时，人们担心消费者最终会为这些产品支付更多的钱。

禁运（embargo） 是一种极端配额，完全禁止与特定国家的商业和贸易。50 多年来，由于与岛国邻居古巴的政治分歧，美国政府禁止进口古巴雪茄以及朗姆酒和其他产品，美国的铁杆雪茄烟民只能将就。2017 年，特朗普总统利用《对敌贸易法》将其对古巴产品的禁令延长了至少一年。尽管如此，美国政府已经朝着两国关系正常化的方向迈进，这意味着美国人可能会再次享受这些独特的古巴产品。

政府还利用**关税（tariffs）** 或对进出口商品征税，使外国竞争者的产品比本国产品更贵，从而使国内生产者在市场上获得优势，并为政府增加收入。新百伦（New Balance）是美国最大的运动鞋生产企业。他们每年在美国制造或组装超过 400 万双鞋，而这仅占其销售额的一小部分。根据商务部的数据，美国对鞋类商品的平均关税为 10.8%，远高于所有工业产品 1.5% 的平均关税。难怪耐克 Air Jordan III Retro Infrared 23d 的鞋如此昂贵！

经济共同体

国家也可以联合起来促进彼此之间的贸易，并使成员国更容易在其他地方竞争。这些**经济共同体（economic communities）** 协调贸易政策，放宽对商品和资本跨境流动的限制。经济共同体对营销人员很重要，因为它们在产品内容、包装标签和广告法规等领域制定政策。例如，美国多年来一直是*北美自由贸易协定（NAFTA）* 的成员，其中北美自由贸易协定包括美国、加拿大和墨西哥。2020 年 7 月 1 日，北美自由贸易协定进行了重新谈判并被正式取代，因为这三个国家批准了一项新协议，该协议主要改变了汽车制造商和美国对加拿大的乳制品销售的规则。新协议被命名为"美国—墨西哥—加拿大协议"，或 USMCA。

欧盟（EU）代表了 5 亿多的消费者，其中超过 3 亿人使用欧元作为其货币。2016 年 6 月，英国选民赞成英国退出欧盟，这引发了全球恐慌和担忧。这一行动被称为**英国脱欧（Brexit）**，是英国（Britain）和退出（Exit）这两个词的合并——英国退出欧盟的一种简写方式。英国脱欧原定于 2019 年 3 月 29 日正式举行，但被推迟到 2020 年 1 月 31 日，并最终于 2020 年 12 月 31 日完成。随着时间流逝，这一举措的长期影响才会被人们所知。表 2-1 列出了世界上主要的经济共同体。

表2-1　世界上主要的经济共同体

共同体	成员国
安第斯共同体	玻利维亚、哥伦比亚、厄瓜多尔、秘鲁
亚太经合组织（ASEAN）	文莱、柬埔寨、印度尼西亚、老挝、马来西亚、缅甸、菲律宾、新加坡、泰国、越南

共同体	成员国
东南非共同市场（COMESA）	布隆迪、科摩罗、刚果民主共和国、吉布提、埃及、厄立特里亚、埃塞俄比亚、肯尼亚、利比亚、马达加斯加、马拉维、毛里求斯、卢旺达、塞舌尔、苏丹、斯威士兰、乌干达、赞比亚、津巴布韦
欧盟（EU）	奥地利、比利时、保加利亚、克罗地亚、塞浦路斯、捷克、丹麦、爱沙尼亚、芬兰、法国、德国、希腊、匈牙利、爱尔兰、意大利、拉脱维亚、立陶宛、卢森堡、马耳他、荷兰、波兰、葡萄牙、罗马尼亚、斯洛伐克、斯洛文尼亚、西班牙、瑞典 （2016 年，英国投票决定于 2019 年 3 月 29 日退出欧盟。）
南方共同市场	巴西、巴拉圭、乌拉圭、阿根廷
美国—墨西哥—加拿大协议（USMCA）（重新谈判的协议，取代北美自由贸易协定）	加拿大、墨西哥、美国
南亚区域合作联盟（SAARC）	阿富汗、孟加拉国、不丹、印度、马尔代夫、尼泊尔、巴基斯坦、斯里兰卡

学习目标总结

世界贸易组织根据 1984 年的《关税及贸易总协定》建立，由 164 个成员方组成，旨在建立一个统一的开放世界市场，使贸易流动"尽可能顺畅、可预见、自由"。然而，一些政府采取了保护主义政策，其规则旨在为国内企业提供优势。这些政策可能包括增加外国商品成本的贸易配额、禁运或关税。许多国家已经联合起来，组成了经济共同体，以促进自由贸易。

营销的真相

2.3

分析外部市场环境

无论你是否决定冒险走出自己的国家去取得成功，你都不能逃避现实，忽视其他地方正在发生的事情。营销计划要求营销人员了解企业的内部和外部环境。在本章中，我们将探讨：如果你的企业决定走向国际市场，理解企业外部环境将更加重要。

外部环境（external environment） 由企业外部的因素组成，这些因素可能会对其产生积极或消极的影响。外部环境的关键要素是经济环境、竞争环境、技术环境、政治和法律环境以及社会环境。因为管理者不能直接控制这些外部因素，所以他们必须注意，并在营销计划中反映出来。

事情可能会一瞬间发生，即使是最老练的营销人员也会被新事物绊倒。只要问问印度汽车行业的主要参与者塔塔汽车公司就知道了。2016 年，塔塔准备推出一款名为寨卡（Zica）的掀背式汽车。但这个名字和在世界各地传播的寨卡病毒太相近了，所以企业很快就把这辆车改名为蒂亚戈（Tiago）。

而且，如果你计划拓展全球市场，了解潜在新国家或地区市场的本土情况将有助于确定目标方向。图 2-2 展示了我们将要深入探讨的不同外部环境的因素。

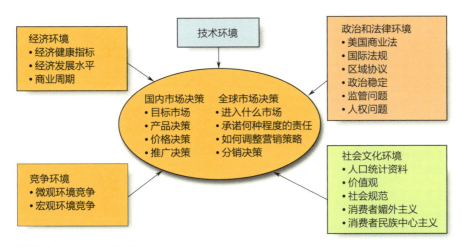

图 2-2　外部环境的因素

理解有助于企业在国内外市场取得成功的外部环境因素是非常重要的。

经济环境

在经历了 2008—2009 年大衰退导致经济磕磕绊绊的几年之后，全球经济朝着全面复苏迈出了巨大的步伐。2019 年，全球经济在稳步增长。当 2020 年新冠疫情袭击世界时，当局迅速实施了国际货币基金组织所说的"大封锁"，关闭了边境、学校和企业，并取缔了大型集会。许多人失去了工作——在 5 周内美国有 2600 万人失去了工作。世贸组织预测，世界贸易将下降 12.9% ~ 30%。专家们无法预测世界经济何时会恢复到正常的状态。

市场营销人员需要从两个不同的角度来了解经济状况：①一个国家的整体经济健康状况和发展水平；②其当前的商业周期阶段。现在让我们来分别看一看。

经济健康指标

就像医生在体检时测量你的体温一样，企业在进行更详细的检查之前，还需要了解一个国家经济环境的整体"健康状况"。你可以很容易地在美国中央情报局（CIA）的世界概况中找到关于大多数国家的信息（不需要高级安全许可，你就能在线查到这些信息）。

最常用的衡量经济健康状况的标准是一个国家的**国内生产总值（gross domestic product，GDP）**：该国在一年内在其境内生产的商品和服务的总美元价值。表 2-2 显示了抽样国家的 GDP 和其他经济及人口特征。除了 GDP 总量之外，市场营销人员还可以根据人均 GDP 来分析：GDP 总量除以一个国家的人口数。人均 GDP 是更能衡量经济健康状况的指标，因为它是根据每个国家的人口规模进行调整的。

表 2-2　经济和人口特征的部分比较

	刚果民主共和国	印度	中国	巴西	俄罗斯	美国	卡塔尔
排名*	3	68	118	107	137	180	191
GDP 总量（美元）	686 亿	9.474 万亿	25.36 万亿	3.248 万亿	4.016 万亿	19.49 万亿	3395 亿
人均 GDP（美元）	800	7200	18200	15600	27900	59800	124100
贫困线以下人口（%）	63	21.9	3.3	4.2	13.3	15.1	N/A
通货膨胀率（%）	41.5	3.6	1.6	3.4	3.7	2.1	0.4
失业率（%）	N/A	8.5	3.9	12.8	5.2	4.4	8.9
人口（百万）	101.78	1326	1394	211.72	141.72	332.64	2.44
出生率/千人	41	18.2	11.6	13.6	10	12.4	9.3
人口增长率（%）	3.18	1.1	0.32	0.67	-0.16	0.72	1.55
0~14 岁人口（%）	46.38	26.31	17.29	21.11	17.24	18.46	12.84
15~24 岁人口（%）	19.42	17.51	11.48	16.06	9.54	12.91	11.78
25~54 岁人口（%）	28.38	41.56	46.81	43.83	43.38	38.92	70.66
55~64 岁人口（%）	3.36	7.91	12.08	9.78	14.31	12.86	3.53
65 岁以上人口（%）	2.47	6.72	12.34	9.21	15.53	16.85	1.19
预期寿命（年）	61	69.7	76.1	74.7	71.9	80.3	79.4
识字率（%）	77	74.4	96.8	93.2	99.7	N/A	93.5
学校预期寿命（年）	10	12	14	15	16	16	12
手机数量/百人	38	91	119	99	161	129	167
网络用户（%）	3.8	29.5	53.2	59.7	76.4	76.2	94.3

*基于以当前国际美元表示的价值，反映了一年（本年度）的货币汇率和购买力平价（PPP）情况。排名从最贫穷（第 1 位）到最富有（第 189 位）。

资料来源：Luca Ventura, "The Poorest Countries in the World," Global Finance Magazine, April 17, 2019, https://www.gfmag.com/global-data/economic-data/the-poorest-countries-in-the-world（accessed July 21, 2020）; data based on Central Intelligence Agency（CIA）, The World Factbook, https://www.cia.gov/library/publications/the-world-factbook/docs/profileguide.html（accessed July 21, 2020）.

　　尽管如此，这些比较可能并不能说明全部情况。人均 GDP 可能具有欺骗性，由于收入不平等，一个国家的财富可能集中在少数人的手中。在这些情况下，大多数公民没有办法获得基本的生活必需品。此外，在一些全球市场，相同商品和服务的成本要低得多。这就是为什么对于那些想要进入外国市场的企业来说，考虑汇率问题也很重要。

　　我们前面提到的外汇汇率仅仅是一个国家货币的价格，即银行将其与另一种货币兑换的价格。例如，如果我们想知道 1 美元在欧盟成员国值多少钱，我们可能会发现它在欧洲只值92欧分（1美元＝0.92欧元）。如果我们的欧洲邻国将欧元的汇率视为基础货币汇率，它们会发现1欧元在美国的价值要高出约9%（1欧元＝1.09美元）。为什么汇率很重要？它决定了一种产品在不同国家的价格，从而决定了一家企业在其境外销售的能力。例如，如果美元走强，更少的美元就能等同1欧元，花1美元就可以购买更多的法国产品，而美国的顾客也会购买更多的葡萄酒。如果美元较欧元贬值，那么当你在意大利徒步旅行时，用美元能购买的商品就会减少，而欧洲游客则会涌向美国进行一次"便宜"的度假。

当然，GDP和汇率本身并不能作为营销人员判断一个国家经济环境是否具有吸引力的信息。营销人员还需要考虑他们是否可以在另一个国家"照常经营"。一个国家的**经济基础设施（economics infrastructure）**是指能使企业在一个国家开展业务的资源的可用性。这些资源包括交通、分销网络、金融机构、通信网络和能源资源。例如，在金融机构不成熟的国家可能以现金经济的形式运作，其中消费者和商业客户必须用现金而不是信用卡或支票来购买商品和服务。这可能导致企业和个人收入虚报，从而影响GDP数据准确性并降低国家税收收入。实体基础设施也同样重要。在没有良好道路系统的较贫穷的国家，卖家可能会使用不同的运输工具，如驴车、手推车或自行车，将货物送至众多小型零售商客户处。

经济发展水平

当营销人员在寻找机会时，考虑一个国家的**经济发展水平（level of economic development）**是有帮助的。经济学家通过回顾GDP增长等事实来确定这一点；他们还关注国家正在采取哪些措施来减少贫困、不平等和失业现象。分析师还考虑了一个国家的**生活标准（standard of living）**，这是衡量一个国家消费的有形商品和服务的平均质量和数量的指标。它们描述了以下几种基本的发展水平。

1. 正如我们前面所说的，一个经济发展处于最低层次的国家是一个**欠发达国家（least developed country，LDC）**。在大多数情况下，它的经济基础是农业。分析师认为，非洲和南亚的许多国家都是欠发达国家。在欠发达国家，生活标准很低，居民识字水平也很低。销售产品的机会很少，特别是钻石和鱼子酱等奢侈品，因为大多数人没有足够的钱。他们种植他们需要的东西，并以物换物来换取其余的东西。对于大米等主食，以及鞋子和人们可以用来制作衣服的织物等廉价商品，这些国家是富有吸引力的市场。此外，这些国家蕴藏着提供给消费者需要的新产品的机会，比如太阳能手机和无须空调系统就可以运行的电脑。

2. 当一个经济体将其重点从农业转移到工业时，生活水平、教育水平和技术的使用水平就会上升。这些国家都是**发展中国家（developing countries）**。在这样的地方，可能会有独立生存的中产阶级，他们主要由致力于成功经营的小企业家组成。由于超过80%的消费者现在生活在发展中国家，潜在顾客的数量和熟练劳动力的存在吸引了许多企业来到这些地区。营销人员将这些发展中国家视为护肤品和洗衣粉等消费品的未来市场。

    在这些欠发达国家和发展中国家中，有一群被称为**金字塔底部（bottom of the**

pyramid，BOP）的消费者，这是全世界 40 多亿每天用不到 2 美元生活的消费者的统称。这些金字塔底部的消费者代表了潜在的巨大营销机会，购买力平价达到了 50 亿美元。他们对营销人员来说也是巨大的挑战，因为不像其他消费者群体，他们通常无法购买"存货"，如一瓶洗发水。于是宝洁、联合利华和其他企业通过提供可以在冷水中使用的清洁产品、织物软化剂和洗发水，并用这类消费者负担得起的（sachet）包装，来满足他们的需求。

最大的发展中国家或新工业化国家——巴西、俄罗斯、印度、中国和南非——被称为**金砖国家（BRICS countries，或简称为 BRICS）**。它们最初被称为"金砖四国"，在 2010 年南非加入时成为金砖五国。这五个国家是发展中国家中增长最快的国家；人口超过 30 亿人，占世界人口的 41% 以上。它们的国内生产总值（GDP）为 16.6 万亿美元，大约相当于世界生产总值（GWP）的 22%。营销人员之所以被这些国家所吸引，是因为尽管消费者的财富并不丰厚，但它们正在迈向经济繁荣之路。金砖国家给营销人员提供了令人兴奋的机会，但我们必须谨慎对待，因为许多起起落落使这些经济体不稳定。例如，巴西的政治危机阻碍了外国投资；俄罗斯的"石油热潮"因油价下跌而逐渐消退；中国经济爆发式的增长已开始趋缓。

3. **发达国家（developed counties）**（也被称为更发达国家，或经济更发达国家）拥有先进的营销系统、强大的私营企业、承载丰富商品和服务的市场潜力。这些国家经济发达，它们为营销人员提供了广泛的机会。

在我们结束讨论经济发展水平之前，有必要解释所使用的国家称号，以避免混淆。这里使用的术语（欠发达、发展中和发达）已被联合国使用多年。联合国最近已将其国家称号改为发达经济体、转型经济体和发展中经济体。此外，世界银行改为按人均国民总收入（GNI）（高、中上、中下和低）对国家进行分类。一些经济学家还使用了其他名称，包括工业发达经济体、发展中经济体、较不发达国家、欠发达国家、新兴市场、转型经济体和前沿经济体。我们将继续使用旧的联合国术语，因为它们仍被许多人使用。

1976 年，世界上经济最发达的国家——法国、西德、意大利、日本、英国和美国——组成了所谓的六国集团（G6）。后来，随着 1976 年加拿大和 1998 年俄罗斯的加入，六国集团成为八国集团（G8）。2014 年，俄罗斯因卷入克里米亚危机而被撤销了成员国资格，所以只剩下**七国集团（G7）**。七国集团旨在为这些经济高度发达的民主国家提供解决其他国家和全球社会所面临的重大经济和政治问题的途径。除了世界经济和国际贸易的主题外，七国集团峰会最近还讨论了其他问题，如能源、恐怖主义、失业、信息高速公路、犯罪和毒品、军备控制和环境问题。

商业周期

商业周期（business cycle）描述了一个经济的变化或波动的总体模式。所有经济体都经历了繁荣（高水平的需求、就业和收入）、衰退（需求、就业和收入下降）和复苏（生产逐步恢复、失业率下降和收入增加）的周期。严重的衰退是一种萧条，此时价格下跌但需求不振，因为大多数人没钱购买商品且已经失业。

当价格和生活成本上涨，而货币因商品成本上升而失去购买力时，就会发生通货膨胀。在通货膨胀时期，美元币值的收入可能会增加，但实际的收入——用美元购买的东西——会因为商品和服务的成本更高而减少。

商业周期对营销人员尤其重要，因为它会影响顾客购买行为。在繁荣期，消费者购买更多的商品和服务。营销人员试图扩大业务，保持库存水平，并开发迎合顾客消费意愿的新产品。在衰退期，比如 2008 年开始全球各国经历的衰退，消费者减少了购买行为。消费者也可能"消费降级"，因为他们会精打细算，选择较便宜或质量较差的商品。

竞争环境

企业外部环境的一个重要因素是竞争环境。从牙膏到运动型多用途车（SUV）的各种产品，企业必须及时了解竞争对手的动向，以便开发新的产品功能、新的定价表或新的广告来保持或获得市场份额。正如我们将看到的，营销人员需要了解他们在微观环境、宏观环境，以及在可替代的产品中的竞争能力。

营销经理会根据竞争对手的优势和劣势来评估它们，监控它们的营销策略，并试图预测它们的下一步行动，就像国际象棋游戏玩家一样。为此，全球越来越多的企业从事**竞争情报**（competitive intelligence，CI）活动，它们收集并分析来自互联网、新闻媒体和公开的政府文件，如建筑许可和专利等来源的关于竞争对手的公开信息。成功的竞争情报意味着一家企业了解竞争对手的新产品、制造流程或其高管的管理风格。然后，该企业利用这些信息来开发更好的营销策略。

微观环境竞争

微观环境中的竞争指目标市场的消费者可以选择的产品的替代品。我们将从三个不同的层面来考虑这些选择。

1. 人们的**可任意支配收入**（discretionary income），即他们在支付了房屋、煤气水电、食物和服饰等生活必需品后留下的钱。我们要用"剩余"的钱买一个新的平板电脑，捐赠给慈善机构，还是通过投资一种健康的生活方式来减掉多余的体重？这些选择因国家而异。在俄罗斯，人们每月的大部分收入用于食物、酒精和烟草。在美国，医疗保健是最大的支出。在日本，住房成本只占平均收入的 1/4 多一点，而在沙特阿拉伯，近 10% 花销用在了家具上。

2. **产品竞争**（product competition），组织提供不同的方式来满足相同消费者的需求。所以，举例来说，如果一个懒散的人决定用一些可任意支配收入来获得增益（例如，好身材），他或她可能会考虑加入一个健康俱乐部或在 eBay 上买一台二手的运动器材在家里举重。

3. **品牌竞争**（brand competition），即竞争对手提供类似的商品或服务，争夺消费者的美元、欧元或英镑。当肥胖的朋友决定加入健身房时，必须在这个行业的竞争对手中做出选择，如金吉姆健身房、Soul Cycle 健身中心、YMCA 俱乐部；或者直接放弃运动，转而购买更宽松的裤子。

宏观环境竞争

当我们谈到研究宏观环境中的竞争时，我们的意思是，营销人员需要了解全局——行业的整体结构。这种结构可以是由一家公司完全控制，也可以是许多公司在一个公平的竞争环境中竞争。

1. 这不仅仅是一种棋盘游戏：当一个卖家控制整个市场时，就形成了**垄断**（**monopoly**）。因为卖家是"唯一的选择"，所以保持低价或生产高质量的商品或服务的压力很小。目前，美国大多数行业都采取政府起诉从事限制竞争活动并违反反垄断规定的企业来限制垄断，以保证消费者福利。

2. 在**寡头垄断**（**oligopoly**）中，在一个拥有许多买家的市场中，卖家数量相对较少，每个卖家都拥有大量的市场份额。因为卖家很少，一方的行为会直接影响对方。寡头垄断通常存在于需要对设备或技术进行大量投资的行业。航空业是寡头垄断的。

3. 在**垄断竞争**（**monopolistic competition**）的状态下，许多卖家在市场上争夺买家。然而，每家企业提供的产品略有不同，并且都只有较少的市场份额。例如，许多运动鞋制造商，包括耐克、新百伦和安德玛，都在激烈地竞争，为消费者提供一些独特的好处，但只有阿迪达斯（目前）为你提供定价 250 美元的智能跑鞋，能让你感知并适应路面的硬度。

4. 当有许多卖家存在，每个卖家都提供基本相同的商品或服务时，**完全竞争**（**perfect competition**）就出现了。在这些行业中，没有一家企业对质量、价格或供应有重大影响。虽然真正的完全竞争很少，但农业市场（其中有许多独立的农民，每个农民都生产相同的玉米或墨西哥辣椒）是最接近这个情况的。

Robert Melen/Alamy Stock Photo

疫情在许多方面扰乱了我们的生活。它导致分销渠道的不稳定，引发许多产品短缺和供应中断，特别是在早期，人们恐慌性地购买和囤积商品。

技术环境

技术环境深刻地影响着营销活动。当然，互联网是近期市场营销中最大的技术变化。在线销售使得消费者足不出户就可以获得他们想要的东西。

一些人认为，下一个改变营销游戏规则的创新已经出现了。其中包括：2013 年，亚马逊首席执行官杰夫·贝佐斯宣布亚马逊已经秘密开发"无人机配送"，通过使用"octopters 无人机"或遥控飞机或无人驾驶飞机（unmanned aerial vehicles，UAVs）在 30 分钟内将快递包裹送到全国各地。UPS 还推出了一项计划，为 CVS 药房等企业提供无人机服务。

第二个改变游戏规则的创新是**自动驾驶汽车**（**self-driving/autonomous vehicle**），即无人驾驶的汽车、送货货车以及牵引式拖车。这些自动驾驶汽车和其他车辆能够通过环境感知和导航技术实现无须方向盘、踏板或人类驾驶员的安全行驶。你认为无人驾驶的 18 轮车至少还要 20 年的时间才会出现吗？由于优步、特斯拉、沃尔沃、谷歌、宝马、通用汽车和福特等企业都在研发自动驾驶汽车，我们有可能很快就能看到它们的身影。

你想过拥有一个随叫随到的私人助理吗？亚马逊计划让亚莉克莎（Alexa）成为这样的存在。亚莉克莎已经可以控制从电视到门铃的超过 8.5 万种智能家居产品，并执行超过 10 万项指令。通过提高亚莉克莎对人工智能基础和语言的掌握程度，亚马逊将使亚莉克莎能够识别到哪些活动是一起进行的。晚上出去玩吗？让亚莉克莎为你预订电影票，她会问你"是否想吃晚饭，然后乘坐优步回家"，再处理好一切。

成功的营销人员不断侦查外部商业环境，寻找想法和趋势以激发他们的研究灵感。当发明家觉得他们遇到了一些令人兴奋的东西时，他们通常希望通过申请 **专利**（**patent**）来保护自己生产和销售发明的专有权。这是一份法律文件，授予发明者在该国生产和销售特定发明的独家权利。

政治和法律环境

*政治和法律环境*是指影响商业活动的地方、州、国家和全球的法律法规。法律和监管控制可能是许多商业决策的主要动因。尽管选择留在国内的企业只需担心当地法规，但全球营销人员必须了解更复杂的政治问题，因为这些问题可能会对其在世界各地开展业务产生影响。

美国商业法

美国商业法律通常有上述两个动因中的一个或两个。一些法案确保了企业之间的公平竞争，如《谢尔曼反托拉斯法》和《惠勒－李法案》。另一些法案防止了企业占消费者的便宜，如《联邦食品、药品和化妆品法案》和《消费品安全改进法案》。尽管一些商人认为过度的立法只会限制竞争，但也有人指出，法律最终将有助于企业。因为它们确保了公平的竞争环境，并扶持了那些陷入困境的行业。

表 2-3 列出了一些保护和维护美国消费者和企业权利的主要联邦法律。联邦政府和州政府已经建立了一系列的监管机构——监督商业活动和执法的政府机构。表 2-4 列出了一些其行动影响营销活动的机构。

表 2-3 　与市场营销人员相关的重要的美国法案

法律	目的
谢尔曼反托拉斯法（1890）	为了消除垄断和保证自由竞争，禁止独占市场（如果限制了竞争的话）、价格操纵和掠夺性定价
联邦食品、药品和化妆品法案（1906）	禁止在食品和药品生产中的有害行为
联邦贸易委员会（FTC）法案（1914）	成立联邦贸易委员会来监督不公平行为
罗宾逊－帕特曼法案（1936）	除非成本是合理的，禁止价格歧视（向存在竞争关系的批发商或零售商提供不同的价格）
惠勒－李修正案（1938）	修订了联邦贸易委员会法案，明确欺骗性和误导性的广告非法

法律	目的
兰哈姆法（1946）	保护和规范品牌名称和商标
消费者信贷保护法案（1968）	要求全面披露信贷和贷款条款及利率来保护消费者
儿童保护和玩具安全法（1969）	制定了防止儿童误食小零件的标准
信用卡业务相关责任和信息披露法案（2003）	由联邦贸易委员会设立，允许消费者限制他们收到的营销电话的数量
信用卡问责及披露法案（2009）	禁止不公平的加息，防止不公平的收费陷阱，要求用简明的语言披露，保护学生和年轻人
平价医疗法案（2013）	为没有获得福利的美国人强制购买医疗保险。通过消除拒绝承保的现象，终止对保险范围的年龄限制等，来修订保险法规
数据问责和透明度法案（2014）	允许消费者访问数据分析师汇编的个人信息文件，有能力纠正不准确信息，以及有机会选择不向其他公司出售这些数据
美国自由法案（2015）	这是爱德华·斯诺登揭露了美国国家安全局（NSA）在收集和监听电话通话方面的结果。要求电话元数据必须由通信公司保管，而不是由美国政府保管
减税和就业法案（2017）	美国税法的全面更新，旨在降低企业和个人的税收，创造更高的工资、更多的就业机会和更大规模、充满活力的经济，该法案大幅降低了公司税的税率
电话机器人滥用刑事执法和威慑法案（2019）	该法案对违反禁止某些自动电话的规定实施了没收处罚，并要求语音服务提供商开发电话认证技术
数据隐私法	目前还没有与数据保护有关的联邦法律，只有具有特定目标的法律，如金融机构、电信公司、教育组织、个人健康信息、信用报告信息、电话营销和直接营销。然而，这50个州确实有数百项隐私和数据安全法律，一些州也处于制定新法律的阶段，将解决跨部门的数据隐私

政治上的贸易限制

跨国企业深知政府采取的政治行动会对其商业运营产生巨大影响。特别是在极端情况下，当两个国家陷入战争时，商业环境会产生翻天覆地的变化。

除了战争，国家还可能会发起*经济制裁*——禁止与另一个国家的贸易，就像美国对古巴、朝鲜和俄罗斯等几个国家所做的那样。美国对俄罗斯的制裁始于2014年，包括金融和经济制裁，以及后来增加额外的制裁，如贸易（禁运）和企业制裁。此后，美国和欧盟对该国、企业和个人（包括政府官员）实施了多项额外制裁，冻结资产并暂停资金流通。

在某些情况下，内部压力可能会促使政府接管在其境内开展业务的外国企业。政府没收私人资产后，通常会将其宣布为国有资产，以实现**国有化（nationalization）**。这种行为不会伴有补偿，因为国家或州认为其符合最佳利益。相比之下，**征用（expropriation）** 是指政府没收外国企业的资产并对企业所有者进行补偿（通常不是全

MARKETING
REAL PEOPLE, REAL CHOICES
营销的真相（原书第11版）

额）。1956年，埃及总统加麦尔·阿卜杜勒·纳赛尔（Gamal Abdel Nasser）将苏伊士运河公司（Suez Canal Company）以及大部分私人拥有的土地、工厂和公寓楼收归国有，这是一个比较著名的国有化例子。之后，在2000年至2010年期间，许多土地原所有者的家庭对政府提起诉讼，并获得了一些赔偿款项。类似的事件还有，第二次世界大战后，德国和其他欧洲国家将私营企业国有化。1959年古巴革命之后，古巴政府没收了所有的外资私营企业，其中大部分为美国企业或个人所有。

表2-4 美国监管机构及其责任

监管机构	责任
消费者金融保护局（CFPB）	负责金融行业的消费者保护工作。消费者金融保护局为银行和非银行金融机构制定和执行规则，服务对象包括信用合作社、证券公司、抵押贷款服务机构、止赎救济服务机构、债务催收公司和其他在美国运营的金融公司
消费品安全委员会（CPSC）	保护公众免受潜在危险产品的伤害。通过监管和测试项目，美国消费品安全委员会帮助公司确保其产品不会伤害客户
环境保护署（EPA）	制定和执行旨在保护环境的法规。这些规定对制造商在其产品中使用的材料和工艺产生重大影响，从而影响公司开发产品的能力
联邦通信委员会（FCC）	监管电话、广播、电视，以及最近的互联网的使用。联邦通信委员会法规直接影响通信行业中公司的营销活动，并且间接影响所有使用这些媒体的公司
联邦贸易委员会（FTC）	执行法律，主要通过罚款来遏制欺骗性广告和产品标签
食品和药品监督管理局（FDA）	执行有关食品、药品、化妆品和兽医产品的法律和法规。在营销人员将许多产品引入市场之前，需要食品和药品监督管理局的批准

既然美国与古巴的关系已经正常化，这些企业会寻求赔偿它们失去的财产吗？

贸易管制限制

政府和经济共同体规定哪些产品可以进入该国，应该用哪些材料生产，以及营销人员怎样宣传它们。其他法规确保了东道国能从中分一杯羹。**本地化含量规则（local content rules）**是保护主义的一种形式，规定了一定比例的产品必须包含来自东道国或经济共同体提供的零部件或服务。经常性使用当地含

英国退出欧盟的决定将在未来多年产生影响，因为在"脱欧"时代，贸易法规和其他法律将得到修订。

Avpics/Alamy Stock Photo

量规则的国家包括阿根廷、巴西、中国、印度、印度尼西亚、俄罗斯、沙特阿拉伯和美国。例如，巴西最近收紧了关于风力涡轮机制造和组装的当地含量规则。根据这些规定，至少70%的钢板和100%的水泥必须产自巴西。此外，塔架的机舱（装载机器的组件）必须在巴西本地组装。这些规定确保了巴西能够为其公民创造更多的国内就业机会。

人权问题

一些政府和企业对于向虐待公民的国家提供商业机会持谨慎态度。它们担心与当地企业进行贸易时，这些企业会剥削工人，或通过雇儿童或囚犯来降低成本，或让工人处于不安全的工作环境中（比如锁住工厂大门）来降低成本。曾是不安全用工典型代表的耐克，花了近 20 年的时间通过提高工资和验厂来承认并纠正它以前的滥用行为，现在它已经成了其他公司可以学习和效仿的对象。

当今世界最大的人权问题是奴隶制。2018 年全球奴役指数报告称，167 个国家中有超过 4000 万名男性、女性和儿童是现代奴隶制的受害者。这些男人、女人和孩子在公共市场上被买卖，被迫在工厂、渔船、矿井、建筑工地、商店、农场或家庭中做工。他们通常没有工资，许多人还会受到殴打。

美国普惠制（GSP） 是国会为促进发展中国家经济增长而设立的一项制度。普惠制允许发展中国家向美国免税出口商品。关键是每个国家都必须证明自己在不断改善其工人的权利方面取得了进展。然而，美国公司支付给当地工人的低工资诱使他们向海外扩大或转移业务。尽管这些公司提供了就业机会，但其中的一些因支付低于当地贫困水平的工资、破坏环境或销售劣质不安全产品而受到批评。

提到人权问题可能会让人联想到发展中国家的饥饿儿童。在美国等部分国家，新冠疫情引发了拯救生命和拯救经济两个目标之间的冲突——从而产生了新的人权问题。快递员、肉类加工厂工人以及其他为居家人士提供服务的企业从业者均面临此问题。有些从业者被雇主要求必须工作，否则将面临解雇；而另一些从业者则不得不为生计而工作。

社会文化环境

*社会文化环境*是指社会和生活在该社会中的人的特征，以及反映该社会的价值观和信仰的文化特征。无论是在国内还是在全球市场上，营销人员都需要了解和适应其公民的习俗、特征和做法。关于文化优先事项的基本信念，如家庭角色或两性之间的适当关系，都会影响人们对市场上的产品和促销信息的反应。

要理解其中的一些价值观，需要了解特定文化的历史背景。例如，如果有人知道美国长期以来在韩国有重要的军事基地，他可能不会对午餐肉（美国的"神秘肉"）——一种猪肩肉产品——每年在韩国销售 2.35 亿美元感到惊讶。在朝鲜战争期间，食物非常稀缺，只有少数韩国人可以进入美国军事基地的便利商店。结果，这种不起眼的产品成了一种地位的象征，尽管许多喜欢点"部队锅"的韩国年轻人并不知道它的起源。

人口统计资料

了解一个社会特征的第一步是看它的**人口统计资料（demographics）**。这些统计数据衡量了人口中可观察的方面，如人口规模、年龄、性别、民族、收入、教育、职业和家庭结构。人口统计学揭示的信息对于营销人员预测各种产品市场规模，从住房抵押贷款到扫帚和开罐器等，具有重要价值。我们将在第 7 章中详细讨论人口统计学因素如何影响营销策略。

特百惠在海外市场的爆炸性增长说明了人口统计资料的重要性。在美国市场停滞不前的情况下，该公司在条件更有利的其他国家插上了自己的旗帜，从而蓬勃发展。印尼就是一个最佳地点。原来，印尼有一种叫作"阿里桑"（聚会）的传统，女性朋友聚在一起社交，分享食谱，甚至一起凑钱给彼此买礼物。特百惠依赖于这样的社交网络，将卖家派往阿里桑推销产品，并招募新的代理商。对容器公司来说，这是一种很自然的选择。

ADEK BERRY/AFP/Getty Images

在印度尼西亚举行的一次"阿里桑"特百惠聚会。

价值观

每个社会都有一套 文化价值观 （cultural values），或关于正确或错误生活方式的根深蒂固的信念，并在成员中广泛流传。这些信念影响了我们生活的方方面面，包括我们对时间的衡量。例如，对大多数美国人来说，守时是一个核心价值观；事实上，商业领袖经常声称"时间就是金钱"。对于拉丁美洲和世界其他地区的国家来说，事实并非如此。如果你安排的商务会议在上午 10 点，大多数人要在 10:30 或更晚才会到达。

Kraft Heinz Corporation

当父母为孩子寻找有机食品时，照顾好孩子和最大限度提高健康和幸福的双重价值观相结合，形成了强有力的连环营销。

文化价值观的差异常常能够解释为什么一度成功的营销在几年后会失败。文化符号芭比娃娃于 1959 年推出，它有卷曲的刘海和一件黑白条纹的泳衣。1971 年，马里布芭比娃娃问世。20 世纪 80 年代，麦当劳服务员芭比和第一个黑人芭比也加入其中。然后在 2015 年，芭比时尚达人被推向市场。这些不同种族的娃娃包括 3 种不同的体型（娇小、曲线美、高大）、7 种肤色、22 种眼睛颜色和 24 种发型，以反映日益增长的多样性的文化价值，并使芭比娃娃成为父母为孩子购买的文化符号。2018 年，美泰推出了一批新的芭比时尚达人，其中包括 40 个洋娃娃、7 种体型、11 种肤色和 28 种发型。下一代肯有三种体型：高大、苗条、标准，新造型包括男士发髻、玉米辫和雀斑。

当新冠疫情导致许多人居家时，美泰推出了"#感谢你英雄"，这是一个新的、特别版的系列，包括可收藏的活动人偶和小人物社区英雄。这些新形象是为了纪念那些照顾感染者的人，以及那些日常致力于维持社区正常运转的英雄们。2020 年，芭比系列增加了女性成就系列榜样洋娃娃。芭比娃娃再次成为玩具货架上最热门的商品之一。

文化差异的一个重要维度是强调集体主义还是个人主义。在**集体主义文化**（**collectivist cultures**）中，比如在委内瑞拉、巴基斯坦、中国、泰国、土耳其、希腊和葡萄牙的文化中，人们倾向于将个人目标置于稳定的社会目标之下。相比之下，**个人主义文化**（**individualist cultures**）中的消费者，如美国、澳大利亚、英国、加拿大和荷兰，往往更重视个人目标，当该群体的需求变得过于昂贵时，人们更有可能改变其成员身份。

虽然个人主义文化更有可能鼓励创造力、创业精神和繁荣的经济，但个人主义文化可能远不适合控制一场具有传染性的流行病。为了防止疾病传播，所有个体都需要戴口罩、保持社交距离和自我隔离，这是集体主义的优势。在个人主义文化中，人们更有可能无视政府的命令，参与大规模抗议。抗击疫情可能需要各国从个人主义价值观转向集体主义价值观，即人们要对其他人负责。

你可能不会做瑜伽，但如果像许多消费者一样喜欢在露露乐蒙（lululemon）购物，你可能看起来像是会做瑜伽的人。瑜伽在美国掀起了一股热潮，但这并不足为奇。毕竟，在其发源地印度，它的规模更加庞大（至少目前如此）。瑜伽与该国其他长期存在的精神实践密切相关，这些实践涉及食物、药物治疗（阿育吠陀）等方面。印度消费者渴望看到这些产品的现代版本，新一波被称为"巴巴酷运动"的商业活动正在给消费者提供他们想要的东西，它销售基于古老信仰的健康产品。例如，巴巴·拉姆德夫是一个斯瓦米（圣人），但他也是一个营销人员，他会将传统价值观转化为现代版本。他和其他企业家都非常成功，以至于大型跨国企业的销售都受到了影响。企业要么适应，要么灭亡——这就是为什么高露洁最近推出的牙膏含有楝树（一种印度树）提取物，以及含有印度村民用来清洁牙齿的木炭成分。

国际特赦组织在世界各地开展人权运动。这则瑞士广告旨在打击家庭暴力。

社会规范

价值观是关于好的和坏的行为的一般观念。从这些价值观中产生了**社会规范**（**social norms**），即社会中划分对错以及可接受或不可接受的具体准则。社会规范表明了如何着装、如何说话、吃什么（和如何吃），以及如何举止。例如，当地习俗规定了适当的用餐时间——许多欧洲人、中东人和拉丁美洲人直到晚上 9 点或更晚才开饭，这常常使胃在晚上 7 点就开始"咆哮"的美国游客感到困惑。习俗告诉我们如何吃饭，包括餐具，餐桌礼仪，甚至是进餐时适合穿的衣服等细节。

当美国营销人员试图在其他国家开展业务时，习俗上的冲突可能成为一个挑战，因为在其他国家，高管们对什么是合适的或应该做的有不同的看法。这些冲突甚至包括肢体语言；拉丁国家的人往往比美国人站得靠近许多，如果对方试图站得远一点，他们会觉得受到了侮辱。

MARKETING 营销的真相（原书第 11 版）
REAL PEOPLE, REAL CHOICES

在许多国家，普通的朋友会亲吻对方的脸颊。在美国，亲吻异性的脸颊是很正常的（只能吻一下）。在西班牙和欧洲其他地区，无论是同性还是异性，接吻包括亲吻双方的脸颊。而在中东，除非是特别的朋友，否则男人亲吻女人或女人亲吻男人都是不可接受的。相反，看到两个男人或两个女人手牵着手或挽着胳膊走在街上是很正常的。

虽然社会规范往往会随着时间的推移而缓慢变化，但某些事件，如工业革命和互联网，已经迅速地改变了社会规范。这些规范的转变意味着以往的思维方式或做事方式被一种新的、不同的方式所取代。在新冠疫情期间，一些新的社会规范应运而生。这些包括 Zoom happy hours（结束了 Zoom 等通讯会议后的放松时间）、撞肘问候以及在家工作（work from home，WFH）。

语言

语言障碍是那些准备进入国外市场的营销人员所面临的显著问题。阿卡普尔科的一家酒店的通知宣称："经理亲自排泄了所有供应的水。"这些翻译上的混乱不仅令人尴尬，它们也会影响产品标签和使用说明的应用，以及广告和产品销售情况。对于营销人员来说，与理解语言微妙之处的当地人合作以避免产生混淆是至关重要的。

消费者媚外主义

媚外主义是指认为其他国家优于自己国家。**消费者媚外主义（consumer xenocentrism）** 指的是认为另一个国家生产的产品优于自己国家生产的产品。例如，许多美国人认为，欧洲人或日本人生产的汽车更好，法国人或西班牙人生产的葡萄酒比加州葡萄园生产的葡萄酒更好。

消费者民族中心主义

民族中心主义是指认为自己的国家或民族优于其他的国家或民族。同样，**消费者民族中心主义（consumer ethnocentrism）** 指的是消费者关于自己国家生产的产品对抗他国生产的产品的信念。消费者可能会觉得本国生产的产品更好，或者他们可能会认为购买另一个国家生产的产品是错误的、不道德的或不爱国的。消费者的民族中心主义可能会导致消费者不愿意尝试其他地方生产的产品。

全球市场中的颠覆

在第 1 章中，我们解释了颠覆性营销，它颠覆了现有的营销规则，改变了顾客对整个行业的看法。全球市场提供了更多挑战营销人员的颠覆性力量。韦氏词典将*颠覆*定义为"破坏某物的行为或过程：正常进程或某些活动、过程连续性的暂停或中断"。换句话说，颠覆来自于现状的改变。全球变化的主要来源包括财富分配、教育、企业运营所需的基础设施、政府、公共卫生、人口统计、自然环境的变化、通信和技术的演变。

财富分配指的是如何在人口中分配收入。金融和实物的总资产在个人之间的分配是否公平？个人是否有机会从现有环境中得到提升？经济顶层和底层的收入差距有多大？

在财富被一小部分人所掌握、摆脱现状的机会有限甚至没有机会的国家，消费者感到绝望和压抑。历史表明，这种颠覆不仅限制了增长机会，还可能带来动乱甚至革命。

随着时间的推移，*受教育的机会*可以成为人口的均衡器，为那些处于低收入阶层的人提供摆脱困境的机遇。教育是各种意义上的双赢，消费者可以找到提高生活质量的工作；政府不仅可以获得税收收入，还可以支持民众；企业可以扩大产品市场以及获得更多受过教育的劳动力。

*基础设施*包括一个社会成功运转所需的物理、组织和数字结构。在当今世界，基础设施不仅包括道路、桥梁和电网，还包括 Wi‑Fi 塔、高质量的互联网服务和闭路安全摄像头。数字基础设施对于商业成功、生活质量、金融系统的强大性、政府和商业运营都至关重要。

地方、区域、国家和国际级别的*政府*也是潜在颠覆的来源。例如，在政府官员腐败或无能的国家，消费者、地方和外国投资，以及社会进步的机会几乎不存在。此外，关于公民抗议、暴力和普遍动荡的全球新闻可能会损害旅游业等主要产业，从而给所有人带来困扰。在那些有自由选举和定期规划周期并做出良好监管决策的国家，企业和消费者可以取得成功。

*公共卫生*不仅包括高质量的医疗保健可用性，还包括与健康相关的消费者行为、政府监管、冲突和宗教信仰。从 2020 年开始的全球新冠疫情开始，公共卫生系统良好和欠佳的国家感受到了其所造成的不同程度的痛苦和颠覆。教育和政府也是造成这种差异的重要影响因素。

*人口统计资料*是指人口的特征。在本章的前面部分，我们展示了一小群不同国家的统计数据，包括人均 GDP、低于贫困线的人口百分比、失业率、预期寿命、识字率和不同年龄段的人口比例。这些数据使我们很容易理解为什么人口统计资料在某些地区是用于衡量"颠覆"的一个重要因素。

*自然环境*的变化，包括天气事件、气候波动、海平面上升、干旱和极端高/低温，都是短期内难以或不可能控制及改变的因素。自然环境中的这些变化是造成农业生产、基础设施、供应链和人口因死亡、疾病和极端经济损失等混乱的根源。在未来，阻止自然环境变差的机会可能会出现。

*媒体和通信*包括个人共享信息和了解世界的许多不同方式，包括社交网络、新闻机构、数字平台、视频流媒体服务和 5G。

学习目标总结

经济环境是指：①一个国家的经济健康状况（通常衡量其国内生产总值或人均国内生产总值和经济基础设施）；②经济发展水平（可能分为发达、发展中、欠发达）；③商业周期的阶段。营销人员利用竞争情报来监测微观环境中的品牌、产品和可任意支配收入的竞争。他们还考虑了该行业的宏观结构，即行业环境是属于垄断、寡头垄断、垄断竞争还是完全竞争。一个国家的政治和法律环境包括商业领域相关的法律和法规。营销人员必须了解各地的政治限制，包括外国资产被国有化或征用的可能性、当地含量规则等法规以及劳工和人权法规。因为技术可以影响营销的各个方面，所以营销人员必须了解技术变化，经常监控政府和私人研究成果。营销人员也要监测一个国家的社会文化环境，包括人口统计环境、价值观、社会规范和习俗、语言等。

2.4 全球营销战略应该有多"国际化"

走向全球化并非易事。即使是以敏锐的营销能力而著称的企业，在突破其熟悉的领域时，也会犯错误。例如，迪士尼就在开设香港迪士尼乐园时犯下了错误，并从中吸取了教训。

- 公园越大越好。与来美国的中国游客习惯的大型公园不同，香港迪士尼乐园是迪士尼最小的公园，一天之内就能逛完。
- 灰姑娘是谁？尽管中国游客在整个园区都能看到灰姑娘，但他们不是听灰姑娘的故事长大的，缺乏与迪士尼传统角色的情感连接。中国游客更熟悉最近的电影中的角色（比如《玩具总动员》）。

2016 年 6 月，迪士尼在上海开设了一家迪士尼主题公园，当时该企业显然已经吸取了教训。与香港迪士尼乐园不同的是，新公园包括魔法童话城堡——地球上最大的迪士尼城堡——以及六个独特而令人难忘的、与中国游客熟悉的迪士尼人物有关的地方：米奇大道、奇想花园、梦幻世界、探险岛、宝藏湾和明日世界。还有一家玩具总动员酒店。

公司层决策：市场进入战略

如果一家企业决定扩张，它必须做出重要决策，包括如何组织业务和是否调整产品营销策略以适应当地需求。一家企业必须决定它愿意在另一个国家经营时的投入水平，就像恋爱关系一样。这种投入范围从随意的参与到全面的"婚姻"。投入的一个极端是，该企业只是简单地出口其产品；另一个极端是，企业通过收购外国子公司或开设自己的商店或制造区直接在另一个国家进行投资。在决定投入程度时，企业需要平衡*控制*和*风险*。直接参与（即直接投资）可以使企业对所处国家的情况拥有更多掌控权，但若运营不善，其风险也会增加。

让我们回顾一下代表参与程度依次增加的四种全球化战略：出口、合同协议、战略联盟和直接投资。表 2-5 总结了四种战略情况。

表2-5 市场进入战略

策略	出口	合同协议	战略联盟	直接投资
风险水平	低	中	中	高
控制水平	低	中	中	高
选择	自己销售; 依赖出口商	许可证经营; 许可当地企业生产其产品	特许经营; 当地企业采用特许企业全套经营模式	企业和当地合作伙伴共享资源的合资企业	通过收购当地企业而实现完全所有权
优势	投资少,金融损失风险最低; 可以控制产品质量,避免在其他国家出现一些产品的困境	避免进入壁垒; 限制金融投资和风险	避免当地特许经营商进入壁垒; 限制金融投资和风险	容易进入新市场,政府和其他实体的优惠待遇	最大程度的自由和控制; 避免进口限制
劣势	可能限制扩展机会; 被视为"外国"产品	失去控制产品如何生产和销售的机会,损害企业和品牌形象; 可能使用未授权配方设计或其他知识产权	特许经营商可能未使用相同质量的原料或步骤,从而损害品牌形象	金融风险较高	投入程度和金融风险最高; 如果政府不稳定,国有化或征用的可能性较大

出口

如果一家企业选择出口,它必须决定是自己销售产品,还是依靠中间商代表它在目标国家进行销售。这些专家或**出口商（export merchants）**了解当地市场,能够寻找到买家并就条款进行谈判。出口战略允许一家企业在全球市场上销售其产品,并减缓其在国内市场的衰退速度。因为该企业实际上是在国内生产产品的,所以它能够保持对设计和生产决策的控制。例如,美国出口哈雷戴维森摩托车（HOGS）和肯塔基州的波本威士忌。

合同协议

企业对国外市场可以做出的进一步投入是与该国公司签合同协议。两种最常见的合同协议形式是许可协议和特许经营:

1. **许可协议（licensing agreement）**,是指一家公司（许可方）给予另一家公司（许可经营方）在特定国家或地区生产销售其产品的权利,以换取所销售商品的专利使用费。许可经营方能够帮公司规避可能遇到的进入壁垒,但也失去了对产品生产和销售的控制权。此外,共享产品设计和技术也带来了额外的风险,其中最为重要的是企业可能成为知识产权、专利权、版权或商标侵犯的目标。这种侵占商业机密的行为可能违反民法或刑法,具体取决于所涉及的知识产权类型。

2. **特许经营（franchising）**是一种许可形式,赋予特许经营商在东道国采用其完整的经营方式。公司需要仔细监控这些业务,以确保合作伙伴维护品牌形象。2019年,全球前三特

MARKETING 营销的真相（原书第11版）
REAL PEOPLE, REAL CHOICES

许经营公司分别是：肯德基美国有限责任公司、麦当劳和必胜客有限责任公司。

战略联盟

选择对外国市场发展进行更深层次投入的企业，会以**合资企业（joint venture）**的形式与一家或多家国内企业建立**战略联盟（strategic alliance）**，即两家或两家以上的公司创建一个新的实体。战略联盟有助于企业进入新市场，并在合作伙伴所在国家获得优惠待遇。2020年，美国企业优步和韩国汽车制造商现代汽车宣布达成一项开发电动空中出租车的计划。这项协议使它们能够参加飞行汽车的竞争，以缓解城市拥堵情况。

直接投资

当一家企业通过所有权进行国际扩张时，将会带来更深层次的投入。当一家企业收购了一家国内企业的全部或部分股份时，它可以利用国内企业的政治头脑和在东道国的市场地位。联合国报告称，2018年接受外国直接投资的前三名分别是美国（2520亿美元）、中国内地（1390亿美元）和中国香港（1160亿美元）。

营销组合策略：是否需要4P？

除了关于一家企业将如何在其他国家运营的"全局"决策外，管理者还必须决定如何在每个国家对产品进行营销。他们是否需要修改或创建新的4P——产品、价格、促销和渠道——以适应当地环境？

当他们走向国际市场时，营销人员会问这样的问题：

1. 该企业需要在多大程度上调整其营销传播以适应当地市场的特定风格？
2. 同样的产品会吸引当地的人吗？
3. 是否需要制定不同的价格？
4. 企业如何将产品交付到人们手中呢？

营销人员必须决定哪一种更好，是*标准化*还是*适应性*？标准化营销的倡导者认为，基本的需求和欲望都是一样的。关注文化之间的相似性意味着在国际市场竞争中，企业无须改变其营销策略，并且可以实现规模经济效益，因为它可以将产品开发和促销材料的成本分摊到多个市场。广泛、持续的曝光也有助于打造像可口可乐这样的全球品牌，因为它在世界各地打造了一个强大、统一的形象。

相比之下，那些支持适应性营销的人觉得这个世界并没有那么小；你需要根据当地环境调整产品和推广信息。这些营销人员认为，每一种文化都是独特的，具有独特的行为和个性特征。如果你来参观亚特兰大的可口可乐世界，你将品尝到可口可乐在世界各地销售的产品。

产品决策

当一家企业为全球市场开发一种产品时，它可以从三种不同的适应性/标准化营销策略中进行选择：提供相同的、改进的或全新的产品：

1. **直接延伸策略（straight extension strategy）**（标准化营销）即为国内外市场提供相同的产品。苹果的 iPad 是直接延伸战略的一个很好的例子。无论你去哪个地方，每个 iPad 基本上都是一样的。

2. **产品适应策略（product adaptation strategy）**（改进后的适应性营销），在许多情况下，拥有不同文化的人确实有强烈和不同的产品偏好。这些差异可能会很微妙，但又很重要。例如在韩国，熟悉的粉色和橙色霓虹灯的唐恩都乐招牌吸引顾客进店品尝其美味的咖啡和传统的釉面甜甜圈，但菜单上也有一些受韩国食物影响的东西，如黑米甜甜圈、墨西哥胡椒香肠派甜甜圈和米粉。肯德基在中国是最受欢迎的快餐连锁店，其上海餐厅里提供鸡肉，还有粥和蛋挞等当地菜肴。

产品适应策略也意味着一家企业要调整基本产品，以与当地的情况同步。你可以回忆起儿时的火车托马斯和它的火车头朋友们。事实上，托马斯是世界上最大的玩具和电视特许经营商之一，在 2012 年被美泰收购后每年为美泰提供超过 10 亿美元的收入。美泰公司开始关注托马斯朋友们多样性的缺失，这些朋友们主要是男性和白人。美泰的回应是：该公司创造了 14 位代表不同国家的新朋友。你可以决定这些新角色是否对团队有价值，还是只是文化刻板印象的体现。以下是一些例子：

巴西的劳尔："精力充沛"和"坚强敏捷"。

中国的勇宝："努力取得进步"。

印度的阿希玛（女性）："无所畏惧"和"乐于帮助"。

墨西哥的卡洛斯："自豪"和"总是微笑"。

3. **产品创新策略（product invention strategy）**（适应性营销）是指一家企业在向国外市场扩张时开发一种新产品。在某些情况下，产品研发战略采取了**逆向创新（backward invention）**的形式。例如，有近 15 亿人，或者超过世界上 20% 的人口没有可靠的电力来源，主要是在非洲、亚洲和中东地区。一些好的发明可帮助那些生活在贫穷国家的人，包括便携式滤水系统、随着脚长大而增长的鞋子、可以调节度数的廉价眼镜，以及一盏只需要在一杯水中加入两汤匙的盐就可以提供八小时光亮和使用电池供电的充电设备的灯。

促销决策

营销人员还必须决定是否有必要改变他们在国外市场与消费者交谈的方式。一些企业支持这样一种观点，即同样的信息将吸引世界各地的人，而另一些企业则觉得有必要因地制宜。当联合利华向中国推出德克索纳除臭剂，梦想着将产品销售给十亿中国人时，其最终销售额却远低于预期。生物学和文化差异都解释了这一点——科学家们发现，东亚地区的消费者根本没有体臭问题，只有不到 10% 的中国人口使用除臭剂。为了给中国女性消费者一个购买除臭剂的理由，妮维雅在崇尚白皙肤色的中国市场推出了具有美白功能的除臭剂。

价格决策

与所讨论的三种产品战略类似，市场营销人员有三种定价选择方案：延伸或**民族中心定价（ethnocentric pricing）**、适应或**多中心定价（polycentric pricing）**，以及**全球**

中心定价（geocentric pricing）。采用民族中心定价策略时，一种产品的全球价格是一样的。当一家企业使用多中心定价策略时，全球子企业或分销商会根据它们对市场环境的理解来设定价格，而不会考虑各国间的价格协调问题。例如，星巴克采用了多中心的定价政策来建立可支付得起的奢侈品品牌形象。在美国，星巴克的价格高于其他咖啡连锁店——一杯拿铁的价格平均约为 2.75 美元。甚至在劳动力价格更低的国家，同样的拿铁咖啡还会更贵。例如，三个金砖国家的拿铁价格更高：俄罗斯 12.32 美元，印度 7.99 美元，中国 7.18 美元。在这些国家，人们把星巴克视为拥有奢华生活的象征，他们愿意付更多钱。

全球中心定价策略为产品制定了全球价格底线或最低价格，但也认识到在每个市场定价时必须考虑独特的当地市场条件，如成本、收入水平、竞争和全球营销计划的其他部分。

在国外市场生产产品通常比在国内更贵。当运输、关税、汇率差异以及采购当地材料等因素导致成本上升时，就会发生这种情况。为了减轻进口商品企业的关税负担，一些国家建立了自由贸易区（free trade zones）。这些是指定的区域，外国公司可以在这里储存货物，而无须缴纳税款或关税，直到货物进入市场。

定价过高的一个危险是，竞争对手会找到方法，以更低的价格提供产品，即使他们这样做是非法的。灰色市场产品（gray market goods）是指未经商标持有人同意而进口的商品。虽然灰色市场的产品不是假冒的，但它们在保修范围和符合当地监管要求方面可能与授权产品不同。牙膏和药品等产品可能有相同的配方，但其成分较劣质。互联网为灰色市场商品的营销人员提供了特殊的机会。但是，就像俗话说的那样，"如果一件事情好到不像是真的，那多半不是真的"。

还有一种不道德且非法的做法是倾销（dumping），即公司以低于其国内市场价格的价格出售产品。倾销并不仅仅局限于零售产品，农产品也可能会遭到倾销。

渠道/分销决策

把你的产品送到偏远地区的消费者那里可能是一个相当大的挑战。如果一家企业想在国外市场取得成功，就必须建立一个可靠的分销系统。习惯于在国内市场上与少数大型批发商或零售商打交道的营销人员可能不得不依赖数以千计的小型"夫妻店"或经销商，其中一些人用牛车、独轮车或自行车将货物运送到偏远的农村地区。在欠发达国家，当营销人员想要包装、冷藏或长期储存货物时可能会遇到问题。

至此，我们已经讨论了营销人员需要了解外部环境，并做出良好的营销组合决策，以在国内和全球取得成功。在下一节中，我们将讨论长期营销成功的更重要的部分：道德营销实践。

学习目标总结

不同的国际市场进入策略代表了企业在该市场中的投入程度。商品出口几乎不需要多少投入，但这种策略难以控制产品的销售方式。许可或特许经营等合同协议形式则赋予企业更大的产品控制权。如果通过合资企业建立战略联盟，企业投入将进一步增加。最后，企业可以选择通过在东道国收购现有公司或建立外国子公司来直接投资。在两个或两个以上国家开展业务的企业可以选择通过在所有国家使用相同的方法标准化其营销策略，或通过对每个市场采用不同的策略来进行本土化营销。企业需要决定是销售现有产品、改变现有产品还是开发新产品。在许多情况下，促销策略、定价策略、渠道/分销策略以及产品本身都必须量身定制，以适应另一个国家的顾客需求。

2.5 道德是营销计划的第一要务

道德营销决策的重要性怎么强调都不为过。因为业务牵涉众多利益相关者，如果条件允许，他们会要求实现所有人的最优利益。在更自私的层面上，不道德的决策通常会后患无穷。自世纪之交以来，参考大量新闻头条上的企业丑闻，道德标准低的后果显而易见。不道德行为的后果往往意味着人们失去了工作，甚至是养老金。股东失去了投资，消费者为毫无价值的商品或服务买单。

奥施康定是一种阿片类止痛药，其核心卖点是 12 小时定时释放剂量，于 1996 年被普渡制药公司（Purdue Pharma）引入美国。通过压碎或溶解这个药片，药物滥用者可以一次摄入全部剂量，最终因药物摄入过量致死。

巴塔哥尼亚的繁荣部分归功于其商业道德实践。该广告鼓励客户购买二手产品而非新品，因此获得了众多好评

作为奥施康定的制造商，萨克勒家族所有的普渡制药公司采取了不道德的营销实践。这种做法使普渡制药公司成为导致 40 万人死亡的"阿片危机"的主要推手。

普渡制药公司对奥施康定的积极营销策略包括拜访医生、支付其餐饮与差旅费用、赠送礼物以及资助疼痛治疗小组。该企业的营销宣传信息淡化了奥施康定使患者成瘾的可能性，为此，在 2007 年，奥施康定支付了超过 6 亿美元的罚款。

2019 年 9 月，普渡制药公司宣布已申请破产，并同意支付 100 亿美元来解决阿片危机，为那些在阿片危机中遭受损失的个人和与之抗争的机构提供资金补偿。

伦理哲学

当然，对于不同的人来说，道德行为的构成要素往往是不同的。我们可以指出各种伦理哲学，看看它们如何指导人们制定决策。表 2-6 列出了一些伦理哲学，以及它们如何反映道德决策。

表2-6 一些常见的伦理哲学

伦理哲学	道德决策描述	决策问题
功利主义方法	提供最大好处或最小伤害的决定（即，利与害的最佳平衡）	哪种选择将产生最大的好处，造成最小的伤害？
权利方法	这个决定最能保护所有受影响的人的精神权利。其中包括： • 决定过什么样的生活的权利 • 被告知真相的权利 • 不受伤害的权利 • 隐私权	哪种选择最能尊重所有参与决策的人的权利？
公平或正义方法	平等对待所有人的决定——如果不平等，那么基于某种站得住脚的标准来公平对待	哪种选择对人们一视同仁？
共同良好方法	对所有人都有好处的决定	哪种选择最适合整个社区，而不仅仅是部分成员？
德行方法	与某些理想美德一致的决定。诚实、勇气、同情、慷慨、宽容、爱、忠诚、正直、公平、自制和谨慎都是美德的例子	哪种选择能让我成为我想成为的那种人？

例如，如果使用**功利主义方法（utilitarian approach）**来决定新产品中包含的不同安全特性，那么道德的选择就是提供最大的好处和最小的伤害。**权利方法（rights approach）**寻求保护所有人的权利。**公平或正义方法（fairness or justice approach）**提倡平等对待所有人，这样关于员工薪酬的决定将向每个人提供相同的报酬，或者解释清楚为什么一个人的工资高于另一个人。**共同良好方法（common good approach）**的焦点是社区所有人的利益，而某些理想价值观驱动着人在**德行方法（virtue approach）**的影响下做出决策。

当然，还有其他一些因素会影响行为。**伦理相对主义（ethical relativism）**认为，一种文化中的伦理内容不一定与另一种文化中的伦理内容相同。换句话说，对或错是文化中的相对道德规范。在美国被庇护的商业领袖们震惊地发现，他们不能指望国际社会中的其他人拥有同样的道德标准。

商业道德准则

道德是行为规则———一种文化中的大多数人如何判断对错。**商业道德（business ethics）**是指导商业组织内部的个人行为的基本价值观。道德价值观影响着管理者们做出的各种营销计划决策，包括他们的产品中有什么、从哪里采购原材料、如何做广告，以及确立什么类型的定价方法。发展良好的商业道德是建立与客户和市场上的其他人的牢固关系的重要一步。

为了让员工和其他利益相关者明确地知道人们对他们的期望，许多企业制定了自己的**道德准则（codes of ethics）**——作为组织中的每个人都必须遵守的书面的道德标准，并将其纳入计划过程。例如，美国电话电报公司（AT&T）的《商业行为准则》，详细介绍了对每位董事、管理人员和员工在诚实和道德行为、利益冲突、信息披露、合规、报告和问责、公司机会、保密、公平交易、保护和适当使用公司资产等方面的要求。

当然，除非员工的道德行为得到奖励，就算是最佳道德准则也不能保护顾客和组织声誉。富国银行（Wells Fargo）就吃了不少苦头。他们通过向客户交叉销售其他银行产品的方式，鼓励员工开设更多账户。员工不仅增加了交叉销售，而且一些人还以现有客户的名义开设了假账户，最终导致富国银行解雇了 5300 名员工。

为了帮助营销人员努力坚持道德行为，美国市场营销协会（AMA）为营销人员制定了一套道德准则。我们在表 2-7 中展示了该准则的要点内容。

表 2-7　美国市场营销协会道德准则的要点

营销人员的道德规范和价值观
美国市场营销协会致力于为其成员（从业者、学者和学生）推广最高标准的职业道德规范和价值观。规范是社会和/或专业组织所期望和维持的既定行为标准。价值观代表了社区认为可取的、重要的和道德上恰当的集合概念。价值观也是评价我们个人行为和他人行为的标准。作为营销人员，我们认识到，我们不仅服务于我们的组织，还充当社会的管理者。在这个角色中，营销人员应该接受最高的专业道德规范和隐含在我们对多个利益相关者（如顾客、员工、投资者、同行、渠道成员、监管机构和主办社区）的责任中的道德价值观。 **道德规范** 作为营销人员，我们必须： 1. 不造成伤害。 2. 培养人们对营销体系的信任。 3. 接受道德价值观。 **道德价值观** 诚实——在与顾客和利益相关者打交道时要坦率。责任——接受我们的营销决策和策略的结果。尊重——承认所有利益相关者的基本人格尊严。透明度——在营销操作中创造一种开放的精神。公民身份——服务利益相关者，履行经济、法律、慈善和社会责任。 **实施** 我们希望美国市场营销协会成员勇敢、积极主动地领导和帮助他们的组织实现对利益相关者的明确和含蓄的承诺

美国市场营销协会通过该道德准则帮助其成员遵守商业道德标准。

资料来源：Copyright © American Marketing Association. Reprinted with permission from the American Marketing Association.

营销是不道德的吗

大多数营销人员都希望践行道德。有些人遵循权利方法哲学并做出符合道德规范的行为，因为这是正确的做法；而另一些人则遵循避免与消费者或政府监管机构产生纠纷的考虑。尽管如此，仍有一些存疑或不道德的营销例子，我们将在这里讨论其中的一些。

1. *市场营销服务富人，剥削穷人*：许多营销人员关心自己的最终业绩，但他们也希望为所有消费者提供更好的生活质量，也就是我们在第 1 章中讨论的社会营销观念。但也有例外。例如，由于发达国家的香烟销售量减少，烟草公司以欠发达国家和发展中国家的吸烟者为目标市场，从而导致这些人群出现健康问题。

MARKETING: REAL PEOPLE, REAL CHOICES 营销的真相（原书第 11 版）

2. *产品不安全*：无论营销人员是真的致力于为顾客提供尽可能安全的产品，还是因为担心政府监管和责任问题，大多数企业都会生产安全的产品，如果它们发现问题，会迅速通知顾客并召回有缺陷的产品。

3. *低质量产品*：许多人哀叹美国制造业的损失，认为纺织品和家具等进口产品的质量很差。然而，产品质量取决于消费者对产品的需求。你想要一个能使用 50 年的冰箱吗？家电制造商可以设计和销售它，但消费者愿意支付它的成本吗？在消费者愿意为更好的质量付费之前，营销人员必须以消费者能接受的价格提供产品。

4. *计划性淘汰*：为了保持盈利，营销人员必须在现有产品上市一段时间后提供新产品。iPhone 就是一个例子。你有没有注意到，当你的手机服务商合同到期的时候，你需要一个更新并且更好的 iPhone？对很多人来说，这是一件好事，因为新手机有更优质的功能。还有人仍然喜欢他们的旧翻盖手机，他们会使用它直到它散架。

5. *宽松的消费信贷让人们购买他们不需要和买不起的东西*：许多人担心发薪日贷款和汽车所有权贷款公司的年利息率可能超过 400%。它们的顾客通常是财力有限的人，也不知道如何管理他们的钱。一家公司把轮胎租给那些买不起轮胎的消费者。当然，当轮胎租用费付清时，顾客已经花了足够买几套轮胎的钱了。

什么时候贿赂不是贿赂？全球商业的道德问题

可悲的是，在许多欠发达国家和发展中国家，中层阶级的工资非常低；经济的运行建立在被我们称为"公然贿赂"或"勒索"的体系上。有些"支付"只是轻微腐败，而"好处"微不足道，而其他一些可能涉及高级政府或商业官员，并可能会带来毁灭性的后果。如果你需要把你的车或送货卡车非法停放在没有停车位的地方，你会给一个愿意接受贿赂的警察一点钱。如果店主想要一个警官关照他的商店，他会找到一个愿意这样做的警官，偶尔送给他一件衬衫。如果一个进口商想在货物变质之前离开海关，他会付钱给一个有权扣留货物数周的政府工作人员。如果有人想要签建造一座新建筑的合同，或者想要一个不安全的建筑通过检查——你明白的。我们之前提到过，现金经济可能会导致不准确的国内生产总值和减少的税收收入。贿赂和勒索也更有可能发生在没有书面（或数字）的收支记录的地方，即现金经济中。

当某人自愿出钱得到非法的好处时，就会发生**贿赂（bribery）**，当有权力的人通过强迫榨取金钱时，就会发生**勒索（extortion）**。然而，1977 年的《反海外腐败法》（FCPA）使美国企业处于不利地位，因为它禁止企业通过行贿向海外销售。然而，《反海外腐败法》允许支付"常规政府行动……如获得许可证、执照或其他官方文件；政府处理文件，如签证和工作令；（以及）提供警察保护。"

学习目标总结

企业实行道德商业实践非常重要，因为这可以使所有利益相关者受益，且避免低道德标准对企业和社会造成不良后果。不同的伦理哲学会对道德决策产生不同影响。商业道德作为企业的价值观，常被用于制定商业道德准则。尽管大多数营销人员确实做了道德的决策，但也有一些例子证明了对营销的批判是合理的。如果营销人员不了解道德观点的差异，他们可能会在某些国家的道德环境中遇到问题。

可持续性：营销人员行善得善

在第1章中，我们看到许多企业都采用了三重底线导向。这些企业不仅关注他们在财务上的成功，还关注他们如何为社区做出贡献（社会底线）和创造可持续的商业实践（环境底线）。今天，许多人认为，可持续性不再是一种选择。它是必要的，它正在发生，而且它将成为未来战略规划的一部分。

美国消费者的价值观正在改变，因为越来越多的人正在优先考虑不含额外添加剂的"天然"食品。

为什么可持续发展的商业实践如此重要？这真的很简单。正如我们所知，我们今天或将来维持生命所需要的所有东西都依赖于地球上的自然资源——地球上的空气、水和矿产资源。如今，地球上的人口继续以惊人的速度增长。经济增长，特别是发展中国家的发展，意味着以更快的速度消耗自然资源。这些国家不断壮大的中产阶级关注着发达国家消费者的生活，并希望获得同样水平的生活，从而创造了更高程度的不可持续性消费。随着全球各地的人们都看到了破坏环境的迹象，气候控制已不再是一个有争议的议题。

可持续性是一个明智的商业决策

为了更好地理解可持续营销，我们可以回到第1章中讨论的社会营销观念：营销人员必须以有利于社会并为企业提供利润的方式来满足顾客的需求。这些也是我们在本章开头提及的汤姆·萨奇的目标。汤姆是泰瑞环保的首席执行官，所在的公司是一家专注于解决影响可持续发展的过度消费和浪费问题的社会企业。可持续发展意味着企业维持发展的同时，也在谋求社会的长期发展。

今天，我们看到越来越多的企业通过提高运营效率、减少原材料的使用、节约能源、增加回收材料的使用，以及防止垃圾排入自然环境中，向提高可持续性的方向发展。

制定可持续的营销组合

当我们通过调整我们的目标市场营销和4P来行善得善时，我们可以研究其他企业如何实施可持续营销实践，以收集一些关于最佳方法的线索：

- 目标市场营销战略：营销人员需要了解其顾客对可持续性的态度。他们必须知道哪些消费者愿意为环保产品多花几美分。这使得营销人员能够成功地瞄准**绿色客户（green customers）**——那些最有可能积极寻找和购买环保产品的消费者。

- 产品策略：可持续的产品战略包括在产品和包装中使用环保和可回收的材料。营销人员需要开发和生产更环保的产品，如电动汽车。一些企业也在努力选择**公平贸易供应商（fair trade suppliers）**。这指的是将生产只外包给向发展中国家的工人支付公平/生活工资的企业。

- 价格策略：许多消费者愿意购买绿色产品，但由于其价格高于类似的传统产品，他们不得不放弃购买。可持续营销实践旨在为绿色产品制定与其他产品相同或接近的价格。一个真正可持续的战略实际上可以降低产品价格，因为它可以提高效率，减少浪费。

- 渠道/分销策略：可持续的分销策略包括那些专注于减少能源使用的零售商，从资金的节约和绿色消费者的忠诚中获益。生产商和零售商可以选择从附近的供应商那里购买货物，以减少对长途卡车运输的依赖，而长途卡车运输是空气污染的一个主要来源。特别是在食品行业，我们看到了日益增长的**地方主义（locavorism）**购物趋势——购物者积极寻找来自他们居住地点附近的农场的产品的趋势。

- 促销策略：最明显的可持续推广策略是那些通过广告和其他信息告知客户公司对地球和子孙后代的承诺。还有其他的机会。制作一个电视广告的成本高昂，可能需要两三天的拍摄过程。一些企业已经开始"重用"旧的广告，同时让客户知道这是他们实践可持续发展的方式。

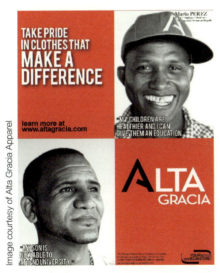

Alta Gracia 是一家公平贸易生产商，通过美国的校园书店销售在多米尼加共和国生产的大学品牌服装。该公司向员工支付基本生活工资（是美国每月 150 美元最低工资的三倍），员工还享有医疗保险、养老金、假期和产假。

非洲保护基金会的广告鼓励消费者在可持续发展中发挥作用。

第 2 章　全球营销、道德营销和可持续营销

可持续的消费者行为

可持续发展的方法并不局限于生产过程的改进。营销人员还需要激励顾客去寻找、支付和使用可持续的方案。许多人的确购买了尽量减少自然资源使用的产品；鼓励使用回收、重复使用和重新利用的产品；购买公平贸易和有机食品；使用环保的清洁产品和化妆品；使用共享汽车，即使以更高的价格、更少的便利和更低的产品性能为代价。当消费者了解环境问题和环保产品时，他们可以成为可持续营销实践的重要组成部分。

学习目标总结

随着世界人口的不断增长和对产品需求的不断增加，可持续的商业实践对未来的生活是必要的。在制定旨在保护环境和社区的目标市场营销和产品、定价、渠道/分销以及促销策略时，许多企业都在践行可持续性战略。

打造你的品牌：找到最合适的工作

泰勒很兴奋，也很渴望开始创立个人品牌的旅程。他认识到，个人品牌不仅能帮助他获得实习机会或第一份工作，还能让他在未来决定自己的职业选择。泰勒明白，市场营销就是要满足需求。雇主们正在寻找能够完成任务和解决问题的人。个人品牌的建立将帮助泰勒发现和传达他独特的价值主张，从而使他在求职市场中脱颖而出。

如果你有机会参观不同的大学校园，你就会发现每个校园都有其独特的氛围。有些显得冷漠、缺乏人情味，而另一些则温馨友好。学生们更喜欢前往那些充满温暖气息的校园。这是因为不同的校园，有不同的组织文化。就像你找到了一所"最合适"的大学一样，你也需要找到一个最适合你的风格的行业。你觉得在金融机构的保守文化中更舒适，还是更渴望在美捷步这种氛围更轻松的公司中，穿着牛仔裤和人字拖工作？

在本节中，你将学习：

- 识别最适合你的行业。
- 发现最适合你的工作环境。
- 了解你在职业生涯中需要考虑的选择。

组织文化

就像我们将一群人的文化定义为该群体的价值观、信念和习俗一样，价值观、信念和习俗是一个组织文化的重要组成部分。对于一个组织来说，价值观是关于经营方式对错的根深蒂固的信念。

这些信念或许受到了企业创始人的价值观影响，随着时间推移，它们已经根深蒂固。即便可能改变，也极为困难。在许多组织中，根深蒂固的做事方式可能包括从你在何时何地吃午餐到你可以放在办公室或小隔间里的东西的一切事情。例如，一些企业希望员工在着装和对待供应商、渠道成员方面遵循企业的指导方针。在高度结构化的组织中，新想法通常需要获得批准后才可实施。在结构化程度较低的组织中，员工有更多的自由去实践新想法，看看它如何运转。在美捷步，没有人拥有独立的办公室，即使是首席执行官也不例外；每个员工都享有同等大小的隔间，并被鼓励进行装饰以表达自我。他们可以在工作场所的任何地方做自己的工作，甚至可以在一个放满吊床的房间里小睡一会儿。

在新冠疫情期间，许多组织的各级员工都开始实行居家办公。这些组织是否会对其价值观、信仰和习俗进行调整，或者回归更为正式的文化，还有待观察。

在面试时观察企业文化。正是那些你看到（或者没有看到）的小事可以告诉你很多关于组织文化的信息。当你经过走廊时，遇到的人是否友好、微笑、热情？他们看起来是否喜欢工作，还是似乎对自己的工作没有什么激情？

在求职面试中可以询问组织的文化。你可以问这样的问题，"你会如何描述组织文化？"以及"这里的平均工作时间是多少？"，来感受一下这个组织的文化。此外，最好对你面谈的每个人提出相同的问题，看看是否能得到一致的回答。你可以观察到的其他东西也会提供有关工作环境的信息。

公司地点。这个因素是指建筑的外观和工作场所的设计。是每个人都有一个小隔间或办公室，还是工作场所是开放的并且围绕一个中心进行配置？员工有时会在家工作还是一直在家工作？

关键人物的个性。谁更重要：科学家、交易商还是其他人？

管理理念和风格。管理者是对每一个细节进行微观管理，还是设定目标然后站在一边，让员工达到这些目标？

风险承受水平。该企业是在承担风险，还是在财务上比较保守？如果员工犯了错误，会有什么样的后果？

道德。该企业有道德准则吗？员工是否遵守该准则？

社会责任。该组织为公益做贡献吗？

你可以在企业网站以及商业或行业出版物上学习到这些东西。最好的消息来源可能是该组织中的员工，在面试前应该征求他们的意见。

行业间差异

尽管组织文化在很大程度上受公司规模、管理理念和首席执行官个人风格的影响，但也可能深刻地受到所处行业文化的影响。

下列是一些关键行业的工作环境信息。

农业、采矿和建筑。员工很可能是以自己的技能和成就而自豪的务实人士。大学毕业生可以在项目管理、金融、市场营销和销售领域找到工作。

制造/研发。员工有严格的时间表、紧张的预算和质量控制标准。注重细节、头脑冷静的问题解决者最适合这些企业。

销售/市场营销。员工需要定量和分析技能，才能在这个快节奏、流动的环境中工作。人们对失败的容忍度很低，适合那些有创意和精力充沛的高成就者。

信息/媒体/娱乐。这些行业会提供入门级别的工作，需要职业技能，如编辑、研究和报告。创造力和新的想法对你获得成功的职业生涯很重要。

金融/保险。在该行业的员工必须具有诚信和自信。员工需要细致的头脑，对金融世界的全面了解，以及"看起来像这么回事"。

职业和商业服务。岗位需要优秀的沟通技巧、职业技能、建立顾客关系的才能、自律，以及专业知识。

教育和医疗保健服务。这是改变他人生活的工作。

休闲/酒店/文化。员工乐于服务他人或帮助他人享受假期，可以在压力下保持冷静，并愿意接受低工资。工作时间灵活，员工可以腾出时间去追求其他兴趣。

政府/非营利组织/非政府组织。这些工作适合那些喜欢解决复杂问题的人。人们在集体组织的工作环境中工作。

运输和公用事业。这些工作需要专业技能、对顾客需求的敏感性、实施商业计划的能力，以及平衡服务目标和盈利的冲突的能力。许多工作都为其他人提供了集体组织的工作环境、挑战和服务。

在海外找到工作

世界正迅速成为一个全球市场。宝马和奔驰汽车可能是德国公司生产的，但它们的许多汽车都是在美国生产的。与此同时，美国汽车制造商通用汽车公司在加拿大、墨西哥、中国、德国、土耳其、巴西、阿根廷、澳大利亚和南非生产汽车；丰田在 18 个国家生产汽车，包括阿根廷、比利时、印度尼西亚、波兰、南非、美国，哦对，还有日本，这些都是例子。在全球经济从疫情中恢复后，你可能希望加入其他人的行列，拥有在另一个国家工作的改变人生的经历。有许多跨国企业在其他国家提供短期或长期工作的就业机会。除了有机会在其他地方生活和旅行之外，这些工作还提供了宝贵的学习经验。能够在国际舞台上开展业务，并成功地在其他文化环境中工作，这是在课堂上无法学习到的。

一般来说，在国内找到这些工作更容易，首先你需要从本国的跨国企业获得一个职位。当你积累了技能和经验后，可以申请调到不同国家的分支机构。提高你在全球就业市场的竞争力的方法之一是在攻读学位时选择出国留学。

MARKETING: REAL PEOPLE, REAL CHOICES 营销的真相（原书第 11 版）

泰勒了解到，正如不同国家和不同群体的文化（价值观、信念和规范）之间有很大的差异，企业和行业的组织文化往往也有很大的差异。他还认识到，要想找到一份非常"适合"他的工作，他需要通过观察和在工作面试过程中提问，尽可能多了解潜在雇主的文化情况。他还知道，在当今的全球市场上，其他国家可能会有好的就业机会。

学习目标总结

求职者需要找到最适合他们的行业和工作环境。他们还需要了解在国际职业生涯中需要考虑的选择。企业，就像不同的国家和人群一样，拥有独特的组织文化和关于经营方式的价值观念。这些信念可能根深蒂固。求职者应该留意与公司文化和工作环境相关的线索，包括公司地点、关键人物的个性、管理理念和风格、风险承受水平，以及企业的道德和社会责任。

随着全球市场的形成，许多企业提供了在其他国家短期或长期工作的机会。这种工作方式为人们提供了一种课堂学习无法替代的学习途径。

MARKETING
REAL PEOPLE,
REAL CHOICES

营销的真相 （原书第11版）

第 3 章　战略营销规划

学习目标

- 解释商业规划及其三个层次。
- 描述战略规划的步骤。
- 描述营销规划的步骤。
- 了解如何为成功的职业生涯制订战略计划。

Robert Roncska

罗伯特·隆奇卡

真实的人，真实的选择：罗伯特"海军鲍勃"隆奇卡

▼AdventHealth 的决策制定者

罗伯特"海军鲍勃"隆奇卡（Robert "Navy Bob" Roncska），美国海军前准将，于 2018 年加入医疗保健行业，在佛罗里达州奥兰多 AdventHealth 公司担任患者安全执行董事（executive director）。15 个月后，他被提拔任命为（新设立的）高可靠性和单位文化（high reliability and unit culture）部门的执行董事，协助监督七个州内的 48 家医院和 8500 多张许可床位（licensed bed）。回顾其职业生涯，他曾是夏威夷珍珠港第七潜艇中队的准将，负责 10 艘洛杉矶级核动力潜艇的安全运行、维护和任务执行，管理过 1700 多名海军和 250 亿美元的资产。在 2018 年年中，他以上尉军衔退役。

目前，鲍勃与来自迪士尼、可口可乐、佛罗里达州医疗保险公司和佛罗里达州中部的一所大学的安全专家一起担任佛罗里达州安全委员会的董事会成员。佛罗里达州安全委员会由佛罗里达州商会发起，作为教育、研究和领导的孵化器为佛罗里达州服务，其目标是使佛罗里达州成为美国最安全的州。隆奇卡上尉在 AdventHealth 和安全委员会的合作中发挥了作用，发起了一项运动，该运动使人们意识到由新冠疫情而产生的心理健康问题，并且提供了相应的帮助。

鲍勃还在 IMPower 的董事会任职。IMPower 是一个行业领先的非营利性组织，位于佛罗里达州，专注于心理健康、药物滥用和儿童福利。IMPower 为有需要的人提供个人关怀、咨询、援助和激励，并通过提供心理健康门诊服务、药物滥用治疗、远程精神病治疗、寄养和收养服务、预防计划和青年寄宿援助来服务社区。在 IMPower 董事会任职期间，鲍勃帮助他们管理资本运作，并促成了 AdventHealth 的一笔巨额捐赠，该捐款提高了 IMPower 为年轻和弱势顾客提供心理健康服务的能力。

鲍勃的个人信念是"你要么变得更好，要么变得更糟，你永远不会保持不变"，这促使他继续坚持他的个人成长。他现在正在罗林斯学院（Rollins College）的克鲁默商学院（Crummer Graduate School of Business）攻读高阶工商管理博士学位（EDBA）。他与妻子斯蒂芬妮结婚超过 28 年，有两个孩子，索菲亚和扎卡里，目前他们居住在佛罗里达州的温特帕克市。

罗伯特的信息

我不工作时做什么：

我喜欢体育活动，并且坚信运动对我的健康有益。早年，我踢足球、摔跤、参加田径运动、加入赛艇队。成年后，我开始跑马拉松，最终开始参加铁人三项，并成功完成两次。虽然目前没有参加铁人三项比赛，但我几乎每天都骑自行车和跑步。

走出校园后的第一份工作：

在大学毕业那天，我以少尉身份加入了核海军。我被任命为美国西弗吉尼亚号（SSBN - 736）黄金小队（Gold crew）的核化学和放射部门的军官，这是一艘驻扎在佐治亚州金斯湾的弹道导弹核潜艇。

职场最佳表现：

我的职场最佳表现是指挥得克萨斯号潜艇，我把性能低下的潜艇带成了我们中队排名第一的舰艇，我们的舰艇在太平洋舰队中留存率最高。我特别享受执行北极作业的时光，在此期间我们成为第一艘具有完成此类作业资格的弗吉尼亚级潜艇，并执行了许多对国家安全至关重要的任务。虽然我是一名高级指挥官，但我的最佳表现是与我的船员们建立亲密的关系，他们就像我的家人一样，看着水手们成长并取得成功，我也感到很有成就感。

我的座右铭：

"好的想法不会被自动采纳。人们需要勇敢地、不停地实践。"——海曼·李高佛

我的动力：

真诚地、发自内心地去帮助他人并传递爱心。

我的管理风格：

我坚信领导—成员交换理论。与我的团队建立亲密关系并组成一个大家庭是最有效和最令人满意的领导方式。我不关注自己，而是关注个人和团队的关系。

与我面谈的时候不要这样做：

说不尊重他人的话。

我不喜欢的小毛病：

将失败归咎于他人而不承担个人责任。

罗伯特的问题

因为 2020 年初美国新冠病毒的感染病例急剧上升，美国企业和政府的工作——连同它们的长期战略目标——突然停了下来。

AdventHealth 是一个拥有 48 家医院、8 万名员工、每年为 500 多万病人提供服务的医疗系统，它曾计划在佛罗里达州奥兰多市的一次行政会议上公布其 2025 年和 2030 年的公司愿景。但随着疫情的迅速蔓延，这次会议被迫取消了，许多长期战略目标搁置了。

AdventHealth 一直在努力使其医院安全可靠，它的大多数医院在患者安全方面获得了第三方医院评级系统 Leapfrog 集团的 A 级。但是，AdventHealth 公司并不只想取得这个等级。结合其使命和战略，AdventHealth 希望形成冷静客观和重视安全的组织文化。

这一战略愿望部分源于 1999 年具有里程碑意义的报告"人会犯错：建立一个更安全的医疗体系"（To Err Is Human：Building a Safer Health Care System），该报告显示，

每年估计有 4.4 万至 9.8 万人死于可预防的医疗事故。这份报告促使整个行业认真审视其管理和文化系统。

哈佛商学院的领导力和管理学教授艾米·C.埃德蒙森（Amy C. Edmondson）研究了这个问题，他发现，形成"心理安全"组织文化的医疗团队，乐于接受其医疗错误被公开地讨论。这种讨论带来了合作，解决了根本问题，并成功预防了伤害。例如，一名护士可能会因为害怕惹上麻烦而隐瞒医疗错误，而另一名遭遇类似情形的护士可能会立即报告自己犯下的医疗错误，因为"你不害怕告诉护士长"。换句话说，第二个护士有安全感。

正如埃德蒙森在 2019 年《哈佛商业评论》的播客中所说："心理安全是指坦率、直接…… 你能够说，'我犯了一个错误'，并你在陷入困境时愿意寻求帮助。"在形成心理安全组织文化的工作场所中，成果和绩效都得到了改善，并且这一发现不仅仅体现在医疗领域。

核海军部队同样接受了"心理安全"这种文化，连同海曼·李高佛上将在 20 世纪 50 年代首次提出的"高可靠性的五项准则"共同构成了其部队的安全准则。自那时起，海军在水下运行了 200 多个移动式核反应堆，累计运行了 6500 年，没有发生一起反应堆事故，使核海军成为高可靠性的行业黄金标准。2018 年，在美国海军核潜艇舰长鲍勃·隆奇卡退役后，AdventHealth 公司聘请了他，希望他将海军的安全秘诀和促进医院高度可靠和安全的组织文化带入企业，并将其作为战略目标的一部分。

在工作了 15 个月后，鲍勃升职，开始帮助组织形成整个医院系统的单位文化（unit culture），并监督一个安全官员团队以及一个新项目（该项目开创了一种带有数字触摸屏的创新通信技术）。在新冠疫情发生的那一年，这些新技术及其附加的安全文化教育内容要被推广到 108 家 AdventHealth 医院单位，这对公司来说是一项艰巨的战略工作，但由于 AdventHealth 公司的所有执行团队都转向处理新冠疫情危机，这项工作突然中断。

AdventHealth 公司改善单位文化的战略目标被搁置，鲍勃和他的团队知道，他们必须重新定位他们的重点。在公司处理危机的过程中，他和他的团队有很多疑问，他和他的团队如何能够更好地利用他们的时间来推进战略？如果他们继续进行单位文化工作，如何确保他们不会妨碍和疏忽危机管理的工作？鲍勃和他的团队是否需要放弃他们正在做的事情，去看看他们是否也能帮上忙？

作为整个 AdventHealth 公司的高可靠性和单位文化部门的新执行董事，鲍勃负责履行好他和 AdventHealth 公司的战略职责，而此时他的同事们正被一个前所未有的困境所困扰。

他的方案 1、2、3

什么都不做。因为鲍勃刚刚加入公司，还需要和整个组织的领导会面商议，所以鲍勃可以告诉他的团队在疫情期间休息并专注于已经落地的项目。事实上，在许多时候，领导要求他暂停工作，让医院和临床负责人为可能出现的患者激增情况做好准备，那时对医务服务的需求将超过医院的容量和供给。然而，由于等待，鲍勃可能会失去推进单位文化项目的宝贵时间和动力，该项目对医院的安全来说至关重要。疫情之后，当 AdventHealth 开始恢复正常运营时，他再推进单位文化的项目可能很难重新开始。

鲍勃可能会部分参与应对这次危机。凭借他在海军潜艇舰队的管理经验，他完全有资格谈论新冠疫情的安全问题。鲍勃在处理危机时，可以最大化地利用他现有的团队和临床操作知识使公司受益。另外，需要额外帮助的医院领导也可以让鲍勃和他的团队分担繁重的工作量。但潜在的缺点是，公司聘请他从事的战略工作将继续陷入困境。在帮助他人处理紧急情况时，虽然鲍勃的团队成员会感到些许慰藉，但他的主要团队和公司战略远景将被边缘化并与危机管理相混淆。AdventHealth 的重要工作及其每年数百万患者的安全和优质护理可能会受到影响。

鲍勃可以全力以赴。他可以使用通信工具和教育资源来培养医院单位的"心理安全"文化，以支持应对危机的团队。这样，他将利用 AdventHealth 正在实施的通信技术进一步推进团队已经在做的工作以及推进单位文化的建设，同时也以创新的方式帮助医院系统应对新冠疫情。当 AdventHealth 恢复正常运营时，整个系统的医院领导都会熟悉 AdventHealth 和鲍勃的战略工作和使命。在他继续工作时，他们之前对项目的熟悉会让他们更容易参与和接受鲍勃的工作。采取这种方案，鲍勃有可能会妨碍到领导团队应对危机的部署和工作，如果他的项目没有作用，它可能会阻碍公司对危机的处理以及 AdventHealth 想要完成的战略工作。

现在，假如你处在鲍勃的位置上，你会选择哪一个方案呢？为什么？

你的选择

你会选择哪一个方案？为什么？

☐ 方案 1　　　☐ 方案 2　　　☐ 方案 3

商业规划：构建宏图

正如您在本章开头的小插曲中所读到的，AdventHealth 让鲍勃·隆奇卡来制订并执行一项重要的新计划，以强化其整个连锁医院的组织文化。但当他刚开始担任这个职务时——砰——危机袭来。还有哪个行业比医疗保健更受新冠疫情影响呢？可能没有。那么当意想不到的障碍影响计划时需要做什么？在这种情况下，公司需要训练有素的商科学生去围绕计划而工作——但是注意，计划不是一成不变的，并且影响计划变化的因素非常多，德怀特·戴维·艾森豪威尔将军有句名言："计划什么都不是，不断规划才是真理。"

艾森豪威尔简单的陈述启发了营销人员（以及所有做计划的人），*计划*只是记录在纸上或字节中的静态叙述。而*规划*是一个有机的、多变的、不断发展的过程，必须以高超的技巧来管理。这是一本关于营销的书；因此，我们在本章中对规划的大部分讨论都集中在营销规划上。但请注意，本章标题是"战略营销规划"，而这个词—— **战略（strategy）** 实际上非常重要。战略是（基于目的和目标的）计划要素的执行，以实现理想的未来。人们常说战略既是一门艺术又是一门科学，当你在本章中了解规划过程时，你将了解到在规划中兼具想象创造和理性分析是多么重要。

周密的计划使公司能够在市场上表达清晰，以便顾客了解这是一家怎样的公司，以及它提供哪些与竞争对手不同的产品——特别是，规划将决定如何为顾客、客户、合作伙伴和整个社会创造价值。在本章中，你将体验有效的商业规划——尤其是营销规划——的力量，并为你成功地制定个人规划奠定基础。

我们认为规划的过程非常重要。这就是为什么我们一开始就讨论规划人员要做什么以及他们所面临的问题，以确保公司的正常运营。在许多方面，制订出色的商业计划就像用智能手机拍一张很棒的数码照片。这个比喻之所以恰当，是因为摄影的成功取决于在相机镜头中捕捉正确的信息、正确定位图像以及抓拍运动的事物。商业计划也是这样。

通过正式的规划流程获得的知识价值连城。如果没有将营销规划作为企业的持续活动，就没法让你知道，你希望公司走向何方，如何到达那里，甚至你不知道现在是在正确还是错误的轨道上。

什么是**商业规划（business planning）**？简而言之，它是一个持续的决策过程，可以在短期和长期内指导公司。规划确定并建立在公司的优势之上，它帮助各级管理人员在不断变化的商业环境中做出明智的决策。规划意味着组织在采取行动之前制定目标。在经营很多市场的大公司中，像 IBM、福特、百事可乐或亚马逊，规划是一个复杂的过程，涉及来自公司不同运营领域的许多人。然而，在麦克餐厅（Mac's Diner）

这样的小型企业中，规划的范围会小很多。然而，无论公司规模或行业如何，出色的规划只会增加企业成功的机会。

在接下来的内容中，我们将研究规划中的不同步骤。首先，我们将了解管理人员如何制订**商业计划（business plan）**，来指导整个组织或其业务部门的决策。然后我们将审视整个战略规划的过程，以及审视**营销计划（marketing plan）**形成和实施的各个阶段，营销计划既包括过程也包括结果，它描述营销环境，概述营销目标和战略，并确定公司将如何实施和控制（含在计划中的）战略。为了使整个过程顺利进行，我们将通过三个不同层次的规划一步一步地展开。

商业规划的三个层次

大体上，我们都知道规划是什么。有一些人会规划如何学习和完成作业，而不会在最后一刻感到压力。当企业做规划时，过程会更加复杂。如图 3-1 所示，规划发生在三个层面：战略、职能（市场）和运营。顶层是涉及全局的东西，像一览无余的风景画。相比之下，底层制定了公司为达到目标需要采取的"具体"行动，更像是一张特写照片。

战略规划	职能（市场）规划	运营规划
由公司或SBU管理层进行规划 1. 定义使命 2. 评估内部和外部环境 3. 设定组织或战略业务单位目标 4. 建立业务组合 5. 制定增长战略	由最高职能级别的管理人员进行规划，如公司的首席营销官（CMO） 1. 进行情景分析 2. 设定营销目标 3. 制定营销策略 4. 实施和控制营销计划	由主管经理规划 1. 制订行动计划以实施营销计划 2. 使用营销指标来监控计划的实施情况

图 3-1 商业规划的层次

在规划期间，组织确定其目标，然后制定行动方案以达到这些目标。在较大的公司中，规划发生在三个层次，战略、职能（营销）和运营。

一级规划

战略规划（strategic planning）是将企业的资源（例如其金融资产和劳动力）和能力（具备的专业知识和经验）与其市场机会相匹配，以实现长期增长的管理决策过程。在战略规划中，高层管理人员——通常是首席执行官、总裁和其他高层管理人员——确定公司的目标，并具体说明公司希望在未来五年左右达到的目标。例如，AdventHealth 的战略规划可能会设定一个目标，即在未来五年内每年将医疗过失减少10%。近年来，由于沃尔玛（Walmart）和塔吉特等公司更积极地进入在线零售业，亚马逊公开的目标是与顾客实现更多的物理接触点（部分是为了产品取货，部分是为了方便产品退货），并增加他们的食品杂货业务。比如近期，亚马逊突然收购了全食超市

MARKETING
REAL PEOPLE, REAL CHOICES
营销的真相（原书第11版）

（Whole Foods），还与柯尔百货公司建立了退货关系。

值得注意的是，对于宝洁、三星、通用电气和许多其他大公司而言，战略规划既发生在公司层面，也发生在个人和组织关注的独特领域。这些被称为**战略业务单元（strategic business units，SBUs）**，它们是公司内像独立企业一样运作的独立单位，每个单位都有自己的使命、业务目标、资源、管理者和竞争对手。例如，宝洁拥有惊人的多元化产品组，包括一次性婴儿尿布、洗衣用品、纸制品、女性护理、剃须刀和刀片、清洁产品、口腔护理等独立业务。虽然规划肯定是在整个宝洁公司层面完成的，但大部分真正的基层规划（street planning）是由战略业务单元完成的，因为这些战略业务单元面对的市场和竞争对手有很大的不同。

二级规划

下一级规划是**职能规划（functional planning）**。这个级别之所以如此命名，是因为它涉及公司的各个职能领域，例如营销、财务和人力资源。这些领域的副总裁或职能总监通常管理职能规划的过程。我们将营销人员所做的职能规划称为**市场规划（market planning）**。负责此类计划的人员可能是营销总监、营销副总裁、首席营销官或类似的管理者。这些营销人员可能会设定目标，比如，通过在下一年成功推出三种新产品来获得40%的市场份额。这个目标是营销计划的一部分。营销规划通常包括支持公司战略计划的三至五年的营销计划和来年的详细年度计划。宝洁的每个战略业务单元既有针对整个产品类别（例如，剃须刀和刀片），也有针对不同市场（例如，男士和女士剃须产品）的某一品类中的产品制订单独的营销计划。规划过程由每个战略业务单元的营销主管牵头，并由战略业务单元的营销团队提供支持。这些战略业务单元不得与整体营销计划产生冲突或不一致。

三级规划

规划阶梯的再下一级是负责第三层规划的管理者，这一层叫作**运营规划（operational planning）**。在市场营销中，该层次的管理者包括销售经理、营销传播经理、品牌经理和市场研究经理等人员。此级别的规划侧重于职能计划的日常执行，包括详细的年度、半年度或季度计划。运营计划可能会准确显示销售人员每月需要销售多少产品，或者公司将在一个季度内在特定网络上投放多少电视广告。在运营规划层面，宝洁经理可能会制订社交媒体营销活动计划，通过 Instagram 推广新产品。

当然，营销经理不会只坐在办公室里空想计划而不关心组织的其他部分。尽管我们分别描述了每一层，但所有商业规划都是一个整合的活动。这意味着在像 AdventHealth 这样的组织，拥有 48 家医院和 8 万名员工，并且每年为超过 500 万患者提供服务，其战略、职能和运营计划必须始终在组织使命和目标的范围内协同工作，以造福整体。因此，各级规划人员必须理解一般的会计准则，考虑组织的财务状况以及人员配置和人力资源管理的要求，也就是说，他们在为自己的小领域做规划时，也要顾全大局。

在接下来的内容中，我们将进一步探讨我们刚刚介绍的三个层次中的每一个层次的规划。

学习目标总结

商业规划是一个持续的决策过程，该过程在短期和长期内指导公司。商业计划包括指导整个组织或其业务部门的决策，不同于营销计划，营销计划是一个过程和结果文件，它描述了营销环境，概述了营销目标和战略，并确定了公司如何实施和控制嵌入计划的战略。

规划发生在三个关键层面。战略规划是将公司的资源和能力与其市场机会相匹配，以实现长期增长的管理决策过程。大公司可能有许多独立的部门，其被称为战略业务单元。在这种情况下，战略规划既发生在整个公司层面，也发生在战略业务单元内部。职能规划是指公司的各个职能领域（如市场营销、财务和人力资源部门）都参与规划。运营规划侧重于职能计划的日常执行，包括详细的年度、半年度或季度计划。

战略规划：拟定蓝图

许多大公司意识到将所有鸡蛋放在一个篮子里并只依赖一种产品是有风险的，因此它们已经成为多产品公司，拥有许多围绕产品线或品牌进行组织的独立部门。

在拥有多个战略业务单元的公司中（如之前提及的宝洁），战略规划的第一步是高层管理人员为整个公司确定使命。然后，高层管理人员评估业务的内部和外部环境，并设定公司级目标，指导每个战略业务单元内的决策制定。在规模不足，无法拥有单独的战略业务单元的公司中，战略规划只在整个公司层面进行。无论公司是否有战略业务单元，战略规划的过程基本相同。让我们在图3-2的指导下更详细地看一下规划步骤。

图3-2　战略规划的步骤

战略规划过程包括一系列引导增长战略的步骤。

第1步：定义使命、愿景和价值观

理想情况下，高层管理人员在战略规划阶段的第一步是回答以下问题：

- 我们从事什么业务？

- 作为一个组织，我们相信什么？
- 我们应该服务哪些顾客？
- 我们应该如何发展并集中公司的力量？

在许多公司中，回答此类问题成为组织战略计划中的主要项目。一个公司的**使命（mission）**基本上就是它的目的，也是它存在的核心理由。从逻辑上讲，**使命陈述（mission statement）**是一份正式文件，它描述了组织的总体目标以及组织打算在顾客、产品和资源方面达到的目标。例如，宝洁公司的使命陈述（也称为"目的宣言"）写道："我们将提供优质和超值的品牌产品和服务，美化现在和未来全球消费者的生活。因此，消费者将用可观的销售额、利润和价值来回报我们，让我们的员工、股东更幸福，生活和工作的社区更加美好。"理想的使命陈述既不能太宽泛，也不能太狭隘或者太短视了。过于宽泛的使命不会为组织提供足够的关注。声称"我们的业务是生产高质量产品"或"我们的业务是让顾客满意"并没有多大用处，因为很难找到一家不做这些声明的公司。我们必须记住的是，明确使命陈述几乎适用于任何类型的组织。

如果你对使命陈述有兴趣，你可能会知道，对于大多数公司而言，使命陈述绝非市场秘密。也就是说，聪明的公司会让顾客和其他利益相关者非常清晰地看到他们的使命陈述，以此来宣传他们出色的工作。西南航空将自己定位为一家"有趣"的航空公司，取得了不错的成绩。他们的目的（使命）是"通过友好、可靠和低成本的航空旅行，将人们与生活中重要的事物联系起来"。而这也是西南航空所做的。使命陈述反映了公司现在所做的事情，但**愿景（vision）**是公司渴望在未来做什么或成为什么。这有一份具体的**愿景陈述（vision statement）**，对于西南航空来说，其愿景陈述是"成为世界上最受欢迎、最高效、最赚钱的航空公司"。该愿景陈述的确相当大胆，但有愿景意味着有抱负，鉴于西南航空长期的成功记录，他们有可能实现这一愿景。最后，**组织价值观（organizational values）**反映了公司所重视的最能反映其文化的核心属性。例如，宝洁将其核心价值观表述为诚信、领导力、主人翁精神、求胜的渴望和信任。这些要素指导宝洁开展业务（包括如何进行战略规划）。

在第9章中，你将学到很多关于品牌建设的知识，我们在本章中不会阐述太多，但是请记住，品牌要被顾客认为是真实的就必须体现其组织的使命、愿景和价值观。

第2步：评估内部和外部环境

战略规划的第二步是评估公司的内部和外部环境。我们将此过程称为**情景分析（situation analysis）**，但有时也称为环境分析或业务审查。该分析包括对公司内部环境的分析，这可以确定公司的优势和劣势，以及公司开展业务的外部环境，以便公司识别机会和威胁。

B Christopher/Alamy Stock Photo

西南航空一直非常注重招聘和培养能够向客户体现"西南精神"的员工。任何坐过西南航空的人都可以证明，那里的气氛活泼有趣，空乘人员可能会在过道上玩各种疯狂的特技，或者为机长和副驾驶（以及乘客）唱一首最喜欢的小夜曲。我们最喜欢的是一个在起飞和降落时发出奔腾的马蹄和嘶嘶声的员工。对于西南航空来说，真正的优势在于这种员工精神，而这种优势在竞争中很难被打破。

内部环境（internal environment） 是指影响运营状况的（组织内的）所有可控的因素。内部优势可能来源于公司的技术。可以从以下方面考虑公司内部优势，该公司有哪些优势是其他公司难以复制的？它拥有哪些专利？一家公司的实体设施可能是一个重要的优势或劣势，其财务稳定性水平、与供应商的关系、企业声誉、生产高质量产品的能力，以及是否在市场上拥有强大的品牌的所有权。内部要素包括组织结构、组织文化和各种资产——财务资产和其他资产。

内部优势和劣势通常来源于公司的员工——公司的人力资本和智力资本。员工有什么技能？他们接受过什么样的培训？他们对公司忠诚吗？他们有归属感吗？公司是否能够吸引顶尖的研究人员和优秀的决策者？

回想一下第 2 章，外部环境包括可能对公司产生正面或负面影响的外部因素。对于 AdventHealth 和几乎所有组织而言，当今企业的外部环境是全球性的，因此从事规划的营销人员必须考虑经济、竞

Ringo Chiu/ZUMA Press, Inc./Alamy Stock Photo

疫情为战略规划过程注入了许多无法控制的因素。

争、技术、法律、道德和社会文化趋势等因素。与管理层可以控制的内部环境因素不同，公司不能直接控制这些外部环境因素，因此管理层必须通过其规划过程对它们做出回应。

在第 2 章中，你了解到当今全球背景下影响营销的各种环境因素。你理解了为什么意识到机会和威胁可能来自外部环境的任何领域是如此重要。一方面，外部环境的趋势或当前未满足的顾客需求可能会提供成长机会；另一方面，如果顾客需求或购买模式的变化意味着顾客正在远离一家公司的产品，那么这就是威胁的信号。即使是成功的公司也必须改变，以应对外部环境压力。在新冠疫情之前，美国医疗保健部门的支出约为 3.5 万亿美元，约占美国 GDP 的 18%。环境因素对该行业有重大影响，AdventHealth 作为该行业最大的供应商之一，必须高度熟练地监控外部环境变化的潜在趋势，评估这些趋势带来的影响，并制订和执行计划，以在动态环境中最大限度地提高组织效率。

MARKETING: REAL PEOPLE, REAL CHOICES
营销的真相（原书第 11 版）

公司内部和外部环境分析的结果是什么？营销人员经常将他们从情景分析中得到的结果综合成一种 **SWOT 分析（SWOT analysis）** 模型。该模型总结了情景分析的思路。它重点关注公司内部环境中有意义的优势（S）和劣势（W）以及来自公司外部环境的机会（O）和威胁（T）。SWOT 分析使公司能够制定战略，利用公司最擅长的方面抓住成长机会，同时消除可能损害公司销售和利润的外部威胁。

第 3 步：设定目标

在确定使命陈述后，高层管理人员将其转化为组织或战略业务单元的目标。这些目标是使命陈述的直接产物，并大致确定了在公司长期业务计划内公司希望达到的目标。如果公司足够大，可以拥有独立的战略业务单元，那么每个部门都会有与其运营相关的目标。

为了目标有效，目标必须是具体的、可衡量的（这样公司才能知道他们是否已经达到目标）、可实现的、可持续的。可实现性尤为重要——如果公司设立了无法实现的目标，这会给员工（他们努力工作但对目标不满意）和公司的其他利益相关者带来挫败感，例如当公司没有达到其目标时会影响它的供应商和股东。随着时间的推移，一个公司目标的可持续性也很重要，通常来讲，达到一个非

新冠疫情将 Zoom 和其他视频会议平台等一些技术推到了新常态的前沿。

常短期的目标没有什么好处。公司仅仅设定一个短期目标会导致这家公司低估了竞争对手会带着更好的产品进入市场的可能性。如果不能保证目标是可持续的，投资的财务回报可能不会是正的。

目标可能与收入、销售额、盈利能力、公司在市场中的地位、投资回报、生产力、产品开发、顾客满意度、社会责任和许多其他因素有关。为了确保可衡量性，营销人员越来越多地尝试用数字来表述目标。例如，一家公司的目标可能是下一财年的盈利能力增长 10%。它可以通过提高生产力、降低成本或出售其无盈利的部门来达到这一目标。或者它可以通过开发新产品、投资新技术或进入新市场来达到这10% 的目标。

在 2020 年新冠疫情的最初几个月，商务旅行业务停摆，整个视频会议行业不得不迅速提高容量和带宽。Zoom、网讯会议（WebEx）、Microsoft Teams 和其他供应商早已制订了 2020 年的计划，其中包括在 2019 年初制定的目标，但那时我们还对未来会发生什么一无所知。在这种情况下，有两个特征可以区分营销规划中的赢家和输家。首先，要具有成为**灵活的组织（nimble organization）**的能力，这在商业中意味着公司的文化、领导力和运营能力，可以根据外部条件的要求迅速改变。其次，需要**战略转型**

（strategic pivot），战略转型是快速需求的可操作化，通过改变业务模式、业务方向、产品线或市场焦点，包括快速增加产出的能力，来满足新的或不同的需求。2020年初，实际上是在几周内，视频会议提供商不仅要快速适应不断增加的使用数量，还要适应其技术的多种多样的新用途，这需要一个灵活的方法和一些战略支点，以确保满足重要的虚拟通信渠道的需求。

第4步：建立业务组合

对于拥有多个不同战略业务单元的公司，战略规划包括决定如何在业务组合之间更好地分配资源以确保组织成长。在公司的整体战略计划中，每个战略业务单元都有自己的重点，有自己的目标市场和达到其目标的战略。就像一家独立的公司一样，每个战略业务单元都是大公司内部的一个独立的利润中心，也就是说，每个战略业务单元在大公司中都是独立的，都对自己的成本、收入和利润负责，并且可以单独核算这些项目。

正如我们将一个投资者拥有的不同股票的集合称为投资组合一样，一家大公司经营的不同业务的范围就是其**业务组合（business portfolio）**。这些不同的业务通常代表不同的产品线，每个产品线都有自己的预算和管理。拥有多元化的业务组合可以减少公司对一条产品线或一类顾客的依赖。例如，2020年的旅行限制和经济不景气意味着消费者没有那么多旅行需求，这对迪士尼主题公园和游轮来说是糟糕的一年，但迪士尼非常多元化，其领导人发现，

历史上，迪士尼邮轮公司一直是华特·迪士尼公司业务组合中的一个重要元素。

些损失可以由一些居家的消费者所弥补，这些消费者在家观看迪士尼电视网或流媒体迪士尼电视节目，从迪士尼网站购买米老鼠收藏品。

组合分析（portfolio analysis）是管理层用来评估公司业务组合潜力的工具。它帮助管理层决定当前哪些战略业务单元应该获得更多还是更少的公司资源，以及哪些战略业务单元最符合公司的总体使命。有许多可用的投资组合模型，为了说明其工作原理，让我们来看看波士顿咨询集团（BCG）开发的特别流行的模型：**波士顿增长—市场份额矩阵（BCG growth-market share matrix，也称波士顿矩阵）**。

波士顿矩阵侧重于确定公司当前战略业务单元产生现金流的潜力，公司可以将这些现金投资于其他业务。请注意，当我们说战略业务单元时，在许多情况下它代表广泛的产品组。就像前面示例的宝洁一样，人们可能会在一个波士顿矩阵类别中分析剃须刀和刀片（例如，吉列系列），在另一个类别中分析清洁产品（例如，速易洁）。图3-3中的波士顿矩阵表明，纵轴是市场的吸引力：用市场增长率来表示市场吸引力。尽管该图以"高"和"低"作为衡量标准，但营销人员可能会询问战略业务单元产品的总市场是否以每年10%、50%、100%或200%的速度增长。

明星：其产品在高增长市场中占据主导市场份额的战略业务单元

问题：其产品在高增长市场中占较低市场份额的战略业务单元

现金牛：其产品在低增长市场中占据主导市场份额的战略业务单元

瘦狗：没有人想要的战略业务单元

市场增长率

高

低

相对市场份额

高   低

图 3-3　波士顿矩阵

波士顿咨询集团的波士顿矩阵是公司检查其不同战略业务单位及其相关产品组合的一种方式。通过将战略业务单位分为明星业务、现金牛业务、问题业务或瘦狗业务，该矩阵有助于管理人员就公司如何发展做出正确决策。

　　图 3-3 中的横轴通过其相对市场份额显示了当前战略业务单元在市场上的实力。在这种情况下，营销人员会关注战略业务单元的市场份额与排名第三的竞争对手的市场份额之比。将这两个轴结合起来就形成了四个象限，这四个象限代表四种不同类型的战略业务单元。波士顿矩阵的每个象限使用一个符号来描述市场增长率和市场份额在一定范围的业务单位。让我们仔细看看网格中的每个单元格。

- 明星类（stars）是其产品在高增长潜力的市场中占据支配性市场份额的战略业务单元。由于战略业务单元在市场上占据主导地位，明星业务产生了可观的收入，但它们也需要大量的资金来满足生产和促销的需求。因此，明星业务需要来自其他业务部门的投资资金，因为它们自己无法产生资金。当然，明星业务直接产生的任何利润大概都会重新投资于明星业务。例如，近年来迪士尼将其工作室视为明星业务，并从十年前收购的卢卡斯影业和《星球大战》宇宙的知识产权中获得了可观的收入。《星球大战 9：天行者崛起》全球票房约 11 亿美元，预算约为 2.75 亿美元，接近历史最高纪录！对于"米老鼠"来说，这是一个不错的投资回报！但迪士尼面临的关键问题是，《星球大战 9：天行者崛起》"真的"是《星球大战》系列的最后一部吗？明星类产品还会延续吗？

- 现金牛类（cash cows）指的是低增长潜力的市场中占据支配性市场份额的战略业务单元。由于新公司的机会不多，竞争对手通常不会进入市场。与此同时，某些战略业务单元已经建立并享有很高的市场份额，公司可以用最少的资金维持。公司通常会从利润中榨取现金，为其他战略业务单元的发展提供资金。当然，如果公司的目标是增加收入，那么拥有太多增长潜力很小或没有增长潜力的现金牛业务可能会成为一种负担。对于迪士尼来说，其主题公园部门属于现金牛类别，因为全球销售额在很长一段时间内基本稳定。星球大战：银河边缘主题园区正在奥兰多和阿纳海姆运营，这种现金牛的地位可能会跃升至明星地位。然而，对于迪士尼来说，这些体验类的业务完全取决于个人的消费意愿和能力，很显然这种意愿和能力被 2020 年的新冠疫情严重破坏。

- 问题类（question marks）——有时被称为问题儿童——是在快速增长市场中市场份额较低的战略业务单元。当一个业务单元是问题业务时，关键是能否通过投资和新战略将其转化为明星业务。例如，公司可以投入更多资金来营销产品，使其市场份额能够提高。但问题业务的问题在于，尽管有投资，但整个行业有时直接进入了市场衰退期。因此，公司必须仔细评估投资问题业务获得回报的可能性。否则，除了负现金流和失望之外，公司什么也得不到，它还可能会发

Columbia Pictures/Marvel Entertainment/ Bramley, John/Album/Newscom

当华特·迪士尼收购漫威时，他们的想法是增加一项明星业务。

现自己在"花冤枉钱"。与许多零售商一样，对于迪士尼来说，其实体经营属于问题业务，因为近年来其绩效有所下降，但幸运的是，与当今大多数零售商一样，迪士尼商店的线上版本提供了比实体店更好的增长方向。

- 瘦狗类（dogs）在增长缓慢的市场中占有很小份额的战略业务单元。它们是在有限的市场上提供专业产品的企业，但这些市场不太可能快速增长。在可能的情况下，大公司可能会将瘦狗业务卖给能够养活它们的小公司——或者它们可能会将战略业务单元的产品撤出市场。迪士尼作为一个精明的战略规划者，十多年前就将其米拉麦克斯工作室确定为长期瘦狗业务，并且在与该工作室合作 17 年后卖掉了它。有趣的是，由于整个有线电视行业的压力，ESPN 最近显示出利润明显不佳的迹象。到目前为止，迪士尼仍紧紧抓住 ESPN 不放，但近年来许多人都在猜测迪士尼可能会撤资。

与迪士尼一样，AdventHealth 可以使用波士顿矩阵来评估其各种产品，从而就未来增长的投资方向做出重要决策。它将审视其产品线和经营的市场，以评估市场增长率和相对市场份额，确定每个业务提供潜在服务的大小，并决定进一步投资于哪个业务以及可以开发哪些产品和市场。在全球化的后疫情时代，在迪士尼产品组合中，迪士尼邮轮业务迅速从明星业务变成潜在瘦狗业务，人们是否会像过去一样愿意长时间乘坐邮轮，还有待观察。

第 5 步：制定增长战略

尽管波士顿矩阵可以帮助管理者决定他们应该投资哪些战略业务单元以实现增长，但它并没有告诉他们太多关于如何实现增长的信息。战略业务单元的增长应该来自寻找新顾客、开发新产品，还是来自其他增长战略？为了回答以上问题，战略业务单元层级的部分战略规划还需要评估增长战略。

MARKETING REAL PEOPLE, REAL CHOICES 营销的真相（原书第 11 版）

营销人员使用图 3-4 所示的产品—市场增长矩阵来分析不同的增长战略。矩阵中的纵轴代表现有市场或新市场的增长机会。横轴代表公司会将其资源投入现有产品，还是应该收购或开发新产品。该矩阵提供了四种策略：市场渗透、市场开发、产品开发和多元化战略。

- **市场渗透策略（market penetration strategies）** 寻求增加现有产品对现有市场的销售，例如当前用户、非用户和市场内竞争品牌的用户。备受尊敬的麦当劳虽然在财务上相当成功，但在过去十年内的大部分时间里，其市场份额一直在被其他产品夺走。快餐

产品重点

现有产品	新产品
市场渗透策略 • 通过现有产品服务现有市场来提高销量	**产品开发策略** • 将新产品卖到现有市场来实现增长
市场开发策略 • 将现有产品引入新市场来实现增长	**多元化策略** • 通过新产品和新市场来实现增长

（纵轴：市场重点——现有市场／新市场）

图 3-4　产品—市场增长矩阵
营销人员使用产品—市场增长矩阵来分析不同的增长战略。

（QSR）行业的每个商家，都曾动过麦当劳的蛋糕，但最近，金拱门的新高层管理人员通过执行"速度增长计划"来推动大幅增长。你可能已经注意到这些变化，该商业计划一直在朝着其策略的三个关键组成部分稳步推进：技术、交付和未来体验餐厅（experience of the future，EOTF）。技术部分包括专注于其全球移动应用程序、自助订购和数字菜单。这些变化，再加上几乎每个美国门店已经或将要改造或彻底重建，

由于麦当劳加大了自动化程度，麦当劳重新启动了其营销策略。

Deman/Shutterstock

这展现了麦当劳在竞争激烈的快餐业中重新渗透。

- **市场开发策略（market development strategies）** 将现有产品引入新市场。该策略可能意味着扩展到一个新的区域，也可能意味着在现有市场中接触新的客户群。古巴是美国各种产品和服务的主要潜在市场，距离迈阿密仅 145 千米。虽然最近航空业的普遍削减（cutbacks）阻碍了市场增长，但近 60 年来，美国航空公司首次开通了从佛罗里达几座主要城市飞往哈瓦那的定期航班。如果未来几年紧张局势得以缓和、商业恢复正常，这些航线将具有很高的增长潜力。

- **产品开发策略（product development strategies）** 通过在现有市场上销售新产品来创造增长。产品开发可能意味着通过开发项目的新

对美国公司来说，古巴代表着一个有前景的市场发展增长策略，只要美国政府继续放宽进入古巴的限制，各种各样的公司都在等着"入侵"这个岛屿。

sunsinger/Shutterstock

变化来扩展公司的产品线，或者它可能意味着改变或改进产品以提供更好的性能。随着越来越多的消费者开始不摄入糖，可口可乐公司的核心饮料业务持续下滑，其正致力于一项广为人知的产品开发策略，在整个饮料领域进行新的尝试。例如，健怡可乐推出了几种吸引人的新口味——活力青柠、甜蜜樱桃、热情血橙和跳动芒果，它们采用流行的 12 盎司罐装形式，以单瓶和八瓶装的形式出售。顺便说一句，甜蜜樱桃味销量似乎在这四款口味中名列前茅，一位评价者说："我们认为它更有正宗汽水店樱桃汽水的味道（与黑樱桃罐中的果汁相比）。"可口可乐知道市场口味（market tastes）是不太可能改变的，因此它开发新饮品的方法是一个聪明的做法。

爵士新口味（Jazzy new flavors）是健怡可乐产品开发战略的一部分。

- 多元化策略（diversification strategies）同时强调新产品和新市场的增长策略。亚马逊在 2017 年首次收购实体超市，此举是这家分销巨头经过深思熟虑制定的多元化策略，使得该公司现在可以在新市场提供新产品。 尽管当时一些权威人士对亚马逊的举措嗤之以鼻，认为亚马逊只是在展示其财务实力——的确，从表面上看，将一家基础广泛的分销商与一家高端特色食品零售商结合起来确实有点奇怪——但专家们已经开始理解，此举是明智的，因为它让亚马逊有更大的实体存在（physical presence）来兜售其高级产品。

回顾我们迄今为止所学到的知识，战略规划包括定义使命、愿景和价值观，评估内部和外部环境（进行 SWOT 分析），设定目标，建立业务组合和制定增长战略。在下一节中，我们将在审视营销规划的过程中查看营销人员的职能计划。

学习目标总结

对于拥有许多独立业务部门的大公司来说，战略规划的第一步是高层管理人员为整个公司确定一个使命。然后，高层管理人员评估业务的内部和外部环境，并设定企业目标，以指导每个战略业务单元制定决策。在规模不够大、没有独立战略业务单元的小公司中，战略规划只是在整个公司层面进行。

战略规划的第一步是定义使命、愿景和价值观——一份正式文件，描述组织的总体目标以及在顾客、产品和资源方面希望达到的目标。第二步是通过情景分析的过程来评估内部和外部环境，该过程后来被格式化（formatted）为 SWOT 分析，确定组织的优势、劣势、机会和威胁。第三步是设定明确的、可测量的、可实现的和可持续的目标。第四步是建立业务组合，为了确定如何最好地将资源分配给各个业务或部门，管理人员使用波士顿矩阵将战略业务单元分类为明星、现金牛、问题或瘦狗业务。战略规划的最后一步，即第五步，是制定增长战略。营销人员使用产品—市场增长矩阵来分析四种基本营销策略：市场渗透、市场开发、产品开发和多元化策略。

营销规划：制定和执行营销策略

到目前为止，我们一直专注于探讨战略计划。然而，这种全局观并未提供详细信息来帮助我们达到设定的目标。战略计划会给较低级别的职能部门经理（如营销经理、生产经理和财务经理）带来压力，组织需要他们通过制订职能计划（具体细节）来达到组织和战略业务单元的目标。职能规划级别的重点自然是制订营销计划，这同样也是我们在图 3-1 中展示的下一步规划。

我们在第 1 章中讨论的 4P 营销组合提醒我们，成功的公司必须拥有以下能力，以消费者愿意支付的*价格*提供合适的*产品*、拥有合适的方法向合适的消费者*推销*，以及将产品送到消费者想要购买的*渠道（地方）*。

实现这一点需要营销人员做大量的规划工作。此营销规划过程中的步骤与战略规划的步骤非常相似。然而，战略规划和营销规划之间的一个重要区别是，营销专业人员是否将他们的大部分规划集中在与营销组合相关的问题上——公司的产品、价格、促销方法和分销（渠道）方法。最后，正如你在第 1 章中了解到的那样，营销的重点是创造、传播、传递和交换有价值的产品，而为了使营销的这些关键组成部分取得成功，营销规划发挥着核心作用。让我们以图 3-5 为指南，更详细地了解营销规划的步骤。

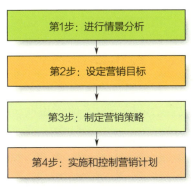

图 3-5　营销规划的步骤

第 1 步：进行情景分析

制订营销计划的第 1 步是对营销环境进行分析。在第 2 章中，我们了解了影响营销人员的 4 个关键外部因素：经济、技术、政治法律以及社会文化环境。为分析环境，管理人员以公司的 SWOT 分析为基础，搜索影响营销计划的具体环境信息。例如，AdventHealth 为一项服务开发了一个营销传播项目，仅仅对目标市场有大致的了解是不够的。AdventHealth 需要详细了解潜在患者喜欢接触哪些媒体，关于医院服务的哪些信息最有可能促使他们选择 AdventHealth，以及他们更喜欢如何与组织进行交流。不要忘记——医院也有竞争对手！AdventHealth 是美国最大的医院集团之一，在其庞大的市场上有各种各样的服务竞争对手。因此，AdventHealth 必须知道那些不同的竞争对手如何向潜在患者进行营销，以便 AdventHealth 可以在全国各地定制自己的营销计划。

第 2 步：设定营销目标

一旦营销经理对营销环境有了透彻的了解，下一步就是设定具体的营销目标。营销目标与公司目标有何不同？一般来说，营销目标需要具体到公司营销组合的相关要素。当我们制定营销目标时，我们以这种方式思考业务目标和营销目标之间的联系——商业目标指导整个公司的运营，而营销目标则说明，如果公司最终要达到这些总体商业目标，营销职能必须完成的内容。因此，对于 AdventHealth 来说，设定营销目标意味着决定公司希望在营销组合相关要素方面（产品开发、定价策略或特定的营销传播方法）实现什么。

第 3 步：制定营销策略

在营销规划过程的下一阶段，营销经理制定实际的营销策略，也就是说，他们要确定必须完成哪些活动才能达到营销目标。通常这意味着他们决定瞄准哪些市场，制定怎样的营销组合策略——产品、价格、促销和渠道（供应链）——以支持他们在市场中对产品进行定位。在此阶段，营销人员必须弄清楚，（与竞争产品相比）他们希望消费者如何看待他们的产品。

正如我们在第 1 章中提到的，目标市场是公司选择的细分市场，营销人员相信其产品最有可能赢得这些顾客。该公司评估潜在需求——公司认为愿意并能够为其产品付费的消费者数量——并确定它是否能够在目标消费者中创造可持续的竞争优势。

营销组合决策明确了公司将如何通过产品、价格、促销和渠道等要素在目标市场达成营销目标。为了便于说明，我们继续以航空业为例，阐述这些营销组合策略要素的应用。

- 因为产品是营销组合中最基本的部分——公司无法在没有东西可卖的情况下获利——精心制定的*产品战略*对于达到营销目标至关重要。产品战略包括产品设计、包装、品牌、支持服务（例如维护）等决策，还包括产品是否会有变化，以及什么样的产品特性能提供目标客户想要的独特好处。在美国，阿拉斯加航空公司的总体顾客满意度一直排名第一。

  阿拉斯加航空是一家使用波音 737 飞机的航空公司，该机型提供一种舱顶行李箱，比标准枢轴行李箱多容纳 48% 的行李。如果你曾经为了省去托运行李的费用和麻烦，塞满了一个随身行李箱，但当你到达登机口时却发现行李箱的空间已经满了，无论如何你都必须托运行李，此时你可能会被阿拉斯加航空更大的行李储存空间所吸引。

- *定价策略*决定了公司对产品收取多少费用。当然，这个价格必须是顾客愿意支付的价格。否则，所有其他的营销努力都是徒劳。除了为最终消费者设定价格外，定价策略通常还会确定公司向批发商和零售商收取的价格。公司可以根据成本、需求或竞争产品的价格制定定价策略。近年来，大多数航空公司一直在对曾经包含在机票价格中的服务和礼遇（perks）收取额外费用，这种做法被称为分拆，目的是增加收入。当大多数美国航空公司的"小费"让乘客心烦意乱时，西南航空公司有一个非常简单的系统，不对托运行李或随身行李收费；也不对花生和椒盐饼干这些标准小吃收费。西南航空公司的定价策略帮助它在盈利能力和顾客满意度方面始终处于领先地位。

- *促销策略*是营销人员向目标市场传达价值主张的方式。营销人员使用促销策略来开发产品信息，并结合广告、促销、公共关系和宣传、直接营销和人员推销来传递信息。许多公司使用这些元素向消费者传达信息。在豪华航空公司中，新加坡航空公司很难被超越，它连续两年被评为拥有最佳头等舱体验。新加坡航空的服务被广泛宣传为"超豪华套房"，每位尊贵的乘客都有自己的套房，配有一张 0.5 米宽、可倾斜 135 度的 Poltrona Frau 真皮扶手椅。除了起飞和降落时，它还可以旋转并调整为各种坐姿和躺姿。更重要的是，如果你花钱，你的套房将拥有完全独立的、可收纳的宽 0.6 米，长 1.9 米的床，并配有莱俪棉被（cotton Lalique duvet）和两个枕头。国际航空旅行的超高端市场竞争非常激烈，因为潜在利润非常高，因此承运商不遗余力地向那些有眼光的顾客群体宣传产品。

- 分销策略概述了公司将何时、何地以及如何将产品提供给目标顾客（渠道要素）。在制定分销策略时，营销人员必须决定是将产品直接销售给最终顾客，还是通过零售商和批发商进行销售。而选择哪些零售商取决于产品、定价和促销决策。 航空公司过去常常在城市售票处亲自售票，直接通过电话向顾客售票，或通过独立的旅行社售票。显然，顾客现在通常是通过第三方旅游网站在线购买机票。这种策略也有好处，尤其是对消费者而言，例如，旅行者可以一目了然地看到最优惠的航空公司票价和航班时刻表；预订多种旅游服务（如航班、酒店和汽车租赁）获得捆绑折扣；通过亿客行（Expedia）的"今日惊人的航班优惠"（"Today's Amazing Flight Deals"）等网站功能获得促销优惠，该页面对旅行日期灵活的休闲旅行者特别有吸引力，因为它通常会列出横跨美国及其他地区的各种特价商品，所有商品推介都以飞行人员的出发城市为准。

第 4 步：实施和控制营销计划

一旦营销计划制定完成，就应该付诸行动并确保成功。实际上，营销人员花费大量时间管理实施营销计划的各种要素。一旦 AdventHealth 了解了营销环境，确定了最合适的目标和策略，并将相关思路整理成正式计划，就到了实施计划的时候。与所有组织一样，AdventHealth 实施其计划的方式将决定其在市场上的成败。

在实施阶段，营销人员必须有一些方法来确定他们在多大程度上满足了他们所陈述的目标。这些方法通常被称为**控制（control）**，控制进度的正式过程包括 3 个步骤：

1. 测量实际绩效。
2. 将实际绩效与既定的营销目标或策略进行比较。
3. 在上述分析的基础上对目标或策略进行调整。这个调整的问题引出了成功营销规划的一个重要方面：营销计划不是一成不变的，营销人员必须足够灵活，需要按实际情况对计划进行调整。

为了有效控制，AdventHealth 必须建立与其每个营销目标相关的合适的指标，然后跟踪这些指标以了解营销策略的成功度，并确定是否需要在此过程中更改策略。例如，如果 AdventHealth 设定了一年的目标，要将接受某项特定服务的患者使用率提高 20%，但第一季度销售额仅增长了 5%，这是什么情况导致的呢？控制流程意味着营销规划人员必须仔细研究为什么公司未达到其目标。是内因还是外因，还是两者兼而有之？根据原因，AdventHealth 将调整营销计划的策略。或者，AdventHealth 可以决定调整营销目标，使其更加现实和可实现。这个情景说明了我们之前在讨论战略规划时提出的重要观点：目标必须是具体的、可衡量的，但也是可实现的（并且随着时间的推移是可持续的），因为如果目标不切实际，它可能会让参与营销计划的每个人都失去动力。

对于 AdventHealth 和所有公司而言，有效的控制需要伴随适当的**营销指标**（**marketing metrics**），这些指标是帮助营销人员观察其营销活动（包括创意和渠道）绩效的具体衡量标准，并在适当时作为一种控制机制。对度量标准进行分类的两种常见方法包括：①**活动指标**（**activity metrics**），侧重于衡量和跟踪公司内作为不同营销过程一部分的具体活动；②**结果指标**（**outcome metrics**），侧重于衡量和跟踪营销过程中确定为关键业务结果的特定事件。活动指标的一个例子是销售人员在一个月内给顾客打电话的次数，而相关的结果指标是在该月内从销售电话中获得的订单数。

指标在营销中非常重要，尤其重要的是，营销人员需要平衡对营销控制和营销绩效衡量的重视与对企业可持续性和企业社会责任（CSR）的重视，你已在第 2 章中了解到这一点。请记住可持续发展与公司"为善者常富"有关，也就是说，要关注道德、环境和社会责任等重要问题以及底线。在营销规划中，我们当然不希望公司只关注相对短期绩效的控制，从而导致公司采取损害其可持续性的战略。

今天的首席执行官们热衷于量化营销投资对公司长期成功产生的影响，无论是在财务上还是在其他方面。你应该听说过投资回报率（ROI）这个财务术语，但在营销情境中，我们指的是**营销投资回报率**（**return on marketing investment，ROMI**）。事实上，将营销视为一种投资而不是一种支出是至关重要的；这种区别促使公司更具战略性地使用营销来增强业务。对于许多公司而言，营销投资回报率是分析营销职能如何贡献利润的常用指标。

那么，营销投资回报率到底是什么？它是在给定风险水平（风险水平由管理层对特定计划的分析决定）下，特定营销活动或计划投资产生的收入或利润率（两者都被广泛使用）除以该计划的成本（支出）。关键词是投资，也就是说，在规划过程中，将营销视为一种投资而不是一种支出，可以让经理们专注于使用营销资金来达到特定目标。

营销投资回报率概念的一个快速简单的示例：假设一项相对常规的营销活动成本为 3 万美元，并产生了 15 万美元的新收入。因此，该营销活动的营销投资回报率为 5。如果公司的总营销预算为 25 万美元，目标收入为 100 万美元，则最低营销投资回报率可被视为 4，这意味着每 1 美元营销支出，每个项目都应努力达到或超过 4 美元的营销投资回报基准。由于营销活动超过了最低营销投资回报率，因此继续投资将被视为可以接受的。

MARKETING
REAL PEOPLE, REAL CHOICES

营销的真相（原书第 11 版）

组织要正确使用营销投资回报率，它必须①确定合适且一致的措施来应用；②结合营销投资回报率与其他关键营销指标的审查；③充分考虑驱动营销投资回报率活动的潜在长期影响。对于营销人员来说幸运的是，除了营销投资回报率之外，还有许多其他潜在的营销指标可衡量特定方面的营销绩效。

行动计划

在营销计划中，实施和控制步骤实际上是如何操作的？一种便捷的方法是在计划中包含一系列支持各种营销目标和策略的**行动计划**（action plans）。使用行动计划（也称营销计划）的最佳方式是为实施营销计划所涉及的每个重要元素，制订一个单独的行动计划。表3-1提供了行动计划的模板。

表3-1　行动计划的模板

行动计划的名称	给行动计划取一个相关的名字。
行动计划的目的	你希望通过行动计划实现什么，即它支持营销计划中的哪些具体营销目标和策略？
行动计划的说明	解释行动计划时要简洁、透彻，涉及哪些步骤？ 这是行动计划的核心，它描述了为达到行动计划的预期目的必须做的事情。
行动计划的责任	哪些人或组织单元负责执行行动计划？需要哪些外部力量来实现它？最重要的是，谁拥有行动计划的最终"所有权"，也就是说，组织内的谁对此负责？
行动计划时间表	提供促使计划完成的具体时间表。如果不同的人负责时间表的不同部分，则提供该信息。
行动计划的预算	实施行动计划的成本是多少？可能只有直接成本，也可能包括间接成本，视情况而定。所有单独的行动计划预算项目的总和将按类别汇总，以进行营销计划的总体预算。
行动计划的测量和控制	指出适当的指标、衡量方式和时间以及谁来衡量它们

例如，让我们考虑AdventHealth之前提出的目标，即在今年第一季度将某项特定服务的患者使用率提高20%。为了达到这一目标，营销计划可能包括多种多样的策略，但这些策略都围绕着AdventHealth如何使用营销组合要素来展开，包括以下内容：

- 这个目标市场中的患者的需求是什么？
- 该服务在这个市场中将如何定位？
- 品牌战略是什么？
- 这个市场的定价策略是什么？
- 如何推广服务？
- 向市场提供服务的最佳方法是什么？

这些重要的战略问题中的任何一个都可能需要多个行动计划来验证。

当管理者们需要为营销规划分配责任、创建时间表、制定预算、进行测量和控制过程时，行动计划能帮助他们。在表3-1中，请注意这四个要素是行动计划记录中的最后几项。与大多数大型项目一样，营销计划的实施最好一步步地完成，注意最大限度地提高执行该步骤的质量。实际上，营销人员将每个行动计划的最后四个要素结合起来，会形成营销计划的整体实施和控制部分。接下来让我们进一步检查这四个元素。

分配责任

没有人就无法实施营销计划。并非所有参与实施营销计划的人都是营销人员。事实是，营销计划触及组织的大部分领域。高层管理人员和人力资源部门需要安排员工来达成目标。你在第 1 章中了解到，营销不仅仅是营销部门的责任。这个想法在营销计划实施中表现得最为明显。销售、生产、质量控制、运输、顾客服务、财务、信息技术等，都可能对计划的成功发挥作用。

创建时间表

请注意，每个行动计划都需要配一个时间表。将时间表纳入整体营销计划中至关重要。大多数营销计划以流程图的形式描述任务的时间安排，使得营销人员很容易想象计划的各个部分何时会结合在一起。营销人员经常使用运营管理中流行的甘特图或计划评审技术图（PERT）来描绘计划的时间表。总承包商可能会使用相同类型的工具来谋划不同时期的不同工作。最终，管理人员围绕时间表确定营销计划的预算和财务管理，以便他们知道何时需要现金支出。

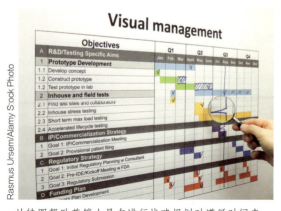

甘特图帮助营销人员在进行战略规划时遵循时间表。

制定预算

假设实施计划涉及成本，则行动计划的每个要素都关联预算项目。预测营销计划所需支出是困难的，但提高预算流程整体准确性的一种方法是确保对各个行动计划支出的估计尽可能准确。在整体营销计划层面，管理者们创建了总预算，并在整个营销规划过程中对其进行跟踪。他们向负责每个预算项目的各方报告预算差异。例如，一家公司的销售副总裁可能会收到每周或每月的报告，其中显示每个销售领域的绩效与其预算分配的对比情况。副总裁会记下预算超支的产品，并联系相关的销售经理，以确定他们需要采取什么行动来使预算回到正轨。同样的方法将在公司中受预算影响的不同职能领域被重复使用。以这种方式，预算成为控制过程的关键要素。

进行测量和控制

之前，我们将控制的概念描述为一个正式的过程，即监控进展以衡量实际绩效，将绩效与既定的营销目标或战略进行比较，并在此分析的基础上对目标或战略进行调整。营销人员用来监控和控制个人行动计划的指标最终形成了营销计划的整体控制流程。指标可以作为营销结果的**领先指标（leading indicators）**或**滞后指标（lagging indicators）**。领先指标提供对当前工作绩效的洞察，允许营销人员调整相关营销活动，（希望）根据当前行动计划改进绩效。滞后指标反映了已实现成果的行动计划绩效。滞后指标为行动计划的审查和分析提供了基础，其对改进的影响，超出了当前行动计划本身的范围。也就是说，它们为后续的行动提供参考。

不幸的是，许多营销人员并没有做好测量和控制工作，这会影响他们的营销规划。请记住，选择好的指标需要考虑一个平衡，即营销人员需要关注短期目标与公司长期可持续性发展之间的平衡。

运营规划：营销计划的日常实施

回想一下，规划发生在三个层面：战略、职能和运营。在上一节中，我们讨论了营销规划——营销人员进行情景分析，设定营销目标以及制定、实施和控制营销策略的过程。但空谈是无益的。如果没有正确实施，再好的计划也毫无用处。这就是**运营计划（operational plans）**的目的，其专注于营销计划的日常实施。

运营规划的任务通常落在一线管理者身上，比如销售经理、营销传播经理、数字营销经理、品牌经理、市场调研经理等。通常运营计划比战略计划或营销计划涵盖的时间更短——可能只有一两个月——它们包括具体活动的详细指导、谁将负责这些活动以及达成目标的时间表。实际上，我们在表 3 - 1 中提供的行动计划模板最有可能应用于运营。

值得注意的是，经理们用来衡量计划成功与否的许多重要营销指标，实际上都用在了运营计划层面。例如，许多公司的销售经理负责跟踪与公司—顾客关系相关的各种指标，例如新顾客数量、顾客流失率和顾客忠诚度。在运营层级收集数据，然后发送给高层管理人员，用于规划。

敏捷营销和战略营销规划过程

到目前为止，在本章中，你已经对三个层面的规划进行了透彻的学习——战略、职能和运营。不过，有时候，阅读有关规划（尤其是营销规划）的内容可以使整个过程看起来简明、有序且可预测。而在当今快节奏的竞争市场中，对于许多产品而言，营销规划并非简明、有序和可预测！事实上，在竞争激烈的市场环境中，放慢制订营销计划的脚步意味着市场机会可能与你擦肩而过。

在本章的前面，我们介绍了灵活的组织和战略支点的概念。现在是时候以这些要素为基础创建一个框架了，以便我们在规划过程中应用它们。在当今的商业环境中，规划和执行的速度关系着竞争是否成功，敏捷性成为营销人员的口号。**敏捷性（agility）**是指敏捷，能够快速轻松地应对快速变化和新挑战。这种新的战略视角被称为**敏捷营销（agile marketing）**，它指的是使用数据和分析，来实时地寻找机会或解决问题的方案，快速开展测试，评估结果，并快速迭代（反复做）。在规模上，一个高效敏捷的营销组织可以同时开展数百个营销活动，并且产生多个新想法。敏捷营销的概念很大程度上来自软件开发环境。

在该领域，敏捷性通常基于一种被称为**迭代式增量软件开发过程（Scrum）**的方法，其最初目标是接受软件开发的不确定性和创造性。在软件开发环境中，Scrum 提倡，无论何时你开发一个项目，你都应该定期检查，看看你正在做的事情是否朝着正确的方向前进，并验证它是否确实是人们想要的。Scrum 提供了一个框架，旨在创造一种透明的文化，同时使团队成员更容易生产出优秀产品。该方法列出了达到这些目标的步骤：

1. 冲刺规划。
2. 每日例会（也称每日站立会议）。
3. 冲刺总结。
4. 冲刺回顾。

请注意，在敏捷营销中，"冲刺"一词用于代替计划或规划，以公开强调营销战略的规划和执行中对速度的要求。

营销人员如何应用这种方法？基本上，一个组织会创建一支精英团队，他们不再执行日常任务，而是在一个"作战室"里开会，策划他们的快速袭击行动。这些小组应该足够小，每个人都可以轻松地交流。亚马逊的杰夫·贝佐斯明确指出他们应该是"双比萨团队"——也就是说，团队的规模不能超过两个比萨一顿饭的程度。一个"Scrum 专家"领导团队，设定优先级并管理"冲刺"（一到两周的工作周期）。该小组的任务是执行一系列旨在产生真正影响的快速周转实验。例如，一家零售商可能想测试许多不同的方法来优化其网站上的转化率。

在这一点上，更深入地解释 Scrum 过程将使我们进入一个可怕的技术领域（techie land）黑洞。我们提出敏捷营销的概念，只是为了让你明白，营销规划并不总是有条不紊。在竞争激烈的市场中，成功取决于营销战略开发和执行的速度，当你的企业想要保持敏捷性，你很可能会发现自己已经处于 Scrum 之中。

数字颠覆和战略营销规划

我们不得不承认，当你在书中读到规划时，读起来循序渐进、井井有条。比如食谱，好像你按照步骤去做，这道菜就很好吃。实际上，这是一种错误的安全感。

那些把规划过程当作打钩和填空练习的组织很可能在 2020 年的动态市场中表现不佳。计划是一个有机的、不断变化的过程，一旦计划"完成"，周围的条件立即开始改变，你需要不断适应。保持敏捷，实施战略支点，实践敏捷营销！

在描述战略营销规划章节中，有两个概念值得一提，这两个概念合在一起应该是更有效规划的关键驱动力。首先是**数字颠覆（digital disruption）**的概念，即数字技术和数字商业模式对组织的价值主张及其在竞争市场中最终地位的影响。其次是**数字漩涡（digital vortex）**的概念，即行业向"数字中心"发展的不可阻挡的趋势，在这个"数字中心"中，商业模式、产品和价值链都被最大限度地数字化。你在第 1 章中了解

MARKETING
REAL PEOPLE, REAL CHOICES
营销的真相（原书第11版）

了什么是价值主张和价值链。这些数字颠覆和数字漩涡现象的结果是，传统的战略性的营销规划流程非常适合更稳定、未中断的产品和市场。这种稳定的环境可以更好地实现长达一年的目标和年度重复的规划流程。但是，在当今越来越多的行业中——AdventHealth 所在的行业就是一个典型例子——随着数字颠覆和数字漩涡迅速地重新定义顾客需求和期望，这种稳定水平已不复存在。

我们所有人都需要期待和接受变化，这是一个基本真理。这需要建立应急计划，更好地考虑当今市场的不确定性和业务变化的持续性。简而言之，**应急规划**（**contingency planning**），是一个用于评估各种可能的（主要是外部环境因素）风险，以及这些风险对公司能力的潜在影响的规划，这些能力指的是公司通过产品来增值和服务市场的能力。也就是说，评估某些可能发生的事件或情况对计划产生影响效力的可能性有多大，基于这一评估，开明的公司制定并准备了多种战略路径，通常被称为**情景**（**scenarios**）。因为这些公司已经在它们的计划范围内预先考虑并记录了不同的情景，如果这些可能情况中的一种或多种发生，他们可以更好地转移和重新定向资源，以成功地执行情景的策略。在这场高风险的游戏中，能否做好这件事在很大程度上决定了谁是赢家和输家。

无论是哪个行业，很难有人能够提前充分了解全球疫情对其业务的潜在影响，并提前做好相应准备，这也是战略营销规划中需要考虑的一个老问题。展望未来，毫无疑问，从危机中吸取的众多教训之一是：在规划过程和发挥组织敏捷性之间找到平衡是很重要的。

学习目标总结

一旦考虑了全局问题，就由较低级别的职能部门经理（如营销经理、生产经理和财务经理）来制订营销职能计划，以达到组织和战略业务单元的目标。此营销规划过程的步骤与战略规划级别的步骤非常相似。然而，战略规划和营销规划之间的一个重要区别是，营销专业人员将他们的大部分规划工作集中在与营销组合 4P 相关的问题上。首先，管理者针对营销环境进行情景分析。接下来，他们针对公司的品牌、规模和产品特性制定营销目标。然后，营销经理为组织选择目标市场，并决定他们将使用的营销组合策略。产品策略围绕着对目标市场有吸引力的产品和产品特性制定决策。定价策略规定了向渠道成员和最终消费者收取的具体价格。促销策略包括用于触达目标市场的广告、促销、公共关系、宣传、人员推销和直接营销的计划。分销（渠道）策略概述了如何在目标顾客需要的时间和地点向他们提供产品。一旦制定了营销策略，就必须实施，这是制订营销计划的最后一步。控制是对实际绩效的衡量以及与计划绩效的比较。保持控制意味着需要对营销绩效进行具体测量，而该测量标准被称作营销指标。

运营规划由销售经理、营销传播经理和市场研究经理等一线经理完成，并侧重于营销计划的日常执行。运营计划通常涵盖较短的时间，包括开展具体活动的详细说明、谁将负责这些活动以及完成任务的时间表。为确保有效实施，营销计划必须包括（在运营层次）支持营销计划的个人行动计划或项目。每个行动计划都必须提供预算估计、日程表或时间表以及合适的指标，以便营销人员可以监控进度并控制其与计划的差异或变化。有时会出现计划外的差异，此时需要转移或增加资源来使计划生效。另外有些时候，组织需要改变计划的目标，以适应不断变化的条件。

在许多市场中，敏捷营销已成为一种重要的竞争必需品，在这些市场中，快节奏的变化使标准的营销规划流程显得过于缓慢。敏捷营销依赖于一种叫作 Scrum 的方法，这种方法来自软件开发领域，它提供了一种逐步提高产品开发速度的方法。

打造你的品牌：规划你的职业生涯

> 泰勒觉得他在发展个人品牌方面取得了进展。他能够识别不同组织文化的特征，并认识到不同行业的独特性。现在是时候制定他的"打造你的品牌"战略计划了。

现在我们已经了解了组织如何在三个不同的层次上进行规划，我们先需要研究一下你如何有效地去规划你的职业生涯。

谷歌、苹果、可口可乐和亚马逊等出色品牌的形成不是一朝一夕的事情。事实上，创建引人注目的品牌需要时间、研究和考虑。对于产品、渠道和你来说都是如此。在本节中，你将首先了解职业规划的重要性。然后我们将讨论如何创建个人使命陈述，确定你的优势和劣势，并在变化的趋势和商业环境中看到职业机会。

2020 年初，全球新冠疫情意味着世界上大多数国家的人们都进行了自我隔离。随着非必须业务取缔，数百万人失业，经济遭受重创。大学毕业生不确定他们是否还能找到工作。

好消息是总有一些公司需要新员工。更好的消息是，你的个人品牌定义了你，让你与众不同、引人注目，让你领先其他准备不足的求职者。

无论你是那种会做计划的人，还是会把事情留到最后一刻的人，职业规划都是必不可少的。作为个人品牌的首席执行官，你希望表达清晰，以便雇主（你的顾客）了解你是谁以及你可以提供什么。

如果想要在寻找实习或全职工作时增加成功的机会，请立即开始计划。如果没有明确的方向感，你将错过重要的机会，无法在可能雇用你的公司找到实习机会，也无法联系到可能帮你获得工作机会的人。

制定职业规划涉及一系列决策，从你的个人使命陈述开始，到实施和控制你的职业战略结束。为了达到你的目标，你需要从职业规划全局深入到细节，你需要采取使计划成为现实的行动。

你的个人战略计划

我们经常听到有人问："我长大后想做什么？"如果他们要换职业，问题会变为：

"我这次换了职业之后想做什么？"职业规划不是要成为任何人——你已经是一个活生生的人了。这是关于"做"的问题。将问题换成："我现在想用我的技能和知识做什么？"记住这个问题，你就能够制订一个灵活的计划使你能够适应工作场所的很多变化！

企业有意为其战略计划设定了五年的时间框架。在当今瞬息万变的世界中，长期的预测通常被证明是毫无意义的。准确预测五年后的技术、业务实践和顾客期望的发展的可能性非常低，相对较短的时间框架能使企业灵活地适应发生的变化。职业生涯的五年计划也是合适的时间长度，你的计划应该足够灵活以适应工作场所的变化。五年之后，预测发生在你的工作、公司、职业或行业上的事很难，此外，你自己的个人兴趣和需求在你的一生中可能会发生多次变化。

尽管企业着眼于其战略计划的五年时间框架，但实际上他们每年都会对其进行审查和修订。同样，你应该每年审查你的职业规划。这样你就能够做出渐进式的改变，而不会太晚发现你的技能已经过时，使你不得不从一个全新的职业方向开始。

定义你的使命

组织以使命陈述开始它们的战略计划。使命定义了组织的总体目标以及它希望在其顾客、产品和资源方面达到的目标。就像一个组织的使命陈述一样，**你的使命陈述定义了你的总体目标以及你希望在未来达到的目标**。它应该足够窄，让你有一种专注的感觉，但又应该足够宽，以适应未来的机会。一份经过深思熟虑的使命陈述将有助于指导你进行现在和未来的职业选择。

当制定你的使命，需要考虑：

- 什么对你很重要？
- 你是谁？
- 你代表什么？
- 你喜欢做什么？
- 你为什么要这样做？

你的使命陈述将指导你的行动并让其他人了解你。你的最高价值观会给你一些提示，帮助你认识到自己的使命，而这使命帮助你进一步描述你的工作目的。例如，如果你的首要价值在于社区，你可以尝试类似这样的使命陈述：**"支持那些保护环境的活动。"** 随着越来越多的消费者热衷于保护全球环境，许多公司都在响应这种热情。因此，你的使命陈述将为你提供许多职业选择，例如为环境保护署工作、在低收入的社区开办社区花园、推广减少污染的新技术或实施新的森林管理实践。尽管这些选项多种多样，但每个选项都与任务一致。

这里有一些要点可以帮助你写出出色的使命陈述。

- 使它令人难忘。
- 专注于一个主题，不要左右摇摆。
- 使其清晰简洁（它应该适合放在你的名片背面）。

- 它应该让你充满活力，让你行动起来。
- 它应该在你做出职业决策时为你提供指导。

组织和企业不会隐藏它们的使命陈述。你会经常看到它被展示在墙上、宣传册上、网站上，甚至咖啡杯上。找到一种方式来展示你的使命陈述。它将帮助你专注于你的职业目标并指导你做出决策。以下是一些可供考虑的想法：将其打印在你的名片背面、张贴在你的个人网站上或挂在你每天都能看到的墙上。

你的内部分析

正如我们在本章前面了解到的，战略规划的下一步是进行情景分析，检查你的内部和外部环境。根据你的内部分析，你将能够确定你的技能和才能，以及洞察你的优势和劣势。你的技能清单将帮助你确定职业方向。需要这些技能的职业将上升为你的首选，而不需要这些技能的工作可以排除。

你的技能清单将以多种方式帮助你。如果你正在寻找职业发展方向，了解你的技能将帮助你确定好的职业选择。此外，当被问及你可以提供什么时，你能够向潜在雇主清楚地描述你的技能。

泰勒的使命宣言——第 1 步

泰勒确定他喜欢的事物之后，开始写他的个人使命宣言。

- 解决具有挑战性的战略问题
- 使用数据做出基于事实的决策
- 与人交往
- 帮助别人
- 说服别人看到不同的或新的观点
- 从事重大营销项目并交付成果
- 为一家关心员工和社会的行业领先企业工作
- 回馈社会

泰勒的使命宣言——第 2 步

对刚刚列举的个人宣言条目进行微调，泰勒将关键点精雕细琢成几句话，这些句子将是使命宣言的基础。

"我喜欢与人合作并使用数据来解决复杂的营销挑战。我认为在一家大公司开启我的职业生涯会很好，因为我可以接触并尽可能多地学习营销和将新产品推向市场的知识。我最想在市场营销中担任领导角色。对我来说重要的是，我选择的公司具有社区意识，并以某种方式回馈社会。"

泰勒的使命宣言——第 3 步

考虑了一周左右，泰勒再次回顾了他的使命表达。他觉得这个使命宣言表达了他是谁和他想做什么，但它似乎有点长而且不好记住。他最终将他的使命宣言变成下面的宣言。

"将消费者与提供正向价值或效用（并回馈社区）的品牌联系起来。"

这个简洁的陈述总结了泰勒对营销的热情和他对社区服务的关注。根据这份使命宣言，他可以从事各种行业的工作。这也让他可以灵活地在一家老牌公司工作，甚至创办自己的公司。最重要的是，它提供了一个清晰的职业选择框架。

你的外部分析

企业审视外部环境的原因之一是寻找新的机会。经济、法律法规、消费者、竞争对手和流行文化的变化会对公司的命运产生深远的影响。企业领导者知道，识别这些变化并适应它们是势在必行的。

同样，经常审视外部环境可以抓住你在职业规划中面临的机遇和威胁。你事业上的成功也取决于经常审视外部环境。有些事实是消极的，比如技术的发展使雇主可以用机器人技术取代人，或者现在流行将制造业务外包给不发达的国家企业。与此同时，重要的是要记住这个世界充满了新的机遇。自从科学家破解了遗传密码以来，生物技术一直呈指数增长。全球恐怖主义的出现推动了安全产品和服务的增长。历史上人数最多的婴儿潮一代的退休，将创造许多与休闲活动和抗衰老产品相关的工作岗位。审视外部环境也意味着你可以及时了解你所在行业和专业的趋势，为你的职业生涯提供潜在的新机会。

你的职业 SWOT

现在你已经确定了你的使命和优势（技能），并且你发现了一些可能影响你的职业的趋势，你已经准备好了尝试进行 SWOT 分析。SWOT 代表着你可控的优势（S）和劣势（W），以及你控制范围之外但会影响你的职业生涯的机会（O）和威胁（T）。你的SWOT 分析将有助于指导你的职业方向，并帮助你以求职信和简历的形式塑造你的个人品牌信息。

职业目标

完成 SWOT 分析后，就该写下你的职业目标了。目标应该是你希望的、有时间限制的以及具体的。例如，你的职业目标之一可能是：

今年夏天在一家大公司获得营销实习机会。

换句话说，目标应 SMART——明确的（S）、可测量（M）、可达成（A）、现实的（R，realistic，其他地方都是 relevant 相关的）和有时限（T）。SMART 目标使你有能力衡量自己是否达到了这些目标。请注意，下面目标的举例并不符合 SMART 原则：

获得销售职位。

相反，目标应该表述为：

在今年 6 月之前获得一家食品公司营销部门的销售职位。

从战略规划到个人成功

个人战略规划能否保证你在工作中取得成功？在职业生涯中，不仅仅是做好你的工作——而是关心这份工作、公司、同事，以及你取得的成绩。成功需要大量的自我发现，找到你真正关心的东西。学生们经常通过问一个问题来开始他们的职业规划："我长大后想做什么？"一个更符合我们时代的问题是："我现在想做什么？"这让你对（即将开启的）令人兴奋的可能性持开放态度。

职业规划最重要的部分是确定你喜欢做什么，以及你不喜欢做什么。运用你喜欢的技能，你将在职业生涯中取得更大的成功。

泰勒知道他不能等到大四才开始职业生涯规划——他必须现在就做。作为第一步，泰勒审视了他作为使命陈述基础的价值观。此外，他还确定了自己的优势和劣势，以及在外部职业环境中面临的机遇和挑战。在他的 SWOT 分析中总结了所有这些之后，泰勒制定了一个深思熟虑的职业目标。泰勒对自己在个人品牌上取得的进步感到满意，并认为自己走上了职业生涯的正确轨道。

学习目标总结

仅仅找到一份工作是不够的；职业规划至关重要。如果你想让雇主（你的顾客）了解你是谁以及你能提供什么，如果你想明确方向感，把握重要的机会，制定一个灵活的职业规划吧（这当然涉及一系列决策），这让你能够适应工作场所的变化。你的职业规划，就像企业的战略规划一样，应该规划五年左右，因为你很难长期预测行业、公司、工作以及你的兴趣和需求的变化。虽然职业规划可以持续五年，但你应该像企业每年审查其战略计划一样每年审查一次，从而避免你的技能过时。

精心设计的个人职业规划使命陈述定义了你的总体目标以及你希望在未来达到的目标。像企业一样，你也应该让人们知道你的使命陈述。制定使命陈述后，你应该进行情景分析，检查你的内部环境和外部环境，以确定你的技能和弱点以及外部环境中的机会和威胁。跟进 SWOT 分析将有助于指导你的职业生涯，并帮助你在求职信和简历（以及求职面试中）塑造你的个人品牌信息。当完成个人的 SWOT 分析之后，你可以制定职业目标。

营销的真相
（原书第11版）

MARKETING
REAL PEOPLE, REAL CHOICES

第二部分
确定不同消费者
需要的价值主张

MARKETING
REAL PEOPLE,
REAL CHOICES

营销的真相 （原书第11版）

第 4 章　市场调查

学习目标

- 解释营销信息系统和营销决策支持系统在营销决策制定中的
  作用。
- 了解什么是循证决策，并获得消费者洞察。
- 列出并解释市场调查的步骤和关键要素。
- 了解如何利用线上和线下资源找到一份工作。

真实的人，真实的选择：辛迪·比恩
▼金宝汤公司的决策者

Cindy Bean

辛迪·比恩（Cindy Bean）是金宝汤公司的消费者洞察部经理。自 2010 年加入公司以来，辛迪花了大量时间推进两个新的风险投资团队在消费者洞察方面的工作，其中包括塑造和推动企业的创新，来满足消费者的需求。辛迪的团队由跨职能的领导团队组成，他们反复确定探索领域，并快速设计和验证关于新产品及方案的想法。辛迪和团队成功推出了晚餐酱系列产品，包括煎酱、慢炖锅酱、烤箱酱和最新推出的烧烤酱。

加入金宝汤之前，辛迪曾在多个行业工作，管理各种业务。辛迪曾担任定性研究顾问，并在这期间获得了她的职业资格认证。为了向强生和强生卫康的高管（强生公司视力保健部门）提供每月视力保健业务状况，她总结并解释了销售及市场份额数据、竞争情报、联合市场研究以及当前行业状况和其他相关信息。她通过规划、设计和管理一项全套的消费者细分研究，提高了惠氏制药（Wyeth Pharmaceutical）（现辉瑞）妇女保健产品的营销效率，并主持了抗抑郁药物去甲文拉法辛的营销洞察工作。

辛迪拥有德雷克塞尔大学的学士学位和宾夕法尼亚州立大学的工商管理硕士学位。

辛迪的信息

我不工作时做什么：

在不与丈夫和两个孩子共度时光的时候，我会练习瑜伽、阅读或研究新食谱。

走出校园后的第一份工作：

先锋集团的财务分析师。

我希望没有犯过的职场错误：

花了太长的时间来推出一个新产品。完美并不存在，我们可以做到的是理解消费者使用产品的场景，并及时调整产品，从而满足消费者的需求。

我正在阅读的商业类书籍：

丹尼尔·卡尼曼的《思考，快与慢》。

座右铭：

关注你能掌控的事物。

我的动力：

除了成为我的孩子们的积极榜样，我还渴望深入了解人们，并探索如何提升人们的生活质量。

管理风格：

高度协作和行动导向。

与我面谈时不要这样做：

当我希望得到关于你行为的清晰的例子时，你讲述的是一些笼统且模糊的故事。

讨厌的事情：

人们不对自己的行为负责。

辛迪的问题

几年前，金宝汤开始着手发展原本停滞不前的汤生意。罐头汤在婴儿潮一代中仍然很受欢迎。然而，年轻的消费者对此并不那么感兴趣，他们转向了其他食品，包括微波餐和迷你餐（如比萨和墨西哥玉米饼）。金宝汤意识到，若无法推出吸引 18 ~ 34 岁消费者的产品，其核心业务将面临风险。新兴千禧一代占美国人口的 25%，约为 8000 万人，他们在食物上花了很多钱，但在汤上却花费很少。

Courtesy of Cindy Bean/Campbell Soup Company

于是，金宝汤公司潜心研究千禧一代的消费心理和行为，以便更好地了解他们的文化习惯，开发出适合他们口味的汤品。辛迪领导了一个跨职能的创新团队，与年轻消费者进行了数十次广泛的、深入的互动。这些互动包括一对一和小组形式，并涵盖了吃饭、食物储藏以及超市购物等多个场景。

Campbell's Slow Kettle and Go brands.

在深入研究后，该团队列出了千禧一代对罐装汤的所有痛点。例如，千禧一代认为这些产品因为经过过度加工而变得乏味、同质化。产品缺乏消费者所需的健康成分，如藜麦和羽衣甘蓝等流行的蔬菜。研究小组还发现，千禧一代包括"弹性素食主义者"（这类消费者平时素食，而在周末、特殊场合或想满足个人口腹之欲时会选择肉类食品），他们更关心可持续性、本地采购和公司实践。

受到这些消费者见解的启示，辛迪的团队构思了产品概念和原型以测试他们所发现的问题和可能的解决方案。该团队将这些想法作为焦点小组讨论话题，并根据千禧一代的反馈进行调整。

上述过程让辛迪团队对于如何提高金宝汤对千禧一代的吸引力有了深刻的洞察。其中一个不需要大费周折的方法是把包装从罐子改为包装袋。因为受访者告诉团队，包装袋有"产品含有新鲜成分"的意味。辛迪团队还知道，现在汤的味道必须比婴儿潮一代时更加大胆。他们最终就新产品的创建达成了以下几点共识：

- 年轻人正在寻找一种令人满意且简单的食物。

- 人们的生活更多滋多味，产品要能满足他们对味道更加严苛的标准。
- 产品应该始终提供最时兴的口味，并在包装中展示出这是一个值得信赖的品牌。

然而，考虑到金宝汤目前的汤类产品组合，辛迪的团队需要将产品定位于"以千禧一代为主要目标消费者"，这与金宝汤现有的产品不同。具体来说，团队关于产品测试的大多数想法都与金宝汤的慢热水壶（Slow Kettle）品牌不谋而合。慢热水壶品牌的创建就是为了将金宝汤纳入优质速食汤的类别。团队意识到消费者喜欢从餐厅提供的汤中享受更加丰富、复杂的口味，因此他们看到了慢热水壶将这种体验带回家的机会。尽管慢热水壶品牌的产品来自于超市的货架，但其给消费者营造了一种"精心准备"的感觉。它的速食汤味道是令人熟悉的，且配料丰盛，有饱腹感，质量比其他罐装汤都要好。它的包装也是为了传达一种家庭自制的感觉（慢热水壶装在塑料杯里，就像**特百惠**一样）。该品牌倾向于获得拥有更高收入的千禧一代的青睐。由于价格设定在 3.25 美元，相对于同类产品有所溢价，所以这对金宝汤来说是一个小但具有吸引力的机会。

显然，为了创造出更好的新产品来吸引千禧一代的注意力，辛迪的团队还需要做很多工作。他们要明确表示"这不是老一辈的那种汤"，也要避免与慢热水壶品牌混淆。

她的方案 1、2、3

营销的真相

方案1 **为适应新的消费主力军"千禧一代"，开辟新的汤食产品组合。** 团队需要证明，新产品满足了金宝汤旗下其他品牌所不具备的对预制汤的独特需求。他们将有机会完全根据千禧一代的需求，从零开始建立一个新品牌。该品牌包括汤，也可能包括迷你餐或零食的其他食品，以满足千禧一代的需求。为了避免新的产品线影响其他产品线的销售（如慢热水壶等），团队需要赋予产品线专属的特质。然而，建立一个品牌是代价高昂且具有风险的。团队必须进行至少为期三年的投资，来提高公众的品牌认知，并且给予市场充足的测试时间。由于金宝汤之前已经提供了一些类似的产品，如果他们不能提供信息来区分新品牌，他们可能会搬起石头砸自己的脚，导致市场混乱，使公司业绩下滑。

营销的真相

方案2 **为适应新的消费主力军"千禧一代"，重新定位一个现有的品牌。** 金宝汤的慢热水壶品牌已经有许多要素可以满足年轻消费者的需求。通过一些调整，团队可以把慢热水壶转变为一个能与目标市场产生共鸣的产品。这种方法比建立一个全新的品牌需要的投资更少，而且公司已经有了生产这些汤的技术能力。但是当向千禧一代进行营销时，公司可能会犯下大忌——让消费者认为他们提供的产品不真实。因为慢热水壶品牌已经在上市，对现有产品的轻微调整并不能真正打动这些精明的年轻消费者。而千禧一代对他们认为是"假货"的东西避之唯恐不及。

不冒任何风险,坚持使用现有的解决方案。投资创造出迎合千禧一代消费者需求的新产品需要花大把金钱和时间,而且生产出的产品可能无法带来预想的投资回报。保守的产品方案可以使金宝汤将他们的资源集中在维持稳定(尽管停滞不前)的基础业务上。他们可以增加广告数量,唤起消费者对于金宝汤的怀旧情结。因为这一策略有时对千禧一代非常有效。但是,如果一直坚持这个策略可能会适得其反,造成产品与整个新兴消费者群体脱节。在这种情况下,随着一群忠诚的老年消费者的逝世,产品的销量将持续下降。同时,一旦竞争对手进入以千禧一代主导的市场并掌控了这个有价值的群体,金宝汤可能会被迫坐上冷板凳。大多数消费品公司都在采取措施以满足新一代的需求。许多传统品牌正在向纯天然过渡,他们选择去除人工甜味剂和高果糖玉米糖浆;在某些情况下,品牌还会为产品贴上非转基因标签,以解决消费者对转基因食品的忧虑。毫无疑问的是,品牌们该采取行动做出改变了。

现在,如果你是辛迪,你会选择怎么做,为什么呢?

你的选择

你会选择哪一个方案? 为什么?

☐ 方案 1　　　☐ 方案 2　　　☐ 方案 3

知识就是力量

在第 3 章中，我们学习了营销规划。我们思考了在新冠疫情下，营销人员为应对外部和内部环境中的变化，应该如何迅速、灵活地调整他们的营销计划。其中一个重要的问题是，这些关于改变计划和战略的决定是如何做的？也就是说，什么样的信息输入能使他们做出最好的决定？答案是研究，特别是**市场调查（market research）**。市场调查是指收集、分析和解释有关客户、竞争对手和商业环境的数据，以提高营销效率的过程。（注意，在实践中，营销研究这一术语经常与市场调查混淆使用。准确来说，营销研究范围更广泛，通常指的是学者研究营销行为的领域，而市场调查是从业者针对市场和消费者展开的调查。）在 2020 年，消费者获取产品、服务和信息的方式受到了新冠疫情的显著影响。营销经理们迅速展开调研以获取深入洞察，并快速调整公司进入市场及与客户沟通的策略。

在金宝汤公司，辛迪·比恩遇到的问题是如何利用传统的汤来吸引千禧一代消费者。在 2020 年 3 月和 4 月，当各年龄段的消费者都被"封"在家时，金宝汤意识到公司必须大幅提高产量，以跟上"安慰食品"（提供安慰或幸福感的食物，通常含糖/碳水化合物成分较高）消费的大幅增长。而汤兼具方便、美味、营养属性，对于大多数窝在家中的人们十分合适（你可能也感同身受!）。此外，除了金宝汤获得了消费者的青睐之外，当时其他广受欢迎的消费品还包括意大利面（需搭配酱汁食用）和零食。金宝汤非常乐意通过"Prego"和"Goldfish"这两个子品牌来满足消费者的需求。从市场调查的角度来看，疫情下瞬息万变的形势让金宝汤增加了数据收集（来自消费者和零售商）行为，使其尽快向消费者需求高的地区增加生产和分销。如果没有这些信息，货架上一定会少了许多受人欢迎的产品。

毫无疑问，成功的市场规划意味着营销经理做出明智的决策来指导整家公司。然而，营销人员如何做出这些决策呢？具体来说，他们如何制定营销目标，选择目标市场，确立（或调整）产品定位，并制定产品、价格、促销和分销策略？

答案就是信息。信息是驱动市场引擎的燃料。在营销信息系统领域有一个著名的首字母缩写——GIGO，意为无用输入，无用输出。为了做出正确的决策，市场营销人员必须拥有"非垃圾"信息，即信息必须是准确的、最新的和相关的。此外，他们需要进行各种类型的调查和数据收集来识别并理解对于信息的需求。

在本章中（这是本书第二部分的开始），我们将讨论营销人员获取信息的各种工具。在第 5 章中，我们将进一步探讨如何通过市场分析将市场调查应用于决策。在接下来的章节中，我们将关注消费者和组织是如何以及为什么购买产品的，我们将关注消费者行为，以及营销人员如何通过目标市场营销吸引消费者的注意力。

颠覆和市场研究

在进入市场调查的话题之前，我们先想想：一个以了解客户为研究目的的营销人员是不会遇到道德挑战的，不是吗？也许在完美的情境下，是这样的。但实际上，市场调查存在违反道德规范的可能。**市场研究伦理**（**market research ethics**）是指研究人员采取不损害参与者的道德、光明正大的方式进行市场研究。

在当今数字化的时代，市场研究伦理问题的核心在于，现今收集到的许多关于消费者的信息来自各种线上手段。无论是通过数字化手段还是其他方式，组织收集数据时可能引发隐私保护和用户机密等重要问题。**数据隐私**（**data privacy，**或信息隐私）是指组织或个人确定收集的数据可与第三方共享的能力。当与调研对象一起工作时，营销人员必须十分清楚他们将如何使用这些数据，并且向调研对象充分披露他们对于保密性和匿名的选项。**保密**（**confidentiality**）是指研究人员知道研究对象的身份，但采取措施保护该身份不被他人发现的情况。**匿名**（**anonymity**）是一种研究人员不知道个体身份的情况。由于公众对隐私等问题高度关注，市场营销人员必须与公司内部的信息技术和法律部门建立深入的合作关系。市场营销中的**风险管理**（**risk management**）领域，尤其是与**数据安全**（**data security**）和市场调查方面有关的问题在近年来呈指数级增长。简而言之，风险管理是指预先识别潜在风险后进行分析，并采取预防措施来减少或遏制风险的做法。对于市场研究人员来说，所有数据的收集和存储过程都必须经过严格的风险管理分析。没有任何品牌希望自己成为最严重的数据泄露品牌！让我们再回到营销伦理的问题上。例如，当你的真实目的是建立潜在的消费者**数据库**（**database**）来推动直接营销时，那么以市场调研为幌子收集数据就是不道德的。数据库通常是一个电子的、可以搜索和查询数据的集合，其可以提供有关联系人、产品、客户、库存等的信息。公司如果滥用调研对象的信息，可能会被指控从事不道德的研究实践，导致本公司的声誉受损。不仅该公司未来的营销调研将面临更大挑战，难以吸引参与者，其他公司也会受到牵连，因为消费者信任正在流失。

作为学习营销的学生，关键是要知道在市场调查中保持高度道德感、专业度，并提升消费者的信心，不仅有利于营销人员制订营销计划和战略，也让消费者能享受到更符合其需求的产品和服务。无论是亚马逊的网购、YouTube 上的弹屏广告，还是在福乐鸡购买的烤鸡、炸薯条套餐等几乎所有的产品和服务，它们的成功都离不开市场调查和对收集数据的分析。因此，这一章的内容对于任何想做好市场营销的人都是非常重要的。再次回到 GIGO，如果数据很糟糕，做出的分析更糟糕，那么一些糟糕的营销决策肯定会发生！

市场调查是一个庞大的课题，是所有市场营销学课程中不可或缺的主题。为了突出重点，本章将给你一个简明扼要的导览，帮助你理解市场调查中最重要的概念——从宏观上的营销信息系统到系统地开展市场调查过程中的每一步。不要担心这一章的内容过于技术性、涉及过多统计学的内容，或只适用于高级营销人员！本章旨在为你概述市场调查是如何以及为何对营销人员的计划和决策起到了重要作用。市场调查作为一种营销工具，是如此不可或缺。

请注意，本节的标题是"知识就是力量"。这就说明了一切——如果营销人员基于不可靠且含混不清的市场调查来投入大量资金实施营销策略，则其成功吸引消费者的可能性极低。

营销信息系统

许多公司使用**营销信息系统（marketing information system，MIS）**收集信息。MIS 是一个首先决定营销管理人员需要什么样的信息，然后收集、分类、分析、存储并及时将相关营销信息传递给系统使用者的过程。如图 4 – 1 所示，MIS 系统包括 3 个重要的组成部分：

- 4 种数据类型（公司内部数据、营销情报、市场调查和已有数据库）；
- 用于分析数据和生成报告的计算机软硬件；
- 营销决策者所需的信息。

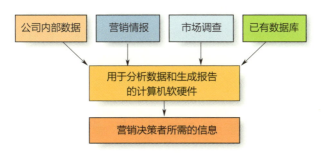

图 4 – 1　营销信息系统

一家公司的营销信息系统（MIS）存储和分析各种来源的数据，并将这些数据转化为有用的营销决策信息。

营销信息系统提取不同来源的数据，并用系统软件进行加工处理。随后，分析师利用营销信息系统输出的信息为不同的决策者生成常规报告。

让我们仔细看看 MIS 的四种不同数据源。

公司内部数据

公司内部数据系统利用公司内部的信息生成公司销售和营销活动的报告。公司内部数据包含企业的销售记录，具体包括消费者是谁、购买的产品是什么以及频率和数量如何；公司有哪些存货，且哪些货物由于脱销产生了拖欠订单；何时能够运送货物给顾客；哪些货物因为存在缺陷而被退回。

通常，营销信息系统可让相关营销人员、销售人员和销售经理通过公司内部网络获得内部数据。**企业内联网（intranet）**是使用互联网技术把企业的部门、员工和数据库连接起来的内部沟通网络。企业内联网受到保护，所以只有获得授权的员工才有权限使用该网络。如今，精明的营销组织为了确保这些有价值的内部信息能被访问，且可以发挥最大的效用，创建了**营销仪表板（marketing dashboard）**。营销仪表板是一个为企业人员提供决策所需的最新信息的系统。营销仪表板通常包括实际销售与预测的数据、营销目标的进展、分销渠道的有效性、当前的价格竞争以及衡量特定员工业绩的指标和信息。营销仪表板是绝佳的索引。类似于汽车上的仪表盘，营销仪表板让公司内部网中包含的信息以便捷、生动的方式展示，并保证实时可用。

市场营销人员经常依靠销售人员和现场的销售经理来影响客户的购买决策。一个好的营销仪表板可以让这些销售人员轻松地访问企业内联网，并找到在 MIS 系统上可用的信息。由此，销售团队能够获得市场营销提供的支持，及时获知有关定价、存货水平、生产进度、运输日期和顾客购买记录等信息，以更好地为消费者提供服务。公司总部的营销经理也可以从公司内部数据系统中按品牌或产品线查看每日或每周的销售数据。他们可以查看每月的销售报告，以衡量达成销售目标和市场份额目标的进展情况。例如，在阿肯色州的沃尔玛总部的采购人员和经理使用他们从全国各地的收银机获得的最新销售信息，因此他们可以很快发现产品、促销活动、价格的竞争力，甚至是公司分销体系中所出现的问题。

营销情报

正如我们在第 2 章学到的一样，要做出好的营销决策，营销人员必须掌握有关营销环境的信息。所以，营销信息系统的第二个重要因素就是**营销情报系统（market intelligence system）**，营销人员可借此了解最新的相关业务信息。尽管"情报"这一词听起来让人不禁想到从事阴谋活动的间谍，事实上，公司所需的所有有关环境（包括竞争环境在内）的信息都可以通过日常监测来获取，如公司网站、行业出版物或对竞争市场的直接观察。

而且，由于销售人员每天处于第一线，与顾客、分销商和潜在顾客进行沟通，所以他们也能提供有价值的信息。例如，零售商经常雇**"神秘顾客"（mystery shoppers）**与供应商"做生意"，来体验顾客的感受，这同时也适用于在线客户体验和面对面客户体验。其他信息可能来源于与公司客户关于竞争产品的讨论，参加贸易展，或仅购买、使用或用**逆向工程（reverse engineering）**拆解竞争对手的产品。逆向工程指物理拆解产品，以确定各部分零件是如何组合在一起的。

市场营销经理可以使用市场情报数据来预测由各种外部环境因素（见第 2 章）导致的销售波动，包括经济状况、政治问题和增强消费者意识的事件。他们也可以利用这些数据来预测未来，以掌握发展趋势。通过电视网络数据可以观察到，消费者越来越热衷在奈飞、亚马逊 Prime 视频、迪士尼＋等平台看剧。因此，营销人员开始采用符合消费者不断变化的偏好和期望的方式来呈现自己的节目。在新冠疫情封控期间，消费者不仅在流媒体上从早看到晚，还选择订阅许多不同的拓展服务。这导致了流媒体产品试用范围和接受度的大幅提升，也无疑对网络和有线电视造成了打击。

市场调查

市场调查指的是通过收集、分析和解释有关顾客、竞争者和商业环境的数据来提高营销效率的过程。尽管企业不断收集营销情报数据以确保营销经理能够及时了解市场变化，但当经理需要特定信息做出具体决策时，仍需进行市场调查。不管是销售给青少年"酷玩意儿"，还是为工厂提供冷却剂，只有营销人员了解顾客需要什么、何时何地需要这些东西，以及竞争对手在这些方面采取了怎样的行动，才能成功。换言之，公司掌握的可靠营销信息越多，成功的可能性越大。因此，虽然进行的研究数量和形式大不相同，但几乎所有公司都会依赖某种形式的市场调查。总体来说，营销信息系统中可用的市场调研数据有两种类型：辛迪加调研报告和定制研究报告。

辛迪加调研（**syndicated research**）是由一些专业的综合信息公司规律性地收集资料并转卖给其他公司的研究方式。例如，为了了解媒体趋势、购物习惯、消费者态度、医疗保健行为等信息，尼尔森旗下的斯卡伯勒公司调查了美国 100 多个媒体市场的当地消费者。这有利于它的客户（各品牌公司）进行媒体策划、品牌战略和市场开发。Q 评分系统（由营销评估公司开发）是一个百分比，显示了那些听说过某位名人并将其视为最喜爱的名人之一的人所占的比例，有时被称为"正 Q 分"。"负 Q 分"也可以计算出来，即听说过某位名人且同时认为这位名人的表现平平或糟糕的人数占总人数的比例。

辛迪加调研确实非常有价值，但无法为营销问题提供全部答案，因为一般来说，这种调研收集的信息广泛且浅显，只能对总体趋势提出较好见解。例如，哪些人正在看什么类型的电视节目，或今年什么牌子的香水最火爆。**定制研究**（**custom research**）恰恰相反，它是企业为解决具体问题而进行的研究。当公司想了解某潮流兴起的更多原因时，这种研究尤其有用。与辛迪加调研相比，定制研究可以为研究更多小众主题提供一种量身定制的方法。比如糖果巨头好时正在考虑进入不断增长的小吃店市场，并想获取当前市场上关于小吃店的信息。这就需要对好时的传统品牌和市场以外的领域展开调查。好时还想要看看不同的产品配方和改进措施，以及是否有可能在整个类别中找到一个可行的竞争空间。这样的信息需求需要好时采用定制研究的方法去满足。

一些企业主张公司的内部研究部门代表公司进行研究。然而，许多公司选择雇用按照客户需求专门设计和执行项目的外

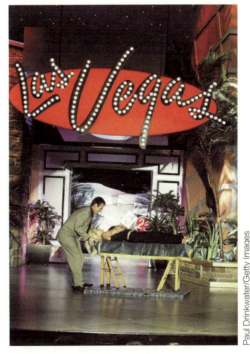

Paul Drinkwater/Getty Images

像哈拉斯（全球的博彩业巨头）这样精明的公司会密切关注人们在拉斯维加斯这类场所做什么，这样他们就可以根据消费者特定的娱乐偏好，提供定制的宣传材料。

部研究公司。假如你喜欢解决谜题，并深入了解消费者的需求，这会是一条很好的职业道路！这些定制研究报告是营销信息系统中的另一种信息形式。营销人员可利用营销调研来识别开发新产品的机遇、促销现有产品，或提供有关产品质量、哪些人使用产品以及如何使用等方面的数据。

已有数据库

大量对营销决策有用的信息是以外部数据库形式获取的。公司可从各种途径得到这些数据库。例如，一些公司愿意将自己的客户数据库卖给非竞争性公司。政府数据库，包括美国人口普查局、劳工统计局和其他机构收集的大量经济和人口统计信息，可以以很低的价格或免费获得。州和地方政府可能也会收费提供一些信息，比如汽车牌照数据。

前面我们探讨了一般的数据库和数据安全性。近年来，由于公司为了营销目的而使用这些数据库，消费者对其可能导致的侵犯隐私提出了异议，使得政府增加了对数据库的监控力度。使用这些数据进行消费者趋势分析是一回事，而将这些数据用于国际信函、电话和电子邮件则是另一回事。由此引发的公众强烈反对已导致了各种推销电话"黑名单"和反垃圾邮件法等措施。也许你已经注意到，当在网上报名参加需要联系信息的大部分活动时，都会收到提示——选择"拒接"来自该企业的促销邮件，或"拒接"过后可能从该企业获得你的联系方式的其他企业的促销邮件。根据法律，如果你决定选择不接受，公司就不能将你的信息用于营销。

我们将在第 5 章中进一步在"大数据"的背景下，探讨市场营销人员使用数据库的总体问题。现在，只要知道，你搜索的每一个网站或移动链接——甚至可能是你今天发布的每一条推文或脸书消息——都可能会出现在营销人员的数据库中。

营销决策支持系统

正如我们所看到的，企业营销信息系统能规律性地为决策者提供内外部环境报告。但有时，仅有这些报告（无论营销仪表板做得有多好）是不够的。不同的管理者可能需要不同的信息，而且在有些情况下，他们必须解决的问题又太过模糊或者比较独特，使得营销信息系统无法轻易应对。因而，许多公司用**营销决策支持系统**（marketing decision support system，MDSS）来加强营销信息系统。营销决策支持系统包括分析和交互软件，通常可使营销经理，甚至是那些不懂计算机的人，通过企业内联网来获取营销信息系统中的数据进行分析。

本质上，营销决策支持系统包含复杂的统计软件和建模软件。管理者通过统计软件来检验市场上各要素之间的复杂关系。例如，一位想知道消费者对本公司品牌和其他竞争品牌感受如何的营销经理，可能会使用一种叫作"多维标度"的统计方法，来绘制一幅"感知图"或一个不同品牌之间相互关系的图示。

营销决策支持系统非常复杂，决策者可使用建模软件来检验数据关系，也就是进行假设问题分析。例如，媒体建模软件让营销人员能够预测出其在做出某个广告投放地点的决策后的市场反应。管理者可利用销售数据和模型来确定有多少消费者忠于其

MARKETING
REAL PEOPLE, REAL CHOICES
营销的真相（原书第11版）

品牌以及有多少消费者会更换品牌，从而推测一段时间后的市场份额。表 4 – 1 给出了营销信息系统和营销决策支持系统可解决的不同营销问题的一些示例。

表 4 – 1　营销信息系统和营销决策支持系统可解决的问题示例

营销信息系统可解决的问题	营销决策支持系统可解决的问题
在上个月以及过去的一年中，公司每种产品的销售额怎么样？	销售额的减少仅仅反映出行业销售额的整体变化吗？销售额下降除了因行业变化外，还有其他原因吗？
我们行业的销售额有什么变化？购买模式变化最大的消费者的人口统计特征如何？	我们在不同的品类中看到了相同的发展趋势吗？我们所有产品的消费趋势变化都相同吗？看似最忠诚和最不忠诚的消费者的人口统计特征如何？
能够触及大量重度使用者、中度使用者、轻度使用者的最好的宣传媒介分别是什么？	如果我们通过增加或减少特定的媒体投放来改变我们的媒体调度，是否会对产品使用者数量产生影响？

学习目标总结

为了在当今的市场中成功竞争，营销人员必须确保决策所需的信息质量良好且易于获取。营销信息系统是由公司内部数据、营销情报、营销研究、已有数据库和计算机软硬件构成的。企业用营销信息系统来收集、分类、分析、储存和发布管理者用来制定营销决策所需的信息。然后，公司通常会部署内联网，即一个公司内部的通信网络，使用互联网技术连接公司部门、员工和数据库。如今，精明的营销组织通过为员工创建营销仪表板来确保这些宝贵内部信息能够被访问，且实现了可用性最大化。营销仪表板是一个全面的显示和访问系统，其可以为公司人员提供决策所需的最新信息。营销决策支持系统可使管理者们用分析软件和交互软件来获得营销信息系统数据并且进行分析，找出他们所需要的信息。

营销的真相

4.2

市场营销中的循证决策

作为一个消费者，你应该知道，公司收集大量的数据变得越来越容易。**数据（data）**是原始的、没有经过整理的，需要进行处理。于是分析人员通过处理、整理、结构化和可视化数据，使其为决策制定提供依据。这一过程将创建**信息（information）**，即经过解释的数据。但是知道太多的数据也有缺点！如果没人知道这些数据的含义，那么这些数据就是多而无用的。就像关于海洋的一句老话——"水，到处都是水，没有一滴可以喝！"——可以被改写成"数据，到处都是数据，却不能从中发现有价值的内容！"

你学习营销的时候，营销人员的流行语是**循证决策（evidence-based decision making）**，指营销人员利用所有可用信息来做出最好的营销决策的能力。听起来很有逻辑，也很简单，对吧？但实际上并非如此。许多营销决策最终都是通过"准备→发射

→瞄准"方法做出的，这意味着决策过程中很少或没有市场调查。注意，我们在第 3 章中讨论过的敏捷营销并没有遵循"准备→发射→瞄准"这一方法。相反，敏捷营销的理念是快速获取和分析证据，以获得能做出好决策的洞察。

当然，有时可用的信息比其他时候多，在某些情况下，时间压力会导致你只能基于现有的信息做出决定。但在其他条件不变的情况下，无论是在当前还是在未来，想要成为成功的营销人员，都必须遵从循证决策的原则，提高公司的数据收集和分析能力，否则就会被竞争对手甩在身后。这对于营销人员乃至整个公司，都是非常重要的战略问题，因此，一个被称作数据分析的市场营销子领域也应运而生。市场营销中的**数据分析（data analytics）**是指检查原始数据以发现趋势、回答问题并获得见解以做出基于证据的决策的过程。第 5 章详细介绍了市场营销中数据分析的整个领域。

与循证决策密切相关的是**客户洞察力（customer insights）**的概念，其核心是指信息的收集、部署和解释，允许企业获取、开发和保留其客户。也就是说，这些洞察力是公司做出更好决定的证据！就像金宝汤公司的辛迪·比恩一样，现在大多数公司都有一个专家团队，他们的工作是筛选所有可用的信息，以支持市场规划决策。这个小组尽力了解客户与组织如何互动，并在规划者考虑未来的计划时提供指导。

在全公司范围内执行循证决策比表面上看起来要更为复杂。一般，大多数公司都是在"孤立单元"中运作的，例如，从事新产品开发的人与处理相应产品投诉的客服人员没有任何联系。营销洞察经理就像一个艺术家，必须在调色板上使用许多不同的颜色——他们负责整合来自联合研究、营销研究、客户服务、忠诚计划以及其他渠道的客户反馈，提供全面的客户洞察，以支持公司业务发展。因此，组织中的客户洞察力通常在公司的战略业务单元（SBU）中发挥作用。

例如，为了更深入地了解那些购买特定产品线的消费者偏好和特征，金宝汤公司的产品线经理可以向辛迪·比恩的消费者洞察团队寻求帮助。然后，消费者洞察团队将会广泛收集有关该产品线的消费者数据以及其他数据（如消费者购买的频率，以及影响特定人群消费的关键因素）。毫无疑问，辛迪的团队会以一种简单易懂的形式提供这些信息，并提出最具操作性的洞察。这种分析能够协助产品线经理更好地配置资源，以促进产品在市场上的表现。和金宝汤一样，许多组织也在通过增加客户（消费者）洞察部门来紧跟潮流。这种增长趋势反过来又为那些知道如何在信息海洋中寻找有用知识的毕业生提供了新的、有前途的工作机会。

学习目标总结

你正在研究基于循证决策的营销，营销人员想要成功地制定和执行营销策略，必须将数据转化为信息，以获得有用且可靠的客户洞察。如今的组织正在收集大量数据，但他们需要客户洞察专家来筛选这些数据，以最好地利用它们。客户洞察力是指收集、部署和解释信息，使企业能够获取、开发和留住客户。这些信息支持市场规划决策，并指导规划人员制订未来的业务计划。

市场营销调查过程的步骤

战略信息的收集和理解并非管理者"仅出于好奇"而做的一锤子买卖。从理想化的角度来说，营销调查是一个持续的过程，营销人员需反复地采取一系列措施来了解市场。不管公司是自己进行调查还是雇其他公司来做，目的都一样：帮助管理者做出明智的营销决策。图 4 - 2 列出了调查步骤，下面我们逐一分析。

第 1 步：明确研究问题

营销调查过程的第一步是明确管理者需要什么信息。我们将其称为明确研究问题。你应该注意到，这里的问题并不是指"出错了"，而是指公司需要回答的整体问题。明确研究问题有 3 个组成部分：

1. 确定研究目标：此研究试图解答什么问题？

2. 识别感兴趣的客户群：这些有兴趣的客户群有什么特征？

3. 把问题置于背景环境下分析：企业内部和外部商业环境中的哪些因素可能会影响企业经营状况？

为上面这些问题提供正确信息并不像看起来那样容易。假设一个豪华轿车的生产商想找出轿车销售量相较去年骤减的原因。研究目标可以围绕任意可能的问题制定：公司的广告未触及合适的消费者吗？传递的信息正确吗？公司的轿车是否因增加了某特性（或缺少某特性）而使消费者望而却步？公司的声誉在提供优质服务方面是否存在问题？消费者认为其价货相符吗？研究人员选择具体目标应取决于多种因素，如公司从顾客处得到的反馈、从市场上获得的信息，有时甚至是研究设计者的直觉。

通常，研究问题的焦点来自于市场反馈，因为市场反馈能够揭示潜在的问题。长期以安全行车记录而闻名的沃尔沃，在与梅赛德斯 - 奔驰、宝马、雷克萨斯和奥迪等品牌竞争时表现得力不从心。由此产生的研究问题是：沃尔沃如何提高其在豪华车买家中的市场份额？

研究目标决定了该公司将调研的消费者群体。以沃尔沃为例，研究可能会集中在目前的车主身上，以了解他们特别喜欢这款车的哪些方面；也可以针对非车主，了解他们的生活方式，他们在豪华汽车中寻求什么，或者是什么原因使他们不愿意购买沃尔沃汽车。现实中，沃尔沃在选择最优的研究问题时，选择关注为什么消费者不购买其竞争品牌。沃尔沃的营销人员认为，确定消费者在观察竞争对手时所经历的"痛点"是个好主意，因为这样他们就可以通过自己的营销活动来解决这些痛点（这是一个相当聪明的方法）。

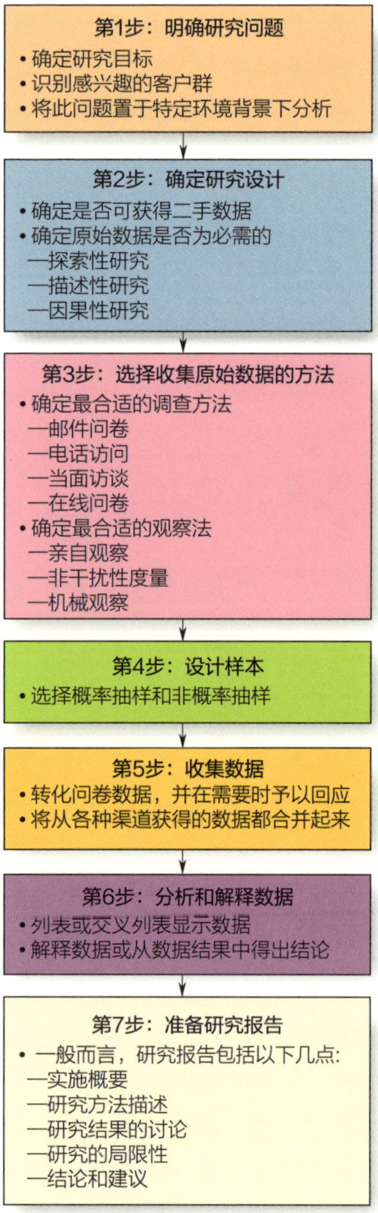

第1步：明确研究问题
- 确定研究目标
- 识别感兴趣的客户群
- 将此问题置于特定环境背景下分析

第2步：确定研究设计
- 确定是否可获得二手数据
- 确定原始数据是否为必需的
  —探索性研究
  —描述性研究
  —因果性研究

第3步：选择收集原始数据的方法
- 确定最合适的调查方法
  —邮件问卷
  —电话访问
  —当面访谈
  —在线问卷
- 确定最合适的观察法
  —亲自观察
  —非干扰性度量
  —机械观察

第4步：设计样本
- 选择概率抽样和非概率抽样

第5步：收集数据
- 转化问卷数据，并在需要时予以回应
- 将从各种渠道获得的数据都合并起来

第6步：分析和解释数据
- 列表或交义列表显示数据
- 解释数据或从数据结果中得出结论

第7步：准备研究报告
- 一般而言，研究报告包括以下几点：
  —实施概要
  —研究方法描述
  —研究结果的讨论
  —研究的局限性
  —结论和建议

图4-2　营销调研过程的步骤
市场研究过程包括一系列步骤，从定义问题或所需的信息开始，到为管理者完成研究报告结束。

那么沃尔沃发现了什么呢？该公司的研究表明，许多购车者被奔驰和宝马的"浮夸"形象劝退，没有考虑过真正购买。还有一些人则觉得有太多的邻居开着雷克萨斯，而他们想更多地表达自我。沃尔沃的营销副总裁解释说，沃尔沃车主"对豪华车的定义各不相同，但都有其道理。他们更喜欢感受生活，更喜欢斯堪的纳维亚式简单的车辆设计，而不是花里胡哨的东西。他们是奢侈品的购买者，喜欢奢侈品，但他们觉得没有必要给别人留下深刻印象"。根据这些研究结果，沃尔沃策划了一个新的广告宣传活动，向消费者表明，与众不同不仅可取，而且应该被鼓励。沃尔沃公司甚至取笑了竞争对手品牌。在一个电视广告中，一个精致的女人坐在她的奔驰SUV内等待红绿灯，同时利用后视镜检查自己的妆容。另一个女人开着一辆沃尔沃XC60停在她旁边，但她更接地气。沃尔沃司机看着自己的后视镜。不同的是，她做了个滑稽的鬼脸，逗得后座的孩子们哈哈大笑。画外音说："沃尔沃并非普适之选，但这正是我们喜欢的。"

由于沃尔沃已经在研发上做足了功夫，因此沃尔沃的这个例子很好地阐释了询证决策。沃尔沃在获取洞察后，加倍强调自己的独特性。这种在豪华车市场上的清晰定位和引人注目的信息传递极大地提高了该公司的销售额，并提升了利润业绩。沃尔沃得出的经验是，当循证决策能产生正确的洞察，并指导公司做出合适的战略改变时，市场营销无疑是有效的。

第2步：确定研究设计

确定了具体问题，研究的第2步就是制订"进攻计划"。这就是**研究设计（research design）**，其准确规定了营销人员要收集何种信息以及所做研究的类型。图4-3总结了很多研究者工具库中的研究设计类型。正如你所见，研究设计分为两大类：二手研究和原始研究。不同的营销问题需要用不同的研究技术解决，而且许多问题需要营销人员利用综合技术才能有效解决。

MARKETING: REAL PEOPLE, REAL CHOICES 营销的真相（原书第11版）

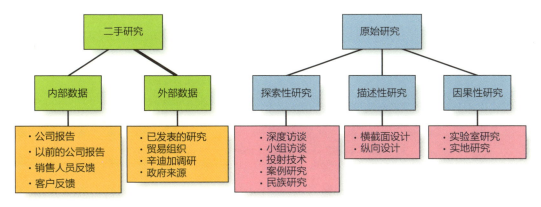

图 4-3 市场研究设计

对于一些研究问题,二手数据能够提供其所需的信息。在其他时候,可能需要采取原始研究的方法收集数据。

二手研究

在确定研究设计时,市场营销人员遇到的首要问题就是确定他们所需的信息是否已经存在。例如,一个咖啡生产商想知道咖啡受众不同人口和地理细分市场上的消费差异,它可能会发现自己所需要的信息已经被国家咖啡协会(美国咖啡公司的主要贸易协会)等开展的行业研究收集过了。为某些目的而非为手头问题而收集的资料是**二手数据(secondary data)**。许多营销人员喜欢从消费者那里收集一手的数据,这些数据似乎已经成为市场营销不可或缺的一部分。然而,如果得到的二手数据能满足研究需求,将会为公司省下许多时间和金钱,因为设计与执行市场调查的花销已经让它们吃不消了。有时,营销人员所需的信息可能正好以公司报告、公司之前的研究报告、顾客和销售人员或经销商的反馈,甚至是老员工的记忆等形式"隐藏"在公司的眼皮底下(令人惊讶的是,一个经理往往不知道正在处理不同问题的人已经提交了类似的报告)。

不过,更一般的情况是研究人员需要到其他地方寻找二手数据。他们获取在流行媒体和商业媒体上发布的报告,以及私人研究机构或政府机构的研究资料,并收集公开发行的贸易组织行业动态研究成果。例如,许多公司订阅了《全国消费者研究》(*National Consumer Study*),由辛迪加调研公司西蒙斯市场调研局执行的全国性调查。西蒙斯将研究结果出版,随后卖给了营销人员、广告机构和出版商,甚至在一些大学的图书馆里都可以找到他们的信息。这个数据库包含了所有主要媒介中的 60 000 多个使用行为数据变量,500 多个品类,以及 8000 多个品牌。来自西蒙斯的数据可以让品牌经理了解产品使用者画像,识别重度使用者,甚至提供目标顾客在购买前可能咨询哪些信息来源的数据。例如,观点研究公司(ORC)、美国人口普查局和劳工统计局、美国市场营销协会和律商联讯(LexisNexus)都可以为市场营销人员提供有用的实时在线数据。

原始研究

当然,二手研究并不能解决所有问题。当公司需要做具体决策时,通常需要收集

原始数据（primary data），即直接从受访者那里收集到的能解决具体问题的信息。原始数据包括现有顾客和潜在顾客的人口统计特征和心理特征因素、顾客对公司产品和竞争产品的态度和看法、顾客对产品的认知度以及对使用该产品的人的看法。在接下来的内容中，我们将简略探讨收集原始数据的不同设计选择。

为了更好地了解消费者如何使用该产品，Finish 品牌进行了广泛的市场营销调查。

探索性（定性）研究

营销人员使用**探索性研究（exploratory research）**来探寻新战略和机遇，或仅仅为当前产品问题寻求更优解决方案。与其他方法相比，探索性研究通常规模较小、成本较低，所以营销人员可在没有太大风险的情况下利用该技术检验他们的部分市场预测。我们将大多数探索性研究称为**定性研究（qualitative research）**，这意味着研究项目的结果往往不是量化的，可能是关于消费者的态度、感受和购买行为的详细语言或视觉信息。相比之下，**定量研究（quantitative research）**产生的结果可以采用各种统计程序进行分析。四个主要的探索性研究例子分别是深度访谈、小组访谈（可以是面对面的，也可以是线上的）、案例研究和民族志研究。下面让我们来仔细讲讲这些方法。

探索性研究通常针对符合"典型"顾客标准的消费者做深度调查。**深度访谈（in-depth interview）**是一种相对无结构化的个人访谈，需要一个技术高超的采访者来采访受访者。深度访谈的目的是了解受访者关于某一特定主题的潜在动机、信念、态度和感受。研究人员可能会就产品、服务、广告或店面采访消费者、销售人员或其他员工。他们可能假装只是"随便逛逛"，观察人们在面对商店货架的一众竞争品牌时会如何抉择，然后问一些问题来接近他们。公司通常会去往它们感兴趣的消费者所在的地方，并向他们提出问题。例如，一些研究人员发现，在传统的研究环境中，年轻人往往表现出过度怀疑，所以研究人员选择在他们购买音乐会门票或在俱乐部里排队时进行采访。

焦点小组（focus group）是营销研究人员在收集探索性数据时最常用的技术。焦点小组一般包括 5 ~ 9 名招募来的具有某些相同特征的消费者。这些人坐在一起讨论产品、广告或由讨论组组长发起的其他营销话题。通常情况下，组长会用录音或录像的方式来记录小组讨

焦点小组是一种非常流行的探索性研究技术。

论，并在允许企业客户通过单面镜观察的特殊访谈室里进行。根据从焦点小组中收集到的洞察，米勒康胜决定修改其中一个品牌的包装设计，以更好地吸引消费者。此外，通过千禧一代的焦点小组访谈，该公司获悉其蓝月亮比利时白啤酒包装被视为"黑暗""孤独"和"神秘"，这将促使营销人员将包装设计得更加活泼。

当今，在网络空间和现实生活中能越来越多地看到焦点小组的身影。宜家（IKEA）和沃尔沃（Volvo）等公司使用的是类似于其他社交网站的在线焦点小组访谈网站。宜家在五个不同的国家设立了消费者咨询平台，这也被称为**市场研究在线社区（MROC）**，以征求反馈，更新其商品目录。市场研究在线社区通常由市场研究公司或部门私下召集的一群人组成，用来深入了解客户的情绪和倾向。市场研究在线社区对于产品理念、品牌策略和包装决策等很多市场研究问题都很有用。与宜家不同的是，沃尔沃利用推特聊天（TweetChat）平台开展焦点小组访谈，以收集有关其广告发布的反馈意见。沃尔沃的营销人员表示，他们从消费者那里得到的即时反馈有助于广告的改进。该公司和在线社区之间的即时交流使实时数据的收集变得可行。

案例研究（case study）是对某一特定企业或组织所进行的全面研究。例如，在客户是其他公司的B2B营销研究中，研究人员试着了解某家特定公司如何进行采购。其目标在于找出主要决策者，发掘他们选择供应商的标准，了解决策者之间的冲突和竞争（这可能会影响他们的选择）。

民族志研究（ethnographic study）是一种不同类型的深度研究。营销人员从那些"与土著人一起生活了几个月甚至几年"的人类学家那里得到了灵感。为了了解人们如何使用产品，营销调查者将前往他们家中拜访或参与消费者的真实活动。想象一下，在你购买以及使用产品时，始终有个研究人员跟在你身后，观察你到底是什么类型的消费者。这几乎就是市场营销版的真人秀——但是相比电视上的节目，这些研究要真实多了。

描述性（定量）研究

我们已经知道，营销人员有很多探索性工具，包括深度访谈、焦点小组、案例研究和民族志研究，这些工具可以帮助他们更好地确定问题或机会。但这通常是对少数人所做的适度研究，足以让营销人员了解发生了什么事情，并不足以让营销人员将观察结果推广到其他人群。

因此，营销研究的下一步通常是实施**描述性研究（descriptive research）**。这类研究系统地探究营销问题，并基于大样本得出研究结果。研究结果通常用量化条目表述——平均数、百分比，或从大量测量数据中得出其他统计数据。在这种定量研究方法中，项目可能像清点全国各地一个月内售出的李施德林漱口水的瓶子数目一样简单，也可能像统计分析上千名消费者口味偏好的调查邮件反馈一样复杂。在这种情况下，不同于探索性研究中的"审前调查"，营销人员将利用描述性研究来解决具体问题。但也不要小看定性方法的有用性——最初的定性市场研究有助于确定后续的定量方法。

从事描述性研究的营销研究人员经常使用**横截面设计（cross-sectional design）**，这种方法通常是及时从某地的一个或多个样本对象中系统地收集消费者对一些调查工具的反馈信息，如**问卷（questionnaire）**。问卷是一种调查研究工具（纸质或电子版），由一系列问题组成，目的是收集受访者的信息。营销人员可以在多个场合收集数据，但通常不会选择同一批受访者。

与这些一次性研究不同的是，**纵向设计（longitudinal design）** 是在一段时间内对同一个样本中的受访者的回答进行追踪的技术。研究人员有时会创建顾客小组来收集信息：在这种情况下，一个能够代表较大市场的样本受访者同意每周或每月提供一次购买信息。西南航空公司一直受益于客户的忠诚，它有一个长期的客户咨询委员会，号称是"由像你这样值得信赖的客户组成的顾问小组"。在西南航空的文化中，它类似于一个社区——一个与其他西南航空客户互动、分享意见、观点和想法的平台，旨在协助塑造公司的未来。这一方法不但充分巩固了会员的忠诚度，也为公司获取客户洞察提供了宝贵的平台。

因果性研究

事实上，下午5点到7点之间是购买尿布和啤酒的高峰时段。我们是否可以说，购买其中一种产品会导致购物者也购买另一种产品呢？如果是这样的话，那么哪个是因？哪个是果呢？难道照顾小宝宝会迫使家长喝酒吗？还是仅仅因为这个时段刚好是年轻的父亲们下班回家顺路到商店购买啤酒和尿布呢？

那么关于裙摆长度的例子呢？自20世纪20年代以来，乔治·泰勒的"裙摆指数"就假设女性裙子的长度反映了整体经济运行状况。这一理论起源于女性穿丝袜的时代——当经济强劲时，她们会缩短裙摆来展示丝袜；当经济下滑时，为了掩盖女性买不起漂亮丝袜的事实，裙摆也随之变长。2009年也是如此，当时的裙摆"短得惊人"，而那年的美国股市也从年初起累计上涨了15%。那么最近情况如何呢？事实上，从2017年到2018年1月，股价上涨了33%，春天起才出现波动。猜猜后来怎么样？市场看涨的同时，裙子也越来越短。然后，随着2018年秋季成衣系列的推出，看看这些衣服的长款版式就会知道，经济和华尔街可能会经历一段艰难时期。但投资者目前还不恐慌，因为还有一个"超级碗指标"（Super Bowl Indicator）需要被考虑在内。这个指标表示，当一支国家橄榄球联合会（NFC）的球队获胜则意味着股市将迎来丰收的一年。而美国橄榄球联合会（AFC）的球队胜利则预示着一个熊市。这些和其他的"迷信"一样，并不一定是准确的，但它们说明了我们许多人对相关事件的信念。

我们之前提到的描述性方法可以有效地提供关于市场现状的有价值信息，但由于其本质是描述性研究，因此只能描绘市场现象而无法解释其发生原因。有时营销人员需要了解他们的策略是否对消费者行为产生了影响。例如，在商店里把一种产品紧挨着另一种产品摆放，是否会导致人们对这两种产品都多买一些呢？我们无法通过简单的观察和描述来回答这个问题。

有一个古老的问题：太阳升起是否是因为公鸡打鸣？这类问题与"因果关系"有关——也就是说，是什么导致了什么？为了得到这个答案，市场研究人员转向了**因果**

性研究 （causal research），他们试图确定两个或两个以上事物之间的因果关系（比如太阳升起和公鸡打鸣）。究竟是哪一个导致了另一个？

当营销人员想知道某一变化（如将啤酒箱摆放在尿布货架旁边）是否会引起另一变化（如尿布的销售额剧增）时，他们会使用因果性调研方法。他们把可能引起变化的因素叫作自变量，把结果叫作因变量。自变量引起因变量变化。在上述例子中，啤酒的陈列是自变量，尿布的销售额是因变量——也就是说，研究是要弄清尿布销售额的增长是否是因为其靠近啤酒。研究人员可以收集数据并利用统计方法确定因果关系。

这种形式的因果研究通常涉及实验设计。**实验 （experiments）** 通过排除其他解释来建立因果关系，并保持高水平的控制。实验可能需要将被试（参与者）带到实验室，以便研究人员可以精确地进行变量操控。以尿布为例，一群父母可能会有偿进入一个测试实验室，点击电脑屏幕进入一个"虚拟商店"。然后，研究人员会让他们在虚拟商店中选择商品放入购物车。这个实验可能会改变尿布的位置——在一种场景中尿布放在啤酒货架旁边，而在另一种场景中尿布放在纸制品附近。实验的目的是找出这些父母在哪种放置场景下会更多地购买尿布。

第 3 步：选择收集原始数据的方法

当研究人员决定收集原始数据时，下一步要弄清楚的是如何收集。泛泛地讲，我们可将收集原始数据的方法称为调查法和观察法。收集数据的方法很多，而且营销人员一直都在尝试新方法。今天，一些营销人员甚至利用复杂的大脑扫描技术来直接测量大脑对各种广告或产品的反应。**神经营销学 （neuromarketing）** 使用功能磁共振成像（fMRI）等技术来测量被试的大脑活动，以便更好地理解消费者做出决策的原因。一些公司甚至投资设立了自己的实验室，并聘请科学家来开展神经营销研究项目。

神经营销作为一种了解消费者对各种形式的营销传播元素的反应的工具，在脸书、推特（Twitter）和时代华纳等公司中越来越受欢迎。例如，三星和神经洞察公司（Neuro Insight）共同分析了苹果和三星用户的大脑活动，开发了特别吸引苹果爱好者的电视广告。它们的生物特征研究发现，苹果用户对识别苹果问题和三星产品解决方案的广告反应最好。行业巨头尼尔森在神经营销方面进行了重大投资，购置了神经聚焦和神经内镜，来研究眼球追踪、面部行为编码和其他生物测量。因为大多数人并没有在市场研究中使用功能磁共振成像机器，因此我们将在本节更多地解释其他收集原始数据的方法。

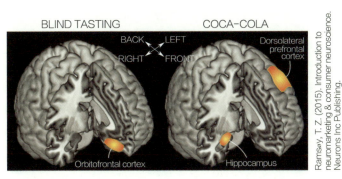

神经营销是一个可以获得消费者关于产品和广告的洞察和反馈的有用工具。

同样为原始数据收集，相比神经营销，**调查研究（survey research）**提供了一种更为传统的方法，包括某种形式的访谈或其他与受访者直接接触的形式。问卷可以通过电话、面对面、邮件或互联网进行。表4-2总结了用不同的调查方法收集数据的优缺点。

表4-2 用不同的调查方法收集数据的优缺点

数据收集方法	优点	缺点
邮件问卷	• 匿名度高 • 成本低 • 利于持续性研究	• 问卷回收时间可能较长 • 回答率低，许多人可能拒绝寄回问卷 • 问卷灵活度低 • 问卷长度受到受访者是否对问卷话题感兴趣的限制 • 不清楚受访者是否理解问题 • 不清楚受访者是谁 • 无法确保受访者如实回答问题
电话访问	• 速度快 • 询问的灵活度较高 • 成本低 • 有限的受访者跟进	• 受访者的合作水平降低 • 问卷长度受限 • 受访者误解的可能性大 • 受访者不能看材料 • 不能调查没有装电话的家庭 • 受访者把电话设置成答录机和来电显示 • 黑名单限制
面对面访谈	• 询问的灵活度高 • 可使用长问卷 • 可确定受访者是否难以理解问题 • 时间长 • 可使用视觉或其他材料	• 成本高 • 受访者对问题的偏见
在线问卷	• 可即时收集和分析数据 • 问法灵活 • 成本低 • 不存在访谈者的个人偏见 • 不存在地理区域的限制 • 可使用视觉或其他材料	• 不清楚受访者是谁 • 无法确保受访者如实回答问题 • 问卷长度受限 • 无法判断受访者是否理解问题 • 自我选择的样本

问卷

调查研究是通过受访者回答问题进行信息收集的一种方法。这种方法经常涉及问卷的使用，这在本章前面有所提及。有些人对"调查"和"问卷"感到有点困惑——但这两个概念比较好区分——并不是所有的调查研究都涉及传统意义上的问卷。问卷的使用非常频繁，在这一节中，让我们来认识问卷这种研究工具。

问卷的结构化程度不尽相同。在完全非结构化问卷调查中，研究者事先对问题限定较少。后一个问题往往是从受访者对前一个问题的回答中引申出来的。另一种极端情况是，研究者使用完全结构化的问卷。每一个受访者都被问及完全相同的问题，且须从一套固定选项中选出自己的答案。你可能经历过这样的问卷：必须通过选择自己是"非常同意""有点同意"或其他，来表达自己对一个观点的看法。中度结构化问卷向每个受访者提出相同的问题，但允许受访者用自己的话来回答。

邮件调查问卷易于管理，并为受访者提供了高度的匿名性。不利的是，由于问卷是打印出来邮寄给受访者的，研究人员在提问的问题类型上没有多少灵活性，也无法控制受访者回答问题的环境。另外，邮件问卷的反馈时间较长，而且因为受访者容易忽略访谈邮件，所以与其他数据收集方法相比，邮件问卷的回答率要低很多。

电话访谈通常是访谈者给受访者打简短的电话，向其询问一些问题。作为收集数据的方法，电话访谈存在几个问题。受访者可能会觉得直接与访谈者说话不舒服，尤其是当调查涉及敏感话题时。还有一个问题是，随着**电话营销（telemarketing）**的大规模使用，企业通过电话直接将产品卖给消费者，这使得消费者不愿意接受电话访谈。一些无良的电话营销人员除了用电话推销信息来骚扰人们之外，还把他们的推销伪装成调查。他们打着做调研的幌子来联系消费者，而真实目的却是销售产品或请求人们为某事筹资。这反过来促使越来越多的人使用留言机和来电显示来屏蔽访谈电话，这导致了回答率进一步降低。而且，我们之前提到的州和联邦的黑名单使得很多研究受访者拒绝了合法市场研究和不道德电话营销。

近年来自动答录电话的兴起促使美国国会通过了"追踪法案"，总统于2019年12月签署该法案。**自动答录电话（robocall）**通常是一种不符合道德的、不请自来的电话——它就像机器人一样，使用计算机自动拨号器发送预先录制的信息。同样的原则也适用于"机器人文本"，这也给消费者带来了相似的烦恼。机器人电话通常依赖于**伪造号码（spoofed numbers）**的使用，对接收者而言，这些数字看起来很熟悉，其实是假的。该法案的目的是让消费者更容易识别自动答录电话，以便他们可以回避自动答录电话，并对无视法律的违法者进行严厉的惩罚。该法案要求电信运营商无偿提供一个数字认证系统，以协助消费者识别拨号者。美国消费者在2019年收到了约600亿个自动答录电话，因此这一问题对遵守法律的营销人员而言影响深远。

在面对面访谈中，访谈者一次只向一个受访者提问。尽管过去研究人员经常挨家挨户地问问题，但现在这种方法已经很少用了，一是出于人们对安全因素的考虑，二是因为现在双薪家庭增多，访谈者很难在白天遇到家中有人的情况。一般来说，现在的面对面访谈发生在**拦截研究（intercept research）**中，研究者在商场或其他公众场合召集购物者来回答问题。你可能已经在当地的商场中遇到过这种访谈了，比如，一位面带笑容手拿写字夹板的人拦住购物者并询问他们是否愿意回答一些问题。一个典型的例子是当你走在度假酒店的走廊上悠闲地计划享用午餐，你遇到了酒店的度假部门发放调查问卷，他们会许诺你如果你完成了问卷，将会获得免费的午餐。

一些肆无忌惮的公司通过使用大多数人都不喜欢的自动答录电话技术损害了合法的营销研究人员的利益。

fizkes/Shutterstock

汽车制造商有时会寻求车展模特的帮助来进行市场调查，比如询问与会者喜欢或不喜欢展出汽车的原因。

拦截研究为获得新包装设计、款式，甚至人们对新食品或香水的反馈意见提供了很好的机会。然而，只有一部分人经常逛商场，所以拦截研究无法为研究者提供具有代表性的样本（除非研究对象就是商场购物者）。除了比邮件问卷和电话访谈成本高之外，这类访谈的受访者可能不愿意面对面地回答个人问题。

网上问卷变得越来越常见，但使用这种问卷也存在一些问题。许多研究人员质疑他们接收到的网上问卷反馈的质量，因为没人能确定谁在计算机上填写问卷（这点与邮件问卷和电话访谈一样）。另外，也无法确定在线调查的顾客是否能代表所有顾客。

观察法

还有一个主要的原始数据收集方法是观察法。这个术语指的是研究人员仅记录消费者的行为。

当研究人员进行个人观察时，他们只是观察消费者的行为，以了解他们对营销活动的反应。尽管在实验室内可控制测试对象的所见所为，营销人员并不总是有机会进行这种"不掺杂质的"研究。但只要营销人员能够控制自变量，就仍可在现实生活中进行实地研究。例如，一家生产尿布的公司可能会选择顾客在年龄、收入等方面都很相似的两家百货店。在商店管理层的配合下，公司可以在一家店铺内将尿布放在啤酒旁，在另一家店铺内将尿布摆放在纸制品旁边，然后在接下来的两周时间内记录男士购买尿布的情况。如果在第一家店购买尿布的男士比第二家多（公司必须确保两家店之间无其他差异，如一家店发放了购买尿布的优惠券而第二家没有），尿布生产商可得出把尿布与啤酒放在一起确实能够提高尿布销量的结论。

如果研究人员认为调查对象在知道有人在观察他们时会改变自己的行为，就会使用**非干扰性测量（unobtrusive measures）**来记录人们消费之后留下来的物证痕迹。例如，研究人员不会要求人们直接回答家中的存酒，而是以"检查食品储藏室"的名义来"清点"他家酒柜中的酒。还有一种方法是通过检查垃圾来找出每个家庭消费习惯的线索。例如，"垃圾研究员"可以说出哪种食物搭配的是哪种饮料。因为参与这种研究的人们不知道研究人员在研究他们的垃圾，所以获得的信息是完全客观的，虽然垃圾确实很臭！

机械观测（mechanical observation）是一种依赖非人类设备记录行为的原始数据收集方法。例如，应用机械观测的一个经典例子就是尼尔森对"收视记录器"的使用——把收视记录器安装在指定观众的电视机收视盒子上，以此来记录人们看电视的方式。尼尔森利用这些设备所收集的数据说明了哪些人收看哪类电视节目。"收视率"可协助网络客户端确定应就商业广告向广告商收取多少费用，并决定哪些节目应该取消或更新。尼尔森还衡量了数字媒体上的用户活动。这家研究公司在 3 万个网站和 25 个国家拥有超过 25 万名互联网用户，覆盖了消费者用于访问数字媒体的所有潜在设备。这使得尼尔森可以让客户更了解观众是如何与他们最喜欢的电视节目互动的。例如，它跟踪人们发布的与电视相关推文的数量，并提供包括推文发布者的年龄和性别等的人口统计信息。

同样，尼尔森音频（以前的阿比创市场研究）公司最近使用了成千上万的"便携式收视记录器"或称 PPM。PPM 类似于对讲机，能够自动记录佩戴者接触到包含促销信息的媒体（如电视广告、货架陈列等）的暴露情况，因为其中包括人耳无法听到的信号。因此，当消费者接触到商业广播、电影广告、互联网横幅广告，或其他形式的商业广告时，这个信号就会被 PPM 记录下来，同时还会标记曝光时间。在一天结束的时候，总部转接站会下载这些媒体历史记录。

尼尔森公司使用收视记录器来记录人们看电视的模式。

Kate Krav-Rude/Shutterstock

PPM 的便携性可以确保所有曝光都被记录下来，从而淘汰了收视记录器以及很多参与人都忘记填写的日志记录。

一些公司使用的另一种机械观测形式是**眼动追踪技术（eye tracking technology）**。该方法依赖于可携带式或固定设备，以跟踪被测者的眼球运动，从而更深入地了解他们所看内容及观看时间。对于营销人员来说，这种技术能够帮助他们更好地理解消费者如何参与各种形式的视觉营销。使用眼动追踪技术的例子包括跟踪平面广告、电视广告和移动广告的观看情况，以及在电视体育赛事中的植入式广告。便携式或可穿戴式眼动追踪技术的改进使得数据在实验室之外的环境（现实世界中）收集起来更容易，为营销人员发掘更合适的洞察提供了潜力。

一些零售商使用复杂的技术来观察购物者在商店里的行程，这样他们就可以识别出流量大和流量小的地方。有时，这些"热量地图"会通过购物者手机发出的信号来记录他们在商店里的活动。

线上调查

新冠疫情对市场营销人员面对面收集数据产生了深远的影响。但幸运的是，许多公司发现线上方法是收集数据的好渠道——速度快、成本相对较低，而且可进行从简单问卷到在线焦点小组访谈等各种形式的调查。实际上，一些像宝洁这样的大公司正在从网络上收集大量消费者情报。网上调查发展得如此之迅速，值得我们花些时间关注其最新进展。

线上调查有两种主要形式，一种通过追踪消费者上网来收集信息；另一种通过选择性地在网上发布问卷、发送电子邮件，或在聊天室里组织焦点小组访谈来收集信息。大多数社交媒体平台都提供了许多分析趋势和进行市场调查的方法。只需简单地通过搜索最新帖子和流行的术语——或者，如营销人员所说的"抓取网络"——你就可以深入了解新趋势，并实时看到客户在谈论什么。在推特上进行话题标签搜索是一个很好的例子。通过设置一些与你的品牌、行业或产品相关的标签搜索，当顾客、客户或竞争对手使用关键术语时，你可以即时收到通知。

沿用之前给出定义的民族志概念，出现了一种非常流行的、可以用来理解消费者对于品牌的在线讨论的研究方法。**网络志（netnography**，结合了网络和民族志）是一种跟踪在线消费者消费模式和对话的定性研究形式。它关注由客户自主建立并用来告知彼此关于产品、服务和品牌创建信息的社会群体。像金宝汤这样的公司使用这种方法来识别消费者的"真实的声音"，以及他们如何评价品牌——例如，获取买家关于产品用途和应用方面的建议，以便开发新配方或应用。

回到第 1 章，你了解到众包是一种公司将营销活动外包给用户社区的做法。这种方法提供了一个市场研究人员发布需求以获得社区洞察的平台。使用众包平台，如亚马逊土耳其机器人（MTurk）和 CrowdFlower，收集市场研究数据可能更快，成本更低，因为大量的用户可供公司以相对较低的价格执行其所需的任务。这样的平台可能不太适合囊括特定受访者群体的市场研究，此时，寻找特定的面板数据可能更合适。

你可能喜欢和朋友分享自拍，但你知道吗，公司可能会潜入抖音、Instagram 和 Pinterest 研究这些照片。一些公司使用特殊的软件来扫描照片，以识别标识、面部表情和上下文，这样他们就可以更多地了解消费者在日常生活中如何使用其客户的品牌。这些平台往往有大量的照片和视频。自成立以来，在 Instagram 平台上已经有超过 400 亿条照片和视频的分享，而且每天都会新增 9500 万条分享！这些做法因为过于新颖，所以人们还没产生对隐私问题的担忧。现在你得再三考虑发布什么 因为意想不到的问题正在增加，包括"钓鱼"已经成为一种趋势。**猫鱼（catfish）** 是指在网上假装是别人的人。这类人设定了一个假身份，并进一步让他们的受害者相信他们正是他们所说的自己。考虑到营销越来越依赖于这些平台所提供的数据，钓鱼行为可能会对正在进行研究的营销人员造成影响。

在所有的平台和形式中，互联网提供了前所未有的力量，即追踪消费者在谷歌和其他搜索引擎上搜索信息。我们已经习惯了在网上查东西，谷歌很久以前就变成了一个动词。随着消费者输入"J 品牌牛仔裤的最低价格"或"家庭影院"等搜索词，这些查询对于从事在线行为跟踪的营销人员来说，就变成了海量数据中的沧海一粟。他们怎么知道我们在网上看到了什么？因为有"缓存"！**缓存（cookies）** 是当用户连接到网站时，网站服务器向用户硬盘发送的文本文件。缓存能记住用户访问网站的细节，并能追踪其访问的网页。一些网站请求或要求用户注册，回答有关其自身喜好的问题。在这些情况下，缓存会允许网站获取这些用户信息。

这项技术使网站能够为用户提供定制化服务。例如，亚马逊基于用户过去订购的书籍向其推荐新书。再例如，在一个夜晚，你本应该学习，但就是学不进去。于是你拿起平板电脑，登录了奈飞。就像你每次登录的时候一样，奈飞公司提供了许多电影和电视节目诱惑你，让你将教科书抛却脑后。但是奈飞公司怎么知道你想看什么呢？有时奈飞似乎比你的朋友更了解你的爱好！

并没有人每天坐在办公室里，猜想你下次想要看什么。这些令人惊讶的联系是由**预测技术（predictive technology）**完成的，其可利用大部分人的购物模式来确定其他人可能购买哪类商品。这种情况下，你购买的商品是"电影"。为了弄清楚你可能会喜欢哪些电影或电视节目，奈飞公司训练团队观看数千部电影，并根据"华丽"或"情节"等属性给电影打上标签。然后，奈飞将这些属性与数百万用户的观看习惯相结合。就这样，奈飞公司知道该提供什么来满足你的观影喜好。

大多数消费者不知道像缓存这样的技术可让网站收集并储存这些信息。你可以阻止缓存，但当你试图登陆很多网站时，阻止缓存也会给你带来一些不便。从追踪网上消费者行踪过程中所得到的信息也已经成了商品——它们被称为大数据。我们将在第5章更详细地讨论这个话题。迄今为止，美国联邦贸易委员会并没有制定普遍适用的隐私保护法规，而是依靠互联网行业自行制定和维持其行业标准，但许多人希望尽快改变这种现状。隐私权的支持者们倡导以下原则：

- 消费者的个人信息归属于消费者本人；
- 消费者应该具有信息收集的知情权；
- 消费者有权知道有关他们的信息是如何被使用的；
- 消费者有权拒绝收集自己信息的活动；
- 未经消费者同意，不得将有关消费者的信息转售或给予第三方。

没有一种数据收集方法是完美的，线上调查也不例外。一个潜在问题就是受访者的代表性。虽然互联网用户的数量在继续增长，但许多消费细分人群很少接触网络——这些人群主要为穷人和老年人。

另外，在很多研究中（就像邮件访谈和拦截研究一样），在样本中都存在自我选择偏见。因为受访者必须在同意接受邀请后才能对其进行采访，也就是确定了他们是参与调查的人。正如其他类型的研究一样，例如焦点小组访谈中，"职业受访者"并不少见，他们乐于参与调查并赚取费用。为了解决这个问题，高质量的在线研究专家如哈里斯互动公司（Harris Interactive）、国际调查抽样公司（Survey Sampling International），以及 Toluna 会监测参与者的行为并规定他们每隔多长时间才能参加一次不同的研究。然而，不幸的是，随着在线数据收集数量的激增，许多新的和未经证实的数据提供商持续进入该行业。因此，对于线上调查，买者自负（caveat emptor）是一句实话。

线上调查还有其他缺点。实际上，黑客也可以影响研究结果。更糟的是，如果竞争对手拦截了从这些研究中得出的信息（通过这种方式他们还可以很轻松地影响线下调查），他们就可以了解对手公司的营销计划、产品和广告等。由于当今社会上作弊现象较多，目前一些公司正在使用叫作**跨浏览器数字指纹（cross-browser digital fingerprinting）**的新技术来识别特定计算机，即使该机使用不同的浏览器访问同一网站。这种方法使得公司可以识别那些回答造假的受访者或靠参与调查牟利的职业受访者。

数据质量：重访 GIGO——输入的是垃圾（无用或错误信息），则输出的也是垃圾

我们已经了解到，公司可通过多种方式收集数据，包括焦点小组访谈、民族志研究、观察法和可控实验法。但营销人员应该在多大程度上信赖这些研究所得出的结论呢？这个问题是循证决策有效性的关键。也就是说，人们可以由证据获得消费者洞察，但如果不知道被转化为信息和最终洞察的数据的质量，营销人员将无法评估其决策的价值！

委托他人做研究的营销人员通常由于研究人员提交的报告上满是令人印象深刻的数字和表格，而认为这就是"真相"本身。不幸的是，这些"真相"有时只是某个人对事实的个人理解。甚至有时候，研究人员用来提建议的数据本身就有问题。正如有句话说的那样，"输入的是垃圾，输出的也是垃圾"。也就是说，你的结论的质量取决于你用来得出结论的信息的质量。一般来说，影响研究结果质量的因素有三个——效度、信度和代表性。

效度（validity） 指的是研究实际上在多大程度上测量了它想测量的东西。效度可以进一步分为内部效度和外部效度。**内部效度（internal validity）** 是指在当前研究设计方式下，是否能在不混淆其他因素的情况下（例如，意外纳入了不打算纳入研究的因素），进行准确的测量。为了保证内部效度，研究通常是在一个高度控制的环境（如实验室）中完成，因为在这种环境中更容易避免掺杂可能使结果产生偏差的外部因素。**外部效度（external validity）** 是指研究结果是否能适用于目标市场（而不仅仅是旨在代表该目标市场的特定研究参与者）。换句话说，我们的研究结果是否在现实世界中依然成立。

效度是市场营销史上著名的失败案例之一——20 世纪 80 年代新可乐（New Coke）的惨败——背后的问题之一。当时，可口可乐（世界上最畅销的品牌之一）低估了人们对其旗舰软饮料的忠诚度，因为它用一种新的、更甜的配方取代了"老可乐"，试图吸引更多的百事可乐饮用者。这个错误是如此严重，以至于我们今天还在谈论它。每个营销人员都应该了解这个案例。在口味测试中，公司认为，在不告知被测试者何种品牌的前提下所测得的偏好是对消费者关于可乐品牌偏好的有效测量。按理说，使用 SIP 测试是有缺陷的（并且缺乏一定程度的外部效度），因为它的设置是为了让消费者尝试少量的可乐，而不是消费者在更悠闲的环境中享受一罐、一瓶或一杯可乐时所摄入的分量。但可口可乐公司发现，测试口味并不等同于测试消费者对最喜欢饮料的忠诚度。毕竟，可口可乐是能够诱发消费者忠诚的品牌，其无异于一种文化标志。所以，随意改变可乐的口味就相当于诋毁妈妈和她的苹果派。在公司恢复"经典可口可乐"之后，销售业绩才恢复到从前的水平。

信度（reliability） 指研究测量技术在多大程度上没有误差。例如，有些时候，研究人员对个人回答产生的偏见会影响他问问题的方式。想象一下，一个为黄金国朗姆酒工作的时髦男性采访者在南帕德雷岛的校园拦住放春假的女大学生，问她们是否喜欢朗姆酒产品，以及是否想要免费品尝。如果她们在收到的匿名调查邮件中被问及同样的问题，你认为她们的回答会有变化吗？她们的答案极有可能不同，因为人们不愿

意在非匿名访谈中说出他们的实际想法。所以，研究人员试图通过以不同方式、在不同的场合问这些问题，或让几个分析师来解释这些回答使信息信度最大。他们可以比较各种回答，并查看回答是否具有一致性和稳定性。

当研究者无法确定他们所研究的消费群体是否能够理解这些问题时，信度就成了问题。例如，孩子们是令营销研究者头疼的研究客体，因为孩子对自身行为的报告一般不可靠，他们的记忆力不准确并且通常无法理解抽象问题。在许多情况下，孩子们无法解释为什么他们更偏爱某件东西（或许他们不愿与成年人分享一些秘密）。由于这些原因，研究人员在设计包含这些年幼的消费者的研究时，必须极富创意。图4-4展示的是中国的一些研究人员用来测试孩子对电视节目偏好的填图测试。

代表性（representativeness）指某一研究中的消费者群体与那些组织感兴趣的更大群体的相似程度。这一评价标准强调了**抽样**（sampling）的重要性，即为某研究选取受访者的过程。所以问题变成样本应该有多大以及如何选择样本。

图4-4 填图测试

从孩子那里获得准确的信息尤其困难。研究人员经常使用视觉材料（比如这个中文的填图测试），来鼓励孩子们表达自己的感受。测试要求，男孩们在空白对话框中写下他们认为当图中女孩问"下一个节目你想看什么"时，图中的男孩会怎么回答。

第4步：设计样本

一旦调查人员明确了研究问题，确定了研究设计，并确定了收集数据的方法，下一步就是决定从哪些人那里获得必要的数据。当然，研究人员可从每个顾客或潜在顾客那里收集信息（这是美国人口统计局每隔十年花费上百万美元所做的事情），但即使这种方法可行，也会付出高昂的成本和大量的时间。并不是每个人都有美国政府那样丰富的资源去调查市场上的每个人。所以，调查人员一般从他们感兴趣的群体中的小比例人群或样本处收集大部分他们所需的数据。从样本人群中获得的回答，研究人员希望能用到更多的人群中。这些推论是准确还是不准确，取决于研究样本的类型和质量。有两种主要的样本类型，即概率抽样和非概率抽样。

概率抽样

在**概率抽样**（probability sample）中，人群中的每个人都有同样的概率被抽中。使用概率抽样可保证样本对总体的代表性，且从样本人群的行为中得出的总体推论是合理的。比如，在概率抽样中，相比老年消费者，更多的年轻消费者说他们更喜欢动作片，而不是音乐剧。那么研究人员完全可以推知，在总体中也是年轻消费者比老年消费者更喜欢看打打杀杀的动作场面。

最基本的概率抽样是简单随机抽样,总体中的每个成员都有确定和均等的机会被抽中成为样本对象。比如,如果我们写出你们全班 40 个同学的名字放在帽子当中,然后抽出一个,那么班上的每个同学都有 1/40 的机会被抽中。在很多研究中,抽取样本的总体太大导致帽子盛不下,所以营销人员使用计算机程序来从成员中抽取随机样本。

有时,研究人员使用系统抽样来选择样本成员,在随机选择开始之后,他们选择每个人群中的第 N 个人。比如,如果我们需要一个包含班上 10 位同学的样本,我们可以从名单上的第 2 个人开始选,然后每 4 个名字选一个,即选第 2 个、第 6 个、第 10 个、第 14 个等。研究人员知道,使用系统抽样方法与使用简单随机抽样方法一样准确。但是,除非研究对象的总体成员列表已经储存在计算机文件中,否则还是简单随机抽样更简便。

另外一种概率抽样是分层抽样,研究人员把总体划分成与研究主题相关的几部分。比如,你要研究人们最喜欢哪类电影。你已经在前面的研究中了解到,总体中年轻和年长的消费者对不同类型电影的态度不同——年轻的消费者喜欢动作片,年长的消费者喜欢音乐剧。为了创建分层样本,首先要把总体分成年轻消费者和年长消费者两部分。然后按照这两部分在总体中的比例来随机抽取样本受访者。用这种方法,就创建了与总体特征成比例的样本,这会对你的研究结果产生显著的影响。

非概率抽样

有时研究人员认为概率抽样所需的时间和精力是不合理的,或许因为他们需要立马有答案或仅仅想知道人们对某话题的大致感受如何。他们可能会选择**非概率抽样**（nonprobability sample）,在选择受访者的过程中加入个人判断——仅仅询问他们能找到的人。使用非概率抽样,总体中的一些人是没有机会被纳入样本中的,因此,就不能保证样本对总体的代表性。从非概率研究中得出的结果能够提供现实生活中的普遍性建议,但并不是很明确。

便利抽样（convenience sample）是一种非概率样本,由在收集数据的时间和地点恰好出现的若干个人组成。例如,你恰好站在学生会门前邀请路过的学生填写问卷,同意填写的"实验者"就是便利抽样。

最后,研究人员可能会使用配额样本,包括与总体某种特征相同比例的个体。例如,如果你要研究你所在大学学生的态度,你可以在校园里按学校各年级学生的数量分别找同比例的大一、大二、大三和大四的学生做调查。配额抽样很像分层抽样,但在配额抽样中研究人员利用自己的个人判断来选取配额样本。

第 5 步：收集数据

到了这一步,研究人员已经确定了所需解决的问题性质。她选择的研究设计确定了如何调查问题以及需要何种信息（数据）。此外,研究人员也选定了数据收集方法和抽样方法。只要其做出这些决定,下一步就是收集数据。

我们之前发现,结论的质量只会与你所用的数据好坏一致。同一逻辑适用于收集数据的人:研究结果的质量取决于研究中表现最差的访谈者。粗心的访谈者可能不会准确地阅读所写的问题,或者他们不会准确地记录受访者的回答。所以营销人员必须培训和监督访谈者,确保他们准确地按照研究流程进行访谈。在下一部分中,我们将讨论一些在数据收集过程中出现的问题和解决方法。

在国外收集数据所面临的挑战

对美国公司而言,在全球范围内收集数据是件大事。全美 50 强的研究公司中,有52%的收入来自国外项目。然而,世界各地的市场环境和消费者偏好都不相同,而且市场研究操作的复杂性及可获取数据的数量也有很大不同。例如,在墨西哥,许多地区的土著部落不会讲西班牙语,所以研究人员最后只好把这部分人排除在调查范围之外。在埃及,许多调查都需要获得政府的批准才能进行,而审批程序往往要耗上几个月甚至几年。在很多发展中国家,电话访谈和邮件调查因基础设施建设不完善而受到阻碍,网上调查也因为互联网的普及率低而难以进行。

由于各种原因,选择合适的数据收集方法并非易事。在一些国家,低电话普及率和低识字率都会影响邮件调查的使用。了解当地风俗习惯对营销人员也是一个挑战,而且文化差异也会影响受访者对调查项目的回答。比如,丹麦人和英国人都认为吃早餐很重要,但丹麦人指的是酸奶和水果,而英国人指的是吐司和茶。有时,营销人员会通过和当地调查者一起进行调查设计来解决这种问题。

与缺乏最新技术基础设施的发展中国家的消费者建立联系可能会面临挑战。

在国际市场上开展营销调查所面临的另一个问题是语言。有时会出现翻译不准确的现象。在有些情况下,一国的所有亚文化可能都被排除在样本之外。事实上,随着美国非英语母语的人口比重增加,这个问题在美国变得越来越普遍。

为了克服语言问题,研究者想出了回译(back-translation)的方法,一共分为两步。第一步,当地人将问卷翻译为目标受访者的语言;第二步,将翻译后的问卷再翻译成问卷原本使用的语言,来确保问卷在整个调查过程中都能被正确理解。然而,即使采取了这样的措施,研究人员也必须谨慎理解来自其他文化的数据。

第 6 步:分析和解释数据

收集好数据后,研究人员下一步该做什么呢?这就如同那个"如果森林里的一棵树倒了"的老问题:"如果结果存在,却无人去分析它们,那么这些数据还有意义吗?"我们暂且不管这其中蕴含的哲理,营销人员的回答一定是否定的。因为分析后的数据才有意义。

为了理解数据分析的重要性,我们来看一个假定的研究案例。假设一家经营冷冻食品的跨国公司希望更好地了解两类关键消费者对饮食中不同脂肪含量的偏好。公司进行了一项描述性研究,通过电话访谈收集到了原始数据。公司认识到饮食偏好与性别有关,因此采用了男女各175名的分层抽样方法。

一般来说,营销人员会先将数据列成如表4-3所示的数据表,也就是把数据排列到表格中或其他汇总方式中,从而获得对所有回答的总体认识。表4-3中的数据表明,样本中43%的人偏好低脂饮食。另外,研究人员可能还想用其他变量来交叉分组或分析问题答案。交叉分组表意味着我们要分析已经分成子组的数据,来看不同分组之间有何不同,这个例子是按男女分类比较的。表4-3的交叉分组说明,59%的西欧人和27%的美国人偏好低脂肪食物。此外,研究人员还可使用其他统计测试。

在列表和交叉分析表的基础上,研究人员要解释结论并提出自己的建议。例如,根据表4-3中的研究结果可得出的结论是:西欧人比美国人更倾向于低脂肪食物。基于这些数据,研究人员接下来可能会向公司提出建议,就是公司在推出低脂肪新产品时,应将西欧人作为目标消费者。

表4-3 数据表和交叉数据示例

脂肪含量偏好(反馈的数量和百分比)
你喜欢哪种类型的膳食,高脂含量、中脂含量,还是低脂含量

问卷反馈	反馈数量	反馈比例
高脂	21	6%
中脂	179	51%
低脂	150	43%
总计	350	100%

西欧人和美国人对脂肪含量的偏好(反馈的数量和百分比)
你喜欢哪种类型的膳食,高脂含量,中脂含量,还是低脂含量

问卷反馈	西欧人数量	西欧人的百分比	美国人数量	美国人的百分比	数量总计	百分比总计
高脂	4	2%	17	10%	21	6%
中脂	68	39%	111	64%	179	51%
低脂	103	59%	47	27%	150	43%
总计	175	100%	175	100%	350	100%

第7步:准备研究报告

营销研究过程的最后一步是准备研究结果报告。一般而言,研究报告必须以读者容易理解且不至于让他们感到枯燥的方式清楚、简洁地告诉如高管、客户和创意部门等读者所需知道的东西。一份典型的研究报告包括以下几部分内容:

- 概括整个报告要点的报告总体摘要。
- 易于理解的研究方法描述。
- 对研究结果的全面讨论,包括列表、交叉分析表和其他统计分析。

MARKETING 营销的真相(原书第11版) REAL PEOPLE, REAL CHOICES

- 研究局限（任何研究都不完美）。
- 从研究结果中得出的结论和基于研究结果的管理建议。

学习目标总结

调查过程始于确定研究问题和确定研究设计或研究类型。接下来，研究人员应选择收集数据的方法，也就是说，二手数据是否可用，通过沟通研究或观察获得的原始数据是否必要。然后研究人员决定在研究中使用何种样本类型并收集数据。调研的最后一步是分析和解释数据，并准备研究报告。

一般来说，探索性研究使用由个人访谈、小组访谈或像民族志研究这样的观察法收集来的数据。描述性研究包括横向研究和纵向研究。因果性研究又进了一步，通过控制实验来了解营销自变量（如价格变化）和营销因变量（如销售）之间的因果关系。

研究人员可能会选择通过调查法和观察法来收集数据。调查法包括邮件问卷、电话访谈、面对面访谈以及在线问卷调查等。研究可使用概率抽样，例如简单随机抽样或分层抽样，可依据样本结果来推断出总体结论。非概率抽样方法包括方便抽样以及配额抽样。研究人员需确保数据有效、可靠且有代表性。

线上调查占据整个营销研究越来越大的比例。在线追踪利用缓存技术来记录消费者进入了网站的哪些地方。消费者越来越关注隐私保护和个人信息是如何被使用并为其他公司所知的。因其高速和低成本，互联网也为传统数据收集方法提供了一种有吸引力的选择。很多公司使用互联网来进行在线焦点小组访谈。

营销的真相

4.4

打造你的品牌：职业、实习的信息和研究

泰勒认识到与他工作的公司和行业保持良好契合度的重要性。他还知道，他必须调查他正在面试的公司的文化。了解了这一点，他将在打造自己的品牌时考察不同的公司和行业。

你被多少人问过"大学毕业后你想做什么？"这一问题？虽然你现在可能不知道答案，但现在是你开始了解更多选择的绝佳时机。是的，你需要找到一些很酷的工作，但同时，你也需要探索职业。

正如品牌经理、专业销售人员或在线零售商不断收集和分析有关其客户的信息以及与产品成功相关的其他重要因素一样，你需要获取信息，以成功将自己"推销"出去，获得出色的实习机会或理想的工作。掌握的信息越多，你就可以做出越好的决定。本节可帮助你：

- 知道如何收集相关信息。
- 了解行业趋势将如何影响你的职业生涯。
- 确定可用于寻找公司的资源。

良好的研究策略

了解如何研究职业选择不仅对你的将来，而且对你的整个职业生涯来说都十分重要。很少有人在整个职业生涯中都在同一家公司工作。你现在学到的研究技能将来对你同样有用。这些技能包括关注宏观局势、评估你的假设、提出正确的问题。

关注宏观局势

你的研究应该始于观察行业和职业，而不是具体的职位。行业和职业是稳定的，它们已经存在了很久。如果你对物流和运输感兴趣，你不仅需要知道在这个行业中现在有什么，你还需要知道它的未来发展趋势。如果无人驾驶的"18 轮车"开始在全国各地运输货物，将会产生哪些工作岗位？需要哪些技能来填补这些工作？

评估你的假设

品牌经理、专业销售人员或营销研究人员在工作中到底做什么？你可能对这些工作有自己的想法。虽然你可能认为自己对某个领域或某项工作了解很多，但你的一些想法可能是基于某些假设的。你的研究应该为你提供支持或挑战这些假设的事实。仅仅知道特定工作的薪水或需要什么技能是不够的。你还需要知道从事该工作的人每天都在做什么。许多学生在一家公司实习，从事他们认为自己想要的工作。但是在实践中，他们可能会发现自己讨厌这份工作，这是实习带来的一个非常重要的好处。

提出正确的问题

你可能会在研究中提出一些有帮助的问题：

- 什么样的人在这个领域表现出色？
- 从事这项工作的人通常做什么项目？
- 工作环境如何？
- 技术如何改变这个领域？
- 预计工作方式会发生哪些变化？
- 什么因素会影响这份工作的晋升？

如何开始和结束你的研究

许多学生把他们的职业生涯探索视为巨大的任务，不知道如何开始。一个好的调查策略是从一般到具体的探索。首先搜索行业，然后是公司，最后是特定的工作。你还应该从不同的来源收集信息，从不同的角度获得不同的意见。你也可以考虑和你的教授谈谈。虽然并非所有教授都能了解某一行业的最新情况，但许多教授都有在某一行业工作的经验或与公司协商过。如果他们不能回答你的问题，他们很可能会把你介

MARKETING 营销的真相（原书第11版）REAL PEOPLE, REAL CHOICES

绍给能回答问题的人。

线上和线下收集信息

我们都会使用互联网获取信息。事实上，我们中的许多人花了太多时间上网。你可能不太熟悉那些有助于提供职业相关信息的网站。你可以收集一些对你的研究有所帮助的在线网站。

还有一些线下信息源，你可以在研究中获取。其中包括：

- 校园职业中心。
- 校园图书馆或公共图书馆。
- 校园校友会。
- 网络活动。
- 专业组织。

泰勒已经了解到，他现在需要提高研究技能，以适应可能会影响到他的职业生涯的趋势。这包括审视行业，而不是具体的职业；评估假设；从线上和线下渠道提出正确的问题。

学习目标总结

你需要获得信息来成功地为自己找到一份工作或者实习机会。了解如何研究职业选择对你的未来和整个职业生涯都很重要。其中的技能包括关注全局，即一个行业而不是一个单一的工作；通过实习评估你的假设，并就该领域的人员、典型项目、工作环境、预期变化和影响晋升的因素提出正确的问题。

一个好的研究策略是先开始搜索行业，然后是公司，最后是特定的工作。我们也鼓励从不同的来源收集信息，从不同的角度获得不同的意见。你需要知道一些提供职业相关信息的网站。

MARKETING
REAL PEOPLE,
REAL CHOICES

营销的真相 （原书第11版）

第5章 市场分析：欢迎来到数据主导洞察的时代

学习目标

- 解释营销人员如何通过实行客户关系管理（CRM）来实现长期成功并提高利润。
- 了解大数据和数据挖掘，以及营销人员如何利用这些技术。
- 描述营销分析包括哪些内容，以及组织如何利用营销分析和预测分析来提高营销绩效。
- 了解如何创建和使用个人数据库来管理你的职业生涯。

Josh Barbieri

真实的人，真实的选择：乔希·巴比里
▼费城费城人队的决策者

乔希·巴比里（Josh Barbieri）已经为费城费城人队效力了19个赛季，这个赛季他担任的是商业分析总监。乔希目前在俱乐部负责一个数据驱动团队，该团队每天与组织的各个部门紧密合作，协助改进各项业务流程（含有数据）并实现自动化。乔希和他的团队负责数据基础建设、业务应用开发、商业情报和预测分析。

乔希曾经学习过开发企业商业智能软件和内存数据库的方法，他也拥有多种编程语言的知识。乔希出生于费城并取得了费城大学的学士学位，主修会计和管理信息系统。

乔希的信息

我不工作时做什么：

与我的妻子劳伦、我的双胞胎孩子乔希和薇薇安共度时光。

职场最佳表现：

为费城人队工作：在宽街上乘坐花车，庆祝费城费城人队获得2008年的世界冠军。

我心目中的英雄：

我的父母给我培养了强烈的职业道德感。当我在追求职业目标时，他们给予我鼓励。

我的人生格言：

做一个终身学习者。努力工作并向员工授权，你会发现你的成就将远超你的想象。

我的动力：

我喜欢创造东西！

我的管理风格：

雇有才干的人，并且不去妨碍他。

与我面谈时不要这样做：

使用手机。

乔希的问题

棒球传奇人物尤吉·贝拉曾说过："棒球90%是精神上的。另一半是身体上的。"虽然他的数学有点问题，但如今，棒球运动精神的重要性甚至超越了贝拉说的。尽管棒球的蓬勃发展一直离不开数据统计，但迄今为止，数据分析的复杂程度远远超出了简单在纸上记录"Ks"。《点球成金》这本书和电影帮助推动了大数据革命；作者迈克尔·刘易斯讲述了 2002 年奥克兰 A 队如何利用球员表现数据来帮助球队签下未被发掘的人才，并决定让他们更有希望超越高支出球队（纽约洋基队等）的对位和打法。

快进到今天：几乎所有棒球和其他大型运动的专业团队的决策都非常依赖数据驱动的方法。经理们在分析师的指导下确定如何发掘球星、预测他们的表现以及确定支付给他们多少报酬。每个团队的营销人员也会深入研究数据；他们相信数据分析师会指导他们做出定价和销售报价决策，以及提高运营效率。最终，这些领域的高管将结合行业经验和这些数据，做出最明智的决策。

乔希的业务分析团队协助费城人队将结构化和非结构化数据转换为有意义的信息，以便团队及其营销部门轻松访问和分析。他们的任务是检查并制定策略来促进数据驱动决策，以实现所有业务信息的集中、组织和可视化，并实现实时访问分析。

乔希的团队与所有部门进行合作，共同推进业务。例如，他们可以生成用来预测会有多少球迷续订季票的预测模型。该团队使用五年的历史数据（关键变量包括任期、参加的比赛和二级市场活动等），提供实时可视化的数据比较（从门票销售量到比赛中特许售出的热狗数量）。

2015 年，该团队面临的挑战包括如何优化大数据的存储方式以及如何以可行的方式有效地组织和传播信息。当时乔希的团队有充足的商业情报工具；然而随着团队继续获取更多的数据源，规模化管理变得越来越困难。乔希收到了许多请求，这些请求都涉及将多个系统整合在一起。例如，利益相关者想要将在线销售和出勤率（体育场内）的数据结合起来，而这些数据位于两个不同的平台上。他需要一种更好的方法来组合和分析大量数据，以便向营销团队和费城人队组织内的其他人提供准确的预测。

分析人员需要对其开发方法进行现代化改良，以向自助式商业智能（BI）模型转型，从而实现无须借助第三方即可直接查询数据库，以及升级团队的数据基础设施，以支持不断扩大的分析部门规模及其服务的业务部门数量。

问题是，费城人队如何有效地对大数据的使用方式进行现代化升级，并使团队充分利用其收集的所有有关球迷、特许经营权、零售和其他数据源的信息？他们需要一种新的方法，该方法必须经得起底层源系统的更改，并能够实时整合来自不同数据源的信息。乔希希望能够掌控局面，确保他的团队能够根据费城人队的需求进行量身定制，并按时交付最终方案，例如整合美国职业棒球大联盟（MLB）"最佳击球点"的数据平台。美国职业棒球大联盟有一个数据工程师团队，他们经常向每个团队发布新的信息。例如，美国职业棒球大联盟开发了一种叫作"粉丝忠诚度"的指标，用于衡量不同客户群对他们关注的球队的热情程度。这些信息非常宝贵，乔希团队一直在努力将这些洞察输送给团队的营销人员。

乔希的愿景是创造一个新系统，该系统能真正利用大数据的力量使不同的团队利益相关者受益。例如，他想通过手机应用程序向销售和票务人员提供实时销售信息。他还希望向特许经营经理提供先进的预测模型，以预测有多少球迷将出席市民银行球场的比赛。特许经营商非常依赖数据，因为准确追踪不同条件下的销售情况可以提高效率并减少浪费。这种合作为各级管理人员提供了必要信息，使其为每场比赛配备适量的热狗、T恤和其他商品。乔希还希望鼓励数据用户通过以下方式获得"更多的价值"：将大量数据以可视化格式（有时称为仪表板）的方式呈现。这样他们就可以通过查看各种数据源之间复杂而强大的关系，更快地判断他们能通过这些数据获得哪些洞察。

他的方案 1、2、3

方案1　　　**在内部构建企业数据仓库**。尽管团队总是必须与供应商合作，但依赖他们（供应商们）来保护团队最重要的资产之一——数据——是有风险的。如果乔希的团队承担构建数据仓库的任务，他们将完全控制数据仓库。但是，这是一项艰巨的任务，团队必须在部署好平台后，继续分配人员来支持该平台的运行。如此一来，如果出现问题，就不会有供应商惊慌失措地打电话给团队，因为团队会负责解决问题。

方案2　　　**将数据企业平台外包**。如果乔希引入一家供应商来彻底改造团队的数据平台，那么他的团队成员就可以腾出时间来做其他事情，比如让新的部门参与团队的能力建设。乔希可以在其他业务领域花费更多心力，让他的团队了解如何帮助数据组织、分析和可视化。另外，此解决方案意味着放弃对平台工作方式的大量控制，以及乔希的团队将来可以在多大程度上修改它。此外，乔希估计外包这项工作将花费超过 100 万美元——这个数额不包括托管和维护费用以及按小时收取的额外增强费用。

方案3　　　**等待供应商将其作为打包服务交付**。有几家供应商与乔希的团队密切合作，他们愿意提供一个统包解决方案。他们告诉乔希，他不必再投资额外的员工，因为他们能够操作系统。但是，费城人队的特殊需求不会成为优先事项，因为这些供应商提供的数据系统旨在为订阅其服务的每个团队工作，系统不会根据费城人队的具体数据需求进行定制，因此乔希将不得不以个性化换取效率。

现在，如果你是乔希，你会选择哪个方案，为什么？

你的选择

你会选择哪一个方案？为什么？

☐ 方案 1　　　　☐ 方案 2　　　　☐ 方案 3

客户关系管理（CRM）：营销人员的关键决策工具

通过引入**客户关系管理（CRM）**的概念，我们可以讨论营销人员如何使用大量数据和高级分析工具。运动队成功使用数据分析来提高他们的场上表现，进一步推动了大数据的发展。然而乔希·巴比里和费城人队很快认识到，通过客户关系管理增强整体客户体验，能够更好地发挥客户数据的价值。作为大多数成功企业客户的数据中心枢纽，客户关系管理系统整合了各种数据源，可用于开发强大的分析能力，以增强组织与客户之间的联系。例如，乔希和他的营销团队使用数据来预测门票续订和比赛中的上座率，这使他们能够进一步预测优惠和商品的潜在需求，并最大限度地增加与球迷的接触点。海量的数据使得营销人员能够理解顾客，并与他们进行互动（这在过去是不可能的）。你是否知道首席营销官现在在技术上的花费比首席信息官（CIO）还要多？有超过5000家供应商专门销售用于营销分析的技术，而且这个数字每年都在急剧增长！这一爆炸性的增长创造了一种新的技术类别——**营销技术（MarTech）**，它是营销和技术的融合，尤其是数字技术。

这种功能的融合，直到最近才由营销人员提供的先进技术促成。它已经开始影响企业如何组织工作，包括最高级别的业务。它甚至影响了公司**高管层（C-suite）**中的头衔和角色，公司的高层管理团队之所以如此命名，是因为他们由所有的"首席"官角色组成，如首席执行官、首席运营官、首席财务官、首席信息官、首席营销官，有时还包括其他人。在营销技术的带动下，整个组织对客户关系管理的关注引发了一种趋势，即增加一个新的高管层角色——叫作**首席客户官（chief customer officer，CCO）**。首席客户官是公司在与客户相关的所有事务中的主要代言人，在某些公司的高管层中，它取代了传统的首席营销官角色，而在其他一些公司中，该角色得到了增强。该趋势表明了企业对客户导向的重视和投入，正如你在第1章中所了解的，这是一种优先满足客户需求并增强客户体验的业务方法。

为什么客户关系管理如此有效

现在，是时候深入研究一下企业如何实现客户关系管理了。大多数非常成功的公司都采用客户关系管理计划，这些计划涉及系统性、长时间跟踪消费者的偏好和行为，以尽可能根据每个人的独特需求来定制价值主张。客户关系管理允许公司与个别客户交谈，并根据每个客户的反应调整营销计划的要素。客户关系管理趋势促进了**一对一营销（one-to-one marketing）**，其中包括几个步骤。

1. 识别客户并尽可能详细地了解他们。
2. 根据客户的需求和他们对于公司的价值来进行区分。

3. 与客户互动，寻找提高成本效率和互动效果的方法。

4. 向每位客户提供定制化的商品或服务。这意味着组织需要根据之前与客户的互动了解每个客户的个体情况，并基于此，对每位客户采取差异化的对待。

记住，成功的一对一营销依赖于客户关系管理，客户关系管理允许公司识别其最佳客户，了解他们的需求，并提高他们的满意度。

客户关系管理的核心是与客户沟通，保证客户能够与公司进行"近距离和个性化"的沟通。客户关系管理系统是一种应用程序，它使用计算机、专用计算机软件、数据库，通常还使用互联网在每个**接触点（touchpoint，**即客户与公司之间的任何直接接口）捕获信息。

这些系统包括用于查看账单或包裹状态的网站、用于吸引业务的呼叫中心等一系列内容。当你登录联邦快递网站追踪丢失的包裹时，这是客户关系管理系统的一部分；当你收到牙医的电话留言，提醒你明天进行根管治疗时，这是客户关系管理系统；当你接到汽车经销商的电话，询问你对新车的看法时，这也是客户关系管理系统。还记得我们在第 4 章中说过信息是营销引擎运转的燃料吗？正是通过客户关系管理，公司才能利用并管理好从客户那里收集的信息。

营销自动化

维护和利用通过所有潜在接触点收集的客户数据是一项复杂的任务。为了减少认知负荷（和文书工作）以充分利用数据，公司部署了**营销自动化（marketing automation）**。该术语指的是一组系统和技术，组织可以使用这些系统和技术制定一组规则，以在无须人工干预的情况下处理不同的流程。这些规则可能涉及数据的收集和处理，以及不同类型的客户行为。

例如，一个潜在客户订阅了电子邮件通知，只要有人在公司的博客上发帖，就会收到提示。几周后，他（或她）阅读并评论了一篇博客文章，该文章讨论了客户从公司产品中获得的价值。再过几天，他（或她）就会从你的网站上下载一份文件，概述此产品的技术特点。

如此一来，如果你足够警觉，应该清楚地感知到，潜在客户对公司的这种产品有着相当浓厚的兴趣。但是随着其他事情的发生，管理者们很容易忽略这一系列行为。在这个例子中，组织可以从一开始就使用营销自动化系统来关注这一系列事件，并且基于当前情景和事件间相互关系的理解，组织可以通过系统向潜在客户发送与销售代表交谈的邀请、参加网络研讨会或其他后续选项。该系统还可以将客户引导至公司网站上的个性化登录页面，而该页面会根据客户浏览行为进行实时更新（数据均与客户的唯一 IP 地址相关联）。这种定制的响应大大增加了客户跟进的可能性。

Synduit 公司是实现营销自动化工作的生动例子。Synduit 为服务行业的小型企业提供价格合理、专业、创新和全面的营销解决方案。它相当于一个虚拟的营销部门，为那些无法负担这些服务的企业服务。Synduit 成功的秘诀之一是客户会与一位名叫巴里的特别销售员进行高度个性化的交流。然而，尽管巴里的大多数客户在销售过程中与他互发电子邮件长达数月之久，他们并不知道对方实际上是 100% 自动化的！

Synduit 的销售流程分为 4 个阶段，每个阶段都由巴里发送的一系列自动电子邮件组成，旨在推动潜在客户进入销售流程的下一阶段。**潜在客户（lead）**是指对购买你出售的产品有潜在兴趣的个人或公司。潜在客户通过**销售漏斗（sales funnel）**转化为付费客户，这是公司寻找、确认并将产品销售给买家的过程。之所以用漏斗比喻这个过程，是因为销售过程的最顶端聚集了大量的潜在客户，但只有合格的潜在客户能够推进销售过程，而最终，只有一小部分客户会购买（你将在第 14 章了解更多有关销售的信息）。Synduit 的销售漏斗如下所示。

第 1 步：新的潜在客户被添加到一个为期七周的电子邮件序列中，每个潜在客户总共收到来自巴里的 14 封电子邮件。

第 2 步：如果潜在客户填写了"让我们聊聊"的表格，巴里会继续发送含有 6 封电子邮件的序列来安排沟通时间。

第 3 步：将潜在客户添加到两个电子邮件序列的其中之一 —— 如果巴里想要进行销售，则为序列一；如果巴里需要培养潜在客户，则为序列二。**潜在客户培育（lead nurturing）**是向潜在客户发送个性化和相关内容以建立信任的自动化过程，使他们更有可能进行最终购买。

第 4 步：巴里在 6 个月、12 个月和 24 个月时发送一系列周年纪念电子邮件。通过将 90% 的销售流程自动化，以及随着时间推移不断对电子邮件和个人登录页面进行个性化设置（以反映潜在客户在销售流程中的所处阶段），Synduit 成功地创建了一个兼具效率和效果的销售流程，并避免了人为错误引起的矛盾。

与客户建立联系

正如我们之前提到的，客户关系管理不仅仅推动了自动化进程；它还使员工能够最大限度地与客户提高接触次数和增进个人关系。以联合服务汽车协会的经历为例，它最初是一家面向军事领域的保险公司，如今已成为全球领先的金融服务巨头。1922 年，当 25 名军官在圣安东尼奥会面并决定为彼此的车辆投保时，他们无法想象他们的小组织有一天会成长为服务于 600 万会员的美国唯一一家完全整合的金融服务公司。与州立农业保险公司、美国好事达保险公司和其他传统保险提供商不同，联合服务汽车协会没有外勤员和办公室。事实上，联合服务汽车协会的员工几乎都通过电话开展业务，但向联合服务汽车协会的会员询问他们对于服务的感受时，都能得到热情洋溢的好评。

联合服务汽车协会成功的秘诀在于其最先进的客户关系管理系统。无论你身处何时何地，联合服务汽车协会代表均会调取你的个人资料，让你感受到他们对你的了解。当然，充分利用该系统需要大量的员工培训。但联合服务汽车协会之所以在建立和维护长期客户关系方面表现出色，更重要的是它能够帮助客户将其多项或全部业务转移至联合服务汽车协会，包括资金管理、投资和财务规划。为了进一步提高会员忠诚度，联合服务汽车协会甚至开设了一家在线公司商店，以折扣价格向会员销售各种流行的产品。

联合服务汽车协会的成功充分说明和解释了为什么客户关系管理已成为许多成功公司的驱动理念。高德纳（一家领先的信息技术研究公司）注意到客户关系管理市场在 2018 年达到了 482 亿美元，通过全球客户关系管理获得的收入预计到 2025 年将超过 800 亿美元。

很明显，客户关系管理已成为企业运营方式的重要组成部分，而且这一趋势没有放缓的迹象。由于云系统比本地应用程序更受欢迎，客户关系管理将会转向移动设备，和语音、文本、视频进行更紧密的结合。通过在多个设备和地点访问客户关系管理软件，企业可以显著提高客户满意度、销售和业务流程效率方面的收益。以下是一些工作中的优秀客户关系管理实践案例。

- 亚马逊是客户关系管理方法的大师。亚马逊实行跟踪访问，为本地用户提供个性化产品推荐，并通过电子邮件提供相关产品推荐和促销。鉴于亚马逊已经成为真正的一站式商店，亚马逊主页比起在线零售网站，更像是一种生活方式指南。在亚马逊主页上，用户可以找到产品推荐板块，这部分与用户过去的浏览和购物行为等因素相关（这些因素包括电影和音乐偏好，以及观察到的用户最近购买与尚未购买的一个或多个产品之间的关系）。这种对用户个性化体验的关注有助于提高用户访问网站期间的参与度，以及确保他们继续光顾。

- 阿迪达斯通过顶级的客户关系管理供应商——赛富时（Salesforce）的应用程序提供一对一营销。赛富时的应用程序使阿迪达斯能够收集有关客户的大量数据，以更好地了解每个客户。过去，运动服装消费者的购买之旅是从传统的实体店开始的，而现在，网站成为客户的主要进入渠道。阿迪达斯通过跟踪与客户的每个接触点（每一次的客户服务互动、产品浏览和购买），不断调整其呈现的消息，以及客户看到它的时机和方式。它收集的数据还允许阿迪达斯根据客户需求开发新产品。赛富时的客户关系管理系统使得 1100 多名阿迪达斯客户服务代理能够以各种客户偏好的形式，包括电话、电子邮件、网络或社交媒体等，为每位客户提供更快速和智能化的服务。

- 迪士尼推出了 MyMagic＋，该系统帮助迪士尼世界的游客更有效地规划他们的假期体验，使他们不必再像过去参观公园那样携带门票和其他物品。仅举几个主要功能为例，游客可以提前预订娱乐活动、预订游乐设施，并回顾他们曾经的乐园游玩体验。MyMagic＋可与名为"迪士尼魔术乐队"的可穿戴计算机或智能手机上的"我的迪士尼体验"应用程序配合使用，这两者均可实现（通过 MyMagic＋系统进行的）所有用户操作验证，无须携带收据或其他形式的证明物品。此外，他们还可以使用可穿戴的"魔法手环"或"我的迪士尼体验"应用程序在乐园内进行交易。除了为游客提供便利和优势外，迪士尼还能够收集大量关于游客行为和动向的数据，这些数据帮助公司更好地了解如何与每个客户沟通并更有效地管理客户关系。是的，即使是大型主题公园也能进行一对一营销！

衡量营销成功

我们已经探讨过，一个优秀的营销计划必须包含目标和目的的明确设定。与不曾实行客户关系管理的公司相比，成功实施客户关系管理的公司除了拥有不同的心态外，还有不同的目标，使用不同的标准衡量成功，并以不同的方式看待客户。正如你在第 1 章中了解到的，指标是营销人员用来确定不同战略或策略有效性的衡量标准或记分卡。换句话说，指标是数字，它告诉你某件事情是否按既定的方式运行，以及你在达到营销目标方面取得了多大进展。客户关系管理使得企业能够通过海量潜在可用的数据了解大量潜在的营销指标。营销人员可借此检测其营销活动、计划和渠道的绩效，并在必要时实施控制。那么如何选择合适的指标呢？基于 SMART 目标的优秀客户关系管理策略是成功确定合适指标的关键。现在，让我们看看如何设定和衡量这些目标。

SMART 目标

这是营销人员面临的一个基本问题：为什么要投资客户关系管理？任何客户关系管理计划的重中之重都是帮助公司达到其目标！目的和目标是一回事吗？从技术上讲，不是，但这两个词经常互换使用。它们都描述了组织想要实现的预期结果。目的与目标的区别主要在于时间范围（目标往往是长期的）、具体程度（目的往往是更微观的）以及它们对组织的影响（目标具有更持久的影响）。出于教学目的，我们将在下文使用"目标"（而不是"目的"），但以下概念也可以应用于目的。

回到客户关系管理，成功实施客户关系管理策略的第一步关键在于确定恰当的目标。**SMART 目标（SMART goals）** 是满足具体的（specific）、可衡量的（measurable）、可实现的（achievable）、相关的（relevant）和有时限的（timely）目标，它们提供方向感，以增加达到目标的可能性。图 5 - 1 解释了构成 SMART 目标的五个标准。

这里有一个例子来帮助理解 SMART 目标和非 SMART 目标之间的区别！客户关系管理的一个共同目标是加强客户关系，但这到底是什么意思呢？首先，这句话并不具体。它没有确定哪些客户应该或不应该作为目标的一部分，没有确定相关的客户关系元素，或者明确预期的行动计划是什么。其次，如前所述，它是不可衡量的，因为它没有描述对于客户关系的影响该如何评估。鉴于有几个标准可以表明客户关系得到加强，所以目标的"可衡量性"尤为重要。例如，客户流失率的降低和客户转化率的提高都可能表明客户关系得到加强。因为目标本质上是不可衡量的，所以几乎不可能确定它是否可以实现，或者它与公司更广泛的目标有多相关。最后是不及时的，因为没有与这个目标相关的时间表，因此没有达到目标的紧迫感和动力，也就是说，"我们希望什么时候达到这个目标？"

满足 SMART 标准的替代目标陈述可能是："根据我们的客户关系管理软件的跟踪和测量，在第四季度末将新推荐客户的转化率提高至 15%。"为了达到这一目标，我们

MARKETING: REAL PEOPLE, REAL CHOICES
营销的真相（原书第 11 版）

将使用我们的客户关系管理软件来加强我们的销售团队和新推荐客户之间的个性化沟通。该目标声明包括一项具体行动（提高新推荐客户的客户转化率）、一个可量化的目标及其衡量方法（通过客户关系管理软件衡量结果为 15%）、达到目标的指定工具（客户关系管理软件以增强个性化沟通）、与更广泛的业务目标（加强客户关系）直接相关，并设定一个截止日期（第四季度末）。设定明确、可实现和有意义的目标，然后制定动机、行动计划和达到这些目标所需的支持，大大增加了成功达到这些目标的概率。这就是 SMART 业务！

具体的	可衡量的	可实现的	相关的	有时限的
具体的目标应说明需要完成的内容、目标为什么重要、涉及的人员、目标所在位置以及涉及的资源或限制。	可衡量的目标包括可用于评估进展的具体标准，并确定是否正在推进。	可实现的目标应该对个人或企业具有挑战性，但在具备一定资源和时间的条件下可以实现。	目标的相关性对公司来说很重要，也应与其他业务目标保持一致。	有时限的目标设立了开始和截止日期。我们需要提供一个截止日期和要努力的目标。

图 5-1　SMART 目标

客户关系管理指标和关键绩效指标

现在你对如何设置 SMART 目标有了更好的了解，现在，我们将学习应该如何衡量和追踪这些目标。企业应特别关注三大类客户关系管理指标：使用者采纳指标、客户感知指标和业务绩效指标。

1. **使用者采纳指标（user adoption metrics）** 侧重于员工按预期使用客户关系管理系统的程度，包括各种 IT 指标，如登录次数和数据完整性。

2. **客户感知指标（customer perception metrics）** 与客户体验因客户关系管理而得到增强的程度有关的衡量标准，如满意度。

3. **业务绩效指标（business performance metrics）** 通常最受关注，因为它们直接评估与公司盈利能力相关的结果。

可供选择的潜在业务绩效指标的数量非常多（请参见表 5-1 中的大量示例），但公司会确定他们认为对成功最为重要的**关键绩效指标（KPIs）**，还记得在本章开头乔希·巴比里和费城人队的例子吗？乔希和他的营销团队使用了各种常用的实时关键绩效指标以及行业特定的指标，如 MLB 创建的 Fan Avidity。表 5-1 上的粗体字体即为这些指标。

表 5-1　客户关系管理业务绩效指标示例

营销指标	销售指标	服务指标
● 客户获取成本	● 转化率	● 客户流失率
● 顾客终身价值	● 销售周期长度	● 发起人净得分
● 营销来源客户的百分比	● 客户钱包份额	● 经验回报
● 活动数量	● 潜在客户数量	● 客户努力得分
● 活动响应数量	● 新客户数量	● 处理案件数
● 活动购买数量	● 保留客户数量	● 同天结案数
● 活动产生的收入	● 关闭率	● 每天平均服务呼叫数
● 客户推荐数量	● 平均销售规模	● 投诉解决时间
● 网页浏览量	● 更新率	● 客户回电次数
● 网络上的客户目标完成率	● 拨打的销售电话数	● 每次服务交互的平均成本
● 每次网站访问时间	● 新收入金额	● 服务等级协议（SLA）符合率
● 交叉销售比率	● 开放机会数量	● 呼叫未接听数量
● 追加销售比率	● 销售阶段持续时间	● 平均呼叫处理时间
● 电子邮件列表增长率	● 提案数量	

学习目标总结

公司通过客户关系管理系统，在一对一的基础上利用对话和反馈与客户个体建立关系并区分他们的行为。营销自动化功能极大地提升了公司有效管理所有可用数据的能力，以及销售和营销专业人员从客户数据中获得关键洞察力的能力。成功实施客户关系管理的公司能够让使用者基于客户关系管理系统中收集的数据查看广泛的营销指标。实施成功的客户关系管理战略的关键第一步是确定目标。为了确定最适宜的指标，必须制定基于 SMART 目标的良好的客户关系管理策略。SMART 是具体、可衡量、可实现、相关和有时限的首字母缩写词。指标的 3 个关键类别是营销指标、销售指标和服务指标。关键绩效指标是关键预期结果（目标）取得进展的最关键指标。营销人员跟踪的一些流行关键绩效指标包括客户获取成本（CAC）、客户生命周期价值（CLV）、转化率、销售周期长度、钱包份额、客户流失率、净推荐值（NPS）和体验回报率（ROX）。

大数据：泽字节时代来临

客户关系管理系统提供了一个优秀的内部组织数据存储库，然而随着越来越多的消费者体验转移到数字空间，并且个人与公司之间的联系和互动方式不断得到创新和广泛应用，大数据已经成为日益重要的概念。第 1 章中简要介绍了大数据，你了解到**大数据（Big Data）**是一个流行术语，用于描述难以或无法使用传统数据库技术处理的指数级增长的大量结构化和非结构化数据。

根据数据分析软件供应商中的赛仕软件（SAS）的说法，"大数据指的是信息的数量、速度、多样性、可变性和复杂性不断增加。"想想你花了多少时间在网上通过谷歌等搜索引擎查找信息；在脸书和推特等社交媒体网站上与朋友联系；在音乐流媒体平台上聆听音乐，或通过我们广泛参与的移动应用程序进行各种活动，你将会意识到，我们每天（可能无意中）创造了大量数据。

你每次在网上的活动都会留下数字足迹，这些足迹对于社会中广泛的利益相关者来说具有重要价值，特别是当分析师将它们与成千上万甚至数百万人的足迹结合起来时。表5-2提供了一些常见用户操作的示例，这些操作为营销人员创造了有价值的足迹。当你查看此表，你就能深刻理解为什么营销人员必须密切关注数据的道德使用。道德方面的数据滥用带来的负面影响很严重，尤其是当它们涉及隐私威胁、机密性、透明度和身份保护时。

表5-2 数字平台上创建的数据示例

	用户操作示例	营销人员对相关数据的潜在使用
脸书	"喜欢"网红的脸书页面	用户的每次点赞（"喜欢"）数据会得到记录。例如，如果营销人员认为某网红非常适合为女性千禧一代代言产品，则该网红可以向营销人员展示她发布内容的点赞数据，这些数据将表明她的大多数粉丝都在处于产品设计指向的正确年龄和性别范围内
YouTube	观看视频	记录用户的视频观看情况，并基于这些视频的特点（例如，其主题）向用户推荐相关视频，这些视频有可能提高用户在平台上的参与度（例如，视频的观看时间）。营销人员发现了，很多用户都会观看给定主题内的视频，并使用YouTube向其他用户散发视频广告（前提假设是，相关视频主题吸引的这些用户对于相关的广告产品感兴趣）
	跳过视频播放前的广告	记录的数据表示，如果营销人员通过对该数据的汇总（在所有接触该广告的用户中）发现某个特定视频广告被跳过（即用户按下"跳过广告"按钮）的频率足够高，便可以此为基础深入挖掘，探寻视频广告的内容或受众是否存在问题

奈飞大获成功的电视剧《纸牌屋》（*House of Cards*）成为奈飞首批原创节目之一，这在一定程度上要归功于大数据的使用。在这部剧大获成功之后，奈飞继续打造令人印象深刻的原创节目。因为电影平台可以使用从其网站上提取的大量消费者数据来帮助平台了解内容获取，包括消费者的观看习惯（例如，消费者何时、何地以及使用什么设备观看）和内容偏好。我们讨论过奈飞如何训练团队观看数千部电影，并根据属性（如"精彩程度"或"情节曲折性"）对其进行标记，以确定用户可能喜欢哪些电影或电视节目，从而提高网站的推荐能力。

所有数据都有助于奈飞更准确地预测、购买像《纸牌屋》这样的节目的版权。奈飞做出这些决定是基于高度的信心，即公司可以找到合适的（可能还有潜在客户）群体，他们会喜欢这些节目并立即开始疯狂追剧。奈飞还使用这些数据来创建个性化营销，吸引观众观看他们可能不会点进去看的节目。例如，他们根据用户的观看习惯提供节目的多个预览版本。奈飞利用大量数据推出各种选择，包括授权哪些节目和电影、购买哪些节目和电影的版权并制作哪些节目，以及向每个客户推荐哪些节目和电影。

对于市场营销人员而言，大数据在三个主要领域具备提供竞争优势的潜力：

1. 通过分析发现新机会，从而在营销工作中获得更高的投资回报。
2. 将洞察转化为更符合消费者需求的商品和服务。
3. 更有效地向市场传达商品和服务的信息。

人们产生的数据体量没有放缓的意思，因为新技术不断增强人们与个体、机器和组织之间的联系方式。**物联网（IoT）**是一个越来越多地出现在有关技术趋势的文章和故事中的术语。它描述了一个系统，在该系统中，日常对象连接到互联网，从而能够在整个互联系统中传递信息。

该网络系统涉及医疗设备、汽车、玩具、电子游戏等多个领域。在大数据的背景下，这意味着企业可以访问更多的数据，能够让企业深入了解消费者使用日常物品的程度和方式。就像我们之前提到的营销自动化技术一样，这种技术将使得公司能够自动处理以前需要手动完成的流程。我们已经以多种方式看到了这些变化——让 Alexa（亚马逊推出的智能语音助手）打开智能灯、调节室温、自动冲泡咖啡（利用 Alexa 的智能插头）以及查看天气预报、新闻、交通情况和日历，通过 Echo（亚马逊推出的智能音箱）了解当天的最新动态。

Stephen Barnes / Transport / Alamy Stock Photo

特斯拉使用先进技术与司机沟通。

物联网一词通常用于不需要互联网连接的设备，如灯泡、门铃和电源插座。对于营销人员来说，这种对象的互联和数据的收集意味着通过嵌入在产品中的传感器捕获的数据来深入了解我们如何使用产品（这些传感器将跟踪用户与产品的交互）。然后，此信息通过互联网连接，实时或接近实时地传输。这不仅使我们能够获取更多关于用户使用产品方式的知识，而且可以实现传统市场研究需要投入天文数字才能达到的规模，基本上可以追踪每个产品用户的行为！

因此，在一个物联网已经完全占据主导地位的世界里，我们很容易看到人们将产生多少数据。特斯拉在基于物联网信息与客户沟通的方式上做出了重大改变。这家汽车制造商实际上将汽车用作关系管理器——它能够监控必要的维修情况、记录用户的习惯和偏好，并通过不断下载软件来升级性能。这种方法正在为汽车行业创造一种新态势，即"永久保持连接的产品"。基于这种能力收集的所有数据使特斯拉在销售售后服务时更加灵活。该公司还可以预测合适的时机，在特斯拉用户下一次购买之前，向他或她发送有关新车型的信息。

大数据的创建、来源和使用

大数据所涵盖的海量信息有多个不同来源。图 5-2 为营销人员提供了重要的大数据来源。

1. **社交媒体来源**：随着越来越多的社交媒体网站成为消费者相互互动、与品牌互动以及与其他实体互动的重要平台，个人对产品的感受，以及关于他们生活中其他方面的丰富信息正在不断涌现。如今，消费者在网上赞扬或谴责产品的情况并不少见。这些信息对营销人员来说具有不同凡响的价值，不仅体现在他们所说的内容方面，还体现在触发他们说出这些内容的因素方面。今天，一些公司从事**网页抓取（web scraping**，使用计算机软件从网站提取大量数据）、**感官分析**

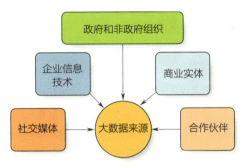

图5-2　营销人员的大数据来源
大数据可以有许多来源。这些资源可以在组织内部和外部，由不同的团队创建和编辑。

（**sentiment analysis**，通过评估上下情景来确定追随者对产品或品牌的态度的过程或他们发表的评论的情感）和其他先进技术，包括分析和描述脸书、推特和其他社交媒体平台上的数百万条帖子，以跟踪人们对商品和服务体验的评价。他们直观地描述了这些帖子中的主题，以便经理可以轻松地看到客户在他们的帖子中使用的词语种类。（提示：如果你的品牌名称经常伴随"糟糕"或"糟透了"之类的字眼出现，那么你的品牌可能遇到了问题。）

2. **企业信息技术来源**：这些是组织内的数据源，可能包括客户关系管理数据库、网络分析数据库、企业资源规划数据库，甚至会计方面的数据库。这些来源都是组织客户的信息宝库，但不幸的是，这些数据库通常存在于"孤岛"中，公司中的一个小组可能无法与公司中的其他人共享这些信息。因此，每个小组刻画的客户画像都是不完整的。幸运的是，营销部门派上了用场，它可以跨越不同小组，挖掘数据库并建立彼此之间的联系！

3. **政府和非政府组织来源**：政府提供多种类型的数据，从美国人口普查结果中提取的信息到发展中国家的经济状况数据，允许营销人员更好地了解国内消费者的人口统计数据和全球扩张的机会。越来越多的可访问、机器可读的政府数据为寻求创新的营销人员（他们可以找到免费浏览大量数据集的方法）提供了新的机会。

NicoElNino/Shutterstock

你在超市或当地咖啡店使用的奖励编号提供了关于你购买历史的宝贵数据。

4. **商业实体来源**：如今，许多公司收集大量数据，出售给其他组织并获得价值。对于一些供应商来说，这项活动是他们的主要收入来源；对于其他人来说，这是他们主要业务之外的额外收入来源。例如，许多信用卡公司，如美国运通和万事达卡，向广告商出售客户的购买数据，以便它们更好地进行广告定位。

多年来，像西夫韦这样的超市一直在出售扫描仪数据，这些数据源自你在结账时使用客户奖励编号（记录中包含人口统计资料信息）在收银机上扫描的所有项目。超市以汇总的形式销售数据，因此无法识别特定客户的行为，但**扫描数据（scanner data）**仍然为制造商和零售商提供了非常有用的信息，说明购物者在不同类别中购买了多少商品以及他们选择了哪些品牌。

Casimiro PT/Shutterstock

沃尔玛的 Retail Link 将连锁店与供应商连接起来。

5. **合作伙伴来源**：在第 11 章中，你将了解分销渠道的不同成员。如今，许多公司都采用了**渠道合作伙伴模型（channel partner model）**，在该模型中，采购组织与其供应商之间通过共享或集成信息技术系统进行双向信息交换。如果你是大型零售商（如沃尔玛）的产品生产商，请考虑一下，你可以从沃尔玛与商店、网站和沃尔玛应用程序中的购物者互动时收集到的信息中获得哪些信息和洞察。

事实上，沃尔玛通过名为 Retail Link 的供应商管理系统向供应商提供实时采购数据，使他们能够实时追踪其产品的采购数据。供应商可以管理补货流程，以确保消费者能够在其需要的时间和地点得到产品。此外，对于营销人员而言，该系统不仅提供了宝贵的实时购买数据来源，还可以用来分析不同沃尔玛店面的顾客购买模式。它还为沃尔玛节省了必须自行管理此流程的成本。

对于企业而言，利用大量数据产生新的洞察并深入了解消费者和内部业务运营是一项具有吸引力的建议，也可能成为竞争优势的来源。通过提高供应链内部的集成度，组织可以更加精确地跟踪货物在每个环节中的移动情况。这有助于他们在供应和需求之间建立更有效的平衡，并在供应链成员之间建立及时提供原材料和产品的信心。这意味着零售商可以通过更低的价格，将节省成本的相关收益与消费者共享。

数据挖掘

谁说不能一举多得？对于当今的组织来说，数据的挑战并不在于拥有足够的数据。而在于许多人掌握的信息远远超过他们所能处理的！请记住，这正是开场白中乔西·巴比里和费城人面临的问题！大数据很容易加剧**信息过载（information overload）**的问题，在这种情况下，营销人员被大量数据所淹没，几乎无法确定哪些数据提供了有用的信息，哪些数据不提供有用的信息。

大多数营销信息系统包括内部客户交易数据库，也包括收购的数据库。通常，这些数据库的内容量非常大。为了利用好当前可用的海量数据，许多公司首选采用一种被称为数据挖掘（data mining）的复杂分析技术。这是指分析师筛选大数据（通常以泽字节衡量，这比吉字节甚至太字节大得多）以识别不同客户群体之间独特的行为模式的过程。这个规模是什么概念——你要知道，1 泽字节等于 1024 太字节或 3.4 年的 24/7 全高清视频录像！

为了了解数据挖掘如何辅助营销决策的制定，让我们思考几个例子。

- 芝加哥的高档餐厅奥里奥尔依靠数据挖掘来识别常客并提升客户的服务体验。进行第一次预订时，餐厅会创建客户资料。在客户的第一次体验结束时，个人资料会进行更新以提供足够的信息，使奥里奥尔员工下次能够通过个性化服务提升客户的用餐体验，例如提供葡萄酒和食物建议、进行对话，甚至基于客户分配服务员（服务员和顾客之间有共同的体育、音乐等兴趣爱好）。有先见之明的餐馆老板还会利用收集的数据将菜单项目分为四个象限：最受欢迎的、表现不佳的、受初次欢迎但没什么回头客的，以及常客喜欢但初次光顾的顾客通常不会注意到的隐藏宝藏。

- "廉价时髦"的零售商塔吉特通过数据挖掘发现，它可以在客户开始购买婴儿用品之前就预测她们是否怀孕了。通过建立与客户信用卡、姓名或电子邮件地址相关联的客户身份号码，塔吉特可以追踪她们的每一笔购买，并从在婴儿登记处注册以创建"怀孕预测"分数的女性身上识别出有用的购物模式。然而，该公司很快成为社交媒体上的热议话题，因为一位男性发现塔吉特向他怀孕的女儿发送了婴儿用品优惠券。尽管塔吉特未违反任何隐私政策，但公众普遍认为该定向营销方式具有侵略性且令人不安。这是数据伦理和潜在滥用最臭名昭著的案例之一。

在市场营销中，数据挖掘依靠计算机运行复杂的程序，让分析师能够结合不同的数据库来了解购买决策、市场营销信息曝光和店内促销之间的关系。这些操作非常复杂，以至于公司通常需要构建一个**数据仓库（data warehouse）**（其成本可能超过 1000 万美元）用于存储和处理数据。毫无疑问，正如你在新闻中看到的那样，强大的消费者数据生成者们——谷歌、奈飞、亚马逊、脸书和推特的营销人员正在大力挖掘数据。例如，脸书有 20 多亿用户，通过他们每天使用社交媒体平台发布的各种帖子、评论和回复，获取了大量数据。

随着物联网的不断发展和家用产品变得越来越相互关联，对**边缘计算（edge computing）**的需求也在不断发展。边缘计算能够更快地处理和存储数据，这意味着实时应用程序（例如特斯拉的自动驾驶功能）变得更加高效。如果特斯拉的自动驾驶功能依赖于远程服务器，那么，即使是微小的数据延迟也可能导致一场悲剧性事故。

数据挖掘的主要数据类型

随着数据挖掘技术的不断升级和软件对多样化信息进行理解与分析能力的提高，营销人员可

Alexa 这样的数字助理是我们的新型守护天使。它们帮助我们更有效率地生活。同时，它们也为营销人员提供了许多有价值的数据，让他们知道人们在买什么、想要什么。

海量数据仓库——也被称为服务器农场——存储着海量的信息以供营销人员进行数据挖掘和审查购买模式，以便获得对消费者偏好的洞察。

以通过数据获得更加深入的消费者洞察。电子格式的数据可以被认为是结构化的或非结构化的。**结构化数据（structured data）** 可以在 Excel 电子表格或体育网站的统计表中找到。这些数据集通常是数字的或分类的；它们通常以易于计算机阅读、组织和理解的方式存在；可以将它们无缝插入计算机的数据库中；而且它们通常可以很容易地放置在行和列中。

结构化数据	非结构化数据
• 日期 • 时间 • 人口普查数据 • 脸书的点赞	• 邮件正文 • 微博 • 脸书状态更新消息 • 视频记录

图5-3 结构化和非结构化数据的例子

每天产生的非结构化数据比结构化数据更多，但两者都能为营销人员提供深入了解客户和市场的机会。

相比之下，**非结构化数据（unstructured data）** 包含非数字信息，这些信息的格式通常是针对人眼的，而计算机不容易理解。非结构化数据的一个很好的例子是电子邮件的正文。电子邮件对人类来说意义重大，但对机器理解或组织提出了很大挑战。图5-3列出了不同类型的结构化和非结构化数据的其他示例。

过去，数据挖掘和数据分析专注于结构化数据，因为计算机可以一次性分析大量数据点。例如，棒球统计学家可以将一名球员在某赛季中的所有"击球次数"以及相关结果输入计算机，并很容易地命令计算机预测该球员一年的击球平均数（以及其他有用的衡量标准）。这样可以更好地了解每个球员在球场上的表现。

从大量非结构化数据中获取有用信息变得更具挑战性，但也可能更有趣。假设你是一家糖果公司的社交媒体经理，并且你花费大量时间在脸书和推特上与客户进行互动。幸运的是，你收获了很多点赞和关注，以及许多互动，但你对这些数据并不满意，认为这只是冰山一角。此外，你知道，客户的所有评论都可能是重要信息的来源，唯一的难题在于，面对成千上万的评论，单凭你一个人如何有效地分析内容，并从中辨别出有价值的模式？从客户每天创造的大量指向不同公司的非结构化数据中进行挑选，即使是再庞大的团队，也会面临巨大的挑战。

技术解决了这个难题！通过开发可以搜索大量文本数据并从中提取模式的计算机逻辑，数据分析技术实现了重大进步，使非结构化数据分析过程变得更加容易。相较于人工干预，该方法还通过自动化流程实现更高的成本效益（想象一下必须手动筛选每条消息以提取并记录你认为有意义的信息）。这些类型的技术为非结构化数据提供了一种"结构"，使其能够与组织中其他数据源相融合并共享利用。

在本章前面，我们介绍了情绪分析，它通常与社交媒体数据一起使用，以确定消费者对品牌的态度。随着技术变得更加先进，营销人员的研究正在超越简单的情绪范畴（简单地记录为积极、消极或中性），进入更广泛和复杂的感受和情感。这种被称为**情感分析（emotion analysis）** 的方法可以在特定品牌或产品背景下，对社交媒体传播内容进行分析，并确定适合的情感类别。媒体集团维亚康姆（包括尼克国际儿童频道和黑人娱乐电视台等）最近选择雇用一家名为 Canvs 的技术初创公司进行情感分析，以

MARKETING REAL PEOPLE, REAL CHOICES 营销的真相（原书第11版）

数据挖掘可以协助营销人员与忠实顾客建立联系，例如那些热衷于购买复古鞋的"球鞋迷"。

帮助其广告合作伙伴更深入地了解观众对于他们通过维亚康姆的节目和其他渠道投放的广告反应如何。Canvs 能够将评论分为 56 个类别（换句话说，提供非结构化数据并将其转换为结构化数据），其中包括"梦幻""尴尬""快乐但有罪恶感"和"头脑发热"等类别。为了达到这一目标，公司利用算法在自身拥有超过 400 万个单词和短语的数据库上下文中分析社交媒体评论，其中包括流行的快捷表达和特定世代的用语。在数据挖掘工作中同时利用结构化和非结构化数据，为营销人员提供了更深入地了解其客户的机会。

数据挖掘：营销人员的应用

本章和上一章的一个关键主题是，更好地了解当前和潜在客户应该是所有营销人员的目标。公司与消费者的每一次互动——每一个接触点——都可以为营销人员提供有价值的信息。提高大数据价值的数据挖掘技术为营销人员提供了提高组织绩效的机会。为了确定这些工作所需的数据并进行整合，组织通常会召集来自不同职能部门（例如市场营销、销售、店内运营和信息技术）的个人组成团队，以帮助确定和收集组织所需的数据源并进行分析。

如图 5-4 所示，数据挖掘对于营销人员而言有重要的作用。

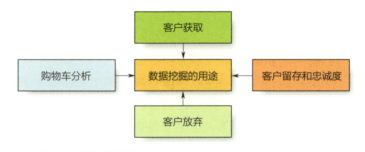

图 5-4　数据挖掘的应用
数据挖掘对于营销人员而言有四个主要用途。

1. **客户获取**：许多公司的数据库中包含有关客户的人口统计信息和其他信息。例如，一些超市为商店会员提供每周特价优惠。这些商店会员申请表要求客户注明他们的年龄、家庭人数、地址等。根据这些信息，超市可以确定其现有客户中对特定报价做出最佳反应的群体，并将相同的报价发送给具有相似人口统计特征但尚未成为客户的群体。

2. **客户留存和忠诚度**：公司识别出可能会或不会背叛品牌的高消费客户，然后向他们提供其他客户不会得到的特别优惠和奖励，以回报并提高他们的忠诚度。留住最有利可图的客户是使业务成功的重要方法，因为相较于不断寻找新客户，维护好现有客户成本更低。

3. **客户放弃**：虽然听起来很奇怪，但有时一家公司希望客户将业务转移到其他公司，因为为这些客户提供服务实际上会让公司付出太多的成本，这通常被称为"遣散客户"。那些会带来麻烦的客户通常有六个警示信号：他们提出不合理的要求；他们什么都想要；他们总是迟迟不付钱；他们不听你的；他们不回应你；或者他们缺乏基本的尊重。例如，亚马逊最近引发了一些争议：它开始撤销退货过多的客户的优质会员资格。这样做的目的不是在出现这些问题时立即切断与客户的联系，而在于关注客户出现此类问题的模式，并尝试解决问题。

4. **购物车分析**：这种类型的分析会根据客户购买某些产品的记录制定有针对性的促销策略。例如，惠普公司仔细分析哪些客户最近购买了新打印机，并以他们为目标，发送特价墨盒商品的电子邮件，介绍如何充分使用这些机器。再例如，当用户在亚马逊上购买了一件商品，系统会给他们推荐一组也购买过该商品的其他用户所购买的相似商品清单。

数据科学家：将大数据转化为制胜信息

将数据转化为洞察力，并利用数据来增强组织与消费者之间的互动，是一项极具挑战性的任务。分析师需要借助强大的数据库和复杂软件的帮助。这些分析师（也称商业智能开发人员）受雇于技术界的知名人士。**数据科学家（data scientist）** 使用数学、计算机科学和趋势分析方面的技能来探索多个不同的数据源，以发现隐藏的见解，从而提供竞争优势。这些人通常拥有博士学位，起薪为六位数（根据 Glassdoor. com 的数据，截至 2020 年他们的工资中位数为 113309 美元），并且成为大数据组织越来越重要的竞争优势来源。传统数据分析师通常查看一个数据源，而数据科学家通常查看整个组织的多个数据源。

如果你曾经使用过领英，你会了解到该网站上最常用的功能之一是由该组织的数据科学家乔纳森·高曼通过实验开发的。具体来说，高曼在领英网站上开发了"可能认识的人"功能，该功能能够展示用户在现实生活中可能认识的其他领英用户的个人资料。高曼采用一种方法来达到这一目标：根据共同要素（例如教育机构的共同任期）对用户进行评估和打分，然后按照得分从高到低（有一定的下限）将这些用户进行排序（在"可能认识的人"功能里）。最初，这个想法是作为网站广告来吸引人们关注。结果，该站点的管理人员发现此功能的点击率比平均水平高 30%。此后不久，组织内的最高管理层决定将"可能认识的人"添加为标准功能。

这些案例以及许多其他的洞察表明了，数据科学家能够创造出什么样的价值，并为组织带来何种益处。随着多源数据的不断涌现，组织正在呼唤能够将数据转化为信息的人才。

增强智能：利用大数据增强消费者体验

2014 年，亚马逊首次向市场推出了 Echo——一款号称由"远场技术"驱动的产品，它将语音识别与额外的数据分析相结合，生成了用户的虚拟助手。Echo 利用人工智能和机器学习（这两个术语通常同时使用）发挥作用，获取更多数据并得到更准确的结果。

具体来说，**人工智能（artificial intelligence，AI）**指的是更广泛的概念，即机器能够以人类认为聪明的方式执行任务，而**机器学习（machine learning）**是基于机器可以且应该访问数据，并为自己进行学习的人工智能应用。

Echo 可以分析用户语音的特征，例如频率和音高，以尝试确定一个人声音中的情绪。Echo 可以记住一个人之前说过的话，然后将这些知识应用到后续的交互中！乍一看，人工智能设备的友好性仍然存疑，比如亚马逊的 Alexa 会嘲笑用户，甚至记录他们的谈话，并通过电子邮件发送给其他人。这些事件的发生提醒我们，公司仍需努力解决一些问题。如果他们能够解决这些重要的隐私问题，想象一下拥有一个了解（甚至预料到）你的每个想法的数字朋友是多么好的事！

多亏了人工智能，曾经只存在于科幻小说的概念如今成了塑造现实世界的力量。如果你碰巧拥有一部使用面部识别系统的智能手机……那就是人工智能！尽管一些行业和企业更为先进，但总体而言，人工智能仍处于发展的早期阶段。然而，在过去 10 年中，我们工作和生活的几乎所有方面都变得越来越数字化。分析师估计，到 2021 年，人工智能将在全球范围内推动价值接近 2.9 万亿美元的商业效益，到 2030 年，这一数字可能会增长到 15.7 万亿美元。如果高效应用人工智能，将有助于提升企业的客户体验。这就是**增强智能（augmented intelligence）**概念发挥作用的地方。人工智能的最终目标是创建无须人类即可运行的系统，而增强智能则寻求通过更高效的自动化来创建使人类变得更好、更聪明、更快乐的系统，图 5-5 说明了人工智能应用程序的四种主要类型。

	有人参与的循环	无人参与的循环
接线/特定系统	**辅助智能** 人工智能系统帮助人类做出决定或采取行动。不会从交互中学习的硬系统。 例子：装配线上的机器	**自动化** 日常或非常规的手动和认知任务的自动化。这并不涉及新的做事方式，而是将现有的任务自动化。 例子：根据预先确定的标准自动调整温度设置的恒温器
自适应系统	**增强智能** 人工智能系统可以增强人类的决策能力，并从与人类和环境的互动中不断学习。 例子：帮助银行信贷员筛选出有破产记录的高信用风险个人的软件	**自主智能** 人工智能系统可以适应不同的情况，并且可以在没有帮助的情况下自主行动。 例子：自动驾驶汽车

图 5-5　人工智能应用的重要类型

资料来源：PricewaterhouseCoopers, "Sizing the prize: What's the real value of AI for your business and how can you capitalise?" https://www.pwc.com/gx/en/issues/analytics/assets/pwc-ai-analysis-sizing-the-prize-report.pdf

市场营销人员的现实考验：使用大数据的道德考量

作为消费者，我们中的大多数人现在已经认识到，那些我们进行消费的组织正在利用我们的数据。但是我们不应该自满于当前的大数据新世界。尽管前面讨论的主题（营销人员从消费者提供的数据中获益匪浅，并能够提供更加定制化和使顾客满意的服务体验）是积极的，但营销人员必须同时确保高度的网络安全（cybersecurity），防止电子数据库中存储的数据被破坏或遭到未授权用户的恶意侵害。

网络攻击（cyberattack）可能会发生，网络攻击是试图非法访问计算机或计算机系统以造成损害或伤害。网络攻击通常是由黑客（hacker）实施的，黑客是非法获得访问权限并篡改计算机系统信息的人。还有一种可能性是某种其他类型的数据泄露（data breach），即有意或无意地将安全或私人/机密信息发布到不受信任的环境中。市场和其组织有责任保护客户数据免遭未经授权的访问，同时客户也应当警惕组织对于这些数据的使用以及误导行为。

数据安全

在第 2 章中，你了解到道德是营销人员的"首要任务"，并了解了公司拥有商业道德准则的重要性。因此，伦理学家强烈主张，营销人员及其组织应承担道德和伦理义务，向客户清楚展示如何、何时以及为什么从他们那里收集数据，并说明这些数据的预期用途。如果不这样做，可能会导致客户对企业失去信任。数据是现代商业道德准则的重要组成部分。著名的数据信任破坏案例包括 2013 年底针对塔吉特的网络攻击。在网络攻击下，这家零售巨头的 4100 万个客户支付卡账户遭到入侵。还有在 2018 年初，脸书承认其于 2017 年经历了 22 亿用户的数据泄露。鉴于上述事件，这两家备受尊敬的公司严重损害了客户对其的信任和信心（有人认为是无法挽回的），并可能永久地损害了品牌形象。

不幸的是，有些组织似乎永远不会吸取教训。2018 年，脸书再次曝出严重的数据安全问题，当时有消息称其与第三方公司剑桥分析（Cambridge Analytica）共享了 8700 万的用户数据，而这家英国公司与唐纳德·特朗普的选举团队合作构建了一个软件程序，试图预测和影响选民的投票结果。当数十万用户付费参加性格测试并同意该测试收集他们的数据时，公司方通过秘密手段获得了这些数据。关联的应用程序还收集了有关参与者朋友的信息。脸书发现这些信息是在 2015 年底收集的，但直到 2018 年 4 月用户才收到提醒。数据隐私似乎仍是脸书无法填补的漏洞，2019 年又发生了一起数据泄露事件，近 2.67 亿脸书用户的用户 ID、电话号码和姓名遭到泄露。脸书能够承受多少次网络安全事故并继续维持运营？只有时间能证明一切，而问题的解决完全取决于脸书的文化和组织意愿能否将客户的数据安全置于首位。

深度学习和错误信息

自 2000 年初以来，流行的深夜脱口秀主持人柯南·奥布莱恩经常将静态照片叠

MARKETING: 营销的真相（原书第 11 版）REAL PEOPLE, REAL CHOICES

加上一张说话的嘴，以这种视频的方式展示他采访名人和世界领导人的片段，来取悦数百万观众。这些片段被粉丝喜爱的原因在于它们幽默地呈现了名人发表有趣、有争议的言论的情境（这些言论在实际生活中可能永远不会被公开发表），而观众对采访真实性并无怀疑。但是，如果观众观看同样的采访，但呈现的方式不是以静止的照片和叠加的嘴巴，而是真正的名人或世界领导人，会怎么样？或者至少，它看起来和听起来像真正的名人或世界领导人？尽管这听起来像是只有在电影中才有可能发生的事情，但人工智能和**深度学习（deep learning）**的最新进展使基于在线免费提供的编码的**深仿（deepfake）**视频成为一种非常逼真且具有潜在危险的存在。

2019 年，许多深仿视频开始在网络上出现，但 2020 年州立农业保险公司的一则广告不经意地向数百万消费者展示了它的潜力。该广告在消费者中立即引起了轰动，因为它呈现的是 1998 年娱乐体育节目电视网（ESPN）的片段，其中，一位分析师对未来做出了惊人准确的预测，包括 ESPN 的 2020 年度最热门纪录片是《最后之舞》。YouTube 频道 Ctrl Shift Face 展示了各种由新演员面孔组成的标志性电影场景，也展示了这项技术的说服力。不管这些视频看起来多么可信，一些细微线索包括面部变色、光线不正确、音频和视频稍微不同步以及面部与颈部和头发（以及其他元素）的模糊等，都可以帮助人们识别深仿视频（至少现在是这样）。然而，随着技术以指数级速度发展，批评人士预计，在不久的将来，深度伪造图像的生成能力将远超过检测它们的能力，致使真实与虚假难以区分。

Synthesia 是一家软件公司，它使用人工智能来创建由计算机生成的合成媒体。它使用深仿技术为"必须消灭疟疾"倡议制作了一个全球宣传视频，并获得了超过 8 亿次的观看！该视频以足球明星大卫·贝克汉姆为主角，根据不同的目标观众提供不同的信息。同样的技术可以让营销人员创建个性化的营销信息，通过让不同的名人"主演"来识别消费者。当然，Synthesia 的活动之所以如此成功，部分原因在于用于创建它的技术完全透明。虽然这种用于娱乐的视频编辑看起来有趣且无害（因为观众知道他们被人工智能技术"愚弄"了），但当它被用来分享不实信息时，这种技术带来的忧虑就会变成现实。想想看，如果假冒专家宣传劣质或危险产品、企业发言人歪曲组织或其目标受众的价值观，或者知名政客从事非法活动的深仿视频被广泛传播，将带来怎样的影响。"眼见为实"可能不再适用于充满人工智能和大数据的世界。

区块链和大数据挑战

基于以上关于数据安全、数据泄露和使用人工智能驱动技术共享错误信息的讨论，你可能会认为，与大数据相关的风险是无法克服的。顾名思义，大数据处理的是持续演化和呈指数增长的海量数据。以安全的方式存储如此多的数据、清理数据以及检测数据中的欺诈行为变得极其困难且需要大量的劳动力投入。

值得庆幸的是，大多数与大数据和消费者保护相关的问题都有可行的解决方案。

区块链（blockchain）是一种同时存在于多台计算机上的数据库，包含由不可变数据"链"链接在一起的数据"块"。区块链保障了数据安全，因为没有实体拥有以加密方式存储的数据本身，所以即使数据被盗，也几乎不可能被篡改。除了其具有的安全性，区块链也是透明的，因此任何想要查看数据的人都可以追溯到数据的起源点。所有这一切意味着区块链提供了帮助数据科学家确保数据完整性、防止恶意活动、进行预测、实时分析数据和管理数据共享的潜力。

侵犯互联网隐私权的例子似乎不胜枚举，这也说明了消费者在分享或不分享数据方面根本没有选择余地的事实。我们已经提到了脸书的数据泄露事件，但脸书过去也因故意与广告商分享用户姓名（以及他们朋友的姓名）而受到谴责。甚至迪士尼也因涉嫌监视经常使用其应用程序的儿童，并在未经父母同意的情况下与广告商共享数据而被起诉。

区块链允许消费者选择与企业和广告商共享哪些数据以换取折扣或忠诚度奖励，从而帮助消费者保护自己的数据和隐私。数据链有这么多显而易见的好处，为什么却没有得到更广泛的应用？总体而言，区块链技术目前仍处于相对不够成熟的阶段，它缺乏可扩展性——一次处理大量交易的能力——这也意味着它比传统的数据存储更昂贵。区块链的另一个限制是其成功的关键在于非常强大的网络，因为数据仅存在于少数计算机上，很容易受到攻击。区块链也许不是数据安全问题的突破口，但可能极大地影响数据安全世界。

学习目标总结

大数据是指数量和速度都迅猛增长的数据，其来源包括组织内不同职能部门以及整个社会范围内的广泛渠道。通过数据挖掘等方法充分利用大数据，营销人员能够更加深入地洞察客户。当营销人员使用数据挖掘时，他们使用运行复杂程序的计算机有条不紊地筛选大型数据集，以了解消费者购买决策、接触营销信息和店内促销等事物之间的关系。数据挖掘使我们能够做出重要决策，决定进一步投资哪些客户，放弃哪些客户，以及新的投资机会在哪里。

营销的真相

5.3

分析入门

营销分析已成为营销人员不可或缺的工具，因为技术进步使消费者能够参与越来越多的在线活动（而这些活动以前只能在物理空间内进行）。一般来说，我们可以将分析视为对一个或多个群体有意义的数据模式的识别、解释和表达。

市场**营销分析（marketing analytics）**的核心是一组使营销人员能够收集、衡量、分析和评估营销工作有效性的技术和流程。营销分析解决方案为营销人员提供了一种全面的方法来查看不同营销计划的绩效。它能够提供一定程度的分析以及一定程度的准确性和速度，这在当今数据驱动的世界中至关重要。简而言之，营销分析采用大数据并赋予其意义，以用于营销决策。也就是说，当今营销人员可以使用的信息的广度和深度取决于，其使用的技术能否通过大量（且通常是不同的）数据集提供有用的信息。这些信息也将支持营销决策并帮助营销人员更好地了解他们的投资价值。

将广告中的具体行动与可衡量的结果（如销售额）联系起来的需求一直是营销人员面临的长期挑战。特别是对于那些在传统媒体广告（电视广告、广告牌）上投入资金的人来说，量化这些手段的价值是一个具有挑战性的任务。你可能因为看到麦当劳电视广告而选择在第二天购买一个巨无霸，但其他人如何确定是该广告促成了你的购买，而非麦当劳进行的其他营销投资？数字营销提供了一个有吸引力的解决方案，因为它实现了营销分析的简单应用。它使营销人员能够更好地了解他们在使用特定渠道时获得的特定投资回报率，而非仅仅依靠猜测。

建立数字营销渠道与营销分析的联系

营销人员面临的长期挑战之一是确定不同营销活动和渠道的有效性。这是因为在无法从源头追踪线索的情况下，营销人员并不清楚潜在客户来自何处，以及导致消费者购买的原因是什么。例如，消费者是因为他或她在电视上看到的广告，还是因为他或她在杂志上看到的广告，或者两者兼而有之，最终购买了产品？对于电视和杂志等传统媒体而言，营销人员仍然不清楚哪些行为会产生影响。

然而，随着数字媒体和**数字营销渠道**（**digital marketing channels**）的激增，营销人员可以更直接地了解哪些行为会促使消费者最终做出符合组织利益的决定。数字营销渠道指的是通过一些特定的分销方式向当前和潜在客户进行传播。通过数字营销渠道进行传播通常需要一个或多个起着中介作用的技术平台。

让我们以一家虚构的服装公司为例，该公司决定发送一封促销电子邮件，让你了解新的秋季服装系列（并促成购买）。该电子邮件包含几张穿着部分服装的模特图片、秋季系列的特定网站链接，以及结账时输入的特殊促销代码（例如 FALL20），收件人选择购买的任何秋季系列商品均可享受 20% 的折扣。

现在，让我们看看营销分析如何帮助这家零售商。提示：在下一段中，我们将看到此流程的关键组成部分，公司会根据你在不同阶段的假定行为进行数据记录（注意这个短语：记录的数据 [data recorded]）。图 5 - 6 说明了此过程，其中包括了你在此场景中的某些操作、由这些操作结果创建的特定数据以及数据的潜在分析应用程序之间的关系。

我们现在开始对这个过程进行说明。你在收件箱中收到了电子邮件，阅读了主题行，然后决定打开电子邮件（记录的数据）。查看电子邮件的内容后，你产生了兴趣，决定查看新的秋季系列，因此你单击了通往该部分的网站链接（记录的数据）。

你通过单击对应各个产品页面的链接（记录的数据）查看与这些产品相关的具体细节，并最终选择将一件毛衣添加到你的购物车里（记录的数据）。你进入结账页面（记录的数据），输入促销代码，点击一个按钮进行处理（记录的数据），然后为商品付款（记录的数据）。

上一段中标识为"已记录"（recorded）的所有数据现在都可以使用营销分析进行转换，以更好地了解相关电子邮件活动是否为该零售商实现了令人满意的投资回报率。你既不是唯一收到促销电子邮件的人，也不止收到这一封电子邮件，因为公司可能分发了其他版本的电子邮件（可能有更高和更低的折扣，以及不同服装的图片）。每一个版本都可以在数据中识别出来，让营销人员可以更详细地分析这些不同的版本在推动销售方面，以及在销售过程中的表现如何。

图5-6 数字营销渠道示例

此图说明了数字营销渠道计划的几个方面（以一家虚构的服装公司为例）。

用户操作	d. 点击"添加到购物车"按钮至将衣服添加到购物车中
	e. 点击"结账"(Checkout)链接,进入结账页面
记录的数据示例(包括所有电子邮件收件人的汇总数据)	d. 添加到购物车的特定服装品目
	e. 点击的具体链接和链接所在的页面
市场营销分析应用	d. 每件服装占每个用户购物车中添加的服装总体的百分比(通过促销邮件定向到网站的所有用户)
	e. 每个页面的点击量占引导用户到"结账页面"的总点击量的百分比(通过促销邮件引导到网站的所有用户)
与分析应用相关的营销人员注意事项	d. 哪些衣服看起来最受欢迎受消费者欢迎,为什么?
	e. 在决定进入"结账"页面完成购买之前,消费者倾向于访问哪个页面,为什么?

用户操作	f. 输入促销码(FALL20)
	g. 点击"继续付款"链接,进入付款完成页面
记录的数据示例(包括所有电子邮件收件人的汇总数据)	f. 无(使用促销代码的记录取决于用户选择"继续付款"链接)
	g. 输入促销码;点击特定链接和链接所在的页面
市场营销分析应用	f. 无
	g. 在选择"继续付款"链接的用户中,输入有效促销代码的用户所占的百分比(通过促销电子邮件定向到网站的所有用户)
与分析应用相关的营销人员注意事项	f. 无
	g. 促销代码在激励消费者购买方面的效果如何?与没有使用促销代码的消费者相比,使用促销代码的消费者是否购买了更多的商品或花了更多的钱?

NYS/Shutterstock

图 5-6　数字营销渠道示例(续)

此图说明了数字营销渠道计划的几个方面(以一家虚构的服装公司为例)。

也许最重要的是,营销人员现在可以衡量不同版本的促销电子邮件的投资(以及整体的努力)与成本之比,并确定公司如何进一步改善效益。最简单的形式就是零售商进行的 **A/B 测试(A/B test)**,这是一种测试改变营销资产(例如,网页、横幅广告或电子邮件)某一特征的有效性的方法。从本质上讲,这涉及发送同一消息的两个版本,帮助营销人员确定一个版本是否比另一个版本"效果更好"。测试是通过随机让一些用户接触原始版本,而让其他用户接触修改过的版本来进行的。记录每个组内用户的行为,并用结果确定更改后的版本是否在某些令人感兴趣的指标上表现得更好。**点击率(click-through rate,CTR)** 是一种指标,表示已决定点击广告以访问关联网站或网页的网站用户所占的百分比。当将 A/B 测试方法与传统的"在星期日报纸上投放广告，观察星期一商店客流量"的老式方法进行比较时，可以轻松体会到 A/B 测试方法的优势。

通过数字营销渠道与消费者建立联系

要理解营销分析为组织提供的价值正在不断增加，我们首先要意识到，人们获取信息的方式随着时间的推移发生了多大的变化。正如我们将在后面的章节中看到的，今天的消费者已经发展成为全渠道媒体用户。这意味着我们现在可以通过多种渠道获取信息，包括计算机、平板电脑和手机，并且我们可以自由地从一个来源转向另一个来源。随着越来越多的人访问互联网并花越来越多的时间上网，数字营销已成为营销人员工具箱中越来越重要的元素。根据皮尤研究中心的数据，2020 年 90% 的美国人使用互联网（高于 2000 年的 50%），73% 的美国人使用社交网站（高于 2005 年的 5%）。

在全球范围内，越来越多的人使用互联网。谁知道随着开发人员不断推出新应用程序，还有多少功能会变得更快、更容易或更直观？随着消费者与媒体交互方式的转变，数字营销人员必须重新制定营销策略以跟上潮流。在全球范围内，一些市场将超过 45% 的媒体预算用于数字营销。

这并不是说人们花在媒体上的时间减少了——实际上，近年来人们花费的时间有所增加。而关键的变化在于，消费者现在从更多样化的渠道寻求信息。特别是，他们对待传统技术时也运用了数字化的思想（并且越来越不耐烦），对于旧式"一刀切"促销方法中常见的骚扰或无关信息已经无法容忍。营销人员明显感受到投资回报率和体验回报率（反映他们努力的成果）目标带来的压力，所以，对数字营销，特别是数字商务的重视很可能会持续。

图 5-7　主要数字营销渠道

数字营销渠道通常分为 6 个主要类别。其中，营销人员可以开发和追踪多种类型的营销工作和活动。

数字营销渠道的选择方案多种多样，消费者也在不同渠道上花费了大量金钱。图 5-7 说明了数字营销渠道的六大类：视频营销、个性化电子邮件、内容营销、社交媒体、搜索引擎和数字广告网络。人工智能在其中许多渠道中发挥着重要作用，因为聊天机器人预计将在 2020 年占客户服务的 85%，语音搜索将占搜索的 50% 以上。在第 14 章中，我们将详细讨论营销人员可用的数字促销方案。例如，这些实体可以通过向组织出售广告位来赚取大量资金。脸书目前拥有超过 10 亿用户，用户的个人资料创建功能是免费的，其商业模式主要依赖于网站广告销售产生的收入。鉴于脸书向用户定向投放广告引发了公众的批评，甚至引发了#

DeleteFacebook 运动，社交网站正在寻找创新方法，在不损害用户体验和相关性的前提下，以令人满意的方式提供广告，为组织创造价值来源。

此外，大多数社交网站投入大量精力为其广告商提供分析工具和功能的访问权限，以帮助广告商评估和进一步优化其营销工作的绩效。例如，流行的互联网迷因（meme）生成器和图像共享平台 Imgur 添加了高级分析功能，新增的功能让用户不仅可以了解图像的浏览量，还可以了解在给定的一天和一小时内收获了多少次浏览，哪些网站链接回图像的原始版本，以及图像在哪里得到了共享。总之，广告商可以利用 Imgur 的分析功能来追踪图像的表现，以更好地了解其在病毒传播或非病毒传播阶段中的具体情况，并了解这些图像在哪里最受欢迎。

数字营销的商业模式

对于营销人员来说，数字营销投资具有特别的吸引力，因为它们的成本通常与用户采取的具体行动直接相关。例如谷歌的付费搜索广告可以按**每次点击成本（cost-per-click，CPC）**购买或竞价。这意味着仅在个人每次点击广告并被定向到营销商放置在广告中的网页时才收取广告费用。这种广告收费方法在广告位的网络供应商中非常普遍。以数字方式购买广告的其他方法包括**每次展示成本（cost-per-impression，CPI）**，在每次广告出现在用户查看的页面上时收取广告费用。

销售在线广告位的公司通常使用这两种方式来收取广告费用。广告的每次点击成本通常更高，因为它们需要与用户实现更高级别的交互（即用户实际上已经访问了广告页面，离成为客户更近了一步），相比之下，按每次印象成本购买广告更为划算，但它们通常需要更强的信念，因为衡量印象（或广告浏览量）的价值并不那么容易。例如，如果营销人员知道一定数量的广告印象会转化为特定数量的点击次数，那么他或她将能够更准确地估算广告成本，那

Imgur 是一个流行的图片分享平台，拥有超过 6.5 亿张图片，每天吸引多达 150 万次上传。它追踪大量数据，为营销人员提供强大的分析能力，帮助他们深入了解图像分享和在线传播情况，从而更好地理解数字营销内容流行背后的推动因素。

么即使在使用每次印象成本为广告定价时，也能保证一定数量的点击次数。这样，营销人员将能够通过每次印象成本定价（而不是每次点击成本定价）获得更好的价值。

数字营销的一个优势是，数据的传播速度几乎是瞬时的。这意味着营销人员可以实时追踪数字营销计划的绩效，并在短期和长期内确定其绩效。营销分析能够帮助他们在其所投资的所有渠道中捕获数据，并以清晰的方式呈现数据，让营销人员从各渠道中获得有价值的洞察。

数字营销渠道中的营销绩效衡量：以专业耳机为例

假设你拥有一家销售专业耳机的电子商务网站，并且已经开始投资以吸引新客户的访问。你已经购买了一些在线横幅广告，这些广告有针对性地展示给访问不同音乐

网站的个人。此外，你还在脸书上投放了赞助帖子形式的广告，它们会出现在那些"喜欢"不同独立摇滚乐队页面的用户订阅源中。你甚至研究过**搜索引擎优化（search engine optimization，SEO）**，这是一个系统化的过程，可确保你的公司在与你的业务相关的典型搜索短语列表中位于或接近顶部。因此，你雇了一位搜索引擎优化专家，以确保在用户输入"高品质耳机"和"最佳听音乐方式"等搜索短语时，你的网站能够在谷歌、必应等搜索引擎上获得较高排名。

目前你已经在不同的营销渠道进行了投资，并且开始看到销售额增长。似乎你在所有这些数字营销渠道上的投资都获得了回报，但如果某些渠道比其他渠道具有更高的回报率（因为它们能够更有效地与目标受众互动并贡献更多销售额），你又该如何处理？你将如何确定哪些渠道应该投入更多，哪些渠道应该放弃？

答案是：营销分析将帮助你分析各渠道的绩效，以协助你对营销资金进行最佳配置。要了解你的电子商务网站效用如何，你可能会分析，更多的销售额是来自于在谷歌中输入搜索词后跳转到你网站的客户，还是来自通过脸书广告访问该网站的客户。或者你可能会发现横幅广告带来的客户相对较少，他们进行的交易也相对较少。

通过将每个渠道每笔客户交易的平均成本与每个渠道客户交易的平均价值进行比较，你就会清楚哪个渠道为电子商务网站提供了最大的价值。甚至，你可能会发现其中一个渠道的成本高于其销售带来的收益！

如果没有营销分析和数字营销计划产生的数据，公司要实行的策略将更难确定，电子商务网站的营销组合中将出现更多浪费。Zappos. com、Wayfair. com 和 Overstock. com 等公司每天都要处理这类问题，以确保其营销投资能有良好的投资回报率。营销分析可帮助它们更好地了解不同营销渠道的表现。

需要注意的是，在依赖于营销分析数据将相关结果归因于特定努力时，最好保持谨慎。例如，假设某人看到了产品的电视广告，并决定在网络上了解更多信息。此时，他或她在网上看到一个横幅广告，其中包含该产品的优惠券，然后他或她单击横幅广告以兑换优惠券并购买产品。从表面上看，对于营销人员来说，似乎销售的所有功劳都应该归功于横幅广告，因为营销人员没有意识到电视广告对消费者产生的影响。然而，正如我们所见，该结论并不完全准确。我们在这里提到的风险，指的就是对于取得一项特定结果的归因错误——对特定努力所带来的价值进行了错误估计。

数字营销的有效性能否被确定，取决于我们是否能够明确追踪和衡量目标。对于电子商务网站而言，一个确定的目标可能是完成与消费者的交易。然而，对于商业咨询公司的网站而言，其目标在于促使潜在客户提交信息请求，以了解咨询公司如何帮助他们解决特定问题。通过将数据整合至客户关系管理系统，可以追踪个人从填写信息请求到最终成为客户的全过程，进而使公司能够回顾其具体的数字营销计划（这些计划最初是用来激励客户访问网站的）。这可以帮助营销人员更深入地了解哪些特定渠道和因素有助于创建新业务。

上述专业耳机案例说明了营销人员如何将不同的大数据片段组合在一起。请记住，关于客户的综合信息存在于组织的不同部分。在本例中，它们位于客户关系管理系统中，以及基于网络交互的营销分析系统中。通过应用营销分析，组织可以将这些数据转化为更全面的客户和营销渠道画像，以更好地了解未来投资方向或调整当前营销活动。增进对于客户的了解能够使营销人员更深入地理解如何以有意义和引人注目的方式展开营销。

非数字营销渠道中的营销绩效衡量

尽管我们对面向数字营销渠道和成果的营销分析给予了很多关注，但如果不花一点时间讨论如何使用营销分析生成非数字营销渠道的洞察，将会造成疏漏。特别是我们将在第 13 章中讨论促销工具中的直邮（一种非数字营销渠道）。学习了面向非数字营销渠道的营销分析后，我们便可以更有效地衡量其（直邮）带来的价值。在这个阶段，你可能会思考如何准确衡量直邮营销活动对销售额（或其他预期行为）的影响。关键在于，营销人员要建立一种机制来识别特定直邮活动所指向的当前或潜在客户，并将他们与具体的预期目标（例如购买行为）联系起来。

为了深入了解其运作方式，让我们回顾一下之前讨论过的服装公司。该公司发送了一封促销电子邮件，提醒消费者关注其新推出的秋季系列。你可能还记得，它的一个组成部分是促销代码，客户可以输入该代码以兑换折扣。为了评估营销活动的效果，直邮活动（旨在销售产品或服务）可以采用类似的策略，即创建独特的促销代码。当客户输入该代码时（在在线商店或实体店里），公司可以自信地将交易归因于相关的直邮活动。通过了解发送带有促销代码的直邮商品数量（以及成本）和使用该代码的次数（以及相关交易总金额），公司可以有效地了解到直邮活动的效果。

还有一种策略是在直邮活动中使用特定的统一资源定位系统（在其他营销活动中不显示）。该统一资源定位系统可以链接到登录页（landing page），这是网站上为特定直接营销机会而构建的单个页面。登录页通常设计为包含特定信息，这些信息在逻辑上与引导用户访问该页面的营销传播内容相关联。它通常具有一个或多个交互元素，促使客户参与营销人员希望其实行的一项或多项操作（例如，响应参加在线网络研讨会的邀请）。通过营销分析，公司可以将每个访问者与相关直邮活动的登录页关联起来，从而确定直邮活动在促使人们"回复是否参加活动"和"实际出席活动"方面的效果。

我们可以将类似的策略应用于其他类型的非数字营销渠道，以更深入地了解它们对于达到特定营销目标的效果。使用这种方法的关键在于，营销人员能够分别识别特定营销策略与其预期结果之间的关系。因此，在客户跟进中使用活动特定的标识符（如唯一的促销代码、统一资源定位系统、QR 码或电话号码），可以帮助直接营销人员将特定努力与特定的客户响应联系起来，进而应用营销分析全面了解活动绩效。这样一来，营销人员再也不需要费尽心思考虑做什么有效、什么无效。

预测分析

我们能预测未来吗？迄今为止，我们已经研究了组织如何利用营销分析更好地了解当前营销渠道和计划执行情况。换言之，我们探讨了如何验证决策的价值，以及如何基于事实更好地确定未来的投资方向。对任何营销人员来说，另一个能够实际预测未来的有趣领域，从而在实施营销活动之前更好地了解其价值，这种方法被称为**预测分析**（**predictive analytics**）。

预测分析的一个有趣应用是亚马逊所谓的**预期装运**（**anticipatory shipping**）。这是一个数据驱动的系统，可在客户下订单之前将产品交付给客户，利用预测分析来确定客户的需求，然后自动发货。这个想法非常吸引人，像是科幻小说中出现的情节，但它是基于对特定区域客户的过去购买行为的可靠数据分析假设。亚马逊随后将这些产品运送至坐落在各地的货运中心，以便客户能够在最短时间内收到他们目前甚至还未意识到需要的产品——因为当订单实际发生时，这些产品已经位于离客户更近的位置。你将在第 11 章中阅读更多有关此主题以及其他物流和供应链主题的内容。对于像亚马逊这样的公司而言，最大的优势在于通过运输既定货物来缩短整体交货时间，从而避免客户选择实体零售商而非网上购物。

在这种场景中，预测分析的应用为营销人员提供了重要价值。该技术利用了大量数据和变量（分析师了解它们之间的相关性），以便更精确地预测未来结果（在"预测性"分析中，关注未来而非局限于当前也是至关重要的）。当然，几十年来，组织一直在使用这些技术来帮助营销人员预测销售额以及企业绩效和成果标准，但不要自欺欺人地认为这个领域缺乏新意。多亏了大数据和新时代数据挖掘功能的应用，我们得以预测未来并达到较高的准确度，从而使营销人员能够更加精确地预测未来营销投资的成功率。正如我们之前所讨论的，塔吉特的"怀孕预测分数"是应用预测分析来预测消费者需求的一个例子。

显然，在全球竞争激烈的市场中，在特定客户需要时为他们提供有价值的服务和支持是至关重要的。为此，预测分析和营销分析通常能够很好地执行营销战略。

学习目标总结

营销分析为营销人员提供了更好地理解和分析可供他们使用的海量数据的方法。随着数字营销的普及以及数据捕获和分析的速度的加快，营销人员能够实时或接近实时地了解其营销投资的绩效。这种跨渠道（实体和在线数字）分析不同营销计划绩效的能力使得营销人员可以更准确地识别价值创造在哪里。而预测分析有可能帮助营销人员在结果发生之前识别结果，进而协助他们在计划营销活动和投资时做出更明智的决策。

MARKETING REAL PEOPLE, REAL CHOICES 营销的真相（原书第11版）

打造你的品牌：创建、组织和挖掘你的个人职业大数据

之前我们看到泰勒如何搜索有关行业和专业的信息，现在他需要采取下一步行动，在个人职业数据库中建立、培养和维护与潜在雇主及其他人的关系。

仅仅与提供工作机会的招聘经理联系是不够的。正如我们之前所说，你现在需要规划自己的职业生涯。正如营销人员使用数据库来最大化产品销售一样，你需要为职业生涯开发个人、公司和工作机会的数据库。虽然你现在可能不想在某家公司工作，但你永远不知道什么时候你会在这家公司，甚至是同一位招聘经理那里获得不同的机会，无论他/她是在那家公司还是已经跳槽。

这与你在本章前面了解的客户关系管理的道理相同。客户关系管理允许公司与个别客户交谈并调整其营销计划的要素以满足每个客户的独特需求——本章在前面讨论中将其称为一对一营销。这对于规划你的职业生涯也是有益的，因为客户关系管理将成为构建良好数据库的基础。

如果你知道在格鲁吉亚或德国的 XYZ 公司有一份很棒的工作，并且你记得你在 15 年前与该公司的某个人面谈过，尽管不太记得面谈过程，但掌握了这些信息不也很好吗？

你希望数据库中包含的联系人信息可能包括：

- 姓名。
- 昵称或其他名称。
- 地址。
- 电子邮件地址。
- 电话号码（座机和手机）。
- 职位。
- 公司。
- 你与联系人上次联系的日期（你可以添加其他信息，因为联系人在多年后可能会调动到新的职位，这有利于更新到最新日期）。
- 你与此人联系的性质。
- 如果联系人来自工作面试，请标注工作类型、你是否收到录用通知以及你接受或拒绝。
- 关于此人、他/她的职位、公司等任何相关信息。
- 许多人们也会将名片扫描到他们的数据库中。
- 如果你参加会议、演讲或其他活动，请务必对发言者和他们的演示做笔记，并将这

些添加到你的数据库中，设计一种可访问此信息的方式。

- 确保将你的教授、同学和其他人包括在你的专业和个人社交网络中。

创建有用数据库的关键是涵盖你认为会对现在或将来有用的所有相关信息，以便你挖掘数据库来管理职业生涯。正如你在本章前面了解到的那样，数据挖掘对于营销人员获取客户以及提高客户保留率和忠诚度非常有用。毫无疑问，你会发现你的个人数据库对以下目的很有用。

客户获取

在你的求职过程中，客户获取就是找到一份新工作。你也可以将其视为获得新的工作联系人。新联系人总是很重要，因为你永远不知道谁会在职业生涯中对你有所帮助。例如，联系人可以为你提供有关其公司或行业竞争对手的信息，使你比其他求职者更进一步。

客户保留

当我们谈论品牌时，例如一双鞋或一部智能手机，我们希望自己的品牌具有一定的知名度。这意味着当顾客想到鞋子时，首先想到的是你的品牌。同样，你希望潜在的雇主或其他联系人能够记住你，尤其是当他们的公司计划招聘时。很多人会告诉你他们从未主动申请过工作，而是因为有人鉴于他们的卓越工作表现，在潜在雇主面前推荐了他们，才得以被聘用。因此，让别人记住你是一个优秀的合作伙伴将对你大有裨益。

为了让你的品牌居于备选首位，并与未来的雇主或其他联系人保持关系，你可能需要向他们传递一些价值，包括：

- 提及（以赞美的方式）他们公司的新闻文章或网站。
- 提及（以赞美的方式）个人获奖、晋升、获得新工作等的文章/网站。
- 提供有关他们行业的新方向或新技术的信息。
- 如果他们是当地人，则提供关于他们家庭成员的好消息的文章。
- 如果你想要换工作，请快速发送一封关于你的工作变动的电子邮件，让他们知道，在他们公司工作仍然是你的优先职业选择之一。

最重要的是：现在开始建立你的数据库。如果你迟迟不开始，会导致什么结果？最坏的情况是，你永远不会开始。最好的情况是，你可能永远不会将已经建立的重要联系囊括进去。

泰勒现在明白了使用个人数据库来加强其职业生涯管理的实用性和重要性。他很高兴现在就开始这个过程，并希望他学的营销知识能让他更好地了解数据库中哪些信息有用。

MARKETING: REAL PEOPLE, REAL CHOICES 营销的真相（原书第11版）

学习目标总结

为了管理你的职业生涯，你需要开发一个包含人员、公司和工作机会的个人数据库。个人数据库将协助你使用客户关系管理来营销自己。请务必保证你的数据库中包含你认为现在或将来可能有用的所有相关信息，包括联系人的姓名、公司、联系方式以及之前与此人联系的信息。在你的整个职业生涯中，数据库对于获得新工作（客户获取）以及与潜在雇主及其关键员工保持关系（客户保留）都非常重要。当你可以向联系人传递价值时，这种关系就会得到加强。

MARKETING
REAL PEOPLE,
REAL CHOICES

营销的真相 （原书第11版）

第 6 章　理解消费者和商业市场

学习目标

- 定义消费者行为并解释消费者购买决策过程。
- 解释内部因素如何影响消费者的决策过程。
- 理解情境因素以及消费者与他人的关系如何影响消费者行为。
- 了解 B2B 市场的特征，以及营销人员如何对 B2B 市场的客户进行分类。
- 识别和描述不同的企业购买情景和商业采购决策过程，包括电子商务和社交媒体的使用。
- 了解未来的雇主对员工的要求以及如何满足这些要求，从而增加被聘用的机会。

Dondeena Bradley

真实的人，真实的选择：唐迪娜·布拉德利

▼慧俪轻体（WW International, Inc.）的决策者

唐迪娜·布拉德利（Dondeena Bradley）是一位创新战略家、健康专家，对健康创新拥有卓见。在本案例中，唐迪娜在慧俪轻体公司负责全球创新业务。在加入慧俪轻体之前，她曾在百事公司担任营养风险投资部副总裁和营养研发部副总裁。她曾在强生公司、金宝汤和玛氏国际工作，并积累了食品和营养方面的经验。她拥有俄亥俄州立大学的食品科学与哲学博士学位、普渡大学理学硕士学位以及安德森大学理学学士学位。

唐迪娜的信息

我不工作时做什么：

阅读、画素描和听现场音乐会。

走出校园后的第一份工作：

玛氏公司的研究员。

我正在阅读的商业类书籍：

简·麦戈尼格尔的 *SuperBetter*。

管理风格：

合作、共创和创新。

讨厌的事：

人们互相议论对方。

唐迪娜的问题

在 20 世纪 60 年代初，慧俪轻体的创始人吉恩·尼德奇（Jean Nidetch）每周都会邀请她的朋友到她在纽约皇后区的家做客，分享他们的生活以及减肥经历。今天，这个群体已经迅速扩大至世界各地数以百万计的女人和男人，他们加入慧俪轻体以减轻体重，让自己过上更健康的生活。

在慧俪轻体成立 50 多年后，人们对于相关服务的需求达到了顶峰。每三个美国成年人中就有两个超重，至于肥胖率，则为三分之一。消费者在慧俪轻体或者其竞争者珍妮·克雷格（Jenny Craig）和 Nutrisystem 公司那里购买减肥饮料和健身房会员等，每年在减肥方案上花费超过 600 亿美元。相关医疗服务公司在积极采取措施来响应人们的这些需求，对于许多消费者而言，减肥是他们的首要任务。

然而，近些年人们逐渐改变了对于减肥的看法。现代消费者不想要节食，他们想要集饮食健康、身体健康和情感健康为一体的，更全面、个性化的解决方案。他们追求的也不仅仅是体重秤上数字的变化。

在一个充满选择的时代，让人们加入或投入某个项目中，变得越来越具有挑战性。许多人选择"DIY"的方式，使用智能手机、应用程序和监测器，制定符合自己偏好和需求的饮食和锻炼计划。许多消费者表示，他们不想要慧俪轻体提供的一刀切方案，也不太想为每周例会腾出时间。

为了应对这一变化，慧俪轻体在 2016 年 1 月推出了名为"尺度之外"（Beyond the Scale）的新计划，该计划会根据每位成员独特的生活方式、目标和挑战定计划，实现个性化。每位成员将在初步评估后获得一个个性化方案，其中包括每日和每周的智能目标（以鼓励他们改善饮食）、个性化活动目标（以促使他们增加运动量），以及针对其自身独特情况的培训和激励措施。

会员可以选择线上、线下或同时以两种形式执行该方案。一般来说，成员将每周在慧俪轻体参加 45 分钟的会议；在会议上，会有一个已经减肥成功的老用户鼓励并支持现会员们达到既定的减肥目标。

无论会员是线上参与还是线下参与，慧俪轻体面临的挑战是找到相关的方法来帮助他们一周又一周地保持动力和积极性——因为减肥之旅通常是一个漫长的过程，临床证据表明，更快乐的人往往会做出更健康的选择。

作为全球创新团队的领导者，唐迪娜的工作重点是改变慧俪轻体的面对面的业务模式。她面临的挑战是为当今忙碌、"永不停歇"的消费者提供现代化的体验，并吸引更多慧俪轻体核心客户群（50 岁以上女性）以外的客户。

唐迪娜的团队还被要求解决一项业务的季节性/周期性问题，该业务在年初表现强劲，接着开始走下坡路。事实上，由于一月份的大型营销和会员"爆满"现象，消费者在新的一年，他们的"新"决心也达到了顶峰，随后他们在慧俪轻体项目的参与度和出席率开始出现大幅下降——因为人们失去了动力，对于减肥的承诺和决心也逐渐丧失，越来越难回正轨。

毫无疑问，消费者仍然希望从慧俪轻体项目得到改变，但鉴于他们的现实情况，唐迪娜不得不努力思考公司展示和提供服务的新方式。

她的方案 1、2、3

营销的真相

方案1

让每周会议变得更高效和有趣。将会议与生活方式领域的专家讲座混合在一起，并提供瑜伽、普拉提和其他形式的锻炼课程，为参与者提供"一站式购物"的体验。这些产品对那些想要充分利用减肥时间的忙碌人士来说很有吸引力。这些产品也与更广泛的消费趋势同步，即美国主流人群越来越注重健康问题。但是，这些活动将淡化慧俪轻体的核心体验——其独特之处在于强调团体支持，并为人们提供一个分享减肥时的焦虑和挫折的社群。此外，慧俪轻体此前在瑜伽、普拉提等方面没有专业指导。因此，成为一个更广泛的以生活方式为导向的公司，将偏离公司的战略使命，并且还需要对公司的 10000 多名会议负责人和服务人员进行大量的培训。

营销的真相
方案2 **设计一个沉浸式的健康活动，它将打破并改变慧俪轻体目前的刻板印象（过时、注重饮食、枯燥乏味），并为参与者提供现代的、引人注目的、改变生活的体验。**这一活动将是独特并且超出预期的，足以激发当前会员的活力，重新吸引那些老会员，并吸引那些从未考虑过慧俪轻体的新会员。它将利用人们越来越多地为"体验"付费的趋势——比如美国健身连锁品牌 Soul Cycle 的 45 分钟团体骑行课程和 Wanderlust 公司为期四天的夏威夷度假旅行（该旅行涵盖瑜伽、冥想等活动）。该活动将产生大量口碑传播（这是慧俪轻体业务的关键驱动因素），唐迪娜的团队可以利用第一个活动反馈来改善后续活动，并确定此计划的可行性。但是，这种大型的引人注目的活动将与传统的慧俪轻体模式相去甚远。这可能导致公司失去那些希望慧俪轻体专注于食品而非整体实践的核心成员，并且该计划还需要大量资源来从零开始计划和执行，以创造新奇的体验。

营销的真相
方案3 **与现有组织（如 Wanderlust 公司）合作组织一次变革性活动，利用合作公司的经验和基础设施。**慧俪轻体无须发明新方式，而是可以凭借成熟的商业模式和一个知道如何为数百或数千人举办复杂活动的有能力的联合赞助商迅速进入市场。然而，不好的是，合作伙伴不太熟悉减肥社区的需求，因此对慧俪轻体的客户来说，这种体验可能并不真实。此外，即使该活动成功，慧俪轻体也不会"拥有"它，因此该项目的价值可能很难评估。

现在，设身处地为唐迪娜着想。你会选择哪个选项，为什么？

你的选择

你会选择哪一个方案？为什么？

☐ 方案 1   ☐ 方案 2   ☐ 方案 3

消费者决策过程

引人瞩目的新产品、精致的包装和充满创意的广告包围着我们，并且争相吸引我们的注意力，当然也吸引我们口袋里的钱。这还不是全部——互联网让我们可以在任何地方全天候在手机和平板电脑上购物，它提供了来自几乎所有卖家的大量的不同产品的信息，它还为我们提供了其他消费者对产品和卖家的评论。

但并非每个消费者都以相同的方式回应。每个人都是独一无二的，都有选择某个产品而非其他产品的原因。记住，营销的重点是满足消费者的欲望和需求。为了达到这个目标，我们首先要了解这些人的欲望和需求是什么。是什么原因让一位顾客到丹尼斯餐厅去吃富含胆固醇的早餐，让第二位顾客选择星巴克的速溶拿铁咖啡和丹麦式快餐，而第三个人却只吃自然型的 Kashi 牌麦片和水果？除了收入，又是什么原因让一位顾客只有在讨价还价之后才买下 Kashi 麦片，而其邻居购买时却从来不看价格。

消费者行为（consumer behavior） 是个人或者组织经过选择、购买、使用以及处置产品、服务、概念或体验，以满足自己需求和欲望的过程。营销人员意识到消费者决策是个持续的过程，远不止消费者在付现金当下获得产品或服务时所发生的事情。

我们回到麦片购买者的例子中。虽然这可以看作简单的购买行为，但事实上，这个过程中包含麦片营销人员需要了解的许多步骤。消费者在此过程中所面临的第一个决策就是去哪里购买麦片。如果你吃得很多，可以选择专程去卖超大装麦片的仓储零售商那里买，而不是随便在当地超市买一盒。当然，如果某天午夜时分，你突然很想吃麦片，那你只能去附近的便利店了。接下来要决定购买哪种麦片了。你是只吃低糖高纤的麦片，还是钟情于带着棉花糖甜味的麦片呢？当然，你也可能想买不同种类的麦片，这样就可以混合搭配了。

营销人员还需要知道你吃麦片的方式和时间。你是只把麦片当早餐吃，还是在晚上看电视时当零食吃？你只在特定时间吃特定种类的麦片吗？那食品储存期呢？你有能够储存超大型包装的厨房储物柜吗？或者说储存空间成问题吗？

当然，远不止这些。营销人员还需了解影响消费者行为过程中各步骤的诸多因素——因人而异的内部因素、购买时间的情景因素，以及周围人所形成的社会影响。在本章中，我们将分析以上因素如何影响消费者的行为方式以及产生这种行为的原因。不过，首先我们要来看一下消费者决策的类型和消费者决策过程的步骤。

并非所有的决策都相同

一般来说，研究人员假设人们会认真收集竞争产品的信息，确定哪种产品拥有与人们的需求相关的特征或产品属性，权衡各产品的优点和缺点，并做出令人满意的决策。但这个消费者决策过程有多准确呢？

虽然看起来好像只有人们在购买像汽车这样的大件时，才会采取以上这些步骤，但如果让人们在买每件产品时都这样做，现实吗？现在，我们认识到决策者们实际上是基于他们所购买产品的重要性以及他们愿意为此决策所付出的努力，来采用从谨慎分析到冲动购买的一整套处理方式。正如我们在图6-1中看到的，研究人员发现，从"努力"连续区间的角度来思考问题非常方便，连续区间的一端是习惯性决策，如决定购买一盒麦片；另一端是扩展型问题解决，如决定购买一辆新车。

	习惯性决策	有限型问题解决	扩展型问题解决
参与度	低	中	高
风险	低	低到适中	高
信息搜索	只对环境信息做出反应	适度搜索	广泛搜索和细致处理
营销活动	在购买地点提供环境信息，如是否存在产品展示		通过广告销售人员、网站、社交媒体等提供信息，告知消费者产品的好处、错误决策的风险等

图6-1 消费者决策连续区间

以广泛解决问题为特征的决策与习惯性决策在许多方面有所不同。

当消费者在进行扩展型问题解决时，我们确实需要谨慎处理如图6-2所示的各个步骤：问题识别、信息搜集、方案评估、产品选择和购后评价。

然而，当我们在进行习惯性决策时，几乎没有付出有意识的努力。我们不会去搜寻信息，也不会费心去比较各种方案。恰恰相反，我们只是无意识购买。例如，你可能每次都购买同一品牌的麦片而从未因此产生过什么想法。许多决策在决策过程中就形成了，其特点是有限地解决问题，这意味着我们只需要做一些而不是大量工作来做决策。我们在做出购买决定时付出了多少努力？答案取决于我们的**参与度（involvement）**——我们认为购物带来的结果有多重要。

图6-1展示了决策过程的连续区间以及扩展型问题解决、有限型问题解决和习惯性决策之间的一些差异。当然，习惯性决策、有限型问题解决和扩展型问题解决都不是离散的类别。相反，我们认

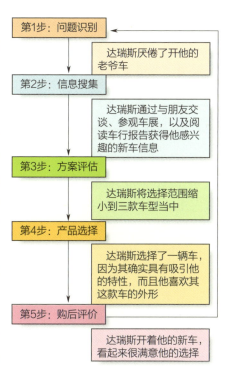

第1步：问题识别
达瑞斯厌倦了开他的老爷车

第2步：信息搜集
达瑞斯通过与朋友交谈、参观车展，以及阅读车行报告获得他感兴趣的新车信息

第3步：方案评估
达瑞斯将选择范围缩小到三款车型当中

第4步：产品选择
达瑞斯选择了一辆车，因为其确实具有吸引他的特性，而且他喜欢其这款车的外形

第5步：购后评价
达瑞斯开着他的新车，看起来很满意他的选择

图6-2 消费者决策过程

为产品购买行为是连续的，我们每次购物都略有不同。

一般说来，我们经常会参与我们认为在某种程度上有风险的产品购买决策过程中。如果产品昂贵或复杂且难以清楚了解，例如新电脑或跑车，则可能存在**感知风险（perceived risk）**。当我们认为做出错误决策会导致难堪或被社会排斥时，感知风险也是影响产品购买决策的重要因素。例如，一位年轻女性可能会决定不从科尔士（Kohl's）购买美观实用的 Nine West 钱包，因为她担心自己可能会被那些喜欢时髦蔻驰（Coach）手袋的姐妹们取笑。如果消费者对产品类别没有什么概念或经验，或者没有什么信息可以辅助消费者做决策，那么感知风险也可能更高。

当感知风险较低时，如我们买一盒麦片时，我们会感觉自己在决策过程中的参与度较低。在这种情况下，我们不会过度关注自己所做的选择，因为这些决策并不是特别重要或有风险。最坏的情况是你不喜欢这个口味，把它丢给了你的室友。在低参与度的情况下，消费者决策通常是对环境信息的反应，如消费者决定购买某种新麦片产品的原因是杂货店在过道末端很明显地展示了这种产品。在这种环境下，管理人员必须关注商店在购物时段展示的产品如何影响消费者决策。

对于高参与度的购买，如当我们要购买房屋或汽车时，我们会更谨慎地分析所有可获取的信息，并在购买之前仔细考虑好购买决策。购买结果非常重要且极具风险性，特别是因为错误决策可能导致重大的财务损失、愤怒或窘迫。我们中的大多数人不会在午餐时间到汽车经销商的办公室闲逛，然后随便花一笔钱购买一辆新的特斯拉。对于高参与度产品而言，管理人员必须在消费者做出决策之前告诉他们该产品是最佳选择的原因，从而减少他们对此产品的感知风险。

为了解决策过程中的每个步骤，我们将追踪一位名叫达瑞斯的消费者的消费情况，如图 6-2 所示，他正在市场上购买一辆新车，这可以说是一个高参与度的购买决策。

第 1 步：问题识别

当消费者发现其目前状况与其渴望或理想的状况存在显著差别时，就出现了**问题识别（problem recognition）**。它通过以下两种方式之一发生：当前状态更改时或所需状态更改时。如果一辆开了 10 年的现代轿车坏了，女性会把车送到修理厂；男性看到他的朋友们因为开着"酷"车而收获羡慕的目光，而他的旧车只能被嘲笑时，意识到当前的问题；他目前的状态没有改变，但他的理想状态使他有必要买一辆新车。问题识别也是为什么服装和家居装饰设计师每隔几年就用新颜色设计新款式的原因。他们希望消费者会突然意识到他们必须换新衣服，并彻底重新装修他们的公寓，否则就有可能与社会氛围格格不入。例如，疫情让许多消费者意识到他们需要各种卫生产品，比如卫生湿巾，甚至是一柜厕纸。就买车而言，这是一个更大的挑战，因为疫情已经导致更多的人在线购买或通过预约购买，而不是像过去那样只去经销商处购买。为了消除这种担忧，在线汽车经销商提供免费的无接触送货服务，如果消费者不满意，可以在一周内退还车辆。

MARKETING
REAL PEOPLE, REAL CHOICES
营销的真相（原书第11版）

营销决策在消费者的问题识别中发挥了重要作用吗？虽然大多数问题识别自发产生或在真实需要形成时产生，但是营销人员通常会设计富有创意的广告信息，来刺激消费者认识到他们的目前状态（一辆老爷车）与他们的渴望状态（一辆崭新的跑车）之间的差距。图6-3提供了营销人员应对消费者决策过程各阶段的例子。

决策过程中的阶段	营销策略	示例
问题识别	引导消费者发现目前状况与理想状况的差距	• 设计一个表现拥有新车后的兴奋感的电视广告
信息搜集	提供消费者可能去搜寻信息的时间和地点	• 通过传统媒体和数字媒体在具有高目标市场收视率的媒体和互联网网站上进行目标营销传播 • 提供确保销售人员专业水准的销售培训 • 在交易商的展厅内发放新车宣传册 • 提供消费者可能去搜寻信息的时间和地点 • 设计能振奋人心、易操作且极具信息功能的网站 • 在博客和社交网络上提供信息来引导口碑宣传 • 使用搜索营销确保你的网站有优先搜索引擎定位功能 • 关注消费者评论和咨询网站
方案评估	理解消费者在品牌对比中所使用的标准，以及他们如何交流喜欢的品牌	• 进行调研来识别重要的评价标准 • 设计包含品牌优越性方面可信数据的广告（例如，每加仑汽油可行驶的里程、安全性、舒适性）
产品选择	理解消费者所使用的启发式选择并提供支持品牌决策的信息	• 广告推广"美国制造"（源产地） • 强调品牌的悠久历史（品牌忠诚）
购后评价	避免消费者期望过高	• 提供真实的信息和销售报告

图6-3　对决策过程各阶段的反应
了解消费者的决策过程意味着营销人员可以制定策略，帮助消费者完成从识别需求到购后满意的阶段。

第2步：信息搜集

一旦达瑞斯认识到他的问题——他想要一辆新的汽车——他需要足够的信息来解决它。**信息搜集（information search）**是决策过程的一个步骤，在这个过程中，消费者进行回忆并调查环境以确定哪些选项可以解决他们的问题。例如，电视上的广告、在互联网上搜索的信息以及视频网站上的视频通常会在此步骤中提供有价值的指导。达瑞斯可能会依赖朋友的推荐、司机的脸书群组、在汽车和司机网站上找到的信息、汽车经销商的小册子或制造商的网站。

信息搜集步骤包括发现可用的、能满足我们个人需求的备选方案。我们将消费者知道的备选方案叫作**激活域（evoked set）**，他或她认真考虑的备选方案叫作**考虑域（consideration set）**。如果一个品牌不在消费者的激活域中，那么购买的可能性几乎为零。这就是为什么营销人员知道让消费者经常接触有关其品牌的信息很重要，因为这能确保他们的产品在消费者的激活域中占有一席之地。

越来越多的消费者使用互联网来搜索产品信息。通过在数百万个网页上搜索关键词，并呈现包含这些关键词的数百万个网站的列表，搜索引擎可帮助消费者找到有用的信息。

比较购物代理/购物机器人（comparison-shopping agents/shopbots），也可被称为比价助手，例如 Bizrate.com 或 Pricegrabber.com 网站，是一种网络应用程序，可以帮助在线购物者以最低的价格找到他们想要的东西。除了列出产品的销售地点和价格外，这些网站通常还提供客户对产品和卖家的评论和评级。它们使消费者能够查看其他消费者对产品和在线零售商的正面和负面评论。据估计，有超过 1000 万消费者在网上下单前会查看比较购物代理。其他非常受欢迎的比较购物代理包括谷歌购物、雅虎购物、三个骆驼和普鲁诺。

消费者也越来越多地通过 YouTube 和脸书等网站搜索其他消费者的意见和体验。我们将在本章后面详细讨论这些网站和其他类似网站。比较购物代理如此受消费者欢迎，以至于这种新服务在世界各地如雨后春笋般涌现。在阿拉伯联合酋长国推出的比较购物代理现在正在帮助购物者在埃及、沙特阿拉伯和科威特寻找优惠。比较购物代理还为营销人员提供了一种很好的方式，他们可以将自己的价格与竞争对手的价格进行比较，并调整价格以使其更具竞争力。

第 3 步：方案评估

一旦达瑞斯确定了他的选择方案，就必须在一些竞争车型中做出选择。决策过程这一步骤由两部分组成。首先，掌握了很多信息的消费者确定少数几个他感兴趣的产品。然后，关注**决定性属性（determinant attributes）**，即在选择中区分和比较产品最重要的功能。实际上，消费者搜索信息和选择评估是同时发生的。当消费者在产品类别中收集有关不同品牌的信息时，不可能不对这些品牌进行一些评估，将一些品牌留在考虑范围内，其他品牌排除在外。达瑞斯一直想要一辆红色法拉利。但是，在做了几分钟的白日梦后，他马上回到现实，并很不情愿地承认意大利跑车对他来说不合适。他认为，自己喜欢且实际能买得起的车是日产 Versa、马自达 3 掀背车、雪佛兰 Sonic 和本田飞度。通过只考虑能买得起的车或朋友推荐的车，他缩小了选择范围。

到了该做决策的时刻了。达瑞斯必须更系统地审视四种可能中的每一种，并确定用于决策的这四个选择的重要特征或**评价标准（evaluative criteria）**。这个标准可以是动力、舒适性、价格、车型，甚至是安全性。记住，营销人员通常很大程度上影响了消费者，明白应该把哪种产品特征作为评价标准——这也是他们常常强调自己的产品有优势的几个方面。

阿特金斯营养公司由罗伯特·阿特金斯（Robert Atkins）博士创立，他是关于低碳水化合物节食的畅销书《阿特金斯医生的新饮食革命》的作者。几十年来，医学界一直认为低脂饮食是健康的，而阿特金斯饮食则不然。直到大约 15 年前，一项研究证明低脂肪、低碳水化合物的阿特金斯饮食对每个人都有益，才改变了医学界的观念。今

MARKETING
REAL PEOPLE, REAL CHOICES
营销的真相（原书第 11 版）

天，消费者，即使是那些不打算减肥的人，都在追求健康的生活方式，包括低碳水化合物、低脂肪、高蛋白的饮食习惯。为了应对这些消费者不断变化的健康价值观，阿特金斯营养公司会从其产品作为健康生活方式的一部分切入，进行产品推广，无论消费者是否在减肥。

为了确保像达瑞斯这样的消费者在方案评估时能得出"正确"结论，营销人员必须要了解消费者使用了哪些评价标准，且哪些标准比较重要、哪些标准不太重要。有了这些信息，销售和广告专业人士就能指出一个品牌在最重要的标准上的优势。

第 4 步：产品选择

在达瑞斯审视了他的各项选择并进行了试驾之后，就该踢这"临门一脚"了。决定一种产品并根据这一选择采取行动是决策过程的下一步。在为自己的选择苦苦思索了几周之后，达瑞斯决定，尽管日产 Versa 和本田飞度都具有吸引人的特质，但飞度提供了他所需要的实惠性，而且这款车潇洒不羁的形象正是他渴望的。选购汽车这件事几乎将他"逼疯"了，现在他终于可以放松下来，买下飞度并继续他的生活。

那么，像达瑞斯这样的消费者如何在备选方案中做出选择呢？这些决定通常很复杂，因为很难兼顾所有产品特性。一辆汽车可能提供更好的油耗，另一辆便宜 2000 美元，还有一辆拥有更好的安全记录。我们如何使这些特征变得有意义并就此做出决定呢？

对于扩展型问题解决这类决策，我们通常会考虑所有特征以及每个特征对我们的相对重要性。这种类型的决策使用**补偿决定规则（compensatory decision rules）**，允许以某种方式平均竞争产品的属性的决策方法。一个属性的劣势可能会被另一个属性的优势所抵消。例如，达瑞斯可能会发现一辆汽车的燃油效率更好，而另一辆汽车的造型更好。达瑞斯可能会选择外观更好看的，因为更酷的外观可以弥补较低的燃油效率。

实际上，我们在做决定时消耗这么多"认知汗水"的次数是有限的——生命太短暂了！很多时候，我们依靠简单的经验法则或启发性知识，而不是煞费苦心地了解每种产品替代品的来龙去脉。这些**启发式（heuristics）**为消费者提供了简化决策过程的捷径。其中一种方法叫作"一分钱一分货"，很多消费者愿意购买较昂贵的品牌，因为他们认为价钱贵的产品必然更好（虽然情况并不总是这样）。这是否意味着使用这种启发式的消费者不是好的决策者？一点也不。大多数消费者购买了非常便宜的麦片、一双新跑鞋或一瓶洗发水，结果却对产品的性能感到失望。换句话说，很多时候使用基于我们先前经验的启发式实际上是一个聪明的方法。

也许最常见的启发式是**品牌忠诚（brand loyalty）**，其在我们反复购买同一品牌的产品时产生，而且你可以认为这是营销人员的"必杀技"。具有强烈品牌忠诚的消费者认为，不值得花费精力考虑其他竞争品牌。人们对喜爱的品牌形成偏好，而且可能一生都不会再改变。不用说，这使得竞争对手说服消费者转换品牌变得极其困难。还有一种启发式是基于原产国的。我们假定，来自特定国家的某产品具有某种特性。就汽车而言，许多人将德国车与良好的机械性联系起来，将瑞典车与安全性联系起来。达瑞斯认为日本本田飞度比起亚或雪佛兰更可靠，这一点促成了他的决定。

第 5 步：购后评价

决策过程的最后一步，消费者要评估他所做选择的好坏。每个人在购买后都经历过后悔（"我当时到底在想什么"），希望我们都能满意自己已经购买的产品。产品的评估决定了**消费者满意度/不满意度（consumer satisfaction/dissatisfaction）**。这是指一个人在购买产品后对产品的整体感受或态度。

我们怎样判断自己对所购产品是否满意呢？显而易见的回答是："这很简单。产品非好即坏。"然而，实际情况要比这复杂一些。当我们在购买某种产品时，我们会对产品的质量有一些期望。产品或服务能在多大程度上达到或超过这些期望决定了消费者的满意度。换句话说，我们通过比较所购产品与之前产品的性能标准来评估产品的质量。

想一想发现自己的新车油耗达到每加仑 40 千米的客户。如果他的期望是同样的 40 千米每加仑，他就会满意；如果他的期望是 30 千米每加仑，他会非常满意；但是，如果他根据购买车辆之前收到的信息预计油耗为 50 千米每加仑，他就会不满意。

我们在来自营销传播、朋友和家人等的非正式信息，以及自己关于此产品品类的经历的混合信息中形成了这一标准。这就是为什么营销人员在广告和其他传播方式中塑造准确的期望如此重要，就是为了防止或减少消费者的后悔，不要过度承诺！没有产品是完美的，所以不要声称你的产品是完美的。假日酒店（Holiday Inn）的汽车旅馆经历了惨痛的教训：这家连锁酒店的口号一度是"没有意外"。不可避免地，一些客人感到意外（不是褒义的），所以这个口号不得不被取消。

即使产品性能达到预期，消费者在购买后也可能会感到后悔或**买家懊悔（buyer's remorse）**。当放弃的产品选择具有吸引人的特征时，我们可能会在事后评价这个决策。例如，达瑞斯可能会开始想："也许我应该选择马自达 3，因为马自达制造的汽车很棒，而且掀背车很酷，可以拖着我所有的东西到处走。"为了客户满意并（希望）避免买家悔恨，营销人员通常会在销售后通过与客户的后续沟通来加强购买满意度。

蜂群思维：数据时代的消费者决策

我们刚才描述的是传统的消费者决策模型。谷歌将消费者决定购买的时刻称为**零时刻真相（zero moment of truth，ZMOT）**。今天，零时刻真相出现在手机、笔记本电脑和其他类型的有线设备上。零时刻真相发生在家里、车里、工作场所或健身房的可能性与它在商店里的可能性一样大（或者可能性更大）。

消费者也改变了决策方式。如今，消费者更有可能花费数小时寻找信息，即使是小额采购也是如此。"永远在线"的消费者通过从社交网络寻求建议来做出综合决定。当然，消费者决策过程中的传统步骤也在发生变化。以下是正在发生的一些改变：

- 问题识别可能会集中发生，因为消费者不断地在谷歌搜索并问："在我阅读其他人说的内容之前，我怎么知道我想要什么？"
- 信息搜集是大生意，因为公司每年在搜索引擎广告上花费近 400 亿美元。尽管如此，寻找完美牛仔裤的消费者更愿意查看青少年时尚博客。想要关于新的炫酷卧室改造或一副夸张的太阳镜的建议吗？像 Pinterest 这样的图片库提供了数百甚至数千种视觉效果。
- 选择评估产生了另一个挑战：我们有太多选择，研究人员将其称为**过度选择**（hyperchoice）。研究表明，与只有少数几个选择相比，当消费者有很多选择时，他们实际上会做出更糟糕的决定并且感到更沮丧。
- 在产品选择方面，许多消费者在线上购物且从未进入过实体店。实体零售商抱怨说，一些消费者会先到实体零售店看、摸、感受，甚至听取有关产品的建议，再在线上以更便宜的价格购买。
- 在 2020 年上半年的大部分时间里，新冠疫情导致全球消费者在家中自我隔离。实体店销售额直线下降，而在线销售额持续增长。许多大型零售商被迫申请破产，包括杰西潘尼、尼曼和杰克鲁。
- 2020 年 4 月，美国零售额下降 16.4%，制造业产出下降 13.7%，均创历史新低。相比之下，亚马逊等在线零售商的销售额增长了 8.4%。与 2019 年 4 月相比，2020 年 4 月的整体零售支出下降了 20%。服装店的销售额下降了 90%，百货公司、酒吧、餐馆和体育用品商店的销售额则减少了一半。许多人不禁担忧这会对未来的实体零售业产生什么影响。
- 在传统的决策过程中，购后评价涉及消费者通过他人的赞美来确认他们的购买决定是明智的。如今，随着消费者发布各种信息，从音乐会上的自拍到他们盘子里食物的照片，社交媒体不断提供反馈，这通常被称为**食物挑逗照**（food porn）。

消费者决策的变化：欢迎来到人工智能时代

正如我们在第 5 章中讨论的那样，人工智能对消费者和企业间交易行为的影响越来越大，并迅速发展着。简单来说，人工智能是机器展示的智能，而不是人类的自然智能。人工智能使计算机系统能够执行视觉感知、语音识别、决策制定和语言翻译等任务。

人工智能有可能改变消费者和营销人员的行为。

- 对于消费者而言，人工智能存在于我们生活的方方面面。例如，苹果手机的智能助理和亚马逊的 Alexa 通过人工智能来满足我们的要求。
- 来福车和优步的拼车服务诞生于人工智能和机器学习的基础上。人工智能计算出票价、预计到达时间以及乘车路线。来福车和优步预计，当人们转为使用无人驾驶或自动驾驶汽车时，车费将会下降。这也得益于人工智能和机器学习。

- 对于营销人员，人工智能可以生成根据客户个人偏好定制的广告信息。

- **聊天机器人（chatbots）**是使用语音或文本的计算机程序，允许消费者使用人工智能与计算机交谈。聊天机器人使用自然语言处理和人工智能来了解客户的需求。人工智能聊天机器人边做边学，并通过更多互动变得更聪明。世界卫生组织的健康警报机器人被评为最佳聊天机器人之一，它帮助人们保护自己免受感染，为消费者提供旅行建议，并在新冠疫情爆发期间努力消除在全球传播的虚假信息。尽管营销人员希望机器人听起来像真人，但没有证据表明消费者获得准确信息后还关心这个。

- **电子邮件营销**（消费者认可的那种）是当今最有效的营销形式之一。人工智能可以根据客户以前的购买记录、他们搜索或购买的品牌以及他们在哪些页面上花费最多的时间，为他们创建个性化的电子邮件。61%的消费者喜欢他们每周或每天告知促销信息的电子邮件，这可能解释了为什么电子邮件营销的销售额高于社交媒体和搜索的总和。

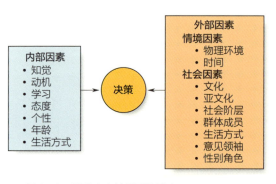

图6-4　消费者决策受到的影响

在一项研究中，商科学生向公司写了投诉信。这些公司以免费样品、道歉信或沉默作为回应。当公司送来免费样品并道歉后，学生对公司的态度明显好转；当公司发来道歉信时，学生对公司的态度没有改变；而当公司没有回应时，学生对公司的态度比以前更加消极。

除了理解消费者决策过程的机制，营销人员还需要试着确定消费者生活中的哪些因素影响其决策过程。正如我们在图6-4中看到的，主要有三大类因素：内部因素、情景因素和社会因素。这些因素影响每个人做出的最终选择。

消费者生活中的许多不同因素都会影响消费者的决策过程。营销人员需要了解这些内部和外部影响以及哪些影响在购买过程中很重要。

学习目标总结

消费者行为是个人或者组织选择、购买、使用商品、服务、创意或经验以满足他们需求和欲望的过程。消费者决策有很大的不同，从习惯、重复的购买（低参与度）到重要风险性购买（高参与度）的复杂扩展型问题解决。当消费者要做出重要购买决策时，他们必须经历一系列步骤。首先，他们要识别需要解决的问题。然后搜寻最佳决策所需的信息。接下来，他们需要评估一组备选方案，并以不同的评估标准进行评价。在这时，他们已准备好做出购买决策。完成购买之后，消费者会看产品是否与其期望相符，并可能会焦虑、后悔。

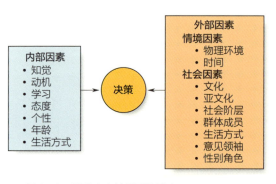

对消费者决策的内部影响

你想拥有什么汽车？它可能是一辆运动型法拉利。然而，你的室友想有一辆经过精心设计的野马，而你的父亲则打算拥有一辆炫酷的新款特斯拉。俗话说"萝卜白菜，各有所爱"。多数差异产生的原因在于内部因素对消费者行为的影响。那些影响我们如何解释外部世界的因素被称为内部因素。

知觉

知觉（perception）是人们选择、组织和解释从外界获得信息的过程。我们以感觉的形式接收信息。如图6-5所示，我们以不同的感觉方式来获得信息，就是我们的感觉器官，即眼、耳、鼻、口和皮肤，对诸如光、色彩、气味、触觉和声音等基本刺激所做出的即时反应。我们试着根据过去的经验来解释我们的感觉。

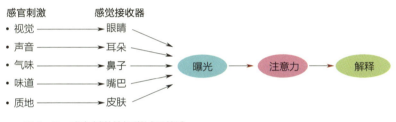

图6-5 感官刺激的知觉过程综述

我们一直在遭受产品信息的轰炸，如大量广告、店内展示、特价产品、朋友建议等。感知过程对营销人员意义重大：因为我们要吸收和理解大量吸引我们注意的信息，所以任何信息在混乱中都有丢失的可能性。而且，即使我们注意到这些信息，我们所认为的产品意义也不一定与营销人员想要表达的信息一致。所以，营销人员需要在此过程中了解曝光、注意力和解释。

曝光

刺激必须在人们感觉器官能注意到的范围之内。换句话说，人们必须在生理上能够看到、听到、尝到、闻到或感觉到刺激。例如，在高速公路广告牌上印刷的字必须足够大才能很容易让过往司机看清，否则这个信息就会被忽视。**曝光（exposure）**是一种刺激能够被人们的器官感知到的程度。

营销人员为让他们的产品达到更多的曝光度而努力工作，但有时这只会确保某些人使用这个产品，其他人只是看着这些人使用而已。

许多人认为即使看不到的信息也会说服他们购买广告商品。20世纪50年代出现了**潜意识广告（subliminal advertising）**说法，指信息隐藏在其他地方。一项针对美国消费者的调查发现，几乎 2/3 的人相信潜意识广告存在，且超过一半的人确信这项技术可让他们购买自己并不真正需要的产品。

几乎没有证据可以证明这项技术确实影响了我们对产品的感知。但是直到现在，人们一直没有停止对潜意识广告的关注。2006 年，美国广播公司（ABC）采用了广播电视网长期以来的反对潜意识广告的策略，拒绝播放肯德基的一则邀请观众慢镜头回放以找出秘密信息的广告。这则广告（在其他网络播放了）看起来像普通的肯德基 Buffalo Snacker 鸡肉三明治广告，但是如果你在数码视频录像机或者其他录像机上慢速回放时，其会显示一条信息，登录肯德基网站可获得一张免费三明治优惠券。具有讽刺意味的是，这项技术确实有悖潜意识广告的原则，因为不同于在广告中隐秘植入话语或图片，肯德基通过告知观众广告包含信息及如何找到该信息来大张旗鼓地推出此营销活动。故事很简单，暗藏的信息很吸引人，而且想想看，如果信息有一点恐怖的话也相当有意思，但是这种信息并不起作用。不要试图去解读这段话背后隐藏的信息——如果你对此感到失望，那我很抱歉。

注意力

当你开车在公路上行驶时，你会经过成百上千的车辆。但其中有多少你曾注意过呢？可能只有一两辆——粉紫色的大众甲壳虫和在出口匝道挡住你去路的尾灯损坏的本田。**注意力（attention）**是我们将心理处理活动用于特定刺激的程度。

由于注意力对广告效果至关重要，因此营销人员不断寻找方法来确保消费者会注意到他们的信息。影响消费者对刺激进行反应的可能因素包括：

- 个人需求和目标：消费者更有可能关注符合他们当前需求的信息。当你开的车差点出事故时，你会发现自己的需求是安全到达目的地。这也就是你在饥饿时更有可能注意到快餐店广告的原因。
- 尺寸：较大的杂志、报纸广告或较长的电视广告更容易引起人的注意。
- 新颖性：呈现意想不到的刺激往往会引起我们的注意。这包括在我们面前行驶的红白圆点大众甲壳虫，全彩色世界中的黑白广告，或非常规位置的广告，例如画在人行道上、购物车的背面，或浴室墙上。新颖性还可以使产品包装脱颖而出。当百事可乐推出百事一号（Pepsi One）和可口可乐推出黑色罐装零度可口可乐（Coca-Cola Zero）时，这些新版本在商店货架上脱颖而出。

营销人员在注意力方面还面临**多任务处理（multitasking）**的问题，当我们在电子邮件、电视频道、即时消息等之间来回切换时，就会出现这种情况。对于大学生来说，更严峻的多任务处理包括按时完成同一天截止的三篇学期论文。如今，一心多用已成为一种常态。大多数工作都需要某种多任务处理技能。未来的雇主在他们的工作描述中列出了成功执行多项任务的能力。职业顾问可能会建议你准备好例子，说明你曾经是如何处理多个任务或项目的。但正如我们将在本书后面看到的那样，这个过程会让那些希望你完全关注他们所说内容的营销人员感到头疼！

在线广告商不断创新以吸引访问者观看他们的消息。有些人转向了**富媒体（rich media）**，这是一种数字广告术语，指的是包含高级功能（如视频和音频元素）的广告，鼓励观众与内容互动。2020 科尔维特的网页让潜在买家可以看到具有不同颜色和装饰的汽车，甚至可以让你看到你的车装上条纹套件和翅膀会变成什么样。大都会艺术博物馆的在线富媒体允许网络访问者查看展览的移动全景图或通过单击图像检查绘画的细节。

解释

解释（interpretation） 是人们根据自己先前的相关经验和他/她所做的假设而给一个刺激物赋予意义的过程。两个人可以看到或听到同一事件，但他们对它的解释可能截然不同，这取决于他们对刺激物的预期。在一项研究中，绝大多数 3~5 岁的孩子吃了装在麦当劳袋子里的麦当劳炸薯条，认为其味道比用普通白色袋子装的同样的薯条更好。即使是从麦当劳袋子里拿出来的胡萝卜，味道也更好。罗纳德（"麦当劳叔叔"的名字）听到会很自豪。

动机

动机（motivation） 是驱使我们通过实施以目标为导向的行为来满足需求的一种内在状态。一旦我们激活需求，就会存在一种紧张状态，驱使消费者朝着满足需求从而降低紧张感的目标行动。你是否曾经在州际高速公路上看到下一个出口处有幅巨大的汉堡图片广告牌，意识到一个又大又多肉多汁的汉堡的味道有多好，并决定去买一个？这就是动机在起作用。

心理学家亚伯拉罕·马斯洛（Abraham Maslow）找到了一种有影响力的激励方法。他提出了一个**需求层次（hierarchy of needs）** 理论，根据五个不同层次的重要性对动机进行分类，比较基础的需求列在下层，比较高级的需求列在上层。该理论认为，在人们能满足既定层次的需求之前，必须要满足较低层次的需求——当你没有足够的钱购买食物时，时髦的新款牛仔裤也不那么诱人了。后来马斯洛通过在层次结构中添加第六个级别来修改模型，即自我超越。寻求达到这一水平的消费者通过努力或精神觉醒，将注意力集中在自身之外的一些更高目标上。

从图 6-6 可以看出，人们从满足最低层次的食物和睡眠等基本生理需求开始。然后发展到较高层次来满足较复杂的需求，如对被他人接受或感到成就感的需求。最终，人们达到最高层次的需求，驱使自己达到自我实现的目标。如图所示，如果营销人员了解其目标市场中与消费者有关的需求层次，那么他们就能为消费者量身定制产品和信息。例如，当一家保险公司向你保证"好事达（Allstate）会很好地照顾你"时，它就是在满足你对安全的需求。

营销人员在使用**游戏化（gamification）**时，会利用他们对消费者对声望、地位和成就的需要的理解。这个术语指的是一种热门的新策略，营销人员将游戏设计技术应用于非游戏环境，如购物。他们通常通过奖励积分或徽章来激励消费者做到这一点。比如耐克+允许消费者赚取积分并设定目标以鼓励自己进行更多体育锻炼。留兰香（Stride）口香糖公司推出了"奇妙大逃亡"，这是世界上第一款关于咀嚼的手机游戏。玩家将相机放在移动设备上，用他们的嘴巴来控制游戏。一个简单的咀嚼动作会导致主角艾斯跳跃并在游戏关卡中前进，游戏发生在一个巨大的外太空矿井（在"奇妙大逃亡"星球上）。虽然现在判断这种策略是否只是一种时尚还为时过早，但至少在今天，游戏化是一个价值数十亿美元的产业。如果你会因为努力而收获徽章，你会付出更多努力吗？

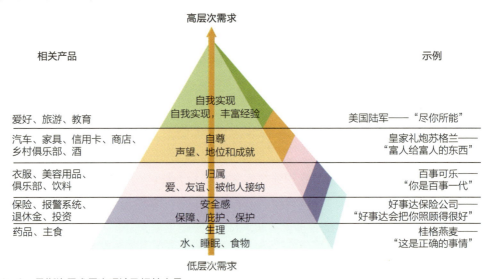

图6-6　马斯洛需求层次理论及相关产品

马斯洛提出了对动机进行分类的需求层次结构。精明的营销人员知道他们需要了解促使消费者购买特定产品或品牌的需求水平。

资料来源：Maslow, Abraham H.; Frager, Robert D.; Fadiman, James, *Motivation and Personality*, 3rd Ed., ©1987. Reprinted and electronically reproduced by permission of Pearson Education, Inc., Upper Saddle River, New Jersey.

学习

学习（learning）是由信息或经验引起的行为改变。研究学习的心理学家提出几种理论来解释这种学习过程，而且这些看法都具有重要意义，因为营销人员的一大目标就是要"教育"消费者更喜欢他们的产品。我们将关于人们如何学习的两个主要观点称为行为学习和认知学习（见图6-7）。

行为学习

行为学习理论（behavioral learning theories）认为学习通过经验及事件间建立的关联而产生的。其中一种行为学习形式即**经典条件反射（classical conditioning）**，当一个人几乎在同一时间感知到两个刺激，之后，这个人将其对一个刺激的反应迁移到了另

MARKETING
REAL PEOPLE, REAL CHOICES

营销的真相（原书第11版）

一个刺激上。例如，一则广告同时展示一款产品和令人惊叹的美景，因此（营销人员希望）你把从观看美景中得到的积极感受转移到产品上。在新冠疫情期间，汽车制造商和其他广告商制作了广告，感谢人们帮助那些遭受病痛折磨的人，并提醒观众"我们终将"渡过难关。

另一种常见的行为学习形式是**操作性条件反射（operant conditioning）**，当人们了解到他们的行为会导致奖励或惩罚时，就会发生这种情况。这种反馈影响人们对以后相似境况的反应方式。如同老鼠在迷宫中知道了得到奶酪的路径一样，得到奖励的消费者更有可能再次购买这个品牌的产品。我们不愿意相信营销人员可以像训练老鼠一样训练我们，但不管喜欢与否，这种反馈确实会奖励我们的行为，并使我们更有可能在未来重复这种行为。

行为学习：消费者通过经验和事件之间的联系来学习。

理论	发生时点	营销应用
• 经典条件反射 • 操作性条件反射	• 产品与积极刺激联系 • 消费者行动时获得奖励	• 广告展示产品与美丽的风景/音乐 • 消费者购买产品时获得礼物

认知学习

理论	发生时点	营销应用
• 信息获取 • 观察学习	• 消费者在不同的想法之间建立联系 • 消费者观察别人身上发生的事	• 理性/信息广告 • 展示使用/不使用产品带来的好处/坏处的广告

图6-7　消费者通过多种方法学习

认知学习

与强调简单的刺激 - 反应联系的行为学习理论相反，**认知学习理论（cognitive learning theory）**将人视为问题解决者，他们在主动吸收新信息时进行学习。此观点的支持者强调创造力和洞察力在学习过程中的重要作用。当消费者在几个想法之间建立联系或通过观察周围的环境事物建立联系时，才会产生认知学习。

当人们观察他人的行为并注意到该行为所带来的结果时就产生了**观察学习（observational learning）**。他们会记住这些观察结果并在将来的某个时候运用这些信息指导自己的行为。营销人员通常会利用这个过程来设计广告信息，从而使消费者能直观感受到使用他们产品的好处。健身俱乐部和运动器材制造商总爱展示那些使用其跑步机的肌肉健硕的男女，而漱口水厂商着力暗示清新口气是制造浪漫氛围的关键。

现在我们已经讨论了感知、动机和学习这三个内在过程如何影响消费者理解产品信息。但是这些过程产生的结果，即消费者对营销信息的解释，却因消费者的独有特点而各不相同。接下来我们要讨论一些特征：消费者态度、消费者的个性以及消费者的年龄。

态度

态度（attitude） 是对人、物或事件的持久性评价。消费者对不同的品牌持有自己的态度。他们也会评价比较普遍的消费行为，例如，包括汉堡在内的高脂肪含量食品是健康饮食的大忌。营销人员经常衡量消费者的态度，因为他们相信态度可以预测行为。和达瑞斯一样认为本田飞度是一辆"酷"车的人，相比那些喜欢豪华的雷克萨斯或奥迪的消费者，更有可能购买飞度。为了使态度测量有意义，营销人员了解到一个人的态度包含三个组成部分：情感、认知和行为。这很容易记住，只需将其视为 **ABC 态度理论（ABC Theory of Attitude）** 即可。

情感（affect） 是态度的感情组成部分。这指的是个人对一款产品的整体情绪反应。情感通常对香水等表现力较强的产品有主导性作用，如果其让我们觉得开心，我们就会选择该产品。

在其他情况下，广告商试图唤起更多的负面情绪来引起我们的注意并与他们的产品建立联系。这种新趋势甚至还有一个名字——**悲伤广告（sadvertising）**。惹人落泪的广告无处不在，想一想你在现代超级碗比赛现场看到的所有可爱的小狗和小马。这些情绪反应实际上会引起生理变化，例如，当我们真正看到制作精良的广告时，脉搏会变化。有些广告研究人员测量消费者在互联网、移动设备和电视上观看广告时的心率和皮肤电导率，并追踪他们的目光。这种方法太常见了，塔可钟（Taco Bell）在宣传其新推出的油炸玉米粉饼（Quesarito）时也采用了这种方法——这是一种将油炸玉米粉饼和墨西哥卷饼组合起来的塔可。这家连锁店制作了戏剧化的催人泪下的广告——其中一个广告中，两个朋友在分开仅仅六天后就激动地"重聚"了——来传达这样的信息：在一起会更好。

这则含有 CBD 的气泡水广告表明，这种产品会影响我们的感觉和情绪——即我们态度的情感成分。

认知（cognition），是指一个人对产品及其重要特征的看法或认识。认知对于复杂的产品很重要，例如计算机，我们可以根据技术信息对这些产品形成看法。

行为（behavior），即行动组成部分，涉及消费者采取行动的意图，例如购买或使用某种产品的意图。对于麦片等产品，消费者在有限的信息基础上采取行动

MARKETING: REAL PEOPLE, REAL CHOICES
营销的真相（原书第11版）

（购买并试用产品），然后仅根据产品的口味或性能形成对产品的评价。

个性与自我：你是你想成为的那个人吗

个性（personality） 是那些不断影响个人对环境状况反应方式的独特心理特征的集合。寻求冒险的消费者可能一直在寻觅新体验和尖端产品，而别的消费者在熟悉的环境中反复使用同一品牌的产品却非常开心。如今，"在线速配"网站，可以为你创建"个性简历"，然后给你和其他有相似简历的成员牵红线。

一个人的**自我概念（self – concept）**是他（或她）对自己的态度。自我概念由对个人能力的看法、对个人行为的观察以及对个人属性（例如体型或面部特征）的感受（正面和负面）组成。一个人的自我概念是积极的还是消极的以及其程度，会影响他或她购买什么产品，甚至影响他或她幻想改变自己的生活的程度。

自尊是指一个人的自我概念有多积极。我们的社会总是纠结于自我。消费者在Fitbit等应用程序上记录自己的健康和饮食，他们在脸书上更新人际关系，他们花费数十亿美元购买服装和美容产品以"编辑美化"别人看到的自我。

"自拍"流行是一个症状，人们不遗余力地记录他们的状态。根据一项研究，39.4%的人每天自拍1～5张，14.4%的人承认每天自拍30张或更多。每天有9300万张自拍张发布在网站上，每10秒就有10张自拍发布在Instagram上。大约一半的受访者会在分娩过程中自拍，1/5的人认为在葬礼上自拍是可接受的。

正如慧俪轻体的唐迪娜所知，许多产品的吸引力与其改善自我形象的承诺直接相关。这些呼吁中有很多都集中在身体部位以及人们对自己外表的感受上。当然，在我们的社会中，"瘦是流行"，女性经常被模特的图像轰炸。随着追求更健康身材的运动越来越流行，这种趋势可能会开始改变。

年龄

一个人的年龄对其购买行为存在内部影响。我们中的许多人都觉得我们与同龄人有更多共同点，因为我们对文化有着共同的经历和记忆。商品和服务通常会吸引特定年龄段的人群。虽然也有例外，但可以肯定的是，大多数下载蕾哈娜作品的粉丝比购买芭芭拉·史翠珊歌曲的粉丝更年轻。

年龄很重要，但无论我们多大年纪，我们购买的东西往往取决于我们目前在**家庭生命周期（family life cycle）**中的位置，也就是家庭成员在逐渐变老的过程中经历的各阶段。（任何年龄的）单身人士更可能在昂贵的汽车、娱乐和休闲活动上花费金钱。有小孩子的夫妇会购买婴儿家具、

我们在家庭生命周期中转换到不同的位置——有些变化值得庆祝。

Bangboo, Maring 6, Brazil

保险和较大的房子，而孩子都已"离巢"的老年夫妇更有可能在佛罗里达州买一栋退休房。

营销人员认为，家庭生命周期通常比简单的人口统计数据更能预测购买行为。以一个40岁的单身男子为例。他毕业于一所顶尖的工程学院，有一份年薪约17.5万美元的好工作。他把钱花在什么地方了？奢侈的假期吗？昂贵的电子产品？在顶级餐厅吃饭？昂贵的汽车？现在再让我们考虑一个年龄和收入都相同的已婚男子，他有一个10岁的女儿，一个今年秋天即将上大学的17岁的儿子，以及一个在常青藤盟校上学的19岁的儿子。你认为他把钱花在什么地方了？你明白了吗？

生活方式

年龄、收入和家庭生命周期等人口统计特征告诉营销人员人们会购买什么产品，但它们没有揭示原因。两个消费者可以拥有相同的人口统计特征，但却是完全不同的人——连20岁的男大学生都很难完全相同。这就是为什么营销人员经常根据消费者的生活方式进一步刻画他们的形象。**生活方式（lifestyle）**是决定人们选择如何使用自己的时间、金钱和精力并能反映人们的价值观、品位和偏好的一种生活模式。唐迪娜和慧俪轻体了解会员拥有独特的生活方式、目标和挑战。这种理解是更个性化的"尺度之外"计划的出发点（该计划为每个成员提供定制健康方案）。

精明的营销人员经常试图确定消费者的生活方式偏好。例如，日益扩大的"大麻革命"，大麻成了一项大生意，在美国的年收入已经接近30亿美元。随着越来越多的州决定将大麻合法化，大大小小的企业纷纷涌入，以满足客户对大麻和相关产品的需求。

luckybusiness/123f

瑜伽已经迅速成为许多人生活方式的核心部分。

为了确定消费者的生活方式，营销人员求助于心理学，它根据心理和行为的相似性对消费者进行分组。一种方法是根据人们的**活动、兴趣和意见（AIOs）**来描述他们。这些维度基于人们对度假目的地、俱乐部会员、爱好、特定的政治和社会观点、食物和时尚等的偏好。利用从大样本中获取的数据，营销人员可以创建出在行为和产品使用方式方面相似的消费者特征。当今，一种相关且非常流行的技巧是讲述"典型"品牌用户的详细生活故事。这个角色成为公司的关注重点，因为他/她帮助营销团队可视化真实的人们如何将品牌融入他们的日常生活。

学习目标总结

几种内部因素影响消费者决策。知觉是消费者如何选择、组织和解释外界刺激的

MARKETING
REAL PEOPLE, REAL CHOICES

营销的真相（原书第11版）

过程。动机是驱使消费者满足其需求的一种内在状态。学习是由信息或经验而引起的行为改变。行为学习因外部事件而产生，而认知学习指的是内心精神活动。态度是对人、物或事件的持久性评价，且包含三个组成部分：情感、认知和行为。个性会影响消费者对环境中各种情况的反应。为了研发符合消费者自我意识的产品特性，营销人员需要理解消费者的自我意识、消费者年龄、家庭生命周期和他们的生活方式，这些都与消费偏好有非常紧密的联系。营销人员可利用消费心理学根据可以解释购买产品原因的行为、兴趣和观点来把消费者分成不同的类别。

营销的真相

6.3

消费者受到的
情境和社会影响

我们已经看到内部因素如何影响人们的购买决策，如人们如何感知营销信息、人们想获得产品的动机，以及人们的个性、年龄、家庭生命周期和生活方式等。除此之外，情境因素和社会因素——消费者外部因素——对消费者的选择以及他们如何做出选择有重要的影响。

情境影响

我们何时、何地以及如何购物——也被称为情境影响——塑造我们的购买选择。一些重要的情境线索是我们所处的物理环境和时间压力。

营销人员知道物理环境的维度，如气味、光线、音乐甚至温度，都会对消费情况产生显著影响。当赌场经营者用电子老虎机取代老式的"独臂强盗"——当玩家拉动手柄时不再发出熟悉的嗡嗡声，收益下降了 24%。而佛罗里达州奥兰多的硬石酒店仅通过在店外喷洒华夫蛋筒味香水，就将冰淇淋销量提高了 50%。

感官营销（sensory marketing） 针对消费者的五种感官：味觉、视觉、触觉、嗅觉和听觉，感官营销正在成为一门大生意。有专门的公司向酒店、汽车制造商甚至银行出售气味。一些公司提供单独的香味，如香草味，而其他公司则销售流行香味的组合。肉桂卷公司等品牌确保新鲜出炉的肉桂卷的香气在商场中飘荡，以吸引消费者。这种策略有效吗？非常成功，有一些地方故意加热红糖和肉桂来吸引饥饿的消费者。

但是对于一些零售商来说，仅仅有一种香味是不够的；这些零售商使用的香味不仅能吸引顾客，还能提升品牌影响力。例如，在芝加哥的贝纳通店里，顾客享受着一种类似于贝纳通的佛得角古龙水的明媚春天香味。阿贝克隆比 & 费奇使用标志性古龙水让商店充满麝香味。书籍、电影，甚至衣服都可以通过插入苹果手机的颗粒物散发特定的气味！营销人员将此策略称为**"感官烙印"（sensory branding）**。让我们来看看其他情境因素如何影响消费者决策过程。

Ogilvy & Mather, Hong Kong

肯德基吹嘘其新菜单对我们感官感受器的影响。

物理环境

物理环境会强烈影响消费者的情绪和行为，这早已不是秘密。虽然营销人员都在努力用广告向消费者预售产品，但他们非常清楚商店环境会影响很多购买行为。例如，一项关于购买习惯的研究表明，消费者在超市的过道中做出了 3/4 的物品购买决策（所以一定要吃了东西再去超市）。该研究还表明，店内营销和品牌推广对购物者的购买决定有很大影响。

购买情景

唤起和愉悦程度这两个维度决定了购物者对商店环境的反应是积极还是消极。换句话说，人的周边环境可以是沉闷的或令人兴奋的，也可以是愉快的或不愉快的。仅仅因为环境令人兴奋并不一定意味着它会令人愉快——我们都曾在拥挤、嘈杂、炎热

JHVEPhoto/Shutterstock

低音专卖店提供有趣的体验，让客户在现实条件下试用产品。

的商店里待过。这些环境的重要性解释了为什么许多零售商专注于在商店中安排尽可能多的娱乐活动。例如，低音专卖店（Bass Pro Shops）是一家以狩猎风格建造的户外运动器材连锁店，每个转弯处都有巨大的水族馆、瀑布、鳟鱼池塘、射箭和步枪靶场、果岭以及鱼类和野生动物坐骑。它还提供免费课程（成人和儿童），内容涉及从冰卜捕鱼到生态保护再到肉类加工的方方面面。每个复活节，低音专卖店都会在店里举办免

费的家庭活动，家庭可以与复活节兔子合影并带回家一张免费的 4×6 彩色照片，参与孩子们的手工艺活动，并参加老式的复活节彩蛋活动。如果所有的感官过载让你感到饥饿，那么在 60 多家门店中，许多都设有现场餐厅。

时间

每个国家都有一套核心价值观和信念，即使它们在不同地区略有不同。一个国家的核心价值观使其有别于其他文化。当人们列出美国的核心价值观时，他们很可能会将"时间"列为其中之一。

时间是消费者最有限的资源。我们常说"挤时间"或"消磨时间"，而且我们不时提醒别人"时间就是金钱"。营销人员知道，一天中的时间点，一年中的某个季节，以及有多少时间做购买决策都会影响消费者决策。

事实上，许多消费者，尤其是大学生，认为他们比以往任何时候都更加赶时间。这种**时间贫穷（time poverty）**感使消费者对能够节省时间的营销创新感兴趣，包括药店免下车通道、送货上门和移动宠物美容等服务。学生对大学在线课程的需求在不断增加。

当然还有网络上"商店""永远开放"的便利，随时随地为你服务。事实上，在线购物的增长速度约为美国整体零售支出的七倍。消费者在实体店中通过移动设备浏览产品（也称**展厅销售 showrooming**），71% 的消费者表示他们正在通过智能设备在线搜索最低价格的产品〔也称**反展厅现象（webrooming）**〕。

但这并不意味着你最喜欢的实体店很快就会消失。互联网为营销人员提供了通过优惠券、移动应用程序、电子邮件等方式吸引客流的机会。商店可以调整其店内服务以满足客户需求，提供数据驱动的个性化购物体验，Rent the Runway 是一个电子商务品牌，在发展在线业务后才在美国的主要城市开设实体店。顾客在进店时进行签到，方便店内"造型师"根据之前的购买记录推荐服饰和配饰。Rent the Runway 通过提供预付费、预先写好地址等操作，简化了客户的退货流程。

消费者行为的颠覆：新冠疫情

从 2020 年初开始，全球消费者的生活发生了翻天覆地的变化。旧的"规范"一夜之间消失，取而代之的是新的行为，包括自我隔离、保持社交距离、戴医用口罩，以及关闭商店，那些被认为是"必要"的除外。这不就是颠覆吗？营销人员需要回答的最重要的问题是"新常态将是什么？"以下是一些推测。

1. **移动设备将主导新常态**。在新冠疫情期间，所有年龄段的消费者都对数字和移动设备更加满意，包括智能手机、平板电脑、手表、可穿戴设备，例如微软的新**混合现实头戴式显示器（HoloLens）**等。微软的混合现实头戴式显示器在新冠疫情期间被用来帮助医生治疗患者。通过简单的手势，医生可以在无病毒室中与同事交流的同时查看 X 光片、扫描和测试结果。

2. **信息透明将成为所有成功的商业和客户关系的一部分**。在新冠疫情期间，消费者开始更加重视家庭和人际关系。客户对企业的最大需求仍然是沟通和参与。传统广播媒体的旧通信模式将不再有效。此外，客户将要求更高的透明度。"真实"的公司，包括那些勇于承认错误的公司（一种称为"**完美不完美（flawsome）**"的趋势），以及那些对社会责任有坚定承诺的公司，将与他们的客户建立联系，获得客户的支持，并获得丰厚的回报。

3. **用户生成的内容将对营销活动最具颠覆性**。在新冠疫情期间，消费者（甚至是那些以前没有使用过社交媒体的消费者）在社交媒体上花费的时间越来越多。公司需要将营销传播的控制权交给乐于提供用户生成内容的消费者。传统的品牌内容将被忽略，更大的影响力将来自在线评论、社交媒体帖子和博客。未来，企业必须努力通过其产品以及企业价值观和行动来获得积极的评价。品牌与消费者的内容共创将成为营销传播的重要趋势。

4. **社交网络足以与原始互联网相抗衡**。社交网络已成为消费者获取信息的重要来源，尤其是在危机时期。今天，社交网络的未来可能不是产生另一个渠道，而是其作为唯一的渠道或另一个互联网。**社交图谱（social graph）**可以绘制每个人在社交网络中的关系，以更好地理解社交媒体的重要性。社交图谱不仅变得越来越流行，而且不可或缺。这些图谱的增长得益于移动、宽带和社交媒体网站上的高质量内容。

5. **个性化、数据驱动的颠覆性营销将占据主导地位**。数据驱动的营销和数据驱动的颠覆性营销之间的区别在于，**数据驱动的颠覆性营销（data-driven disruptive marketing）**是以关系为导向的，其中营销内容用于建立信任。数据驱动的营销是由大数据推动的老式"推送"消息传递。因此，成功使用数据驱动的颠覆性营销来专注于围绕优质产品建立关系的营销人员将获得回报，而产品劣质、服务糟糕的跟风者将失败。

6. **消费者会改变品牌忠诚度**。在新冠疫情初期，包括卫生纸和面包在内的热门商品从商店货架上消失了。当消费者发现商店货架空无一物时，他们会转向替代品牌和产品。这在某些食品类别中尤为明显，包括乳制品、面食、罐头食品、冷冻食品、面包、烘焙食品和纸制品。结果，更多的消费者尝试自有品牌，不仅因为它们还在货架上，而且因为它们通常以较低的价格出售。由于收入的不确定性，这对消费者来说很有意义。在几项研究中，消费者表示，即使在新冠疫情过去和新常态到来之后，他们也会继续使用新的自有品牌。

7. **消费者将转向在线购物**。新冠疫情期间的一个重大变化是消费者从店内购买转向在线购买。这在日常杂货购物中体现得尤为明显，在新冠疫情之前数字化并未大量普及。许多消费者在新冠疫情期间首次在线购买杂货，许多人表示，只要新冠疫情还在，他们就会继续采用这个方式。之后他们会做什么还不清楚。许多消费者可能会回到实体杂货店购物，因为他们可能会从店内购物体验中获得社交价值。

8. **居家将成为新常态的一部分**。在新冠疫情期间，消费者采用了一种又新又正常的模式——**居家（in-homing）**。他们仍然在工作，但在家里。他们仍然吃东西，但不是在餐馆，而是在家里吃饭。他们增加了电视媒体服务的订阅，他们放弃了在电影院的支出。他们不再开车，因为他们很少离开家，这意味着一箱汽油可以使用一个月或更长时间。那么，新常态会包括居家吗？在家隔离期间学会做饭的消费者可能会继续做饭。在地下室布置健身房的消费者会怎样，他们会继续办理健身房会员吗？消费者很有可能会继续使用流媒体服务。很大一部分员工可能决定（或被雇主告知）继续在家工作。所有这些变化都将改变对各种商品和服务的需求。

消费者决策受到的社会影响

虽然我们都是个体，但我们每个人也是影响他人购买决策群体中的一员。家庭、朋友和同事经常影响我们，并且我们所认同的民族和政党等大型组织也会对我们产生重要影响。现在，我们考虑社会影响因素，如文化、社会阶层、有影响力的朋友和熟人，以及较大社会群体中的趋势，如何影响消费者的决策过程。当然，这些社会影响包括脸书和其他线上好友。

价值观

正如我们在第2章中看到的那样，文化价值观植根于人们对生活方式是非对错的信仰中。了解文化价值观的营销人员可为顾客定制产品。例如，推崇集体主义国家的价值观与推崇个人主义国家的价值观有很大的不同，在个人主义文化中，个人会优先考虑自己的即时满足。在集体主义文化中，忠于家庭或部落优先于个人目标。集体主义文化看重自律，接受个人在生活中的位置，并尊重父母和老人。而个人主义文化却强调平等、自由和个人愉悦。现在，我们看到一些集体主义国家，如印度、日本和中国，其经济增长使很多消费者变得更富裕也更利己了。对于营销人员来说，这意味着更多的产品消费机会，如旅行、奢侈品、像网球和高尔夫这样的体育活动，以及娱乐等。

趋势

消费者的个人价值观为文化中的许多成员所共有，并且随着时间的推移而改变。由于消费趋势是从消费者价值观演变来的，因此消费趋势也会发生变化，因此营销人员必须了解哪些趋势存在以及哪些趋势是未来的预测，这一点至关重要。这些趋势决定了营销活动。以下是我们可以预测的一些趋势：

- 共享经济：我们已经看到生产者和消费者之间界限的模糊。在共享经济中，普通人成为酒店经营者和出租车司机。越来越多的消费者开始共享汽车，并在需要时通过租赁来获得电动工具和园艺工具。
- 真实性和个性化：由于不喜欢大公司和大众市场产品，许多消费者需要个性化体验和手工产品。
- 多样性和多元文化主义：随着人们在工作场所、媒体和网络中接触到不同的群体，种族和民族差异将继续消失。在发生种族歧视丑闻后，星巴克有 8000 家门店为了进行多元化培训而关闭过，以此向消费者表明星巴克重视公平。
- 健康和有道德的生活：消费者将继续关注心理健康、身体健康和环境可持续性。经济不平等将决定哪些消费者会追随这一趋势，因为不太富裕的消费者将买不起健康和可持续的产品。联合利华在其使命和产品中展示了其对可持续发展的承诺。由于具有环保意识的消费者的支持，联合利华可持续生活部门的 28 个品牌的增长速度比公司其他业务快 69%。
- 互联和物联网：随着人工智能的不断发展，物联网也将如此。越来越多的消费者将投资于可监测身体活动的可穿戴电脑和智能家居。

文化

我们可以把**文化（culture）**看作是社会的个性，指的是群体所产生或经历的价值观、信仰、习惯和品味。虽然我们通常认为，一种文化（特别是我们自己的文化）中的人们认为受欢迎或恰当的东西正是其他文化中的人们所欣赏的，但事实并非如此。例如，简单地将美国营销信息或品牌名称翻译成法语或德语或任何其他语言并不意味着这些信息会被说法语或德语的消费者所接受，尤其是那些生活在美国但强烈维护自己种族身份的消费者。相反，营销人员必须"认识到所有消费者都会购买能够增强其文化相关性的品牌"，这意味着营销人员需要与客户建立关系并考虑他们的家庭和价值观。

亚文化

亚文化（subculture）是在更大的文化中与其他群体共存的群体，但其成员具有一套独特的信仰或特征，例如宗教组织或种族群体的成员。**微文化（microcultures）**是认同特定活动或艺术形式的消费者群体。这些团体围绕电视节目形成，如"养虎为患"

（*Tiger King*）；电影，如《星球大战》；在线游戏，如《糖果传奇》（*Candy Crush Saga*）；休闲活动，如电子竞技。社会媒体对亚文化和子文化非常有用，其为志趣相投的消费者提供了分享想法、照片、视频等的机会。本书后面部分还会介绍更多的分享平台。

对于营销人员来说，一些最重要的亚文化是人口统计学（如年龄）、种族和民族群体，因为许多消费者强烈认同他们的传统，以及与他们的个性相联系的产品。我们将在第 7 章中更多地讨论这些亚文化群体。为了发展业务，高乐氏要与拉丁裔消费者打交道。在研究了拉丁裔传统清洁房屋的方式后，高乐氏推出了芬芳清洁产品系列，以满足拉丁裔所有的清洁需求，包括清洁、消毒和芳香化的所有过程。芬芳系列的马桶清洁器，形状像小篮子或西班牙式小篮子，就是仿照在拉丁美洲的人使用的清洁产品的样子。

自觉消费主义：一种新兴的生活方式趋势

强有力的新型社会运动也是我们决定我们想要什么和不想要什么的原因。其中之一是**消费者保护主义（consumerism）**，这是一场旨在保护消费者免受有害商业行为侵害的社会运动。当前消费主义的大部分焦点是对环境和地球存在潜在破坏的商业活动。对气候变化、物种灭绝、广泛接触致癌物和有害细菌以及许多其他问题的担忧是首要问题。

随着消费者和媒体越来越重视这一点，我们中的许多人在购物时以及在决定吃的食物、穿的衣服、居住和工作的地点，以及我们驾驶的汽车时更加关注环境问题。营销人员正在遵循消费主义的行动号召。巴塔哥尼亚是一家以关注环境而广为人知的公司。巴塔哥尼亚的收集系列使用回收的羽绒、木材、聚酯纤维、标签、拉链和纽扣。2019 年 1 月，巴塔哥尼亚宣布将其重点从"不伤害"转变为更加积极主动的立场。巴塔哥尼亚的目标是到 2025 年使其供应链实现碳中和。一些分析师称这种新价值为**自觉消费主义（conscientious consumerism）**。我们随处可看到其影响的证据，有素食餐厅、电动汽车、回收活动、家庭太阳能加热板等更多形式。

社会阶层

社会阶层（social class）指的是一个人在社会中的等级。处于同一阶层的人们在职业、教育背景和收入水平方面有相似性，并且他们在衣着、装修风格和休闲活动方面都有相似的品位。同一阶层的成员还可能有相同的政治和宗教信仰，而且在行为、兴趣和观点方面都有相同的偏好。

许多营销人员自主设计产品并自主装饰商店来吸引特定社会阶层的人。工薪阶层的消费者倾向于从坚固性或舒适性这些更实用的角度而非时尚或美观来评价产品。他们试用新产品或新款式的可能性较小，如新式家具或彩色家电，因为他们偏好可预测性而非新颖性。营销人员需要了解这些差异并制定出能吸引不同社会阶层消费者的产品和传播战略。

奢侈品通常被视为**身份象征（status symbols）**，这是一种炫耀其较高社会阶层成员身份（或至少让他人相信他们是这一阶层中的一员）的可视标识。汽车车尾贴上写着

"最后拥有最多玩具者获胜"，说明了人们积累这些荣誉徽章的欲望。然而，随着时间的变化，不同身份象征物的重要性不同，注意到这一点很重要。

另外，随着人们收入的增加，全世界有更多的消费者能买得起传统的身份象征产品。这一变化刺激了人们对那些能在一定程度上表现出"有派头"或者"有品位"的大众消费品的需求。想想一些公司的成功——诺基亚、海恩斯莫里斯、飒拉、戴尔、盖普、耐克、易捷航空或欧莱雅等公司。它们迎合了分析师标记为**大众阶层（mass cass）**的消费群体。该术语指的是全球范围内数以亿计的、具有足以购买高品质产品（住宅或者豪华汽车等高价位产品除外）的购买力水平的消费者。

昂贵的克里斯提·鲁布托鞋为女性提供了地位象征。

群体成员

有过"随大溜"经验的人们都知道，人们在群体中的表现与独自决策时的表现有很大区别。当群体中的人较多时，单独凸显某个成员的可能性很小，并且此时对行为的正常限制也会减少（想想你参加的上一个狂欢舞会）。在许多情况下，与独自决策相比，群体成员更愿意考虑比较冒险的方案。

参照群体（reference groups）是消费者想取悦或模仿的一组人。当消费者在决定穿什么、去哪玩儿以及买什么牌子的产品时，就会参考这些人的行为。这种影响可以以不同的方式产生，如家庭或朋友。营销人员经常试图创造一个真正的粉丝社区，他们会传播关于服装、汽车、音乐、运动队和电影的信息。卢卡斯影业（Lucasfilm）的《星球大战》系列在这方面做得最好。制片厂甚至雇了一名全职的粉丝关系主管。

意见领袖

如果你像达瑞斯一样想买一辆新车，你会向某个人寻求建议吗？**意见领袖（opinion leader）**是影响他人态度或行为的人，因为他们相信这个人有产品方面的专门知识。意见领袖通常在产品品类上表现出很强烈的兴趣。他们会通过阅读博客、与销售人员交谈或订阅有关此主题的播客来不断扩充他们的知识面。由于这种投入，意见领袖是宝贵的信息来源。

与那些收取费用来代表某一公司利益的商业代言人不同，意见领袖没有必要苦口婆心地推销并传播产品正

从 1999 年《星球大战前传 1：幽灵的威胁》上映开始，卢卡斯影业每隔一年举办一场名为"星球大战庆典"的大型聚会，吸引近 5 万名绝地武士、伍基人和冲锋队员装扮的粉丝齐聚一堂。

负两方面的信息（除非他们收了钱）。另外，这些有见识的消费者通常是最早购买新产品的人，所以他们承担了大部分风险，并且降低了其他消费者使用的不确定性。

性别角色

一些强烈的从众压力来自我们的**性别角色（gender roles）**，或社会对男性和女性应该表现出的"合适"态度、行为和外表的期望。当然，营销人员在"教育"消费者社会期望他们作为男性和女性如何表现方面发挥着重大作用。营销传播和产品通常根据社会中的性别角色期望来试图塑造消费者。

传统的性别刻板印象认为女性是照顾家庭的人（caretaker），男性则是养家糊口的人（breadwinner）。自20世纪60年代以来女性劳动力参与率的上升和双职工家庭数量的增加改变了社会的期望。每天，我们都会遇到社会影响，这些影响表明"适当的"性别角色应该是什么，并告诉作为消费者的我们适合每个性别的产品是什么。

性别角色对许多产品的销售有很大影响。例如，就在很多年前，大多数男性都不会考虑使用护肤品，因为护肤品被认为只供女性使用。如今，许多文化都接受男士使用护肤品。越来越多的知名护肤品牌现在为男性提供产品——从价格适中的玉兰油、欧莱雅和露得清到更昂贵的奢侈品牌倩碧、迪奥和香奈儿。男士美容产品预计将从2018年的约600亿美元增长到2024年的810亿美元。

好消息是，性别角色确实因文化而异，并且正在发生变化。虽然妻子在家里做饭、打扫卫生和照顾孩子，只有丈夫外出工作的旧习俗在某些文化中仍然存在，但这种习俗正在被更多的分担责任所取代。在越来越多的家庭中，男女双方都参与所有活动。

此外，养家糊口的主力军正在发生变化。在一项研究中，将近40%的已婚职业女性的收入比她们的伴侣多。

随着消费者体验到越来越多性别中立的化妆品广告，男性使用睫毛膏等化妆品的趋势越来越明显。

尽管如此，一些反映消费者对性别的夸大期望的性别典型产品仍然存在，这些产品往往脱离了现实情况。例如，许多消费者和女权主义者声称，芭比娃娃强化了关于女性身体应该是什么样子的不切实际的想法。作为回应，美泰公司最近重制了传统的金发芭比娃娃，有各种肤色、发型和服装，以吸引更多样化的市场。

如今，许多品牌都在利用广告和其他营销活动（希望）限制过时性别角色规范的影响，因为这些性别角色的划分滋生了歧视。无论是通过他们对节目内容的选择、广告出现的位置，还是广告本身的内容，我们发现越来越多的品牌支持接受所有人群。

学习目标总结

情境影响因素包括物理环境和时间压力，包括装饰、气味、光、音乐甚至温度在内的物理环境维度会影响消费；一天中的某个时间，一年中的某个季节，以及个人选择的时间也会影响消费者决策。消费者对产品的整体偏好是由他们所在的文化和他们所在的不同亚文化，以及文化价值观，如集体主义文化和个体主义文化等决定的。消费主义是一种保护消费者不受不良商业行为影响的社会运动。环境保护主义是另一种社会运动，以寻找保护自然环境的方式。当公司需要做出有关保护环境的决策时，公司会进行环境管理。绿色营销决策包括环保产品包装和产品设计。社会阶层、群体成员和意见领袖是影响消费者选择的其他社会因素。参照群体是消费者想要取悦或模仿的一组人，这影响着消费者的购买决策。购买行为通常也会因为遵从群体一致性的压力而产生。

在社会对男人和女人性别角色的期望中可感受到社会因素产生影响的另一种方式。这些期望就导致了很多区别性别产品的诞生。今天，随着文化和性别角色的变化，许多营销计划提出了广告和其他策略，以支持接受所有人群，从而减少歧视。

B2B 市场：面向企业客户的购买和销售

你可能认为大部分营销人员每天都在想用最好的方法向消费者促销前沿的产品，如 iPhone 的新应用程序、让你保持活力的运动饮料或者能给你的衣橱添彩的弹力鞋，但这并不是全部。很多营销人员知道"大买卖"在于公司销售给企业或组织的产品，而不是像你这样的最终消费者——提高企业效率的应用程序、工厂的安全护目镜、超市的手推车，或在机场跟踪行李的传感器。事实上，对年轻的营销人员来说，一些最有趣也最有吸引力的工作隐藏在那些你从未听说过的行业中，因为这些公司并不直接和消费者打交道。

和最终消费者一样，企业购买者也要做决策——但是有个重要的不同点：企业的采购可能价值几百万美元，卖方和买方都承担着巨大的风险（甚至还涉及他们的职位）。一位顾客可能决定一次购买两三件 T 恤，每件都有不同的设计。像埃克森美孚、百事可乐和联邦快递这样的财富 500 强企业，一个订单有可能采购几百甚至上千件绣有其公司标识的员工制服。

想一下这些交易：宝洁与多家广告公司签订合同，在全球推广其品牌。纽约大都会歌剧院（Metropolitan Opera）购买服装、设备和节目。马克餐厅（Mac's Diner）从 BJ 仓储式会员店（BJS Wholesale Club）购买罐装豌豆。美国政府的订单是订购 3000 台新的惠普激光打印机。阿联酋航空公司签署了一份价值 160 亿美元的订单，订购多达 36 架超大型 500 座空中飞机 A380。

这些交易都有一个共同点：它们是 B2B 营销的一部分。B2B 营销是针对商业客户和其他组织出于非个人消费目的购买有形产品和服务而进行的营销。一些公司会将这些有形产品和服务转售，成为分销渠道的一部分，我们将在第 11 章和 12 章中再次讨论这个概念。其他公司使用购买的商品和服务来生产满足客户需求的其他商品和服务或支持自己的运营。这些 **B2B 市场（business-to-business markets）**，也称**组织市场（organizational markets）**，包括制造商和其他产品生产商、批发商、零售商以及其他组织，例如医院、大学和政府机构。

为了正确看待商业市场的规模和复杂性，让我们考虑一种产品——牛仔裤。一位消费者可能浏览了几货架的牛仔裤并最终购买了一条，但是在消费者购物商店工作的买家不得不从不同制造商那里购买多条不同尺寸、款式和品牌的牛仔裤。这些制造商中的每一个都从其他制造商那里购买面料、拉链、纽扣和线，而那些制造商又购买原材料来制造这些组件。此外，这条链中的所有公司都需要购买设备、电力、劳动力、计算机系统、法律和会计服务、保险、办公用品、包装材料，以及其他商品和服务。因此，即使是购买一条"7 For All Mankind"牛仔裤，也是许多组织之间一系列买卖活动的结果你购物时，许多人一直在忙碌！本节我们先讲一下购买商品服务的不同类型的商业客户、B2B 采购的不同类型，以及 B2B 决策过程中的步骤。然后，我们来看看 B2B 电子商务和数字营销。

B2B 客户的类型

我们之前提到，很多企业在商业市场中采购产品来生产其他产品。其他一些 B2B 客户转卖、租借或出租商品和服务。还有一些客户，包括政府和像红十字会及当地教堂这样的非营利组织，以某种方式服务于公众。在这一部分，我们来认识图 6-8 所示的 B2B 市场中的三大类客户（生产商、中间商和组织），然后学习如何给特定领域分类。

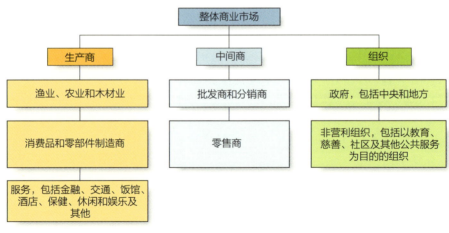

图 6-8 商业市场

商业市场由三大类客户组成：生产商、中间商和组织。如果 B2B 营销人员想要与他们建立成功的关系，就必须了解这些客户的不同需求。

生产商

生产商（producers） 购买产品用于生产其他商品和提供服务，然后将这些产品出售以赚取利润。出于这个原因，他们是大量产品的客户，从原材料到其他生产商生产的商品。例如，戴尔公司向计算机生产链中的英特尔和 AMD 公司购买微处理器芯片，万豪酒店采购亚麻制品、家具和食物来提供客人们所期望的住宿和饮食条件。除了商品制造商之外，渔业、农业和木材行业也被视为生产者。

中间商

中间商（resellers），包括实体店和在线卖家，购买成品是为了转卖或出租给消费者和其他企业。尽管中间商实际上并不生产商品，但他们确实为客户提供了我们在第 1 章中谈到的时间、地点和占有效用，因为他们让消费者在他们需要的时间和地点获得了商品。例如，沃尔玛购买牙膏、花生、童鞋和其他产品，在其全球 11500 多家商店中销售。

沃尔玛、沃尔格林和克罗格超市等大型零售企业以及好市多和山姆等批发商越来越多地接管了以前由批发商和分销商承担的职能。这意味着如今中间商越来越少。

组织

政府和非营利机构是商业市场中的另外两种类型的组织。**政府市场（government markets）** 构成了美国最大的单一企业和组织市场。美国政府市场包括 3000 多个县政府、35000 个市镇政府、37000 个特区政府、50 个州和哥伦比亚特区，以及联邦政府。经济分析局（BEA）报告称，2016 年政府支出为 32670 亿美元，实际上比企业支出的 30570 亿美元还要多。

当然，在全球范围内还有几千个政府组织，而且其中的很多政府是某些产品的唯一买方，如喷气式轰炸机和核电厂。但是很多政府支出是常用商品的支出。为办公采购钢笔、铅笔和纸张，为监狱和拘留所采购轻便小床、床上用品和厕所用品，以及为常规设备维护采购清洁用品，这些只是消费者每次少量购买而政府大量购买的例子。

非营利机构（not-for-profit institution） 是以教育、社区及其他公共服务为目标的组织，如医院、教堂、大学、博物馆和慈善机构，以及像红十字会这样的事业型组织。这些机构一般是以低预算水平运行。因为通常是一些兼有其他任务的非专业兼职购买者进行采购，所以这些客户可能在购买前后依赖营销人员提供更多的建议和帮助。

北美产业分类系统

除了在这三个一般类别中了解 B2B 市场外，营销人员还依靠**北美产业分类系统（NAICS）**来识别客户。这是美国、加拿大和墨西哥开发的行业的数字编码。表 6-1 说明了 NAICS 编码系统的工作原理。NAICS 在 1997 年替代了美国标准工业分类体系（SIC），这样在北美自由贸易协定（NAFTA）范围内的国家就可以比较其经济和金融数据。NAICS 报告企业的代码、销售总额、员工数量及行业增长率，而这些都是以地理区域来分类的。很多企业使用 NAICS 来评价潜在市场，并且确定与产业集群中的其他公司相比自己做得如何。

公司也可以使用 NAICS 寻找新客户。营销人员首先确定他/她当前客户的 NAICS 行业分类，然后评估占据这些类别的其他公司的销售潜力。

表6-1　关于北美产业分类系统的示例

	冷冻水果示例	移动电话示例
门类（两位数字）	31~33 制造业	51 信息
子门类（三位数字）	311 食品制造业	513 广播和通信
产业分组（四位数字）	3114 水果和蔬菜保存及特殊食品加工	5133 通信
产业（五位数字）	31141 冷冻食品加工	51332 无线通信运营商
美国产业（六位数字）	311411 冷冻水果、果汁和蔬菜加工	513322 手机和其他无线通信设备

影响 B2B 市场的因素

从理论上讲，相同的基本营销准则——企业识别消费者的需求并制定相应的营销组合策略来满足这些需求——应该在消费者市场和 B2B 市场都行得通。以制造教室中的桌椅的企业为例，就像营销消费品的企业一样，教室设备生产企业必须先在大学这类目标客户中建立重要的竞争优

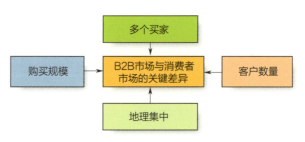

图6-9　商业市场和消费者市场的关键差异
B2B 市场和消费者市场之间存在许多差异。要取得成功，营销人员必须了解这些差异并制定针对组织客户的策略。

势。然后，企业需要相应的营销组合策略，让客户知道自己的教室设备产品可以供上千名学生长期使用，同时也能提供学习环境所要求的舒适度。企业必须制定一个学校能支付得起且又能让企业获利的价格。接下来，企业必须组建一个销售团队或制定其他营销传播策略来确保学校在布置教室时会考虑企业的产品，并最终买下。

尽管对商业客户营销与对消费者营销有共同点，但还是有一些不同点。图6-9 总结了存在不同点的关键领域，表6-2 提供了两类市场对比。

表6-2　B2B 市场和消费者市场的差异

B2B 市场	消费者市场
出于个人消费以外的其他目的而进行的购买	为个人或家庭消费而购买
由产品用户以外的其他人进行的购买	最终用户经常进行购买
经常几个人做决定	通常是个人或小团体，如夫妻和家庭
根据和产品专业知识相关的技术规范进行采购	购买通常基于品牌声誉或个人推荐，很少或没有产品专业知识
仔细权衡替代品后进行购买	经常冲动购买

MARKETING: REAL PEOPLE, REAL CHOICES
营销的真相（原书第11版）

B2B 市场	消费者市场
基于理性标准的购买	基于对产品或促销的情绪反应的购买
购买者经常需要冗长的决策过程	购买者经常快速做出决定
买卖双方是相互依存关系，长期关系	买家与许多不同的卖家建立有期限或一次性的关系
采购可能涉及竞标、价格谈判和复杂的财务流程	大多数购买是用现金或信用卡按标价完成的
经常直接从生产商处购买产品	产品通常是从产品生产商以外的其他人处购买的
采购经常涉及高风险和高成本	大多数采购风险和成本都相对较低
数量有限的大买家	许多个人或家庭客户
买家通常集中分布在某些地区	买家通常是分散的
产品通常很复杂，往往会根据组织的使用方式分类	产品为供个人使用的消费品和服务
需求源于对其他商品和服务的需求，短期内通常缺乏弹性，受波动影响，并且可能与它们对其他商品和服务的需求相结合	基于消费者需要和偏好的需求，一般都具有价格弹性，在长期内稳定且独立于对其他产品的需求
重点在于个人推销	重点在广告促销，包括在线和社交媒体

多个买家

在 B2B 市场中，产品通常不仅仅满足个人的需求，还要满足参与公司采购决策的每个人的要求。如果你决定为你的房间或公寓购买一把新椅子，你是唯一需要被满足的人。对于你的教室，家具不仅要让学生满意，还要让教职员工、行政人员、校园规划人员和学校实际采购人员满意。如果你的学校是州立或其他政府机构，家具可能还必须符合某些政府规定的工程标准。如果有正式的绿色倡议，则你购买的产品必须符合相关环保标准。

客户数量

与最终用户消费者相比，组织客户少之又少。2019 年美国有 1.286 亿个消费家庭，但只有 3250 万个企业和其他组织。

采购规模和成本

B2B 产品在订购商品的数量和单件商品的成本方面都使消费者的购买相形见绌。例如，一家向其他企业出租制服的公司每年购买数百桶洗衣粉来清洗其制服。相比之下，即使是处理成堆脏袜子和短裤的铁杆足球家庭，也只是每隔几周才用一盒清洁剂。

组织购买许多产品，例如高度复杂的制造设备、可能花费数百万美元的营销信息系统，以及十几架价值数十亿美元的新型喷气客机。认识到购买规模的差异可以让营销人员制定有效的营销策略。

地理集中度

商业市场和消费者市场的另一个不同体现在地理集中度上，即很多企业客户位于小区域内而不是分散在整个国家范围内。不管他们是位于纽约市中心还是俄勒冈州的小渔村，消费者都要购买和使用牙膏和电视。硅谷是加州沿岸的一个长廊地带，由于这里高度集中了高技能工程师和科学家，因此其多年来成为成千上万家电子和软件公司的聚集地。对于那些想在这些市场销售产品的 B2B 营销人员来说，这意味着他们需要集中自己的销售力量，甚至可能在一个地方设置分销中心。

B2B 需求

商业市场的需求与消费者需求也不同。多数 B2B 市场需求都是衍生的、缺乏弹性、有波动，并可能是联合需求。了解这些因素如何影响 B2B 需求对于营销人员预测销售和制定有效的营销策略非常重要。当然，这些并不是营销成功的最大因素。在 2020 年新冠疫情期间，消费者和企业需求都经历了大幅下降，导致小型夫妻店和大公司都宣布破产或关闭。下面我们来详细了解一下每个概念。

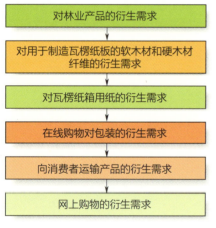

图 6-10　衍生需求
B2B 需求是衍生需求。也就是说，需求直接或间接来源于消费者对另一种商品或服务的需求。对林业产品的一些需求间接来源于对瓦楞纸箱的需求，而这些瓦楞纸箱是用来运送我们在网上购买的产品的。

衍生需求

当自己有了需要，并且试图去满足需要时，消费者需求就产生了。但是企业客户不会购买商品和服务来满足他们的需要。取而代之的是，企业根据**衍生需求（derived demand）**开展业务，因为企业对商品和服务的需求直接或间接来自消费者对其产品的需求，见图 6-10。

对木制品的需求来源于对纸浆的需求，而纸商需要用纸浆来制作课堂中使用的课本。对课本的需求来源于对教育的需求。衍生需求的结果是，一家企业的成功可能取决于处于不同行业中的另一家企业的成功与否。企业需求的这种衍生特征使营销人员必须持续关注最终会影响 B2B 销售的消费趋势变化。如果上大学的学生少了，卖出去的书就更少，那么林业企业必须为其产品寻找其他需求渠道。

无弹性需求

无弹性需求是指 B2B 产品价格的上升和下降通常不会对需求产生什么影响，B2B 客户仍会采购相同的货物量。B2B 市场的需求大多缺乏弹性，因为通常企业所销售的产品恰恰是生产最终消费品的许多零件或材料中的一种。商业产品价格大幅上涨对最终消费品价格影响不大的情况并不少见。

例如，你可以买一辆昂贵的宝马 M4 Coupe，但为这一选择要"承担"80000 美元。为了生产这种车，宝马公司采购了几千种不同的零件。不管轮胎、电池或立体声系统的价格是上升还是下降，宝马公司仍然会采购足够的零件数量来满足消费者对车的需求。你可以想象，价格提高 30 或 40 美元甚至是 100 美元都不会改变消费者对 M4 的需求，所以公司对零部件的需求也一样保持不变。

波动需求

与消费者需求相比，企业市场需求也倾向于有更大的波动性。原因有两个：第一，即使是很小的消费者需求变动都会造成企业市场需求的大幅度增加或减少。以航空旅行为例。乘客由于担心感染新冠而不愿坐飞机，是可能导致航空公司推迟或取消新设备订单的众多因素之一。这种变化反过来又导致对波音（Boeing）和空中客车（Airbus）等制造商的飞机的需求急剧下降。

产品的寿命预期是需求波动的另一个原因。企业客户并不经常购买某种产品。可能每 10 年或 20 年才需要替换一些大型机器。因此，对这些产品的需求是波动的——在很多客户的机器都出现故障的那一年可能很高，但在接下来的一年可能很低，因为所有顾客的老机器都运行良好。营销人员还可以催生波动的需求。当波音或空客开发出更省油的喷气式飞机时，航空公司可能会通过购买全新机队，并将旧飞机卖给全球二手飞机市场，来增加利润。

联合需求

当生产产品需要两种或多种"原料"时，就会出现**联合需求（joint demand）**。例如，宝马需要轮胎、电池和火花塞来制造之前引起你兴趣的 M4。如果其中一个零件的供应量减少，宝马就不能生产出足够多的汽车，所以也就不可能采购足够多的其他产品。

学习目标总结

B2B 市场包含那些出于非个人消费目的而采购商品和服务的企业或组织客户。商业客户包括生产商、中间商、组织。生产商购买原材料、零部件和各种产品和服务，用于生产出售以获取利润的其他商品和服务。中间商采购转卖可获利的制成品和其他一些能维持自身运营的产品和服务。组织采购必要的产品和服务来达成其自身目标。由北美自由贸易协定国家所开发的数字化编码体系，即北美产业分类系统，是商业和组织市场广泛使用的分类系统。

商业市场和消费者市场之间有许多不同。为了达到成功销售的目的，营销人员必须了解这些不同并制定对组织客户有效的营销策略。例如，企业客户通常数量比较少，地理上分布比较集中，而且一般会大量购买价格较高的产品。企业需求可能是其对其他商品或服务需求的衍生需求，可能是受价格波动影响的波动需求，也可能是与对其他产品的需求相联系的联合需求。

6.5 企业购买情境和企业购买决策过程

到目前为止，我们已经讨论了 B2B 市场与消费者市场的不同以及组成商业市场的消费者的不同类型。在这一部分，我们将讨论商业采购情景的一些重要特点。这一点很重要，因为就像那些将产品卖给最终消费者的企业一样，成功的 B2B 营销人员需要了解他的客户如何做决策。有了这方面的知识，公司从一开始就能参与消费者的购买决策过程。

图 6-11　采购框架的元素

采购框架的元素涉及三种不同的组织购买情况：直接重购、修正重购和全新采购。

采购框架

和最终消费者一样，采购人员在一些采购上花费的时间和精力要多于其他采购。这通常取决于产品的复杂性以及制定决策的频率。如图 6-11 所示，**采购分类（buyclass）**框架确定了做出决定所需的时间和精力的程度。应用于三种不同采购情境当中的分类是直接重购、修正重购和全新采购。当然，在现实中，日常采购的复杂性和频率可能决定了该采购属于任意一种类型，从最简单的重新购买到高度复杂的全新采购。

直接重购

直接重购（straight rebuy）指例行购买 B2B 客户定期需要的产品。买方之前已经多次采购相同的产品，所以当存货降低时就例行性地再次订购，并且通常都是从同一个供应商那里订货。重新订购相同的产品几乎不花什么时间。买方通常会保留一份经过认证的卖方名单，这些卖方已经证明了自己有能力达到企业的价格、质量、服务和运输等方面的标准。通用电器医疗集团（GE Healthcare）的顾客会例行购买基本外科套装（医生和护士在手术室中所穿的衣服和戴的帽子），而不是每次购买都重新考虑卖家。

因为直接重购通常对公司维持稳定的利润流有重要贡献，很多 B2B 营销人员会投入大量时间来培养并维持与那些定期提交大订单的客户之间的关系。营销人员会定期与这些客户进行电话沟通来亲自处理订单，同时也看看这些客户是否需要其他产品，并请采购代理共进午餐。目的是确保客户在每次产品存量较少时不需要仔细考虑就购买相同产品。重购能让供应商的销售额上升，同时有助于回收销售成本。

修正重购

当企业决定寻找一家有更优的价格、质量或运输时效更有保障的供应商时，就出现了**修正重购（modified rebuy）**。当组织面临对其已购买产品的新需求时，也会出现这种情况。例如，为其销售人员购买了许多戴尔笔记本电脑的买家可能会在公司更换这些旧机器时选择重新评估其他几个选项。

与直接重购相比，修正重购需要投入更多的时间和精力。一般情况下，采购方知道采购要求并且记住了几个潜在供应商。营销人员知道修正重购意味着一些卖家会被添加到买方的许可名单中，而另一些卖家则可能被剔除。因此，即使一家公司过去从戴尔购买了笔记本电脑，这并不一定意味着它将来也会这样做，因为苹果、惠普和其他公司可能推出了更小、更轻、更强大的电脑。

全新采购

首次购买是**新购任务（new-task buy）**。不确定性和风险是此类购买决策的特征，而做这些决策需要为此付出最大的努力，因为购买者没有以往的经验作为决策的依据。

例如，某大学可能会决定将更多资金投入在线教育，要购买最先进的软件来进行数字化监考。对于学校来说，这是一项复杂的全新采购。在全新的采购情况下，买方不仅缺乏产品经验，而且他们通常也不熟悉供应该产品的公司。供应商的选择至关重要，买方会从很多潜在供应商那里收集有关质量、价格、运输和服务方面的信息。

营销人员知道，要想在全新采购情境中拿下订单，就必须与买方建立亲密的工作关系。有很多情况是营销人员通过说服人们，向别人推荐他们的产品来集中销售产品——这些人是实际购买产品的最终消费者之外的人。举个比较接近的例子，想一想组成高等教育产业的所有产品和服务。例如，即使你愿意付钱购买极其难懂的教材，但你的教授才是那个做决策并分配教材的人。他/她在认真考虑了多种教材并与多家出版社的销售代表交谈之后才做出决策。

专业买家和采购中心

对营销人员来说，了解客户很重要。与此类似，B2B 营销人员了解谁为客户采购也很重要。受过培训的专业采购人员通常在 B2B 市场上采购。这些人都有头衔如采购代理、采购专员或物资管理主管。

大部分人花在闲逛上的时间很少，专业采购人员却每天都在采购，因为这是他们的工作且他们有责任去买东西。这些人关注的经济因素不只是产品的原始价格，还包括运输和交货费用、附属产品或物资、维护费用和其他正在发生的成本。他们负责挑选质优的产品并保证及时交货。他们逛街采购是因为他们的工作就是这个。

很多时候，企业采购由几个人——从生产工人到首席财务官——一起商议以达成一致。**采购中心（buying center）**是组织中参与采购决策过程的一群人。尽管这一术语可能让人脑海中浮现出采购活动"指挥中心"的画面，但采购中心并不是一个地点，而是决策者组成的"跨职能小组"。

采购中心并不是一个地点。一般来说，采购中心成员对特定的决策有不同的专业知识和兴趣，而且作为一个小组，其能制定最好的决策。

根据购买的复杂性和采购中心的规模，参与者可以承担表6-3所示的六个角色中的一个、几个或全部。现在让我们来介绍一下这些角色。

表6-3　采购中心里的角色

角色	潜在角色	职责
发起者	任何人	意识到采购需求
使用者	任何人	最终使用产品的个人
守门人	买家、采购代理	控制信息传播到组织中的其他人
影响者	工程师、质量控制专家、技术专家、外部顾问	通过提供建议和分享专业知识来影响决策
决策者	采购代理、经理、首席执行官	做出最终购买决定
采购者	采购代理	执行购买决策

- 发起者通过确认公司确实需要采购来开始整个采购过程。例如，生产工人可能发现一台机器没有正常运转并通知主管这会减缓生产线速度。根据发起者在组织里的地位及采购类型的不同，发起者可能会也可能不会影响实际采购决策。对营销人员来说，确保那些可能发起采购的人认识到公司提供了改进性的产品是很重要的。

- 使用者是采购中心里实际需要产品的人。采购中心中使用者的角色各异。例如，行政助理可能会提出她对新复印机特点的要求，因为她每天都要在那里忙几个小时。营销人员需要告知产品使用者他们公司产品的好处。

- 守门人是信息控制者，是控制信息流向其他成员的人。一般来说，守门人是采购代理人，负责在采购过程中从销售人员那里收集信息和材料、安排销售展示并且组织供应商和其他成员的接触。对于销售人员而言，与守门人建立并保持牢固的个人关系对于将产品提供给采购中心至关重要。

- 影响者在发布建议或分享专业技术时会影响采购决策。经过培训的职员如工程师、质量控制专家及公司里的其他技术专家通常在采购公司生产所需的设备、原料和零部件方面都有很大影响力。影响者可能会也可能不会结束对某些产品的使用。营销人员需要识别出采购中心的主要影响者，并告知他们产品的优越性。

- 决策者是采购中心里做最终决策的人。通常是采购中心最有权力的人，而且通常在组织内有权批准公司资金的使用。对于例行性采购，决策者可能是采购员。如果采购很复杂，经理或首席执行官可能是决策者。显然，决策者对营销人员的成功很关键，值得在销售过程中获得更多关注。

- 采购者是负责执行采购的人。采购者进行竞争投标、合同谈判，并安排交货日期和付款计划。一旦公司做出采购决策，营销人员就要把注意力转移到与采购者的采购细节谈判上。成功的营销人员很清楚，在这一采购环节中提供优质服务是企业获得订单的关键因素。

商业采购决策过程

我们已经看到，在商业购买过程中有许多参与者，从发起人开始到采购者结束。对营销人员更具挑战性的事情是：在营销人员获得订单之前，采购团队的成员在决策过程中要经历几个阶段。如图 6-12 所示，企业购买决策过程是一系列类似于我们在本章前面讨论的消费者决策过程中的步骤。为了帮助你理解这些步骤，假设你刚刚开始在 Way Radical 滑板公司工作，老板把你分配到为网页设计购买软件的采购中心，这对你的公司来说是一次全新采购。

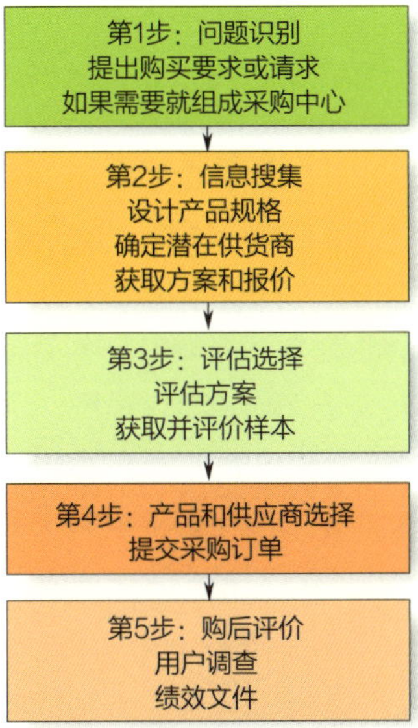

第 1 步：问题识别

当有人发现存在的问题可以通过采购来解决时，商业采购决策过程的第 1 步就发生了。对直接重购来说，出现这一情况可能是因为公司的纸、笔或垃圾袋用完了。在这些情况下，采购人员直接下订单订购，决策过程就此结束。而修正重购的采购需求往往发生在组织因技术变更或广告、产品宣传册及其他营销推荐品质更好或价格更低的产品而希望替换过时的现存设备的时候。

在问题识别步骤中可能会发生两件事情。首先，公司成员通常以书面形式提出请求或要求。随着公司将采购流程转移到更大的数据管理系统中，请求可能会以在线形式出现。其次，根据采购的复杂程度，公司可能会设立一个采购中心。全新采购的情境经常出现，因为公司希望以某种方式增强其运营能力，或者精明的销售人员往往会告诉客户有一种新产品可以提高公司运营效率或改进公司的产品。

图 6-12 商业采购决策过程

商业采购决策过程中的步骤与消费者购买决策过程中的步骤相同。但对于企业采购而言，每一步都可能复杂得多，需要营销人员多关注。

第 2 步：信息搜集

决策过程（除直接重购之外的采购）的第 2 步是，采购中心要搜集关于产品和供应商的信息。采购中心的成员可能单独也可能共同查阅商业杂志和期刊上的报告，向外部顾问寻求建议，并且密切关注从不同生产商和供应商那里收集来的营销信息。当然，就像在消费者市场中一样，营销人员的工作就是确保商业客户不论何时何地都能得到他们所需的信息——这通过在商业杂志上做广告，向潜在客户邮寄宣传册或者其他印刷资料，使用搜索引擎营销或优化以及其他通信方式，或让受过良好训练的专业销售人员定期与客户进行电话沟通以建立长期友好的关系来实现。我们将在本章后面详细讨论 B2B 公司如何使用互联网和社交媒体来增加销售额。

有几千种专业出版物能满足你能想到的任何行业要求，其通常由主导行业的行业协会赞助，并且每种都有可满足具体需求的来自竞争公司的信息。

有时，B2B 营销人员会尝试通过不太专业的媒体将有关其产品的信息交到买家手中。例如，近年来美国哥伦布家庭人寿保险公司（Aflac）在电视上做了大量广告（包括鸭子的形象），尽管它的大多数客户都在 B2B 领域。事实上，许多终端用户对 Aflac 卖的是什么一点概念都没有，但他们肯定喜欢学这只鸭子的滑稽动作"嘎嘎叫"。事实上，Aflac 的主要业务是与企业（超过 40000 家）合作，通过各种类型的保险和其他福利来提高员工福利待遇，以改善公司员工的招聘和留用。但他们直接在大众媒体上做广告的策略非常出色；现在，当组织采购员或人力资源经理搜索这些服务时，Aflac 的名字肯定会排在首位。

商业买家通常会制定**产品规格（product specifications）**，即对购买的质量、尺寸、重量、颜色、特性、数量、培训、保修、服务条款和交付要求的书面说明。当产品需求很复杂或技术性要求很高时，工程师和其他专家就是关键参与人，要确定他们所要求的具体产品特征，确定企业是使用标准化产品或现成产品，还是需要定制商品和服务。一旦确定产品规格，下一步就是确定潜在供应商，并从一个或多个供应商那里获得书面或口头的方案或标的。对于不同生产商之间几乎无差别的标准化产品或品牌产品来说，这可能和非正式定价信息请求一样简单，包括折扣、运费和交货日期的确认。在其他情况下，潜在供应商会收到正式的书面意见请求或报价邀请函，要求供应商提供详细的信息。

第 3 步：评估选择

在采购这一阶段，采购中心要评估其收到的方案。采购产品和服务的总花费对公司的赢利有很大影响，所以在其他情况相同的前提下，价格是主要的考虑因素。定价评估必须考虑到数量折扣政策、退货政策、修理和维护服务的成本、支付条款以及大型采购的成本。对固定设备而言，成本标准还包括采购生命周期预期、预期的再销售价值以及旧设备的处理成本。在有些情况下，采购中心会与其优先选择的供应商谈判以获得最低报价。

虽然大多时候一家公司会选择最低报价的投标者，但是仍然可能有例外。例如，在利润较高的 B2B 市场上，美国运通公司（American Express）通过竞标获得了旅行代理服务，因为其提供了其他代理商未提供的服务。一家生产和向医院销售高科技医疗设备的公司可能会在某件物品需要维修或维修时提供免费贷款，而其他供应商则不会，因此赢得投标。

采购越复杂越昂贵，买家花在搜寻最佳供应商上的时间就越多——营销人员为了获取订单就必须付出更多的努力。在一些情况下，公司会要求一个或多个现有客户参与**客户参考计划（customer reference program）**。在这些情况下，作为由有相似需求的成员组成的在线社区中的一员，客户通常可以正式地与其他潜在客户分享经验并积极推荐产品。

营销人员通常要向采购中心进行正式介绍和产品演示。如果安装设备和大型机器，营销人员有时会安排买方与其他客户会话，甚至参观他们的工厂来观察产品运转情况。

MARKETING REAL PEOPLE, REAL CHOICES
营销的真相（原书第 11 版）

对于不太复杂的产品，采购企业可能会向潜在供应商索取产品样品，这样他们就可以亲自评估了。

第4步：产品和供应商选择

一旦买方评估了所有的方案，就到了做选择的时候了。采购过程的下一步就是做采购决策，即采购中心选择了满足企业需求的最佳产品和供应商。对于能保证企业在不受干扰的情况下平稳运行的设备和系统来说，可靠性和耐用性的评级尤其重要。对于某些采购而言，保修、维修服务和售后定期维护也很重要。

买方所做的重要决策之一就是确定有多少供应商能满足企业需求。有时只有一个供应商要比有多个供应商对组织更有利。当公司需要经常交货或专业化产品时，买卖双方紧密合作的**单一货源（single sourcing）**尤为重要。单一货源有助于确保生产过程中选用的材料质量的一致性。但是依赖单一货源就意味着公司要完全依赖所选供应商提供必要的产品或服务并不能间断。如果单一货源没有及时提供足够的货物，那么公司与其最终用户的关系会受到很大影响。

不过，使用一个或少数供应商要比使用多个供应商有优势。从一个供应商处采购的企业在与供应商谈判价格和合同条款时就成了有很大话语权的客户。而且，一个或少数供应商还能降低公司的管理成本，因为与使用多个货源相比，这样需要支付的票据更少、需要谈判的合同更少，且需要的销售人员更少。

相比之下，**多货源（multiple sourcing）**意味着从多个不同的供应商处购买产品。在此方式下，供应商更有可能维持价格竞争力。如果一家供应商有交货问题，企业还可以转而依靠其他供应商。例如，汽车制造商不会从一个供应商那里购买新产品，除非这个卖家的竞争对手也能够生产同样的产品。这一政策常常会扼杀创新，但其确实保证了装配线上所需部件的稳定供给。

有时供应商的选择是基于**利益互惠（reciprocity）**，即买卖双方通过必要的说明即"我从你那里购买，你从我这里购买"，都同意成为对方的客户。例如，为生产卡车的企业供应零部件的供应商同意只从那家企业购买卡车。

美国政府反对互惠协议，而且常常认为大公司的这类协议是非法的，因为会限制自由竞争，新供应商根本就没有机会与享受优惠的供应商对抗。在美国，在那些没有大到足以控制行业中较大比重业务的小公司之间的互惠是合法的，但前提是双方都同意互惠协议。在其他国家，互惠是一种普遍的行为，甚至B2B市场期望有这样的行为。

外包（outsourcing）是指公司利用外部供应商提供那些本可以自己提供的产品或服务。例如，索迪斯集团是世界上最大的食品和设备管理服务外包商，其在北美市场拥有13000家客户，服务1500万消费者。学院和大学是其主要客户，因为这些教育机构想把资源集中于教育学生而不是准备和供应食物上。

外包是受欢迎的策略，但有时也备受争议。很多批评者认为，美国公司与中国或印度等偏远地区的公司或个人签合同是为了让他们去做他们以前只在国内做的工作。

这一过程被称为**离岸经营**（offshoring）。这些工作包括从编程这样的复杂工作到预约餐桌、电话销售客服这类简单的工作。

还有一种买卖双方伙伴关系是**逆向营销**（reverse marketing）。与销售人员试图识别潜在客户然后推广其产品的方式不同，买方会努力寻找能生产满足特别需求产品的供应商，然后把这个想法"传递"给供应商。卖方的目的是满足采购公司的需求。通常大的家禽供应商会采用逆向营销策略。裴顿世家公司（Perdue）供应小鸡、鸡饲料，为鸡场提供资金、药物治疗以及农场主为公司下"金蛋"所需的其他一切东西。这保证了农场主的产品会有市场，同时也保证了裴顿的鸡种供应。

第 5 步：购后评价

就像消费者评价购买行为一样，组织购买者也会评价产品的性能以及供应商的表现是否达到了预期水平。买方会调查使用者，确定他们对产品以及供应商提供的安装、运输服务是否满意。对于商品生产商来说，这与采购公司产品的最终消费者的满意水平有关。对供应商产品的需求是增长、下降还是维持原来水平呢？通过记录和评价供应商的表现，企业可决定是否保留这个供应商。

购后评价的一个重要方面是测量。当你想要衡量顾客对一家公司及其产品和品牌的体验时，你肯定会不由自主地想到最终消费者，例如旅行者对他们在万豪酒店留宿的观点或对星巴克咖啡新口味的评价。相似的，在 B2B 世界里，管理人员非常注重他们从采购中得到的反馈意见。

B2B 电子商务和社交媒体

我们知道互联网给营销带来了很多变化，从新产品的制造到提供更有效且高效的营销传播策略冉到一些产品的实际分销。在商业市场中也是如此。**B2B 电子商务**（business-to-business e-commerce）是指两个或多个企业或组织通过互联网的信息、商品、服务和支付交易。其改变了商业运行的模式。使用互联网进行交易使得 B2B 营销人员可与供应商、工厂、分销商和他们的客户直接联系，极大缩短了订购和运输产品、追踪销售以及从客户那里获取反馈所需要的时间。

在最简单的 B2B 电子商务形式中，互联网提供了企业所需产品和服务的在线目录。公司发现向客户提供在线技术支持、产品信息、订单状态信息和客户服务时，互联网站是很重要的。例如，很多公司用电子文件代替纸质手册后节约了数百万美元。当然，B2B 电子商务也给不同的 B2B 服务行业创造了一些令人兴奋的机会。

内联网和外联网

尽管互联网是 B2B 电子商务的主要形式，但很多公司还在使用内联网，这为它们进行商业活动提供了更安全的方式。我们在第 4 章中提到过，内联网指利用互联网技术把公司各部门、员工和数据库联系起来的公司内部计算机网络。内联网只给有权限的员工使用。其允许公司以更强的控制力和一致性来处理内部交易，因为这比在整个网络上操作有更严格的安全措施。企业也可使用内联网开视频会议、分发内部文件、与地理分布较分散的分公司沟通交流并培训员工。

与内联网相反，**外联网（extranet）**允许组织外部的特定供应商、客户和其他人进入公司的内部系统。被授权使用公司外联网的企业客户可在网上下订单。外联网对那些需要与经销商、分销商和特许经营人之间进行安全交易和沟通的企业尤其有用。跟你想象的一样，内联网和外联网具有较高的效率，可以为公司节省开支。

除了节约公司资金以外，外联网也允许商业伙伴进行项目（如产品设计）合作并建立良好的合作关系。通用电气公司的外联网被称作交易过程网络，从一套在线购买程序开始，到现在发展成为可把通用电气与大型购买者（如联合爱迪生电力公司）联系起来的广泛适用的外联网在线社区。

B2B 电子商务的缺点

网上做生意的方式听起来好极了。但也存在很多安全风险，因为有太多的信息在网络空间里传递。你肯定听说过黑客从零售商和其他渠道获得大量消费者信用卡密码清单的事件。2018 年，脸书和冬奥会这两个全球性组织均遭到黑客攻击。但是企业还有更多的担忧。当黑客攻击企业网站时，他们会破坏公司记录并窃取商业机密。B2C 和 B2B 电子商务公司都担心安全认证问题和交易安全保证问题。这就是说要确保只有拥有权限的人才能进入网站并下单订货。你的大学可能建立了一个身份验证系统，该系统必须每周与你进行一次单独联系，以便访问。保持安全性也要求公司使这类与交易一同传递的信息不受黑客侵犯，如信用卡密码。

好心的员工也可能造成安全问题。他们可能因为没有小心保管进入系统的密码而让一些无权限的人进入了公司的计算机系统。例如，黑客可以猜出一些明显的密码——昵称、生日、爱好或配偶的名字。

一些员工通过泄露机密文件或侵入组织的计算机系统以获取敏感信息来故意制造安全漏洞。爱德华·斯诺登（Edward Snowden）因在担任美国国家安全局（National Security Agency）顾问期间向媒体泄露了数千份机密文件而出名。塔吉特百货公司的计算机系统也遭到了黑客的破坏，黑客安装了**恶意软件（malware）**（专为损坏或破坏计算机系统而设计的软件），尽管该零售商已采取保护措施，但仍被获得了超过 4000 万个信用卡号码和其他客户数据。

还有一种安全风险来自**间谍软件（spyware）**，这种软件会在未经个人或组织同意或知道的情况下从个人或组织的内联网秘密收集信息。许多间谍软件的目的是跟踪和存储网络上的活动记录，以便发送弹出式广告。当然，还有更多的恶意间谍软件不仅会跟踪用户，还会窃取用户登录信息以及信用卡和银行信息。这些使得组织有必要在安装防病毒软件之外进行反恶意软件和反间谍软件的维护。

为了增强网站和交易的安全性，很多公司现在都使用一些防护办法——最常用的两种方法是防火墙和加密。但是，正如我们在塔吉特事件上看到的那样，即使有这些保护措施也不总能 100% 抵御黑客。**防火墙（firewall）**是硬件和软件的组合，可确保只有经过授权的个人才能进入计算机系统。防火墙监测并控制互联网和内联网之间的所有交流来限制人进入。如果企业希望只有指定员工才能进入系统的特定部分时，他们甚至还会在内联网内设置另外的防火墙。尽管防火墙是有效的（没有什么是绝对安全的），但其需要持续监控。

加密（encryption）意味着对消息进行加扰，只有拥有正确"密钥"的人或计算机才能够使信息恢复。否则，它看起来就像乱码。如果没有合适的加密软件，就不能正确理解信息。若没有加密，一些不道德的人可以通过编写拦截和读取信息的"嗅探"程序来轻易地获取信用卡号码。"嗅探"程序用四位一组的数字来发现信息、复制数据。瞧！这样别人就获取了你的信用卡号码。

尽管有防火墙、加密及其他安全措施，但网络安全对 B2B 营销人员来说仍是严重的问题。对使用内联网和外联网的威胁已经超越了竞争企业间的间谍活动。黑客和网络罪犯们越来越精明老练，他们制造病毒或者使用其他干扰个人计算机和整个计算机系统的方法，这意味着所有企业买家和消费者都很容易受到攻击，所以必须保持警惕。

B2B 和社交媒体

尽管大多数人将社交媒体的商业使用与消费者营销联系在一起，但 B2B 组织正在增加对社交媒体的使用和预算。

- 最近的一项研究发现 B2B 营销人员最有可能使用的三个社交媒体网站：领英（89%）、推特（77%）和脸书（76%）。三个网站的重要性评级相对于使用率稍低：领英（71%）、推特（55%）和脸书（38%）。
- 83% 的人使用社交媒体来传递他们的内容营销策略。

与消费者营销一样，B2B 公司可以通过多种策略成功使用社交媒体进行营销。首先，社交媒体网站是识别目标受众的良好信息来源。了解你的竞争对手在社交媒体上与哪些潜在客户互动会很有帮助。而且，对于消费者营销人员和企业营销人员而言，社交媒体最重要的用途之一是监控你的客户和其他人对你的产品、你的公司和你的竞争对手的评价。社交媒体为营销人员或消费者提供了参与对话、获得问题答案和分享经验的平台，了解社交媒体的营销人员会在推特、脸书和博客上和消费者进行交流。他们能很好地回答问题，并在行业中建立信誉和提升地位。

学习目标总结

采购分类框架区分了制定商业采购决策所需的努力程度和所投入的精力。采购情境可以是直接重购、修正重购和全新采购。采购中心汇集了共同制定采购决策的一组人。采购中心里的角色有：①发起者，识别采购需求；② 使用者，使用最终产品；③守门人，控制流向别人的信息流；④影响者，分享建议和专业知识；⑤决策者，制定最终决策；⑥采购者，实施采购。企业购买的步骤与消费者决策的步骤相似，但往往更复杂。例如，在搜索信息时，B2B 公司经常制定书面的产品规格，确定潜在的供应商，并获得提案和报价。

B2B 电子商务指的是两个或多个商业或组织之间通过互联网进行信息、产品、服务或支付方面的交易。B2B 公司经常维护只允许员工访问的内联网，或者允许某些供应商和其他外部人员访问的外联网。公司通常会安装防火墙并使用加密技术来防止黑客和其他威胁公司内联网和外联网安全的问题。B2B 公司越来越多地利用社交媒体来收集目标受众的信息，增加品牌曝光率和网络流量，监控客户和其他人的言论，并提供与客户对话的平台。

打造你的品牌：雇主"购买"的原因

泰勒在为他的个人品牌制订战略计划方面取得了很大进展。他制定了个人使命宣言，并确定了他的个人优势和劣势以及他的技能和才能。根据外部环境，泰勒已经知道了对他而言最好的机会是什么。此外，他还关注了该领域的趋势，因为这些趋势将对他的职业生涯产生长期影响。以此为基础，他完成了对职业机会的 SWOT 分析。他列出了行业和公司的清单，这些行业和公司可能会在市场上寻找具备相关知识和技能的员工，并且他也愿意在那里工作。现在是检查他的潜在客户以及他如何满足他们对新员工或实习生的需求，从而说服他们"雇"他的时候了。

在本书的第 1 章中，我们讨论了产品作为一种商品、一种服务是什么样的。就像其他产品一样，要成功地"推销"一个人，你需要了解雇主雇你的原因。在你求职的过程中，雇主就是你的客户。

第 1 步：了解雇主的决策过程

我们不想告诉你的是——找工作确实与你本身无关。这跟公司的需求有关。就像推销一双鞋、一部智能手机或一个汉堡包一样，重点不在于卖家，而是在于满足消费者的需求。这意味着你必须学会讲述你的经历、技能、专业知识和个人特征将如何为公司或客户带来价值。

我们已经讨论了如何理解消费者在决策过程中所经历的步骤，你可能会以同样的方式来思考这个问题，从而帮助营销人员促使消费者做出购买行为，并最终实现品牌忠诚。

1. 问题识别：看到当前状态和一些期望状态之间的差异。当有人退休或公司的发展需要更多员工时就是这种情况。招聘经理有一个空缺职位，在雇新人之前，组织是不完整的。
2. 信息搜集：招聘经理通常在需要新员工时发布职位招聘启示。
3. 评估选择：招聘经理审查简历，面试部分候选人，并进行背景调查。
4. 产品和供应商选择：招聘经理决定向其中一位合格的候选人发出聘书。
5. 购后评估：大多数组织都有试用期，一般为三到六个月，试用期过后它们会对员工进行评估，提供反馈，并决定是否留用新员工。

第 2 步：了解打造你的品牌的过程

品牌塑造是一个确定你是谁的过程。你如何才能从成百上千也在找工作的其他大学毕业生中脱颖而出？这意味着需要关注你的优点——你为组织带来的价值。打造以你为产品的品牌并不是试图"伪造它"。这一切都是关于了解你可以为组织带来的价值并能够用语言把它们表述出来。

这样想，如果你是老板，你要招聘一个人，你想要什么样的人？你希望他们掌握哪些技能和知识来完成这项工作，以及如何满足组织未来的需求？你想要一个可靠的人？一个创造性的思想家？多面手？团队合作者或者问题解决者？

现在是时候回顾你的使命宣言和 SWOT 分析了。由此，你可以决定你必须提供什么作为你的核心竞争力。你能为组织带来价值的事情是什么？

> 泰勒现在了解了经理在招聘新员工或实习生时的决策步骤。他专注于雇主可能在求职者中寻找什么，并审查了他的使命宣言和 SWOT 分析，以便清楚地阐明他必须为组织提供哪些核心竞争力。
>
> 有了对求职的洞察，他已经准备好继续发展他的求职战略。

学习目标总结

找一份工作关乎公司的需求，这意味着你必须学会说明你的经验、技能、专业知识和个人特征将如何为公司带来价值。雇主在选择新员工时遵循的步骤与消费者在购买决策时遵循的步骤相同（问题识别、信息搜集、备选方案评估、产品选择和购后评估）。

为了让自己在求职者中脱颖而出，你应该把重点放在你的优势上，也就是说，了解你如何为组织增加价值，并能够用语言表达出来。分析你的使命陈述和 SWOT 分析将帮助你确定你的核心竞争力。

MARKETING
REAL PEOPLE,
REAL CHOICES

营销的真相 （原书第11版）

第 7 章 细分、目标
市场和定位

学习目标

- 掌握目标市场营销的步骤。
- 了解市场细分的必要性和市场细分的方法。
- 解释营销人员怎样评估细分市场和选择目标市场战略。
- 了解营销人员怎样制定和实施定位战略。
- 理解目标市场及其三个步骤（市场细分、选择目标市场和定位）
  对管理的重要性。

Levi Strauss

真实的人，真实的选择：詹妮弗·赛
▼李维斯的决策者

詹妮弗·赛（Jen Sey）在李维斯公司（Levi Strauss）工作了 21 年，在市场营销、战略和电子商务团队中担任多种领导职务。2013 年，詹妮弗成为李维斯品牌的全球首席营销官，2018 年被任命为李维斯公司的高级副总裁兼任首席营销官，监管公司各品牌的市场营销。她也是公司全球领导团队的一员，这个团队指引了李维斯公司的战略方向。

詹妮弗获得过众多奖项，包括在 2006 年被提名为 40 岁以下的 40 位顶尖营销人之一，2015 年被评为品牌创新者中的 50 位顶尖女性之一，《公告牌》杂志评其为在音乐与时尚领域 25 位最具影响力的人物之一，以及 2018 获得了 CMO 社会责任奖。她还入选了福布斯 2018 年 CMO 名单，即重新定义首席营销官角色的 50 位首席营销人员之一。2018 年，在詹妮弗的领导下，李维斯品牌凭借"circles"这一广告活动获得戛纳节银狮奖，而在 2019 年，她被提名为福布斯最具影响力的首席营销官之一。

在孩童时期，詹妮弗经历了由奉献、挑战与竞争构成的激烈生活。她在 1986 年获得了国家体操冠军的头衔，而她在 1985 年世锦赛上受了严重的伤。因此，美国奥林匹克委员会评她为体操年度运动员。詹妮弗在国家队效力八年后退役，继续在斯坦福大学学习。2008 年她出版了一部回忆录 Chalked up，详细讲述了她在竞技体操世界的成功与挣扎，这成为《纽约时报》的电子书畅销书。她曾在《纽约时报》发表过一篇专栏文章，而且她的文章被众多媒体视为倡导运动员权益的主流声音，推动文化和法律变革，以保障和赋予运动员权力。2020 年，随着一部详细描述体操运动中残酷的虐待文化的纪录片《吹哨人：美国体操队性侵丑闻追踪》上映，詹妮弗在她的荣誉名单上增加了该片制片人这一项。这部纪录片在体育界引起革命，使得世界各地的运动员都挺身而出，分享他们在这项运动中遭受虐待的故事，并呼吁改变。

詹妮弗是 Red Tab 基金会的董事会成员，这个李维斯公司旗下的组织致力于实现职工在其他职工或退休职工需要帮助时伸出援手。她还在 49 人基金会董事会任职，该组织旨在通过一系列创新和以社区为中心的教育策略来增强湾区青年的能力。

詹妮弗和她的丈夫丹尼尔以及四个孩子维吉尔、怀亚特、奥斯卡、露丝共同居住在加利福尼亚州的旧金山。

詹妮弗的信息
我不工作时做什么：

陪伴家人（伴侣、四个孩子、一只狗）、阅读、烹饪、写作、锻炼。

走出校园后的第一份工作：

一部电影的制作助理和体操教练。

职场最佳表现：

成为李维斯的首席营销官，推出 Live in Levi's 和 Levi's Stadium.

一个我希望没有犯过的职场错误：

在我的职业生涯中，过于专注一条道路。但愿我曾早一点接受未知的下一步。

我的人生格言：

放手去做。

管理风格：

开放和诚实、永远谦虚、采取行动、直接沟通，永远记住——你不是无所不知的！

讨厌的事情：

认为领导力只是用于布置任务的领导者。我也讨厌自私的人。

詹妮弗的问题

李维斯品牌曾失去市场相关度和份额。虽然从技术上讲，李维斯是牛仔市场份额的领导者，但这并不一定让人觉得李维斯是遥遥领先的；李维斯的市场份额先是被高端品牌蚕食，然后是最近的快时尚。李维斯需要重新定位以取得成功——无论是在财务和股权表现方面，还是在品牌未来的整体健康发展方面。李维斯需要创建一个清晰的品牌价值主张，该主张应该兼顾相关性和差异性，并具有广泛的吸引力和全球适用性。詹妮弗的工作是主导这一过程，并根据这一定位创建长期的营销活动，同时依靠这一品牌主张激励组织。

詹妮弗的方案 1、2、3

营销的真相

方案1

李维斯是蓝色牛仔裤的鼻祖。创始人李维·斯特劳斯和裁缝雅各布·戴维斯于 1873 年获得了将铆钉用于男士工作裤这一工艺的美国专利，这家公司拥有近 150 年的丰富历史。这一定位确立了品牌的创新者地位：它是最古老的。没有其他公司能做出这样的声明，没有其他人创造了蓝色牛仔裤或该类产品。虽然这是一个有力的声明，但它与现代消费者没有多大关系。因为这并没有给他们选择这个品牌的理由。李维斯品牌知道千禧一代看重真实性，但他们要么需要更有力地宣传这一属性，要么需要找到消费者选择自己品牌的其他理由。

詹妮弗还研究了创意的不同定义。她的想法是"独创性"不仅意味着"第一"。这个概念指的是崭新的、新鲜的、有创意的和独立的。詹妮弗着眼于在品牌和穿着者之间建立一种联系，其立场建立在"*李维斯如你一般都是原创*"的这一理念之上。这一说法与顾客关联性强：每个人都希望自己是独特的。而李维斯一定与这样的定位有关联。该品牌长期以来讲述着关于个性的故事，最著名的是它与文化偶像詹姆斯·迪恩（James Dean）的重要联系。在 20 世纪 50 年代的电影《无因的反叛》（*Rebel Without a Cause*）中，他身穿白衬衫、皮夹克和一双李维斯 501 牛仔裤，成为流行文化中最具传奇色彩的形象之一。但品牌与独创性的联系已不同以往，许多牛仔裤和服装品牌都在宣称这一点（无论是否合理）。詹妮弗无法保证这一立场会使李维斯在市场上与众不同，让人们选择李维斯而不是别的品牌。然而，李维斯有合法的权利去提醒消费者。

当詹妮弗开始研究世界各地的消费者时，她听到很多人谈论他们穿着李维斯的精彩生活经历。消费者们讲述有关公路旅行、初恋、音乐会、整夜在聚会上跳舞的故事，谈到了由于这些经历而与李维斯建立的情感纽带，而他们与其他牛仔裤或服装没有这层关系。也就是说他们与李维斯牛仔裤的关系是特殊的。这启发了营销人员：你穿其他牛仔裤，但你的生活属于李维斯。这个价值主张非常与众不同，更重要的是，它与顾客建立了情感上的联系。缺点是，现在的蓝色牛仔裤比过去更像是一种时尚导向的产品。李维斯需要在传达情感信息的同时传递时尚信息。而这种联系并不是在全球的所有市场都那么强烈。例如，在中国，人们穿李维斯牛仔裤的时间不长，还没有建立这些联系。

现在，站在詹妮弗的角度思考，你会选择哪一个选项？为什么？

你的选择

你会选择哪一个方案？为什么？

☐ 方案 1　　　☐ 方案 2　　　☐ 方案 3

目标市场：选择与进入一个市场

早在第1章，我们就将市场定义为顾客和潜在顾客，他们拥有能被特定产品满足的共同需要，他们有资源，愿意且有权进行交换以达成交易。在你学习市场营销的知识时，你知道营销人的目标是创造价值、建立客户关系和满足需求。但是，在现代复杂的社会里，如果你认为每一个人的需求都是相同的，那就太幼稚了。

今天，了解人们的需求是一个复杂的任务，因为现代社会中技术和文化的发展导致了一种**市场分化（market fragmentation）**的局面，即人们多样化的兴趣和背景把他们带入了数量众多的有着不同需求和需要的群体中。因为这种多样性，同样的产品或服务不会受到所有人喜欢。

我们只需要看看高等教育，这是一个市场分化的好例子！新冠疫情对高等教育的打击非常严重。许多学院和大学不得不在一夜之间将授课方式从线下授课改为在线授课。这种迅速转变给教师和学生造成了巨大的干扰，尤其是在那些几乎没有远程教学平台经验的学校。和所有市场一样，有赢家，也有输家。已经在网络教学方面有丰富经验的学校（亚利桑那州立大学和西部州长大学是其中的佼佼者）在新学期中脱颖而出。其他受益于消费者偏好的快速转变（更青睐离家更近的课程）的参与者是当地的社区学院和主要的城市大学，如坦帕的南佛罗里达大学和阿灵顿的得克萨斯大学。面对所有的不确定性，许多学生（和他们的父母）都倾向于谨慎行事，待在离家近的地方上课。美国的高等教育高度分散，有很多选择，从大到小，从公立到私立，从面对面到在线再到混合。学校未来面临的一个关键问题是，新型疫情的经历将如何影响该领域的长期发展？高等教育的消费者将来会选择怎样的方式来攻读学位（如果他们有此意愿的话）？

在第1章中，你已经学习了"大众市场"这一术语，意思是一个市场中所有的客户，无论他们的具体需求和需要有何不同。营销人员必须在大众营销（向所有人提供同样的东西）的高效率与向个体精确提供其需要的东西的好效果之间进行平衡。大众营销的成本当然低得多：向所有人提供同样的产品，就不需要为每种产品设计广告活动和独特包装。然而，消费者们的看法不同。在他们看来，最好的战略是向每一个个体提供有针对性的产品。可惜，这并不现实。

快餐店Chick-fil-A的"得来速"（drive-through）在寻求绝佳体验的消费者中具有传奇色彩。2019年，美国全国餐馆协会（National Restaurant Association）报告称，39%的消费者使用得来速餐厅的次数比前一年多。我们都知道2020年由于新冠疫情，汽车外卖大幅增加，到店用餐减少。虽然Chick-fil-A的得来速在纯粹的速度上落后于其他餐厅，但分析人士发现，在消费者满意度方面，服务的友好性和下单的准确性胜过速度和其他因素。从本质上讲，Chick-fil-A 在这两个关键部分与竞争对手形成了差异，而平均等待时间的微小差异一点也不会影响客户的选择。

就像快速服务餐厅市场中的 Chick-fil-A 一样，所有营销人员都必须明白，为了满足不同的消费者需求、欲望和偏好，在产品和服务中打造关键差异是核心概念，也是本章的中心主题。也就是说，营销人员不是试图向每个人销售相同的产品，而是在选择一种**目标市场营销战略**（target marketing strategy），也就是根据客户特征将整个市场划分为不同的细分市场，选择一个或多个细分市场，开发产品来满足这些特定细分市场的需求。图 7-1 展示了市场细分、选择目标市场和定位这三个步骤，这是我们在本章中要完成的内容。让我们从第一步开始——市场细分。

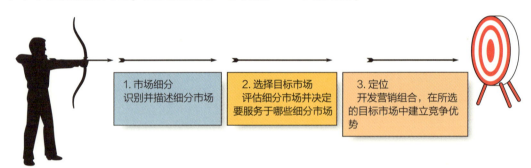

图 7-1 目标市场营销的过程
目标市场营销战略包括三个独立的步骤。营销人员首先根据客户特征将市场划分为多个细分市场，然后选择一个或多个细分市场，最后开发满足特定细分市场需求的产品。

学习目标总结

营销人员必须在大众营销（向所有人提供同样的东西）的高效率与向个体精确提供其需要的东西的好效果之间进行平衡。为此，营销人员不能试图将某一种产品卖给所有人，而且要遵循如下步骤：①选择目标市场营销战略，根据客户特征将整个市场划分为不同的细分市场；②选择一个或多个细分市场；③开发产品来满足各细分市场的需要。

第 1 步：市场细分

市场细分（segmentation）是根据一个或多个有意义的共同特征将一个大市场划分成更小的市场的过程。这一过程是几乎所有营销人员的一种生活方式，无论是面向消费者端还是面向企业端。事实是，你做不到取悦所有人，所以你需要瞄准后尽最大努力。例如，万豪酒店细分了它的市场，它将市场细分为 30 个独立品牌，从以价值为导向的万怡酒店（Courtyard）到豪华的丽思卡尔顿酒店（Ritz-Carlton）。事实上，在收购喜来登及其旗下的一系列品牌后，有人可能会说，万豪在让消费者清楚每个品牌所代表的含义，以及为不同的住宿需求提供适当数量的选择之间，面临着微妙的界限。

这种情况导致了一种被称为**过度分割（oversegmentation）**的营销弊病，这种情况下消费者可能因为一个组织提供了太多的选择而感到困惑。以万豪为例，你能说出费尔菲尔德酒店（Fairfield Inn）、喜来登 4 点酒店（4 Points by Sheraton）、威斯顿酒店（Weston）和文艺复兴酒店（Renaissance）之间的主要区别吗？

营销人员是如何细分人群的呢？他们如何将整个馅饼分成小块来"消化"？营销人员必须决定一个或多个有用的**细分变量（segmentation variables）**，即将全部市场细分为几个同质市场时所使用的维度，使各同质市场间的需求和偏好有所不同。这一节我们将讨论这一过程，我们先从营销人员用来细分消费者市场的变量开始，然后再看 B2B 市场细分的变量。

消费者市场细分

过去，运动鞋市场分成运动员和非运动员的两类市场就足够了。但是今天，随便到一家体育用品店里转一下，你就会发现这一市场已经多维度分化了，如慢跑鞋、篮球鞋、网球鞋等，甚至滑板鞋也向我们招手。如果我们想细分多种多样的鞋类市场，我们需要几个细分变量。首先，不是每个人都愿意或能够在最新的运动鞋上花几百美元，因此营销人员会考虑收入。其次，男性可能对篮球鞋更感兴趣，而女性则抢购最新款式的普拉提（Pilates）鞋，因此营销人员也会考虑性别因素。消费者这个"大饼"可以通过很多方法划分成小块，包括人口统计特征、心理和行为特征。运用人口统计细分方法时，还有若干重要的细类，包括年龄（包括代际差别）、性别、家庭生命周期、收入和社会阶层、种族和居住地（有时被称为地理细分变量）。图 7-2 总结了划分消费市场的主要方法。

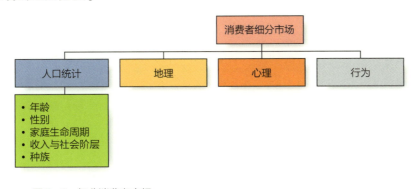

图 7-2 细分消费者市场
消费市场可以根据人口统计、地理、心理和行为进行细分。

下面我们将分别讨论各种细分方法，但在此之前，我们需要做出如下提醒：在向某些人群进行营销时——尤其是低收入人群、低教育水平人群、非母语使用者和儿童——营销人员要尽最大努力避免因为他们的不良处境而占他们的便宜。在第 2 章中，我们介绍了一个被称为金字塔底部（BOP）的全球性细分市场，这是全世界 40 多亿每天生活费不到 2 美元的消费者群体的统称。有道德的营销人员应当对于不同人群的不同处境保持高度敏感，并努力保持其在各阶层的公众面前的高度诚信。这样做本身就是在承担营销人员的社会责任。

在我们讨论不同的细分市场之前，还需要明白识别细分市场并不是营销人员的一种刻板印象。市场细分的概念是识别具有相似需求的消费者群体，以便针对他们采取与大众市场方法相比更有效的营销方式。这并不意味着我们一定要把一群人分为几类，仅仅是因为他们恰巧拥有一些重要的共同特征。

人口细分：按年龄划分

正如第 2 章所学习的，**人口统计（demographics）**是衡量人口的可观察的统计数据，包括人口规模、年龄、性别、民族、收入、教育、职业和家庭结构。这些描述对于确定潜在消费者非常重要。由于它们代表了客观特征，所以很容易识别，然后只需要根据相关年龄群体定制信息和产品。不同年龄段的消费者有不同的需求和欲望。同一代人往往具有相同的观点和价值观。当这些特征结合起来用于市场细分和目标定位时，这种方法被称为**世代营销（generational marketing）**。让我们在接下来的部分中仔细看看这些群体。

儿童

例如，对于许多营销人员来说，儿童是一个有吸引力的年龄段。孩子们对于购买玩具和游戏显然有很多想法，他们也会影响其他家庭的购买（在杂货店可以看到他们的努力）。根据 YouGov Omnibus 最近的一项调查，42% 的家长表示，当孩子努力争取购买某件商品时，他们会对孩子购买这个商品的要求让步。

聪明的孩子擅长谈判策略，比如承诺做更多的家务或在学校更努力地学习以获得更好的成绩。不难发现这些有说服力的小家伙迅速消除家长抵触情绪的办法——购买物品比冲突更容易。对于奈飞来说，开发吸引儿童的内容让他们加入平台已成为一项关键战略。这家流媒体巨头最近宣布，它将每年投资约 10 亿美元来为孩子们（当然还有他们的父母）打造数十个备受瞩目的动画项目。奈飞认识到这一细分市场在巩固其作为家庭娱乐主要来源的地位，以及作为提供长期客户价值的关键增长来源方面的重要性。

Z 一代

Z 一代（iGen）描述的是 1994 年后出生的人。这是 21 世纪的第一代，也是最多样化的一代：55% 是白人、24% 是拉丁裔、14% 是黑人、4% 是亚洲人。他们习惯于模糊的性别角色，因为家庭责任没有按照传统的方式划分。当然，他们是**数字原住民（digital natives）**，花费大量时间上网，因此他们希望品牌能与他们进行双向数字对话。

超越千禧一代！营销人员正准备关注下一波年轻消费者的前景。在大萧条时期长大的孩子们不太可能相信一个理想化的、无忧无虑的世界能够实现。他们在购物前通过自己的途径研究品牌，然后在店内寻找提供新技术的零售商；他们通过社交媒体了解全球各地的新风格；他们的偶像是网络明星。

Z 一代拥有高达 1430 亿美元的消费能力，这还不包括他们对其他家庭成员购买的影响。他们的同辈能够激发许多购物欲，因此在线和社交媒体评论对零售商来说比以往任何时候都更重要。这些钱大部分用于"感觉良好"的产品：音乐、电子游戏、化妆品和快餐，偶尔也会有文身或水烟笔。由于这一代人对许多不同的产品都很感兴趣，并

来自韩国的 K－POP 是一种全球音乐现象，许多国家的年轻人都喜欢它。

且有足够的资源来获取它们，所以许多营销人员都热切地追求占领年轻人市场。Snapchat 设计了一个包含非常吸引年轻人的潮流功能的平台。该平台旨在让用户（例如父母）在不知道对方用户名的情况下很难浏览另一个用户的活动（例如该父母的孩子）。可靠的追踪报告显示，有41%的美国青少年声称 Snapchat 是他们最重要的社交应用，而 Instagram 紧随其后，占35%。

Y 一代

Y 一代（generation Y，millennials），通常被称为千禧一代或"回声潮一代"，由 1979 年至 1994 年出生的人组成。这是第一代在网上长大的人。凭借其规模（约占人口的25%）和自由消费性质（每年花费约 1.3 万亿美元），Y 一代也是一个具有吸引力的消费品市场。顺便说一句，不要以为 Z 一代只是 Y 一代的延伸。这与实际情况还有些差异。其不同之处是：Z 一代更务实，而 Y 一代更倾向于理想主义；Z 一代更专注于省钱而不是客户体验，Y 一代则相反；与 Y 一代相比，Z 一代对公司创新的期望度更高。

但 Y 一代的消费者很难通过传统媒体接触到，因为他们拒绝阅读，而且越来越多地关掉电视，转而选择流媒体视频和数字视频录制。因此，许多营销人员不得不使用其他方式来接触这一代人"生活的地方"，比如通过智能手机和平板电脑，使用社交媒体和相关技术。我们将在本书稍后详细讨论向新时代营销传播技术的转变。

我们已经知道 Y 一代精通技术，但与过去的几代人相比，还有什么定义他们这一代人呢？皮尤研究中心的一项研究表明，与上一代人（在同一年龄段）相比，Y 一代的种族多样性更强，受教育程度也更高。此外，与其他几代人相比，他们中有更大比例的人从未结过婚（Y 一代未结婚比例为68%，而上一代则为56%）。

X 一代

这群出生于 1965 年至 1978 年间的消费者由 4600 万美国人组成，被称为 **X 一代**

（generation X），不幸的是，他们被称为懒虫或克星（指"婴儿潮"之后的"婴儿荒"）。这些人中的许多人对市场持怀疑悲观态度，有名的《X一代》书中有一章的标题就是"我不是目标市场！"。

尽管有如此声誉，但X一代中年纪最长的人已经50多岁了，年龄让他们变得成熟淡然。回顾过去，他们也给人留下了"企业家群体"的印象。一项研究表明，X一代人在相当大的程度上引领着现代技术革命，企业们竞相寻求他们的企业家才能。这一细分市场中的很多人，由于自己小时候是"挂钥匙小孩"，因此特别希望拥有一个稳定的家庭。X一代通常会把家庭看作个性的表达，而不是物质生活的成功。超过一半的人会参与家装改善和修复工作。

婴儿潮

婴儿潮（baby boomers）一代通常被简单地称为"boomers"，是1946年至1964年间出生的消费者，他们现在六七十岁。对于很多的营销人员来说，他们是重要的细分市场。婴儿潮一代中有许多人赚钱很多，这一点就足够使其成为重要细分市场了。婴儿潮的出现是源于第二次世界大战后，战士大量归家，结婚生子。到了20世纪50年代和60年代，人们开始更早地生孩子，也比前一代人生更多的孩子。更多的孩子真正地改变了这个国家的结构：单一家庭的房子多了、学校多了、向郊区转移等。

最近的一些研究表明，如果营销人员将这一代人分为两个不同的群体以考虑他们的自主和非自主消费能力，可能是更好的做法。盖洛普的一项调查表明，婴儿潮前半代与婴儿潮后半代的消费行为存在很大差异。总的来说，婴儿潮后半代在非可自由支配项目（如房屋维护、杂货等）上的支出明显更高。

这两个群体之间消费能力的差异可能与财政差异有关。婴儿潮一代中的更老的人群（70岁以上）很可能已经不再偿还抵押贷款或高等教育债务。也许你已经看到了退休人员的汽车和野营车上的保险杠贴纸："我们花掉了孩子们的遗产。"这也许会让孩子们感到苦恼，但会引起营销人员的注意。

目前，美国人口普查局估计，65岁以上的美国人有4900多万，占总人口的15%多一点，比前几年有所增加。为了更好地适应老年人市场，公司近年来正在改变。近年来，CVS健康公司发生了一个更为戏剧性的转变，它在广泛的医疗保健领域重塑了自己的形象，瞄准了婴儿潮一代中年龄较大的人群。该公司的"一分钟诊所"已经满足了人们对快速、高效和方便护理的需求。在未来几年内，CVS将开设1500家员工密集的健康中心，为客户提供更具个性化的体验和针对他们需求的医疗建议。

人口细分：按性别划分

很多产品专门针对男性或女性设计，如香水、鞋子。从很小的年龄段开始，市场就可以根据性别进行细分了——尿布都有面向女孩的粉色和面向男孩的蓝色。虽然近年来社会对性别的看法发生了变化，对性别的定义也变得不那么刻板和二元化，大多数市场营销仍然将产品分类为男性或女性产品。在某些情况下，制造商会开发出适合不同性别的平行产品。例如，男性美容产品一直都是吉列（Gillette）公司重视的，因为这家公司的创始人金·吉列（King·Gillette）在 1903 年就推出了安全的剃须刀。

越来越多的人对性别的态度越来越灵活，超出了传统的男女二分法。**性别认同（gender identity）** 是个人对自己性别的感觉。性别认同可以与出生时被分配的性别相关，也可以与之不同。性别表达通常反映一个人的性别认同，但情况并非总是如此。性别表达正在被重新定义，尤其是年轻一代的消费者，他们正在抛弃男女二元定义的概念。精明的营销人员应该迅速为新兴市场提供新的产品。

人口细分：按家庭生命周期

因为家庭需求和支出随时间变化而变化，所以细分消费者市场的一种方法就是考虑家庭生命周期阶段。显然，不同生命周期细分市场中的消费者所需要的产品有所不同，至少他们需要的产品数量不同。受婚姻观的改变和其他生活方式选择的改变等因素的影响，单身家庭近年来有所增加。随着时间的推移，这一趋势预计将继续增长，并将对包括住房和保健在内的许多行业的营销产生影响。NPD 集团研究公司的一份报告指出，最近零食消费的增长可能主要归因于单身家庭的增长。

但不是所有针对家庭生命周期的营销活动都能成功。嘉宝公司（Gerber）曾试图向单身人士推销一种个人用的饭盒，使单身居住的人能快速吃上饭。制造商称之为"单身贵族"（Singles）。然而，嘉宝的"婴儿食品"形象却与这一产品相抵触：这种饭盒最终在市场上失败，因为人们误认为嘉宝在向成年人卖婴儿食品。

随着家庭进入新的生命阶段，不同的产品的重要性会上升或下降。年轻的单身人群和刚结婚的人最有可能去健身房、酒吧和电影院。年纪大点的夫妇和单身者更有可能使用其他保养型的服务。对度假公寓和高尔夫产品来说，年长者是最佳目标。营销人员通过分析家庭生命周期群体的采购数据，来识别目标消费者的家庭生命周期细分情况。

2016 年，婴儿潮一代的第一批人年满 70 岁。在这个群体中，有数以百万计的年轻女性，她们有时间、欲望和财力去旅行。Sixty and Me 网站非常看好这一细分市场，为其提供极好的旅游选择和体验。

人口细分：按收入和社会阶层

营销人员对财富分配很关注，因为它决定了哪些群体拥有最大的**购买力（buying power）**。购买力可以让营销人员基于对消费者收入中可自由支配支出和非自由支配支出的认识，决定如何更好地将不同的产品和不同的产品版本与不同的消费者群体相匹配。真正富有的人在经历了 50 多年财富的持续增长之后，变得越来越富有，但 2007 年开始的大衰退（Great Recession）让他们失去了一些动力，因为投资损失惨重。2020 年初，新冠疫情来袭，严重打击了全球经济。截至当年 5 月，超过 4000 万美国人申请失业，实际失业率约为 24%。显然，在撰写这篇文章时，状况还没有好转。这一重创对许多消费者（和企业）的收入和消费能力产生了长期影响。最终的涓滴效应是，营销人员必须迅速调整营销计划和策略，以应对在消费者市场和商业市场中出现的消费能力和优先选择的变化。

在过去，营销人员很喜欢用社会阶层来细分市场，如上层社会、中层社会、下层社会等。但是，很多消费者不是根据实际所属社会阶层的水平进行购买，而是依据他们渴望进入的阶层的形象进行购买。近年来，梅赛德斯、宝马和奥迪已经开发了价格低于其传统车型售价一半的车型。这种方法吸引了那些非常渴望购买这些品牌的消费者，在提高销量和市场份额方面非常成功，前卫的电动豪华汽车制造商特斯拉也推出了一款"低端"Model III，价格约为其最昂贵车型的一半，以争夺这些消费者。该车自推出以来市场反应良好，特斯拉一直在努力跟进订单。

人口统计细分：按种族和民族

消费者的种族背景能够很好地预测他对于杂志、电视节目、食品、服饰以及休闲活动选择的偏好。营销人员需要注意这种不同，也要注意种族问题的敏感性——尤其他们使用老一套来吸引不同种族和民族群体的消费者时更要如此。2020 年美国进行了一次新的人口普查，这些结果几年后才会公布，但我们可以先根据现有的数据来看看种族人口情况。

美国人口普查局（The Census Bureau）称，到 2050 年，非洲裔美国人、亚洲裔美国人和拉丁裔美国人将成为美国的三大种族群体。随着其他群体的增长，非拉丁裔白人占人口比重将不足 50%。让我们更仔细地看看这些重要的细分市场。

非洲裔美国人占美国人口的 13% 以上。许多营销人员认识到这一细分市场的巨大影响，并努力寻找吸引这些消费者的产品和服务。电影行业也不例外。2018 年轰动一时的《黑豹》全由黑人演员出演，上映不到两个月就在全球迅速赢得了超过 10 亿美元的票房。对于那些认识到不同种族和民族群体的巨大购买力的营销人员来说，《黑豹》的轰动改变了游戏规则。重要的是，这部电影展示了一个黑人超级英雄主角，他受到了各种肤色的人的广泛欢迎，这一事实有力地推动了营销人员更好地基于多种族融合去创新营销方法，而不是仅仅关注种族和民族。

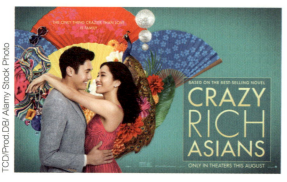

这部热播电影《摘金奇缘》吸引了许多亚洲裔美国人，它也进入了主流市场。

尽管与其他几个种族相比，亚洲裔美国人人数较少，但他们是美国增长最快的少数民族群体。2000 年至 2015 年期间，亚洲裔美国人增长了 72%，达到 2000 多万人。到 2055 年，预计亚洲裔美国人将占美国移民总数的 38%，成为美国最大的移民群体。当然，这一情况的预测很大程度上取决于美国移民法在未来几年的发展。

对于营销人员来说，亚洲裔美国人市场尤其具有吸引力，因为其巨大的购买力估计为 1 万亿美元。亚洲裔美国人家庭的平均收入比美国家庭平均收入高 2 万美元。轰动一时的热播电影《摘金奇缘》让数百万美国人了解到亚洲文化的成功，而他们原本对这一强大的种族群体知之甚少。

BuzzFeed 通过发布与这一群体高度相关的话题和内容来吸引亚洲裔美国人，如专为特定的亚洲裔群体定制的帖子，比如"你和中国移民父母一起长大的 22 个标志"和"21 条菲律宾人听腻了的评论"。这种向不同细分市场提供新鲜且相关的内容的方法，使 BuzzFeed 能够与亚洲裔美国人的不同文化群体以及其他类型的消费者群体建立联系。这也使得 BuzzFeed 成功吸引了专注于开发**内容营销（content marketing）**的营销人员的关注。这个术语指的是以署名、博客、评论机会、视频、可共享社交图片等形式构建思想领导力或者意见领袖的策略，以期与特定客户群体产生共鸣。一个关键的区别是，这些信息看起来像是"普通"人发布的内容，而不是消费者习惯于看到的传统广告信息。

在近十年里，拉丁裔人口是一个真正的新兴明星群体，最近主流的营销人员都在积极培育这一个细分群体。尽管拉丁裔群体的增长率已趋于平稳，但他们已取代黑人成为国家最大的少数群体。在美国，拉丁美洲人的购买力已达到 1.4 万亿美元，几乎是 2010 年时这个群体的三倍。拉丁美洲人现在占美国总购买力的近 10%。

同样，吸引拉丁裔消费者时也需要考虑文化差异。例如，"Got Milk？"式的广告就不能被拉丁裔接受，因为尖锐、讽刺式的幽默不是他们文化的组成部分。另外，在拉丁裔文化中，没有牛奶意味着母亲们辜负了家庭，因此"牛奶不足"这个主张对于他们的母亲来说也不好笑。更糟糕的是，"Got Milk？"翻译成西班牙语是"你是在哺乳期吗？"的意思。因此，新西班牙语版本改成了"那你呢？你今天给他们的牛奶足够吗？"，同时还搭配一个在厨房里烹饪果馅饼（一种流行的布丁）的温馨场景。塔可钟（Taco Bell）的广告语"Yo quiero Taco Bell"是由吉娃娃狗说出的，几年前就被淘汰了。

拉丁裔年轻人正在改变着主流文化，他们很多都是"年轻的二元文化者"，在嘻哈和西班牙语摇滚之间摇摆，把意大利面酱加在墨西哥大米上，把花生酱和果冻涂在玉米饼上。事实上，我们发现拉丁裔中的年轻人和老年人都有许多二元文化的人——一项研究报告称，44% 的拉丁裔认为自己是二元文化的。在这一群体中，有些人更重视保护自己民族的文化遗产，也有些人更愿意在新的文化背景下进行尝试。

关于拉丁裔市场，有一点需要注意的就是"拉丁裔"（Latino）/"西班牙"（Hispanic）这两个词本身就有些用词不当。例如，古巴裔美国人、墨西哥裔美国人和波多黎各人虽然语言相同，但是他们的历史、政治和文化却非常不同。把他们当成是同质市场进行营销是非常错误的。然而，这个词却还是广泛用于人口统计描述。举一个独特的例子，由于 2017 年飓风"玛丽亚"对其家乡岛屿的破坏性影响，数十万波多黎各人已迁往美国大陆。这些新消费者大部分迁移到了佛罗里达州中部（奥兰多大都会），在过去的几年里，营销人员一直在该地区积极发展自己的业务。2020 年人口普查的早期预测是，拉丁裔青少年的数量将增长 62%，而青少年的总体增长率为 10%。他们在生活中寻求灵性、牢固的家庭纽带和色彩——这是拉丁美洲文化的三个特征。从拉丁音乐到主流音乐的跨界者引领着这一趋势。在美国，对于营销人员来说，拉丁裔消费者群体显然是一个具有巨大潜力的细分市场。

美国人口多种族性增强的一个重要结果，就是它为工作场合和其他地方的文化多元化提供了机会。**文化多元化（cultural diversity）**是指努力在组织的员工、客户、供应商和分销渠道合作伙伴中吸纳不同性别、民族、种族和宗教信仰的一种管理行为。营销组织从雇用不同人士中受益，因为他们可以带来不同的背景、经验和观点，帮助企业开发吸引多元客户群体的品牌战略。

地理细分

在认识到人们的偏好会因居住地而变得不同后，许多营销人员根据特定的地理区域定制产品，这种方法被称为**地理细分（geographic segmentation）**。谷歌地球和其他类似的**地理信息系统（GIS）**应用程序已经加快了地理细分的步伐。地理信息系统可以轻而易举地将地理地图与区域消费者的数字存储数据相结合。因此，按地理位置划分的市场信息比以往任何时候都更方便用于市场规划和决策。

当营销人员想要更精确地划分区域市场时，他们有时会使用**地理人口学（geodemography）**将地理与人口统计相结合。地理人口学的一个基本的假设是"物以类聚，人以群分"——居住地临近的人们会具备类似的特点。复杂的统计技术会识别出对家用产品、杂志等产品有相同偏好的地理区域。这样，营销人员会识别出具有共同偏好模式的家庭细分市场。营销人员可以分辨最有可能对某种产品感兴趣的消费者，有时这样做非常精确，两个相邻街区的家庭都可能属于两个不同的细分市场。

一种广泛使用的地理人口学系统是 PRIZM，这是一个由明爱公司（Nielsen Claritas）开发的大型数据库系统。这个系统根据各种社会经济数据以及对营销战略和购物模式非常重要的生活方式属性将美国人口分为 68 个"聚类"，其所用的社会经济数据包括收入、年龄、种族、职业、教育和家庭结构；生活方式及购物模式变量包括度假地点、所驾驶的车辆、最喜欢的品牌及媒体偏好等。这 68 个聚类包括高度富裕的"青年数码英才"（Young Digerati）和"乡村地主"（Country Squires），低收入的"家庭节俭"（Family Thrifts）和"公园长凳老年人"（Park Bench Seniors）。为了让你了解这些聚类是什么样的，以下是第 34 类群体"有影响力的年轻人"（Young & Influential）的简介，他们被描述为"大多没有孩子的年轻中产阶级"。

- 有影响力的年轻人是年轻人的一部分，指那些低收入的中产阶级家庭，他们可能收入不高，但在社区和社交网络中仍有影响力，而且非常精通技术。这一部分同时包括中产阶级单身人士和夫妻，他们更专注于平衡工作和休闲时间，居住在被足球场、健身俱乐部和休闲餐厅包围的公寓楼里。听起来像你认识的人吗？

基于位置定位的一种有趣的具体方法是**地理定位（geotargeting）**，这是基于人们的实时位置向一组特定客户进行营销。当客户注册达美乐优惠时，需要在选择加入过程中提供地址（这是地理定位公司求之不得的）。一旦客户完成订购，达美乐就可以开始以多种不同的方式进行地理定位，包括邮政编码、时区、门店位置。这为广告提供了多种可能性。例如，在大学城的达美乐可能会在比赛当晚发出特别优惠，位于正在

MARKETING REAL PEOPLE, REAL CHOICES 营销的真相（原书第11版）

经历雷暴的地区的分店可能会发布广告"点外卖总比自己冒雨买菜好"。一旦你拿到了客户的地址，定向发广告的机会就会无穷无尽，而达美乐就是凭借吸引人的折扣价做到了这一点。

最终，高度精确的地理数据细分使营销人员能够实践**微观营销（micromarketing）**，这是一种识别和瞄准微小的地理区域的能力，这些区域有时只相当于一个或几个人——这一概念与我们在第 5 章中了解到的个人市场营销密切相关。这些要素都是由客户关系管理实现的。

用心理特征因素细分

人口统计信息非常有用，但是它并不总是足以将消费者划分为有效的细分市场。虽然我们可以使用人口统计变量来发现在奥兰多的迪士尼世界的孩子更喜欢魔法王国，而父母可能更喜欢在 EPCOT 度过整日时光，但精明的营销人员知道，偏好比客户年龄这个人口统计变量分类更复杂。事实上，真正成功的公司通常会结合多种方法进行细分，最有用和更复杂的方法之一是通过心理特征因素对客户进行细分。

正如我们在第 6 章中所说的，**心理特征因素（psychographics）** 根据心理和行为相似性（如共同的活动、兴趣和意见等）对消费者进行细分。营销人员通常希望对消费者的典型特征进行描述，以对他们有更清晰的认识。尽管一些广告公司和生产商开发了自己的心理因素分析技术来对消费者进行分类，但一些公司会订购一些专门对美国人口进行细分的服务，然后把一部分信息卖给有特殊战略应用的客户。这些系统中最著名的是**价值和生活方式调查（Values and Lifestyles Survey，VALS™）** 系统，它是战略商业洞察力（SBI）的产品。VALS 把美国的成年人划分成八个群体，这种划分是基于人们的心理驱动力和资源拥有量的不同来进行的。

一个将心理/生活方式变量与世代营销相结合的细分市场是**玩家细分市场（gamer segment）**，有时被称为游戏玩家世代。这一群体从小玩电子游戏，游戏成为他们娱乐的第二天性。随着他们进入大学和职场，他们依然具备游戏敏感性。显然，电子游戏成了一种生活方式。就像谷歌公司的 Google 在 2000 年成为通用动词一样，在这十年里正在流行"游戏化"。正如我们在第 6 章看到的，这种

电子竞技是一个蓬勃发展的市场，数以百万计的玩家观看他们最喜爱的选手和团队进行比赛。

dpa picture alliance/Alamy Stock Photo

"游戏化"是一种营销策略，营销人员在一些非游戏的体验中应用游戏设计的相关技巧，来促使消费者行动，比如向用户授予积分或徽章（例如练习题的游戏化，答对问题后可以获得徽章，然后进入下一个作业章节）。**徽章（badge）** 是玩家通过游戏化应用程序在进步时获得的某种里程碑或奖励。如果你是星巴克星享卡会员，你就是游戏

化策略的参与者。在这种情况下，你购买的每一杯拿铁都会累积"星星"，可以用来兑换奖品，比如免费续杯。

营销人员最好考虑一下什么样的"徽章"能够吸引玩家世代群体，因为这一群体在网上购物的参与度越来越高。

用行为特征划分

人们可能因为不同的原因、在不同的情境下使用不同数量的同一种产品。所以，除了人口统计和心理特征细分之外，研究消费者处理产品的方式也很有用。**行为细分（behavioral segmentation）** 根据消费者对产品的感觉或使用方式对消费者进行细分。

使用行为细分的方法就是把市场划分成产品的使用者和非使用者。然后营销人员努力回报现在的使用者或争取新的使用者。除了划分使用者和非使用者之外，营销人员还可以把当前的客户划分成重度、中度和轻度使用者群体。很多营销人员都遵循 **80/20 法则（80/20 rule）**：20%的购买者占产品销售额的80%（这个比例是一个近似值）。这一法则的意思是，专注于少数忠于产品的消费者，比关注那些偶尔使用该产品的大多数人更有意义。

80/20 原则为顾客忠诚度（customer loyalty） 赋予了重要意义。在许多产品类别中，我们看到竞争对手之间的激烈竞争，以保持其关键的20%忠诚客户高度参与，并

庄园的营销人员针对不同类型的游客制定了四种不同的营销策略。

与品牌联系在一起，从而避免客户转向竞争对手的产品。吸引和留住忠实顾客的竞争强度非常高，星巴克就是其中的领导者之一。我们刚刚提到的星享计划，通过给予公司希望得到强化的客户行为以奖励，将忠诚度、便利性和服务融为一体。会员通过购买频率和数量获得星星，从而收获诸如定制饮料、免费升级、会员专属快乐时光和"插队"津贴等福利。星享计划确保客户习惯性使用星巴克软件，目的是尽可能让这些顶级顾客对星巴克产生黏性。事实上，**客户黏性（customer stickiness）** 已经成为营销常用词汇的一部分，顾名思义，它意味着：你与某个特定品牌有着牢固的联系。最终，星享会员在星巴克的花费是普通顾客的三倍！

忠诚度计划不仅能够增加购买量，还能够提升客户体验，这也引发了新的流行语——**体验忠诚（experiential loyalty）**。这是营销人员梦寐以求的，因为与品牌和产品有非常密切的关系的客户往往会产生很高的客户终身价值（CLV）。客户终身价值的概念听起来可能与在第3章中了解到的营销投资回报率的概念相似，但实际上存在很大差异。营销投资回报率是在整个企业层面上大规模营销投资的成功。相比之下，客户终身价值跟踪个人客户层面的数据。这是通过企业将参与度和购买情况与特定客户

联系起来实现的，而企业做到这一点的关键是利用忠诚度计划中的客户数据。

与 80/20 法则以及行为细分中的客户忠诚度与黏性相关的概念是**使用率（usage rate）**，这反映了消费者对特定产品或服务的购买数量或使用频率。从长远来看，使用率最高的细分市场通常非常有利可图，可能为特定产品贡献大部分利润。

尽管很多时候 80/20 法则仍然有效，但随着互联网可以让数以十亿计的消费者有几乎无限的产品供其选择时，营销人员的细分方法也在发生变化。一种被称为**长尾（long tail）**的方法改变了人们关于大量级销售的优点的传统看法。它的基本思想是我们不再需要仅仅依靠大场面（如电影大片或畅销书）来获取利润。企业也可以通过销售少部分人需要的少量级产品来获利——只要企业卖出足够多不同类型的产品。

对于许多公司来说，因为可以通过互联网的连接转移给购买者，数字产品的消费降低了产品的存储成本，并允许根据需要满足消费者的需求。亚马逊、苹果 iTunes Store 和谷歌 Play Store 是能够从各种商品的大大小小的销售中获益的典型例子，它们也提供平台让大小卖家售卖产品获益。

根据行为划分市场的一种方法是查看**使用情景（usage occasions）**，也就是消费者使用产品最多的时候。我们会把很多产品同特定情景联系起来，如白天、假日、商务场合或普通的聚会。企业通常会根据其产品需求产生的时间和方式来细分市场。Ruth's 经典牛排馆是高端牛排餐厅类别中的市场领导者，它的招牌菜是美国农业部优质牛肉。Ruth's 很清楚，在毕业典礼、生日宴等特殊场合，人们想要去 Ruth's 庆祝。Ruth's 非常乐意接待客人，而且通常会给客人带来惊喜，因为他们会为这一场合提供特殊的餐桌装饰和美味的甜点。

在线上，谷歌使广告客户可以根据谷歌域名、查询关键词、IP 地址和语言偏好等数据来为其广告寻找目标受众。这样，公司就可以让谷歌自动筛选，并将广告发送给特定的细分市场。谷歌上的广告商就有可能根据季节来调整其自动发送的广告——在报税季节，你在谷歌页面上就能看到更多的特波税务软件（TurboTax）的广告，就算人们没有搜索报税软件也是如此。

细分 B2B 市场

我们已经了解了营销人员细分消费者群体的变量，在 B2B 市场上营销人员是怎么做的呢？除了我们在第 6 章中学到的关于组织市场的知识以外，还有一点很重要，细分也能帮助营销人员理解客户。不管卖的产品是香蒜酱还是杀虫剂，可能特定的变量会有差别，但是一般逻辑都是相似的：将大市场细分为内部具备共同特点的、有助于管理的细分市场。

组织人口统计（organizational demographics）是营销人员用于描述、分类和组织不同组织来细分 B2B 市场的组织特定维度。组织人口统计也有助于 B2B 市场了解其潜在客户的需求和特点。这些细分维度包括用总销售量或员工人数表示的企业规模、设备的数量、国内企业或跨国企业、采购政策以及业务类型。B2B 营销人员也使用生产技术以及使用者与非使用者等变量进行细分。很多行业使用北美产业分类系统来获取行业中的企业规模和数量等信息。B2B 营销人员也经常在网上查找信息。

细分领域的颠覆：当每个人都是一个细分市场

在第 5 章中，你了解了客户关系管理、营销分析以及营销领域科学方面的相关进步如何改变营销方式。也许在所有营销工具中，这些因素的影响比市场细分更深刻，例如预测分析。从外行的角度来看，由人工智能驱动的预测分析努力帮助营销人员了解客户可能需要和想要什么，甚至在客户迈出购买的第一步之前完成。此外，预测发货还依赖人工智能来推进，并采取行动为顾客提供该产品。只要这项工作做得好，客户会觉得轻松和方便。

上述方法促进了**个人细分（segment of one）**概念的出现，这是指跟踪单个潜在客户的活动和偏好，然后根据他们的行为为该个人定制产品或广告。一旦该客户加入系统中并在供应商客户关系管理系统中得到充分审查，跟踪和应用 AI 驱动的分析将开启自动应用模式，将大部分客户关系与经验提供给供应商。显然，并不是所有的顾客都愿意接受这种看起来有点乏味的服务方式。但回到我们关于世代营销的讨论，包括便利性、数字驱动的解决方案和流程的高可靠性的方式在满足年轻世代群体的需求时得到了好评。而且针对某一细分市场的执行能力也得到了加强。

因此，这一趋势对市场细分的破坏在于，出于营销目的而对有不同需求的客户进行传统的"分组"很可能会变得毫无意义。你将在第 14 章中了解到，营销传播组合如何朝着越来越多的数字/社交方式靠拢，这意味着个人细分也需一对一沟通，反之亦然。这是否与你刚刚在本节中阅读的关于市场细分的概念相矛盾？我们并不这样认为，你在这里学到的各种细分方法在今天仍然有效并被大量使用。至于未来，让我们拭目以待。

学习目标总结

在今天的市场环境中，由于市场分化的缘故，通常都需要进行市场细分，即根据技术和文化的不同，把一个大的人口群体划分成很多不同的群体。多数企业并不能很好地满足每一个人的需求，因此就要把一个大饼分割成小块，每一个细分市场里的成员都分享一些重要的特征，并且一般会表现出相同的需求和偏好。营销人员经常发现，运用人口统计特征划分消费者市场是很有用的，包括年龄、性别、家庭生命周期、社会阶层、民族或种族身份以及居住地。还有个维度是心理因素，使用心理的和社会特征来识别有共同偏好或特征的人。消费者市场还可以基于消费者对于产品的行为进行细分，例如，他们的品牌忠诚、使用率（重度、中度或轻度）以及使用情景。B2B 市场经常基于工业的人口统计特征、北美产业分类系统的商业类型和地理分布进行细分。

MARKETING REAL PEOPLE, REAL CHOICES 营销的真相（原书第11版）

第 2 步：选择目标市场

在图 7-1 中，我们看到目标营销策略由三个步骤组成：市场细分、选择目标市场和定位。在上一节中，我们已经看到目标市场营销战略的第一步是细分市场，即公司将市场划分为具有特定特征的小群体。下一步是**选择目标市场（targeting）**，市场营销人员评估每个潜在细分市场的吸引力，并决定他们将在哪些群体中投入资源，来试图将其转化为客户。他们选择的一个或多个客户群体是公司的**目标市场（target market）**，正如在第 1 章中所了解的那样，目标市场是一个组织营销计划的重点细分市场，并将其营销工作引向该细分市场。

在本节中，我们将学习选择目标市场的三个阶段：评估细分市场、描述细分市场和选择目标市场战略。图 7-3 说明了这三个阶段。

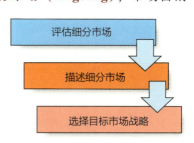

图 7-3 选择目标市场的阶段
选择目标市场包含三个不同的阶段。

选择目标市场的阶段

阶段 1：评估细分市场

识别出细分市场，并不意味着这些目标市场就是有用的。可行的目标市场需要满足以下要求。

- *细分市场的成员对产品的需求和需要是否相似，同时又与其他细分市场上的消费者有所不同？* 如果在消费者需求方面没有真正的区别，企业就仍然可以使用大众营销战略。例如，如果工作女性和不工作女性在皮肤干燥方面有同样的问题，那么为她们开发两种不同的肌肤护理产品就是浪费时间。
- *营销人员可以测量这个细分市场吗？* 营销人员必须能够知道这个潜在细分市场的规模和购买力，这样才能决定它值不值得自己付出努力。
- *这个细分市场是否足够大，能够在短期和未来盈利？* 例如，一位希望为芭比娃娃收藏者设计网页的平面设计师，必须明确是否有足够多的铁杆粉丝让这项业务变得有价值，以及这一趋势是否会持续。
- *营销传播能到达这个细分市场吗？* 营销人员通过电视节目或杂志来有效地触达年龄偏大、有一定教育水平的消费者或者大城市居民是比较容易的，因为很容易识别他们所喜爱的媒体。而营销传播想要触达小众人群就不是那么容易。
- *营销人员能够满足细分市场的需求吗？* 企业是否有经验和资源比竞争者更好地满足这个细分市场？几年前，受人尊敬的包装消费品制造商宝洁公司认为咸味零食有利可图，于是大张旗鼓地通过品客薯片打入市场。品客有一个独特的特点，那就是用真空包装的罐子来销售，而不是像大多数薯片那样用袋子来销售。但几十年来，菲多利一直在咸味零食领域占据主导地位，尽管宝洁公司凭借新颖的品客取得了一定程度的成功，但没有办法击败菲多利的分销和营销。几年前，品客被零食巨头家乐氏收购，家乐氏作为世界第二大零食公司，在与菲多利的竞争中处于更有利的地位。

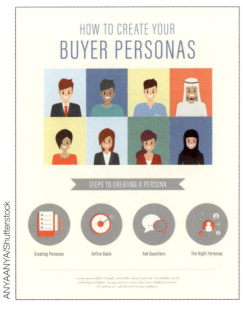

构建一个买家角色来描绘典型的客户群体通常很有用，因为整个营销团队都可以有所参考，形成统一的用户画像。

阶段2：描述细分市场

一旦识别出有效的细分市场，营销人员最好对每个细分市场进行描述，以了解细分市场成员的需求并寻找商业机会。**细分市场轮廓（segment profile）**是对该细分市场中"典型"客户的描述，比如可能包括客户人口统计信息、位置、生活方式信息以及客户购买产品的频率。当通用磨坊（General Mills）的产品"汉堡包助手"（Hamburger Helper）的营销人员决定瞄准手头拮据的千禧一代时，他们不得不调整自己在社交媒体上的形象。在一个愚人节，这家包装食品公司通过社交媒体发布了一段名为"守望火炉"（Watch the Stove）的混音带，包含五首轻松愉快的汉堡助手主题说唱歌曲，由麦克纳利·史密斯音乐学院的一群大学生创作。该混音带受到了广泛好评，截至发行当天下午5点，在SoundCloud上的播放量超过了27万次。该公司的一位营销传播策划者将目标消费者群体描述为"年轻的千禧一代在宿舍里使用汉堡包助手"。

一个非常有用的分析细分市场的工具是**人物角色（personas）**。人物角色是营销人员创造的虚构角色，代表了产品不同的关键潜在用户类型。他们代表了不同个体的不同需求、体验、行为和目标。营销人员使用人物角色来认识到不同的人有着独特的不同需求和期望，超越他们的个人观点和对客户的偏见。例如，旅游公司可能会使用一组角色来确定最有可能吸引每个人的营销方法：体验寻求者、放松者、家庭旅行者和商务旅行者。每一类角色都将被充分解读，以代表他们希望从旅游体验中获得的核心需求。从这些人物的标签上，你能想象出旅行公司的营销人员为了吸引每种类型的旅行者，在形象、叙事和外观上会有什么不同吗？例如，"家庭旅行"角色最有可能代表一对有孩子的夫妇，也可能是一个大家庭，他们喜欢一起度假，专注于娱乐活动和家庭时间。营销人员通常有相当复杂的模板来清晰地描述他们认为最能有效代表细分市场的人物角色。

阶段3：选择目标市场战略

在对目标市场进行选择的决策当中，有一个关于目标精确程度的基本问题：即企业应该进入一个大的细分市场还是专注于满足一个或多个较小细分市场的需求？让我们看一下四种目标定位策略：无差异、差异化、集中化和定制化。

选择**无差异目标市场战略（undifferentiated targeting strategy）**的公司吸引了广泛的人群，比如沃尔玛。如果成功，这种运作方式很有效率，因为生产、调研和促销成本都可以受益于规模经济效应——与选择多个目标市场，并为其开发不同的产品相比，开发一种产品要便宜得多。但是企业必须明确知道人们有类似的需求，这样同种产品和信息才能够吸引大量客户。沃尔玛是五大

作为公关噱头，达美乐制作了一款定制广告牌，专门针对尚未尝试新比萨口味的"顽固分子"。

基本的无差异零售商之一，因为它的目标是吸引所有想购买东西的人。

选择**差异化目标市场战略（differentiated targeting strategy）**的公司为具有不同产品需求的多个客户群体中的每一个开发一种或多种产品。当消费者在多个有着独特形象的知名品牌之间进行选择，同时企业能够识别出对不同类型产品有独特需求的一个或多个细分市场时，最需要差异化目标市场战略。

汽车制造商中沃尔沃和斯巴鲁都是采用差异化目标市场战略的品牌。它们都像其他车一样可以载着你从 A 点到 B 点。但每种产品在消费市场上都有自己独特的地位。沃尔沃历来以其安全性而闻名，斯巴鲁也是如此。但沃尔沃吸引了更年长、更传统的人群，而斯巴鲁则努力打造一种更前卫，甚至有点古怪的吸引力。差异化营销还可以通过不同的沟通方式将一种产品与多个细分市场联系起来，从而吸引这些细分市场。

当一家公司向一个细分市场提供一种或多种产品时，它使用**集中化目标市场战略（concentrated targeting strategy）**。没有资源或野心制造所有产品提供给所有人的小公司通常会这样做。我们以手机品牌 Jitterbug 作为集中化目标市场战略的范例。GreatCall Wireless 公司早在 21 世纪头十年就将其开发成了一款简单明了的产品。与技术日益成熟的手机（以及智能手机）的研发趋势背道而驰，它推出了一款按键更少尺寸却更大的翻盖手机，并提供了一系列具有针对性的功能。最初的 Jitterbug 主要面向希望应用更简单的通信设备的老年人。但多年来，它正在慢慢演变，为老人们提供多

Blacksocks 采用了高度集中的目标定位策略。

种选择，包括一款外观类似"智能手机"的机型（对于如今的老年人来说，"看起来很时髦"很重要），但其触摸屏界面上有一系列精简的选择，同时拥有紧急护理按钮等对老年人来说尤其重要的功能。

理想的情况是，营销人员极端精确地定义细分市场，使企业能够提供满足每个人或每家企业的独特需求的产品。这种集中化的战略在医生、律师和理发师的专业化的服务中可以看到。**定制化营销策略（custom marketing strategy）** 在工业环境中也很常见，在这种情况下制造商通常与一个或几个大客户合作，开发只有这些客户才会使用的产品。

当然，在很多情况下，对于像计算机和汽车这样的产品，这种细分水平既不具有实践性同时也是不可能的。然而，随着计算机技术的提高以及与消费者建立稳固关系的重要性的提高，管理人员开始关注新的设计，为单个的消费者设计产品并提供产品信息。这种针对性的设计被称为**大规模定制（mass customization）**，即制造商修改基本商品或服务以满足个人的特定需求。

学习目标总结

识别了不同的细分市场之后，营销人员要评估每个市场的市场潜力。细分市场的相对吸引力也能够影响公司对于整体营销战略的选择。企业根据自身的特征以及市场特性可能会选择无差异、差异化、集中化或定制化战略。

第 3 步：定位

制定目标市场营销策略的最后阶段是为目标细分市场内的消费者提供满足其独特需求和期望的商品或服务。**定位（positioning）** 意味着通过制定营销战略，来影响特定细分市场对企业产品或服务的感知。该定义中的一个关键词是就是感知。

一家公司可能真的相信它的客户会以某种方式考虑公司的产品，但除非市场研究证实这一点，否则营销人员的"猜想"并不重要，因为这取决于消费者的感知。要定位一个品牌，营销人员必须清楚地了解目标消费者用来评估竞争产品的标准，然后说服他们相信该品牌的产品、服务或组织能够满足这些需求。此外，组织必须制订一个计划，将定位传达给目标市场。

定位的步骤

图 7-4 列出了定位的步骤：分析竞争者的定位，提供具备竞争优势的产品和服务，确定营销组合，评估反馈并按需调整。下面我们一个一个讨论。

第 1 步：分析竞争者的定位

第 1 步是分析竞争对手在市场中的定位。要制定有效的定位策略，营销人员必须了解市场现状。市场上有哪些竞争对手？目标市场如何看待他们？重要的是要认识到竞争对手有两类：**直接竞争对手（direct competitors）**——其产品与你的产品非常相似；**间接竞争对手（indirect competitors）**——其产品与你的产品不同，但可能会提供相同的好处并满足相同的客户需求。

有时，间接竞争可能比直接竞争更为重要，比如它代表了一种新兴的消费趋势。多年来，麦当劳都是基于直接竞争来制定定位战略，这些直接竞争

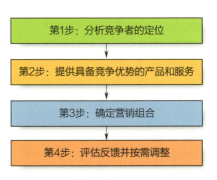

图7-4　定位的步骤
构成定位决策的 4 个步骤。

一般是其他大型快餐汉堡包连锁商（如汉堡王和 Wendy's）。麦当劳没有意识到新的间接竞争者正在满足消费者对于快速、可口、便利用餐的需求——从超市的熟食品到冷冻的微波食品，以及普通餐厅如 Applebee's、Olive Garden、Outback 和 Chili's 提供的外卖。最近，麦当劳才开始了解到必须通过提供更大范围的成年人食品和加强后续服务来应对这些竞争，其策略是"麦咖啡"（McCafe）概念，提供咖啡产品，直接与主流早餐市场上的星巴克和唐恩都乐（Dunkin Donuts）竞争。

第 2 步：提供具备竞争优势的产品和服务

第 2 步是提供具有竞争优势的商品或服务，以提供消费者认为品牌产品优于竞争对手的原因。为此，**定位声明（positioning statement）**可以帮助公司在内部确定产品的定位，以便任何相关的营销传播都集中于向消费者阐明产品所提供的特定价值。定位声明通常包括产品所针对的细分市场，目标细分市场中产品最重要的主张（差异化因素），以及支持产品主张的重要证据。如果公司只提供"跟风"产品，这只会引导人们低价购买该产品。其他的竞争优势包括提供出众的形象、独特的产品特征、更好的服务或者更有素质的销售人员。

第 3 步：确定营销组合

一旦确定了定位战略，第 3 个步骤就是确定市场营销组合，让各个"棋子"都各就其位。营销组合各元素必须适合所选的细分市场。这就意味着产品或服务必须传递细分市场在意的利益，如便利性或社会地位。换一种说法，必须增加价值，同时满足消费者的需求。另外，营销人员必须把产品的价格定位在消费者们愿意支付的水平，让产品被消费者们看到，同时还要在消费者们可能注意的地方有效地传播产品的利益。换言之，将定位策略转化为组织营销组合。

从第 8 章开始，本书中的所有剩余章节都为你提供了营销组合中每个要素的发展策略的详细信息。这些单独的营销组合策略的总和形成了产品的总体定位策略。

第 4 步：评估反馈并按需调整

在第 4 步也是最后一个步骤中，营销人员必须评价目标市场的反应，以便在需要

的时候能够调整战略。一段时间后，企业可能发现需要改变目标市场，甚至针对市场上的变化重新定位产品。定位策略的改变即为 **重新定位（repositioning）**，公司试图改变其品牌形象以跟上时代的变化是很常见的。如嘉信银行（Charles Schwab）的案例，它曾经被认为是一家提供自助服务的股票经纪商。在预算经纪业务上的竞争，尤其是在线经纪人的竞争，迫使嘉信重新定位，成为一家全线的、全面服务的财务服务公司。这样来思考：作为一个或多个在线股票交易的供应商，嘉信并不能增加很多的价值。在那种环境下，它更有可能被认为是一个没有什么差别的产品（即仅仅是购买股票的一种方式）。嘉信依然保留其基本服务，但是销售和利润的真正增长已经开始来自于扩张了的产品线，可以保证更高的服务费，且建立更深的客户关系。如今，嘉信银行以一种顾客希望与公司合作的方式为其提供服务。

重新定位还发生在品牌将要死亡或者接近死亡，希望重获新生的时候。有时它们可能伴随怀旧的风潮，作为 **怀旧品牌（retro brands）** 重回市场，如奥克多（Oxydol）洗衣清洁剂、布瑞克（Breck）香波、阿华田（Ovaltine）谷类食品和泰伯（Tab）可乐，这些品牌一度被遗忘，后来又重获生机。如果你想看看一组有趣的复古品牌，看看 RetroBrands USA's 网站。他们的使命是重振他们收购的"被抛弃"的消费者标志性品牌，并通过与感兴趣的投资者合作将其带回市场。他们在"大甩卖"中收购的一些品牌包括 Chipwich（冰淇淋夹心巧克力）、Mr. Microphone（电台）、Puss' N Boots（猫粮）、Aspergum（口香糖中的阿司匹林）。

ZUMA Press/Alamy Stock Photo

SoBe 饮料公司于 1996 年在迈阿密南海滩（因此名为"SoBe"）成立，逐步发展。SoBe 熟练地执行了细分、选择目标市场和定位的过程，如今拥有 Morning Patrol、Tsunami、Offshore Breeze 和 South Beach Sunset 等口味。

感知地图

建立品牌个性的一部分是要为这个产品挖掘出消费者更喜欢的身份，与竞争产品区分开。营销人员怎样知道在消费者的心目中品牌的具体位置呢？一种方法是询问消费者什么特征是重要的，以及在这些属性上竞争产品的排名是怎样的。营销人员利用这些信息构建**感知地图（perceptual map）**，通过一种形象的方法来构建一幅图片，描述产品或品牌在消费者头脑中的位置。

为了说明这一点，让我们思考一下美国牛排餐厅的定位。图7-5提供了几个流行品牌的感知地图，这些品牌在客户体验的两个关键维度上进行了描述，即正式与休闲氛围、高多样性与低多样性菜单。营销人员从市场调查中直接获得这些信息，消费者在这两个维度上提供他们对每个品牌的看法。这一知识对地图中的品牌都非常有用，因为这为品牌重新定位提供了一个起点（比如，我们可以根据感知地图判断在哪一个象限中有更多的机会）。因此，如果Ruth's Chris判断市场趋向于高多样性的菜单种类，并计划添加一些新的菜品，这将使其与Fleming's和Del Frisco's的品牌定位更为一致，并进一步对其营销策略产生影响。

图7-5 感知地图
感知地图使营销人员能够识别消费者对其品牌与竞争关系的看法。

感知地图可以通过揭示未服务或服务不足的区域来帮助营销人员。这可能代表一个**被忽视的细分市场（neglected segment）**，这样一个未得到服务或服务不足的细分市场对于新产品来说，可能存在机会。

如果是这样，你会希望自己能够快速捕捉细分市场，并定义该类别的比较标准。在我们针对牛排餐厅的感知地图中，休闲氛围和低多样性菜单象限存在明显的空白。对于聪明的营销人员来说，这可能会激发出一类更小的、提供有限的菜单、迎合快速休闲人群的牛排店——它们有好的食物、有限的菜单和轻松愉快的用餐氛围。

学习目标总结

选择了目标市场及整体战略之后，营销人员必须要决定相对于竞争产品，他们期望客户怎样认知自己的品牌，即品牌应该定位于与竞争产品相似、与竞争产品完全不同还是远离竞争呢？通过定位，品牌个性就出来了，营销人员可以用感知地图等调查技术来比较品牌的定位。制定和实施定位战略时，企业需要分析竞争者的定位、明确产品的竞争优势、调整市场营销组合与定位战略保持一致并且要评估消费者对于市场营销组合的反应。营销人员必须持续监督市场上的新变化，在需要的时候重新定位产品。

7.5

打造你的品牌：通过目标营销提高你的专注度

泰勒现在了解了经理在招聘新员工或实习生时的决策过程。他关注了面试官可能在求职者中寻找的特质，并回顾了任务陈述和 SWOT 分析。现在是时候制定有效的品牌营销策略了。

许多年轻的求职者都犯了一个错误——没有目标。缺乏方向性会使你难以甚至无法知道该联系哪些行业和公司，或者该说什么。

事实上，你不知道如何清晰地传达你所能提供的价值，也不知道如何强调你的技能、才能和经验。反过来，这也使得你很难写出一份简历或对面试问题给出好的回答。你会发现，使用目标营销策略会让你的求职变得不那么困难，而且你会更快地找到工作。

目标市场营销

正如消费市场包括兴趣和背景迥异的人一样，招聘组织也非常多样化。在找工作时，针对一种或几种特定类型的组织是有意义的。正如我们在本章前面所讨论的，目标市场营销包括三步：细分市场、选择目标市场、定位。相同的步骤可以被应用到选择公司的目标招聘市场。

1. 市场细分是将市场（在本例中为公司或组织）划分为多个群体的过程。想想酒店行业，其中的企业包括餐厅、酒店、度假村和赌场。识别和收集不同群体的信息可以让你决定要追求的细分群体或业务部门。
2. 选择目标市场是指评估每个细分市场的吸引力，并决定哪些细分市场值得投入资源以触达潜在客户的过程。在寻找工作时，时间和精力是你的资源。选择目标市场意味着你可以将这些资源集中在你能获得最大回报的地方。如果你选择多个目标市场，你需要根据每个市场调整你的信息（简历、求职信和面试回复）。
3. 定位是将你的品牌置于消费者心中与其他品牌相关的位置。在这种情况下，潜在的雇主是你的客户，竞争由其他求职者组成。定位有助于你认识到什么使你与众不同并且对潜在客户有价值。越将自己定位为一个能够提供满足雇主独特需求的技能和能力的人，你被聘用的机会就越大。

一旦你准备好营销材料（简历和求职信），检查一下你从雇主那里得到的回应。发简历的目的是获取面试请求。如果没有做到这一点，你可能需要不同的策略联系雇主，或者准备一封更有效的求职信和简历。

选择目标策略

此时，你可能会问你是否应该选择一个或多个细分市场。这取决于你对某个行业的把握程度以及它的规模。如果单一行业的潜在雇主有限，那么你最好选择多个行业。

将个人品牌变得鲜活

当品牌具有可识别的个性时，品牌就会变得鲜活起来并产生吸引力。要让你的品牌活起来，就要建立一个关于你自己的个性特征的"形容词列表"。你的品牌标识包括你的性格、技能和行为，这些都可以证明你能做到什么。这些因素加在一起，就是让你与众不同的地方，也正是你在与他人交流自己的个人品牌时需要强调的。

在求职面试中，做自己很重要。展现出你的个性，不要试图创造新的个性。在求职面试中，正确的态度是："这就是我；这是我的立场；这就是我所关心的；如果你想要像我这样的人，我已经准备好了。"

泰勒了解目标营销的重要性，他已经在计划如何划分自己的潜在就业市场。他还在制定一份性格特征列表，并以此为基础，成为最佳工作候选人。

学习目标总结

使用目标市场战略能让求职更简单、更快、更成功。目标市场营销战略有助于你就自己的价值、技能和经验形成清晰的信息，撰写针对一种或几种类型企业的简历。

目标市场营销包括三个步骤：市场细分、选择目标市场和定位。市场细分是将市场（公司或组织）划分为多个群组的过程。选择目标市场是评估每个细分市场的吸引力，并决定哪一个细分市场值得投入资源。将自己与其他求职者进行比较，可以帮助你认识到自己的独特之处，以及对潜在客户的价值。

你在目标市场营销中面临的其他决定包括确定某个或某几个细分市场是最好的，以及什么类型的品牌个性应该成为你的品牌个性的一部分。在面试中，确保你的个性得到了体现，而不是创造个性。

营销的真相
（原书第11版）

MARKETING
REAL PEOPLE, REAL CHOICES

第三部分
为顾客制定价值主张

MARKETING
REAL PEOPLE,
REAL CHOICES

营销的真相 （原书第11版）

第 8 章 产品 I:
创新和新产品开发

学习目标

- 解释如何通过不同的产品层次获得价值。
- 描述营销人员如何对产品进行分类。
- 了解产品创新的重要性和类型。
- 展示公司如何开发新产品。
- 解释产品的采用和传播过程。
- 准备好创造你的价值主张。

真实的人，真实的选择：谢丽尔·阿德金斯 – 格林
▼ 玫琳凯的决策者

玫琳凯的首席营销官谢丽尔·阿德金斯 – 格林（Sheryl Adkins-Green）通过领导全球品牌营销战略、新产品开发、广告、数字营销、社交媒体和顾客洞察，使玫琳凯品牌和商业机会保持相关性，并保持竞争力。玫琳凯坚持其直销模式，目前正在丰富近 40 个国家的女性生活。

谢丽尔身为首席营销官有着丰富的全球销售和营销知识。她热衷于在新业务开发、数字创新和战略联盟等关键领域寻求机会。

谢丽尔以优异的成绩获得威斯康星大学零售管理学士学位，并拥有哈佛商学院的 MBA 学位。她被福布斯评为最具影响力的前 50 名首席营销官之一，并于 2019 年被《黑人企业杂志》评为美国企业界最有影响力的女性之一。谢丽尔被得克萨斯州多样性委员会评为 2018 年达拉斯权力 50 强之一，并于 2017 年被评为直销领域最具影响力的女性之一。2016 年，谢丽尔被品牌创新者列入"营销技术领域的顶级女性"名单。2012 年她很荣幸成为营销科学学会全球营销奖的第一位获得者。

谢丽尔与玫琳凯紧密关注着提高女性经济独立性这一领域，谢丽尔结合了玫琳凯基金会的使命去积极参与社区活动，为被癌症影响的女性寻找治疗方法，并阻止暴力侵害妇女的行为发生。除了在得克萨斯基督教大学董事会任职外，她还在达拉斯艺术博物馆和 AT&T 表演艺术中心董事会任职。她目前与丈夫和两个儿子居住在达拉斯。

谢丽尔的信息

商学院毕业后的第一份工作：

卡夫食品公司盖恩斯狗粮产品经理助理。

我正在阅读的商业书籍：

约翰·马克斯威尔的《中层领导力（行为习惯篇）》。

我的英雄：

我的父亲。

我的座右铭：

"想象每个人的脖子上都有一个看不见的标志，上面写着'让我觉得自己很重要'。"

——玫琳凯·艾施

我的动力：

连接人与创意，创造价值。

我的管理风格：

情境化——这取决于业务需求和相关团队成员的技能。通常，我的首选是委派和授权我的团队。作为领导者，我的首要任务是培养更多的领导者。当出现需要果断做决定的紧急情况时，或者当我的团队面临的挑战远远超过他们的能力时，我会更多地参与其中，并在必要时承担起责任。

我讨厌的事：

打断他人说话，尤其是在听到完整问题之前就给出答案。

谢丽尔的问题

玫琳凯·艾施是一位真正的商业开拓者，她在 55 年前创立了自己的美容公司，其三个目标是：为女性提供有益的机会、提供让人无法抗拒的产品、让世界更好。公司发展到现在，已经成为一家价值数十亿美元并在近 40 个国家拥有数百万名独立销售人员的公司。玫琳凯致力于投资美容技术，并生产尖端护肤品、彩妆、营养补充剂和香水。

玫琳凯于 1995 年进入中国市场，到 2018 年，玫琳凯中国市场已发展成为最大的玫琳凯市场之一。中国美容市场主要由护肤品类推动，因此玫琳凯的专利抗衰老护肤产品取得了巨大的成功。多年来与欧洲、南美洲和北美市场相比，中国的彩妆市场并不发达。中国的女性偏爱更细微、更自然的妆面。尽管玫琳凯中国把彩妆产品加进产品组合当中，但彩妆的销售额不到玫琳凯中国批发总收入的 10%，这与许多其他玫琳凯市场形成了鲜明对比，在这些国家中彩妆线占玫琳凯批发总收入的 40% 甚至更多。

近年来，随着韩国美容（也称为 K-beauty）的普及，彩妆产品迅速增长，顾客对彩妆的兴趣和需求也在迅速增长。在中国名人和关键意见领袖的推动下，彩妆品类开始以两位数的速度增长。随着全球、韩国和中国品牌加快推出新产品以满足快速增长的需求，彩妆品类的竞争也在变激烈。

在中文中，危机一词由两个字组成，危代表危险，机代表机遇。彩妆品类市场的快速增长无疑为玫琳凯中国带来了收入机会。然而，也存在"威胁"，如果玫琳凯不迅速行动，公司将错过帮助其销售队伍吸引新客户的机会，尤其是错过正在寻找新的化妆品的 Z 一代群体。中国的美容消费者越来越年轻，18～24 岁人群的购买力正在上升。

2018 年，谢丽尔收到紧急任务，要求尽快为玫琳凯中国提供新款彩妆品类组合，以抓住销售机会，更重要的任务是，要帮助销售队伍吸引新客户。

她的方案 1、2、3

利用玫琳凯品牌已经在全球销售的各种彩妆产品。 为满足给玫琳凯中国提供新款彩妆品类组合的要求，玫琳凯可以从全球范围内正在销售的全系列彩妆产品中进行选择，从刷子到腮红再到 100 多种色号的口红，应有尽有。在全球名人化妆师和时尚趋势的指导下，玫琳凯彩妆产品组合每季度更新一次，以跟上最新的潮流趋势。

这个方案很有吸引力，因为玫琳凯可以迅速将已经在世界各地成功销售的现有产品推向中国市场。通过利用全球玫琳凯彩妆线来增加彩妆品类的市场份额，玫琳凯中国通过使用全球营销资产、教程等来开发并提高玫琳凯品牌的知名度。虽然玫琳凯品牌广为人知并受到尊重，但它在年轻的目标受众眼中代表着"成熟"而不是"年轻和时尚"。虽然玫琳凯彩妆系列是一种"潮流"，但它并没有捕捉到中国的关键意见领袖和有影响力的明星正在推广的最新化妆趋势。

打造专为中国市场开发的全新彩妆系列。 这样公司能够专门为目标受众定制一系列产品。通过满足中国美妆消费者的偏好，玫琳凯可以有效地与更多的本土化妆品品牌竞争。但是这个方案需要大量的时间和资源来开发产品。由于这些产品将是全新的，因此也很难预测其产品需求，与利用已经知名的玫琳凯彩妆产品这种方案相比，引入全新系列需要更多的营销投资。

为中国市场改造一个已经成功的区域彩妆线——玫琳凯 @ Play。 玫琳凯 @ Play 是一个时尚的彩妆产品线，主要在拉丁美洲市场销售。这条彩妆线还提供了玫琳凯 "经典" 彩妆线，吸引了更年轻的人群。这种方案可以迅速利用现有的玫琳凯 @ Play 彩妆产品和在开发中的产品。玫琳凯 @ Play 产品将有助于扩大玫琳凯品牌的知名度，同时塑造更现代、更年轻的形象。然而，尽管现有产品可以快速调整，但这些产品是为迎合巴西和哥伦比亚等拉丁美洲国家大胆的、丰富多彩的时尚趋势而开发的。

现在，请你站在谢丽尔的角度想想。你会选择哪个选项，为什么？

你的选择

你会选择哪一个方案？为什么？

☐ 方案 1　　　☐ 方案 2　　　☐ 方案 3

制造更好的捕鼠器（更好地吸引消费者），并且增加价值

"制造一个更好的捕鼠器，世界将开辟一条通往你家门口的道路。"虽然我们可能听过这句格言，但事实是，仅仅因为产品更好，并不能保证它会成功。几十年来，伍德斯迪公司一直在制造维克多品牌的木制捕鼠器。然后，该公司决定制造一个更好的产品。伍德斯迪的产品开发人员研究了老鼠的进食、爬行和筑巢习惯。他们构建了不同捕鼠器的模型，以选出最佳设计，并在家中进行了测试。最后，该公司推出了外观时尚的"小冠军"，这是一个带孔的微型黑色塑料倒置浴缸。当老鼠进去吃掉诱饵后，一股水会猛地冲上来，老鼠就这样被消灭了。

听起来像是一个很棒的新产品（除非你是一只老鼠），但"小冠军"失败了。伍德斯迪公司研究的是老鼠的习惯，而不是消费者的偏好。该公司后来发现，一般都是丈夫们在晚上设置陷阱，但在早上，是妻子发现并处理掉那些正在等待着她们的"礼物"。不幸的是，他们中的许多人认为"小冠军"看起来太贵了，不能扔掉，所以他们觉得应该清洗捕鼠器以便重复使用。但这是大多数女性不愿意做的事情；她们想要一个使用完可以愉快地扔进垃圾桶的捕鼠器。

伍德斯迪公司开发捕鼠器的失败，突显了在产品创新中，提供给人们想要的利益或好处是至关重要的，而不仅仅是"这个新开发出来的小玩意儿看起来不错"。这也告诉我们任何质量的产品都有可能带来类似的用处，比如捕鼠器，无论是使用低技术的奶酪，还是高科技的陷阱，它们都具备抓捕老鼠的功能。尽管维克多声称自己是"掌控了解决啮齿动物方法的世界的领导者"，但在这种情况下，奶酪、鞋盒或是高科技陷阱都可以杀掉一只老鼠。

我们需要仔细研究，产品在提供价值时是如何成功套牢消费者的。在第 1 章中，我们看到价值主张是消费者对其购买商品或服务将获得的好处的看法。因此，营销人员的任务是双重的：首先，创造比现有价值更好的产品价值；其次，让顾客相信这些价值是真的。

本章和下一章重点介绍营销人员为了创建和维护成功的产品而需要做出的决策。正如我们在第 1 章中所定义的那样，产品是商品、服务、想法或这些的某种组合，通过交换过程满足消费者或企业客户的需求；产品是一个增值的**属性（attributes）**组合，包括特征、功能、用途，以及它的品牌和包装。由于属性提供具有广泛可能性的组合，营销人员通常不会说产品，而是用更通用的术语**供应物（offering）**来表示其价值来源。但为了简单起见，在本章中，我们将使用更基本的术语——产品。

产品可以是有形商品、服务、想法等。**有形产品（good）**是一种有形的产品，我们可以看到、触摸、闻到、听到、尝到或拥有的东西。它存在的形式可能是一包美味

的饼干，一个闪亮的新 iPad，一座房子，一个生产你可能想买的特斯拉 Model3 所需要的零件，或者一个别致但昂贵的 Christian Louboutin 女士或男士包。相比之下，无形产品——服务、想法等——是我们无法经常看到、触摸、品尝、闻到或拥有的产品。

欢迎阅读本书的第 3 部分，为顾客制定价值主张。这里的关键词是制定，营销人员在发展价值主张中的很大一部分作用是创新地创造和营销产品。在本章中，我们首先研究产品是什么，并了解营销人员如何对消费者和 B2B 产品进行分类。然后，我们将继续研究新产品，研究营销人员如何开发新产品，以及市场如何接受（或不接受）新产品。

产品概念的层次

毫无疑问，你听过有人说："重要的是心意，而不是礼物。"有时这只是一个借口，但这意味着礼物是送礼者记住你的标志或象征。当我们评估一份礼物时，我们可能会考虑以下几点：它是否很奢侈？是用特制纸包裹的吗？能明显看出是一种"再送礼"（送礼者作为礼物收到但转送给你的东西）吗？除了盒子里的实际礼物外，这些维度都是收到的总礼物当中包含的一部分。

就像礼物一样，产品是顾客在交换中收到的一切。如图 8-1 所示，我们区分了产品的三个不同层次——核心产品、实际产品和延伸产品。在制定产品战略时，营销人员需要考虑如何在这三个层面满足顾客的需求，即如何创造价值。

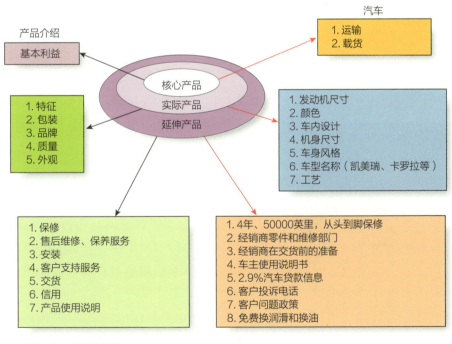

图 8-1　产品的层次

产品是顾客获得的一切——基本利益、实物产品及其包装以及产品附带的"附加功能"。

核心产品

核心产品（core product）包括该产品将为消费者或商业客户提供的所有好处或利益。正如我们在第 1 章中指出的，利益是顾客从拥有或使用产品中获得的价值。聪明的营销人员会告诉你："营销人员可能会制造和销售半英寸的钻头，但顾客真正购买的是半英寸的孔。"这句谚语提醒我们，人们购买的是核心产品，在这种情况下，核心产品就是打洞的能力。如果出现一种新产品，例如激光器，可以通过更好或更便宜的方式提供该能力，那么钻头制造商将面临新的问题。这个故事的寓意是什么？营销主要是提供利益，而不仅仅是创建特点和功能。利益是任何价值主张的基础，我们将利益定义为消费者购买商品或服务后将获得的价值。

许多产品实际上提供了多种好处或利益。例如，汽车的主要利益是运输，所有汽车（维修良好的汽车）都提供从 A 点到 B 点的能力。但产品也提供定制的好处，顾客获得好处是因为制造商添加了"花里胡哨"的功能以求赢得他们的青睐。一些司机只是想要用丰田卡罗拉进行基本、可靠和经济的运输；其他人欣赏普锐斯 Prime 混合动力车以及其插电式功能，以获得一种终极环保体验；还有一些人则渴望顶级丰田 Land Cruiser，以获得终极豪华越野的感受和性能。关键是，这三个方案都可以让你在大致相同的时间内从 A 点到 B 点，但不同的消费者从购买车辆中寻求截然不同的好处，有些人愿意为想要购买的产品支付更多，从而可以最好地满足他们的需求和愿望。这就是产品营销的力量，以及为什么基本的"捕鼠器"不是万能的答案！

实际产品

实际产品（actual product）是满足预期收益的实物商品或交付的服务。例如，当你购买洗衣机时，核心产品是能够将衣服弄干净，但实际产品是一个大的方形金属设备。当你接受体检时，核心服务是保持健康，但实际的服务是很多的检查项目。实际产品还包括产品的独特功能，例如其外观或样式、包装和品牌名称。比如三星生产各种尺寸的平板电视，从低端、低价的到其他高端型号。但最终，所有产品都提供了相同的核心利益，就是提升你的体验。

这种减肥甜点提供了一个价值主张，即没有额外的卡路里的美味。

延伸产品

营销人员还会为顾客提供**延伸产品**（augmented product）——实际产品加上其他支持功能，例如保修、维修、安装和售后服务。营销人员知道，将这些支持功能添加到产品中是使公司脱颖而出的有效方法。

早在 2003 年，苹果在创建 iTunes Store 时就改变了音乐行业，它允许消费者将收藏夹里的音乐直接下载到数字音乐和视频库中来延伸音乐这种基本产品，并方便地为他们省去了正确添加、标记和分类新音乐的麻烦。毫无疑问，这项创新对制造可容纳数百张 CD 的支架的公司造成了打击。苹果的延伸产品（便利性、广泛选择性和易用性）继续为公司在销售和利润方面带来丰厚的回报，消费者喜欢在自己选择的设备上完成这些工作。随着 Spotify 等音乐流媒体服务的普及，苹果通过创建 Apple Music 来适应消费者偏好的变化。Apple Music 为用户提供了每月付费访问大量歌曲的能力（达到 6000 万首，而 Spotify 只有 5000 万首），而不是单独购买歌曲或专辑。当然，随着智能电视的崛起，苹果已经通过 Apple TV 应用程序（口号：你的所有电视，都在一个应用程序中）迅速扩展不断增长的空间。

学习目标总结

产品可以是实体商品、服务、想法等。商品是一种有形的产品，是我们可以看到、摸到、闻到、听到、尝到或拥有的东西。相比之下，无形的产品是我们并不总能看到、摸到、尝到、闻到或拥有的产品。营销人员认为产品不仅仅是包装中的东西。他们将产品视为一系列属性，除了实物商品外，还包括包装、品牌、利益和支持功能。营销人员面临的关键问题是在创造价值主张过程中，在产品适当开发和营销方面发挥作用。

核心产品是产品提供的基本产品类别优势和定制化优势。实际产品是实物商品或交付的服务，包括包装和品牌。延伸产品包括实际产品和任何补充服务，例如保修、交付、安装等。

营销的真相

8.2

营销人员的产品分类方法

到目前为止，我们已经了解到，产品可以是一种有形的商品，也可以是一种无形的服务或理念，并且产品有不同层次的价值维度供消费者获取。现在，我们将在此基础上进一步探讨产品之间的差异化特征。营销人员对产品进行分类，因为消费者和企业客户对产品的认知以及他们对不同产品的购买行为存在差异。这种认知有助于营销人员开发新产品并制定满足消费者需求的营销组合策略。

让我们首先根据产品的使用寿命以及消费者购买行为特征来解析消费品之间的差异。然后，我们将探讨 B2B 产品的主要类型。

产品能用多久

营销人员根据产品的使用寿命将消费品分为耐用品或非耐用品。你期望冰箱可以使用很多年，但一加仑牛奶只能喝一周左右，之后它变成过期产品。**耐用品（durable goods）** 是在数月、数年甚至数十年内提供利益的消费品，例如汽车、家具和电器。相比之下，我们在短期内消费的是**非耐用品（nondurable goods）**，如《人物》杂志和新鲜寿司。

我们更有可能在高介入度（我们在第6章中学习过的）的条件下购买耐用品，而对非耐用品更有可能在低介入度条件下购买。当消费者购买新车或房屋时，大多数人会在决策过程中花费大量时间和精力。当营销人员提供高介入度的产品时，他们需要了解消费者对待不同产品利益的需求以及保修、服务和客户支持的重要程度。因此，他们必须确保消费者能够找到他们需要的信息。一种方法是在公司网站上提供常见问题（FAQ）部分。另一种方法是建立脸书页面或推特上的摘要，开通YouTube频道，建立留言板或创建博客并且围绕产品建立社区。当公司发起此类社区论坛时，就可以看到人们对其产品的评价，并为用户提供一个共享信息以及向公司提出与特定产品相关问题的平台。对于高科技产品来说，这对于提升用户的体验并确保他们能够从购买的产品中获得最大价值来说尤为重要。我们的朋友在苹果公司维护着一个名为苹果支持社区的热门在线论坛，忠诚用户可以在该论坛中找到答案、提出问题并与来自世界各地的整个苹果用户社区建立联系。

与耐用品的高介入度模式相反，消费者在选择非耐用品时通常不会"纠结于细节"，几乎没有经过任何信息搜索或考虑。有时这意味着消费者会购买任何品牌，只要价格相对合理且可用。在其他情况下，消费者的购物决策主要基于过去的经验。因为某个品牌之前的表现令人满意，消费者往往会认为没有考虑其他品牌的理由，他们会出于习惯选择同一个品牌。

消费者如何购买产品

营销人员还会根据消费者购买产品的地点和方式对产品进行分类。图8-2描绘了消费者和商业市场中的产品分类。我们首先考虑消费者市场，认为商品和服务都是便利产品、选购产品、特色产品或非渴求品。回想一下，在第6章中，我们讨论了消费者在习惯性决策、有限型问题解决和扩展型问题解决方面所付出的努力是不同的——这是一个好的想法，可以让我们理解为什么对产品进行分类是重要的。

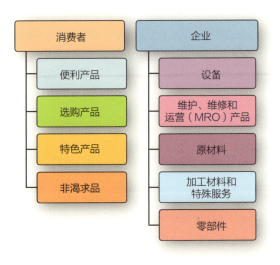

图8-2 产品分类
产品是根据在消费者市场还是企业市场来进行分类。

便利产品（convenience product） 通常是非耐用品或消费者经常购买的服务。顾名思义，消费者希望可以很轻易地获得这些产品，他们会购买任何容易获得的品牌。一般来说，便利产品价格低廉且广泛可用。你可以在任何一家杂货店、药店或便利店购买一瓶牛奶或一个面包。消费者通常已经知道他们需要或想知道的便利产品的所有信

MARKETING:
REAL PEOPLE, REAL CHOICES
营销的真相（原书第11版）

息，很少花费精力去购买，如果他们的首选品牌在方便的位置买不到，他们也愿意接受替代品牌。

对于便利产品的营销人员来说，最重要的是什么？你猜对了——确保产品在消费者可能寻找到它的所有地方都可以轻松获得。这是一个很好的猜测，购物者不会花太多心思在购买便利产品上，因此销售白面包等产品的公司可能会将其策略集中在提升品牌名称的认知度上，这与我们可能期望为智能手机或其他耐用产品提供的详细"规格表"相反。

有几种类型的便利产品：

- **日常必需品**（staple products），如牛奶、面包和汽油，都是基本或必要的物品，几乎随处可见。大多数消费者并没有察觉到品牌之间的巨大差异。特定类别的日常必需品被称为包装消费品。**包装消费品（CPG）**或**快速消费品（FMCG）**是一种低成本商品，消费者快速消费并经常更换。

  包装消费品（或快速消费品）与一般的日常必需品一样，消费者也经常购买，但包装消费品比一般日常必需品变化更多。重要的是，它们也更加以品牌为中心，消费者更倾向于感知到产品质量、功能和利益的更多差异，因此品牌会被大量宣传。在分销方面，大型零售商使用包装消费品和快速消费品将购物者带入商店，从而获得客流量，并增加了其他类型的产品最终进入消费者购物篮的机会。随着新冠疫情开始，购物车里肯定装满了漂白剂、洗手液和其他相关物品。这些经典的快速消费品的业务增长导致公司第一季度收入出现不可预测的飙升——毫无疑问，最终也导致许多人在封控期间体重增加了15磅。这些产品成为"日常必需品"真是太好了！

- 虽然日常必需品是我们通常决定提前购买的东西，但我们也会一时冲动，从而购买了**冲动产品**（impulse products）。你有过曾经在超市排队，在收银台的最后一刻被《人物》杂志封面所诱惑，以5.99美元的门市价购买杂志的经历吗？无论吸引你购买的原因是什么，当你屈服于购买时，你就是冲动行事。营销人员想要推广冲动产品时有两个要求：①创造一个可以"伸手抓住客户"的产品或包装设计；②确保产品高度可见。例如，通过确保主要终端过道或结账通道空间来让产品高度可见。这就是为什么你经常会在春季的货架上找到色彩鲜艳的黄色奶油奥利奥，或者在结账队伍中发现令人愉悦的口香糖、坚果和糖果。随着顾客戴着"移动眼罩"（也就是手机）排队，产品的包装设计和陈列变得越来越重要，也就是说，手里拿着手机的顾客更有可能在排队时发送短信，因此他们没有注意到冲动产品在吸引他们的注意力。

  过去，公司经常通过智能手机向购物者推送优惠券和促销活动。今天，**地理围栏营销**（geofencing marketing）的做法已经变得普遍。地理围栏是使用全球定位系统（GPS）或无线射频（RFID）技术来创建虚拟地理边界，使软件能够在移动设备进入或离开特定区域时触发响应。因此，如果你是沃尔格林的营销经理，并且你的商店里充满了可爱诱人的冲动产品，难道你不想让购物者知道商店里的单块糖果棒正在特价销售，进而增加商店销售额吗。 请注意，另一个相关概念——邻近营销（或信标营销，beacon marketing），我们将在第 12 章后面介绍和讨论。

- 顾名思义，当我们急需时，我们会购买**应急产品（emergency products）**。比如绷带、雨伞等。因为我们非常需要这种产品，所以价格、产品质量可能都与我们的购买决策无关。

与便利产品相比，**选购产品（shopping products）** 是消费者会花费时间和精力收集价格、产品属性和产品质量信息的商品或服务。对于这些产品，消费者可能会在购买前比较替代品。平板电脑是选购产品的一个很好的例子。它们提供了不断扩展的特性和功能，并且新版本一直不断涌入市场。消费者需要对可以捆绑的各种功能做出许多权衡和决策，包括速度、屏幕尺寸、功能、重量和电池寿命。平板电脑制造商了解消费者的决策困境：他们煞费苦心地在广告中为消费者进行比较——而且，正如消费者所期望的那样，他们通常会找到一种方法使他们的版本看起来更优越。

特色产品（specialty products） 具有独特的特性，这些特点对可以支付任何价格的买家来说也很重要。当汽油价格下降时，混合动力汽车的成本效益低于标准汽车，但许多消费者仍然选择支付溢价去购买它们，因为他们重视环保。特色产品通常具有奢侈品的内涵，消费者愿意为此支付更高的价格来塑造理想形象——例如，Blue Buffalo 和 Orijen gourmet（两个狗粮品牌）与纯粹的 Purina（宠物饲料品牌）和宝路狗粮之间的对比。昂贵的品牌吸引了狗主人，他们不会接受给他们的宠物喂食不好的东西，就像他们不会接受给家庭成员喂食不好的东西一样。幸运美味狗粮这一品牌提供这样的服务："为您的狗提供煮熟的、全天然的新鲜食物，直接从我们的厨房运送到您的厨房，直接送到您家门口！"这会冲击到某些高端狗粮品牌的收入，损失很容易达到每年数千美元！

消费者通常对特色产品了解很多，他们往往忠于特定品牌。一般来说，购买特色产品是一种基于解决问题而进行的购买，需要付出很多努力来选择，这意味着销售这类产品的公司需要制定营销策略，使其产品与众不同。

非渴求品（unsought products） 是指消费者在需要之前几乎没有意识或兴趣的商品或服务。在大学毕业生找到他/她的第一份"真正的"工作时，通常退休计划和残疾保险是不受欢迎的产品。它需要大量的广告或人员销售才能让年轻人对这类产品感兴趣——只需要问问任一人寿保险销售人员就能了解。一种解决方案可能是使定价更具吸引力。例如，一些不情愿的消费者可能更愿意以"每天几美分"的价格购买非渴求品，而不是每年或终生的现金支出。

企业如何购买产品

正如我们在第 6 章中看到的那样，当消费者购买产品供自己使用时，企业客户购买物品是为了使他们能够生产其他商品或服务。营销人员根据企业客户的使用方式对

B2B 产品进行分类。与消费品一样，当营销人员知道客户是如何使用产品时，他们就能够更好地设计产品并制定适当的营销组合。让我们简要回顾一下图 8-2 描述的五种不同类型的 B2B 产品。

- 设备（equipment）是指组织在其日常运营中使用的产品。重型设备，有时被称为装置或资本设备，包括福特用来组装汽车的复杂机器人等物品。安装大件物品，可以使用数年。台式电脑、书桌和椅子是轻型或附属设备的例子，它们便于携带、成本更低，使用寿命比资本设备短。
- 维护、维修和运营产品（maintenance, repair, and operating products, MRO）是企业客户在相对较短的时间内消费的商品。维护产品包括灯泡、拖把、清洁用品等；维修产品是螺母、螺栓、垫圈和小工具等物品；运营产品包括计算机纸和油，以维持机器平稳运行。尽管一些公司使用销售人员来推广维护、维修和运营产品，但大多数公司依靠在线销售或电话营销方法来降低成本。
- 原材料（raw materials）是指渔业、木材业、农业和采矿业的产品，组织客户购买这些产品用于生产他们的成品。例如，一家食品公司将大豆制作成为豆腐，一家钢铁制造商将铁矿石制作成为大片钢板，其他公司用它来制造汽车、清洗机和割草机。
- 当公司将原材料加工后，他们生产出了**加工材料**（processed materials）。建筑商使用经过处理的木材给房屋添加一层甲板。一家为魔爪、红牛和 Rockstar 制造铝罐的公司购买铝锭作为加工材料。
- 除了有形加工材料外，一些企业客户还从外部供应商那里购买**特殊服务**（specialized services）。这些可能是基于设备的，例如修理复印机或修复装配线故障；也可能是基于非设备的，例如市场研究和法律服务。这些服务对于组织的运营至关重要，但不是产品生产的一部分。
- 零部件（component parts）是组织生产自己的产品所需的制成品或成品的组件。例如，计算机制造商需要硅芯片来制造计算机，汽车制造商需要电池、轮胎和喷油器。

学习目标总结

营销人员通常将商品和服务分类为消费品或工业产品。他们根据消费品的使用寿命和购买方式进一步对消费品进行分类。耐用品提供数月或数年的利益，而非耐用品很快就会用完或仅在短时间内有用。消费者经常随意购买便利产品。消费者在购买选购产品之前会仔细收集信息并比较不同品牌的属性和价格。特色产品具有独特的特性，对买方很重要。在需要之前，顾客对非渴求品几乎没有兴趣。B2B 产品供组织用于商业用途。营销人员根据 B2B 产品的使用方式对其进行分类。例如，设备可分为以下几类：维护、维修和运营（MRO）产品，原材料，加工材料，特殊服务，零部件。

营销颠覆：创新与设计思维正在推动产品成功

8.3

"新的和改进的！"当我们使用术语"新产品"时，我们到底是什么意思？联邦贸易委员会表示：①产品必须是全新的或发生重大变化才能被称为新的；②产品在推出后的六个月内才能称为新品。

从法律角度来看，这个定义很好。然而，从营销的角度来看，新产品或**创新（innovation）**可以是顾客认为新的和不同的任何东西。创新源于一个基本的概念，这是当今大多数组织董事会的热门话题——创造力。**创造力（creativity）**描述了一种现象，在这种现象中，创造了一些新的和有价值的东西。对创造力的科学研究有力地证明了创造性过程在生产新的、有用的产品中的重要性。

希望加快创新步伐的组织已将**设计思维（design thinking）**纳入其流程中，目的是获得超过竞争对手的优势。设计思维，也称以人为本的设计，利用逻辑、想象、直觉和系统推理来探索事情发生的可能性，并创造有利于最终用户的预期结果。设计思维需要一种重视**意念（ideation）**的组织文化，这意味着设计–思维过程的典型特征是通过以发散和收敛思维交替为特征的过程来产生想法。**发散思维（divergent thinking）**意味着提出尽可能多的新想法，并探索新的"开箱即用"替代方案。为了实现发散思维，让不同的人参与这个过程是很重要的。相比之下，**收敛思维（convergent thinking）**转向关注对不同想法的分析，以便做出最佳选择，这一过程可以确保设计思维过程能达到预期的结果，而不仅仅是一种空想。

图8–3列出了设计思维中的流程步骤。首先，营销人员需要换位思考，以深入了解问题情境和用户，包括他们的问题和目标。有了对这些要素的充分理解，营销人员就可以清楚地阐明要通过设计思维解决的问题，并进入下一阶段。接下来是创建模型解决方案，然后与真实用户一起测试该解决方案的有效性。设计团队使用设计思维来解决定义不清/未知的问题（又名"棘手的问题"），因为设计思维的思维方式集中在以人为中心的方式去重新构建这些问题，专注在对用户最重要的事情上。

图8–3　设计思维的流程步骤

有时，一项创新可能相对较小，例如定期上市的数千种产品的新版本。但其他时候，创新可以带来能改变游戏规则的产品，例如 iPhone 三摄像头技术，在一个长焦、一个广角和一个超广角镜头后面有三个 12MP 摄像头，再加上它们创新的"深度融合"的计算摄影技术来驱动相机！创新可能会带来一种新的移动游戏方式，这是由任天堂 Switch 实现的，其触摸屏夹在一对可拆卸控制器之间，并且还有自己的电池和存储空间，以简单的方式供儿童和成人娱乐，就像指尖陀螺一样。从历史上看，影响最大的创新是全新的产品，这些产品提供了巨大的利益。一个很好的例子是最初的惠普科学计算器，它几乎在一夜

听说过计算尺（上图所示）吗？惠普的科学计算器让计算尺过时，而如今智能手机的功能又使大多数独立计算器变得过时。

之间使计算尺过时了。在本节和下一节中，我们将重点关注产品创新的概念和过程。如果做得好，创新将为组织的成功做出巨大贡献！

创新的类型

创新的新颖程度不同，这有助于确定目标市场采用它们的速度。因为更新颖的创新需要我们在弄清楚如何使用它们方面付出更大的努力，与那些和现有产品相似的新产品相比，它们在整个人群中的传播速度会更慢。

如图 8-4 所示，营销人员根据其新颖程度，将创新分为三类：连续创新、动态连续创新和间断性创新。但是最好将这三种类型看作是从现有产品的微小变化到全新产品的连续统一体。然后，我们可以根据它们给人们的生活带来的变化来描述这三种类型的创新。例如，第一辆汽车给习惯通过"马力"移动的人们的生活带来了巨大的变化。然后飞机出现了，为我们打开了整个世界。现在，借助 TripLingo 应用程序的创新，您可以在出国旅行时轻松沟通。TripLingo 带有一个实时转换器，只需对着你的手机说话，它就会以你选择的任何速度回复你。额外工具包括地域文化指南、货币转换器和俚语。

在理念方面，爱彼迎改变了旅行者预订目的地住宿的方式（通过允许任何人出租自己的家），当然，优步的应用程序提供了一种到达目的地的简单方式（当有语言障碍时，可以减少了你和你的司机之间的困惑）。当你访问一些新地方时，你还可以使用

图 8-4 创新的类型

根据创新程度的不同，可以将创新分为三类：连续创新、动态连续创新和间断性创新。

SitOrSquat 应用程序找到最近的洗手间，甚至可以提前查看其清洁度的评级。值得注意的是，这项服务是由宝洁的查米品牌卫生纸带给你的。此外，你自然也想知道它是否可以免费使用，或者洗手间所属的机构是否希望你从他们那里购买一杯咖啡以便你能够"使用设施"，也就是引导你先购买咖啡，进而产生使用洗手间的需求。

连续创新

连续创新（continuous innovation）是对现有产品的修改，例如三星和其他公司通过提供具有高清观看功能的超薄的电视机来重振电视市场。这种类型的修改可以使一个品牌与竞争对手区分开来。例如，人们将沃尔沃汽车与安全联系起来，这是因为在现实中，其标语包括"安全第一，永远安全"和"你不只是在驾驶汽车，你正在履行诺言"。这些都是强有力的言论，沃尔沃用源源不断的、与安全相关的创新来支持它们。

Sriracha

一些连续创新只是涉及发现使用现有产品的新方法。

消费者不必学习任何新东西就可以使用连续创新的产品。从营销的角度来看，这意味着说服消费者采用这种新产品通常相对容易。例如，当前这一代智能电视并不要求电视购买者改变他们的行为。我们都知道电视是什么以及它是如何工作的，但我们仍然想要一个大屏幕。该技术的连续创新只是为用户提供了访问奈飞、Hulu、亚马逊 Prime 和 Disney + 等在线功能的额外利益，而无须其他产品来促使消费者购买。

翻版产品（knockoff）是对原创产品的设计稍加修改复制而产生的新产品。公司故意制造服装和珠宝的翻版品，通常是为了销售到更大或不同的市场。例如，公司可能会复制顶级设计师的高级定制服装款式，并以较低的价格出售给大众市场。在法律上很难保护外观设计（而不是技术发明），因为模仿者可能会争辩，即使是轻微的变化——连衣裙或衬衫上的不同纽扣或稍宽的领子——也意味着翻版产品不是精确的复制品。

动态连续创新

动态连续创新（dynamically continuous innovation）是对现有产品的明显修改，需要适度的学习或改变行为才能使用它。这里有一个很好的例子：音频设备的历史是一系列的动态连续创新。在很多年的时间里，消费者喜欢在唱片机上听他们最喜欢的弗兰克·辛纳屈的歌曲。在 20 世纪 60 年代，十几岁的男孩在连续播放的八轨磁带上听披头士乐队时尖叫不已。然后是用盒式磁带来听老鹰乐队。在 20 世纪 80 年代，消费者可以在光盘上听到金属乐队 Metallica 的歌曲。

但是，在 20 世纪 90 年代，录音技术随着 MP3 技术发展向前迈进了一大步。MP3 允许麦当娜粉丝从互联网上下载音乐或与他人交换音乐的电子副本，当移动 MP3 播放器在 1998 年出现时，粉丝可以直接将音乐下载到便携式播放器中。然后，在 2001 年，苹果公司推出了第一款 iPod，两年后推出了 iTunes 商店。有了最初的 iPod，无论音乐迷走到哪里，都可以随身携带 1000 首歌曲。到 2010 年，iPod 可以容纳 4 万首歌曲、2.5 万张照片和 200 小时的视频。当然，今天，我们理所当然地认为大多数音乐迷都会去苹果 iTunes 商店或 Spotify 下载歌曲并获得他们可能喜欢的新音乐的相关推荐，但是现在你可以在智能手机上完成随着数据计划和覆盖范围（coverage）的改进以及 Wi-Fi 几乎可以在家门外的任何地方使用，在智能手机或平板电脑上播放音乐比以往任何时候都更容易，而不需要下载到设备上。但是，如果你确实想要更复古的东西，你仍然可以购买 iPod！事实上，苹果公司在 2020 年推出了第 8 代 iPod Touch，这款 iPod Touch 配备了苹果设计的 A11 仿生芯片和漂亮的液体视网膜显示屏。

间断性创新

要做到间断性创新（discontinuous innovation），产品必须对我们的生活方式产生重大改变。消费者必须学到很多东西才能有效地使用间断性创新产品，因为市场上从未有过类似的产品。一些重大发明，如飞机、汽车和电视，是从根本上改变现代生活方式的创新。还有些间断性创新，如个人电脑——与互联网的兴起同时发展——改变了我们的购物方式，让更多的人在家里或其他任何地方工作。自笔记本电脑问世以来，在平板电脑和手持设备上处理相同信息的转变成为动态连续创新的后续发展。一种特殊类型的间断性创新是融合（convergence），这意味着把两种或多种技术结合在一起，创造出可以比原始技术提供更大利益的新系统。融合技术的一个典型例子是智能手机，它将电话、相机、音乐播放器和数字个人助理（以及其他功能）融合到一个设备中。

下一个间断性创新是什么？很难预测下一个真正的大项目（计算机行业称之为"杀手级应用"）。现在推测，也许埃隆·马斯克的 SpaceX 的方法将被视为十年来主要的间断性创新之一。它被吹捧为美国太空旅行历史上第一个由私营行业主导的计划，随着每次发射，这一计划成功的希望越来越大，我们将把技术作为进入下一阶段的切入点，最终实现可行的商业太空旅行。请在大约 20 年后与我们一起验证！

在组织战略层面，间断性创新的概念被转化为颠覆性创新（disruptive innovation），即创造新的市场和价值链并最终破坏现有市场和价值链，取代已建立的市场领先公司、产品和联盟的创新。在进行市场规划之前，需要扫描外部环境——包括竞争环境——来寻找可能影响商业的趋势。

营销战略艺术和科学的一部分目标是努力预测，最终获得领先于预期的未来颠覆性创新，并希望通过成为引领颠覆性创新的企业，在职场生活中获取市场先发优势（first-mover advantage）。一个很好的例子是领英开拓的新兴求职模式在许多行业的专业求职中取得了成功。作为一个社交媒体平台的根基，领英已经取代了 Monster 和 CareerBuilders 等在线就业网

领英凭借其庞大的商业高管网络，拥有先发优势。

站，成为许多求职和招聘的首选之地。但是，即使是颠覆性创新者也不能故步自封。近年来，越来越多的更简单、更直接、更专注于专业求职者的网站给领英带来了越来越大的威胁。

学习目标总结

创新是指消费者所认可的任何新事物。由于技术进步的快节奏，开发新产品的高成本，以及新产品对社会的贡献，因此了解新产品对公司至关重要。营销人员根据其新颖程度对创新进行分类。连续创新是对现有产品的修改，动态连续创新为产品提供了更大程度的变化，间断性创新是新的、给人们的生活带来重大变化的产品。

新产品开发

基于对创造力的概念和不同类型创新的了解，我们现在将注意力转向企业如何开发新产品。这个过程是基于**研究与开发（research and development，R&D）**方面的支出，在大多数组织中，这是一种定义明确的、系统的方法创新。投资者和金融市场密切关注研发投资，因为这些支出往往能预测该公司即将推出的新产品实力有多强劲。事实上，R&D 投资通常是组织创新承诺的核心指标。在某些行业，较高水平的 R&D 活动本质上比其他行业更具竞争力，但在任何公司中，新产品开发都是由研发投资推动的。

如图 8-5 所示，**新产品开发（new product development，NPD）**过程有 7 个阶段：创意产生、产品概念开发和筛选、制定营销策略、业务分析、技术开发、市场测试和商业化。让我们快速浏览一下每个阶段中发生的事情。

图 8-5　新产品开发通常分 7 个阶段进行

第 1 阶段：创意产生

正如我们之前所讨论的，在产品开发的创意产生阶段，营销人员通过各种来源提出伟大的新产品创意，新产品创意为顾客提供利益，并与公司使命兼容。有时创意来自顾客，有时创意来自销售人员、服务提供商和其他与顾客有直接联系的人。**价值共创（value co-operation）**是指组织通过顾客和其他利益相关者在新产品开发过程中的协作参与来创造价值的过程。

"乐高"这个名字是丹麦词"leg godt"的缩写,意思是"玩得好"。这款拥有90年历史的产品在新冠疫情期间拥有强劲的销售和财务业绩,该公司捐赠了5000万美元,以帮助家庭度过危机。在一次营销和创新活动中,乐高开发了一个名为乐高创意的在线平台,用户可以在平台上为新的乐高套装提出建议,并请求公司将其转化为实物产品。在乐高创意平台上,用户可以提供关于创意的描述,创建视觉产品(使用乐高积木以实体或数字方式展现出来),并赋予他们所提议的乐高积木的特征。之后两年内,任何在平台上吸引了超过1万名支持者的新创意都会进入审查阶段,此时乐高将决定把这个创意变成可以批量生产的乐高套装是否可行。作为审查过程的一部分,这一创意想法的支持者需要回答一系列问题以确定新创意的市场潜力(比如,这个套装将会面向的细分市场,搭建套装的复杂性等)。这种价值共创的方法产生了创造性的新创意,包括针对年长乐高爱好者的套装,例如《吉尔摩女孩》中的卢克晚餐和《生活大爆炸》系列。值得注意的是,这种价值共创方法与传统方法形成鲜明对比。在传统方法中,公司在幕后开发产品并将其推向市场,希望能将顾客与新产品的预期价值主张联系起来。

公司经常使用市场研究活动来寻找新产品创意。例如,像 ESPN 这样,想要开发新频道或改变现有频道的公司,可以在不同体育观众群体中进行焦点小组讨论,以获得有关新型节目的想法。

第2阶段:产品概念开发和筛选

开发新产品的第二阶段是**产品概念开发和筛选 (product concept development and screening)**。尽管产品的创意有各种来源,并且公司希望顾客可以与其他人进行共同创造,但这个过程的责任最终通常会落在营销人员身上,他们需要管理整个流程并将这些创意扩展成更多完整的产品配置。产品概念描述了产品应具有的功能以及这些功能将为消费者带来的利益。当然,仅仅因为一个创意是独一无二的并不能意味着它会受欢迎。日本公司 Satis 发明了一个应用程序,它可以让你用智能手机控制你的厕所。它可以让你在不接触马桶的情况下冲洗和抬起马桶圈。它还有更多功能:你可以通过厕所的扬声器播放音乐,并将你的"历史使用记录"存储在"厕所日记"中。

在新产品开发中,失败往往与成功一样频繁(或更多),因此筛选创意所需的技术和其商业价值至关重要。在筛选时,营销人员会检查新产品创意成功的可能性,同时淘汰几乎没有机会进入市场的创意。当他们考虑新产品在技术上是否可行时,他们会估计**技术成功性 (technical success)**,即是否有可能实际构建这个产品。当他们考虑是否有人会购买该产品时,他们会估计**商业成功性 (commercial success)**。乐高利用其创意平台,根据创意所吸引的支持者数量来评估新产品的潜在商业成功性。只有当产品获得足够的支持以使其进入乐高的内部审查流程时,产品的潜在技术成功性才会发挥作用。如果产品概念达到了这个基准,公司将分析是否能够生产这一产品。

第3阶段:制定营销策略

新产品开发的第三阶段是制定营销策略,将产品推向市场,这个过程我们在第3

章中就讨论了。这意味着营销人员必须确定目标市场，估计其市场规模，并确定如何有效地定位产品以满足目标市场的需求。当然，营销策略的制定包括为新产品的推出、定价、分销和促销进行规划。

第 4 阶段：业务分析

一旦产品概念通过筛选阶段，下一阶段就是**业务分析（business analysis）**。即使营销人员有证据表明该产品有市场，他们仍然必须确定产品是否能够为公司带来利润收入。该产品有多少潜在需求？公司是否拥有成功开发和推出产品所需的资源？

新产品的业务分析首先要评估新产品将如何适应公司的整体产品组合。新产品会增加销售额，还是会分走现有产品的销售额？新产品与公司现有产品之间是否可能存在协同效应，从而同时提升两者的知名度和形象？营销成本是多少？

新口味的研发需要经过严格的技术验证流程，以确保其能满足消费者的品质期待。

第 5 阶段：技术开发

如果一个新的产品概念经受住了业务分析的审查，那么它就会进入下一流程——**技术开发（technical development）**，这一阶段需要公司的工程师与营销人员合作完善设计和生产过程。技术开发阶段的一个典型例子是goTenna，它推出了一款产品，使人们能够在没有手机信号覆盖的地区使用智能手机交流。该产品巧妙地使用无线电信号在多个 goTenna 设备之间创建了一个网络，该网络与该公司的智能手机应用程序一起，向产品用户提供在给定区域内多个设备之间实现通信的功能。goTenna 的一个有价值的使用情境是在荒野远足期间，那里潜在的恶劣天气条件使接收手机信号变得更加困难。goTenna 的设计重量很轻，很容易连接在背包的外面或裤子的皮带环上，并且还防水。尽管其中许多特征很可能在产品开发过程的早期阶段在某种程度上就被识别出来，但公司的营销人员需要在技术开发阶段与工程团队合作，将它们更充分地扩展为符合消费者需求和公司内部能力的有形形式。

公司越了解顾客对新产品的反应，其成功的概率就越大。出于这个原因，公司通常会分配资源来开发产品的一个或多个物理版本或**产品原型（prototypes）**。潜在客户可以在焦点小组或在家进行的现场试验中评估这些原型。

在新产品的技术开发阶段过程中，有一个相对较新的方面是通过 3D 打印的日益普及而实现的。可口可乐、大众、诺基亚和焙朗等不同公司的营销人员通过这项技术直接让顾客参与产品开发过程。例如，作为诺基亚 3D 打印社区项目的一部分，这家手机制造商为其客户提供 3D 打印套件，让他们能够为诺基亚某一部智能手机打印定制的保护套。大众汽车鼓励顾客通过 The Polo Principle 活动成为自己的汽车设计师，在该活动中，人们可以通过网站来控制用于创建原始大众 Polo 汽车模型的 3D 打印机。然后，消费者可以创建自己的版本，其中 40 个创意最终会被 3D 打印并在哥本哈根展示。之后，消费者/设计师将有机会把他们设计的微型车版本带回家。活动中的一个创意甚至变成了全尺寸的大众 Polo! Trek 自行车的营销人员正在使用 3D 打印来加快产品原型的开发速度并提高其准确性，从而加快整体产品设计周期。Trek 现在生产的原型数量是以前的四倍，同时也提高了整体上市速度。

原型对公司内部的人员也很有用。参与技术开发过程的人员必须确定公司将生产成品的哪些部分，以及将从其他供应商处购买哪些部分。在制造新商品的情况下，公司可能不得不购买新的生产设备或改造现有机器。必须有人专门为员工制定工作指导书，并培训他们制作产品。当涉及新的服务流程时，技术开发将包括一些决策，例如哪些活动将在顾客视线范围内发生，而不是在"后台"进行，以及公司是否可以将部分服务自动化以提高交付效率。

技术开发有时需要公司申请专利。正如你在第 2 章中了解到的，由于专利在法律上禁止竞争对手生产或销售相关的技术产品，因此这种法律机制可能会在多年内减少或消除市场上的竞争，从而帮公司赢得一些时间来收回其在技术开发上的投资。

第 6 阶段：市场测试

新产品开发的下一阶段是运行**市场测试或测试市场（market test or test market）**。这通常意味着公司想要在小部分市场中尝试完整的营销计划——分销、广告和促销，而这小部分的市场，需要和公司最终希望进入的更大市场保持一定的相似性。

市场测试既有积极的一面也有消极的一面。从消极方面来看，市场测试非常昂贵。即使只是在一个城市中进行市场测试也可能花费超过 100 万美元。市场测试还可以让竞争对手自由查看新产品、其导入期的价格和预期的促销策略，并可能获得首先将竞争产品推向市场的机会。从积极的方面来说，当他们在有限的区域内提供新产品时，营销人员可以评估和改进营销计划。

有时，市场测试会使营销人员发现产品本身需要改进的地方。在其他时候，市场测试可以使营销人员发现产品故障，预先警告，使公司能够通过"终止项目"节省数百万美元。

多年来，久负盛名的 Listerine 制造商一直希望推出其经典黄金配方漱口水的薄荷味版本，以一种更直接的方式与宝洁的 Scope 品牌竞争（它最初以 Listermint 品牌推出这种替代品）。不幸的是，每次 Listerine 进行市场测试时，宝洁都发现了，并且在 Listerine 市场测试过程中为其 Scope 品牌在市场测试所在区域投入大量额外的广告和优惠券。当 Listerine 市场规划者决定是否要在全国范围内推出 Listermint 时，宝洁的这种反击方式降低了 Listerine 市场测试结果的有用性。因为宝洁对 Listermint 市场测试的积极回应实际上增加了 Scope 在测试城市的市场份额，所以没有办法确定 Listermint 在正常竞争条件下的实际表现如何。该公司一意孤行，在全国范围内推出了 Listermint，但这个新品牌只取得了微弱的成功，该公司最终将产品撤出了市场。今天，得益于更好的产品开发，Listerine 品牌除了有薄荷味以外，还有其他多种选择，它已经成为最畅销的美国漱口水品牌，年销售额超过 3.54 亿美元。

由于潜在的问题和市场测试的费用，营销人员可能会使用特殊的计算机软件进行**模拟市场测试（simulated market test）**，模仿产品进入市场。这些模拟使公司能够看到降价和新包装可能产生的影响，甚至确定它在商店中的哪个位置放置产品会更好。该过程需要收集有关消费者对产品概念、实物产品、广告和其他促销活动的看法的基础研究数据。利用模拟市场测试并使用该信息来预测产品成功的可能性，其成本比传统市场测试低得多。随着这项技术的不断改进，传统的市场测试可能会成为过去式。

第 7 阶段：商业化

新产品开发的最后阶段是**商业化（commercialization）**。这意味着新产品的推出需要全面的生产、分销、广告、促销等工作。因此，新产品的商业化不可能在一夜之间发生，其发布需要计划和精心准备。

商业化是昂贵的，但互联网使初创企业更容易获得将新产品推向市场所需的资金。如今，我们见证了**众筹（crowdfunding）**的爆炸性增长，Kickstarter.com、Indiegogo.com 和 Crowdfunder.com 等创新网站作为一种为企业家和小公司服务的筹款平台越来越受欢迎。在这些网站上，个人可以选择捐款（通常以换取产品样品）或投资公司。即使在新冠疫情期间，众筹也被证明是非常可行的。例如，Indiegogo 当时报告了许多非常成功的筹款计划，包括为 Babymaker（一种类似于传统入门级自行车的轻型电动自行车）提供 160 万美元，为 Midia（一个空调装置，在运行时几乎静音，比传统空调机组能耗少 35%）提供 150 万美元，以及提供了 350 万美元给 NicheZero（被誉为咖啡研磨领域的游戏规则改变者，旨在为每个家庭厨房提供有品质的咖啡）。在这种商业化模式下，当成百上千的人喜欢一个创意并投入其中时，即使是很少的捐献也会逐渐累积变多。

随着发布时间的临近，准备工作越来越紧迫。首先，社交媒体的活动可能会升温，内部人士随后会在推特和博客圈上谈论新产品。然后，销售经理必须向销售人员解释具体的激励计划，销售人员反过来将在分销渠道中接触顾客。很快，媒体向潜在顾客宣布他们为什么应该购买以及在哪里可以买到新产品。所有这些都必须以类似于交响乐的精确度进行编排，每个演奏者都要拿出最佳表现，否则进入市场后的情况很容易让顾客在第一次尝试购买时就感到失望。

已故的苹果创新天才史蒂夫·乔布斯（Steve Jobs）从来不压制对新产品预商业化的大肆宣传。据估计，苹果在推出初代 iPhone 前，就进行了价值超过 5 亿美元的预宣传，然后才在实际的付费广告上花钱。早在 2010 年推出的初代 iPad 也不例外。乔布斯

MARKETING
REAL PEOPLE, REAL CHOICES

营销的真相（原书第 11 版）

声称 iPad 将提供优于笔记本电脑的体验。他认为，当时拥有 iPhone 和 iPod Touches 的 7.51 亿人已经知道如何使用 iPad，因为它使用相同的操作系统和触摸屏界面。剩下的就是我们已经见证过的历史了。自 2010 年以来，iPad 及其众多竞争对手对我们的工作方式和娱乐方式产生了重大影响。

学习目标总结

在新产品开发中，营销人员产生产品创意，从中先开发出产品概念，然后进行筛选。接下来，他们将制定营销策略并进行业务分析，以评估新产品的盈利能力。技术开发包括规划该产品如何被制造出来，这可能意味着获得专利。接下来，实际或模拟的市场测试是为了评估新产品在市场上的有效性。最后，在商业化阶段，推出产品并实施整个营销计划。

营销的真相
8.5

采用和传播新产品

在上一节中，我们讨论了营销人员开发新产品的步骤，从产生想法到发布。现在，我们将看看新产品上市后会发生什么——创新如何在人群中传播。

一幅画是不是艺术品，直到有人鉴别它才能确定。一首歌是不是音乐，直到有人歌唱它才能确定。同样，新产品在顾客实际使用（消费）之前都不能确定它是否可以满足顾客的需求，因此有了"消费者"这个词。**产品采用（product adoption）** 是消费者或企业客户开始购买和使用新商品、服务或想法的过程。

扩散（diffusion） 描述了产品的使用如何在整个人群中传播。理解这个过程如何进行的一种方法是将新产品视为一种计算机病毒，它由几个计算机感染到许多机器。一个品牌可能会徘徊不前，持续数年。起初，只有少数人购买它，当达到临界值时，他们会匆忙地更换。这个关键时刻被称为**引爆点（tipping point）**。在花费数个月甚至数年时间开发新产品之后，企业面临的真正挑战是让消费者购买和使用该产品，并且购买和使用的速度要快，数量要足，这样企业才能收回产品开发和上市的成本。为此，营销人员必须了解产品采用过程。

接下来，我们将讨论此过程的各个阶段。我们还将看到消费者和企业在采用新产品的渴望程度上有何不同，以及产品的特性如何影响其采用率（或"感染率"）。

消费者采用新产品的阶段

无论下一个创新是智能手机的突破还是更好的捕鼠器，个人和组织都会经历采用过程的 6 个阶段。图 8－6 显示了**采用金字塔（adoption pyramid）**，它反映了一个人如何从不了解创新到自下而上的知晓、兴趣、评估、试用、采用和确认等阶段。在建造金字塔的每个阶段，都会有人离开这个过程，所以实际上，最终一直持续使用创新技术的消费者只占接触过创新技术的消费者的一小部分。

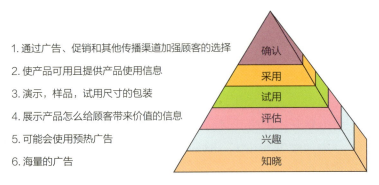

1. 通过广告、促销和其他传播渠道加强顾客的选择 — 确认
2. 使产品可用且提供产品使用信息 — 采用
3. 演示，样品，试用尺寸的包装 — 试用
4. 展示产品怎么给顾客带来价值的信息 — 评估
5. 可能会使用预热广告 — 兴趣
6. 海量的广告 — 知晓

图8-6 采用金字塔
消费者在采用新产品的过程中会经历6个阶段，从不了解创新到成为忠实的采用者。

知晓

注意到创新的存在是采用过程的第一步。为了向消费者介绍新产品，营销人员可能会开展大规模的广告活动：**媒体闪电战（media blitz）**。例如，纯果乐发现了一个与其他很多古老品牌共有的"问题"：如何在不疏远消费者的基础上，保持长期市场领导者的形象新鲜和可靠？为了达到这一目标，百事公司为纯果乐发起了一项新的活动，这是一个将熟悉的传统美德融入前沿潮流的案例研究。纯果乐品牌故事建立在消费者忠诚的基础上，因为它牢牢扎根于消费者的生活仪式中——我们经常重复一系列行动，因为这些活动有助于诠释我们生活的重要意义和连续性。比如我们喜欢每天的早餐里都有橙汁！因此，纯果乐推出的"啜饮你的阳光"这一活动就致力于将果汁纳入家庭早餐的仪式当中。百事公司解释说，该活动的目标是突出"将我们联系在 起的真实光明时刻。我们的目标是激励消费者停下来，享受甚至庆祝那些为他们的生活带来快乐时刻的场景，有时我们认为这些是理所当然的，比如看日出或用一杯美味的橙汁开启新的一天。"

兴趣

对于一些注意到新产品的人来说，采用过程的第二阶段是兴趣。在这个阶段，潜在的采用者开始看到新产品如何满足现有或新出现的需求。兴趣还意味着消费者开始寻找并接受有关创新的其他信息。苹果 iPad 最初是在 2010 年推出的，但最近该公司发布了一款带有 Apple Pencil 的新型 iPad。消费者的兴趣在了解其创新的功能后迅速达到顶峰，例如 Retina Display 具有比传统苹果显示器更高的像素密度、全天电池续航时间、在屏幕上绘制草图的能力以及更快的处理器。电视频道充斥着以时尚为特色的新产品广告，网站上也常会突然出现该广告的弹窗。苹果公司为生产价格较低、功能优越的产品所付出的努力很快获得了回报，它引起了人们的极大兴趣，主要原因是该公司试图夺回近年来被三星公司抢走的用户。

MARKETING: 营销的真相（原书第11版）
REAL PEOPLE, REAL CHOICES

在创新扩散模型中，苹果公司通过赞助脸书页面来激发潜在用户的兴趣。

　　但是，这种方法并不适用于所有产品，因此营销人员通常会设计预告性质的广告，来为潜在顾客提供有关新产品的信息，以引起他们的好奇并激发他们的兴趣。然而，尽管营销人员尽了最大努力，但更多的消费者在这个阶段退出了采用过程。

评估

　　在评估阶段，我们需要权衡新产品的成本和收益。一方面，对于复杂、有风险或昂贵的产品，人们在尝试创新之前会考虑很多。例如，一家公司在购买机器人之前会仔细评估在制造机器人上所花费的数十万美元。此类产品的营销人员需要帮助潜在消费者了解此类产品如何使他们受益。

　　卡拉威（高尔夫球杆制造商）以一种非常独特和创新的方法与波音公司合作，将波音公司开发的一些用于飞机的空气动力学知识和设计元素，应用到一套新球杆的开发中。尽管一些消费者最初可能对这种合作产生的最终产品持怀疑态度，但卡拉威一直在努力告知消费者为什么两家公司这种奇怪的组合会产出性能更好的高尔夫球杆。为了说明这一点，卡拉威说服了几位职业高尔夫球手在大师赛中使用赞助的新球杆。如果这款产品足以成为高尔夫界顶级的锦标赛的比赛球杆，那么它理所当然将成为大多数休闲高尔夫球手武器库的绝佳补位。

　　正如你在本章前面所读到的，在购买冲动产品的情况下，一个人在决定购买之前可能很少做计划或搜索工作。这种现象被称为**冲动购买（impulse purchase）**，就像坐在树桩上尖叫的山羊这一新奇物品，每当你触摸它时它就会尖叫。你可能会问，它为什么要这样做？因为"有时你需要一个发泄情绪的出口"。是的，该产品在 2020 年上半年的冲动购买排行榜上达到顶峰。

　　一些潜在的消费者将积极评价一项创新，并进入下一阶段。那些认为新产品没有提供足够利益的人会在这一阶段退出。

试用

　　试用是在采用过程中，潜在消费者首次实际体验或使用产品的阶段。通常，营销人员在为消费者提供产品样品会刺激他们试用。

　　健怡可乐作为其品牌在北美地区进行重新启动计划的一部分，最近推出了一项新活动以展示该品牌的四种新口味、新包装。"因为我能"活动的核心是做一些让你在生活中感到快乐的事情，不管别人怎么想。除了创造性的电视广告和户外活动宣传外，健怡可乐还在活动和节日期间进行了大规模的全国性抽样推广，以鼓励人们试用该品牌。产品试用可以带来目标市场的高采用率，当然，前提是人们喜欢该产品。那些不喜欢的人不太可能采用新产品，并在这一阶段离开。

采用

在采用阶段，潜在消费者实际上购买了产品。这是否意味着所有选择创新产品的个人或组织都会是永久的消费者？不，这是许多公司都会犯的错误。营销人员需要与消费者进行后续联系和沟通，以确保他们满意并随着时间的推移一直保持对新产品的忠诚度。

确认

在采用创新后，消费者会权衡预期收益和成本、实际收益和成本。良好的体验使消费者更有可能成为忠实的消费者，因为最初积极的意见会导致最终的确认。当然，没有什么是永恒的；即使是忠诚的消费者也可能认为新产品不再满足他或她的期望并拒绝它。因此，营销人员需要明白，在确认阶段转化消费者非常重要。营销人员会提供广告、销售演示和其他沟通方式，来加强消费者的选择。

采用者类别

正如我们之前看到的，扩散描述了产品的使用如何在人群中传播。当然，营销人员更喜欢整个目标市场都立即采用新产品，但事实并非如此。消费者和商业客户尝试新事物的意愿各不相同，这将扩散过程延长了数个月甚至数年。根据采用者在扩散过程中的角色，专家将他们分为 5 种，如图 8 - 7 所示：创新者、早期采用者、早期大众、晚期大众和落伍者。

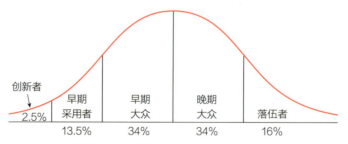

图 8 - 7　采用者的 5 种角色
由于消费者对新产品的接受意愿存在显著差异，创新产品通常
需要数月乃至数年时间才能实现大规模市场渗透。

有些人喜欢尝试新产品，有些人非常不喜欢，你会认为他们害怕任何新事物。许多创新技术产品都是作为**贝塔测试（beta test）**发布的，以获得愿意在正常的使用条件下测试产品的少数用户的使用和反馈。经过贝塔测试的创新技术类型通常被称为**前沿技术（bleeding-edge technology）**，可能是由于可靠性和稳定性等问题，虽然尚未准备好向整个市场发布，但已经处于适合贝塔测试和接收用户反馈的技术。为了了解采用者类别的不同之处，我们将在下面重点介绍一个采用特定技术的线程示例，这是一项对所有人都产生了重大影响的技术——Wi-Fi（你知道 Wi-Fi 是无线保真度的缩写吗?）。没有它，我们该怎么办? 你是如何开始喜欢并了解它，以及它是如何发展到今天的地步!

创新者

创新者（innovators） 约占采用者的前 2.5%。这一细分市场非常具有吸引力，他们愿意为新产品承担风险。创新者通常受过良好教育、更年轻、经济状况比其他人更好，而且更乐于改变。对新技术感兴趣的创新者在其他人没有听说过 Wi-Fi 之时就已经知道了。由于创新者以尝试新产品为荣，他们购买了带有 Wi-Fi 卡的笔记本电脑，这可以追溯到 1999 年，当时苹果公司首次在其 Mac 笔记本电脑中引入 Wi-Fi 卡。

早期采用者

早期采用者（early adopters），约占采用者的 13.5%，在扩散过程的早期购买创新产品，但不如创新者那么早。与创新者不同，早期采用者关心社会接受度，因此早期采用者倾向于被他们认为前沿或时尚的产品所吸引。他们通常是重度媒体用户，是特定产品类别的重度用户。其他人经常向早期采用者寻求他们对各种产品的意见，这使得早期采用者对新产品的成功至关重要。出于这个原因，营销人员的广告和其他传播工作会针对他们。请记住，在大多数早期采用者购买之前，创新者已经拥有了新产品。

为流行的杂志和技术网站撰写个人技术内容的专栏作家在 21 世纪头十年中期测试 Wi-Fi。尽管他们遇到了一些问题（比如当他们在家里设置无线网络时笔记本电脑崩溃），但他们仍然吹捧无线网络的好处。随着 Wi-Fi 接入扩展到机场、酒店、城市公园和其他公共场所，个人移动接入（road warriors）也逐渐采用了这项技术。当时迅驰移动平台的制造商英特尔与业界领先的康泰纳仕《旅行者》杂志发起了一项大型活动，并发布了 T-Mobile 热点的位置指南。

早期大众

早期大众（early majority），约占采用者的 34%，是指避免成为第一个或最后一个尝试创新的接受者。他们通常是中产阶级消费者，深思熟虑且谨慎。早期大众的教育和收入水平略高于平均水平。当早期大众采用一种产品时，我们不认为它是新的或不同的，也就是说，当它到了早期大众手中时，它本质上是"旧产品"。到 2002 年，超过 500 家星巴克咖啡馆提供了 Wi-Fi 接入，包月价格迅速下降（从每月 30 美元下降到 9.95 美元）。

晚期大众

晚期大众（late majority），约占采用者的 34%，人群年龄较大，通常具有低于平均水平的教育和收入水平。晚期大众会避免尝试新产品，直到它不再有风险。到那时，该产品已成为他们的经济必需品。到 2004 年，Wi-Fi 功能几乎被捆绑到所有笔记本电脑中，你可以在主流场所连接，如麦当劳餐厅和体育场馆。全国各地的城市开始考虑通过无线通信标准 WiMAX（全球微波接入互操作性）技术，在全城实现 Wi-Fi 覆盖。

落伍者

落伍者（laggards） 约占采用者的 16%，是人群中最后一批采用新产品的人。落伍者的收入水平和教育程度通常低于其他采用者。当落伍者开始采用一种产品时，它可能已经被其他创新品所取代。到 2006 年，如果 Wi-Fi 或类似功能不是价格最低的笔记本电脑的一部分，如果在人们去的任何地方都不可用 Wi-Fi 接入，人们就开始变得恼火。

现在你对 Wi-Fi 创新的传播过程有所了解。了解这些采用者类别使营销人员能够制定策略，以加速其产品的传播或广泛使用。例如，在传播过程的早期，市场参与者可能会更加重视通过有针对性的社交媒体以及在特殊杂志和网站上投放广告来吸引创新者和早期采用者以获得传播效应。之后，他们可能会降低产品价格，或者推出价格较低的型号以吸引晚期大众。我们将在下一章中更多地讨论新产品和现有产品的战略。

影响采用率的产品因素

退一步说，并不是所有的产品都是成功的。

大多数产品失败的原因非常简单：消费者根本没有意识到该产品比市场上已有的竞争产品更能满足他们的需求。如果你能预测哪些新产品会成功，哪些会失败，你很快就会成为世界各地公司的市场营销大师。这是因为公司在新产品上进行了大量投资，但新产品的失败太频繁了。专家认为，新产品中有 1/3 到 1/2 都失败了。正如你所料，很多人试图开发研究技术，使他们能够预测新产品是否会火。

研究人员确定了影响采用率的五个创新特征：相对优势、兼容性、复杂性、可试用性和可观察性。新产品具有这些特征的程度会影响其扩散速度。市场广泛采用一种新产品可能需要几年时间。为了更好地理解为什么每一个特征都很重要，我们不妨以微波炉为例，该产品在早期具有高度创新性，但现在通常是每个厨房的低价必备烹饪电器：

- **相对优势（relative advantage）** 描述了消费者认为新产品提供卓越利益的程度。就微波炉而言，20 世纪 60 年代的消费者并不认为该产品能提供改善他们生活的重要功能（要意识到，至少在 20 世纪 70 年代之前，男性和女性家务角色分工明确的"传统"家庭仍占主导地位）。但到了 20 世纪 70 年代后期，这种看法发生了变化，因为更多的女性进入了劳动力市场。因此，在 20 世纪 60 年代，相当多的女性整天都在准备晚餐，所以她们并不需要微波炉（当时很少有男性担任"家庭主夫"角色）。然而，在 20 世纪 70 年代，当许多妇女早上 8 点离开家上班，下午 6 点回家时，一种可以"神奇地"解冻鸡肉并在 30 分钟内将其烹饪熟的设备提供了真正的便利。
- **兼容性（compatibility）** 是指新产品与现有文化价值观、习俗和实践的一致性程度。消费者认为微波炉与现有的做事方式是兼容的吗？几乎不。比如放在纸盘上烹饪？如果你把一个纸盘放在传统的烤箱里，那消防部门可能就要到你家一趟了。通过在新产品开发阶段的早期预测兼容性问题，营销策略可以在计划传播时就解决这些问题，或者可能有机会改变产品设计以解决一些消费者的问题。
- **复杂性（complexity）** 是消费者发现新产品或其用途难以理解的程度。如今，许多微波炉用户对微波炉如何烹饪食物一无所知。当家电制造商推出第一批微波炉时，他们解释说，这种新技术会导致分子移动并在一起摩擦，从而产生热量。

- **可试用性**（trialability）是指对新产品进行试用，并了解其优势的难易程度。营销人员在 20 世纪 70 年代采取了一项重要措施来加速微波炉产品的试用。几乎每家出售微波炉的商店都邀请购物者参观商店并品尝微波炉烹制的一顿饭。最后，消费者开始了解产品到底是什么以及它能做什么！
- **可观察性**（observability）是指对可能采用它的人来说，新产品及其优势的可见度。理想的创新及其优势是显而易见的。例如，一个青春期的孩子看到他或她的朋友滑着像剃刀一样的滑板车飞过，那么这就会成为最时髦的出行方式。同一代人观察到他的朋友互相交换神奇宝贝卡片，也会想加入进来就微波炉而言，它的潜在采用者并不那么容易观察到——只有去过别人家的亲密朋友和熟人可能会看到早期采用者使用它。但用微波炉做的食物菜肴在办公室饮水机边的闲聊和社交活动中引起了很大轰动，它的口碑迅速传播开来。可惜当时没有社交媒体，如果有，那么微波炉的采用速度肯定会更快。

学习目标总结

产品采用是个人购买和使用新产品的过程，而创新传播是新产品在人群中传播的方式。采用过程的阶段分为知晓、兴趣、评估、试用、采用和确认。为了更好地理解传播过程，营销人员根据消费者对新产品的采用情况，将消费者分为创新者、早期采用者、早期大众、晚期大众和落伍者。

对消费者是否采用新产品或采用新产品的速度有重要影响的五个产品特征是相对优势、兼容性、复杂性、可试用性和可观察性。与单个消费者类似，组织之间在采用新产品方面也有所不同，这取决于组织、管理和创新的特点。

营销的真相

8.6

打造你的品牌：创造你的价值主张

泰勒现在知道，专注于寻找工作和职业的方法至关重要。这可以通过完成目标市场营销的三个步骤来实现：细分、目标和定位。泰勒知道下一步就是开发他将提供给未来的雇主的"产品"。是时候继续发展他的价值主张了。

在本章前面部分，我们讨论了价值主张。价值主张是消费者对他或她在购买商品或服务时将获得的利益的看法。营销人员有两个任务：①创造比其他卖家更好的价值（产品）；②让消费者相信这些价值是真的。

创建你的品牌、你的价值主张，与回答这些问题有关：你必须为潜在雇主提供什么？你如何在所有和你一样竞争的学生和毕业生中脱颖而出？在撰写简历和求职信之前，你必须回答这些问题。

正如我们所讨论的，产品是特性、功能、优点和用途以及品牌和包装的集合体。产品有三个不同且重要的层次：核心产品、实际产品和延伸产品。同样的产品层次概念也适用于你的个人品牌。你不仅仅是一个参加过营销课程的学生；你是一个积极进取的人，对营销领域有兴趣和经验（实际产品），可以帮助你的目标市场（公司）增加销售额并提供更高水平的客户服务（核心产品），并且你愿意灵活地工作，将你的社交网络技能用于与客户建立联系，并前往该国（或全球）其他地区寻找合适的工作（延伸产品）。

你是你将要推销的最重要的产品。花时间关注和开发你的功能（实际产品）、优势（核心产品）和附加功能（延伸产品）。当你套用产品层次的概念时，你可以看到你能为潜在雇主提供什么。

增加你的产品层

为了使自己远远领先于竞争对手，你需要增加你的产品层次。一些方法如下：

- 自愿与非营利组织合作。如果你知道如何使用社交媒体作为营销工具，请主动帮助组织在社区中获得支持并展示你所做的工作。
- 建立博客业务。你可以与当地小型企业签订合同，在其公司网站上创建博客，从而为他们的产品和品牌制造热点。或者，你可以尝试为当地的非营利组织建立博客，甚至可能获得赞助收入。
- "写博客求职"为校园内的求职学生开发社交网络平台。为人们提供分享想法的网络空间，用来讨论求职策略，发泄挫折感。你的博客将产生很多创意，其中一个可能会为你带来一份完美的工作！

当然，如果你认为这些想法听起来很棒，但你不知道如何建立博客或使用社交媒体进行营销，那么现在是学习的好时机。在校园或各种企业中，有很多人乐意帮助积极的人。

核心产品——你的优势

核心产品包括你可以为顾客提供的所有优势。定义优势比识别特征（技能和知识）要困难一些。优势是由你的努力而产生的结果。优势的例子包括更高的销售额、更高的顾客满意度、更高的品牌认知度、更低的成本和更高的利润。优势将成为你价值主张的关键要素。无论你是在面试工作还是撰写动态简历，了解这些优势并讨论它们是一个有效沟通的秘诀。

你还可以通过其他方式扩充产品层次。参与（不仅仅是加入）校园组织或慈善机构或专业组织可以增加你的品牌层次。

你将有机会与许多不同类型的人一起工作，甚至获得领导经验。

实际产品——你的功能

大多数人都认为自己的优势、才能和技能是天生的。然而，一旦你知道了自己的优势——也就是说，你喜欢使用的技能和你擅长的事情——就更容易知道适合你的职业或行业。除了你的技能外，潜在雇主还将评估你的态度和表现。

雇主想要寻找一个致力于追求他或她的成功职业生涯的人。在你去面试之前，问问自己，如果你是正在招聘这个职位的人，你认为什么态度很重要？在你确定了对雇主来说很重要的态度之后，想想你可以做哪些事情来展现这些态度。这些行动在你的简历和求职面试中都将发挥重要作用。

还有一个重要部分是你在求职和与人会面时如何展示自己。你的第一印象可能会在最初的几秒钟内产生，就在你说"我的名字"的时候，如果想看起来很专业，你需要提前设计和努力。我的建议是：

- 穿着商务套装参加面试。如有疑问，请选择端正的外在形象。
- 目光接触——与面试过程中的每个人进行眼神交流。
- 关闭手机和其他电子设备，并放在视野之外。
- 微笑是完美的配饰——对你遇到的每个人微笑，而不仅仅是面试官。

延伸产品——你的额外功能

如果你购买了汽车，可能是额外的因素，如保修服务或贷款利率，帮你敲定了交易。那么你可以为雇主提供哪些"额外"服务？

- 你愿意出差吗？愿意加班么？
- 你是否愿意参加课程或培训，学习对雇主有用的技能。
- 你可以主动通过职业介绍所找到临时工或实习生的工作。像这样的工作安排对雇主来说风险较小，而且给双方一个机会来检验你和这个职位的匹配程度。

泰勒在发展他希望雇主购买的最重要的价值主张方面取得了很大进展。他已经确定了他的最佳优势，加上他认为对所选择行业的公司有价值的额外优势——个人品牌的核心、实际和延伸产品层次，这些优势将为雇主提供利益。但泰勒知道这还没有结束。他仍然需要制订计划，将价值主张传达给潜在顾客。

学习目标总结

创建你的价值主张是确定你必须为潜在雇主提供什么，以及如何在其他竞争者中脱颖而出。

与其他产品一样，你也可以将自己分成三个层次：你是一个积极进取的学生，在营销领域具有知识、兴趣和经验（实际产品），可以帮助你的目标市场（公司）增加销售额（核心产品），你可以灵活地工作，与客户联系，并在该国（或全球）其他地区寻找合适的工作（延伸产品）。

你可以通过志愿者工作、参与校园活动和建立博客等活动增加产品层。你应该谈论你的优势，而不仅仅是列出经验。为了增强你的实际产品，请务必给面试人员留下良好的第一印象。

MARKETING
REAL PEOPLE,
REAL CHOICES

营销的真相 （原书第11版）

第 9 章 产品 II：产品策略、品牌和产品管理

学习目标

- 讨论一家公司可能选择的产品目标和策略。
- 了解公司如何在产品生命周期内管理产品。
- 解释品牌和包装策略如何有助于产品识别。
- 描述营销人员如何组织新产品和现有产品管理。
- 了解如何管理你的职业生涯，以便你能够适应不断变化的工作环境并获得发展。

真实的人，真实的选择：亚伦·凯勒
▼Capsule 的决策者

Aaron Keller

亚伦·凯勒（Aaron Keller）是 Capsule 的创始人，Capsule 是一家建立在设计思维平台上的品牌咨询公司。这意味着该公司把深度共情产品使用者的感受作为开始，然后去寻找优化品牌和个人之间的交集的方法。他的工作经历包括与客户合作解决复杂的设计难题，识别新的商机，重塑落后的品牌。亚伦在圣·托马斯大学度过了本科时光，在卡尔森管理学院获得了研究生学位，并在英国曼彻斯特大学学习过零售专业。亚伦是三本书的作者，其中两本是系列书《设计问题》（*Design Matters*），还有一本是他与别人合著的《品牌物理学》（*The Physics of Brand*）。

亚伦的信息

我不工作的时候做什么：

我在工作之外的大部分时间都和家人在一起，徒步旅行、骑自行车、环游世界。我还花了大量时间在为我女儿创办的一个名为 Read Indeed 的非营利组织的相关活动上，包括整理书籍、策划和举办募捐活动。当我不与家人在一起时，我会和骑行家族一起，骑自行车穿越洛瓦州，或者和"SmartWool"（一个美国户外产品品牌）的朋友一起从科罗拉多州骑车到犹他州。

走出校园后的第一份工作：

我先在父亲的工程公司做市场营销实习生，之后去山本耀司做全职助理。山本耀司是一家位于明尼阿波利斯的品牌战略和设计公司，在那里我开始接触设计咨询公司，并了解了设计咨询公司的业务。

职场最佳表现：

我的职场最佳表现一共有三个，并列职业生涯第一。第一个最佳表现是两度与巴塔哥尼亚合作重大项目；第二个最佳表现是编写并出版我的第三本书《品牌物理学》；第三个最佳表现是使我们公司在第一年因合伙人离职而几近破产的情况下幸存下来。

一个我希望自己没有犯过的职场错误：

有很多，很难统计。我与三位合伙人一起创立了公司，但只有两位留了下来。虽然第三位合伙人在某种程度上算是个错误，但也给我们带来了一些宝贵的教训。正是因为有了第三个合作伙伴，我们才有了今天这家公司。

我的英雄：

我的妻子，她一直在进步，从来没有停下来，总是推动着我们的孩子、她自己，还有我一直进步。

我的座右铭：

"就这么简单"，这是一个英语短语，意思是"一切都会好的"或者"你已经做得很好了"。我是一个天生乐观的人，相信到最后一切都会变好。

我的管理风格：

让内部的领导者找到方向。我的风格是给某人一个任务和小方向，让他们自己发展。当任务风险很高时，我会更加精确地指出努力的方向并提供他们需要的帮助。但是，总的来说，我愿意给人们灵感和方向，然后让他们自己发展得更好。

与我面谈时不要这样做：

试图问一个"众所周知"的问题，显得自己很无知。

亚伦的问题

巴塔哥尼亚作为一个标志性的品牌，与其他企业一样，需要在收入、环境或资源方面保持可持续性发展。巴塔哥尼亚所生产的内衣（长款内衣）的产品销售正面临着充满挑战的竞争环境。在这种情况下，品牌的每一个元素都必须发挥其作用，以说服购物者给它一个机会。巴塔哥尼亚的包装符合其品牌使命，被认为是最具可持续性的——它是由一个形状类似寿司卷的产品和一个大吊牌组成。尽管产品包装产生的垃圾很少，但亚伦认为，如果想要包装设计对顾客购买决策产生更大的影响，那么就需要一个可以进行改进的候选方案。

他的方案 1、2、3

营销的真相

方案1

忽略问题。继续使用巴塔哥尼亚创始人伊冯·乔伊纳德设计的，已经在各种媒体中被广泛认为是符合环保包装标准的最小包装。顾客可以忠于其可持续发展的使命，同时节省更换包装所需的成本。然而，随着时间的推移，继续使用这种包装的产品，其销量可能会持续下降。

营销的真相

方案2

重新设计包装，让它与其他同类型产品一样。设计一个带有抽屉的盒子，因为这种包装在大多数内衣类别中都是标准包装。事实上，巴塔哥尼亚已经在德国销售了这种盒装产品，因为那里的购物者很抵触其他人触摸内衣这一行为。这一选择也意味着需要小规模的投资，但换成盒型包装可能会小幅度改善销售情况，因为将产品以标准盒装尺寸运送到商店会更容易。巴塔哥尼亚把用于在世界各地运送其当前包装的塑料袋从物流过程中移除，这将是一场环保方面的胜利。而巴塔哥尼亚的企业文化在许多企业中都处于领导地位，因此重新设计包装与自然行为形成了鲜明对比。

营销的真相

方案3

对产品线的结构、包装图案和陈列进行全面的重新设计。这是风险最大的选择，因为它将迫使客户修改其配送系统，以便高效地运送新的包装。我也不清楚公司创始人和客户的内部团队是否会同意这样改变。然而，这一选择也将为品牌带来最大的潜在上升空间，因为这意味着公司将继续保持环境友好行为，但可能会对商店货架的摆放等产生更大的影响。

现在，假如你处在亚伦的位置上，你会选择哪一个方案呢？为什么？

你的选择

你会选择哪一个方案？为什么？

☐ 方案 1　　　☐ 方案 2　　　☐ 方案 3

产品规划：制定产品目标和产品策略

究竟是什么原因使一种产品失败而另一种产品成功呢？值得重新强调的是你之前学到的——做好规划的公司会成功。产品规划在公司的市场规划中起着重要作用。在著名的营销组合4P中，每一个P的价值都不是平均分配的，也就是说，从长远来看，最好的定价、促销和实体分销策略也无法解决产品的根本问题，因此，产品规划在营销中具有重要的意义。

产品的策略概述明确规定了公司如何开发符合营销目标的价值主张。产品规划以**产品管理（product management）**的持续过程为指导，这是一种系统的、以团队为基础的方法，用于协调产品战略开发和执行的各个方面。在一些公司中，产品管理有时也被称为品牌管理，这些术语基本上指的是同一概念。协调这些过程的组织成员被称为产品经理或品牌经理。两者的本质区别在于，品牌经理专注于围绕产品创建公司品牌，而产品经理则致力于开发和营销新产品和服务。双方都对买家的意见感兴趣，但对于意见的关注点各不相同。我们将在本章后面部分更详细地讨论这些个人角色。

随着越来越多的竞争对手进入全球市场，随着技术以越来越快的速度发展，企业制造的产品也会以越来越快的速度增长、成熟，然后衰落。我们在第3章关于敏捷和敏捷营销的讨论中强调，智能和敏捷的产品管理战略比以往任何时候都更为重要。营销人员很难在尝试一件事发现它没什么用之后，再尝试下一件事，当涉及产品管理时，他们必须同时做多个任务，而产品经理应该是迭代式增量软件开发过程（执行敏捷营销的流行方法）的一个组成部分！

在本章中，我们将了解公司如何管理产品，以及检验产品规划中的步骤，如图9-1所示。这些步骤包括制定产品目标和成功营销产品——从"新品"发展为久经考验的真正宠儿——所需的相关策略，并且在某些情况下，为这些顾客最爱的产品寻找新市场。接下来，我们将讨论品牌和包装的相关内容，这是产品规划者需要做出的两个重要的战术决策。最后，我们将检验企业如何组织有效的产品管理。下面让我们从企业如何制定产品相关目标开始。

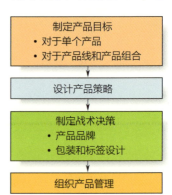

图9-1 管理产品的流程步骤
有效的产品策略来自一系列有序的步骤。

正确制定产品目标

当营销人员制定产品策略时，他们会对产品的优势、功能、造型、品牌、标签和包装做出决策。但他们想达成什么目标呢？明确说明的产品目标提供了制定产品策略的重点和方向。产品目标应支持业务部门更广泛的营销目标，同时与公司的总体使命保持一致。例如，公司的目标可能集中于提高投资回报率，营销目标可能集中在建立市场份额或实现该投资回报率所需的销售额（以美元或其他货币为单位）。产品目标需要明确产品决策将如何有助于产品达到预期的市场份额或销售水平。

记得在第 5 章中，我们谈到了 SMART 目标，即具体的、可衡量的、可实现的、相关的和有时限的目标。目标（goal）与目标（objective）的区别主要在于时间框架（goal 往往是长期的）、具体程度（objective 往往更具体）以及它们对组织的影响（goal 具有更持久的影响）。为了让产品目标具有成效，其必须符合 SMART 标准，例如艾米，一家受欢迎的、具备有机和健康意识的，同时还具有民族特色的冷冻主菜制造商，会如何陈述其产品目标呢？

- "在即将到来的财政年度，将产品的脂肪含量和热量降低15％，以满足消费者对健康饮食的需求。"
- "本季度在产品线上推出三种新产品，以满足消费者对墨西哥食品日益增长的兴趣。"
- "在下一个财政年度，改善意大利面的主菜，使消费者对品牌的评价比竞争对手更好。"

在这些要点中，营销人员要确保 SMART 的每个要素都得到了体现。

规划者必须与客户保持联系，以便他们的目标能够准确地满足客户的需求。我们介绍过竞争情报的概念，而竞争产品创新的最新信息对于制定产品目标非常重要。最重要的是，这些目标的制定应考虑产品决策的长期影响。为实现短期销售或财务目标而牺牲公司长期可持续发展的计划人员选择了一条冒险的道路。产品规划者可能一次关注一个或多个单独的产品，也可能将一组产品视作一个整体。接下来，让我们检验一下这两种方法。同时我们还需关注一个重要的产品目标——产品质量。

单个产品的目标和策略

每个人都喜欢 MINI Cooper（小东西都很可爱），但这款产品能在全球引起轰动不仅仅是运气或偶然事件。你如何推出一款只有 151～158 英寸长（取决于车型）的新车，让人们看到它时会心一笑？其母公司宝马从品牌创立之初就有意但温和地调侃了 MINI Cooper 的小尺寸，并取得了成功。MINI Cooper 最初的发布宣传活动包括将 MINI 拴在福特旅行者的顶部，上面写着"这个周末你有什么好玩的事情吗"，宝马还制作了等比例的 MINI 车，看起来像杂货店外的投币式儿童游乐设施，上面写着"坐一次，16850 美元，且只有 15 分钟"。这则广告在目标市场引起了轰动，如今 MINI 车已不再只是一个玩笑。

作为一个较小的品牌，MINI 从未有过大额的广告预算——事实上，这是现代第一款在最初推出时没有打电视广告的新车。取而代之的是，MINI 推出了印刷广告、户外广告牌和在线广告。当然，它在社交媒体上也很活跃。这是因为产品目标并不是作为传统重型汽车通过大量的电视广告"击中"潜在顾客；相反，宝马设想了一个"发现过程"，通过这个过程，目标消费者可以了解品牌并爱上它。他们利用了品牌故事并充分发挥其潜力。在广告中，其强调的是"驾驶"（motoring）的概念，而不是开车（driving）。杂志插页中有做成 MINI 汽车外形的空气清新剂和一些插页游戏。《连线》杂志刊登了一张 MINI 的纸板折页，读者可以将其组装起来，并在办公桌周围驾驶，发出

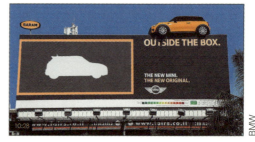

"砰""砰"的声音。《花花公子》提出了一个六页的迷你"插页"的想法，内容包括汽车的重要特征和亮点。在上市的第一年末，MINI 被评为年度令人难忘新产品的第二名！

MINI Cooper 将小巧车身转化为核心竞争优势。

像 MINI 一样，产品战略通常集中在单一的产品上。个别产品的策略可能会有很大不同，这取决于具体情景：新产品、区域产品、成熟产品或其他差异。对于新产品来说，其目标在很大程度上与成功推出产品有关。

当一家公司的产品在当地或地区市场上获得成功后，它可能会决定在全国范围内推出该产品。1967 年，"福来鸡"在亚特兰大开业，并慢慢成为东南地区快餐行业的区域性参与者。快进到今天，该公司在美国所有连锁餐厅中的销售额排名第三，在 50 个州中的 47 个州和华盛顿特区拥有 2400 多家餐厅，并且在快速服务方面的顾客满意度得分一直排名第一。

对于成熟的产品，如奥利奥，产品目标可能集中在如何发挥杠杆作用——利用品牌开发新的产品品类，以迎合不断变化的消费者口味。奥利奥定期推出限量版口味，如巧克力棉花糖和焦糖椰子口味。经过大众消费者数个月的猜测和 5 万美元的竞猜，奥利奥终于揭开了新口味的神秘面纱——竟然是奥利奥巧克力条！

多种产品的目标和策略

虽然小公司可能会专注于一种产品，但大公司通常会销售一系列相关产品。这意味着战略决策同时影响着两种或多种产品。在这种情况下，公司必须从整个产品组合的角度来考虑。如图 9 – 2 所示，产品规划意味着开发产品线和制定产品组合策略，以涵盖多种产品。

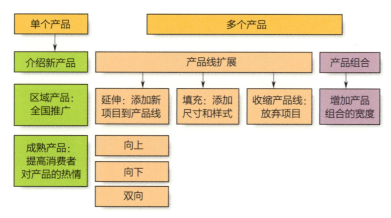

图 9-2 单个和多个产品的目标

产品目标为产品策略提供焦点和方向；目标可以集中在单个产品或一组产品上。

产品线（product line）是公司为满足一组目标顾客需求而提供的全部产品。例如，金宝汤为满足不同的消费者口味和需求提供了几种不同的产品。比如金宝慢炖汤，它的定位是为更具品位的消费者提供更奢华的体验。慢炖汤不含防腐剂，配料组合也具有创造性，并采用小火煨的烹饪方法来提取每种食材的独特风味。而金宝即饮汤的定位是为那些时间有限的消费者提供的快餐。"即饮汤"的特点是将简单的汤包装在一个可微波加热的杯子中，方便用一只手抓握，并且可以像喝一罐汽水一样来饮用。

在金宝汤的案例中，**产品线长度（product line length）**取决于同一类别中单独产品的数量，共有九个品牌，每个品牌都有多个**最小库存单位（stock-keeping unit，SKU）**。最小库存单位（SKU）是每个不同产品的唯一标识符。因此，对于金宝汤来说，每个最小库存单位（SKU）将代表品牌内的一款独特产品，在本例中，是指该品牌销售的每一款产品都有不同的汤配方。

在产品线战略方面有两种主要方法。**全线产品策略（full-line product strategy）**针对许多顾客细分市场，目的是提高销售潜力。相比之下，如果消费者将公司视为在市场上有明确、具体地位的专家，则产品种类较少的**有限产品策略（limited-line product strategy）**可以改善公司的形象。一个很好的例子是劳斯莱斯汽车公司。劳斯莱斯根据每位客户的具体规格要求制造昂贵的手工制造汽车，几十年来一直在汽车行业保持着独特的地位。每一辆驶出工厂大门的劳斯莱斯幻影，都是一件独一无二的艺术品。

在**产品线延伸策略（product line extension strategy）**中，组织通过添加更多品牌或产品型号来延伸特定产品线的策略。宝洁收购了默克公司的消费保健品部门，将维生素和食品补充剂添加到宝洁公司现有的非处方药产品组合中，从而带来了非处方家庭药物销售额的增长。该产品线延伸在商业媒体上被吹捧为宝洁公司的一次伟大成功，这让他们在利润丰厚的市场上推动了新品牌的发展。

当一家公司决定延伸其产品线时，它必须决定其最佳的发展方向，这通常意味着要么提高价格，要么降低价格。如果一家公司目前的产品线包括中低端产品，则**产品线向上延伸（upward product line stretch）**会在价格较高的一端增加新的产品，即价格更高的进入者，他们声称这一产品质量更好或提供更多功能。

在过去的十年中，起亚一直致力于通过新的品牌建设活动和豪华轿车来向上延伸其产品线，部分原因是其竞争对手现代汽车凭借"捷尼赛思"这一车型获得的成功。为了达到这一目标，起亚推出了豪华 K900，将其价格定位在宝马 5 系（约 5 万美元）和宝马 7 系（约 7.5 万美元）之间。但对于一个品牌来说，从提供中低价产品转向提供高端产品往往是一个挑战，K900 在推出后的几年里就体验到了这一点。低于预期的销量迫使起亚在 2018 年之前将该车高级内饰版（比最初推出的豪华内饰版低一级）的制造商建议零售价降至 50900 美元。到目前为止，起亚还没有像现代的捷尼赛思那样在高端市场上取得成功，而捷尼赛思类似于丰田将雷克萨斯品牌与丰田品牌分开的做法，这一举措可以让现代汽车更好地瞄准豪华汽车买家（因为现代和丰田两个品牌本身与高端市场无关）。

相反，**产品线向下延伸**（**downward product line stretch**）会在价格较低的一端增加新产品。在这里，该公司必须注意不要模糊品牌高价、高端产品的形象。例如，劳力士可能不想冒影响自己形象的风险，选择用一个新的手表系列来与天美时或斯沃琪竞争。在某些情况下，公司可能会意识到当前的目标市场太小。在这时，产品策略可能需要选择**双向产品线延伸**（**two-way product line stretch**），即在高端和低端产品线都增加产品，这可能是一个很难成功执行的策略。

填充式产品策略（**filling-out product strategy**）是指增加了以前产品类别中没有的尺寸或样式。火星糖在推出 Reese's Minis 时就做到了这一点，该产品是非常流行产品的等比例仿制品。在某些情况下，最好的策略可能是缩小产品线的规模，尤其是当一些产品无利可图并且管理它们的复杂程度对公司不利的时候。雀巢同意以 28 亿美元的价格将其糖果业务出售给制造商费列罗。雀巢出售糖果业务的目标是在预计增长率高于糖果的市场中，将公司重新定位成更健康、更有利可图的食品选择。

我们已经看到，公司可以通过多种方式改变其产品线，以应对竞争或利用新的机会。为了进一步探索这些产品战略决策，让我们继续关注宝洁的案例。顺便说一句，宝洁公司发明了基本的产品管理系统，该系统在世界各地的公司中都得到了广泛应用，因此专注于研究这家大型消费品公司当然是合适的。如果宝洁的目标是增加市场份额，该怎么办？扩大其液体洗涤剂系列，就像该公司将 Gain 的知名度从洗衣皂市场扩大到洗洁精市场一样。如果产品线延伸策略可以解决公司目前没有满足的消费者需求问题，这将是一个很好的战略决策。Gain 将一批乐于在洗衣店消费的人纳入其新的餐盘清洁产品市场，为宝洁奠定了良好的商业基础。

但是，每当制造商延伸产品线或产品系列时，都会有**蚕食效应**（**cannibalization**）的风险。当公司的现有客户转向新产品时，新产品就会吞噬老产品的销售额，这时就会出现市场侵蚀情况。这或许可以解释为什么宝洁关于 Gain 洗洁精的定位都是其独特的香味。Gain Flings（相当于 Gain 牌的汰渍洗衣球）向消费者传达的信息是"让你喜欢的原创 Gain 香味增加 50%——这是你鼻子里的音乐！"

产品组合策略

一家公司的**产品组合**（**product mix**）描述了其整个产品系列。当他们制定产品组合战略时，营销人员通常会考虑**产品组合的宽度**（**product mix width**），即公司生产的不同产品线的数量。如果一家公司开发了几种不同的产品线，它就可以降低将所有鸡蛋放在一个篮子里的风险。通常，公司开发的产品线都有一些共同点。

当我们考虑产品组合战略时，啤酒是一个很好的产品例子。在美国，这是一个支离破碎的行业，几个主要参与者占据了巨大的市场份额。百威英博（InBev）独自控制着美国近 50% 的销售额。但即使拥有如此庞大的销量，百威英博始终在开发新的饮料产品，以增加其产品组合。鉴于精酿啤酒的受欢迎程度不断上升，精酿联盟（Kona 品牌的制造商）积极寻求百威英博的收购，这是一个有争议的举动。这两家公司以分销和营销为主要驱动力，将完善产品组合视为经营一种幸福的关系，既有利于消费者，也增强了百威英博的产品对日益增多的精酿啤酒消费者的吸引力。但是，当一家大型全球啤酒厂收购一个小品牌时，纯手工酿造者总是会有点退缩。

质量作为产品目标：全面质量管理及超越

产品目标通常侧重于**产品质量（product quality）**，即产品满足客户期望的总体能力。质量取决于消费者对产品性能的看法，而不一定取决于某种技术水平的完美程度。也就是说，对于消费者所有的意图和目的来说，感知就是现实。产品质量目标要与提高销售额和市场份额的市场目标以及公司的目标一致。

1980 年，当德国和日本的经济终于从二战的打击中复苏，并以大量新产品威胁美国市场时，美国全国广播公司（NBC）的一部质量纪录片《如果日本能做到，为什么我们不能?》向美国公众和美国首席执行官发出了第一声警告，那就是美国的产品质量变得不如其他玩家。于是，美国工业开始了全面质量管理（TQM）革命。全面质量管理是一种商业理念，要求全公司致力于持续改进开发、维护和运营的各个方面。事实上，世界上最受尊敬、最成功的一些公司，都支持全面质量管理。

产品质量是通过营销增加顾客价值的一种方式。然而，作为一种做生意的方法，全面质量管理远比仅仅关注从装配线上下来的产品更为复杂和有效。实施全面质量管理的公司在员工中提倡一种文化，即在那里工作的每一个人都为客户服务，即使是从不与公司以外的人互动的员工。在这种情况下，同事是**内部客户（internal customers）**，并且这些员工持有的态度和信念是，在内部提供高质量的服务最终会影响到外部客户对公司及其产品的体验。这种**内部客户心态（internal customer mindset）**包括以下四个信念：①接收我工作的员工是我的客户；②满足员工的工作需求是做好工作的关键。③从接收我工作的员工那里获得反馈很重要；④关注接收我工作的员工的要求。

全面质量管理的底线是通过让所有员工，无论其职能是什么都参与持续改进质量的努力中，从而最大限度地提高外部顾客满意度。这将使产品性能更好、更充分地满足顾客需求。例如，实施全面质量管理的公司鼓励所有员工，甚至是工资最低的工厂工人，来提出改进产品的方法，然后在他们提出好主意时给予奖励。

全面质量管理打响了产品质量的第一枪，从那时起，世界各地的许多公司都以国际标准化组织（ISO）的统一标准为质量指南。这个总部位于日内瓦的组织制定了一套标准，以提高和标准化欧洲的产品质量。**ISO 9000** 是一套广泛的准则，为质量管理建立了标准。这些准则确保组织的产品符合客户的要求。

ISO 随后制定了一系列其他标准，包括 ISO 14000（侧重于环境管理）、ISO 22000（侧重于食品安全管理）和 ISO 27001（侧重于信息安全）。由于欧盟成员国和其他欧洲国家更喜欢有 ISO 9000 和 ISO 14000 认证的供应商，因此美国公司的产品必须符合这些标准才能具有竞争力。

公司提高质量的一种方法是使用**六西格玛（Six Sigma）**方法。六西格玛来自统计术语西格玛，它是与平均值的标准偏差。六西格玛是指正态分布曲线的六个标准偏差。在实践中，这意味着在99.9997%的时间内，每百万个产品中，缺陷品不超过3.4个。正如你可以想象的那样，要达到这样的质量水平，需要一种严格的方法，这就是六西格玛所提供的方法。该方法包括一个名为DMAIC（定义、测量、分析、改进和控制）的五步过程。公司用该方法培训员工，就像空手道一样，当员工成功完成所有级别的培训后，他们就会进入"黑带"状态。员工可以使用六西格玛流程来消除服务中的缺陷，而不仅仅是产品的缺陷。在这些情况下，"缺陷"意味着无法满足客户的期望。例如，医院使用六西格玛流程来减少医疗差错，航空公司使用该流程来改进航班调度。

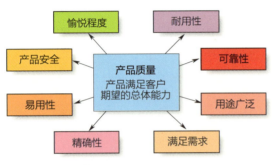

图9-3 产品质量

某些产品的核心目标在于品质，即产品满足客户期望的能力，无论这些期望是什么。

3D打印技术为产品创新打开了大门，例如这些菲亚特汽车的微型复刻版。

我们一直在谈论产品质量，但它到底是什么？图9-3总结了产品质量的许多方面。在某些情况下，产品质量意味着耐用性。例如，运动鞋不应该在主人穿它几周后就出现破洞。可靠性也是产品质量的一个重要方面，比如顾客希望任何地方的麦当劳汉堡都可以有同样的味道。对于许多顾客来说，产品的多功能性以及满足需求的能力是产品质量的核心。

对于其他产品，质量意味着精确度。例如，纯粹主义者在比较高清电视的质量时，会关注电视的像素数和刷新率方面。质量，尤其是B2B产品质量，也与产品易用性、维护和维修有关。产品质量的另一个重要方面是产品安全。最后，产品的质量可能与它们提供的审美愉悦程度有关，如绘画、电影等。当然，人们对审美质量的评价有很大差异，对一个人来说，移动设备的质量可能意味着

简单、易用，以及对语音信号可靠性的关注，而另一个人会更关注设备上的应用程序和多种通信模式。

学习目标总结

产品规划以产品管理的持续过程为指导。单个产品的目标可能与推出新产品、扩大区域产品市场或更新成熟产品有关。对于多种产品，公司可能会选择全面或有限的生产线战略。通常，公司会采用填充策略，收缩产品线，以及向上、向下或双向延伸其产品线。拥有多条产品线的公司可以选择拥有许多不同产品线的广泛产品组合，也

可以选择拥有很少产品线的狭窄产品组合。产品质量目标包括耐用性、可靠性、精确度、易用性、产品安全和愉悦程度。公司提高质量的一种方法是使用六西格玛方法。

整个产品生命周期的营销

许多产品寿命长。有些产品则是"今天来了，明天去了"。**产品生命周期（product life cycle，PLC）**是解释在产品生命周期中，市场对产品和营销活动发生变化的反应的一种有效方法。在第8章中，我们讨论了营销人员如何介绍新产品，但推出只是开始。产品营销策略必须在产品生命周期中不断发展和变化。

NurPhoto/Getty Images

在超过120年的时间里，可口可乐一直是可乐品牌的第一名，通用电气在超过一个世纪的时间里是灯泡品牌的第一名，而舒洁在超过80年的时间内一直是纸巾品牌的第一名。让我们看看产品生命周期的各个阶段，如图9-4所示。此外，图9-5提供了产品生命周期各阶段营销组合策略的见解。

一些新产品难以获得市场认可。出于对隐私问题的担忧，谷歌不得不撤回其备受争议的眼镜产品。虽然该技术目前正转向工业制造领域应用，但未来若以某种改良形态重新进军消费市场，亦不足为奇。

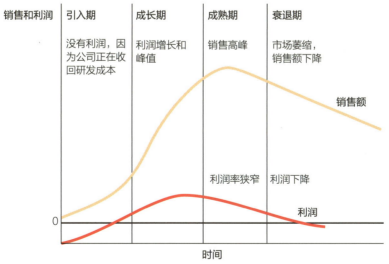

销售和利润	引入期	成长期	成熟期	衰退期
	没有利润，因为公司正在收回研发成本	利润增长和峰值	销售高峰	市场萎缩，销售额下降

利润率狭窄　利润下降

销售额

利润

0

时间

图9-4　产品生命周期各阶段
产品生命周期模型帮助营销人员了解产品在其生命周期内的变化，并据此制定动态调整的营销策略。

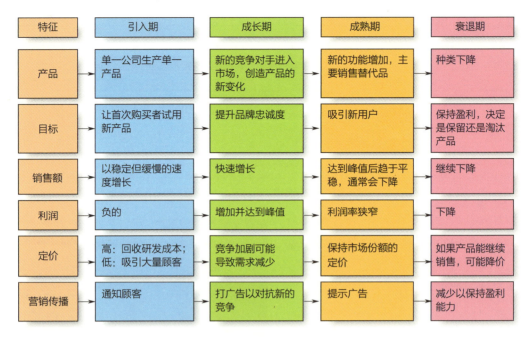

特征	引入期	成长期	成熟期	衰退期
产品	单一公司生产单一产品	新的竞争对手进入市场，创造产品的新变化	新的功能增加，主要销售替代品	种类下降
目标	让首次购买者试用新产品	提升品牌忠诚度	吸引新用户	保持盈利，决定是保留还是淘汰产品
销售额	以稳定但缓慢的速度增长	快速增长	达到峰值后趋于平稳，通常会下降	继续下降
利润	负的	增加并达到峰值	利润率狭窄	下降
定价	高：回收研发成本；低：吸引大量顾客	竞争加剧可能导致需求减少	保持市场份额的定价	如果产品能继续销售，可能降价
营销传播	通知顾客	打广告以对抗新的竞争	提示广告	减少以保持盈利能力

图 9-5　产品生命周期中的营销组合策略及其他特征
营销组合策略（4P）和其他特征随着产品的生命周期而变化。

引入期

就像人的生命一样，产品首先诞生了，接着它们"长大"，最终会消亡。我们将产品的生命分为四个阶段。我们在图 9-4 中看到的第一个阶段是**引入期（introduction stage）**，顾客有机会购买商品或服务。在早期阶段，通常是一家公司生产产品。如果它成功且有利可图，竞争对手通常会选择跟随并推出自己的版本。

Ancestry.com 成立于 1996 年，随着公司开发应用程序的新市场和新功能，该公司仍在持续扩张。

在引入期，公司的目标是让首次购买者试用产品，希望销售额以稳定但缓慢的速度增长，如图 9-4 所示。在这个阶段，公司通常不会盈利，为什么呢？因为研究和开发成本以及广告和促销活动的大量支出削减了收入。

如图 9-5 所示，在引入阶段，定价可能较高，目的是收回研发成本，或者是以较低的定价吸引大量消费者。例如，当受欢迎的 AncestryDNA 首次推出直接面向消费者的家谱测试时，其定价策略在几年内稳定在 99 美元。然后，随着更多的竞争对手加入，这个概念的新颖性开始减弱，偶尔的促销活动使价格在短期内下降了 10 美元左右。现在，消费者可以享受到各种两位数的折扣。因此可能没有人会选择支付"全价"。

那么引入期会持续多久呢？引入期可能很长。在这一过程中许多因素会起作用，包括市场接受度和生产商在引入期间支持其产品的意愿。除了普锐斯之外，混合动力汽汽车的销售起步相当缓慢，但现在随着消费者对混合动力汽车价值的广泛接受和混合动力汽车越来越高的销售量，混合动力汽车可以被认为已经过了引入阶段。截至2020年，特斯拉 Model 3 已经在引入期赚得盆满钵满，打败了其他品牌。然而，消费者的需求远远超过了特斯拉目前的生产水平。除非生产问题能够被彻底解决，否则，推出的热门产品在进入成长期之前就会失败。

需要注意的是，许多产品都无法度过引入期。一种新产品想要成功，首先消费者必须了解它。然后，他们必须相信这个新产品是他们想要或需要的东西。这一阶段的营销通常侧重于向消费者宣传产品、产品的使用方法及产品的优势。

然而，这一过程并不像听起来那么简单。最近的数据表明，每年推出的新产品中有多达 95% 的产品都失败了。尽管这个数字令人震惊，但它是真的。你听说过苹果的 Newton PDA 吗？或者高露洁意大利面？这些产品失败了——在当时，某些产品经理可能觉得产品不错——它们肯定不会在货架上停留很长时间。你听说过谷歌眼镜吗？这是一种戴起来像眼镜的耳机。这个产品有一个隐藏在镜框上角的小屏幕，可以让用户不断接收电子邮件、电话和其他通知。高价、隐私问题以及人们的强烈反对导致该产品迅速进入又退出市场。这很可能是一款超前的产品，但不要把它算作未来的**产品重新发布**（product relaunch）。

公司偶尔会重新推出旧产品或以前的产品，使用细分、目标市场营销和定位原则来重新定位现有产品，以便重新进入产品生命周期。该方法通常涉及改变产品本身或其营销方式，以便将其作为一种新产品来增加销量。值得注意的是，上述的产品失败案例都是由大公司推出的，并附属在知名的品牌上。可想而知初创企业和未知品牌产品的引入期会有多大风险！

成长期

在**成长期**（growth stage），销售额快速增长，利润也增长并达到峰值。此时的营销目标是说服市场相信这个品牌优于其他品牌以促进品牌发展。在此阶段，营销策略可能包括引入产品种类，以吸引细分市场并增加市场份额。平板电脑和智能手机是仍处于成长期的产品，因为它们的全球销量持续增长。新产品的不断创新为看起来无穷无尽的增长机会提供了燃料。在美国，苹果和三星占据了智能手机市场的大部分份额。当你观察一年又一年的市场份额情况时，它看起来像是一个跷跷板效应，当苹果推出新一代手机时其市场份额会增加；然后三星的产品问世了。但这两者的价格仍然很高，需求非常稳定。这些产品在美国的营销方式也导致其价格居高不下，因为销售的数据套餐大多数是多年期合同。

当竞争对手出现时，营销人员必须依赖大量的广告和其他形式的宣传才能维持市场份额。此时价格竞争可能加剧，这会导致利润下降。一些公司可能会通过产品定位来吸引某一特定群体，并试图攻占某一特定细分市场。而且，如果在最初就将价格定得很高，公司此时可能会降低价格以应对日益激烈的竞争。近年来，我们在美国的智能手机领域看到了这样的情况，一些创新的新玩家加入进来，一些蜂窝网络提供商（即移动数据提供商）让数据套餐更具灵活性。那么手机的成长期何时能结束呢？这很难预测，但到目前为止，它看起来仍在稳步增长。

成熟期

产品生命周期中的**成熟期（maturity stage）**通常最长。此时销售额达到顶峰，然后开始趋于平稳，甚至下降。当剩下的竞争对手开始争夺不断缩小的市场份额时，竞争就会变得激烈。公司可能会采取降价或投放提示广告的方式以保持市场份额。

由于大多数顾客已经接受了该产品，他们倾向于通过购买或改进产品来更换已磨损的产品。例如，在美国，几乎每个人都有一台电视机（没有室内厕所的家庭仍比没有电视机的家庭多），这意味着大多数购买新电视机的人都会更换旧电视机，尤其是当全国电视台停止使用模拟信号，并开始以数字格式进行独家播出时。电视制造商希望有大量的替代品可以采用最新的技术，以取代之前破旧的基本型号。在成熟期，企业试图通过尽可能多的渠道去销售产品，因为在竞争市场中，产品可利用性至关重要。如果令人满意的替代品近在咫尺，消费者将不会去寻找一个特定品牌的产品。

为了在成熟期保持竞争力和市场份额，企业可以调整其营销组合，以延长产品的盈利期。例如，食品制造商一直监测顾客的消费趋势，最近消费趋势偏向更健康的饮食。这也导致了各种各样的产品都开始标榜自己是低碳水化合物、拥有有机或无反式脂肪认证。

衰退期

产品生命周期的**衰退期（decline stage）**的特点是整个产品类别的销售额下降。原因可能是新技术的产生。最近你看到过很多人在使用翻盖手机吗？尽管一家公司可能仍能盈利，但整个市场开始萎缩，利润下降，产品种类减少，供应商退出。在这一阶段，通常有许多竞争对手，但没有一个具有明显的优势。

公司在衰退阶段的主要产品决策——是否要保留产品。无利可图的产品耗尽了公司用来开发新产品的资源。如果公司决定保留该产品，即使该产品仍能保持盈利，但还是可能会减少广告和其他营销传播的投入，以降低成本和价格。如果公司决定放弃该产品，可以通过两种方式：①分阶段削减生产量，耗尽现有库存，逐步淘汰产品；②立即抛售商品。如果成熟的市场领导者预测该产品在很长一段时间内会有一些剩余需求，那么将产品留在市场上可能是有意义的。这个做法是在销售、商品推销、广告和分销几乎没有或根本没有支持的情况下销售有限数量的产品，然后让它"枯萎"。

这里有一个问题：一个销量已经开始下滑的产品能否在产品生命周期里恢复之前的势头并实现新的增长？答案是肯定的，但这通常是非常困难的，需要运用细分、目标营销和定位的几个关键原则。你了解重新定位是一种定位战略的变化,在这种变化中,公司试图改变其品牌形象以跟上时代的变化。久负盛名的李施德林作为一款成功的产品,在其漫长的运营过程中经历了多次重新定位战略。李施德林以约瑟夫·李施特命名,由密苏里州圣路易斯的化学家约瑟夫·劳伦斯于1879年研制。在其140年的历史中,它首先是作为一种通用防腐剂来售卖,然后是一种口腔清新剂,接着又通过品牌扩展到各种新产品以扩大其覆盖范围,如解决牙龈炎、蛀牙、美白和敏感性等问题。虽然很难找到像李施德林一样在产品生命周期中重获成功的产品,但该品牌的经历清楚地表明,凭借精明的营销,绝对有可能获得"产品生命周期的新生"。

学习目标总结

产品生命周期解释了产品如何经历从出生到死亡的四个阶段。在引入期,营销人员努力让买家尝试该产品,并可能使用高价来收回研发成本。在以快速增长的销售额为特征的成长期,营销人员可能会引入新的产品变体。在成熟期,销售达到顶峰并趋于平稳,营销人员通过添加理想的新产品功能或选择市场开发策略来应对。在衰退期,企业必须决定是缓慢淘汰还是立即淘汰产品,或者保留产品。

品牌和包装:创建产品

成功的营销人员密切关注产品的生命周期状态,并据此制订计划。然而,同样重要的是给产品身份和个性。例如,"迪士尼"一词就唤起了人们对乐趣、俏皮、家庭和日常生活等方面的积极感受。在佛罗里达州和加利福尼亚州(以及法国、中国和日本)的迪士尼主题公园,人们花了很多钱来产生积极情绪。迪士尼通过几十年的品牌塑造获得了强大的品牌形象。品牌和包装是产品战略中极其重要(且昂贵)的元素。

名称(或符号)中包含什么

你如何确定你最喜欢的品牌?通过它的名字?通过标志?通过包装?通过一些图形图像或符号?**品牌(brand)**是一种产品的名称、术语、符号或独特的元素,可以用于识别一家公司的产品,并使其在竞争中脱颖而出。消费者很容易认出架子角落里的可口可乐标志。品牌提供了产品在区域、国家和国际市场取得成功所需的认可因素。

品牌名称可能是最常用和最受认可的品牌形式。聪明的营销人员使用品牌名称来保持与消费者"从产品生产到产品推出市场"的关系。麦当劳最想做的就是让孩子们先品尝"快乐套餐",然后随着时间的推移,让他们去体验更符合成人口味的墨西哥鳄梨沙拉酱和手工烤鸡(他们希望配上沙拉、水果酸奶芭菲甜点和海龟玛奇朵饮料)。

一个好的品牌名称可以定位一个产品,因为它传达了品牌形象或描述产品工作原理。例如 Caress 和 Shield 的品牌名称就是对不同品牌沐浴皂的优势进行了不同的描述，进而定位这些品牌。爱尔兰春天肥皂传达了一个清新的形象。苹果的"i-everything"是一种出色的品牌策略，因为它传达了千禧一代买家所重视的个性化特征。

公司如何选择好的品牌名称？专业品牌设计师表示，有四个"容易"标准：容易说、容易拼写、容易阅读和容易记忆。该名称还应通过四个维度的"适合测试"：

1. 适合目标市场
2. 适合产品优点
3. 适合顾客文化
4. 适合法律要求

当涉及品牌符号、名称或标志的图形时，命名规则必须得是可识别的和令人难忘的。它应该具有视觉冲击力。这意味着，当你在商店里或者在杂志上快速浏览时，这个品牌会引起你的注意。比如，缺了一口的苹果总是吸引人的。

商标（trademark）是指代品牌名称、品牌标志或商业角色的法律术语。在美国，商标合法注册的符号是圆圈中的大写字母"R"：©。营销人员注册商标后，竞争对手再使用就是非法使用。由于商标保护仅适用于商标所有者注册商标的个别国家，未经授权仿制产品使用商标对许多公司来说是一个相当大的困扰。

一家公司可以要求保护一个品牌，即使它没有合法注册。在美国，如果公司使用了该名称并在一段时间内建设了该名称，则存在习惯保护法（有点像普通法婚姻）。虽然注册商标可以阻止其他人在类似产品上使用该名称，但可能不会禁止将名称用在完全不同类型业务的产品上。2006 年，披头士乐队的音乐公司——苹果公司（Apple Corp.）因苹果公司（Apple Inc.）使用苹果标志而起诉苹果公司（Apple Inc.）时，法院就应用了这一原则。原告希望赢得一项禁令，以阻止这家科技公司在其 iPod（音乐播放器）和 iTunes（苹果音乐商店）产品上使用苹果标志；它认为，与音乐相关的应用与披头士乐队的音乐产品过于接近。法官不同意；相反，法官裁定苹果公司（Apple Inc.）是使用这个商标来指代音乐下载服务，而非音乐本身。

为什么品牌很重要

也许你会问，品牌为什么重要？最简单的说法是：如果品牌无关紧要，那么为什么不用简单的通用标签来销售所有产品呢？品牌之所以重要，是因为品牌不仅仅是它所代表的产品，好的品牌能与客户建立情感联系。想想流行的纸尿裤品牌名称——帮宝适和乐芙适，而不是用一些功能描述性名称，如吸收小能手或屁股变干法。重点是帮宝适和乐芙适作为品牌可以唤起育儿的乐趣，而不仅仅是提供尿布的效用。

营销人员在新产品开发、广告和促销上花费了巨额投资，以发展强大的品牌。当他们成功时，这种投资将创造**品牌资产（brand equity）**。该术语描述了一个品牌价值高于该产品一般价值的部分。例如，你愿意为一件印有美国鹰服饰公司标志而不是没有标志的衬衫付多少钱？当你买一件没有标志的衬衫，或者买一件印有"劣质"品牌标志的衬衫，你会支付多少钱？这种差异反映了美国鹰标志在你心目中的品牌价值。

品牌资产意味着品牌享有顾客忠诚度，因为人们认为它优于竞争对手。对于一家公司来说，品牌资产提供了竞争优势，因为它使品牌有能力在市场上占有更大的份额，并以更高的利润率出售产品。例如，在钢琴中，施坦威品牌拥有强大的品牌资产，其在音乐会钢琴家这一消费者群体中的市场份额约占 95%。

营销人员通过观察客户对产品的感觉来确定忠诚度水平。在最低层次上，顾客确实对某个品牌没有忠诚度，他们会轻易更换品牌，如果他们发现价格更低的其他产品，他们往往会选其他产品。极端情况是，一些品牌需要进行激烈的竞争，忠诚的用户宁愿离开市场也不会选择购买竞争品牌。

当消费者意识到某个品牌的存在时，他们对该品牌的依恋程度就开始上升。然后，他们可能会从品牌对他们的实际作用或相对于竞争对手的表现来看待这个品牌。接下来，他们可能会对产品进行更深入的思考，并生成品牌信念和情感反应。然而，真正成功的品牌是那些与客户"联系"在一起的品牌，可以让人们觉得他们与产品有联系。以下是一个人与产品的关系类型，每一种关系都因特定的品牌而得到增强：

- 自我概念依恋：产品有助于塑造用户的身份。
- 怀旧依恋：该产品是与过去自我联系的纽带。
- 相互依赖：产品是用户日常生活的一部分。
- 爱：产品是引发温暖、激情或其他强烈情感的情感纽带。

建立强大品牌的方法是基于**品牌意义（brand meaning）**与顾客建立牢固的联系。这个概念包含了消费者对品牌的信念和联想。在许多方面，品牌管理的实践围绕着品牌意义的管理。品牌经理、广告代理、包装设计师、名称顾问、商标开发人员和公关公司只是致力于品牌意义管理任务的合作者。

与品牌意义密切相关的是**品牌个性（brand personality）**的概念。在某种程度上，品牌就像人：我们经常用个性特征来描述他们。当我们谈论商店、香水或汽车时，我们可能会使用廉价、优雅、性感或酷这类形容词。产品定位策略通常旨在为商品或服务塑造品牌个性，这是一种捕捉其特征和利益的独特形象的过程。例如，Elle（法语"她"或"她的"）的一则广告，这是一本非常别致的女性时尚杂志，杂志声称："她不是反馈卡。她不是一个类别。她没有退缩。Elle 不是一本杂志。她是一个女人。"

让品牌在消费者心目中具有个性的更有效的方法是进行有意识的营销活动，让品牌看起来更人性化。赋予品牌人类特征的现象被称为**品牌拟人化（brand anthropo-morphism）**。例如，当一个品牌的推特账户在回复某人的推特时（通过回应使品牌人性化）或通过品牌吉祥物在广告中互动时，我们都可以看到品牌拟人化这一现象。玛氏巧克力豆于 1941 年由糖果巨头玛氏创始人之子福利斯特·马尔斯首次推出。在西班牙内战期间，他观察士兵吃硬壳巧克力丸后，产生了制作这种糖果的想法。糖果是用硬壳做成的，这样士兵们可以在温暖的天气里携带巧克力。毫无疑问，那些美味的

"只溶在口，不溶在手"的糖果是一款令人惊叹的产品，但近年来，该品牌的成功主要归功于由名为红、绿、黄、蓝、橙和棕女士的角色组成的喜剧组合，他们对该品牌的知名度做出了巨大贡献。

把产品当作人？说起来似乎很有趣，但营销研究人员发现，大多数消费者都可以毫不费力地描述一种产品，"如果它有生命的话"会是什么样子。人们通常会给出清晰、详细的描述，包括产品会有什么颜色的头发，会住什么样的房子，甚至它会是瘦的、胖的还是介于两者之间。如果你不相信，那么你可以尝试一下。

如今，对许多消费者来说，随着人们在网上传播品牌故事，品牌意义正在迅速建立。"告知销售"曾是麦迪逊大道顶级广告公司的一句口头禅，如今又卷土重来，因为营销人员试图用引人入胜的故事而不是用打断式广告来吸引消费者。**品牌故事 (brand storytelling)** 讲述的方法抓住了这样一个概念，即当受众可以通过网络技术联系时，强有力的想法会自我传播。它传达了互动活动中的不断创新，无论是通过博客，还是 YouTube 上的内容创作，都会实时出现关于品牌新的、不断变化的认知和对话。

爱彼迎是一个很好的例子，该公司利用品牌故事与消费者建立联系，进一步确立其定位，即作为给人们提供租赁或租用短期住宿和酒店服务的首选在线市场。该公司有过一次重塑品牌的努力，包括将其品牌标志改为该公司所称的 Bélo：归属感的普遍象征。品牌符号部分看起来像一个倒置的心形，部分像一个大写的"A"，它是一个类似于定位个人身份识别码的元素。对于爱彼迎来说，品牌重塑和伴随的品牌宣传活动提供了一个讲述符合品牌身份的故事的机会，这个故事的核心是无论一个人在哪里使用爱彼迎提供的服务，都能感受到归属感。如果我们能说出品牌成功的关键要素，它们会是什么？以下是备受推崇的世界顶级品牌的十大特征：

1. 该品牌擅长提供客户真正期望的利益。
2. 品牌保持相关性。
3. 定价策略基于消费者对价值的认知。
4. 品牌定位正确。
5. 品牌一致。
6. 品牌组合和层次结构合理。
7. 品牌组织一整套营销活动，以建立资产。
8. 品牌经理了解品牌对消费者意味着什么。
9. 品牌得到了适当的支持，而且这种支持是长期持续的。
10. 该公司监控品牌资产的来源。

具有强大品牌资产的产品为营销人员提供了令人兴奋的机会。一家公司可以通过**品牌延伸 (brand extensions)** 来利用品牌资产，以相同的品牌名称销售新产品。由于现有的品牌资产，公司利用品牌延伸的方法可以让新品牌以更高的价格出售，品牌延伸将吸引新客户。当然，如果品牌延伸没有达到其同名品牌的质量或吸引力，则会存

MARKETING REAL PEOPLE, REAL CHOICES 营销的真相（原书第11版）

在**品牌稀释（brand dilution）**的风险，其中延伸品牌不积极的特征与品牌更积极的特征之间的差异可能导致消费者对品牌的认知发生变化。最终，这一结果会影响品牌资产以及品牌忠诚度和销售额。为了追求更大的销量和市场份额，许多豪华汽车制造商，比如奥迪和宝马，一直在使用自己的品牌来销售价格较低的低端车型。一些营销人员担心这可能会影响品牌的价值，这些品牌在过去一直与奢侈和排他性这样的特征密切相关。

还有一种相关的方法是创建**子品牌（sub-branding）**，或在主品牌内创建一个辅助品牌，把产品线与期望的目标群体区分开。万豪酒店是子品牌业务的领导者，公司推出了许多子品牌。从万豪居家酒店到万豪万怡酒店、万豪斯普林希尔套房酒店、万豪AC酒店等，公司深知利用一个已确立的主要品牌推出替代产品的力量。喜达屋子品牌的加入使万豪的子品牌总数超过30个！问题是：有了这么多子品牌，每个子品牌还能否保持并传达出独特的品牌含义和个性？

品牌战略

因为品牌有助于营销计划的成功，所以产品规划的主要部分是制定和执行品牌战略。营销人员必须确定使用哪种品牌战略方法。图9-6说明了品牌战略方法的选项：个人或家族品牌、国家或制造商品牌、通用品牌、许可、联合品牌。这一决定至关重要，而且并不是一个容易的选择。

图9-6 品牌战略
由多个独立产品或子品牌共同使用的母品牌架构。

个人或家族品牌

制定品牌战略的一部分是决定是否为每个产品项目使用单独的、独特的品牌——个人品牌战略——或者是在同一品牌名称下销售多个项目——**家族品牌（family brand）**或伞式品牌战略。单个品牌可能会更清晰、简洁地表达消费者可对产品的期望，我们可能会发现，在一个类别中的高品牌（如凯悦、君悦）资产和声誉有时会"感染"或"渗透"到较新、价格较低类别的品牌（如凯悦嘉轩和凯悦嘉寓）上。

是否采用家族品牌通常取决于产品的特点，以及公司的整体产品战略是否需要推出单一、独特的产品或开发一组类似的产品。例如，微软是一个强大的保护伞品牌，为Windows 10、Office 2019、Xbox One X和Bing等多种独立品牌产品提供保护伞。相比之下，联合利华和宝洁更倾向于分别为各自的美容护理和家居产品打上新品牌（对于大多数产品，除非你看背面标签上的小字，否则你永远不会知道制造商是谁）。

但拥有太多的品牌也有潜在的风险，特别是当它们由于定位不准确而在消费者眼中变得难以区分甚至令人困惑时，或者当这些品牌开始偏离母品牌时，这将导致协同效应消失。几年前，标志性企业可口可乐公司宣布了"一个品牌"的全球战略，试图解决其主要标签为可口可乐（可口可乐、可口可乐零度、健怡可乐等）的各子品牌之间日益复杂的问题。最近，可口可乐公司转向使用一个名为"可口可乐的前进之路"的哲学品牌策略。"可口可乐正在发展其商业战略，通过在更多地点销售更多类型的低糖和无糖饮料来满足人们的需要，从而成为一家全面的饮料公司。"对于一家像可口可乐这样拥有众多品牌和子品牌的公司来说，面临的挑战是如何在塑造个人品牌和充分利用家族品牌之间找到平衡。例如，对于消费者来说，纯果乐橙汁是一种积极的、消极的还是中性的可乐产品呢？

金宝汤使用家族品牌策略来标识其"浓汤宝"系列产品线。

国家或制造商品牌

如今，零售商在决定存储和促销什么品牌产品时，往往处于主导地位。除了从制造商品牌（又称**国家品牌或制造商品牌，national or manufacturer brands**）中选择，零售商还可以决定是否提供自己的版本。**自有品牌（private-label brands）**，也称商店品牌，是零售店或连锁店的独家商标。塔吉特拥有许多自有品牌，包括 Goodfellow & Co、Market Pantry、Simply Balanced 和 Hearth & Hand，几乎涵盖了所有商品类别。它的时尚童装品牌 Cat Jack 在推出的第一年就赚了 20 亿美元！

有趣的是，如果一家零售商拥有一个消费者在其他商店找不到的独特品牌，那么购物者就很难在商店间进行"苹果与苹果"的比较，也就是基于同样的标准进行比较衡量，并且很难找到最低价去购买该品牌。因此，自有品牌是网上价格透明度的一个主要障碍，因为消费者在购买前不能轻易在互联网上将自有品牌价格与国家品牌价格进行比较。杂货巨头奥乐齐 90% 的产品以自有品牌销售。奥乐齐的产品战略是推出符合市场趋势的新产品，质量高，但价格低于制造商品牌。随着消费者越来越关注健康饮食，奥乐齐已确保其自有品牌不含合成色素、反式脂肪和味精。主要销售国家品牌的竞争对手可以通过降低价格的方式来应对，但这会损害它们的整体盈利能力。奥乐齐可以降低国家品牌的价格，但仍能在其利润更高的自有品牌产品上赚大钱。

通用品牌

国家或制造商品牌的替代品是**通用品牌（generic brands）**，基本上没有品牌。通用品牌产品通常采用白色包装，黑色字母仅标明产品。通用品牌是满足客户对标准产品（如狗粮或纸巾）最低价格要求的一种策略。通用品牌最初流行于 20 世纪 80 年代的通货膨胀时期，当时的消费者特别注重价格。最近，沃尔玛提供了一些非专利处方药（如基本抗生素），这严重扰乱了药店业务。它的网站大肆宣传"4 美元处方——在非专利药物上节省大量资金""沃尔玛的客户多年来用 4 美元处方节省了超过 30 亿美元""你可以省去太多的保险费。"

许可

一些公司选择使用**许可（licensing）**策略来为它们的产品打上品牌标识。这意味着一家公司向另一家公司出售在特定目的和特定期限内，使用受法律保护的品牌名称和其他相关元素的权利。为什么一个组织要出售自己的品牌名称？许可，可以让消费者对新产品产生即时认可和兴趣，该策略可以快速将产品定位到特定的目标市场，因为该市场的消费者对许可品牌的认可度很高。例如，受欢迎的玩具品牌 Shopkins 与小熊工作室签订了一项许可协议，这样，在全美各地的小熊工作室商店制作属于自己的毛茸玩具的顾客都可以选择制作一只 Shopkins 熊。购买即赠送一个独一无二的可收藏的 Shopkins 小雕像，这是 Shopkins 粉丝想要收藏的必备品！

一种常见的许可形式发生在电影制片人将其版权许可给可以制造大量周边产品的制造商时。因此，《哈利·波特》电影上映时，大量的周边产品会上架。除了玩具和游戏，还有糖果、衣服、各种返校用品、家居用品，甚至魔杖和大锅。在 2010 年的鼎盛时期，哈利和他的伙伴们大张旗鼓地出现在奥兰多环球影城一个名为"哈利·波特的魔法世界"的主要景点，引起了人们的广泛关注。一个名为"对角巷"的项目于 2014 年夏天开业。其他魔法世界也已经在洛杉矶和大阪建成开业。

联合品牌

联合品牌（cobranding）是两个品牌之间达成的一项协议，旨在推销一种新产品。GoPro 和红牛的合作就是一个非常成功的例子。GoPro 不仅销售便携式相机，红牛也不仅销售能量饮料。相反，这两个品牌都将自己打造成了**生活方式品牌（lifestyle brands）**，这些品牌旨在鼓励、引导和激励人们为自己的生活方式做出贡献。对于 GoPro 和红牛来说，代表性的生活方式是充满行动、冒险、无畏，而且通常非常极端。因此，它们是非常兼容的品牌，这些共同的价值观使它们成为品牌联合的完美组合，尤其是变成与运动有关的品牌。因此，GoPro 为来自世界各地的运动员和冒险家提供了工具和资金，让他们通过拍摄来捕捉比赛、特技表演和动作体育赛事的精彩内容，红牛利用其经验和声誉来组织这些赛事。

联合品牌中新的、快速增长的变化是**成分品牌化（ingredient branding）**，其中品牌材料成为其他品牌产品的"组成部分"。这是品牌背后的战略，他们愿意为自己的原材料支付更多的费用，以便把供应商的标签贴在产品包装上。巴塔哥尼亚就是一个很好的例子，它宣传的卖点是产品的内衬是 Polartec 抓绒，这是一种特殊性能的内衬，可以根据需要让穿着者保持温暖、凉爽或干燥。这表明，即使是像巴塔哥尼亚这样备受尊敬的知名品牌，也要展示产品内在的独特之处。

成分品牌化的实践有两个主要好处。首先，它吸引顾客选择主品牌，因为成分品牌很熟悉，并且在质量方面具有很强的品牌声誉；其次，成分品牌的公司可以销售更多的产品，更不用说它从许可协议中获得的额外收入了。

品牌颠覆：走向社会正义与营销回应

2020 年夏天，在新冠疫情期间，几起导致有色人种受伤和死亡的悲剧事件再次引发了一场更大的、与种族平等相关并宣扬社会正义的重要运动。随着时间的推移，此类型事件不断发酵，再加上大量其他有据可查的与种族动机有关的不公正行为，导致许多人开始重新审视自己——他们对有色人种的态度和行为——并质疑自己的行为和组织的行为。因为营销正是处于组织交流、品牌塑造和关于自身价值和产品形象塑造的中心，品牌和营销领导者都开始迅速地审查其品牌和营销策略的稳定性，以确保他们不会加剧种族不平等带来的痛苦和伤害。

结果，几个备受关注的消费品牌成为重新审查的重点。随后，所有人都致力于通过淘汰或重塑传统品牌的方式，来创造新品牌、新形象和新信息，重塑产品形象，消除种族主义的痕迹。当时许多大大小小、知名和不知名的品牌都走上了类似的**重塑品牌（rebranding）**之路，这意味着采用一个已确立的品牌，并有意图地和战略性地创造一个新的名称、概念、符号、设计、形象和信息，以便在消费者和其他利益相关者的心目中形成一个新的、与众不同的身份。

你需要确保你的品牌策略不会对任何群体造成不当冒犯，并为该领域的发展做出重大贡献。需要保持警惕是因为品牌是所有营销活动中最强大、最具影响的要素之一。营销人员应避免误用或滥用品牌的力量，尤其以可能伤害和冒犯他人的方式。

包装和标签：品牌的小帮手

你怎么知道你喝的汽水是"普通的"还是"不含咖啡因的"？低脂碎奶酪如何保持新鲜？你为什么喜欢蒂芙尼的蓝色小盒子？这些问题的答案是有效的包装和标签。到目前为止，我们已经讨论了营销人员如何通过品牌创建产品标识。在本节中，我们将了解到包装和标签决策也有助于品牌创建产品标识。我们还将讨论包装的战略功能以及与包装标签相关的一些法律问题。

包装（package）是产品的外壳或容器，也是创造竞争优势的一种方式。包装的重要功能价值在于保护产品。例如，电脑、电视机和音响的包装可以保护这些设备在运输和仓储过程中免受损坏。如果包装不能防止水分、灰尘、气味和昆虫的污染，那谷物、薯片或碎奶酪包不会有很长的保质期。如图 9 - 7 所示，多层软包装的鸡汤盒可防止里面的食材变质。除了保护产品外，有效的包装可以让消费者更易于处理和储存产品。请看图 9 - 7 中的不同元素，它们说明了包装是如何提供不同功能的。

MARKETING
REAL PEOPLE, REAL CHOICES

营销的真相（原书第11版）

倾倒口：易于使用　可识别的品牌和徽标　　　包装材料可保护产品
　　　　　　　　　　　　　　　　　　　　　免受损坏且环保

产品优势　　　　替代用途配方

营养成分表

警告

成分

电话号码

使用说明　　　　　UPC代码

实际产品图片　　使用中的　　　包装形状易于存放
　　　　　　　　产品照片　　　在碗橱和冰箱中

图9-7　包装的功能

好的包装为产品提供了一层保护，同时也为品牌创造了竞争优势。

然而，除了这些实用功能之外，包装还传达了品牌个性。有效的产品包装使用颜色、文字、形状、设计和图片为产品提供品牌和名称标识。此外，包装还提供产品信息，包括味道、香味、使用说明、替代用途建议（如食谱配方）、安全警告和成分。包装上还可能包括保修信息和客户服务的电话号码。

包装上最后一个信息要素是**通用产品代码（universal product code，UPC）**，在杂货店和其他大规模商品销售点出售的大多数商品，侧面或底部都印有一组黑色条或线。商品通用条码是一个全国性的产品识别系统。它为每个产品分配一个唯一的10位数字。这些数字提供了关于商品类型、制造商和特定产品的特定信息，电子扫描仪可以读取UPC条形码，并自动将数据信息传输到收银机计算机，以便零售商可以轻松地跟踪销售状态并控制产品库存。

引入多种包装尺寸是实现产品线延伸的一种方法。

设计有效包装

包装应该有一个可重新密封的拉链，有一个易于拉开的开口，封装严密而且便于储存。有效的包装设计涉及许多决策。

策划者必须考虑同一产品类别中其他品牌的包装。例如，当推出品客薯片时，它们被包装在一个圆柱形的罐子里，而不是像乐事和其他品牌那样用袋子包装。这很有必要，因为品客的制造商（当时是宝洁公司）没有像菲多利公司那样用当地卡车把所有产品运送到商店，而且罐装可以让薯片保鲜更久。然而，在产品推出后不久，品客发现，并非所有客户都会接受包装的彻底改变，零售商可能不愿意调整货架空间去容纳此类包装。为了解决这一问题，品客现在有各种各样的产品包装类型和尺寸，包括泡菜味、烤肉味、烧烤味，甚至还有烤鸡味！

包装可以反映产品品牌的一些无形特征，如个性和形象。经过多年来对外观重大变化的抵制，2016 年，金宾进行了一次全球包装的重新设计，以展现出其产品组合中产品的优质和统一的形象。具体的改变意味着统一该品牌下的产品包装，包括突出显示金宾签名的"玫瑰花"标志。此外，为了保持品牌在消费者心目中的传统形象，金宾对白标瓶侧面的肖像进行了更新，以提高其图像质量。金宾的特定产品也进行了包装上的更新，以进一步传达品牌的不同产品的优质特性。这是该品牌 220 多年历史上首次重新设计全球包装！最近，金宾继续进行品牌更新，推出了以女性为主角的标志性美国波旁威士忌宣传活动。这次活动获得了巨大的成功，还为该品牌的下一代目标市场提供了新的发展轨迹。

希望对社会负责的公司还必须考虑产品包装对环境、社会和经济的影响。例如，闪亮的金色或银色包装可以传递出高质量和奢华的产品形象，但某些金属油墨是不可以生物降解的。一些公司正在开发创新的**可持续包装**（sustainable packaging），涉及以下一个或多个方面：可以用可回收材料、需要较少资源投入的材料，以及对环境危害较小的材料和工艺。当然，不能保证消费者会接受这样的包装。他们不喜欢某些喷雾瓶产品的替换装是塑料袋形式的，即使塑料袋在垃圾填埋场占用的空间比瓶子少。他们不喜欢把替换装倒进旧喷雾瓶中。尽管如此，客户还是接受了小包装的浓缩产品，如洗衣液和织物柔软剂。

Newton 运动鞋采用环保包装设计。

沃尔格林在仿制包装方面做得很好，通过模仿知名品牌的视觉设计来提升产品知名度。

那么包装的形状应该是什么样的呢：正方形的？圆形的？三角形的？沙漏形的？化妆用品制造商 Mennen 曾经有一款名为"百万富翁"的须后水和古龙水系列，包装在一个金色的金字塔形盒子里。这样一个老式的包装怎么样，消费者可以将其当作一个有吸引力的存储容器再利用吗？它应该是什么颜色？表达纯洁的白色？可以让人想起柠檬的新鲜的黄色？像巧克力一样的棕色？有时，这些决定取决于个人偏好。

品牌经理必须做出许多具体的决策，以确保产品的包装能够很好地反映其品牌的特性并吸引预期的目标市场。那么包装应显示哪些图形信息？有人曾调侃道："千万不要拍到狗吃狗粮的镜头。"翻译过来就是：包装上应该有产品的图片吗？青豆罐头上一定要有青豆的照片吗？是否应该展示产品使用结果的图片？当然，这些决策都取决于营销人员对消费者的理解和独创性，或许还有一点运气。

制造商品牌有独特的包装机会。一些制造商品牌选择**山寨包装（copycat packaging）**，模仿它们想要仿制的国家品牌产品的外观。沃尔格林（Walgreens）是仿制包装的大师——在任何一个药品类别的货架上，你都会看到货架上销售着沃尔格林品牌产品，就在该类别中领先的国家品牌旁边，它们的包装设计和颜色都是如此相似，这时候你必须仔细观察，才能辨别出你实际想购买的是哪个产品。

学习目标总结

品牌是产品的名称、术语、符号或其他独特元素的结合体，用于识别公司产品。选择的品牌应具有积极的内涵，并且具有可识别性和易记忆性。品牌名称需要易于说出、拼写、阅读和记忆，并且应符合目标市场、产品优势、客户文化和法律要求。为了合法地保护品牌，营销人员需要获得商标保护。品牌是很重要的，因为它们有助于维持顾客忠诚度，品牌资产或价值意味着公司能够吸引新客户。公司可以选择个人品牌战略，或通过家族或伞式品牌战略来营销多种产品。国家或制造商品牌由生产商拥有和销售，而个人或家族品牌带有零售或连锁店的商标。许可意味着一家公司向另一家公司出售使用其品牌名称的权利。在联合战略中，两个品牌结成合作伙伴关系，以营销新产品。

包装是产品的外壳或容器，用于保护产品，便于产品的使用和储存。包装设计中使用颜色、文字、形状、设计、图片和材料来传达产品的特性、优势和其他重要产品信息。包装设计师必须考虑成本、产品保护和宣传因素，以制作可以满足功能性、美观性和对环境无害要求的包装。美国的产品标签受到一些联邦法律的控制，旨在使包装标签对消费者更有帮助。

营销的真相
9.4

组织有效的产品管理

当然，公司不会创造出好的产品、品牌和包装，但人可以。与营销组合的所有要素一样，产品策略只有在其经理制定并实施时才有效。在本节中，我们将讨论企业如何组织管理现有产品并开发新产品。

管理现有产品

在小公司中，通常由一名营销经理负责营销职能。该人员负责新产品规划、广告、与公司部分销售代表合作、进行市场调研，以及其他所有相关工作。但在大公司中，有许多经理负责不同的品牌、产品类别或市场的内容。如图 9 - 8 所示，根据组织需求和市场情况，产品管理可能包括品牌经理、产品类别经理和市场经理三种类型。让我们来看看每种产品管理的操作方式。

品牌经理制

有时，一家公司在一个产品类别中销售几个甚至很多不同的品牌。以超市的洗衣区为例。在洗涤剂类别中，宝洁品牌有 Bold、Gain 和汰渍。在这种情况下，每个品牌都有自己的**品牌经理（brand manager）**，负责协调品牌的所有营销活动；职责包括定位、确定目标市场、研究、分销、促销、包装和评估这些决策是否成功。

尽管这个职位和任务（或类似的任务）在整个行业很常见，但一些大公司正在改变他们分配职责的方式。例如，如今宝洁的品牌经理更像是跨职能团队的内部顾问，他们负责管理所有产品线中关键零售客户的完整业务。品牌经理仍然负责品牌定位、开发和培育品牌资产，但他们也与销售、财务、物流和其他部门的人员密切合作，以满足构成宝洁业务主体的主要零售商的需求。

就其本质而言，品牌管理系统并非没有潜在问题。如果他们独立行事，有时会产生竞争，品牌经理可能会为自己的品牌争取到短期销售额的增长，但这可能会损害公司整体产品类别的销售额。他们可能会过度使用优惠券、打折套餐或其他价格激励措施，以至于当产品不搞活动时，客户会拒绝购买。这种行为会损害产品长期盈利能力和品牌资产。

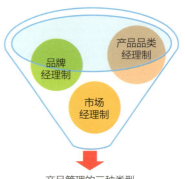

产品管理的三种类型

图9-8　产品管理的类型
产品管理可以采取多种形式：品牌经理制、产品品类经理制和市场经理制，具体取决于公司的需求和市场情况。

产品品类经理制

一些大公司的产品种类繁多，需要更广泛的合作。以 IBM 为例。IBM 最初是一家电脑制造商，现在 IBM 的大部分收入来自于 IT 应用领域的广泛咨询和相关客户服务（该公司在 2005 年将 ThinkPad 业务剥离给了中国联想后，十多年内没有销售过个人电脑）。像 IBM、宝洁和类似的多产品线公司，组织产品管理可能包括一名**产品品类经理（product category managers）**，负责协调一般的产品类别内的产品线组合，并根据客户需求考虑添加新的产品线。

市场经理制

部分企业采用**市场经理（market manager）**架构，在这种架构中，不同的人专注于特定的客户群体，而不是公司的产品线。当公司提供各种各样的产品以满足大多数客户的需求时，这种类型的架构尤其有用。例如，通用电气服务于以下客户市场：航空、医疗保健、电力、可再生能源、数字产业、增材制造、风险资本、金融以及照明市场。当公司分别专注于这些不同的市场时，仍能为客户提供最好的服务。

组织新产品开发

在第 8 章介绍了新产品开发的步骤，并在本章前面探讨了产品生命周期引入阶段

MARKETING
REAL PEOPLE, REAL CHOICES
营销的真相（原书第 11 版）

的重要性。因为推出新产品非常重要，所以这个过程的管理是一个重要的问题。在某些情况下，一个人负责新产品开发，但在大型组织中，新产品开发总是需要很多人。通常，具有创业技能的、特别有创造力的人会胜任这份工作。

大公司面临的挑战是招募不同领域的专家，共同组建**创新攻坚小组（venture teams）**，专注于新产品开发工作。有时，创新攻坚小组远离传统的公司办公室，在一个被称为"臭鼬工厂"的偏远位置办公。这个颇有含义的术语起源于漫画《Li'l Abner》中的"臭鼬工厂"——一个非法酿酒厂。由于这个酿酒厂是非法经营的，当然位于远离监督的偏远地区，因此各组织采用了"臭鼬工厂"这一描述来指代一个小型且通常是孤立的部门或设施，其运作很少受到监督。

学习目标总结

为了成功管理现有产品，营销组织可能包括品牌经理、产品类别经理和市场经理。然而，大公司通常会将新产品交给新产品经理或**创新攻坚小组**来负责，这些团队由来自不同领域的专家组成，他们共同为一种新产品工作。

营销的真相

9.5

打造你的品牌：管理你的产品

泰勒在发展自己的价值主张方面取得了巨大的进步，也就是说，未来的雇主在雇他时会获得什么样的价值。他花时间来识别、评估和增加产品层。他知道，一个产品是由一系列的特性、功能、好处和用途，再加上它的品牌和包装组合而成的。

如果你每年都看超级碗，那么你一定会关注广告。无论它们是有趣的，还是讲述一个触动你内心的故事，那些你认为很棒的广告都能在 30 秒内传递出清晰的价值主张。

你可能想知道 30 秒的超级碗广告与你启动和管理职业生涯有什么关系。当有人问起你的职业兴趣时，即使是在工作面试中，你也需要说出你想做什么。将"超级碗"广告视为你的个人品牌，你必须在广告中展示出你的价值主张。是什么让你与众不同？你能为雇主提供什么？为什么一个公司经理想雇你而不是其他人？你的价值主张应该能回答这些问题。

如果你认为商业广告只针对营销专业，那就再想想吧。如果你正在面试一个法律文书、特殊教育教师、研究助理、护士、摄像师或网站开发人员的职位，你需要对你的价值主张进行微调，并准备好在任何情况下都能说出来，包括在网络上和工作面试中。

没有人会为你做这件事。你必须为自己做。

你的价值主张——成功的关键

你可能已经参加过一两次面试了，面试官一开始会说："先说说你自己吧。"在这些情况下，你的 30 秒价值主张就是完美的答案。在此基础上，你可以根据价值主张中的内容来讲述你的品牌故事。

你的价值主张应该是一个简短的陈述，需要包括四个关键信息：

- 你是谁。
- 你所取得的成就。
- 是什么让你与众不同，以及你如何为组织带来价值。
- 你想做什么。

你的价值主张是对你的产品层的相关信息的总结，要用简单的句子将这些信息组合在一起，让你可以在任何情况下说出来。事实上，你的价值主张也被称为**电梯演讲（elevator pitch）**，因为你需要在乘坐电梯的 30 秒时间内与他人分享你的价值主张。

你的价值主张需要在电梯游说中明确地传达出来，需要概述你的特点、优势等，如下所示。

"嗨，我叫加布里埃拉·兰德。我主修市场营销专业，有着市场营销研究经验和创意写作技能，我很高兴能将这些兴趣结合起来。在学校期间，我有过一次实习经历，这让我有机会为斯帕坦堡市制订一个社交媒体营销计划。由于我的计划，包括春季狂欢会在内的几个城市活动的出席人数有了显著增加。"

记住，你需要不断练习，不断练习，并不断提高你的电梯演讲技巧。

用市场技能开启你的职业生涯

获得大学学位并不是你开启职业生涯的唯一途径。许多招聘人员表示，他们不会面试那些没有实习或合作学习项目经验的学生。

实习

大多数招聘人员和招聘经理都会告诉你，找到工作的最佳方式是在简历中写上至少一次实习或合作的经历。实习提供了获得工作经验的宝贵机会。它们还提供了一个探索真实工作环境的机会，并让你可以确定这份职业是否真的适合你。通过实习，你可以凭借与职业相关的实践经验来加强你的学术教育成果。结果如何？你将获得市场所需的技能并扩充你的简历。

你要做的第一步是确定你希望从实习中获得什么。你可能需要实习来帮助你评估职业目标，学习新的技能来充实你的简历，获得人际关系网等。确定你想要得到什么将有助于你评估实习机会，而且在面试时你不可避免地会被问及你的目标。

通过实习，你可以获得在课堂或课本上无法学到的一手经验。实习也有助于你了

MARKETING
REAL PEOPLE, REAL CHOICES
营销的真相（原书第11版）

解自己不想做的事情是什么。

志愿服务

虽然实习是获得实践经验的绝佳途径，但你也可以通过其他方式了解现实世界。志愿加入非营利、专业或校园组织可以帮助你在有所作为的同时获得宝贵的经验。无论你想从事什么职业，志愿服务都能帮助你取得成功。

通过保持就业能力管理职业生涯

想想在你短暂的一生中，人和公司发生了怎样的变化。十年前，甚至有一些营销教授在营销课上表示他们认为社交媒体只是一种时尚，它会消失并且没有任何商机。受雇者的技能在三到五年内就会过时，新的工作会出现，这些工作可能涉及今天甚至不存在的事物。

制订灵活的职业计划

虽然你不能准确地知道未来会怎样，但考虑到未来的不确定性，你可以积极主动地制订一个灵活的职业计划。规划你的职业生涯以跟上工作的不断变化。当你将新技能添加到投资组合中时，你将准备好迎接你在职业生涯开始时无法想象的挑战。许多成功人士对自己的成就感到惊讶，他们不一定想要自己现在的角色。他们之所以成功，是因为他们不断学习，并愿意在机会来临时承担风险。

提高自我意识

通过遵循制订职业计划的步骤，你已经知道了良好规划的基石是了解自己的优势和偏好。大多数职场成年人都知道，未来他们将有五到七个职业。定期盘点你更新的技能和偏好，为你的个人品牌规划新的市场领域。

传达你的价值

营销自己是一个永无止境的过程。关注下一个大的工作项目、公司转型或产品创新这些内容，并让自己完成这些任务。这意味着你能够推销自己。一旦进入一家公司，你要了解这家公司的价值观，主动要求查看战略计划。寻找方法使你的工作与雇主的战略目标保持一致。预测未来需要的相关技能，并制定发展这些技能所需的策略。

往上走！

你的电梯游说应该包含关于你的价值主张的总结，告诉他们你是谁，你做了什么使自己与众不同，以及你想做什么。

泰勒现在有一个计划来管理自己的职业生涯。他希望在毕业前通过一个学期的实习获得与职业相关的非常重要的实践经验。他知道，他必须在30秒左右的电梯游说中向他人传达自己的价值主张。

学习目标总结

就像超级碗的商业广告一样，你需要提供一个令人信服的价值主张，告诉对方，你所提供的东西会让雇主在 30 秒内雇你而不是其他人。价值主张是用几个简单的句子概括产品层次，通常又称电梯演讲。

拥有一个或多个能提供真实经验的实习机会，可以让你以市场需要的技能开启你的职业生涯。你也可以通过为非营利、专业或校园组织提供的志愿服务来了解真实世界。

员工技能在三到五年内就会过时，新的工作机会会出现，并且涉及的事物可能在今天根本不存在。为了在职业生涯中继续获得成功，考虑到未来的不确定性，你应该制订一个灵活的职业计划。通过继续学习，为你添加新技能，规划你的职业生涯以跟上世界的不断变化。

MARKETING
REAL PEOPLE,
REAL CHOICES

营销的真相 （原书第11版）

第 10 章　价格：价值主张的货币体现

学习目标

- 解释定价的重要性和营销人员如何为定价策略制定目标。
- 描述营销人员如何根据成本、需求、收入和定价环境来制定定价决策。
- 理解重要的定价策略和战术。
- 理解互联网定价策略带来的机遇及支付创新。
- 描述定价中的心理、法律和道德因素。
- 了解关于工作报酬的重要考量因素，如何设定合理的期望，增加你获得一份好工作的机会。

真实的人，真实的选择：伊玛德·哈立迪
▼信诺全球租车（Auto Europe）的决策者

Auto Europe

伊玛德·哈立迪（Imad Khalidi）是国际知名汽车租赁服务供应商——信诺全球租车的总裁兼首席执行官。他出生于耶路撒冷，毕业于贝鲁特美国大学。他在法国枫丹白露的欧洲国际管理学院（INSEAD）学习了两门全日制管理课程。伊玛德会说五种语言。

1990年，他担任信诺的执行副总裁，并于1991年升任总裁。他拥有丰富的行业知识，还有先前在赫兹公司担任区域经理的工作背景。他带领信诺从一个消费者心中的"汽车租赁经纪人"发展为欧洲汽车租赁服务行业的领头羊。1994年，他扩大了公司的服务范围，开始提供预订航班和欧洲酒店住宿的服务。1997年，他带领公司在纳斯达克上市。伊玛德获得了许多旅游行业的奖项，包括被评为美国旅行代理商协会（ASTA）的年度会员。

信诺是整个欧洲城市租车服务的主要供应商。它的大部分终端客户是到欧洲旅游的美国游客，他们希望在欧洲国家旅游时，能有一辆安全可靠的车辆可用。与美国一般持续约3天左右的汽车租赁不同，信诺提供的租车服务能持续至少10天。信诺公司有600名员工，每年租赁约210万辆汽车。员工会持有公司的股票，伊玛德经常面临着稳定现金流的挑战，这样他才能支付员工工资并为这些利益相关者赚钱。

信诺是一家批发企业，它不和其他汽车租赁公司竞争，如赫兹和阿维斯（Avis），相反，信诺与它们合作，一起帮助顾客取得车辆。这些代理商也喜欢和信诺合作，因为信诺帮助它们在淡季填补了收入空白。与零售租赁公司不同的是，信诺没有汽车的库存，当客户预定汽车时，它会在欧洲某个城市找到赫兹和阿维斯等零售公司提供的汽车。它的大部分业务来自旅行社，这些旅行社为客户安排租车并从中赚取佣金。

伊玛德的信息

我不工作的时候做什么：

阅读。

走出校园后的第一份工作：

门童。

职场最佳表现：

首席执行官。

我的英雄：

甘地。

我的座右铭：

给人们一个机会。

我的动力：

挑战。

我的管理风格：

团队协作。

我不喜欢的小毛病：

浪费资源。

伊玛德的问题

信诺通常不在价格上竞争，他们更关注服务质量。与在 Priceline 上寻找最低租金的大学生和年轻人不同，信诺的客户往往更富有。信诺和旅行社合作，旅行社在收取佣金时，会在旅游套餐中增加 15% ~ 20% 的费用。大多数客户都愿意支付这一额外费用，以确保午夜时分，他们租到的汽车不会在无人的欧洲村庄里抛锚。

信诺试图在一定程度上进行灵活收费，但伊玛德和他的团队愿意降价的程度是有限的。他们倾向于向顾客强调他们将会得到非常高水平的服务。例如，如果在荒无人烟的村庄里他们租用的汽车坏了，信诺会提供 24 小时免费的维修或更换服务。

但是，这些相对富有的客户并不会把他们辛苦赚来的钱轻易地花出去！他们中的许多人试图以更低的价格来预订车辆。当客户发现其他渠道有价格更低的相似汽车时，伊玛德经常会收到客户的降价请求。例如，伊玛德以每周 1000 美元的价格出租一辆高档奔驰（Mercedes）E240 汽车。由于客户对奔驰的需求量更大，价格也会更高，所以与其他一些车型相比，伊玛德不得不以更高的价格出租奔驰这种车型。许多在欧洲旅行的美国人都喜欢开奔驰这样豪华高档的欧洲车。尽管如此，客户还是可能会找到另一个以 900 美元的价格提供通用汽车（General Motors）的经销商，然后要求伊玛德以同样的价格出租奔驰汽车。

他的方案 1、2、3

方案1

匹配价格，以 900 美元而不是 1000 美元出租奔驰汽车。 伊玛德会在这笔交易中损失部分利润，所以这显然不是一个有吸引力的选择。但这个折扣能让消费者满意，如果他/她会因此成为一个回头客，那么短期的损失就会转化为长期的收益。

方案2

以 890 美元的价格提供通用汽车以保持对等。 这能够让消费者满意，伊玛德也能够获利。然而伊玛德赚到的钱比他以 1000 美元的价格出租奔驰车要少得多。并且如果顾客仍然坚持想以 900 美元的价格租到奔驰，这样的做法可能会造成顾客流失。在这种情况下，伊玛德可能会为了留住顾客，给奔驰提供一个折中的价格，如 950 美元。

方案3

继续以 1000 美元的价格出租奔驰，并向客户解释这辆车比通用汽车更有价值，值得他们支付溢价。 顾客可能还会继续租车，但他/她也可能会在其他地方以低于 1000 美元（但超过 900 美元）的价格租到奔驰。在这种情况下，伊玛德会完全失去这笔业务。然而，当顾客对整个租赁行业的定价有了一些了解后，他某种程度上算是帮了伊玛德一个忙，因为他提醒着伊玛德需要调整自己的定价，使价格更具竞争力。

现在，假如你处在伊玛德的位置上，你会选择哪一个方案呢？为什么？

你的选择

你会选择哪一个选项？为什么？

☐ 方案 1　　　☐ 方案 2　　　☐ 方案 3

"这个值多少钱呢？"

"如果你非要问它多少钱，那么你就买不起它！"我们都听说过这句话，但是当你买东西的时候，有几次能不问价格呢？如果价格不是问题，那我们所有人都将开着理想的车到其他地方去旅游，像皇室贵族一样生活。但是在现实生活中，我们每个人都需要在买东西之前考虑价格。

在前面的两章中，我们已经讨论了如何创造和经营有形产品与无形产品。但是，为了给消费者创造价值，营销人员必须做更多，不仅仅是创造一个奇妙的、新的（或现有的）产品，还要提供消费者想要的所有花哨功能。同样重要（甚至更为重要）的是为新产品定价，这样消费者才愿意将辛苦挣来的钱用于购买产品。产品的定价问题是营销计划的核心部分。

Maurice Savage/Alamy Stock Photo

比特币这样的数字货币会改变我们对金钱的认知。

在本章，我们要了解最基本的问题——什么是定价。我们将关注定价的目标，以及需求、成本、收入和环境这些因素对定价决策过程的影响。之后，我们将会探讨特定的定价策略和战术。最后，我们将了解网上的动态定价以及和定价相关的心理、法律和道德因素。

什么是价格

正如我们在第 1 章中所讲的，价格是对价值的赋值，或消费者为获得产品必须支付的货币数量。当然，价格也有很多名字。例如，我们支付的大学学费，公寓的租金，信用卡利息、律师或医生的专业服务费、保险费、道路或桥梁使用的通行费，以及出租车、飞机或公交车的车费。

支付的形式也可以是商品、服务、优惠、选票或任何对另一方有价值的东西。在硬币及纸币出现之前，人们通过以物易物的形式进行交换，这样的情况在今天仍然存在。例如，某人在山区滑雪胜地有一座房子，他可以通过让别人在自己家中度过周末来交换一次汽车修理或补牙服务。在交易过程中没有金钱货币易手，但是存在价值的交换。

通常来说，其他非货币成本对营销人员来说也很重要。系安全带的成本是什么？干净的国家公园对露营的人们来说价值是什么？拥有清新的空气需要付出什么？回收利用呢？考虑机会成本也很重要，即我们为了获得其他东西而放弃某一样东西的价

第1步：制定定价目标
- 利润
- 销量
- 市场份额
- 竞争效应
- 顾客满意
- 形象提升

第2步：评估市场需求
- 需求变动
- 需求价格弹性

第3步：确定成本结构
- 可变成本
- 固定成本
- 盈亏平衡分析
- 价格加成和利润

第4步：分析定价环境
- 经济
- 竞争
- 政府管制
- 消费趋势
- 国际环境

第5步：选择定价策略
- 基于成本
- 基于需求
- 基于竞争
- 基于客户需要
- 新产品定价

第6步：制定价格战术
- 单个产品定价
- 多产品定价
- 基于分销的定价
- 渠道成员的折扣

图10-1 价格规划的步骤
成功的价格规划包括了从制定定价目标开始的6个步骤。

值。例如，上大学的成本不仅包括学费，还包括不去上学而去工作所能够挣到的钱。为了减少与酒驾有关的车祸而进行的公共服务活动的成本又是什么？对于个人来说，成本可能是同意这样的规定，成为遵守规章的驾驶员，或者是支付出租车或者优步费用。价值在于降低发生严重或者可能致命的车祸的风险。不幸的是，所有人都认为发生事故的可能性太小，而不喝酒的成本太高。

如图10-1所示，基于定价的要素，价格规划包含6个步骤：制定定价目标、评估市场需求、确定成本结构、分析定价环境、选择定价策略、制定价格战术。在本章中，我们将讨论营销人员如何通过这6个步骤来制定成功的价格决策。

第1步：制定定价目标

价格规划的第一个关键步骤就是制定定价目标。定价目标必须支持企业更大的目标，如股东价值最大化以及企业整体营销目标，如增加市场份额。图10-2提供了不同类型的定价目标的例子，下面我们来仔细看看这些内容。

利润目标

正如我们在第2章所讨论的，通常企业的总体目标与实现其期望的利润水平有关。如果利润目标决定了定价策略，那么我们关注的重点通常是利润增长的目标水平或者期望的净利润率。利润目标对于那些相信利润能够激励股东和银行家们进行投资的企业极为重要。

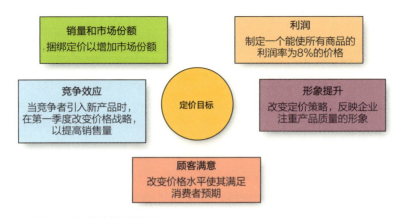

图10-2 价格规划的要素
价格规划的第1步是制定定价目标，使其能够支持企业更大的目标。

由于企业经常生产整个产品线或产品组合，因此盈利目标可能集中于整个产品组合的定价。在这种情况下，营销人员制定定价策略是为了使整个产品组合的利润最大化，而不只是关注每一个产品的成本或盈利能力。

例如，如果某个产品的定价过高，导致消费者放弃买它，转而购买对于企业来说利润率更高的产品，那么这种做法对于营销人员来说可能更好。这就是为什么很多零售连锁商都对消费者购买他们的自有品牌感到高兴。虽然消费者是以更低的价格购买连锁零售商的自有品牌，但是连锁零售商能以比采购价高 35% ~ 40% 的价格出售产品，而售卖其他国家品牌的相同产品，售价只比成本高出 30%。

尽管利润是所有商品和服务在定价时都需要考虑的重要因素，但当产品是时尚品时，定价更需要被特别关注。因为时尚产品只有非常短的市场寿命，因此利润目标对企业在短时间内收回其投资成本是非常重要的。在这种情况下，企业要在消费者失去兴趣转向其他的时尚品之前获得利润。

销量和市场份额目标

通常，定价策略的目标是最大化销量（销售总额或数量）或增加市场份额，即特定公司、产品线或品牌在市场中所占的销售单位或收入的百分比。制定一个能使销量增加或者**市场份额（market share）**增加的、符合销量目标的价格是否意味着要使价格低于其他竞争者呢？有的时候是这样的。有线和卫星电视服务提供商坚持不懈地为消费者提供更好的服务，包括提供更多的电视内容，无线网络和电话服务。但是，不断降低的价格不一定会增加市场份额。如果一家公司的产品具有竞争优势，就算价格与其他公司一致，也会达到销量/市场份额目标。当消费者仅仅因为价格的变化就转向其他生产厂商时，降低价格就会导致"价格战"。

竞争效应目标

有时，策划人员制订定价计划的目的是稀释竞争者的营销努力。在这种情况下，企业可能会试图抢先改变价格，或减少对手改变价格所造成的影响。这也被称为**竞争效应定价（competitive-effect pricing）**，或者是**基于市场的定价（market-based pricing）**。一般来说，所有的航空公司都为他们所飞的航线提供相同或几乎相同的价格，直到 Spirit 航空和 Frontier 航空的出现打破了这种局面。这两家航空公司进驻费城时，所有航空公司从底特律到费城的单程票价从 300 多美元降到了 183 美元。当新冠疫情迫使全球各地的消费者进行自我隔离时，航空旅行费用下降到了很低的水平，以至于航空公司停飞了一部分机组。对于那些选择继续执飞的航空公司来说，竞争效应定价仍然存在，所有航空公司都以相似的方式大幅降价。一些单程航班的价格甚至低至 14 美元。

顾客满意目标

许多重视质量的企业认为利润来源于把顾客满意作为首要目标。他们还认为，如果只关注短期利润，企业将会忽视我们在第 1 章中讨论的长期留住顾客这一目标。2014 年，长期以来被称为"天天低价"领导者的零售业巨头沃尔玛在其移动应用程序中推出了一个名为 Savings Catcher 的工具，顾客可以使用它来确保——在 8 万多种食品和家居产品上，与同一地理区域内竞争对手的广告价格相比——他们获得了最低价。顾客可以用沃尔玛的手机应用程序扫描收据，Savings Catcher 会自动将收据上的价格与当地其他商店的广告价格进行比较。卖贵了的钱会以电子礼品卡的形式返还给顾客，以后在沃尔玛购物时可以使用。2019 年，沃尔玛宣布结束"Savings Catcher"项目。

形象提升目标

消费者通常会通过价格来推断产品质量。事实上，营销人员认为价格不仅是判断质量的重要传播方式，也是向潜在客户传达产品形象的重要手段。定价的形象塑造功能对高价格产品，以及针对有社会地位的消费者而推出的**声望产品（或奢侈品）（prestige products）**来说尤为重要。我们大多数人都认为劳力士手表、路易威登手提包、劳斯莱斯汽车价格很高，但是高价格体现的是制造这些产品的高成本，对于塑造只有富人才能拥有的非凡产品的形象也很重要。

在 iPhone 推出之初，苹果就利用声望定价来确保其高端品牌的形象，与廉价智能

劳力士手表是可以获得长远价值的声望产品。

手机相比，这是一种更精致、更优雅的选择。苹果公司在 2017 年推出具有红外面部识别和无线充电功能的 iPhone X 时也采用了这种策略，售价约为 1000 美元。到 2020 年，苹果的销量下降了，因为许多消费者决定保留现有的 iPhone，而不是投资 1000 美元或更多购买一部新 iPhone。2020 年 4 月，苹果在其产品线中增加了一款低价手机——iPhone SE（2020）64GB 的定价为 399 美元、128GB 的定价为 449 美元。

学习目标总结

定价对企业来说很重要，因为它为企业创造收益，影响消费者的购买决策。价格可以是货币形式的，也可以是非货币的形式，例如消费者或商家用一种商品来交换另一种商品。有效的定价目标应该与企业目标和营销目标相一致并且具有灵活性。定价目标通常将重点放在满足期望的利润增长水平或边际利润、销售额（销量最大化或增加市场份额），可以有效地竞争，增加消费者满意度，或传递企业的形象。

营销的真相

10.2

成本、需求、收入和
定价环境

一旦营销人员决定了定价目标，下一步就是如何设定价格。为了制定合适的价格，营销人员必须理解一系列定量和定性因素，这些因素可能决定定价策略成功与否。如

MARKETING
REAL PEOPLE, REAL CHOICES
营销的真相（原书第11版）

图 10-3 所示，这些因素包括对需求的估计、对成本和收入的了解，以及对定价环境的理解。

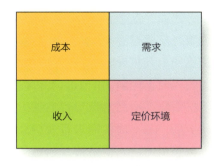

图 10-3 定价的影响因素
为了制定合适的价格，营销人员必须了解各种各样的定量和定性因素。

第 2 步：评估市场需求

价格计划的第二步就是评估市场需求。需求是指消费者或企业顾客愿意并且能够在一个给定时期内以给定价格购买的商品或服务的数量。因为需求通常会随价格的变化而变化，所以营销人员必须知道消费者在不同价格水平下愿意买多少产品。显然，营销人员在定价之前需要知道这个问题的答案。因此，营销人员在价格计划中最初要做的步骤之一就是预测产品的需求。

需求曲线

经济学家利用需求曲线来表示产品价格对需求的影响。需求曲线可以是直线或者曲线，它表示在其他因素不变的情况下，在一段时间内，在任何价格点上，消费者愿意在市场上购买产品的数量。

图 10-4 是普通产品和声望产品的需求曲线。需求曲线的纵轴是产品所有可能的价格（P），横轴是产品的需求量（Q）。大多数产品的需求曲线（图 10-4 的左边）是向右下方倾斜的。随着产品价格的上升（从 P_1 到 P_2），消费者愿意购买的数量将下降（从 Q_1 到 Q_2）。如果价格下降，则消费者愿意购买的产品数量将上升，这就是需求规律。例如，如果香蕉的价格上升，消费者可能会减少购买香蕉，如果价格非常高，消费者可能会选择吃没有香蕉的麦片。

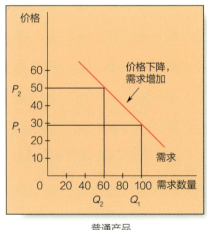

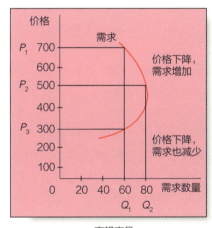

图 10-4 普通产品和声望产品的需求曲线
普通产品的需求与价格呈反方向变动，而声望产品在达到某一个价格水平后，需求与价格会呈同方向变动。

然而，这个典型的价格—需求关系也有例外。事实上，有时候产品的价格越上升，消费者反而越想购买该产品（反之亦然）。对于高档产品来说，如豪华汽车、珠宝等，价格的上升将导致更多的需求，因为人们会认为产品更有价值。在这种情况下，需求曲线将向上倾斜。图10-4右边的图片表示声望产品"反向弯曲"的需求曲线。如果价格下降，产品对消费者的吸引力下降，那么需求也会下降。从图中可以看出，价格从 P_3 升至 P_2 时，需求量就会从 Q_1 升到 Q_2。如果价格降低，消费者就会认为产品变得不具吸引力。当价格最开始位于 P_2，之后下降到 P_3 时，这种情况会发生。高价格/高需求也是有限度的，如果企业将价格抬得太高（从 P_2 到 P_1），以至于只有少数人而不是所有人都能购买，那么需求将会减少。反向弯曲的需求曲线表示的就是这个含义。

需求变动

对于需求曲线，我们假设的是除了价格以外，其他所有因素都不发生改变。但是，如果其他因素改变了会怎么样？如果产品改进了会怎么样？如果一个夺目的新广告使该产品成为许多人的必需品又会怎么样？这类情况都将导致需求曲线向上移动。需求曲线上升，意味着在相同的给定价格下，需求量将会变多。

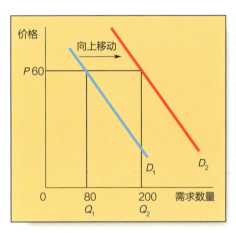

图10-5　需求曲线的移动
环境变化或企业经营等因素会导致需求曲线移动。

图10-5表示，需求曲线由 D_1 移至 D_2。在 D_1 上，消费者在给定的价格P（图10-5中为60美元/个）上愿意购买 Q_1 数量（图10-5中的80个单位）的产品。例如，消费者在特定的商店以每个60美元的价格购买80个烤肉架。如果商店发布了大量的广告，那么需求曲线就会从 D_1 上升至 D_2（商店仍将价格保持在每个60美元）。现在我们来看一下产品的需求量是怎样上升至 Q_2 的。在我们的例子中，商店现在以每个60美元的价格卖出了200个烤架。从营销的角度来说，这样的变化是最好的。企业在没有降价的情况下，销售了更多的产品。因此，总收入上升了，在新增的促销成本低于潜在增加的利润这一情况下，利润也上升了。

需求曲线也可能会下移。例如，如果一个谣言在推特上以极快的速度传播，说燃气烤架存在问题，可能导致火灾发生，即使价格保持在60美元，曲线也会向下移动，需求量会下降，商店只能卖出30或40个烤架。

需求预测

理解并精确地预测需求对营销人员来说非常重要。企业的产品生产安排基于预期的需求量，因此在产品进入市场之前必须预测需求量。除此之外，所有的营销计划和预算都是基于合理、正确地预测潜在销售量。

营销人员如何合理预测潜在的销售额？首先要通过识别产品的购买者和潜在购买

者数量来预测总体需求量，然后乘以目标市场购买产品可能性的预期比率。表10-1展示了一家小企业是如何预测市场需求量的。例如，比萨店经营者会通过查询美国人口普查数据，预测它所在的地理区域市场中有18万个家庭会从不同的零售比萨店购买比萨，有的家庭可能每周买一个甚至更多，有的家庭可能从来不买。我们可以估计平均每个家庭一年购买6个比萨，那么一年的需求量就是108万个比萨。

表10-1 比萨的需求预测 （单位：个）

市场中的家庭数量	180000
每年平均每个家庭消费的比萨量	6
每年的总体需求	1080000
企业希望占有的市场份额	3%
预计每年企业的需求	32400
预计每月企业的需求	2700
预计每周企业的需求	675

在营销人员预测好总体需求以后，下一步就是预测公司可能占据的市场份额。公司的预期需求量就是在整个市场中它所占有的（预期）比例。在上述例子中，比萨店经营者认为他可能占有3%的市场份额，或者每个月卖出2700个比萨——这对于新进入者来说情况并不算差。当然，这项工作需要考虑其他影响需求的因素，如新竞争者进入市场、消费者口味变化——如突然产生对低碳外卖食品的需求，或者卫生局局长宣称比萨是最完美的健康饮食——当然，这一点我们已经知道了。

需求价格弹性

营销人员同样需要了解消费者对于价格变化的反应情况，尤其是价格变化对需求的影响程度。公司需要提高或降低多少价格才能引起市场销售量的变化呢？如果比萨的价格上涨1美元，人们会转向替代品吗？如果比萨的价格上涨2美元，甚至是5美元呢？

需求价格弹性（price elasticity of demand）是对消费者对价格变化的敏感程度的测量，如果价格变化了10%，产品的需求量将会变化多少？弹性表示价格变化通常会导致需求的变动情况，就像橡皮筋一样，需求价格弹性的计算公式如下：

$$需求价格弹性 = \frac{需求量变化的百分比}{价格变化的百分比}$$

有时，消费者对价格非常敏感，价格的变化将会导致需求量的重大变动，在这种情况下，就产生了**弹性需求**（elastic demand）。在其他情况下，价格的变化仅对需求量产生很小的影响或者没有影响。我们将其称为**无弹性需求**（inelastic demand）。让我们用公式计算一下这个例子。假设比萨店发现（从经验或者市场调研中），比萨价格降低10%，从10美元/个降到9美元/个，需求量将会上升15%，可以用15%除以10%得到需求价格弹性。需求价格弹性为1.5。如果需求价格弹性大于1，说明需求是有弹性的，也就是说，价格降低，消费者需求量会增加很多。或者价格上升，消费者需求量将大大减少。图10-6展示了计算过程。

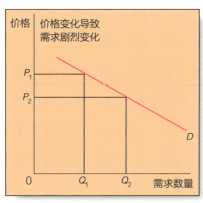

图10-6　需求价格弹性
营销人员知道，需求价格弹性是一个重要的定价指标。

这位比萨店老板并不是真的关心需求弹性，他只关心他的最终盈利。如图10-7所示，当需求具有弹性时，价格和总收入（总销售额）的变化是呈反方向的。如果价格提高，总销售额/收入就会减少。如果价格降低，总销售额/收入就会增加。在有弹性需求的情况下，如图10-7所示的需求曲线更加水平。当需求弹性为1.5时，价格下降将增加比萨店老板的总收入。

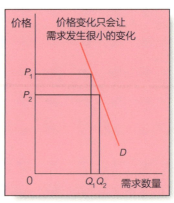

图10-7　弹性需求和无弹性需求
需求价格弹性反映了价格变化影响需求变化的程度。如果价格下降带来的需求变化很小，需求就是缺乏价格弹性的。如果价格上升导致需求剧烈变化，需求就是富有价格弹性的。

如果需求是无价格弹性的，那么营销人员能否不断提高价格，从而增加收入和利润？如果需求是有弹性的呢？这是否意味着商家永远不能提高价格？答案是否定的。产品的需求弹性通常因不同的价格水平和不同的变化程度而不同。同样是上涨2美元，我们计算价格从8美元上涨到10美元的需求差异与从17美元上涨到19美元有很大差异，以此类推。

MARKETING
REAL PEOPLE, REAL CHOICES

营销的真相（原书第11版）

还有一些因素也会影响需求弹性和销量。如可获得的替代品和服务。如果产品有很相似的替代品，那么需求是有弹性的，其价格的变化将会导致需求的显著变化，因为消费者会转而购买替代品。例如，除了执着的可乐迷之外，所有人都认为可口可乐和百事可乐是相似的替代品。如果百事可乐提高价格，许多人将会去购买可口可乐。对于有相似替代品的产品，营销人员并不愿意进行价格竞争，因为他们知道这样做只会导致利润下降并促使顾客进行品牌转移。

其他产品价格的变化也可能影响产品的需求，这种现象被称为**需求交叉弹性**（**cross-elasticity of demand**）。当产品可以相互替代时，一种产品价格的上升将会导致另一种产品需求的上升。例如，如果香蕉的价格上涨，消费者将会购买更多的草莓、蓝莓或苹果。然而，当产品互补时——即第一种产品对第二种产品的使用是必不可少的——那么第一种产品价格的上升会降低对第二种产品的需求。例如，如果汽油的价格上涨，消费者将会减少自己开车、选择拼车，或者乘坐公共交通工具，因此对轮胎（以及汽油）的需求也会下降。这就是美国政府在二战期间限量供应汽油的原因。汽油并不短缺，但制造轮胎的橡胶却很短缺。通过限量供应，消费者每周开车的次数就会受限。这使得轮胎使用寿命会更长，也就不会因轮胎损坏却无法更换而失去交通工具。

第 3 步：确定成本结构

需求预测有助于营销人员做产品价格决策，它会告诉营销人员，在不同的价格水平上，他们将会卖出多少商品。了解这个之后，营销人员就可以进入产品价格决策的第 3 步——确定产品价格，保证价格能够覆盖成本。在营销人员确定产品价格时，他们必须懂得产品成本、需求和收入之间的关系。在本节中，我们将讨论营销人员在制定价格过程中必须考虑的不同类型的成本，以及营销人员如何利用这些信息来决定价格。

可变成本与固定成本

显然，当企业决定产品价格时，产品的生产成本起着非常重要的作用。当产品的销售价格低于制造成本时，很显然，企业肯定会赔钱。在了解成本是如何影响价格决策之前，有必要了解一下企业产生的不同类型的成本。

首先，企业会产生**可变成本**（**variable costs**）——单位产品的成本随着企业生产产品数量的变化而变化。例如，制造一个书架需要价值 25 美分的钉子——可变成本，那么制造两个书架需要 50 美分，三个需要 75 美分，以此类推。对于生产书架来说，其可变成本还包括木材和油漆的成本，以及工人的工资。

图 10 - 8 为平均可变成本（单位可变成本）以及不同产量下的总可变成本（从生产 100 个到 200 个再到 500 个书架）。如果企业生产 100 个书架，平均可变成本为 50 美元，总可变成本为 5000 美元（50 美元 × 100 个）。如果产量翻倍至 200 个书架，总可变成本是 10000 美元（50 美元 × 200 个）。

生产100个书架的可变成本		生产200个书架的可变成本		生产500个书架的可变成本	
木材（美元）	13.25	木材（美元）	13.25	木材（美元）	9.40
钉子（美元）	0.25	钉子（美元）	0.25	钉子（美元）	0.20
油漆（美元）	0.50	油漆（美元）	0.50	油漆（美元）	0.40
劳动力（3小时× 12美元/小时）	36	劳动力（3小时× 12美元/小时）	36	劳动力（3小时× 12美元/小时）	30
平均每件成本（美元）	50	平均每件成本（美元）	50	平均每件成本（美元）	40
产品总数（个）	100	产品总数（个）	200	产品总数（个）	500
100件总成本（美元）	5000	100件总成本（美元）	10000	100件总成本（美元）	20000

一个书架 = 一个单位

图 10-8 产量不同时的可变成本

在现实生活中，计算产品的可变成本远比我们上面展示的要复杂。随着企业生产书架的数量上升或者下降，平均可变成本也可能发生变化。例如，如果公司只购买生产一个书架的木材，木材场需要收取最高的费用。如果公司购买 100 个书架需要的木材，木材厂的伙计们可能会提供更好的价格。如果购买上千个书架需要的木材，可变成本可能会继续减少。甚至劳动力成本也会随着产量的增加而下降，因为制造商会投资一些节省劳力的设备（固定成本），使工人可以提高效率。图 10-8 展示的就是这样的例子。以更低的价格购买钉子、木材和油漆（因为数量折扣），并为工人提供更快制造书架的方法，公司生产 500 个书架的可变成本将会降低至每个 40 美元。

当然，可变成本并不总是随着产量的上升而降低。还是用书架的例子来说，在某些情况下，生产书架对劳动力、木材或者油漆的需求会超过供应——书架的厂家可能会支付工人加班工资来继续生产。厂家可能要从距离比较远的供应商处购买木材，这些供应商将收取更多的运费。由此每个书架的成本就会增加。

固定成本（fixed costs）是不随着产量变化而变化的成本。不管企业本月生产 1000 个书架还是 10 个书架，该成本始终保持不变。固定成本包括租赁厂房费用，维持工厂运营的成本；工厂供暖或者制冷设施；设备，例如锯子、锤子以及其他手动工具；精密的装配线；机器人技术；生产产品过程中使用油漆喷雾器的成本。尽管制造书架的工人的劳务费用属于可变成本，但是公司行政人员、会计、人力资源专家、营销经理和其他与产品生产无关的人员的工资均属于固定成本。至少在短期内，广告和其他营销活动也是固定成本。不管生产多少产品，这些费用都是不变的。

平均固定成本（average fixed cost）是单位产品的固定成本，即总固定成本除以生产的产品（书架）数量。虽然不论生产多少产品，总固定成本都维持不变，但平均固定成本将会随着产品数量的增加而减少。例如，假设企业生产的总固定成本为 300000 美元。如果企业生产一个产品，则 300000 美元的总固定成本就只用于这一个产品；如果生产两个产品，那么每个产品的平均固定成本就是 150000 美元；如果生产 10000 个产品，那么平均固定成本则为 30 美元，以此类推。随着生产越来越多的产品，平均固定成本下降，对于每个产品来说，我们必须收取的用来覆盖固定成本的价格也在下降。

MARKETING
REAL PEOPLE, REAL CHOICES
营销的真相（原书第 11 版）

当然，和可变成本一样，从长期来看，总固定成本也会变化。企业可能会发现产品销售量比产量更多，那么企业就会增建厂房，管理人员的工资会跟着上涨，企业也会投入更多的资金去购买生产设备。

可变成本和固定成本之和就是一定产量的**总成本（total costs）**。随着企业生产越来越多的产品，平均固定成本和平均可变成本都会下降。之后产出可能会继续增加，这就要求企业支付工人加班费或更高的工资，以及更多的材料费。在这种情况下，平均可变成本可能会开始增加。如果这些可变成本增长的幅度大于平均固定成本下降的幅度，将导致平均总成本的增加。同样，增加产量可能意味着增加固定成本。由于总成本随着生产水平的不同会产生波动，生产者为支付这些成本而收取的价格也会随之变化。因此，营销人员需要计算包含所有成本的最低价格——盈亏平衡价格。

盈亏平衡分析

盈亏平衡分析（break-even analysis）就是营销人员采用的用来检查成本和价格之间关系的一种指标。这种方法能让他们确定，在给定的价格上保证企业能够回收其全部成本和开始获得利润所需的销售量。简单来说，**盈亏平衡点（break-even point）**就是企业既不亏损也不赢利的点。此时所有的成本都可以收回，但是没有多余的利润。盈亏平衡分析将使营销人员知道在既定的价格上，为了超过盈亏平衡点获得利润而必须售出的产品数量。

图 10-9 是用书架的例子来进行盈亏平衡分析，假定厂商定价每个书架 100 美元。纵轴为以美元表示的成本和收入，横轴为生产和销售的产品数量。在这个盈亏平衡模型中，我们假设有既定的固定成本，并且平均可变成本不会随着产品数量的变化而变化。

在这个例子中，假设总固定成本（厂房、设备和电力的成本）为 200000 美元，平均可变成本（原材料和劳动力）是一个常数。图 10-9 表示总成本（可变成本加上固定成本）和总收入随着生产或者销售的产品数量的变化情况。总收入和总成

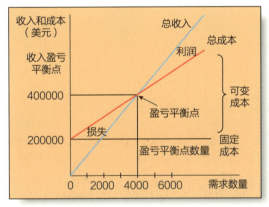

图 10-9 假定价格为 100 美元的书架的盈亏平衡分析
采用盈亏平衡分析，营销人员能够确定企业销量达到多少时开始盈利。企业需要以 100 美元/个的价格卖掉 4000 个书架才能盈利。

本线相交的点就是盈亏平衡点。如果销量高于盈亏平衡点，那么企业将会赢利；低于盈亏平衡点，企业就会有亏损。

要想决定盈亏平衡点，企业首先需要计算**单位边际贡献（contribution per unit）**，或者是产品价格（单位收入）和可变成本之间的差额。它是企业支付了木材、钉子、油漆以及劳动力成本后，还可以满足生产产品的固定成本和所有利润的金额。例如，我们假设每个书架的价格是 100 美元，可变成本为 50 美元，那么单位边际贡献为销售

第10章 价格：价值主张的货币体现

价格（SP）减去可变成本（VC），在这一情况下，单位边际贡献是 100 - 50 = 50（美元）。利用书架的固定成本 200000 美元，我们现在就可以计算出产品单位的盈亏平衡点：

$$盈亏平衡点（数量）= \frac{总固定成本}{单位边际贡献}$$

$$盈亏平衡点（数量）= \frac{总固定成本}{产品售价 - 可变成本}$$

$$盈亏平衡点（数量）= \frac{200000}{50} = 4000（个）$$

企业必须以 100 美元的价格销售 4000 个书架，才能弥补固定成本，从而达到收支平衡。我们还可以采用价值形式来计算盈亏平衡点，这意味着为了达到收支平衡，企业必须销售价值为 400000 美元的书架：

$$盈亏平衡点（美元）= \frac{总固定成本}{1 - \dfrac{单位可变成本}{价格}}$$

$$盈亏平衡点（美元）= \frac{200000}{1 - \dfrac{50}{100}} = 400000（美元）$$

当企业达到或者超过盈亏平衡点之后，企业就会开始获利。那么利润是多少？如果公司销售 4001 个书架，将会获得 50 美元的利润。如果销售 5000 个书架，利润计算如下：

$$
\begin{aligned}
利润 &= 高于盈亏平衡点的数量 \times 单位边际贡献 \\
&= 1000 \times 50 \\
&= 50000（美元）
\end{aligned}
$$

通常企业会有一个利润目标，即期望获得的利润。盈亏平衡点也可以用来计算包含利润需要的销量。在这种情况下，指的并不是我们通常计算的收支平衡点，因为我们要寻求利润，它更接近于"目标数量"。如果书架厂家期望实现 50000 美元的利润，计算如下：

$$盈亏平衡点（包含目标利润的数量）= \frac{总固定成本 + 目标利润}{单位边际贡献}$$

$$盈亏平衡点（数量）= \frac{200000 + 50000}{50} = 5000（个）$$

了解盈亏平衡点对不同规模的企业同样重要。一家已经弥补了固定成本并开始盈利的餐馆老板知道，如果他能增加销售额，所有新销售额的边际贡献部分都将是利润。如果一个汽车制造商可以通过以较低的价格获得零部件来降低成本，那么边际贡献和利润将会增加，而销售额不必增加。这就是为什么很多美国公司都转移到了劳动力成本较低或企业税率较低的海外国家进行生产。由于 **2017 年的《减税与就业法案》（TCJA of 2017）** 对美国国内企业的海外收入征税方式做出了重大调整，人们希望这些改变可以让公司把工作岗位/投资重新移回美国。

盈亏平衡分析不能为定价决策提供直接的答案，它只提供了公司必须销售多少产品才能实现收支平衡和盈利的答案，但是如果不知道在这一给定价格下的需求数量是否等于盈亏平衡分析得到的数量，公司可能会犯重大错误。

加成和利润：通过渠道定价

到目前为止我们只是从生产商直接销售产品给消费者的角度讨论了成本。但在现实中，大多数产品并不是直接销售给消费者或其他公司的。有时生产商可能将产品卖给批发商、分销商，之后批发商、分销商转而将产品卖给零售商，零售商负责将产品卖给最终消费者。在组织市场上，生产商可能将产品卖给分销商，然后分销商卖给企业客户。这些分销渠道成员以一定的价格购买了产品，之后以包含了**加成**（markup）的新价格将产品售卖出去。这个新价格加成的就是**毛利率**（gross margin），在讨论渠道定价时，也称其为**零售商利润**（retailer margin）或**批发商利润**（wholesaler margin）。利润必须足够高，能够支付零售商或批发商的固定成本，并保留一定的盈利额。生产商制定价格时必须考虑这些利润。为了更好地了解渠道定价，图 10 - 10 展示了一个简单案例。

零售商	
标价，或制造商建议零售价	$20.00
零售商覆盖固定成本和获得盈利所需利润	−30%=$ 6.00
	$ 14.00
批发商零售商供货的价格需要在14美元及以下	

批发商	
零售商进货价	$14.00
批发商覆盖固定成本和获得盈利所需利润	−20%=$ 2.80
	$11.20
制造商对批发商收取的价格需要在11.2美元及以下	

制造商	
制造商销售给批发商获得的收入	$11.20
制造商的单位可变成本	−$7.85
产品对制造商的贡献额	$3.35

图 10 - 10　通过渠道进行价格加成
生产商需要为渠道的各个环节合理定价以覆盖固定成本并实现盈利。

当然，我们都知道，传统的分销渠道在过去几年里发生了巨大的变化，大型零售商如沃尔玛、塔吉特和在线零售批发商亚马逊的销售额在不断增长，电子商务也在迅速成长。越来越多的制造商直接向连锁零售商、电子商务卖家或最终消费者销售产品。

很多时候，生产商围绕标价建立定价体系。**标价**或**制造商建议零售价**（list price or manufacturer's suggested retail price，MSRP）是制造商制定的消费者购买该产品应支付的价格。在图 10 - 10 中，商品的制造商建议零售价为 20 美元，这是零售商向消费者收取的价格。但是，正如我们所说，零售商的价格需要覆盖固定成本和利润。因此，零售商可能会决定他必须拥有一定比例的毛利率或零售商利率——在这个例子中是 30%。这意味着零售商必须能够以 14 美元或更低的价格购买到产品。如果分销渠道还包括批发商或分销商，则批发商/分销商必须提高产品的价格以覆盖他们的固定成本和利润。这意味着批发商也必须有一定比例的毛利率或批发商利率——在我们的例子中是 20%。

这意味着批发商必须能够以 11.20 美元或更低的价格购买到产品，以覆盖固定成本和利润。因此，制造商将以 11.20 美元的价格出售该产品。当然，制造商也可以低于这个价格将产品出售给批发商，但他不能以高于这个价格出售，以满足零售商和批发商的利润要求。如果制造商生产产品的可变成本是 7.85 美元，那么价格可以覆盖固定成本 11.20 − 7.85 = 3.35 美元。这是价格对制造商成本的覆盖，也是用于计算盈亏平衡点的数额。

第 4 步：分析定价环境

除了需求和成本之外，营销人员在定价时还要考虑公司外部环境因素。制定定价策略的第 4 步是分析和评估外部定价环境。在本节中，我们将讨论一些对定价策略来说重要的外部影响——经济、竞争和消费者趋势。

经济

正如我们在第 2 章中讨论的，宏观经济走势会影响价格策略。商业周期、通货膨胀、经济增长和消费者信心这些因素都有助于决定一家企业是否应当保持价格不变、降价，或者在经济萧条的时期提高价格。当然，整个国家经济的繁荣或者衰退对不同产品类别、区域的影响是不一样的。营销人员必须明白经济走势将如何影响他们所在的行业。

一般来说，在经济萧条时，例如在 2007 年末的经济危机和 2020 年的新冠疫情期间，消费者对价格变得更加敏感。他们会转向价格更便宜的品牌，在折扣店和仓储店进行消费；他们去度假的可能性很小，反而会选择在家里进行娱乐活动。这种时候会有许多消费者失去工作，其他人也在担心自己是否会失业。就连受经济衰退影响相对较小的富裕家庭也会趋向于减少开支。因此，很多企业发现，为了在经济萧条时可以继续经营，他们必须将价格降低到只能弥补成本而没有利润的水平。

在经济大萧条期间，星巴克应对经济衰退的策略是保持其优质形象，同时留住对价格敏感的顾客，这些顾客可能会转向麦当劳等价格更低的竞争对手。为此，星巴克将含多种成分的含糖咖啡的价格提高了 10 美分、15 美分，甚至 30 美分，如星冰乐和焦糖玛奇朵。与此同时，该公司将拿铁和手冲咖啡等更受欢迎的咖啡价格下调了 5 美分至 15 美分。

虽然人们对经济衰退的本能反应是降低价格以保住生意，但有时这种策略可能是灾难性的。达美乐的策略是专注其核心产品——比萨。一项消费者调查显示，顾客对达美乐的纸板包装和番茄酱有负面评价。作为回应，达美乐做出了让许多人觉得不可思议的举动：该公司承认了自己的产品不够好。达美乐彻底修改了配方，并推出了一款改良版比萨，然后大力推广新品。达美乐这一举动吸引了大批顾客，使其利润翻了一番。

宝洁对艰难的经济环境的反应是降低产品价格——不管是金霸王电池还是帮宝适纸尿裤。

也有一些经济趋势会影响消费者对产品的可接受或不可接受的价格范围，从而允许公司在此范围内改变价格。通货膨胀可能会给商家一个提高或降低价格的理由。首先，通货膨胀让消费者习惯了价格上涨的趋势，即使通货膨胀已经消失了。这使得营销人员可以进行提价，而不仅仅是根据通货膨胀进行价格调整。当然，在通货膨胀时期，消费者可能会减少购买行为，因为他们会对未来感到恐惧，担心自己是否有足够的钱来满足基本需求。然后，就像在经济衰退时期一样，通货膨胀可能会导致营销人员降低价格，暂时牺牲利润来维持销售水平。

竞争

营销人员试图预测竞争对手会对他们的定价行为做出怎样的反应。用越来越低的价格来进行价格战并不是一个好主意。价格战可以改变消费者对"公平"价格的看法，使他们不愿意以之前的价格水平购买产品。

大多数行业属于三种行业结构之一：寡头垄断、垄断竞争或完全竞争。企业所属的行业结构会影响价格决策。一般来说，像达美航空这样的公司，处在寡头垄断的市场中，卖方很少，买方很多，更有可能采用现状定价目标策略，即所有竞争对手的定价都处于相似的水平。这样的定价规则对寡头企业很有吸引力，因为可以避免价格竞争，让行业中的所有参与者都有利可图。当然，这并不意味着寡头垄断的公司可以无视竞争定价。当一家航空公司提高或降低其航班价格时，其他航空公司也会效仿。

在像餐饮业这样垄断竞争的行业中，商家数量很多，每个商家提供不同产品，商家可以对产品进行区分，并专注于非价格竞争。这样，每个商家都可以在成本的基础上为自己的产品定价，而不需要太专注于匹配竞争对手产品的价格。

像农户这样在完全竞争市场中运作的组织，几乎没有机会提高或降低价格。相反，供求关系直接影响着小麦、大豆、玉米和桃子等产品的价格。

消费者趋势

消费者趋势也会严重地影响价格。文化和人口统计特征决定了消费者的想法和行为，所以这些因素对所有的营销决策都有很大的影响。当前一种消费者趋势被称为**共**

享经济（sharing economy），在这种经济中，消费者相互分享商品和服务。**优步（Uber）**和**爱彼迎（Airbnb）**就是消费者在分享资产的同时从服务中赚取额外收入的例子。另一个消费趋势是用金钱换取时间。越来越多的消费者选择在当地或网上购买现成的食品，享受酒店和水疗中心提供的"一日度假"服务，包括房间或酒店设施（如当天的游泳池）。消费者也会使用数字化设备来节省时间，如扫地机器人。我们几乎每天都能看到关于恐怖主义和政局动荡的报道，**为掌控感而购物（shopping for control）**则是对此的回应。这使得消费者越来越重视在不确定的世界中获得某种程度控制力的产品和服务。例如，消费者可能会应用智能家居技术或搬到有门禁的住宅小区。

在这里必须提到2020年的全球新冠疫情给数百万人的生活带来了重大变化。虽然我们还不知道消费者的生活、态度和购买趋势会发生什么变化，但过去的经验告诉我们，一定会有变化的。定价和影响营销策略的其他要素一样，营销人员必须找到最佳的解决方案。

学习目标总结

在制定价格时，营销人员需要估计需求和确定成本。营销人员经常运用盈亏平衡分析和边际分析来确定产品价格。盈亏平衡分析运用固定成本和可变成本来确定必须要在某个价格下卖出多少产品才能使公司开始赢利。边际分析同时运用成本和产品需求估计来确定可以使利润最大化的价格。营销人员也必须要考虑到价格要能为零售商、批发商和其他分销渠道成员提供充足的贸易利润。像市场营销组合中的因素一样，定价受到很多外在环境因素的影响。这包括经济发展趋势，如通货膨胀和经济萧条；企业的竞争环境，即企业是否处在寡头垄断、垄断或完全竞争市场；影响消费者想法和行为的消费趋势也能够影响定价。

产品定价：制定策略和战术

俄国有句古老的谚语："在一个市场上有两种傻瓜，一种要价太低，一种要价太高。"在现代经济中，几乎没有任何可以一劳永逸的、最好的价格战略。就像下棋一样，使价格变动和反向变动需要提前想好接下来的步骤。图10-11总结了不同的定价策略和战术。制订价格计划需要综合考虑消费者心理、法律和道德等多重因素。

第5步：选择定价策略

价格计划的下一步就是选择定价策略。一些策略只对部分产品、消费者群体和竞争市场有效。什么时候应该削价来应对竞争，什么时候只要和竞争者的价格保持一致就可以了？什么时候只考虑成本就是最好的定价策略，而什么时候又应该基于需求定价？

基于成本的定价策略

营销计划者经常选用基于成本的定价策略，因为这种策略容易计算，而且相对没有风险。这种策略保证了价格至少能弥补企业在生产和销售过程中所产生的费用。

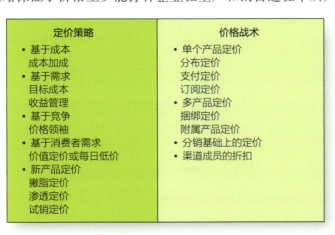

图 10 -11　定价策略和价格战术
营销人员通过不同的定价策略和战术来制订成功的定价计划。

然而，基于成本定价的方式也有缺点。这个方法没有考虑其他因素，如目标市场的情况、需求、竞争、产品的生命周期和产品的形象。更重要的是，虽然确定价格的计算方式也许很简单直接，但是想精确地估计成本会很难。

考虑一下像 3M、通用电气、纳贝斯克这样的生产多种产品的企业，成本分析人员如何将成本分摊到厂房、研发部门、设备、设计工程师、维护和营销人员身上，从而保证价格计划准确地反映生产每种产品的成本？例如，如何分摊一位负责多种产品的营销执行者的工资？这个费用应该平均分配给每种产品吗？或者应该按照花在产品上的实际时间进行分摊？还是按照产品收入分摊？这个问题没有正确答案。但就算有了这些限制，基于成本的价格战略通常还是营销人员的最佳选择。

最常见的基于成本的产品定价方法是**成本加成定价法（cost-plus pricing）**。商家对产品成本进行加总，然后加上一定数额的加成（或者生产商标价）形成售价。很多营销人员，尤其是经常为数以万计的产品定价的零售商和批发商，都采用成本加成定价法，因为这个方法很简单，使用者仅仅需要知道或估计单位成本，然后加上加成就能得到定价。

你可能想知道零售商或批发商是如何确定加成价格百分比的。在许多情况下，加成价格百分比是一种传统或经验法则。许多零售商在服装、礼物和其他商品上加价，采用的是**梯形法零售定价（keystoning）**，即零售商通过将商品的成本翻倍（100% 加价）来确定价格。例如餐馆通常会把菜单上食物的价格提高到三倍（加价 200%），把酒精饮料的价格提高到四倍（加价300%）。

为了计算成本加成价格，营销人员通常计算成本加成或售价加成。这两种方法都是通过成本加预先确定的百分比来计算价格，但正如方法的名称所表示的那样，它们分别使用成本和售价进行计算。使用哪一种方法似乎只是"我们公司一贯的做法"的问题。

基于需求的定价策略

1960年，时任福特分公司总经理的李·艾柯卡指出，婴儿潮一代即将成年，这意味着福特将拥有越来越多的年轻消费者。还有迹象表明，这些年轻的消费者想要一辆时髦的车，但负担不起价格在4000~7000美元的福特雷鸟（Ford Thunderbird）或通用科尔维特（Corvette）这样的车型。在艾柯卡的指导下，福特开始研发一款具备年轻驾驶者所渴望的风格和功能的汽车，同时价格也是他们能够负担得起的。这辆车，当然是标志性的福特野马。福特野马的售价低得惊人，只有2500美元，第一年就卖出了40多万辆，这款车让福特在两年内赚了超过10亿美元的利润。

需求导向定价法（demand-based pricing） 意味着企业基于不同市场、在不同价格水平下所能销售的产品数量来确定售价。无论使用哪一种需求导向的定价策略时，企业都必须确定在每个市场上，在某个价格水平上能销售的产品数量是多少。在某些情况下，像地方政府这样的组织，实际上可以通过操纵人们为服务支付的价格来规范行为。例如，包括伦敦在内的一些主要城市都采用了**拥堵定价（congestion pricing）** 策略，以减少严重的交通堵塞。他们的成功之处在于建立了"拥堵区"，在那里，司机必须支付高额费用才能在高峰时段驶过。你可能也在高速公路上遇到过快速车道，这些车道是只有支付较高的通行费后才能进入的不太拥挤的道路——这就是物有所值。

旅行平台为想要在不同航空公司之间比较机票价格的消费者提供了很高的价格透明度。

正如前面提及的内容，营销人员经常使用顾客调查的方法，因为顾客调查能够揭示顾客会购买什么产品，在不同价格下顾客是否会购买产品。如果营销人员做实验，就像我们在第4章讨论的那样，就能够进一步地得到更准确的信息。例如，企业可能会在不同的市场中实行不同的定价，然后来衡量顾客的反应。有两种特殊的需求导向定价法，即目标成本定价和收益管理定价，让我们简要了解一下这两种方法。

现在，企业发现如果能够通过**目标成本（target costing）** 流程来实现价格和需求的匹配，会很容易获得成功。使用目标成本计算，企业能够在产品设计前使用市场调研来确定使目标市场满意的质量和功能，以及确定顾客愿意支付的价格。如图10-12所示，下一步是确定零售商和销售商以及公司本身所需要的利润率。在这些信息的基础上，经理能够计算出目标成本——企业生产某个产品所能承担的最大成本。如果企业能够满足顾客的质量和功能需求，同时又能控制成本以满足顾客所需的价格，它就会生产这个产品。反之，企业就会放弃这个产品。

第1步：确定顾客愿意为牛仔裤付出的价格79.99美元
第2步：确定零售商所需的涨价幅度40%(0.4)
第3步：计算零售商会支付的最高价格，顾客愿意付出的价格减涨价幅度
公式：零售商价格=售价×(1.00-涨价幅度)
=79.99x(1.00-0.40)
=79.99x0.60=47.99(美元)
第4步：确定企业需要的利润率15% (0.15)
第5步：计算目标成本，生产牛仔裤的最大成本
公式：目标成本=零售商价格x(1.00-利润率)
=47.99x0.85=40.79(美元)

图10-12 以牛仔裤为例说明目标成本定价
企业首先确定消费者愿意购买产品的价格，再据此设计能够生产且可以获利的产品。

收益管理定价（**yield management pricing**）是另一种基于需求的定价策略，广泛应用于航空、酒店和邮轮航线等服务业中。这些行业对不同的顾客收取不同的价格来管理承载能力，同时实现收入最大化。许多服务企业都采用了收益管理定价，因为他们意识到不同顾客的价格敏感性不同——有的顾客为了坐飞机愿意大把花钱，有些顾客只会在机票打折时才会乘坐飞机。收益管理定价的目的是精确地预测从属于每个类别的顾客比例，并相应地分配飞机或酒店的容量百分比，以保证产品不会卖不出去。

例如，一家航空公司可能会对同一个座位制定两种价格，即899美元的全价票和299美元的折扣票（当然，在实际中航空公司可以选择的价格组合会更多）。该航空公司利用过去航班的信息来预测有多少座位可以全价售出，以及多少座位只能以折扣价售出。该航空公司在航班起飞前几个月就开始分配基本座位，可能提供25%的全价票座位，75%的折扣票座位。随着航班时间的临近，航空公司可能会对座位分配进行一系列调整，希望以尽可能高的价格出售飞机上的每个座位。如果纽约大都会队需要预订机票，航空公司就有可能以全价出售部分折扣座位，这样就会减少折扣座位的数量。如果随着航班日期的临近，全价机票的销售数量低于预期，航空公司将把其中一些转换成折扣座位。这就出现了一个悬念！价格游戏会一直持续到起飞当天，因为航空公司试图在飞机起飞前填满所有座位。这就是为什么你可能会在起飞前一个月在Travelocity. com或Expedia. com上看到某价格，但两周后再看，价格会高得多，而在起飞前几天的价格却非常低。这也告诉你为什么你经常看到售票代理人在登机口焦急寻找愿意放弃自己的座位的"志愿者"，因为航空公司出售的座位超过了飞机的实际容量。

基于竞争的定价策略

有时企业的定价策略包括让产品的价格接近、等于、高于或者低于竞争价格。在

"过去的黄金岁月"里，美国的汽车制造商独占美国市场，此时的定价策略非常直截了当：行业巨头通用汽车一旦宣布它的新车价格，福特汽车、克莱斯勒汽车等公司就会选择追随这个价格或退出这个领域的价格竞争。**价格领导（price leadership）**战略经常被应用于由少数公司主导的寡头垄断行业，或许对所有竞争者而言它是最佳方式，因为这个价格减少了价格竞争。价格领导战略非常流行，是因为它们为企业提供了一种可接受的合法方式来商定价格，而无须相互协调价格。

基于客户需求的定价策略

零售商通常根据客户需要采用两种定价策略中的一种：每日低价和高/低定价。实行**价值定价**或**每日低价策略（value pricing or everyday low pricing，EDLP）**的公司制定了一种定价策略，承诺每天以合理的价格提供高质量和耐用的产品。许多成功的零售连锁——包括沃尔玛、家得宝（Home Depot）、欧迪办公（Office Depot）和塔吉特——都采取了每日低价定价策略。由于它们的规模很大，这些公司能够要求供应商提供数十亿美元的成本效益，并将节省下来的成本让利给消费者。

高/低定价或**促销定价（high/low pricing，or promo pricing）**策略意味着零售商的价格高于每日低价的连锁店，通常以厂商建议零售价或标价出售商品，但他们会进行频繁的（通常是每周）促销，对某些产品推出大幅折扣活动。那么，如果零售商试图从一种策略转向另一种策略，会发生什么呢？例如，西尔斯（Sears）从高/低定价转换为每日低价，然后又转回高/低定价。杰西潘妮（JC Penney）试图从高/低定价转向每日低价，但也失败了。

西尔斯和杰西潘妮在2007年经济衰退期间和新冠疫情期间都遭受了巨大的财务损失，许多零售商也是如此。到2020年，西尔斯之前的3500家门店只剩下182家，想要生存下去似乎不太可能了。杰西潘妮在经济衰退后启动了一个非常成功的路边提货项目，还做出了其他迎合消费者的改变，似乎成功地改造了品牌，直到新冠疫情导致其申请破产。

新产品定价

新产品对一家公司的成长和获利来说是非常重要的，但是新产品同样也面临着独特的定价难题。当新产品第一次进入市场时，或者没有已成型的行业价格可以借鉴，营销人员可能会采取撇脂定价策略、渗透定价策略或者试销定价策略把新产品推向市场。

撇脂定价（skimming price）指的是公司对新产品收取高溢价，其目的是为了在以后能降低价格以应对市场压力。如果一种产品非常受欢迎，且能够给消费者提供独特的好处，在产品生命周期的导入阶段，需求是缺乏价格弹性的，这使公司能够收回研发和推广成本。当竞争产品进入市场时，厂商降低价格以保持竞争力。那些关注利润目标的公司通常会对新产品采取撇脂定价策略。索尼PlayStation 3最初在美国市场的售价为599美元，但后来逐渐降到200美元以下。通过撇脂定价获得成功的企业，其竞争对手基本不太可能迅速进入市场，因为高度复杂的技术产品投产需要时间。

MARKETING REAL PEOPLE, REAL CHOICES 营销的真相（原书第11版）

渗透定价（penetration pricing）与撇脂定价恰恰相反，它是指企业把新产品价格定得很低，以在短期内争取更多销量，获得市场份额。营销人员采取渗透定价的原因之一是防止竞争者进入市场。这样，首先推出新产品的企业将会占有很大的优势。经验表明，从长期来看，市场中的先驱品牌一般都会占主要的市场份额。拥有经典红色标的金宝汤，自 1895 年进入市场以来就一直占据着主导地位。

试销定价（trial pricing）意味着在有限的时间里保持低价，以引起顾客的高度兴趣。不同于渗透定价的低价方式，试销定价会在导入期后提高价格。试销定价设想的是先赢得顾客的认同，然后再盈利，就像一个新的健身俱乐部会提供入会服务来吸引更多的人加入俱乐部一样，或是有线电视公司提供 6 个月的极低价格，当消费者订阅了电视、网络和电话套餐之后将被收取更多的费用。

价格细分

大多数市场都是由特征迥然不同的消费者组成的。正如我们在第 7 章中所讨论的，我们将其称为细分市场。正如同一种产品不一定适合所有细分市场一样，产品的最佳价格也因细分市场而异。**价格细分（price segmentation）**是指对同一产品的不同细分市场收取不同的价格。例如，南卡罗来纳州默特尔比奇的乔治船长海鲜餐厅就按年龄划分了自助餐价格。他们提供的成人自助餐价格为 35.99 美元，但 5～12 岁儿童相同的自助餐价格为 19.99 美元。数量上的细分体现在一个大比萨的价格为 9 美元，但你可以花 15 美元买到两个大比萨。当然，营销人员在把顾客特征作为价格差异的标准时必须谨慎，以避免歧视某些顾客。

当一种产品的需求在可预测的时期内有所不同时，卖方通常会制订一个定价计划，在需求较高的时期将价格定得更高。以同样的方式，卖方可以根据购买的时间进行细分。这种**旺季定价（peak load pricing）**之所以这样命名，是因为它最初用于电力公用事业公司的定价。电影院白天票价较低，餐馆会提供"早鸟优惠价"，度假酒店的房间价格在夏季海滩度假胜地和冬季滑雪度假胜地要高得多。

正如我们之前所讨论的，优步是一家全球性的在线运输公司。消费者可以使用智能手机上的优步应用程序发送自己的用车需求，然后优步会将请求发送给司机。优步采用了**动态定价（surge pricing）**策略，它会在需求上升时提高产品价格（比如在下雨的周六晚上），在需求下降时降低价格。在除夕夜叫优步车之前要三思——因为你还不如租一辆豪华轿车！

金字塔底层定价

当营销人员想在拥有大量最低收入

像优步这样的共享出行平台，使用动态定价的方法，根据用车需求调整车费。

人口的国家（金字塔底部的国家）立足时会面临不同的挑战。这些营销人员需要采用**金字塔底层定价（bottom-of-the-pyramid pricing）**，以足够低的价格来吸引大量的低收入消费者。一种选择（在第2章中讨论过）是以几美分的价格出售小包装的非耐用产品。另一种选择是让人们，也许是整个村庄，共享一种产品，比如手机、电脑或冰箱。

第6步：制定价格战术

一旦营销人员制定了定价策略，那么定价决策的最后一步就是执行。企业用来在行动中执行策略的方式就是价格战术。

单个产品定价

营销人员确定了产品的价格之后，他们把产品推向市场的方式有很多种。

- **分部定价（two-part pricing）**指的是对某一产品的两个分开的部分制定两种不同的价格。例如，高尔夫俱乐部和网球俱乐部在对每一次高尔夫或网球活动收费时，还要收取年费或月费。

- **支付定价（payment pricing）**通过将总价格分解成更小的支付金额，让消费者认为价格是"可以接受的"。例如，家庭购物网（HSN）和一些电视购物节目为它们的许多产品提供支付定价。你可能会花1000多美元买一台超高清智能电视，或者通过FlexPay分6次付款，每次不到200美元。这一支付价格听起来比一次性支付1000美元要好得多！

零售商或批发商会采用**清仓出售（clearance sale）**的方法减少季节性或过时商品的库存，为新的商品进货留出空间。

- **订阅定价（subscription pricing）**是一种由卖家提出的要求顾客定期支付使用产品的费用的策略。订阅杂志和报纸已经流行了几十年。如今，订阅定价更有可能被用于购买微软和Adobe的计算机程序以及流媒体电视网络服务，如奈飞、Disney+和Hulu。一些商品也以订阅价格出售。亚马逊提供许多非耐用品，比如洗发水、牙膏，甚至红牛能量饮料，它会为选择定期送货的顾客提供15%的折扣。

- **引诱定价（decoy pricing）**是一种卖家至少提供了三种类似产品以供对比和选择的策略。其中两种的价格差不多，但比第三种贵；在这两种中，一种对买家的吸引力又不如另一种。结果是，人们往往会选择价格较高的两种商品中更有吸引力的那个。举个例子，假设一个电子产品零售商希望消费者购买一种特定的、价格更高的、利润率也更高的笔记本电脑。通过引诱定价，他会提供三种不同的笔记本电脑，我们称它们为A、B和C型。A型是一款精简的无品牌笔记本电脑，价格远低于B型或C型，不太可能有很多的销量。两款价格较高的产品中的一款，比如型号B，比型号C的硬盘更大、屏幕分辨率更高、内存也更多。在这种情况下，型号C就是诱饵。当消费者将它与B型进行比较时，他们自然会购买B型，正如零售商希望他们做的那样。

多产品定价

一家企业可能同时销售许多顾客会一同购买的产品。像汉堡王这样的快餐公司，午餐买汉堡的顾客可能会顺带购买饮料和油炸食品。购买单杯胶囊咖啡机意味着你还需要购买大量的 K-cup 胶囊咖啡。两种很普遍的多产品定价策略是捆绑定价和附带产品定价法。

捆绑定价（price bundling） 意味着将两件或多件产品或服务打包销售并对这些产品组合索取一种价格。像 Cox、Comcast 和时代华纳这样的传统有线电视服务提供者也开始实践捆绑定价策略，向顾客提供有线电视、高速网络连接以及本地电话服务或者无线电话服务。

从营销角度来说，捆绑价格非常有用。如果产品分开销售，意味着顾客有可能购买部分产品，放弃另外一部分产品。他们可能会延迟购买部分产品，也可能到竞争者那里去购买部分产品。这样，销售商因为整体产品降价而损失的利润，通常都会通过增加总购买量来弥补。

附带产品定价（captive pricing） 指的是当企业生产两种必须一起使用的产品时会采取的定价策略。企业低价卖出一种产品，然后将另外一种产品高价售出以获得利润。这种战术经常用在剃须产品上，比如剃须刀相对便宜但刀片很贵。同样的，像惠普和佳能这样的公司为了持续销售高价墨盒，以低于 100 美元的价格向消费者提供兼具传真机、复印机和扫描仪功能的台式打印机。

基于分销的定价

基于分销的定价指的是建立在企业将产品运送给远、近或周围地区顾客所需要的成本之上的定价策略。产品的特性、顾客以及竞争状况都会影响到企业是对顾客采取统一价格还是根据运输成本的不同实行差异定价。

F. O. B 是 B2B 营销人员常用的一种策略。F. O. B. 的全称是 free on board，即离岸价格，指的是由哪一方来支付运费。此外——这一点很重要——商品所有权在离岸地点转移到买方。**F. O. B 工厂价格**或**离岸原始价格（F. O. B factory pricing，or F. O. B origin pricing）** 意味着从产地到顾客方之间的产品运输费用由顾客承担。**离岸运输价格（F. O. B delivered pricing）** 意味着供应商承担产品的装载和运输费用，这些费用都会包含在销售价格之内。

在国际市场上对销售产品进行定价的交货条款都是相似的：

- CIF（成本、保险、运费）是海上运输贸易中的术语，表示供货方为商品（包含保险费的）全部运输以及从船上卸下的杂项费用而提出的报价。
- CFR（成本和运费）意味着报价包含了商品和商品运输到指定交货点的运输费用，但是购货方需要承担保险费用。CFR 也用于海上运输贸易。
- CIP（运费及保险费付至）和 CPT（运费付至）包含了和 CIF、CFR 相似的条款，但是不用于海上运输贸易。

当一家公司使用**统一交货定价**（**uniform delivered pricing**）时，它会在价格中加上预先设定的运输成本，无论距离制造商的工厂有多远——只要在合理范围内。当运费很低时，最有可能使用统一运费价格。例如，当你订购最新的《哈利·波特》时，你可能会支付书的成本加上 3.99 美元的运费和处理费，不管送到你的指定地点的实际运费是多少。网络销售、目录销售、家庭电视购物和其他类型的非商店零售通常使用统一运费价格。

运费补贴定价（**freight absorption pricing**）指的是销售商负责部分或全部运输费用。这项政策在高档品行业非常流行，因为运输成本相对于销售收入和利润率而言简直不值一提。营销人员很喜欢在竞争激励的领域使用运费补贴定价法，或者当这种定价帮他们进入新的市场时。最近，像亚马逊这样的网络营销商发现，为消费者提供免费运输服务会对销量带来很大影响。就连传统的大型零售商也加入了这一潮流。塔吉特最近宣布，对其红卡（RedCard）持卡人的任何订单，两天内均可免费送货上门。

渠道成员的折扣

到目前为止，我们已经讨论了对终端顾客的定价策略。现在我们来探讨一下企业对渠道中的伙伴所实行的定价策略。

- **贸易折扣（trade discounts）**：我们在之前讨论过生产商经常会为产品设置价目表或建议零售价格，然后以低一些的价格将产品卖与渠道成员，这样渠道成员就可以实现盈利。因此，生产商的定价结构中一般会包含给予渠道中间商的贸易折扣。这些折扣经常以建议零售价格或标价的百分比形式给出。现在，由一些大型零售连锁——如沃尔玛、开市客（Costco）和塔吉特公司——主导的营销环境中，贸易折扣数量由零售商规定，因为它们的规模在渠道中最有影响力。我们将在第 11 章详细论述渠道力量。

- **数量折扣（quantity discounts）**：为了鼓励分销渠道成员或者大客户大量购买，营销人员可能会提供数量折扣，或者在大量购买时适当降低价格。累计数量折扣基于某个特定时期内的总销售量，期限一般为 1 年，并以此鼓励购买者从一个单一供货商那里购买，而不是经常转换供货商。累计数量折扣可能会采取回扣的形式即在折扣期限结束时企业会给购买者一定数量的回扣，或者，对购买者未来的订单给予一定的信用额度。非累计数量折扣仅基于每次订单量的大小，鼓励增加单次订货量，并不会把供货商和购买者捆绑在一起。

- **现金折扣（cash discounts）**：许多企业试图通过提供现金折扣来鼓励顾客及时付款。例如，企业卖给零售商的货物中可能标注有"10 天 2%，30 天内全部付清"，这就表示如果零售商在 10 天内付款，那么付款总额将会减少 2%；10 ~ 30 天内付款需要付全额，30 天之后再付款就属于逾期。

- **季节性折扣（seasonal discounts）**：季节性折扣只会在每年的特定时间使用。对于季节性产品如吹雪机、割草机和滑水用具来说，营销人员会在淡季给零售商和分销商提供季节性折扣，或者在本地储存这些产品等到旺季再销售，或者在淡季把折扣传递给消费者。当然，他们也可以在旺季时使用季节性折扣来确保在需求旺盛时期创造竞争优势。

学习目标总结

虽然计算很简单，但经常用到的基于成本的定价方法没有考虑到需求、竞争、产品生命周期阶段、渠道容量和产品形象等因素。最常见的基于成本的定价策略是成本加成定价法。

基于需求的定价策略，如目标成本和收益管理定价法，可能要求营销人员以不同的价格进行需求估计，以确保他们生产的产品能够销售出去。基于竞争的定价策略代表了行业智慧，但应用起来可能很棘手。价格领导战略经常应用于寡头垄断中。

关注消费者需求的企业可以考虑运用每日低价的定价策略。一种取悦消费者的定价方法叫高/低定价。新产品可以用撇脂定价来收回其研究、开发和促销的成本，或者采用渗透定价来鼓励更多消费者购买，阻止更多竞争者进入市场。试销定价意味着在有限的时间内设定一个低价。

其他定价方法还包括价格细分、旺季定价、动态定价、金字塔底部定价和引诱定价。

为了对单个产品实施定价策略，营销人员可能会运用分部定价和支付定价战术。对多样化的产品，营销人员可以运用捆绑定价，即有两种及以上产品销售时，把它们当作一个组合来定价。当两种商品必须同时使用时可以采用附带产品定价法：一种产品以低价销售，而另一种产品以可以赢利的高价进行销售。

基于分销的定价策略，包括离岸原始价格（针对国内运输）、统一运费定价和运费补贴定价，解决了产品运输距离的差异。相似的定价策略也可用于在国际销售的产品。

针对渠道内成员的定价策略包括贸易折扣、累计或非累计数量折扣，来鼓励其进行更大规模的采购，现金折扣用于促进快速付款，以及将购买分散到全年，或增加淡季、旺季销售的季节性折扣。

电子商务的定价及创新

我们都知道，对于任何公司来说，定价计划都是一个复杂的过程。但是如果你在"网络世界"中运营，那就做好迎接更多定价决策的准备吧！

由于通过互联网、公司网站和无线设施，销售者与全球卖家的联系表现出前所未有的紧密，营销人员能够在某一时间为某一顾客提供具体的服务。另外，由于聪明的消费者只要点击鼠标就能看到竞争者的价格，因此营销人员更容易受到影响。

许多专家认为，技术正在创造一场消费者革命，这可能会永远改变定价，并可能创造出有史以来最有效率的市场。音乐产业提供了最具说服力的例子：全球各地的音乐爱好者从众多互联网网站和应用程序，包括 iTunes、谷歌 Play、Amazon music 和 Bandcamp，购买和下载了数百亿首歌曲。生活在美国的 68% 的智能手机用户，每天都在他们的设备上播放音乐。如你所知，一些人为音乐支付很少费用甚至不支付任何费用。

网上购物者的定价优势

互联网让消费者在购买过程中获得了更多的控制权，同时也给营销人员带来了独特的定价挑战。消费者和营销人员可以利用复杂的"购物程序"，为他们提供各种产品的最佳价格。一个例子是，一项比较研究发现，Otter Box 防御者系列的 iPhone 保护套的价格可以在 OtterBox.com 网站上的最高售价 59.90 美元，和在亚马逊网上的最低价格 44.20 美元之间变动。购物程序和搜索引擎意味着消费者不再受公司标价的支配。

消费者可以从 Consumerreports.org 等网站上获得有关产品实际成本的详细信息，这可以让消费者在购买新车和其他高价商品时拥有更大的议价能力。最后，电子商务还可以降低消费者的成本，因为消费者不再需要前往购物中心，这样就节省了汽油、时间等成本，还免除了很多烦恼。

线上音乐流媒体为消费者提供了价格很低甚至免费的歌曲服务，改变了音乐行业的定价方式。

动态定价策略

互联网提供给消费者的重要机遇之一就是**动态定价（dynamic pricing）**，动态定价能够使销售人员根据市场中的变化很方便地调整价格。如果实体零售商店想要改变价格，员工或工人需要重新制定价格标签，制定和展示新的商店招牌和媒体广告，并把新的价格录入商店计算机系统之中。对于 B2B 的营销人员，员工或工人必须将类别和价目表重新印刷，然后分发给促销人员和顾客。这些活动对企业而言是耗费巨大的，所以他们一般不会经常改变价格。互联网也使 B2B 企业能够根据成本变化快速调整价格。

网上拍卖

对于那些阁楼里有很多东西需要卖给别人的消费者来说，互联网意味着卖家有机会通过 C2C 网站找到现成的买家。eBay 和 Etsy 为大多数消费者所熟知，但是消费者几乎没有听说过 eCrater、Bonanzle、eBid 和 CQout 这些拍卖网站。这些也是**网上拍卖（online auctions）**的平台，购物者可以对上面的一切物品进行竞标，从摇头娃娃到健身器材到萨米·索萨本垒打的棒球。拍卖提供了一种有力的互联网定价策略。也许最时兴的拍卖方式就是在 eBay 上的 C2C 电子商务了。eBay 拍卖是一种公开拍卖，意味着所有的购买者都能够随时知道最高拍卖价格。在许多在线拍卖网站上，卖方可以设定一个保留价格，即如果竞拍价格低于保留价格，那这个商品就不会被出售。

相反拍卖是企业在实行 B2B 商务时用来管理采购成本的工具。虽然在典型的拍卖中，买方为了买进一种产品而竞争，但在相反拍卖中，卖方竞相以买家希望的低价提供产品。

StockX 是一个很受欢迎且利润丰厚的在线拍卖网站。StockX 专门提供复古运动鞋和其他服装，并标榜自己是第一个实物股票市场。就像华尔街和全球其他股票市场一样，买家出价，卖家叫价，两者达成一致时交易成功。一位同时在 StockX 和相似网站 Stadium Goods 上交易的卖家，以 2 万美元的价格卖出了一双 Air Jordan。

免费增值定价策略

也许最令人兴奋的新定价策略是**免费增值定价（freemium pricing）**（免费和付费的混合）。免费增值是一种商业策略，其中初始版本的产品是免费提供的，但公司对具有更多、更强大功能或更大容量的产品升级版本收取费用（溢价）。在软件媒体、游戏或网络服务等数字产品中，免费增值定价策略最受欢迎，因为在这些产品中，额外一份产品的成本可以忽略不计。采用新定价策略的公司包括 Dropbox, Inc.、SurveyMonkey、Spotify 和 Skype。

非常受欢迎的电子游戏《糖果传奇》（Candy Crush Saga）是一款免费电子游戏，每年的收益高达 2.3 亿美元。那么他们是如何赚到这么多钱的呢？其理念是，如果你免费提供产品，你将建立一个愿意为额外利益付费的消费者群体。虽然你可以免费下载并玩《糖果传奇》，但如果你真的想在 5000 个关卡中获胜，你可以选择付费购买特殊道具，以便在游戏关卡通关困难时获得帮助。

虽然电子商务对消费者有很多好处，但仍有一些公司和个人会跟踪网络，进行不道德或非法的行为。接下来我们将讨论其中一个不道德行为——互联网价格歧视。

互联网价格歧视

当然，互联网允许公司做的事情不仅仅是基于成本变动或竞争活动等外部因素来调整价格。互联网承诺的是，它能让消费者在家里穿着睡衣，就可以快速比较产品的最低价格。许多公司似乎都在使用同样的技术进行**互联网价格歧视（internet price discrimination）**。

互联网价格歧视是一种互联网定价策略，根据订单大小或地理位置对同一产品的不同买家收取不同的价格。《华尔街日报》的一项调查发现，Staples.com 网站上的 Swingline 订书机，根据其位置以及与 OfficeMax 或 Office Depot 商店距离的不同，一位顾客的价格为 15.79 美元，而另一位顾客的价格为 14.29 美元。

营销人员知道，如果他们可以向每位顾客收取他们愿意支付的最高价格，他们就能实现利润最大化。尽管这是不现实的，但根据顾客的居住地、与零售商或竞争对手的距离、在该地区做生意的成本或他们的互联网浏览历史将顾客分组可以极大地增加利润。一些网站甚至为使用移动设备的顾客提供折扣。用智能手机在 Orbitz.com 或

CheapTickets.com 等网站上寻找酒店房间的顾客可能会发现，房间的价格会比他们使用其他支付工具的价格低 50%。

互联网价格歧视违法吗？就像我们在讨论价格细分时所说的，只要公司不基于性别或种族等人口特征收取不同的价格，它就不违法。然而，有时很难判断公司是如何做出这些决定的。例如，最近的一份报告发现，《普林斯顿评论》（The Princeton Review）对居住在不同邮政编码地区的消费者收取不同的 SAT 备考服务价格。与非亚洲人相比，它向要求在线报价的亚洲人提出更高价格的可能性几乎是两倍。这并不一定意味着该公司有意歧视亚洲人，而是说这些消费者更有可能生活在税率较高的邮政编码区。正如该公司回应的那样："在房价较高的地区，金融服务业成员、倾向于投票给民主党的人、记者以及其他更集中在纽约市等地区的群体的人口也会不成比例地多。"

支付系统的创新

数字革命创造了一个消费者与企业和其他消费者进行交易的新世界。这些非常成功的交易方式为买卖双方提供了价值、安全和便利。你所熟悉的是在线拍卖和数字/移动钱包。其他越来越受欢迎的有数字加密货币、数字分期付款计划、先买后付（BNPL）机会、合作储蓄和消费、先租后买和点对点（P2P）贷款。

数字加密货币

价值交换的最新成员是数字货币。**数字加密货币（cryptocurrency）** 是一种使用加密技术来保证安全的数字货币。虽然有 2000 多种不同的加密货币，但最重要、交易最频繁的五种是比特币、以太币、Ripple、莱特币和 Tether。

这些加密货币是没有物理备份的数字代币。注意：不要打算在口袋里揣着一个闪闪发光的崭新的比特币到处走，因为它们摸不着也看不到，并非真正地存在！

你可以在多个比特币交易所购买**比特币（Bitcoin）**，或者用户之间可以通过移动应用程序相互购买，这些应用程序将比特币存储在一个"虚拟钱包"中。如今，大多数比特币交易都是对比特币未来价格有更高预期的、投机的人进行的，他们希望在未来获得巨额回报。

比特币和其他数字货币吸引人的一个特点是它是去中心化的。这意味着它不是由任何中央当局发布的。比特币网络的所有记录都存储在数千台帮助维护该网络的每一台计算机上。这是为了防止像比特币这样的数字加密货币被任何政府或组织控制。这个维护比特币交易数据库的计算机网络被称为区块链。

数字加密货币有明显的优势。对消费者来说，它消除了信用卡欺诈的风险，能够避免犯罪分子窃取客户个人信息和信用卡号码。支付时，先使用智能手机拍下收银机显示的二维码，再点击确认支付就能完成。

使用加密货币也有社会效益。许多低收入消费者没有银行账户，相反，每次他们向收款人发送汇款单时，往往必须支付 10% 的或更高的额外费用。使用加密货币，这种支付的成本仅为这个数字的一小部分。许多人认为，数字货币将有助于提高生活在贫穷国家的人们的生活质量。

加密货币可以在几分钟内以电子方式发送到世界任何地方。对于那些需要进行大额国际汇款的人来说，这是一个好消息，传统银行转账需要数周时间——更不用说你可以马上把借给朋友的钱拿回来！

在这个过程中没有"中间人"（比如，银行）收取交易费用（这就是为什么许多企业喜欢使用这种付款方式）。然而，这也意味着交易只发生在个人和个人之间，因此没有记录，这为比特币出现在非法交易中（如资助恐怖主义或清洗毒品资金）提供了可能性。

虽然加密货币仍有争议，但许多人相信，我们在未来将以这种方式进行融资——从长远来看，世界银行系统将基于数字货币继续运行。有些人认为，在 10 年内，比特币或其他加密货币将成为世界上唯一的货币。

Venmo 是一种很流行的数字钱包，让个人间交易更加便利，且比现金安全。

数字和移动钱包

虽然有些消费者仍然喜欢在杂货店排队时掏出支票簿来开支票，但许多消费者，尤其是年轻的消费者，正在使用数字钱包。**数字钱包（digital wallet）** 是一个金融账户，消费者可以使用它来存储资金、进行交易并通过计算机来跟踪支付。数字钱包可能在银行的移动应用程序中，也可能是贝宝和支付宝等支付平台。数字钱包也是将比特币等数字加密货币从一个所有者转移到另一个所有者的主要手段。**移动钱包（mobile wallet）** 是智能手机上的应用程序，它可以存储信用卡、借记卡、回馈卡信息以及优惠券等。移动钱包是一种方便的购物和支付方式。

在发展中国家，数字钱包使消费者能够更充分地参与全球金融体系。数字钱包意味着个人可以接收和支付钱款，甚至从其他国家的个人那里收到资金。数字钱包不需要持有人有实体银行或其分支机构的银行账户，并能够让农村地区的人也参与使用。在非洲，80% 的人口拥有手机，M-Pesa 移动支付系统拥有超过 2 亿消费者用户。数字和移动钱包意味着发展中国家的消费者可以从现金经济转向更安全、更有保障的金融体系，并参与到全球不断增长的经济中来。

目前领先的数字钱包有 Google Pay、Apple Pay、Samsung Pay、Android Pay 和贝宝。在这些领先品牌中，只有贝宝可以在所有主流设备上运行。其他受欢迎的数字钱包还有星巴克的移动应用程序，用户可以在上面积累积分兑换免费咖啡；以及 Venmo（现在为贝宝所有），这是一款社交商业应用程序，可以方便朋友之间进行支付。Venmo 可以用来向朋友转账，或者让你的一群朋友分摊午餐费用。Square 是另一种类型的应用程序，允许个人和小型企业卖家使用苹果和安卓设备进行买卖和汇款。

先买后付（BNPL）

支付领域一个有争议的创新是**先买后付（buy-now-pay-later，BNPL）**或"Afterpay"的支付方式。Afterpay、Affirm 和 Openpay 等服务为购物者提供了先拿到产品，再在 3 ~ 4 个月内支付的机会。但是先买后付受到了批判，因为年轻的消费者可能很快陷入债务危机，对他们的信用评分不利。

从很多方面来说，先买后付只是在经济大萧条时期，零售商提供的一种较早的零售分期付款计划的一个新计划。这些计划允许没有足够资金的消费者在一段时间内无息预购商品。在一些需要先付定金的情况下，可能消费者的衣服或圣诞玩具会抵押在零售商那里，直到完成定金付款消费者才能拿到这些抵押物。

先攒钱后付款（SNBL）

与 BNPL 类似，另一种分期付款方式是**先攒钱后付款（save-now-buy-later，SNBL）**。如美国的 Reel 和英国的 Cashmere 出售奢侈品，客户会得到付款计划的建议（例如，每周支付 50 美元，连续支付 6 个月），一旦符合要求，这笔钱就会自动从客户的银行账户中扣除。当金额保存下来后，客户就可以订购商品了。

合作储蓄和消费

合作储蓄和消费（collaborative savings and consumption）允许消费者在一段时间内付款。面对众多吸引人的商品，许多人都会存在储蓄问题。为了帮助消费者为房子的首付款或异国度假付款，Stepladder 为消费者提供了一个合作储蓄和消费项目。所有 Stepladder 成员被分成小组。小组中的每个人都向中央储蓄罐缴纳一定数额的存款。每 30 天，随机选择一名成员取出之前每月的全部存款，直到每个成员都取出存款。现在 Cashmere 也开始了类似的计划。

点对点借贷

共享经济的另一个新概念是**点对点借贷**或**社会借贷（peer-to-peer lending，or social lending）**，允许个人向其他个人借款。P2P 借贷公司向借款人和贷款人提供帮助，就像 eBay 帮助买家和卖家一样。P2P 提高了投资者的回报率，降低了借款人的借贷成本。对于许多希望对自己的工作和休闲有更大控制权、对大型机构心存疑虑、讨厌银行的消费者来说，P2P 借贷非常有吸引力。当然，从 P2P 贷款机构借款，借款人必须有良好的信用，出借人的资金也不保障能够收回。尽管存在这些问题，但 P2P 网贷似乎越来越受欢迎。

先租后买

我们之前谈到的"共享经济"已经改变了消费者对租借和交换衣服的态度。而且，租一件高质量的衣服，比如毕业舞会礼服，甚至是结婚礼服，可能是在你购买毕业舞会礼服之前的一种可以尝试的方式。**先租后买（rent-to-own）**并不新鲜。多年来，为家庭和办公室提供家具的零售商一直向消费者和企业提供租赁家具的服务，在固定的租期结束后，买家就买下并拥有这件商品。先租后买最大的缺点是总价通常比直接购买产品要高得多。

消费者端交易的中断

这些话你听过多少次了？

"钱不会从树上长出来。"

"当我年轻的时候，我认为钱是世界上最重要的东西；现在我长大了，我发现它确实是。"

"我知道金钱不能给你带来幸福，但破产也不能。"

如果你把钱想象成纸币美元、欧元或日元，你可能会对接下来的论断大吃一惊。许多专家说我们很快就会变成一个**无现金社会（cashless society）**。随着数字货币和智能手机应用的使用，消费者使用现金的频率越来越低。

在新冠疫情期间，许多人担心从纸板箱、门把手和纸币等所有东西上感染病毒。医学专家说，纸币是没有办法清洗的，洗手是唯一的解决办法。

瑞典是最接近无现金化的国家。在瑞典，国内市场总额只有约 1% 以现金流通，而在欧元区和美国，这一比例分别为 11% 和 8%。2020 年 2 月，瑞典中央银行开始试行自己的数字货币电子克朗（e-krona）。

对很多人来说，无现金化是一种双赢。企业喜欢是因为它提高了安全性，而且数字货币的处理成本更低。消费者喜欢是因为它很方便。零售商说，没有现金，他们可以加快交易速度，同时降低盗窃风险和将大量现金存入银行的成本。对政府来说，无现金支付更可取，因为每笔交易都有记录，这使得企业逃税的可能性更小。

Swish 是一个非常受欢迎的、得到了瑞典主要银行支持的智能手机支付应用，可以用于转账。对于那些担心智能手机安全的人来说，一家名为 Biohax 的公司已经开发出一种可以植入消费者手部皮肤下的微芯片。Biohax 的用户可以将其用于支付昂贵的旅行费用，也能用它在自助贩卖机里购买零食，这一切只需要挥一挥手就能完成。

当然，并非所有瑞典人都认为无现金是件好事。年长的消费者担心他们会忘记使用数字货币的访问密码。慈善组织担心，如果家暴者能够控制银行账户，遭受家暴的人就无法把钱藏起来。

包括美国在内的其他国家会在 21 世纪 20 年代实现无现金化吗？专家并不这么认为，但你可以不使用现金支付的情况会增加，而且不允许消费者使用现金的情况也可能会增加。我们还知道，即使是小额购物，仍然在使用现金的美国人的数量已经从 2015 年的 46% 下降到 2020 年的 37%。

学习目标总结

电子商务可以为企业提供一个动态定价的机会——这意味着价格可以在没有成本或较低成本的情况下经常变动。拍卖可以为顾客提供 C2C、B2C、B2B 电子商务中的竞标机会。互联网可以让购买者比较各种产品和价格，让消费者对他们购买商品的价格有更多的控制权，也使消费者对价格更加敏感。

定价中的心理、法律和道德因素

到目前为止，我们已经讨论了营销人员是如何根据需求、成本和对定价环境的了解来制定定价策略和战术的。但是，营销人员也需要了解并处理有关定价的其他方面，这样才能使定价决策的效用最大化。在这一部分我们会讨论与定价有关的心理因素、法律因素和道德因素。因为这些因素对于营销人员来说也很重要。图 10–13 展示了这些定价因素。

定价中的心理因素	心理定价策略
• 购买者的价格预期 • 内部参考价格 • 价格—质量推断	• 奇偶定价 • 价格排列定价 • 声望定价
B2C定价中的法律和道德问题	B2B定价中的法律和道德问题
• 诱售法 • 亏本定价 • 误导销售 • 哄抬物价	• 价格歧视 • 操纵价格 • 掠夺性定价

图 10–13　定价中的心理、法律和道德因素

定价计划会受心理因素及策略、法律和道德因素的影响。

定价中的心理因素

我们所说的许多关于定价的理论都依赖于经济学家对于消费者的分析。消费者往往通过符合逻辑的、道德的方式来评估价格。例如，我们通过一条平滑的曲线来解释需求，假设一家企业把产品的价格从 10 美元降低到 9.5 美元，从 9.5 美元降低到 9 美元等，消费者就会购买更多产品。但是在现实世界中，通常不是那样的——消费者没有那么理性。让我们一起来看看定价中的一些值得让经济学家熬夜研究的心理因素。

购买者的价格预期

消费者对价格的认知往往建立在他们认为的习惯价格或公平价格的基础上。例如，多年来，一块糖果或一包口香糖的价格都是 5 美分。在那个"五分硬币糖"的时代，消费者会认为糖果的价格就应该是 5 美分，其他任何价格都会显得过高或过低。因此，当通货膨胀开始显现、生产成本上升时，一些糖果制造商试图缩小巧克力棒的尺寸，而不是改变价格。最终，通货膨胀盛行，消费者的工资上涨，一根巧克力棒的价格在今天涨到了当时的 30 倍——这个价格在几十年前是消费者无法接受的。

当产品的价格高于或低于消费者的预期时，他们就不太愿意购买该产品。如果价格高于他们的预期，他们可能会认为这是在掠夺（抢钱）。如果价格低于预期，消费者可能会认为产品质量存在问题。通过了解消费者的定价预期，营销人员能够更好地制定多样化的定价策略。这些期望因文化和国家的不同而不同。例如，南加州的研究人员在一项研究中发现，在同一个地区，中国超市的价格明显低于美国的主流超市（肉类和海鲜的价格仅为美国超市的一半）。

内部参考价格

有时候消费者对产品价格的预期来自于**内部参考价格（internal reference price）**。也就是说，基于过去的经验，消费者在评估产品价格时，会在头脑中设定的一个固定价格或是价格范围。这个参考价格可能是上次支付的价格，也可能是他们所知的同类产品的平均价格。无论品牌，正常的三明治面包的价格大概都是 2 美元。在一些商店可能是 1.89 美元，其他商店可能是 2.89 美元，但是平均水平是 2 美元。如果消费者发现类似的三明治定价大大高出平均水平（如 3.99 美元），他们会认为价格太高，并去购买竞争者的品牌。如果他们发现定价是明显偏低的（如 0.89 美元或 0.99 美元），他们会放弃购买这种面包，担心"这面包有什么问题"。

在一些情况下，营销人员试图用参考定价策略影响消费者对产品价格的预期。例如，制造商可能会在广告中展示他们相对于竞争者的价格。同样的，零售商会把某一商品陈列在另一品牌的高价商品旁边。而消费者必须在这两种不同价格的产品之间选择。

两个结果是相似的：一方面，如果两种产品的价格（或其他特点）比较接近，消费者可能会认为产品的质量是相似的或者差不多的。这叫作同化效应。顾客会想，"价格大致相同，它们一定是相似的。我很聪明，可以节约几美元"。于是顾客选择了定价更低的商品，因为低价商品与旁边的高价产品相比显得更有吸引力。这就是商店为什么把自有品牌产品如防臭剂、维生素、止痛剂、洗发水等，放在全国品牌旁边，通常还会有柜员告诉顾客，若购买自有品牌的产品可以节约多少钱。另外，如果两样产品的价格相差甚远，对比效应就会产生。这种情况下，顾客会认为二者质量大有不同，"咦，价格低的产品可能没有高价的质量好，我要花钱买价格高的"。运用这种策略，家用电器商店可以把广告中 300 美元的冰箱放在 699 美元的冰箱旁边，使顾客相信价格低的那台冰箱不如价格高的好。

价格—质量推断

想象你在鞋店寻找一双慢跑鞋。你注意到有一双鞋标价为 89.99 美元。在另一个柜台，有一双看起来很像第一双的鞋，标价为 24.95 美元。你会购买哪双呢？哪一双你认为质量更好？许多人都会为价格高的跑鞋付钱，因为我们认为不值得为廉价鞋冒任何风险。

消费者会做出价格—质量推断，他们把价格作为质量的线索或暗示（推断意味着我们相信某样东西是真的，即使没有直接的证据）。如果消费者不能通过检查或依靠过去的经验来合理判断产品的质量，他们通常会假设价格高的产品有更好的质量。

实际上，现在有一项关于大脑如何工作的新研究甚至表明，我们对产品价格的感受会微妙地影响我们从产品中获得多少快乐。大脑扫描显示，与传统的认知相反，消费者如果以折扣价购买某种产品比全价购买该产品的满意度要低。例如，最近有一项关于喝酒的志愿者调查，一部分人被告知酒的价格是每瓶 90 美元，结果在同等饮用量的情况下，这些人比那些得知酒价是 10 美元的人获得了更高程度的满足。研究者称之为价格安慰剂效应。相似地，当人们认为他们买的药物是真的，而实际上却是糖丸时，他们同样获得了和真药相同的心理效用。

心理定价策略

定价既是一门科学，也是一门艺术。当营销人员为产品或服务定价时，他们必须对定价的心理因素有所了解。

奇偶定价

在美国市场，我们经常看到价格由美元和美分组成——1.99 美元、5.98 美元、23.67 美元，甚至 599.95 美元。我们也看到偶数的美元价格——2.00 美元、10.00 美元或者 600.00 美元——通常少得多。原因是什么呢？营销人员假设消费者对偶数价格和对奇数价格的心理反应不一样，习惯在这里也会发挥作用。调查显示，以"99"结尾的价格比以"00"结尾的价格能提高 21% ~ 34% 的

价格不以整数而以 98 和 99 或其他一些奇怪的形式结尾，可以明显地增加销量。

销售量，这个数字是很大的，所以美国 60% 的商品定价都以"9"结尾就不奇怪了。

同时，有一些例子可以证明偶数价格是正常的或者是必要的。剧院和音乐会的票、运动会的门票、彩票等都是用偶数来定价的。专业人士通常用偶数来收取费用。如果医生或牙医为病人收取 39.99 美元的门诊费，病人可能会认为医疗的质量不尽如人意。很多奢侈品如珠宝、高尔夫球场费、度假胜地住宿费都是用偶数的价格来区分的。

餐厅（和与其合作的菜单工程师）发现，菜单价格项目的呈现方式对于顾客点什么以及他们付多少钱有着主要影响。当价格用美元符号或"美元"这个词来表示时，消费者就会花得少。因此，菜单上一个简单的"9"要比"9 美元"好得多。

价格排列定价

营销人员经常把他们对于定价心理方面的理解运用在一种方法上，那就是**价格排列（price lining）**。这使一个产品线的产品会以不同的价格销售，叫作价格点。如果你想购买新的数码相机，你会发现许多制造商都会提供一款"简装"产品，只要 100 美元或者更低的价格。一款质量好但价格适中的产品其售价在 200 美元左右，而一款专业的相机，有多个镜头，可能会定价为 1000 美元甚至更高。你也可以在家附近的洗车店发现这种情况！通常，消费者可以从很多种洗车服务套餐中选择他们最满意的一个——以基础价格提供基本的洗车服务，更高端的套餐包含细节服务，例如热蜡和轮胎保养等。

价格排列定价法提供了不同价格区间的产品，以满足市场各个层次的需要。

为什么价格排列定价法是一种很好的实践呢？从营销人员的角度来看，这是实现利润最大化的方法。理论上，一家企业可能向每个独立的消费者收取他们愿意支付的最高价格。如果一个特定的顾客愿意为一台数码相机支付150美元，那么150美元就是这位顾客的价格。如果另一位顾客愿意支付300美元，那么300美元就是他的价格。但是向每个顾客收取不同的价格是不现实的。一个更可行的方法，是设定有限数量的价格，而且这些价格都是消费者可以接受的且愿意支付的价格区间内的最高值。

声望定价或溢价定价

尽管理性的消费者会尽可能地在降价时购买产品或服务，但在实际中，这种假设有时也不成立。我们在之前的章节里讨论过，实现形象提升是为了吸引那些注重地位的消费者。由于这个原因，许多奢侈品营销人员都采用**声望定价**或**溢价定价（prestige pricing or premium pricing）**，即人为地将价格维持在较高水平，以保持产品的良好形象。声望定价依赖于我们之前讲过的价格—质量推断。豪华行李箱包制造商 Tumi 通过减少促销活动来保护品牌的优质属性，其高端价位是专门针对高端商务旅行者的。"理性"假设认为，当价格下降时我们更有可能购买一种产品或服务，但与理性假设相反，在这些情况下，随着价格的上涨，人们往往会买得更多。

B2C 和 C2C 定价中的法律和道德问题

自由企业制度是在市场自身能够进行调节的理念下建立的。价格根据需求的不同而上升或下降。如果有适当的利益刺激，企业和个人会以公平的价格提供商品和服务。然而，商业世界充满了贪婪和寡廉鲜耻。

欺骗性定价行为：诱售法

一些不道德的商家可能通过欺诈的方式来宣传或促销他们的产品。联邦贸易委员会（FTC）各州的立法者，以及私人团体，如商业改进局（BBB），都已制定了定价规则和指导方针来迎接挑战。他们表示，零售商（或其他的供应商）不能随便声称他们的商品价格低于其他竞争者，除非事实真的如此。在真正停业前，不能实行所谓的"停业大甩卖"；没有火灾的时候，不能进行"火灾后大甩卖"。

还有一种欺骗性定价行为是**诱售法（bait-and-switch）**。零售商会在广告中对某个商品标出一个极低的价格——诱饵——来吸引顾客进入商店。买电器的例子可以用来说明这种方法，如广告中宣传了只有基本使用功能的洗衣机或电视机。但是消费者想购买广告中的商品几乎是不可能的——销售人员会说这种产品差到了极点，他们会尽可能想办法让没有戒心的消费者购买更贵的产品——这就是"转移"。销售人员可能会故作机密地告诉消费者"广告产品的质量真的很差，而且缺少特点，有很多缺陷"。法律很难禁止"诱售法"的销售伎俩，因为它和合法的销售技巧很像。仅仅鼓励消费者购买更高价格的产品是被允许的，然而，当产品的低价不合法，而消费者又真心诚意想购买广告中的廉价产品时，这种为低价产品所做的广告就构成了违法。例如，酒店用极低的房价引诱消费者入住，然后在预订时加收额外费用和附加费，最终的价格可能变成广告价格的两倍。联邦贸易委员会需要判断销售行为是"诱售法"的欺骗行为还是合法的销售，他们通常通过判断公司是否拒绝展示、解释和销售广告产品，是否诋毁这种产品，是否处罚销售这些产品的销售员的方法来进行判断。

亏本定价和不公平销售法案

并不是所有广告宣传的便宜货都属于诱骗。一些零售商在广告中以极低的价格甚至低于成本的价格来销售商品，并乐于以这个价格出售，因为他们知道，一旦进入商店，顾客可能会以正常的价格购买其他商品。营销人员称这种做法为**亏本定价（loss-leader pricing）**，他们这样做是为了增加门店客流量和销量。例如，杂货店知道鸡肉大减价时来抢购的人肯定会挤满过道，他们寄希望于这样一个事实：当你在商店的时候，你会以正常的价格在购物车里装满其他你需要的商品。这些零售商采用亏本产品定价法——去骨去皮鸡胸肉 2.98 美元/磅——吸引你选择他们的商店作为你每周的购物地点。同样地，相较于其他时间，你可以在七八月份以不到一半的价格买到记号笔、胶水和其他学习用品。

有些州不赞成亏本销售的做法，因此他们通过了**不公平销售法案（unfair sales acts）**，也称不公平贸易法案（unfair trade practices acts）。这些法律法规禁止批发商和零售商以低于成本的价格销售产品。这些法律旨在保护小型批发商和零售商免受大型竞争对手的伤害，因为这些"大鱼"拥有足够的财力，可以以极低甚至亏本的价格出售产品——他们知道小企业的售价无法与这些优惠价相比。Meijer 是密歇根州的一家杂货商，被指控违反了威斯康星州在大萧条时期的一项法律，有 37 种产品以低于成本的价格出售，包括冰淇淋、西红柿和香蕉。

误导销售

有时，零售商店的商品销售活动是有欺骗性的，至少是可疑的。消费者认为货架末端的商品是以折扣价出售的。当零售商在这些架子上放置正常价格的商品时，他们可能会被指责在占消费者的便宜。

消费者还认为大瓶或大盒的东西更划算。但事情并不总是这样！尽管现在的政府要求杂货商和其他食品零售商在货架上标明每盎司、每磅的价格，但似乎很少有消费者会看这些标签。

哄抬物价

一家大城市报纸的头条是《他有 17700 瓶洗手液，却没有地方卖》。这篇文章讲的是来自田纳西州的两兄弟在美国出现第一例新冠死亡病例的第二天就出发采购洗手液这一事件。只要他们开车经过田纳西州和肯塔基州的任何地方，他们都会买空架子上的洗手液和抗菌湿巾。他们还订购了更多的消毒剂和湿巾。这些产品随后被放在网上出售，每件售价在 8 ~ 70 美元之间。第二天，网站就下架了这些产品，以及其他数千个订单的消毒剂、湿巾和口罩。拍卖网站随后采取了更为严格的措施。

哄抬物价（price gouging） 指卖家试图利用紧急情况或极端需要来对物品收取高

价的非法行为。虽然哄抬物价是违法的，但在不同国家或地区相关的法律是不同的。在加州，"在宣布进入紧急状态后，将价格提高10%以上"被认为是哄抬价格，而纽约的法律认为在紧急情况下"不合理地要价过高"的卖家是哄抬物价。田纳西州的法律将哄抬物价定义为"基本商品和服务的不合理价格……对灾难的直接回应。"田纳西州总检察长办公室在新闻发布几天后开始调查此案。

有关哄抬物价的法律属于民法而不是刑法，这意味着违规者只能被罚款。在新冠疫情的最初几周，一些州对商家和个人处以了大量的罚款。

我们大多数人都认为囤积那些可能拯救生命的产品以获取利润的行为是不道德的。那些利用电子商务进行价格欺诈的人可能会试图用"解决市场中的低效问题"来为自己辩护。

B2B 定价中的法律问题

当然，在 B2C 定价情形中，不合法的定价事例经常出现。一些更重要的、不合法的 B2B 定价活动包括价格歧视、操纵价格和掠夺性定价。

不合法的 B2B 价格歧视

《罗宾逊－帕特曼法》包含了禁止州际贸易中价格歧视的规定。《价格歧视法》规定，如果定价会导致削弱竞争，那么禁止商家以不同价格向不同零售商销售同一种产品。除了规范定价，《罗宾逊－帕特曼法》特别禁止商家仅仅针对一部分而不是全部消费者来进行以下行为：打折、回扣、优惠、奖券、保修，以及一些免费配送等"额外服务"。

不过也有一些是例外的：

- 该法令只适用于销售给经销商的产品，而非销售给消费者的产品。
- 如果折扣建立在订单数量和效率的基础上，如减少交通运输费成本，那么针对大渠道客户的折扣是合法的。
- 如果产品存在物理性的差异，如功能不同，那么该法案允许价格差异。如一款名牌家电产品在全国性的大型销售连锁店可以以更低的价格买到，而另一种几乎一样的产品只能以更高的价格在零售商处买到，因为第一种款式只有连锁店才有。

操纵价格

当两家或两家以上的公司合谋将价格保持在特定水平时，就会发生**操纵价格**（**price-fixing**）。操纵价格是指生产同一产品的竞争对手共同决定各自的定价。当然，在销售商很少的行业中，企业之间的平行定价本身就不被认为是价格固定。卖方之间必须交换价格信息，以此表明是非法操纵价格的行为。1890 年的《谢尔曼反托拉斯法》明确规定这种被称为串通的行为是非法的。2017 年，加拿大竞争局发现食品杂货巨头 Loblaw 涉嫌参与一场长达 16 年的阴谋，他们提高了面包产品的价格。Loblaw 的母公司乔治·韦斯顿主动举报了这种串通行为，以免于被起诉。乔治·韦斯顿透露，他们公司和加拿大面包公司的人员就提高面向终端消费者的烘焙食品的价格进行了至少15 次直接沟通。Loblaw 声称，包括沃尔玛、Sobeys、Giant Tiger 在内的其他食品杂货连锁店也参与其中。

垂直操纵价格是指制造商或批发商试图强迫零售商对他们的产品采用固定的价格。当垂直操纵价格发生时，想要销售产品的零售商必须采取建议的零售价。1976 年的《消费者商品定价法》限制了这种做法，允许零售商店自由设定价格，不受制造商或批发商的干涉。如今，零售商不需要遵守"建议"价格。

掠夺性定价

掠夺性定价（predatory pricing）是指公司设定很低的价格将竞争对手排挤出局。接下来，公司取得垄断地位之后，就会提高价格。《谢尔曼反托拉斯法》和《罗宾逊－帕特曼法》禁止掠夺性定价。例如，在线零售商亚马逊被指控在 2014 年的图书销售中采取了掠夺性定价。由于其庞大的规模，亚马逊能够以折扣价向客户出售图书。令人担忧的是，随着时间的推移，这种折扣选项将占据绝大多数的市场份额，使其他零售商几乎不可能成功。他们声称，亚马逊激进的定价模式可能会影响作者，这会把作者的稿费压低到几乎为零。

学习目标总结

消费者可能会对价格做出情绪或心理上的反应。在衡量产品价值的时候，消费者可能会将习惯价格或公平价格作为内部参考价格。有时候，营销人员使用参考定价策略，将不同价格的产品放在一起展示。价格—质量推断路径意味着消费者把价格当作质量的线索。消费者对奇数价格和偶数价格的反应不同。营销人员可以实行定价策略，为一个产品线设定有限数量的不同价格范围。对于奢侈品，营销人员可以采用声望或溢价定价策略，该策略假设如果价格越高，消费者购买的产品就越多。

大多数营销人员试图避免不道德或非法的定价行为。其中一种欺骗性的定价行为就是非法的诱售法策略。很多州都有针对不公平销售的法律，这些法律反对以不合理的、低于成本的价格销售商品。联邦法律规范禁止掠夺性定价、价格歧视、水平或垂直价格固定。

打造你的品牌：你有多大的价值

泰勒在制定求职策略方面取得了很大的进步。他已经认清了自己的优点和缺点，分析了工作环境，找出了对他来说最好的机会，列出了他所具备的知识和技能可以胜任的行业和公司列表，并确定了他自己想工作的地方。他还知道，他必须解决"价格"这个复杂但非常重要的问题，即能从未来雇主那里得到多少报酬。

虽然几乎所有人都想在新工作中赚到尽可能多的钱，但只有你掌握了一些重要的信息，你才会求职成功。具体来说，你需要知道在你的就业市场上报什么价格是有竞争力的（工作机会），然后再来设定合理的期望。你还必须知道实际需要多少钱来负担你的财务支出。

第 1 步：现实的期望

在了解工资之前，你需要理解什么是价值。例如，当每首歌的现行价格是 0.99 美元到 1.29 美元时，你会花 10 美元在 iTunes 上下载一首歌吗？不太可能，因为这不值得。同样的概念也适用于雇主。当大多数公司人力资源助理的年薪都在 4 万美元左右时，雇主不会给你 7.5 万美元的。正如你知道歌曲下载的现行价格一样，你也应该知道你想从事的工作的标准薪酬。雇主，就像所有的消费者一样，对产品（你）的价值有期望。各种因素，包括竞争、需求、经济状况和其他一些环境因素，都会影响你的预期薪资。鞋子、汉堡或智能手机的营销人员都知道，为了销售产品，他们在进行价格决策时必须尽可能"合理"。同样地，当你设定的薪资预期比较合理时，你获得工作机会的可能性也会增加。

把自己想象成一个产品。在就业市场上，你的价格就是你的工资，或者更具体地说，就是你完成工作所获得的总报酬，包括所有额外的补贴，比如佣金、奖金、福利和雇主愿意为你的宝贵技能支付的其他津贴或额外收入。这里有一个关于薪资的快速词汇表，不妨了解一下，这样才能最大限度地提高你的收入。

- 底薪（base salary）：扣除佣金和奖金的年薪（例如，3 万美元底薪的 5％奖金是 1500 美元，而 3.5 万美元底薪的 5％奖金是 1750 美元）。
- 佣金/回扣（commission）：根据所销售商品或服务数量而支付的额外报酬（通常适用于销售职位）。
- 奖金（bonus）：根据绩效或预定目标达成情况而支付的额外报酬。
- 股票期权（stock options）：公司所有权形式的额外补偿。通常股票期权是员工可以购买的股票。
- 福利（benefits）：可能包括保险（通常是医疗、牙科、眼科）、假期和病假、日托、学费报销、401（k）养老金计划等，不同公司的福利不同，所以最好询问一下福利待遇。
- 其他福利（other perks）：有些公司提供有补贴的自助餐厅、游戏桌、免费咖啡和零食、弹性工作时间、低成本日托、免费医疗诊所以及其他"额外服务"，这些服务可以帮助你减少生活开支，或者让你感到在这家公司工作更具有吸引力。此外，有些职位可能把汽车补贴或其他交通补贴作为薪酬的一部分。

第 2 步：了解自己的价值

要想对自己的价值有一个准确的概念，你需要做一些研究，最好是在你塑造个人品牌过程的早期。以下是一些建议：

- 与你在该行业认识的人交谈，包括朋友和近几届的毕业生。聊一聊在当前的经济形势、竞争趋势和你的求职背景下，你能期望得到些什么。
- 在网上搜索提供各种职位薪酬详情的网站。Salary. com 和 Payscale. com 这两个网站提供数千个不同职位的总薪酬信息。
- 美国政府的劳工统计局网站（https://www. bls. gov/bls/blswage. htm）提供了超过 800 个职位的相关信息。

正如营销人员知道的，功能更多的鞋子或智能手机对消费者来说更有价值，因此理应获得更高的价格，你也可以在上学期间增加自己的价值。下面列出了一些可以增加价值的方法：

你可以在上学期间提升自己的价值。在校期间**有一个或多个实习机会**。实习提供了在你的简历和面试交流中可以用到的相关经验。此外，它还提供了对你未来很多年都有用的人际关系网。

在大学期间**获得工作经验——**任何类型的工作经验都是不错的，但如果是与你未来的职业相关的，那就更好了。

从第一封信或第一通电话到最后一次面试，**都要给人留下一个好印象**，并表现得专业一点。

和参与过的实习、工作或其他联系人保持联系，因为将来可能会有全职职位的空缺。

在面试后 24 小时内，**通过邮寄发送一封手写的感谢信**，同时还可以展示你的写作技巧。

第 3 步：确定你需要多少钱

除了了解在不同地方不同工作的薪水外，你还需要了解在不同地方生活的成本，因为从食物到公寓到汽油，这些东西的成本都因城市而异。bestplaces. net 等网站提供了各个城市生活成本的信息。你可以利用这些信息来帮助你确定在一个地区生活的最低工资必须是多少。

当然，为了更实际地估计你在一个地区的生活费用，你必须制订个人每月开销预算计划。你的预算应该包括所有开支：

- 住房（包括租金或按揭付款和家具）。
- 水电。
- 食物（包括日常食品和外出就餐）。
- 购买及清洁衣物。
- 交通。
- 房屋、租房、汽车和其他保险。
- 儿童保育（如果你需要的话）。
- 教育贷款还款。
- 其他经常性的账单和债务，如汽车贷款（如果不包含在交通费用中）。
- 储蓄。
- 可自由支配的支出（看电影、阅读、其他娱乐）。
- 医疗保险、社会保障、401（k）养老金缴费、州和联邦预扣税以及其他扣除的费用。

有了这些信息，你应该能够确定一个对未来雇主来说合理的薪酬范围，一个能让你享受工作和生活的薪酬范围。

关于薪资问题的注意事项

- 不要在面试中询问薪水。
- 要等到雇主提起这个话题。
- 要有理想的薪资范围。
- 当被问到"你期望的薪水是多少？"要说："我相信你们的薪酬待遇很有竞争力。"
- 如果雇主坚持要问你设想的工资范围，要这样说："我希望基本工资在 3 万到 3.5 万美元之间，并附加有竞争力的福利待遇。"
- 要把你的工资范围定得比你想要的高。如果你想要 28000 美元，那提出的要求最低限度是 30000 美元。

泰勒已经完成了他的"定价"工作。他知道，在他所在的地区，申请的初级工作的平均工资是 37500 美元，也就是每月 3000 美元多一点。他还知道他每个月的开销将在 2500 美元左右。

泰勒的面试时间到了，关于薪水的讨论是这样的：

面试官：你期望的薪水是多少？

泰勒：我相信你们的薪酬待遇一定很有竞争力。

面试官：是的，但是你需要多少薪水才能接受这个职位呢？

泰勒：我希望基本工资在 35000 美元到 40000 美元之间，并且福利待遇要有竞争力。

泰勒成功地解决了让人不舒服的工资问题。

学习目标总结

学生和其他求职者在找工作时，需要知道什么价格（工作机会）是有竞争力的。合理的期望薪资来自于对潜在价值的理解，即雇员（产品）值多少钱。不同工作的报酬可能包括基本工资、提成、奖金、股票期权、福利和其他津贴。

你可以通过实习或工作经验，结合专业的求职协议，来增加自己的价值。价格或薪酬预期还取决于支付生活费用、储蓄和债务所需的必要金额。这些费用包括基本的住房、水电、食物、衣服等基本费用，以及一些经常性账单，如学生贷款和汽车贷款。你还必须考虑雇主为各种税款、健康保险和退休储蓄扣缴的金额。

营销的真相
（原书第11版）

MARKETING
REAL PEOPLE, REAL CHOICES

第四部分
传递价值主张

MARKETING
REAL PEOPLE,
REAL CHOICES

营销的真相（原书第11版）

第 11 章　商品交付：
决定分销策略

学习目标

- 解释分销渠道是什么，识别批发中间商的类型，并描述不同类型的分销渠道。
- 列出并解释规划分销渠道策略的步骤。
- 讨论物流和供应链的概念。
- 了解如何为面试做准备，以最大限度地提高你得到工作的机会。

真实的人，真实的选择：迈克尔·福特
▼BDP 国际公司的决策者

迈克尔·福特（Michael Ford）是国际运输领域的专业人士，专门从事进出口文件和法规监管工作。他负责 BDP 国际公司的法规监管部门。迈克尔的工作包括开发和管理公司（在增值产品方面）的咨询部门，如法规监管、供应链安全、关税退税、客户教育和物流流程的分析与管理，以及所有与进出口货物处理和管理相关的政府问题。对于 BDP 国际公司而言，迈克尔对政府规章制度的沟通能力和系统逻辑思维能力很重要，迈克尔的能力可以帮助 BDP 国际公司快速、果断地理解并解决复杂的监管问题，并最大化减少对客户的影响。

迈克尔在 BDP 工作超过 36 年。在担任现职之前，他以副总裁的身份领导公司的区域海洋出口服务部门。在过去的 20 年里，他曾与一些世界领先的公司合作并担任倡导者，与美国海关和商务部/人口普查局在进出口项目的开发、试点和自动化方面进行了互动。除此之外他还担任过其他职位，迈克尔是新海关 ACE 系统的出口委员会贸易联合主席，他曾是海关商业运营咨询委员会（COAC）成员，并担任过中大西洋地区出口委员会主席。目前，他还担任美国化学理事会（American Chemistry Council）责任关怀委员会（Responsible Care Committee）合作伙伴部门的主席，并在费城圣约瑟夫大学（Saint Joseph's University）教授 MBA 国际物流课程。他于 1979 年获得天普大学工商管理学士学位。

迈克尔的信息

我不工作的时候做什么：

和家人在一起或者打篮球。

我的座右铭：

努力工作，简单生活。

我的动力：

学习和分享新知识的机会。

我的管理风格：

信任为你工作的人，并且允许他们自己做决策。

我正在阅读的商业类书籍：

约翰·科特的《领导变革》。

与我面谈时不要这样做：

问我一些私人的问题。

迈克尔的问题

BDP 国际有限公司是全球首屈一指的国际物流公司，专注于定制物流解决方案，该方案由卓越的人才、行业领先的执行流程和专有技术提供支持。BDP 不是以资产为基础的，这意味着它不拥有在世界各地运输客户货物的飞机、船只和卡车。这种结构使 BDP 非常灵活，因为它可以挑选合适的运输公司来满足特定客户的需求。

BDP 带着重新定义货运代理业务的目标，于 1966 年在费城海关大楼的一个单间办公室中成立。该公司的创始人老理查德·博尔特（Richard Bolte Sr.）发现了重塑复杂的国际销售和采购订单文档流程的机会，从而为客户带来长期而有意义的降本。

自成立以来，BDP 不仅聚焦于提供货运的服务，而且致力于为复杂的物流问题寻找解决方案，为客户创造巨大价值。BDP 是一家家族企业。在 BDP 初创企业转变为全球企业的过程中，家族所有权的连续性培养了一种独特的服务文化并使其制度化，这独特的服务文化一直是 BDP（无与伦比的）行业声誉的标志。BDP 是唯一一家总部位于美国、拥有全球规模的私营货运代理公司。

百事公司是 BDP 的众多大型客户之一；BDP 与他们合作，将产品销往世界各地。百事公司是拥有 22 个品牌的母公司，这些品牌包括百事饮料、桂格燕麦和菲多利。2015 年 1 月，世界经济论坛（WEF）在瑞士达沃斯举行重要会议。来自世界各地的经济决策者将出席会议，他们中的许多人都参与了当前许多世界性问题的讨论，这些问题影响着像百事可乐这样的大公司以及消费者和环境。

对于该公司的桂格食品品牌来讲，这个舞台是一个完美的场所，该品牌可以在会议上开设"咖啡馆"，并利用这个机会向与会者提供其新型"早餐棒"样品。由于该公司正在将早餐棒推向消费市场，桂格食品的公关营销团队非常渴望展示这条新产品线，这次活动将为他们的首次亮相提供一个全球舞台。在会议开始前两周，桂格请求 BDP 帮助他们将 102 箱早餐棒运到达沃斯的会场。

这一请求并不像听起来那么容易。问题在于早餐棒是在美国制造的，生产地点没有得到欧盟的批准。欧盟对其允许进口的（产品）原料有非常严格的管控，瑞士是欧盟成员国之一，因此它遵循欧盟的规定。BDP 只有很短的时间将货物从美国运出，并且必须说服瑞士海关在会议前为货物放行。如果桂格食品的产品没有及时出现，客户看到光秃秃的货架会感觉很糟糕，而这一失败也会给 BDP 带来严重的负面影响。

BDP 不得不努力去考虑所有可能会把工作搞砸的监管问题。最大的症结在于，欧盟要求所有食品都要贴上标签，列出所有成分，而且标签必须用意大利语、德语或法语印刷，瑞士海关不会因为会议而提供英语的特别豁免权。如果 BDP 必须打开每个包装箱，用一种许可的语言重新标记 4000 多根桂格早餐棒，那么所需的额外资源将使修订订单（贴上标签）变得不现实。

他的方案 1、2、3

说服瑞士海关允许 BDP 在 102 个箱子的外面贴上新标签而不是贴在 4020 个单独的包装上。 这一承诺将允许产品进入瑞士。然而，给每个箱子贴标签的成本以及贴标签所需的时间可能会使得 BDP 无法在会议开始时及时运送货物。如果 BDP 必须添加另一种语言的标签，这种解决方案也许会掩盖正常的包装，并隐藏其他产品信息。

确定生产地在欧洲的另一种桂格食品，并说服客户用它来代替早餐棒。 因为本地厂商将能够为会议提供本地产品，所以选择在欧洲生产的桂格食品。另一方面，桂格想用它的创新给来自世界各地的参与者留下深刻印象，而它将要推出的新早餐棒就能做到这一点。

按照 BDP 在瑞士海关的联系人的建议，提供用规定语言所写的成分清单。 这一方案将消除为每个早餐棒或者包装箱贴标签的成本，以及按计划运输箱子所需的额外劳动力成本和时间。然而，建议的解决方案仅限于口头，由于涉及的官僚程序，BDP 将不得不在实物产品实际到达时联系海关，并提醒当时的工作人员考虑这个建议。由于目前的工作人员可能并不是提出建议的人，因此，BDP 将会冒很大的风险。检查员面对 100 多箱货物检查时，有时要依靠自己的判断来处理货物。而且，BDP 仍需在不到一周的时间内将这些箱子从美国中西部的制造厂运到瑞士。客户必须支付所有相关费用，而他们可能对此不太高兴。

现在，把你自己放在迈克尔的立场上。你会选择哪个选项，为什么呢？

你的选择

你会选择哪一个选项？为什么？

☐ 方案 1   ☐ 方案 2   ☐ 方案 3

分销渠道和批发中间商的类型

现在你已经做了所有的工作来了解你的目标市场。你创造了产品，你也为它定价。你的脸书页面吸引了众多品牌粉丝。但很抱歉，你还没有完成营销组合——现在你需要把你的产品运到市场（即分销）。将成品从制造商交付给最终客户的活动就是**实体分销（physical distribution）**。如第1章所述，分销渠道是一系列公司或个人，他们推动产品从生产商流向最终客户。在许多情况下，这些渠道包括由生产商（或制造商）、批发商和零售商组成的有序网络，这些渠道成员发展关系，共同努力，将产品更方便地提供给渴望购买的消费者。而且正如迈克尔·福特在 BDP 国际的决定所表明的那样，跨国界运送货物需要深入了解特定国家或国际管理机构的法律法规。

分销渠道有不同的形式和规模。你买肉桂卷的那条街附近的面包店是一个渠道成员，当地超市的烘焙食品区、出售饼干来搭配双份卡布奇诺咖啡的星巴克，以及以折扣价出售面包卷的面包折扣店也是渠道的成员。

分销渠道至少由一个生产者（制造或生产某种商品或服务的个人或公司）和一个消费者组成。如果只有一个生产者和一个消费者，这叫作**直销渠道（direct channel）**，当你在夫妻面包店买面包时，你是通过直销渠道购买的。通过网站、目录、免费电话或工厂直销店直接向客户销售自己产品的公司也使用直销渠道。

另一种分销方式是通过**间接渠道（indirect channel）**，即公司通过第三方分销产品。这些外部实体通常包括一个或多个**渠道中间商（channel intermediaries）**——公司或个人，如批发商、代理商、经纪人和零售商，他们以某种方式帮助产品推向消费者或企业用户。例如，一家面包店可能会选择将其肉桂面包出售给批发商，批发商再将一盒盒的面包出售给超市和餐馆，然后超市和餐馆再将它们出售给消费者。你可能听过关于中间商的更古老的说法，那就是中间人。

分销渠道的职能

包括一个或多个中介的渠道往往会比单个组织更有效地完成某些分销功能。

正如我们在第2章中看到的，在国际分销渠道中尤其如此，各国的习俗、信仰和基础设施的差异可能会使全球营销成为一场噩梦。但是反过来，如果能利用好分销商——如果能依靠像 BDP 这样了解当地习俗和法律的分销商，即使是小公司，也能在复杂的全球市场上取得成功。

总的来说，渠道可以联系我们在第1章中描述的地点、时间和占有的效用。渠道成员在合适的时间、合适的地点，为消费者提供合适的大小和数量的产品。假设，你想为一个特别的人买一束完美的花。你可以自己种植，甚至可以从垃圾堆里"找"一束。幸运的是，你可能只需打一个简单的电话或点击几下鼠标就可以完成这项任务，当地的花店会"像变魔术一样"将花束送到你爱人的门前。

分销渠道提供了大量的物流运输，提高了货物从生产商到消费者的流通效率（本章后面将详细介绍）。如果没有现代化的超市系统提供便利的店内购物或送货上门服务，我们将如何购买食品杂货？我们必须从乳品店买牛奶，必须从面包店买面包，必须从当地农民那里买西红柿和玉米，必须从面粉厂买面粉。也别再想某些特色产品了，比如魔爪能量饮料或 Kind 海盐黑巧克力坚果能量棒。生产这些产品的公司将不得不处理数百万笔交易，才能卖给每一个渴望食物的人。

分销渠道提高了效率，因为它们减少了商品从许多不同的制造商流向大量客户所需的交易次数。这以两种方式发生。第一种方式是**分装（breaking bulk）**。批发商和零售商从制造商那里购买大量（通常是箱）商品，但每次只向许多不同的客户销售一种或几种。第二种方式，渠道中间商在**创建产品组合（create assortments）**时减少了交易数量；他们在一个地方提供各种各样的产品，这样客户可以方便地从一个卖家那里购买许多不同种类的商品。

图 11-1 提供了一个简单的分销渠道运作的例子。这个简化的例子包括 5 个生产商和 5 个客户。如果每个生产商都将其产品销售给每个客户，那么就必须进行 25 次不同的交易，这不是一种有效的分销方式。但如果有一个中间商，从 5 个生产商购买产品，并向 5 个客户销售，我们就将交易数量减少到 10 次。如果有 10 个制造商和 10 个客户，中间商会将交易数量从 100 次减少到 20 次。从计算的结果来看：渠道是有效的。

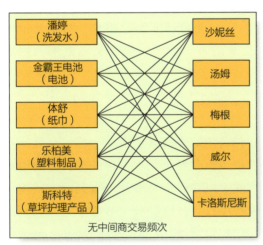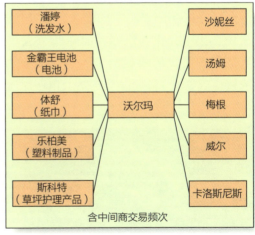

图 11-1　通过中间商减少交易数量

分销渠道的功能之一是提供各种产品。因为客户可以在同一地点购买许多不同的产品，这降低了获得产品的总成本。

货物的**运输和储存（transportation and storage）**也是分销的职能。也就是说，零售商和其他渠道成员将货物从生产点转移到其他地点，在那里他们可以保存这些货物，直到消费者需要它们。渠道中间商还执行许多**便利功能（facilitating functions）**，使客户和制造商更容易购买。例如，中间商经常向买家提供信贷服务。

许多人喜欢在实体百货商店购物，因为如果我们对产品不满意，我们可以将其带回商店，商店里友好的客服很乐意给我们退款（至少在理论上）。但客户友好型零售商也在网上提供同样的便利功能。在 B2B 市场中，这样的客户服务更为重要，因为在 B2B 市场上，客户购买大量高价产品。渠道成员也执行**风险承担功能（risk-taking functions）**。例如，如果零售商从制造商那里购买了一种商品，但是没有顾客想要，商品就一直放在货架上，那么零售商必须承担这件商品的损失。易腐物品存在更大的变质和损失风险，因此它们的渠道风险很高，比如，美国的蓝莓上市时间很短。零售商想备货以满足每年的高需求；但是，货架上的蓝莓过了黄金期后就会变软，变得毫无吸引力了。

中间商执行**通信和交易功能（communication and transaction functions）**，渠道成员通过这些功能开发和执行渠道成员之间的促销和其他类型的沟通。批发商购买产品是为了让零售商可以买到，零售商处理与最终消费者的交易。渠道成员可以为制造商提供双向沟通。一方面，他们可以提供广告、人员销售和其他必要的营销传播，以告知消费者并使他们相信某种产品能够满足他们的需要；另一方面，渠道成员可以成为宝贵信息（消费者投诉信息、口味变化信息和市场新竞争对手的信息等）的来源。

渠道职能的变革

在未来，处理产品的渠道中介可能会变得过时。许多公司正在淘汰传统中介，因为他们发现许多传统中介没有在分销渠道中创造足够的价值，我们称之为分销渠道的**去中介化（disintermediation）**。从字面上看，去中介化意味着移除中介。对于营销人员来说，去中介化在许多方面降低了成本：更少的员工，不需要在交通繁忙的地区购买或租赁昂贵的零售物业，也不需要为商店提供花哨的装置和装饰。当你从 ATM 机取钱，或者在 Expedia 等网站上预订往返机票和酒店住宿时，你会感受到去中介化的影响。

B Christopher/Alamy Stock Photo

一些批发商和零售商会协助制造商，为他们经营的产品提供安装、维修和维护服务。百思买的极客小队就是一个很好的例子。

与营销的许多其他方面一样，互联网正在从根本上改变公司在供应链成员之间协调的方式，以终端消费者从未看到的方式使分销变得更有效。这些公司开发了更好的方法来实施**知识管理（knowledge management）**，这个方法非常全面，包括收集、组织、存储、检索公司的信息资产。这些信息资产包括数据库、公司文件以及员工（根据过去经验总结的）解决新问题的实际知识。在 B2B 的世界中，这个过程可能通过内部网发生。

正如你在第 4 章中读到的，内网是一个企业内部的通信网络，它使用互联网技术来连接公司部门、员工和数据库。但它也可以促进渠道合作伙伴之间的知识共享，因为它是一个安全和受密码保护的平台。这种更具战略性的信息管理，为所有合作伙伴创造了双赢的局面。

但与大多数网络事物一样，互联网作为一个分销渠道，既带来了快乐也带来了痛苦。互联网分销的一个更加麻烦的问题是潜在的 **在线分销盗版（online distribution piracy）**，这指的是通过互联网盗窃知识产权和未经授权重新利用知识产权。从本质上讲，这种盗版行为等同于 **侵犯版权（copyright infringement）**，即未经版权持有人许可而使用受版权法保护的作品。不幸的是，这太简单了。这种弊病在很多大学中都会出现，包括盗窃或未经授权使用知识产权、未能正确地注明出处，以及抄袭。

像 Chance the Rapper 这样的艺术家已经脱离了传统的分销渠道，将他们录制的音乐带给他们的粉丝。

让我们看一个相似的产品分销问题，你可能对这类产品比较熟悉。下载未经授权的音乐一直是"唱片"行业的重大困扰，以至于整个行业的本质都被颠覆了，许多音乐人寻找一种新的有效的商业模式。音乐行业的许多人都在重新思考他们所做的事情到底能带来什么价值，以及在哪里增加价值。对于大多数的音乐消费者来说，一张实体 CD 的价值已经大幅下降，许多听众根本不愿意为艺术家的作品支付任何费用。越来越多的音乐艺术家，如尼克·乔纳斯（Nick Jonas）和黛米·洛瓦托（Demi Lovato），从传统唱片公司逃到网上，在那里他们至少可以控制一部分发行渠道。而从德雷博士（Dr. Dre）到尼尔·杨（Neil Young），许多时代和流派的其他明星都拒绝在粉丝可以在线欣赏的 Spotify 上发布他们的专辑。事实上，消费者和音乐制作者还需要很长的时间去接受新型的分销渠道。

除了音乐，电视节目和电影也很容易成为网络盗版的目标。对于像奈飞这样的公司来说，与内容提供商合法合作，对提供的网络内容收费，分销盗版对双方来说都是一个严重的问题。流行的即时通信应用已经成为人们分享窃取登录许可的论坛。有趣的是，奈飞在（美国以外）盗版率较高的市场调低了价格，以吸引更多的消费者通过公司网站购买合法产品。此外，奈飞认为，让合法访问内容变得更容易、更方便，可以减少盗版。

到目前为止，我们已经了解了什么是分销渠道，并讨论了它的一些功能。现在让我们来看看具体类型的渠道中介和渠道结构。

批发中间商

怎么能买一件新的比莉·艾利什 T 恤或连帽衫呢？你可以在当地的音乐商店购买，

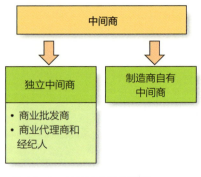

图11-2 关键的中间商类型
中间商既可以是独立的第三方机构，也可以是制造商自营的渠道体系。

比如像 Hot Topic 这样的时尚服装店，或者在它的网上商店买一件。你可能会在一场演出中看到一大群人从摊贩那里买一件"比莉·艾利什演唱会官方 T 恤"，你也可能会进行一笔类似的"交易"，买到一件非法的、未经授权的同款衬衫（这件衬衫来自音乐会场外小贩的破旧手提箱）。也许你在 www.bilieeilish.com 网上购物，那里的每一种产品都有一条不同的路径将产品从生产者运送到消费者手中。让我们看看不同类型的批发中间商和不同的渠道结构。图 11 - 2 描绘了关键中间商类型，表 11 - 1 总结了每一种类型的重要特征。

批发中间商（wholesaling intermediaries）是将产品从制造商流通到零售商或企业用户手中的公司。有许多不同类型的 B2B 批发中间商。其中一些是独立的，但也有从属于制造商和零售商的。

表11-1　中间商的类型

中间商的类型	描述	优势
独立中间商	与不同的制造商和客户开展业务	被大多数中小型企业使用
• 商业批发商	从生产者那里获得商品，并出售给组织客户；有的商业批发商功能齐全，有的商业批发商功能有限	允许小型制造商以具有竞争力的成本服务于全球客户
• 现购自运批发商	为批发商所在地的小型企业客户提供产品	分销低成本商品给小型零售商和其他企业客户
• 货车贩运批发商	向零售商提供易腐食品和烟草制品	确保有效交付和销售易腐物品
• 承运批发商	接受零售商的产品订单和账单，从制造商直接发货	促进大件产品的交易
• 邮购批发商	通过商品目录、电话或邮购进行销售	为小型组织客户提供价格合理的销售选项
• 货架批发商	为零售商提供展品，检查库存，并为零售商更换商品	为零售商提供全方位的商品销售服务
• 代理商和经纪人	提供服务以换取佣金	不拥有产品的合法所有权，保持卖方对产品的合法所有权
• 制造商代理商	使用独立销售人员；运营多条非竞争产品线	负责小型和新公司的销售职能
• 销售代理，包括进出口代理	处理一个或多个产品的所有产出	负责小型制造商的所有营销职能
• 佣金商户	按照产品销售价格收取佣金	主要在农业产品市场发挥作用

MARKETING REAL PEOPLE, REAL CHOICES 营销的真相（原书第11版）

中间商的类型	描述	优势
● 商品经纪人，包括进出口经纪人	确定可能的买家，并将买家和卖家聚集在一起	提高有许多小型企业和卖家的市场的运作效率
制造商自有中间商	许多运营活动都由制造商来管理	为大公司提高效率
● 销售分支机构	在不同的地区维持一定的库存（类似于批发商）	为不同地理区域的客户提供服务
● 销售办事处	不维持库存；不局限于某一地区，可以在不同地区发挥作用	降低销售成本，全面提供更好的客户服务
● 制造商展厅	展示产品，以供客户参观	方便客户了解商品

独立中间商

独立中间商（independent intermediaries）与许多不同的制造商和消费者进行交易。由于没有制造商拥有或控制它们，它们使得许多制造商能够在保持低价的同时为世界各地的消费者提供服务。

商业批发商（merchant wholesalers）是独立的中间商，他们从制造商那里购买商品，然后卖给零售商和其他 B2B 客户。因为商业批发商取得了商品的**所有权**（take title），所以他们承担一定的风险，如果产品损坏、过时、被盗或不出售，他们可能会承担损失。因为他们拥有产品，他们可以自由地制定营销策略，包括制定他们向客户收取的价格。值得一提的是，有几种不同的商业批发商：

- **全方位服务批发商**（full-service merchant wholesalers）他们为客户提供广泛的服务，包括物流、信贷、产品使用协助、维修、广告和其他支持，甚至包括市场研究。全方位服务批发商通常有自己的销售团队来拜访企业和组织客户。一些普通的商品批发商销售各种各样的商品，而特殊批发商则销售单一产品线的广泛品种。例如，一个糖果批发商只经营糖果和口香糖产品，但却储备了足够多的不同品种，足以让你的牙医做一年的噩梦。

- 相比之下，**有限服务批发商**（limited-service merchant wholesalers）给客户提供更少的服务。与提供全方位服务的批发商一样，提供有限服务的批发商拥有商品的所有权，但不太可能向零售商提供送货、信贷或营销协助等服务。有限服务批发商有以下几种特定类型：

  a. 现购自运批发商为零售商和工业客户提供低成本的商品，这些客户体量太小，其他批发商的销售代表都不愿联系。在这种批发模式下，客户支付现金购买产品，并自己负责物流。采用这种分销模式的产品主要是食品杂货、办公用品和建筑材料。

  b. 货车贩运批发商将他们的产品运送到小型企业客户的所在地，供他们检查和选择。货车贩运批发商经常向小杂货店供应易腐物品。例如，面包店的货车贩运批发商检查超市货架上的面包库存，拿走过期的东西，并建议商店需要重新订购多少面包。

c. 承运批发商是有限服务批发商，他们拥有商品的所有权，但从未实际占有商品。承运批发商从零售商和工业买家处接受订单，并向其开具账单，但商品直接从制造商处发货。因为他们拥有商品所有权，所以他们承担着与其他批发商相同的风险。承运批发商对于大宗产品（如煤炭、石油或木材）的生产商和消费者来说都很重要。

d. 邮购批发商通过目录而不是销售人员向小型零售商和其他工业客户销售产品，这些客户通常位于偏远地区。邮购批发商通常有库存产品，并要求在发货前以现金或信用卡支付。邮购批发商供应化妆品、五金和体育用品等商品。

e. 货架批发商为零售商提供专业产品，如美容健康产品和杂志。货架批发商之所以得名，是因为他们拥有并维护杂货店、药店和多种店铺的产品陈列架。这些批发商定期拜访零售客户，以保持库存水平，并在货架上装满商品。想一想货架上的杂志换得有多快，如果没有专业人员把旧杂志撤下来，再把新的放进去，零售商们就很难保证你在《人物》杂志上市的第一天就能买到最新一期。

代理商和经纪人（merchandise agents and brokers） 是第二类主要的独立中间商，他们提供服务以换取佣金。他们可能占有产品，也可能不占有产品，但他们从不拥有所有权，也就是说，他们没有产品的合法所有权。代理商和经纪人存在区别，代理人通常长时间代表买方或卖方，但经纪人只是短时间内被雇用：

- 制造商代理商或制造商代表是独立的销售人员，他们销售几类没有竞争关系的产品。它们与制造商有合同安排，这些合同概述了销售区域、销售价格和渠道成员关系的其他具体方面，但几乎没有提供任何监督。制造商通常根据销售额的一定百分比向代理商支付佣金。制造商代理商往往拥有强大的客户关系，为小型公司和新公司提供销售职能。
- 销售代理，包括进出口代理，销售一个完整的产品线或一个制造商的总产量。他们通常像一个独立的营销部门一样工作，因为他们执行与全方位服务批发商相同的职能，但不拥有产品的所有权。与制造代理商不同，销售代理商拥有无限的销售区域，并控制其产品的定价、促销和分销。我们在家具、服装和纺织品等行业经常能找到销售代理商。
- 佣金商户是接收货物（主要是农产品，如谷物或牲畜）的销售代理人，他们接受委托，也就是说，他们占有产品，但没有所有权。卖家可能会说明他们愿意接受的最低价格，但佣金商户可以自由地以他们可以得到的最高价格出售产品。佣金商户按产品的销售价格收取佣金。
- 商品经纪人，包括进出口经纪人，是促进房地产、食品和二手设备等市场交易的中间商，其中有许多小买家和卖家。经纪人确定买家和卖家，并将两者撮合在一起，在交易完成后收取一定的费用。

制造商自有中间商

有时制造商建立自己的渠道。通过这种方式，他们可以运营独立的业务部门，这些业务部门执行独立中间商的所有职能，同时仍然保持对渠道的完全控制。

- 销售分支机构是制造商拥有的设施，就像独立的批发商一样，它们保持一定的库存，并在特定地理区域为客户提供销售和服务。我们发现在石油产品、工业机械设备以及机动车辆等行业设有销售分支机构。
- 销售办事处是制造商拥有的机构，就像代理商一样，不保持一定的库存，而是在特定的地理区域为制造商提供销售服务。因为他们不保持产品库存，并允许销售队伍接近客户，因此他们降低了销售成本，并提供了更好的客户服务。
- 制造商展厅是制造商拥有或租赁的设施，产品被展示给客户参观。商品市场通常是多个建筑物，一个或多个行业在里面举行贸易展览，许多制造商设有永久性的陈列室。零售商可以在展会期间参观，也可以全年参观，以查看制造商的商品并进行 B2B 采购。

分销渠道的类型

　　企业在构建分销渠道时面临许多选择。他们是否应该直接向消费者和企业用户销售？如果批发商、零售商，或者两者都包括在渠道中，他们会受益吗？直接销售给一些客户，同时又通过零售商销售给其他人，这样做有意义吗？当然，对于所有的产品，没有单一的最佳渠道。营销经理必须根据目标市场的规模和需求，选择一种能为公司及其产品创造竞争优势的渠道结构。让我们分析一下这些管理者需要考虑的一些因素。

　　当他们制定分销策略时，营销人员首先考虑不同的**渠道层次（channel levels）**，即分销渠道中有多少不同类别的中间商。很多因素对这个决定有影响。有哪些渠道成员可用？这个市场有多大？消费者购买产品的频率如何？消费者需要什么服务？如图 11－3 所示，总结了分销渠道可以采取的不同结构。生产者和消费者永远是成员，所以最短的渠道可能有两个层次。使用零售商增加第三个层次，批发商增加第四个层次，依此类推。消费者市场和 B2B 市场都存在不同的渠道结构。

　　那么服务呢？你将在第 12 章中了解到，服务是无形的，所以没有必要担心存储、运输和其他物理分布的功能。在大多数情况下，服务直接从生产者传递到消费者。然而，我们称之为代理的中介可以在帮助各方完成交易时增强某些服务的分配。这些代理的例子包括保险代理、股票经纪人和旅行社。

消费者渠道

　　如前所述，最简单的通道是直接通道。为什么有些生产商直接向客户销售？其中一个原因是，与零售商相比，直接渠道可能使生产商以更低的价格更好地

一个快速增长的渠道是 C2C。eBay 和其他类似的在线平台提供了从一个消费者到另一个消费者的直接分销渠道，包括支付、发货、退货和提供服务体验评论的机制。从本质上讲，一些 eBay 卖家确实是商家，如果你从买家那里获得了好评，那么在 eBay 上销售会有不错的收入。

M4OS Photos/Alamy Stock Photo

为客户服务。与使用当地超市销售面包相比，使用直接渠道的面包师会确保顾客享用到更新鲜的面包。此外，如果面包师通过超市销售面包，价格会更高，因为超市需要花费经营成本和需要从面包中获得自己的利润。事实上，有时直接渠道是销售产品的唯一途径，因为使用渠道中间商可能会将价格提高，导致消费者不愿意购买。

使用直接渠道还有一个原因是控制。当生产者管理分销时，它保持对定价、服务和交付的控制——交易的所有要素。由于分销商和经销商销售许多产品，因此很难让他们的销售人员集中精力销售一种产品。在直接渠道中，生产者直接与客户合作，因此可以洞察趋势、客户需求和投诉，以及营销策略的有效性。

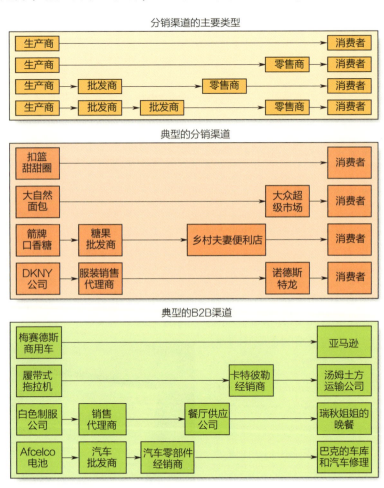

图11-3 不同类型的分销渠道
不同分销渠道的参与成员数量存在显著差异。

几年前耐克公司（Nike）推出了一项名为"三双战略"（triple double strategy，2X）的全新增长计划。通过它，该公司承诺将其"创新的节奏和影响"加倍，将其推向市场的速度加倍，并且与消费者渠道问题最相关的是，将其"与消费者的直接联系"加倍。2X战略的基石是耐克消费者体验（NCX），其中包括耐克自有的（直接面向消费者的）网络，以及大量精简的批发分销合作伙伴。当大多数国际大公司为了捍卫自己的地盘，加倍投入让他们成功的渠道策略时，耐克却反其道而行之，没有加大投资以寻找更多的中间商，而是对自有的（直接面向消费者的）渠道采取了更多的控制。

为什么生产者选择使用间接渠道接触消费者？在许多情况下，是因为消费者熟悉某些零售商或其他中间商，他们总是去那里寻找他们需要的东西，例如，说服消费者从商品目录或互联网上购买洗衣粉或冷冻比萨而不是从街角的超市购买，可能是很困难的。

此外，中间商还用我们前面描述的各种方式帮助生产者。通过创造效用和提高交易效率，渠道成员使生产者的生活更轻松，并提高他们接触消费者的能力。图 11－3 中的生产商—零售商—消费者渠道是最短的间接渠道。三星通过百思买（Best Buy）等大型零售商（实体店或网店）销售电视时，就使用了这个渠道。由于零售商大量购买，零售商可以以较低的价格获得库存，然后将这些节省下来的费用转嫁给消费者（这就使得这些零售商比那些小型、专业的商店有了竞争优势）。这些零售巨头的规模也意味着它们可以为规模较小的零售店提供（批发商处理的）实体配送服务，如运输和仓储。

生产者—批发商—零售商—消费者渠道是消费者营销中常见的分销渠道。举一个例子，一家冰淇淋工厂，供应四五家地区批发商。这些批发商将冰淇淋出售给 400 或更多的零售商（如杂货店），而零售商则将冰淇淋卖给成千上万的顾客。在这一渠道中，地区批发商将许多制造商的产品组合在一起为杂货店提供服务。由于杂货店与许多批发商做生意，这种安排提供了广泛的产品选择。

你将在第 12 章中读到更多关于零售商的内容，结合前面的讨论，目前有一个很好的发展方向，企业可以通过当天送货上门来提高客户满意度。如果你从来没有这样做过，可以在 DoorDash、Instacart 或任何其他类似的快递服务网站上快速查看一下，这些服务自新冠疫情以来呈指数级增长，在那些快递服务网站上，你可以从沃尔玛、开市客、塔吉特和沃尔格林等商店快速获得日常必需品。在服务领域，TaskRabbit 的主页上宣称，它有能力当天为你提供勤杂工或搬运工。这些新时代的渠道机会都是由零工经济推动的——人们乐于担任多个独立的角色，而不是做传统的工作，这让他们可以随心所欲地工作。

B2B 渠道

B2B 分销渠道，顾名思义，促进商品从生产商向组织或商业客户的流动。一般来说，B2B 渠道平行于消费者渠道，它们可以是直接的或间接的。例如，工业市场中最简单的间接渠道是单一中间商（我们称之为工业分销商而不是零售商）从制造商那里购买产品并将其出售给企业客户。

与消费者市场相比，直接渠道在 B2B 市场更为常见，是因为 B2B 营销通常意味着公司向（只有少数客户组成的）市场出售高价值、高利润的产品（一件工业设备可能值数十万美元）。在这样的市场中，公司发展自己的销售队伍，直接向客户销售，在财务上是有意义的。在这种情况下，对内部销售队伍的投资是有回报的。

双重或多重混合分销系统

图 11-3 说明了简单的分销渠道是如何工作的。结合前面提到的例子（耐克添加 NCX 直接面向消费者网络），生产商、经销商、批发商、零售商和客户实际上可能参与多种类型的渠道。同样，床上用品制造商 Boll&Branch 在新泽西州的一家豪华商场开设了第一家实体店，但是它的床上用品并没有标价很高。该公司希望证明其价格较低的床上用品实际上比一些价格更高的床上用品更好。唯一能让怀疑者感受区别的方法就是给他们一个机会，让他们去实体店尝试。无处不在的在线分销渠道亚马逊收购了全食超市（Whole Foods），开始涉足实体零售领域，并且事实证明，这是一个有利可图的举措。我们称这些方法为**双重**或**多重分销系统**（**dual** or **multiple distribution systems**）。

制药行业提供了一个使用多重分销的例子。制药公司至少通过三种渠道分销产品：

1. 他们直接向医院、诊所和其他组织供货。这些客户大量购买，购买的产品种类繁多。因为医院和诊所一次分发一片药片，而不是 50 片一瓶，所以这些销售点需要的产品包装与其他类型客户需要的包装不同。

2. 当他们向沃尔格林（Walgreens）等大型连锁药店销售药品时，他们依赖于间接的消费者渠道，后者将药品分销到全国各地的药店。或者，我们中的一些人宁愿以更个人的方式从当地的独立药店购买药物，在那里我们可以在等待的时候买到冰淇淋苏打水。在这种间接消费者渠道中，制造商向药品批发商销售，而药品批发商又向这些独立经销商供货。

3. 最后，这些公司直接向第三方付款方出售，如 HMO、PPO 和保险公司。美国的制药公司都很清楚，尽管《平价医疗法案》（Affordable Care Act）未能废除，但医疗分销渠道的未来仍远未明朗。

2017 年，亚马逊收购了全食超市，创建了一个非常成功的双重分销系统。

一些公司不是通过单一渠道为目标市场服务，而是将渠道——直销、分销商、零售和直邮——结合起来，形成一个**混合营销系统**（**hybrid marketing system**）。信不信由你，整个商业世界实际上并没有实现无纸化。因此，公司实际上仍然购买复印机（听起来很像 1999 年），而且数量很大。曾经，你只能通过施乐的销售人员购买一台施乐复印机。今天，除非你是一个非常大的商业客户，你可能会从当地的施乐授权经销商或通过施乐网站购买施乐机器。施乐转向了一个强化的经销商网络进行分销，因为这种混合营销系统为公司提供了一定的竞争优势，包括扩大市场覆盖范围、降低营销成本，以及提高（为当地市场定制服务的）潜力。

分销渠道和营销组合

回想一下，营销组合的要素包括产品、促销、地点（即分销渠道）和价格。那么，关于地点（渠道）的决定与其他三个 P 有什么关系呢？首先，地点（渠道）影响定价。比较两种营销人员，一种通过沃尔玛、T. J. Maxx 和 Marshalls 等低价零售商分销产品，另一种向蒂芙尼等专卖店或诺德斯特龙等高端百货公司销售产品，这两种营销人员将有不同的定价目标和策略。当然，产品本身的性质也会影响分销渠道中的零售商和中间商。制造商选择大众零售商来销售中等价位的产品，同时通过高端百货公司和专卖店来分销高端产品，如昂贵的珠宝。

分销决策有时可以使产品在其市场中占有独特的地位。例如，皓齿公司（Ultradent Products, Inc.），专门通过持牙科专业证的人员销售其牙齿美白产品 Opalescence®。相比之下，其他公司通常通过传统的零售渠道销售牙齿美白产品，皓齿公司的方式使得消费者更愿意购买其产品。皓齿公司之所以选择这样的渠道，是因为皓齿公司一开始就将 Opalescence® 定位为专家认可的高端产品。他们依靠牙医和工作人员来推销产品的专业性，这种方式比零售商或制造商的广告更能赢得消费者的信任。因此，当皓齿公司推出一款家用产品时，消费者立即认为它的质量会比杂货店货架上的同类产品更好、更有效。

此外，分销渠道本身（你获得产品的一种全新方式）可能有助于将产品以独特的方式定位。也就是说，你获得产品的方式可能是使其具有吸引力的原因之一。一个很好的例子是**订阅盒子（subscription boxes）** 的流行，这种商业模式每年都在飞速增长。许多人喜欢从邮件中得到惊喜（只要不是账单或陪审团传票）。如今，许多新兴公司提供惊喜，里面装满你潜意识里想要的东西。比如 FabFitFun（美妆、时尚、健身产品）、CauseBox（可持续产品）、Rocksbox（珠宝）、Ipsy（化妆）、Sips by（茶）、HelloFresh（餐盒）、Winc（葡萄酒）、BarkBox（狗用品）和 BOTM（书籍）。这个市场的男女比例约为 6:4（女性:男性），最新估计的全球订阅电子商务市场市值约为 150 亿美元！

Daria Nipot/Shutterstock

订阅模式大受欢迎。这是一种相当新的商业模式，它依赖于制造商定期地（直接地）向消费者发货。

分销渠道中的道德规范

公司通过分销渠道向消费者提供其产品的方式可能会造成道德困境。例如，由于零售商的规模使他们在与制造商谈判时有很大的议价能力，许多大型零售连锁店强迫制造商支付一笔**上架费（slotting allowance）**——制造商为使零售商同意在店内货架上摆放自己的产品而支付给零售商的费用。

尽管零售商声称这些费用是对库存产品成本的弥补，但许多制造商认为，上架费更像是拦路抢劫。当然，这种做法阻止了许多负担不起上架费的小型制造商将其产品送到消费者手中。

在某些情况下，产品最终通过一个或多个未经制造商授权的渠道销售。这对您来说可能有点奇怪，这种做法被称为**产品转移（product diversion）**，对于制造商来说，这可能是一个大问题，因为一旦产品落入未经授权的经销商和零售商手中，就会失去控制。许多制造商的担忧是，他们的产品一旦被转移，最终会以某种价格或形式出售，而这种价格或形式会损害公司品牌和公司与授权分销商之间的关系。产品转移在美容产品中很常见，因此这些产品专门通过沙龙和其他护发专业人员销售。Tigi、Red-ken、Pureology、Kérastase 等沙龙质量品牌积极向消费者宣传：在现有的专业沙龙分销渠道之外购买他们的产品有潜在风险，这些风险包括买到仿冒、用过、过时或配方稀释的商品，以及遇到其他相关的安全问题。

那么是谁制造了产品转移呢？大多数情况下，**分流渠道（diverter）**是制造商的固定客户，当产品以特别促销价格提供时，他们有意超额购买产品，将其储存在库存中，直到促销结束，然后在渠道内销售产品。此外，产品转移也可能来自零售商或分销商以不合法的方式销售（转移）过剩的库存。

还有一个道德问题涉及特定渠道中间商（无论是制造商、批发商、零售商，或其他中间商）的绝对规模。作为大型零售商的典范，沃尔玛多年来一直被指责，指责它是导致大量独立竞争对手（即夫妻店）倒闭的罪魁祸首。最近几年，该公司已经开启了一个非常引人注目的计划，该计划帮助其较小的竞争对手。该项目为城市新店附近的五金店、服装店和面包店提供资助；提供如何在沃尔玛门店附近生存的培训；在沃尔玛门店内提供免费广告。虽然这肯定对小企业有利，但对沃尔玛在洛杉矶和纽约等城市的营商环境也有利（它之前在市中心建立新店的计划遭到了一些当地社区的反对）。

总的来说，所有的渠道中间商都必须以专业、道德的方式行事和对待彼此，并且不要通过他们的渠道活动对消费者造成伤害（财务或其他方面）。渠道中的每一个成员都想赚钱，但以牺牲他人成功来最大化自己成功的行为是注定要失败的，因为以这种方式进行的合作最终会破裂。相反，中间商应该在渠道中合作，以有效的方式向消费者分发产品，从而使参与渠道的每个人（包括消费者）都获得成功！实现双赢！

学习目标总结

分销渠道是一系列促进产品从生产者流向最终消费者的公司或个人。渠道为顾客提供了场所、时间和占有效用，减少了商品从许多制造商流向大量顾客所需的交易次数。渠道成员通过提供重要的客户服务使采购过程更容易。

批发中间商是处理产品从制造商流向零售商或商业用户的公司。批发商是独立的中间商，拥有产品的所有权，包括全方位服务批发商和有限服务批发商。商品代理商和经纪人是独立的中间人，不享有产品的所有权。制造商拥有的渠道成员包括销售分支机构、销售办事处和制造商展厅。

分销渠道的长度各不相同，从最简单的两级渠道到具有三个或更多渠道级别的较长渠道。分销渠道包括（生产商直接向消费者销售的）直接分销，以及（可能包括零售商、批发商或其他中间商的）间接分销。B2B 分销渠道促进了商品从生产者流向组织或商业客户。生产者、经销商、批发商、零售商和客户可以参与一种以上的渠道，称为双重或多重分销系统。最后，一些公司将渠道——直销、分销商、零售和直邮——结合，创建了一个混合营销系统。

营销的真相

11.2

制定渠道策略

客户想要购买大批量还是小批量的产品？他们是坚持在当地购买，还是会从遥远的供应商那里购买？他们为了拿到产品愿意等多久？这些问题，营销人员都想知道。

当营销人员遵循图 11-4 中的步骤时，规划分销渠道的工作最有效。在本节中，我们首先看企业如何制定分销目标，然后我们再检查影响分销决策的因素，最后我们讨论企业如何选择不同的分销策略和战术。

在分销渠道内经营的公司——制造商、批发商和零售商——进行**分销规划（distribution planning）**，这是一个制定分销目标、评估内部和外部环境对分销的影响以及选择分销策略的过程。

第 1 步：制定分销目标

分销计划的第一步是制定一个目标，该目标支持组织的整体营销目标。分销如何与营销组合的其他要素协同来增加利润？提高市场份额？增加销售量？一般来说，任何分销计划的总体目标都是使公司的产品能够在顾客希望的时间、地点和数量上以最低的成本获得。当然，更具体的分销目标取决于产品和市场的特点。

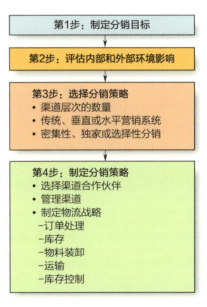

图 11-4　计划分销渠道步骤

分销规划从设定渠道目标和评估环境开始，最终形成渠道战略和战术。

例如，如果产品体积庞大，主要的分销目标可能是最大限度地降低运输成本。如果产品是易碎品，目标可能是开发一个减少磕碰的运输渠道。在向大众市场推出新产品时，渠道目标可能是提供最高的产品曝光率（如 BDP 与其客户桂格食品的合作），或使产品更容易靠近客户生活和工作的场所。有时候，营销人员会在竞争者销售同类产品的地方提供他们的产品，以便消费者比较价格。

第2步：评估内部和外部环境影响

在制定了分销目标后，营销人员必须考虑其内部和外部环境，以制定最佳的渠道结构。渠道应该是长还是短？密集性分销、选择性分销还是独家分销？短的而直接的渠道可能更适合 B2B 营销人员，因为他们的客户更集中，需要高水平的技术知识和服务。公司经常直接向最终客户销售昂贵或复杂的产品。短的选择性分销渠道对于易腐产品也更有意义，因为将产品快速送到最终用户手中是首要任务。然而，较长的分销渠道和更密集的分销通常最适合廉价、标准化的消费品，这些消费品需要广泛分销，且产品的使用几乎不需要技术专长。

组织还必须审查诸如其自身处理分销的能力、可用的渠道中间商的数量、客户接触中间商的能力以及竞争对手如何分销其产品等问题。一家公司是否应该使用与竞争对手一样的零售商？得视情况而定。有时候，为了确保顾客的注意力不被分散，公司不会在自己的商店（比如制造商控制的零售店）里销售竞争对手的产品。在其他情况下，一家公司使用与其竞争对手相同的中间商。例如，哈雷戴维森摩托车只能在指定的哈雷精品店里买到，比亚乔的小摩托车只能在小摩托车经销商那里买到（这两种商品在亚马逊上都没有销售），但是你可以在每一个便利品销售点找到可口可乐、高露洁牙膏和士力架（请记住我们在第 8 章中关于便利产品的性质的讨论）。

最后，当营销人员研究竞争对手的分销策略时，他们可以从对手的成功和失败中学习。如果竞争对手客户最大的抱怨是交货速度，那么开发一个允许当天交货的系统可能会让竞争对手相形见绌。

第3步：选择分销策略

规划分销策略意味着要做出几个决定。首先，分销计划决定分销渠道的层级数。在上一节关于消费者和 B2B 渠道的部分中，我们已经讨论了渠道层级，如图 11 - 3 所示。除了层次的数量之外，分销策略还涉及两个关于渠道关系的额外决策：①传统系统还是高度集成系统将发挥最佳作用；②适当的**分销密度（distribution intensity）**，即每一个层级的中间商数量应该是多少。下一节将深入介绍如何制定这两种分销策略决策。

决策 1：传统营销系统、垂直营销系统还是水平营销系统？

任何分销渠道的参与者都形成了一个相互关联的系统。一般来说，这些营销系统有 3 种形式：传统形式、垂直形式或水平形式。

1. **传统营销系统（conventional marketing system）** 是一个多层次的分销渠道，其中成员彼此独立工作。他们之间的关系仅限于彼此之间的生意关系。每家公司都寻求受益，几乎不关心其他渠道成员。尽管渠道成员独立工作，但大多数传统的渠道都是非常成功的。首先，该渠道的所有成员都在朝着相同的目标努力——培养客户需求、降低成本和提高客户满意度。每个渠道成员都知道，公平对待其他渠道成员符合每个人的最佳利益。

2. **垂直营销系统（vertical marketing system，VMS）**，在这个渠道中，渠道成员在（两个或两个以上）不同的层次上进行正式的合作：制造、批发和零售。公司开发 VMS 是为了通过降低渠道活动产生的成本来更好地满足客户需求。通常，VMS 可以提供传统渠道无法提供的合作和效率。在最大限度提高渠道有效性的同时，也最大限度地提高效率并保持低成本。

成员共享信息并向其他成员提供服务；他们认识到，当每个人都想达到期望的目标市场时，这种协调会使每个人更成功。有三种类型的垂直营销系统：管理式、公司式和合同式：

1）在**管理式垂直营销系统（administered VMS）**中，基于单个渠道成员的权力，渠道成员保持独立且自愿合作。强大的品牌能够管理一个 VMS，比如，如果制造商足够强大以至于经销商渴望与制造商合作，在这种情况下，制造商就可能管理经销商。

2）在**公司式垂直营销系统（corporate VMS）**中，单个公司拥有制造、批发和零售业务。因此，该公司完全控制了所有渠道的运营。例如，零售巨头梅西百货拥有全国性的配送中心和零售店网络。

3）在**合同式垂直营销系统（contractual VMS）**中，合作是通过合同（法律协议）来执行的，合同规定了每个渠道成员的权利和责任以及他们将如何合作。这种安排意味着，渠道成员组成的群体比单个渠道成员发挥更大的影响力。在批发商赞助的 VMS 中，零售商在批发商的领导下自愿合作。连锁店的零售成员使用一个共同的名字，在广告和其他促销活动中合作，甚至开发自有品牌。批发商赞助连锁店的例子有很多，比如独立杂货商联盟（IGA）食品店和 Ace 五金店。

在有些情况下，零售商自己组织合作型营销渠道系统。**零售商合作社（retailer cooperative）**是由一组零售商组成，他们建立批发业务，以更有效地与大型连锁店竞争。每个零售商都拥有批发业务的股份，并有义务从合作经营中购买一定比例的库存。联合杂货店和 True Value 五金店是零售商合作社的例子。

特许经营组织（franchise organization）是一种合同式垂直营销系统。特许经营组织内有特许经营者（制造商或服务提供商），特许经营者允许企业家（被特许经营者）使用特许经营名称和营销计划并收取费用。在这些组织中，合同安排明确界定并严格执行渠道合作。在大多数特许经营协议中，特许经营人为加盟商（被特许经营者）提供各种服务，例如帮助培训员工、提供低价材料以及选择人流大的商铺。作为回报，特许经营者从被特许经营者那里获得一定比例的收入。通常，加盟商（被特许经营者）有义务严格遵循特许经营者的商业模式，以维持特许经营权。

从制造商的角度来看，特许经营是一种以最小财务风险发展广泛产品分销的方式，同时保持对产品质量的控制。从企业家的角度来看，特许经营是一种很好的创业方式。

3. 在**水平营销系统（horizontal marketing system）**中，两家或两家以上在同一渠道层次的公司同意合作、共同努力，将产品提供给客户。有时，不相关的企业会伪造这些协议。如今，大多数航空公司都是横向联盟的成员，这使得它们在提供客运航空服务时能够进行合作。例如，美国航空公司是寰宇一家联盟（oneworld alliance）的成员，该联盟还包括英国航空、国泰航空、芬兰航空、伊比利亚航空、日本航空、LATAM、马来西亚航空、澳洲航空、卡塔尔航空、皇家约旦航空、S7 航空公司和斯里兰卡航空公司。这些联盟增加了所有航空公司的客运量，因为预订联盟内一家航空公司航班的旅行社更有可能预订联盟内另一家航空公司的中转航班。为了增加客户的利益，它们还分享飞行常客计划和机场俱乐部。

决策 2：密集分销、独家分销还是选择性分销？

在一个给定的市场中，应该有多少批发商和零售商销售该商品？这似乎是一个简

Afin/Alamy Stock Photo

哈雷戴维森采用独家分销策略，在独家精品店销售产品，让客户只关注到自己的摩托车品牌。这里没有本田或雅马哈。

单的决定：应该通过尽可能多的中间商分销商品。但是再想一下，如果商品进入了太多的渠道，可能会有低效率和冗余的工作。例如，如果城里有太多的本田经销商，就会有很多未售出的本田汽车停在经销商的停车场上。但是，如果没有足够的批发商或零售商来销售产品，制造商将无法最大化其产品的总销售额（及其利润）。如果顾客不得不驱车数百千米才能找到本田经销商，那么他们可能会因为方便而选择丰田。综上所述，分销目标既有可能提升其在市场上的分销水平，又有可能是降低其在市场上的分销水平。

产品分销的三种基本选择分别是密集分销、独家分销和选择性分销。表 11-2 总结了 5 个决策因素（公司、消费者、渠道、约束和竞争）以及它们如何帮助营销人员确定分销系统和营销目标之间的最佳匹配。继续读下去，你会发现这些类别与你在第 8 章中了解到的便利产品、特色产品和选购产品有关。

表 11-2 密集分销 vs.独家分销的特征

决策因子	密集分销	独家分销
公司	面向大众市场	面向专业市场
消费者	消费者密度高 价格和便利性优先	消费者密度低 服务和合作优先
渠道	重叠的市场覆盖	非重叠的市场覆盖
约束	服务个人客户的成本低	服务个人客户的成本高
竞争	基于强大的市场占有率 通常通过广告和促销	基于对客户的个性化关注 通常通过关系营销

密集分销（intensive distribution）旨在通过所有批发商或零售商来销售产品，从而最大限度地扩大市场覆盖范围。营销人员利用密集分销来销售便利品，如口香糖、软饮料、牛奶和面包，消费者会很快用完这些商品，并且必须经常更换。这些产品的密集分销是必要的，因为客户在决定是否购买这类产品时，可用性比任何其他因素都更重要。

与密集性分销不同，**独家分销**（exclusive distribution）意味着将分销限制在特定地区的单一销售点。市场营销人员通常通过独家分销渠道销售钢琴、汽车、高管培训

MARKETING: REAL PEOPLE, REAL CHOICES 营销的真相（原书第 11 版）

项目、电视节目和许多价格昂贵的特色产品。他们通常将这些策略用于价格高、服务要求高的产品，以及（单一地理区域内）买家数量有限的产品。独家分销使批发商和零售商能够更好地回收（在长期销售过程中每个客户发生的）成本，在某些情况下，还可以提供广泛的售后服务。

对于奢侈品，采用独家分销策略可以帮助营销人员创建消费者对产品的联想（如排他性、质量或神秘性），并确保产品由非常合适的零售商提供。例如，超高端手表制造商百达翡丽只通过少数授权零售商销售其产品，而且在很多情况下，每个零售商每年只收到一件新型号的产品。授权经销商需经过严格审查，审查标准是他们是否适合销售、是否有能力销售和维修这些（价格从 1 万欧元到 100 多万欧元不等的）手表。该公司不在网上销售其手表，也不希望其零售商这样做。

也就是说，如果你在网上搜索百达翡丽手表，虽然你会发现一些电子商务网站出售该公司的产品，但是这些产品是通过该公司的**灰色市场（gray market）**获得的。通过独家分销销售的高端奢侈品往往会出现灰色市场上。与本章前面介绍的产品转移概念相关，灰色市场代表的是那些未经制造商正式定义和授权的产品分销渠道。从技术上讲，在灰色市场上发生的交易并不违法（与非法"黑市"的概念不同）；因此，使用中间颜色——灰色——是有意义的。但该产品的原始制造商并不认为灰色市场是合适的或有益的。

当然，现实中的分销很复杂，不仅有表 11 – 2 中的两种方式。以职业运动赛事为例（这也需要分销），球迷购买门票的方式可能与购买钢琴的方式不同，他们不需要太多个性化的服务，他们可能会因为一时冲动去看一场比赛。

虽然有些专业体育赛事使用独家分销，但机警的读者（或体育迷）可能会注意到，对于运动赛事的独家分销，也有一些例外。比如纽约有两支橄榄球队和两支棒球队，芝加哥球场有两支棒球队。我们称市场覆盖率小于密集性分销，但大于独家分销的分销方式称为**选择性分销（selective distribution）**（是的，这种类型介于两者之间）。这种模式适用于需求大（独家分销不足以供给），但销售成本、服务需求或其他因素不适用密集分销的情况。尽管白袜队的球迷可能不认为小熊队的存在是必要的（反之亦然），但美国职业棒球大联盟甚至一些球迷认为芝加哥市场足够大，足以支持两支球队。

选择性分销策略适用于大多数购物产品，如家用电器和电子设备，消费者愿意花时间去不同的零售店来比较替代产品。对生产者来说，选择性分销意味着他们可以自由选择那些信用评级好、

一座城市有两支职业橄榄球队？这正是选择性分销。

市场覆盖率好、客户服务好、合作更有效的批发商和零售商。对于批发商和零售商来

说，他们更喜欢选择性分销，因为它会带来比密集性分销更高的利润，而在密集性分销中，批发商和零售商往往不得不进行价格竞争。

第4步：制定分销策略

与其他营销的规划一样，分销规划的最后一步是制定实施分销策略所需的战术。这些决策通常关于使用何种类型的分销系统，比如直接还是间接的渠道或传统的还是综合的渠道。分销策略涉及实施这些战略的两个方面：①如何选择单个渠道成员；②如何管理该渠道。我们为做出这两个决定提供了见解。

首先要明白，这两个决定是重要的，因为它们往往对客户满意度有直接影响；没有人愿意等待他们购买的东西！对许多小企业来说，与亚马逊合作，利用其强大的分销能力是非常有吸引力的。亚马逊以极具竞争力的价格提供产品存储和运输方面的服务。像Instant Pot这样的公司，依靠亚马逊作为渠道成员，以极具竞争力的价格高效地分销产品。自2011年以来，Instant Pot已经颠覆了家庭烹饪行业，每年的销售额翻一番。在最近的黄金日，这些方便的多功能炊具被售出30多万台。注册亚马逊Prime会员的消费者可获得免费的两日送达的福利，这给通过亚马逊销售产品的公司带来了额外的好处。早些时候，Instant Pot利用了亚马逊的"亚马逊配送"项目——亚马逊为零售商提供仓库、运输和文书处理服务来换取一定的费用。由于亚马逊的规模，像Instant Pot这样的公司可以更有信心地扩大业务规模，亚马逊将能够一直超前地满足客户增加分销的需求。在需求高峰时期，外包分销相对于内部分销的真正优势在于，亚马逊可以轻松应对需求激增的问题。这种灵活性为像Instant Pot这样的公司节省了很多压力。

决策1：选择渠道合作伙伴

当公司同意在渠道关系中合作时，他们通常就会成为长期合作的伙伴。就像婚姻一样，对于制造商和中间商来说，明智地选择渠道合作伙伴是很重要的，否则他们以后会后悔，在评估中间商时，制造商试图回答以下问题：渠道成员是否会提高我们的盈利能力？渠道成员是否有能力提供客户想要的服务？潜在的中间商将对渠道控制产生什么影响？

例如，哪家中小型公司不会抓住机会让零售巨头沃尔玛分销其产品？有了沃尔玛作为渠道合作伙伴，一家小公司的业务可以翻一番、三番甚至四番。但信不信由你，一些认识到规模意味着渠道权力的公司实际上已决定不向沃尔玛出售，因为他们不愿意放弃对营销决策的控制。选择一个零售商并仅通过该零售商销售也有缺点。例如，如果该零售商停止销售该产品，该公司将失去唯一的客户（也许在放弃其他小客户之后），它将重新开始。

选择渠道成员的还有一个因素是竞争对手的渠道合作伙伴。由于人们在购买购物产品时会花时间比较不同的品牌，因此公司需要确保他们的产品将展示在竞争产品附近。如果大多数竞争对手通过大型零售商分销他们的电钻，制造商必须确保其品牌也

MARKETING REAL PEOPLE, REAL CHOICES 营销的真相（原书第11版）

在大型零售商那里出现。

在营销渠道中，公司致力于促进渠道成员的多样性是一种责任，应该认真对待。因此，许多具有高度社会责任感的企业开展了广泛的项目，从（由不同领导层拥有和经营的）公司中寻找和招募渠道合作伙伴。例如，可口可乐公司提供了一个供应商培训计划，旨在帮助女性拥有的企业成功进入其供应链。这一供应商多元化计划背后的理念是"当女性成功时，经济和社区将大大受益"。

决策2：管理渠道

一旦制造商制定了渠道战略并协调了渠道成员，管理渠道的日常工作就开始了。**渠道领导者（channel leader）**，或**渠道船长（channel captain）**，是控制渠道的主导企业。一家公司之所以成为渠道领导者，是因为它相对于其他渠道成员拥有更多的**渠道权力（channel power）**。渠道权力是渠道成员用于影响、控制和领导整个渠道的能力。这种权力有不同的潜在来源，其中包括：

- 如果一家企业有能力控制资源，它就有了经济权力。
- 一家企业，如特许经营者，如果它有法定权力来发号施令，它就有合法的权力。
- 如果一个制造商从事独家分销，并有能力提供有利可图的产品，并且有能力代替其他渠道中间商，那么它就具有奖励或强制权力。

从历史上看，生产商一直担任着渠道领导者的角色。例如，宝洁公司制定了以客户为导向的营销计划，跟踪市场趋势，并为零售商提供（最有可能提高销售额的产品组合）建议。但随着大型零售店的发展，亚马逊、家得宝、塔吉特、沃尔玛和沃尔格林等巨头开始承担渠道领导角色，因为它们的业务规模庞大。今天，更常见的是大型零售商向生产商发号施令，而不是由生产商来左右对零售商的供应。

一个典型的例子是，亚马逊试图利用其强大的渠道力量"说服"出版商阿歇特满足亚马逊（关于电子书定价）的条款，其"说服"方式是：人为地推迟其图书的发货，并限制阿歇特在搜索结果中的可见性。并且在条款谈判期间，阿歇特的一些畅销书不再接受预订。最终，亚马逊和阿歇特达成了和解，阿歇特仍然可以自行定价，但有证据表明，阿歇特私下做出了一些让步。

因为生产商、批发商和零售商相互依赖才能取得成功，**渠道合作（channel cooperation）**对每个人都有好处。当渠道领导者采取措施使其合作伙伴更成功时，渠道合作会受到激发。比如当渠道领导者采取措施，提供较高的中介利润率、培训计划、合作广告，以及专家的营销建议，这些行动措施是终端消费者看不到的，但却是批发商和零售商的眼中的激励因素。

当然，渠道成员之间的关系并不总是充满甜蜜和光明。由于每家企业都有自己的目标，目标之间可能存在冲突，此时就会出现**渠道冲突（channel conflict）**，渠道冲突可能会威胁到制造商的分销策略。这种冲突通常发生在同一渠道不同层次的渠道成员之间。目标不一致，沟通不畅，以及对角色、责任和职能的分歧都会导致冲突。例如，生产商可能认为，如果中间商只销售该厂商的品牌，生产商将会获得更大的成功和利润，但许多中间商认为，如果他们销售多种品牌，他们会获得更多盈利。

在本节中，我们一直关注公司将产品送到客户手中的分销渠道。在下一节中，我们将研究物流领域，并以介绍供应链概念作为结束。

学习目标总结

在分销渠道（制造商、批发商和零售商）内运营的公司需要进行分销规划，分销规划是一个制定分销目标、评估内部和外部环境对分销的影响以及选择分销策略的过程。营销人员开始通过制定分销渠道目标并考虑重要的内部和外部环境因素进行渠道规划。然后是决定分销策略，包括确定最佳的分销渠道类型。最后，分销策略包括个体渠道成员的选择和渠道的管理。

营销的真相
11.3

物流和供应链

一些营销教科书倾向于将营销的实践描述为 90% 的计划和 10% 的执行。事实不是这样的，在"现实世界"中（以及我们的书中），许多管理者认为这一比例应该反过来。

营销的成功在很大程度上是把握时机和兑现承诺的艺术。这就是为什么营销人员如此重视高效的**物流（logistics）**。从公司的角度来看，物流既包括公司的入库（原材料、零件、组件和供应品），也包括公司的出库（在产品和成品）。

物流也包括**逆向物流（reverse logistics）**——有关产品退货、回收和材料再利用以及废物处理的物流。正如我们在前几章中所看到的，随着企业开始更认真地将可持续性视为一种竞争优势，并投入更多的精力以最大化回收效率、节省资金和保护环境，物流变得更加重要。因此，你可以看到，物流是贯穿供应链所有要素中的一个重要问题。让我们更仔细地研究这个过程。

物流的内幕

你听过这句话吗，"军队靠肚子走"？后勤最初是一个军事术语，用来描述在正确的时间和条件下将部队和装备运送到正确的地点所需的一切。在商业中，物流也是类似的，它的目标是在正确的时间、正确的地点，以正确的价格交付客户所需要的产品。如图 11-5 所示，物流活动包括订单处理、仓储、物料装卸、运输和库存控制。这一过程影响着营销人员如何以最低的成本将产品运送到他们需要的位置，以及满足所需要的时间。

当一家公司进行物流规划时，重点也应该放在客户身上。在过去，管理人员认为物流只是实物配送，其目标是以最低的成本交付产品。今天，有远见的公司首先考虑客户的需求，达到客户的目标成为物流供应商的优先事项。这意味着，当企业做（大多数）物流决策时，它们必须在低成本和优质服务之间做出权衡。公司的目标不仅仅是以最低的成本交付市场所需的产品，而是在满足交付要求的情况下，以尽可能低的成本提供产品。虽然通过空运（甚至无人机）快速运输所有货物会很好，但目前这肯定是不现实的。

当营销人员制定物流战略时，他们必须做出与物流五大功能（见图 11-5）相关的决策。对于每一项决策，管理人员都需要考虑如何在保证客户所需服务的同时来最大限度地降低成本。让我们仔细看看这五个物流功能。

图 11-5　物流的五大功能
在制定物流战略时，营销人员必须做出与订单处理、仓储、物料装卸、运输和存货控制相关的决策。

订单处理

订单处理（order processing） 包括从订单进入组织到产品出厂之间发生的一系列活动。公司接到订单后，通常通过网络发送到办公室并进行记录保存，然后再发送到仓库进行填写。当订单到达仓库时，仓库的工作人员检查货物是否有库存。如果没有，他们就把订单置于待定状态，无库存信息先传达给办公室，然后再传达给客户。如果有库存，公司会将产品打包以供运输，并安排内部或外部发货人来提货。

幸运的是，许多公司通过**企业资源规划系统（enterprise resource planning systems，ERP）** 将这一过程自动化。ERP 系统是一个软件解决方案，它集成了整个公司的信息，包括财务、订单履行、制造和运输。只需要将数据输入系统一次，然后组织自动共享该信息，并将其链接到其他相关数据。例如，ERP 系统将产品库存信息与销售信息联系起来，以便销售代表可以立即告诉客户该产品是否有库存。

仓储

无论我们处理的是鲜切花、罐头食品还是计算机芯片，在某些时候必须存储商品（与服务不同）。存储商品使商家能够匹配供给和需求。例如，园艺用品在春季和夏季特别畅销，为了能够匹配这些高需求，生产这些用品的工厂一年 12 个月都在营业，然后将生产的产品存储起来。**仓储（warehousing）** ——为销售或转移给其他渠道成员而存储商品——使营销人员能够通过保留产品直到消费者需要它们，为消费者提供时间效用。

开发有效物流在某种程度上意味着决定需要多少仓库，每个仓库应该在哪里以及是什么类型的仓库。公司根据客户所在的位置以及是否靠近主要公路、机场或铁路来确定仓库的位置。仓库的数量通常取决于客户想要的服务水平。如果客户通常要求快速交货（最迟今天或明天），那么可能需要将产品存放在多个不同的地点，以便公司能够快速将货物运送给客户。亚马逊继续对其在全球的履行中心投入巨资，以满足客户需求，并确保产品尽可能快地送达消费者手中（越来越多的是在订购当天）。

公司使用私人和公共仓库来存储货物。那些使用私人仓库的公司有很高的初始投资。公共仓库是一种替代方案，它允许公司支付部分仓储空间的费用，而不必非要买下（或租下）整个存储设施。大多数国家在所有大城市和许多小城市都提供公共仓库，以支持国内和国际贸易。**配送中心（distribution center）**是一个仓库，用于短期存储货物并提供其他功能（例如散装）。大多数大型零售商都有自己的配送中心，这样其商店就不需要在仓库存放大量库存。

物料装卸

物料装卸（materials handing）是将产品移入、保存和移出仓库的过程。当货物进入仓库时，必须进行实物识别、检查是否损坏、分类并贴上标签。接下来，它们被带到一个地方储存。最后，将它们从存储区回收，用于包装和运输。这些货物可能经历十几次装卸。减少产品装卸次数的程序降低了产品损坏的可能性，降低了材料处理的成本。

运输

物流决策要考虑**运输（transportation）**的选择，即产品在渠道成员之间流动的方式。同样，做出运输决策需要平衡最小化成本和提供满意服务。如表 11-3 所示，包括铁路、水运、卡车、航空、管道和互联网在内的运输方式在以下方面有所不同。

亚马逊正在试验亚马逊 Prime Air 无人机送货服务，该服务有可能为物流公司的运输选择增加全新维度。

- 可靠性：承运人安全、准时交货的能力。
- 成本：将产品从一个地点转移到另一个地点的总运输成本，包括装载、卸载和运输中存储的费用。
- 交付速度：将产品从一个位置移动到另一个位置的总时间，包括装载和卸载。
- 可访问性：运营商服务（不同）地点的数量。

- 能力：承运人处理各种不同产品的能力，如大的或小的、易碎的或笨重的。
- 可追溯性：承运人在运输中定位货物的能力。

每种运输方式都有其优点和缺点，可以满足不同的运输需求。表 11-3 总结了每种方式的优缺点。

- 铁路：铁路最适合长途运输笨重的物品，如煤炭和其他矿产品。铁路的成本约为平均水平，提供了中等的运输速度。尽管铁路运输为许多地方提供可靠、低成本的服务，但火车不能将货物送到每个社区。
- 水运：船舶和驳船运载大型、笨重的货物，在国际贸易中非常重要。水上运输成本相对较低，但速度可能较慢。

- 卡车：卡车或汽车等运输车是消费品最重要的运输方式，尤其是短途运输。卡车运输具有灵活性，因为卡车可以到达船只、火车和飞机无法到达的地点。卡车还能运载各种各样的产品，包括易腐物品。虽然长途运输的成本相当高，但卡车在短途运输中是经济的。因为卡车提供门到门服务，所以产品处理量很小，这降低了产品损坏的可能性。
- 空运：空运是最快也是最昂贵的运输方式。它非常适合搬运贵重物品，如重要邮件、鲜切花和活龙虾。客运航空公司、航空货运公司和快递公司，如联邦快递，提供航空运输服务。船舶仍然是国际货物的主要运输工具，但随着国际市场的不断发展，航空运输网络变得越来越重要。当然，还有无人机——这无疑是下一代航空运输的一种方式，在今天还是一种新奇的方式，但在未来却有很大的前景。大多数情况下，公司都在无人机上建立站点，以完成货物运输的"最后一千米"。亚马逊、达美乐、沃尔玛、美国联合包裹（UPS）和 Alphabet（谷歌的母公司）等公司都在增加无人机的使用率，但提高（产品运送到最后几个街区所需的）精度需要较高的成本。
- 管道：管道输送石油产品，如石油、天然气和其他化学品。管道主要从油田或气田流向炼油厂。它们的成本非常低，所需能源很少，而且不受天气影响。
- 互联网：正如我们在本章前面所讨论的，银行、新闻和娱乐等服务领域的营销人员利用了互联网提供的分销机会。

表 11-3　运输方式的比较

运输方式	可靠性	成本	交货速度	可访问性	能力	可追溯性	最适合的产品
铁路	中等	中等	中等	高	高	低	重型或笨重的货物，如汽车、谷物、钢铁
水运	低	低	慢	低	中等	低	笨重的、不易腐烂的货物，如汽车
卡车	高	长距离高，短距离低	快	高	高	高	各种各样的产品，包括那些需要冷藏的产品
空运	高	高	非常快	低	中等	高	高价值的商品，如电子产品和鲜花
管道	高	低	慢	低	低	中等	石油产品和其他化学品
互联网	高	低	非常快	有潜力	低	高	诸如银行、信息和娱乐等服务领域

库存控制

物流的一个组成部分是**库存控制（inventory control）**，这意味着公司开发和实施一个流程来确保公司始终有足够数量的货物可供使用，以满足客户的需求。存货控制解释了为什么公司如此努力地跟踪商品，以便在低库存情况即将出现时知道他们的产品在哪里以及哪里需要它们。

库存控制最常用的工具之一是**库存周转率或存货周转率（inventory turnover or**

inventory turns），是指公司库存在给定时间内（通常在一年内）完全循环的次数。营销人员可以通过存货的成本或零售价格来衡量存货周转率，这个指标可以用单位来表示。只需确保你在分子和分母中使用相同的测量单位！常见的公式如下：

$$库存周转率 × 年销售成本 ÷ 某一时期的平均库存量$$

然而，该公式要求等到年底（或企业的会计年度结束）。还有一种选择是使用以下"快照"数字，它采用滚动方法，因此可以通过查看前 12 个月的销售成本和该期间结束时的当前库存来随时计算周转：

$$库存周转率 × 12 个月滚动销售成本 ÷ 当前库存$$

库存周转率的基准因行业和产品线而异。高销量/低利润的环境（如超市），每年的库存周转可能会达到 12 次或更多，但一些大宗商品（如牛奶和面包），每次出行都会购买，其周转率可能更高。在其他条件相同的情况下，公司可以通过增加库存周转率来大幅提高盈利能力，比如每年销售 a 产品 15 次而非 12 次，这自然会提高利润（只要产品 a 盈利）。然而，如果需要通过降价或增加促销费用来增加营业额，管理层必须仔细计算增加的销售额是否真的增加了利润（这就是营销人员可能陷入困境的地方，老话说得好："我们在赔钱，但我们会通过销量来弥补的！"）。

一些公司甚至正在逐步采用一种称为**无线射频识别（radio frequency identification, RFID）**的先进技术（类似于司机用来快速通过收费站的 EZ Pass 系统）。RFID 可以让公司在衣服、药品或几乎任何种类的产品上贴上标签，上面的微型芯片包含了产品的内容、产地和目的地等信息。这项技术有可能彻底改变库存控制，并帮助营销人员确保他们的产品在人们想要购买时就上架。对制造商和零售商来说是好事，对吧？但一些消费者团体正在通过写博客和其他的举措对 RFID 发起抵制，他们将其称为"间谍芯片"，这些团体宣称 RFID 侵犯隐私，是乔治·奥威尔经典著作《1984》中（侵犯隐私）预言的实现。

企业储存货物（也就是说，他们创建一个库存）有很多原因。对于制造商来说，有时生产速度可能与季节性需求不匹配，因此，公司可能会采用一种被称为**均衡生产（level loading）**的做法。这是一种制造方法，旨在通过实施一致的生产计划，在需求高峰期和高峰期之后，平衡制造商对特定产品的库存持有能力和生产能力限制。例如，全年生产滑雪板，并为较冷的月份支付储存费用，这样可能比只在冬季生产更经济。当然这也是产能的问题，制造商需要了解自己在给定的时间跨度内（利用现有生产线和可用劳动力）生产产品的能力。

同样，对于从制造商或其他渠道中间商购买商品的渠道成员来说，订购与需求不完全平行的产品也可能是经济的。例如，配送成本使零售加油站无法根据人们当天的用油量实时下订单。相反，加油站通常订购一卡车的汽油，并将它们保存在地下油箱里。**缺货（stock-outs）**，即零库存情况会导致销售损失和客户不满。你是否曾经根据报纸上的广告去商店购买商品，却发现商店没有现成的商品？在新冠疫情暴发初期，当人们开始进入封锁模式时，任天堂 Switch 几乎在所有地方都售罄了。除了人们突然

MARKETING: REAL PEOPLE, REAL CHOICES
营销的真相（原书第 11 版）

有了额外的时间外，还因为新游戏《集合啦！动物森友会》几乎在同一时间发布，这使得消费者对任天堂 Switch 的需求翻番！

库存控制非常影响企业物流的总体成本。如果产品供应量太少，无法满足客户需求，公司可能不得不进行昂贵的紧急交付，否则客户就会被竞争对手抢走。如果库存高于需求，就会产生不必要的存储费用，并可能发生损坏或变质。为了平衡这两种相反的需求，渠道成员转向**准时制（just-in-time，JIT）**。JIT 按照生产现场的需要来安排原料的采购。这样可以最大限度降低库存成本，同时确保产品（在客户需要时）随时可用。

对于采用这种系统的公司来说，选择有能力按时交货的供应商很关键。JIT 系统将库存减少到非常低的水平（甚至为零），并仔细地安排交货时间，以保持恰到好处的库存数量。JIT 系统的优点是降低了仓储成本。对于使用 JIT 系统的制造商和经销商来说，制造商可能选择最近位置的供应商。为了赢得大客户，供应商甚至可能必须在客户附近建立生产设施，以保证准时交付。

我们都很容易想到，现在物流最大的趋势是在线订购和店内取货，这种趋势再次因新冠疫情期间的早期封锁而加剧。百思买就是一个很好的例子，因为该公司通过出色的执行能力，将以前的柠檬变成了柠檬汁。在过去，百思买深受顾客"只是在店里浏览"的困扰，这些顾客在体验完某种产品后会回家，在网上或其他地方以更低的价格购买。但现在，百思买在其快速取货计划下创造了几种方便快捷的选择，扭转了竞争局面。今天的客户"现在就想要"，而物流是成功满足这一需求并获得竞争优势的关键工具。

地点：通过供应链将一切联系在一起

供应链（supply chain），将原材料转化为商品或服务并将其交给消费者或商业客户所需的所有活动。山姆会员店及其姊妹公司沃尔玛在全球供应链效率方面具有标志性意义。为了减少总体库存过剩的情况出现，并更有效地满足消费者的需求，沃尔玛已经制定了一项战略，以提高公司供应链的灵活性。具体而言，这家零售巨头减少了总库存，增加了销售的产品种类，并将更多库存从实体店转移到了配送中心。沃尔玛甚至实现了与许多供应商的**交叉对接（cross-docking）**，将产品从供应商的卡车上直接转移到沃尔玛的卡车上，运往一家根本没有仓库的商店。随着越来越多的消费者在网上购物，这些重大的运营变化使沃尔玛能够更灵活地为这些客户服务，并且如果公司为在线购物者和店内购物者使用单独的库存管理方法，那么公司可以避免整体库存成本的大幅增加。

此外，当在一个地点观察到预期的需求增加时，配送中心将产品送到商店的效率比在商店之间实施库存转移要高得多。令人难以置信的是，沃尔玛的每一家商店都离配送设施不到 200 千米。这一变化带来的一个好处是，它解放了店内员工，减少了员工管理库存所需的时间，让他们更加专注于其他增值活动（如帮助客户）。综上所述，每家商店的库存减少可能意味着缺货的增加，一些客户将无法在他们想要的时候买到特定的产品。

亚马逊和沃尔玛清楚地了解供应链实践对提高组织绩效和利润方面的潜力，而且几乎每个行业中都有许多（拥有实体产品的公司）以这两家企业为最佳实践基准。事实是，分销可能是营销成功的"最终边界"。要了解其中的原因，请考虑一下营销的其他三个 P（产品、价格、促销）。经过多年的炒作，许多消费者不再相信"新的和改进的"产品真的是新的和改进的。几乎所有人，甚至是高档制造商和零售商，都试图通过激进的定价策略获得市场份额。广告和其他形式的促销在今天如此普遍，以至于失去了一些影响力。即使是热门的社交媒体策略也无法销售定价过高或质量低劣的产品，至少不会持续太久。营销人员已经认识到，在四个 P 中，渠道（分销 P）可能是唯一一个提供（真正）长期竞争优势机会的地方，尤其是因为现在许多消费者都希望（在冲动来临时）立即得到他们想要的东西，从而获得"即时满足"。

这就是为什么精明的营销人员总是在寻找新的方式来分销他们的产品。营销人员

快时尚零售商依靠非常有效的分销渠道，以比传统商店更快的速度不断补充库存。

传递价值主张的能力在很大程度上取决于理解和制定有效供应链战略的能力。当然，通常情况下，公司可能会决定引入外部公司来完成这些活动——这就是外包，正如我们在第 6 章中所了解的那样，当公司获得外部供应商来提供原本可能由内部提供的商品或服务时，就会发生外包。就供应链职能而言，外包公司是最有可能与公司建立某种形式的伙伴关系或合作业务的组织。

供应链管理（supply chain management） 协调供应链中各公司之间的流动以最大化总利润。这些"流动"不仅包括货物的物理移动，还包括货物信息的共享，也就是说，供应链合作伙伴必须彼此同步它们的活动。例如，他们需要沟通他们想要购买哪些商品（采购职能）、计划执行哪些营销活动（以便供应链合作伙伴能够存储足够的产品来满足促销带来的需求增加），以及物流方面的问题（例如提前发送发货通知，提醒合作伙伴产品正在运输途中）。通过这些信息流，公司可以有效地管理其供应链中的所有环节，从采购到零售。

作者托马斯·弗里德曼在其经典著作《世界是平的：21 世纪简史》中阐述了全球供应链管理中的一些影响深远的趋势。其中一个趋势是：某些公司将打破传统，将自己重塑为专家，接管客户供应链的协调工作。UPS 就是这种趋势的一个很好的例子。UPS 过去只是提供包裹递送服务，现在业务变多了，因为它还专注于**内包（insourcing）**业务。公司与（为其供应链提供服务的）UPS 专家签订合同就属于内包业务的流程。与外包过程不同（在外包过程中，公司将不重要的任务委托给分包商），内包意味着公司

引入外部公司来运营其重要业务。尽管我们倾向于将 UPS 与那些在镇里送货的棕色小卡车联系起来，但该公司实际上将自己定位为 B2B 领域一家业务广泛的供应链咨询公司！

最后，如果你想知道供应链和分销渠道之间的区别，其实其主要区别在于成员的数量及其功能。供应链的范围更广，包括那些提供原材料、零部件和生产商品或服务所需物资的公司，以及那些将产品送到最终用户手中的公司。最后一部分是分销渠道。

物流和供应链中断

作为一个市场营销专业的学生，今天，你将受到几个主要趋势的影响，其中一些对市场具有颠覆性，这将改变该领域的面貌。事实上，在营销规划和战略方面，在这些领域保持领先往往会产生非常大的竞争优势，因为许多公司未能投资最先进的物流和供应链体系。

技术将推动这些趋势。例如，虽然将无人机整合到配送体系中的全部潜力尚未实现，但用不了多久，将比萨空投到你家前廊的现象就会增加——而这只是冰山一角。我们在第 1 章中介绍过人工智能，并在第 5 章中进一步讨论，它是自动驾驶或"无人驾驶"车辆背后的关键驱动力。想想未来有多少产品的运输可以转向自动化的方式，这将为企业和消费者节省多少成本。例如，想象一下，一整支沃尔玛卡车车队没有司机！

亚马逊继续引领着物流和供应链领域的许多颠覆性变革。在第 5 章中，我们将预期装运定义为在客户下订单之前将产品交付给客户的系统，利用预测分析来确定客户想要什么，然后自动发货。对于亚马逊来说，他们对订单的预期发货算法实际上使他们能够在客户的下一个购买决策完全确定之前做出高度准确的供应和发货决策。从本质上讲，该概念旨在缩短从下订单到收到货物的时间，这为供应商和客户创造了双赢的结果（当然，假设算法的估计具有较高的准确性）。该系统对亚马逊的未来非常有价值，他们申请并获得了该系统的专利，专利局正式将其描述为"一种将包裹运送到目的地（地理区域）的方法，但无须在装运时完全明确收货地址，其收货地址在途中定义"。哇，亚马逊真的太领先了！亚马逊的方法获得了专利，并不意味着其他零售商不会努力完善自己的版本。

在第 1 章中，我们介绍了共享经济的概念，在共享经济中，随着越来越多的消费者继续转向产品和服务的租赁、共享、借贷和以物易物，非所有权形式的消费越来越受欢迎。这一趋势不仅对物流和供应链的未来有明显的影响，而且更广泛地说，对渠道和一般的实物分销也有影响。例如，TaskRabbit 和其他类似的众包网站实现了时间和技能共享的直接点对点协作，并有助于减少从传统企业市场（B2B 和 B2C）获取产品和服务的需求。关键问题是，在客户对客户（C2C）市场中，供应链元素和相关方面应该如何设置和执行？也就是说，共享经济的趋势显然会影响消费者行为和营销传播，但也不要低估它对市场规划和战略发展的潜在影响，以及对商品和服务如何分布的影响。

最后，这些例子强化了这样一个事实，即你非常幸运地在一个充满（可能性和颠覆性）变化的时代学习营销知识，这两种变化都为精明的营销人员创造了很多机会。我们认为，物流和供应链的创新和优化为企业提供了一个巨大的机会，可以改善其与客户的关系，降低成本，从而提高其在市场上的整体竞争力。

学习目标总结

物流是设计、管理和改进供应链的过程，包括在供应链中运输产品所需的所有活动。物流通过订单处理、仓储、物料装卸、运输和库存控制等活动为整个供应链做出贡献。

供应链包括将原材料转化为商品或服务并将其交给消费者或商业客户所需的所有活动。供应链管理协调供应链中各企业之间的流动以最大化总利润。

| 营销的真相 **11.4** | 打造你的品牌：传递你的价值主张 |

泰勒在打造个人品牌方面做得很好。他利用自己的优势和劣势来开发自己的核心产品，并了解自己在工资和其他补偿方面对潜在雇主的潜在价值。

现在是时候考虑他将如何表达自己的价值主张了，他需要开始为面试和对工作机会的评估做准备。

当我们谈论传递价值主张时，我们谈论的是让每一次面试都成功。为此，需要：

- 在面试前对公司进行调查
- 准备好可能需要提出和回答的问题
- 准备面试着装

把面试想象成打一个销售电话，一个推销自己和建立长期关系的机会。销售人员应尽可能多地了解客户，并准备演示文稿，重点介绍（吸引每位客户的）产品优势。换言之，销售人员在拜访客户之前已经掌握了所需的所有信息，以提高完成销售的机会。同样，需要收集尽可能多的关于公司和具体职位的信息，以增加获得工作的机会。

第 1 步：研究公司

雇主希望应聘者对公司进行调查，并在面试时做好准备。事实上，如果你没有调查过这家公司，这很可能会对你的面试造成重大打击，并可能使雇主立即将你从求职者名单上除名。

首先，确保你有一份完整的职位描述。招聘公告通常只提供了职位的亮点。在面试之前，可以联系公司的人力资源部门，询问更多信息。

如今，在线获取公司信息很容易。学习（我们的意思是阅读和做笔记，就像你准备考试一样）公司网站。请务必查看所有网站页面，尤其是"关于我们"的部分。查找有关公司、产品、客户、定位和最高管理层的信息。试着找到那个公司员工的类型和公司文化的线索。

正如你妈妈可能告诉你的那样："不要把所有的鸡蛋放在一个篮子里。"在求职过程中，这意味着"不要一次只看一份工作"。相反，你应该做一个计划，同时寻找多个潜在雇主。即使你准备面试一份工作，也要向其他公司发送简历，同时与你的人脉保持联系。

第 2 步：准备好问题和好答案

在面试中，难免会被问到你有什么问题。准备好提出"好"的问题。不要询问薪水和福利。相反，通过准备关于公司和职位的好问题来显示你对这份工作的兴趣。

要问的一些问题可能是：

- 您可以用一个词或几个词来描述公司文化吗？
- 您认为三年后公司会是什么样子？
- 这个职位的理想人选是什么样的？
- 担任该职位的人员必须具备的最重要的技能是什么？
- 未来 90 天，该部门将面临哪些挑战？ 这个职位的人在应对这些挑战时将扮演什么角色？
- 招聘流程的下一步是什么？

在面试官回答了你的问题后，你可能想通过重申自己的优势来跟进。例如，假设面试官告诉你，理想的人选会努力达到目标和学习新技能。接着你就讲述你达到目标的具体时间。

以同样的方式，为可能的问题准备答案。你应该准备好回答以下问题：

- 说说你自己吧。
- 你最大的劣势/优势是什么？
- 我们为什么要雇用你？
- 你认为其他人会如何描述你？
- 你对公司了解多少？
- 你为什么想要这份工作？
- 告诉我你在团队中工作的一段时间。

你甚至可能会被问到意想不到的问题，只是为了看看你对意外的反应：

- 如果你是一只动物，你想成为什么动物？

记住，准备面试最重要的三件事是练习，练习，练习。在许多学校，职业服务部会提供讲习班，让学生练习面试技巧。

第 3 步：结束面试

就像销售人员必须要求订单才能得到它一样，你需要要求这份工作才能得到这份工作。你可以通过这样的话让面试官知道你想要这份工作："我在进来之前做了一次调查，我对为贵公司工作很感兴趣。现在我对这份工作和为贵公司工作的优势有了更好的了解，我对此更加兴奋。我真的很希望有机会为公司做贡献。"

第 4 步：跟进

这是绝对必需的：在 24 小时内写一封手写的感谢信（最好不是电子邮件）。另一种方法是先发一封电子邮件，然后再手写一张纸条，这样可以让面试官记住你。这听起来可能有些"心机"，但它可以非常有效地将你与竞争对手区分开来！

在电子邮件和备注中，你应该：

- 感谢面试官花时间提供职位的信息。
- 提及面试中发生的具体内容，比如彼此的接触或你讨论过的话题。
- 简要描述你觉得自己很适合该职位的主要原因。
- 重申你对工作的兴趣。
- 真诚。

如果你没有收到雇主的通知，请在一周内打电话询问他/她的决定。这再次表明你对该职位感兴趣。一周左右询问 次是可以的。

穿什么和带什么

你应该很容易决定如何穿着：简单地穿职业装——不管你的职业是什么。即使你被要求穿商务休闲装，穿职业装也是可以的。第一印象对求职成功非常重要！

作品集展示了你的技能。带上课堂项目、实习或志愿项目的样本，或其他展示你技能的资料。如果项目是团队项目，请描述一下个人在团队中的参与情况以及你完成了项目的哪些部分。即使不是必需的，作品集也可以成为一个强大的工具，让你领先于其他求职者。

在文件夹或公文包中携带额外的简历副本。这一点很重要，因为面试官可能无法在面试你时找到你的简历，或者你可能会被要求会见其他面试官。

泰勒一直在努力准备在面试中表达他的价值主张。他列出了一系列要问和要回答的问题，并与学校的职业服务顾问练习了面试。他已经制作了一个作品集，向雇主展示他的工作质量，并且买了一套很棒的新衣服。

MARKETING REAL PEOPLE, REAL CHOICES 营销的真相（原书第 11 版）

学习目标总结

当创造个人品牌时，传达你的价值主张是为了让每一次面试都成功。为此，你需要：

1. 面试前对公司进行调查。确保你有一份完整的工作描述，并使用公司的网站和其他来源收集有关公司及其文化的更多信息。

2. 准备你可能需要问和回答的问题。准备好问一些关于公司和职位的好问题，而不是关于薪水的问题。你应该准备好可能需要回答的问题，可能是关于你、你的强项和弱项、你为什么想要这份工作以及公司为什么要聘用你。你需要经常练习提问和回答。在结束面试的时候，你需要让面试官知道你想要这份工作，然后写一封电子邮件和一张手写的便条。

3. 准备面试时的着装。需要穿着职业化。你也需要带上作品集和简历副本。

MARKETING
REAL PEOPLE,
REAL CHOICES

营销的真相 （原书第11版）

第 12 章   传递客户体验

学习目标

- 了解营销在传统零售、在线零售以及全渠道营销中对客户体验的关注。
- 定义零售业并了解零售业的发展。
- 了解如何对传统零售商进行分类。
- 描述 B2C 电子商务和其他常见形式的无店铺零售。
- 了解零售业未来发展的方式。
- 了解零售商因消费者和员工的不道德行为而面临的问题。
- 了解服务营销和其他无形资产的营销。
- 如何让每一次面试都成功。

Paula Hopkins

真实的人，真实的选择：宝拉·霍普金斯
▼百事公司的决策者

宝拉·霍普金斯（Paula Hopkins）博士是百事可乐饮料公司南佛罗里达地区的总经理/市场总监。她负责南佛罗里达百事可乐北方饮料公司的人力、业务和社区事务。自 1992 年加入百事可乐以来，宝拉曾在总部和分部担任过财务、运营和销售方面的职务。她曾担任沃尔玛东部团队的高级销售总监，在那里她领导了百事公司直接门店交付（DSD）的业务和佳得乐饮料战略发展的业务。宝拉在罗林斯·克鲁默研究生院完成了她的博士学位，她的论文研究了导师制度在女性高管职位晋升中的作用，她拥有罗林斯学院克鲁默研究生院的工商管理学位（主修市场营销），以及罗林斯学院的文学学士学位。此外，在她的任期内，宝拉在领导百事公司多样性融合的工作中发挥了很大的作用。她帮助百事营造了更具包容性的文化，帮助一代专业人员在百事公司的工作岗位上脱颖而出。

宝拉的信息

我不工作的时候做什么：
与家人共度时光、阅读和锻炼。

毕业后的第一份工作：
零售采购员助理。

希望自己没有犯过的一个（与工作有关的）错误：
没有要求更多的资源。

我正在阅读的商业类书籍：
西蒙·斯涅克《无限的游戏》。

我心目中的英雄：
我的妈妈，维多尼亚"维"斯科特。她在 2018 年去世，我现在越来越想念她。

我的座右铭：
我努力让人们有归属感。我喜欢玛雅·安杰洛的这句话："人们会忘记你所说的，人们会忘记你所做的，但人们永远不会忘记你带给他们的感受。"

我的动力：
我努力成为最好的自己，给我的家族留下一笔值得骄傲的遗产。

我的管理风格：
确定一种管理风格比较困难，因为我相信在不同情况下需要不同的管理风格。我使用最多的是远见型、民主型、变革型和教练型的管理风格。

宝拉的问题

百事公司是美国国家橄榄球联盟年度最大赛事——超级碗的主要赞助商。在亚特兰大举行的第 53 届超级碗比赛期间，百事公司为吸引观众所做的工作非常成功。随着 2020 年 1 月的到来，轮到宝拉和她的团队在迈阿密第 54 届超级碗比赛中做同样或更出色的事情了。她的工作是确保球迷和其他人（包括大量百事公司的忠实粉丝）享受到美好的客户体验。宝拉知道，这是她职业生涯中最重要的"比赛"。

对于许多利益相关者，包括百事公司的员工、迈阿密社区和美国国家橄榄球联盟，宝拉和营销团队必须说服他们的财务投资。超级碗的营销人员经常为活动制造纪念品或特殊包装，因此，如果宝拉的团队创造了一个新的纪念罐或其他附带产品，那么制造部门的人必须确保他们有足够的准备时间来安装和调试机器，以确保所有利益相关者得到投资回报。此外，百事公司的当地员工也希望能够参与活动，因为他们认为做（与迈阿密本地社区相关的）工作让他们感到很自豪。

在理想情况下，该项目将展现迈阿密独特的人文文化，因此宝拉和她的团队希望能找到可以激活自豪感的方式（营销、产品和促销），这意味着营销活动要与该城市的拉美人身份和热带风情相联系。百事公司知道，该地区有很大一部分顾客是拉丁裔，所以必须以某种方式与西班牙文化联系起来。

宝拉的总体目标是让现场球迷和在家观看比赛的球迷对百事公司产生好感，迈阿密的每个地方都应该有令人难忘的产品，百事可乐可以在商店和街道上激活消费者对百事可乐的积极印象，来提高公司的品牌份额。在以前的超级碗比赛中，百事公司通过发行一种特殊的纪念性易拉罐，在比赛举办地的当地市场引起了轰动，使公司获得了成功。在过去，营销人员只是在传统的易拉罐上添加超级碗的标志，但宝拉的团队想为今年的比赛创造一个独特的收藏品，并在比赛结束后继续推广。宝拉和团队能在多大程度上改变比赛？宝拉是否能在保持对百事可乐品牌的关注度的同时，举办一场与文化相关的第 54 届超级碗比赛活动？

她的方案 1、2、3

营销的真相

方案 1　　**将所有信息转换为西班牙语或西班牙式英语，提供有史以来第一个粉色的百事可乐罐，并在百事可乐 12 瓶包中添加一个大大的粉红色迈阿密图案，这是与该城市有联系的颜色。**这种鲜艳的颜色变化将使百事可乐的易拉罐脱颖而出。如果百事可乐推出一个新的易拉罐包装来纪念 2020 年超级碗，这本身就是一个有新闻价值的故事，它可以产生很多的兴奋点。然而，也有许多消费者可能无法理解其中的联系，如果他们认为这些易拉罐不是他们要的"百事可乐"，他们甚至不会购买。百事可乐是该公司的旗舰品牌，也是迈阿密市场上的第一大销售商，因此，最好不要在迈阿密冒险。

　　　　与百事可乐的全国性促销活动同步，并在该易拉罐上只显示超级 54 的标志和 NFL（国家橄榄球联盟）的盾牌。 这个方案在形状和颜色上与传统的百事可乐易拉罐没有任何区别。它将最大限度地减少与百事可乐基本款的冲突，因为基本款是消费者习惯购买的。但这个促销活动不会有任何独特或令人兴奋的地方，也不会与当地文化挂钩。

　　　　去年在亚特兰大举行的超级碗激活计划效果非常好。 为什么要对成功进行修补呢？只要再次重复成功元素就可以了，这将是非常容易完成的方案，因为去年所有的特别营销和包装元素都已经被批准。宝拉的团队可以直接重走一遍流程使该项目生效，她也不需要花很多精力来说服股东。但是，这些促销活动消费者已经看过了，没有新的和令人兴奋的元素，并且消费者也不会看到其与迈阿密市场的任何联系。

　　现在，如果把你放在宝拉的位置上。你会选择哪个选项，为什么？

做出你的选择

你会选择哪一个选项？为什么？

☐ 方案 1　　　　☐ 方案 2　　　　☐ 方案 3

12.1

客户体验就是一切

哇！如果你需要一盒饼干、一双鞋或一张去坎昆度假的票，你会去哪里购物？超市、大型商场、旅行社？还是在你的客厅里（穿着睡衣和可爱的绒毛拖鞋用笔记本电脑或智能手机来购物）？**零售业（retailing）**，无论是在实体店还是在线上，仍然是分销路径上的最后一站。但是关于零售业，你能指望的不变的东西也就这么多了。以下几点变化值得注意：

- 为了生存，实体店和网上零售店都必须能够提供卓越的客户体验（customer experience，简称 CX 或 CEX），我们在第 1 章中首次讨论了这一点。
- 获得消费者忠诚度不再取决于陈列架上整齐堆放的商品，也不再取决于销售价格或设计师的标签，传统的和非传统的零售商店（纯线上、全渠道的商家以及直销企业）都可以提供这些。重要的是顾客和卖家接触的质量，而不是接触的方式。
- 新冠疫情要求消费者的几乎所有活动都转向在线形式。从教育、就业到杂货店、药房和服装购物，无论年龄大小，在线活动都主宰着每个人的生活。
- 传统的"越大越好"的购物中心可能很快就会消亡，那些在十几岁时享受过购物中心的人将会记得并说："每周六在购物中心待上一整天——那是美好的时光。"

百事公司的宝拉·霍普金斯知道，很多人喜欢喝百事的饮品。但当他们参加像超级碗这样的大型活动时，他们想要的不仅仅是美味的软饮料。他们想要的是一种令人兴奋的体验，这种体验将在他们的记忆中延续数年。也许还有一些很棒的纪念品，比如一个粉红色的百事可乐纪念罐，当他们回到家时可以向朋友炫耀。

在本章的这一节中，我们将讨论非常重要的客户体验，以及营销人员如何努力为客户提供卓越的体验。然后，我们将看看更广阔的零售世界，了解它是如何变化的，以及它将如何继续变化。

正如我们在第 1 章中所说的，以合理的价格提供优秀的产品来获得一个满意的客户已经不够了。事实上，很多公司都能做到这一点。虽然这些要素仍然很重要，但它们只是进入商业比赛的门票。如果你想赢过别人，你就必须在营销组合的这些要素之上提供更多的东西。

今天，所有的营销活动都考虑顾客在购买商品或服务之前、期间或之后的体验，这意味着营销人员有责任详细了解这一过程的每一个方面。浏览公司的网站是否要花很长时间？产品送达时是否有一本厚厚的（甚至连科学家都看不懂的）说明书？在商店购物时是否感觉拥挤得像在高峰期挤地铁？

任何糟糕的经历都会破坏整个团队的努力，因此营销人员需要了解每一个细节，以确保客户体验尽可能愉快。我们在第 5 章中讨论绘制顾客旅程的想法时，讨论了这些细节（或称"接触点"）。这种对细节的关注正是营销人员在竞争激烈的环境中成功的秘诀。在本章中，我们将深入研究营销人员用来提供卓越体验的线上和线下渠道。

客户体验描述了客户（与商品、服务或零售场所互动）的总体评价。客户体验是客户与企业的每一次互动的总和，从浏览公司网站到与客服人员交谈，再到产品的包装。你所做的一切都会影响客户的感受，以及他们是否继续回购的决定。

在电子商务还没有出现的时候，聪明的零售商专注于设计实体店，为了使购物者想去购物：他们也许会播放当前的流行歌曲，甚至鼓励顾客创造自己的产品，就像Build-A-Bear连锁店那样。

这仍然是一个明智的做法，但如今的情况要复杂得多，现在客户经常在网上与企业互动，在某些情况下，这些客户从来没有进过实体店。这意味着客户体验必须包括线上和线下接触点，以确保与今天的数字原住民（那些出生在互联网时代的人）有积极的互动，无论他们是穿着睡衣在网上浏览，还是在商店里穿梭。

客户旅程地图

正如我们在第 5 章中所看到的，了解客户体验的最好方法之一是使用一种被营销人员称为**客户旅程地图（customer journey mapping）** 的技术。创建一个旅程图并不适合粗心的人，即使是最细微的细节，也需要极大的关注，因为这些细节可能会破坏一个好的体验。

在解决一个问题之前，必须先确定问题和找到问题。这就是为什么制作客户旅程地图要从指定的每个接触点开始。沟通中的接触点包括公司的网站、聊天机器人、电子邮件和邮政信件、传统广告和数字广告，以及公司和其他人在社交媒体上发布的帖子。人员的接触点是客户与公司代表的互动，包括销售人员和客户服务人员。物理接触点包括公司的物理位置、运送产品的卡车、员工穿的制服，以及产品本身及其包装。最后，感官接触点包括声音、视觉（如赌场里闪烁的灯球和昏暗的灯光）以及气味（如化妆品专卖店的香味）。

客户旅程是客户为完成与企业的交易而经过的路径（从开始到结束）。把它想象成《绿野仙踪》中的黄砖路。客户走过这条道路是因为他/她希望在最后得到一个好的结果，虽然我们希望沿途没有邪恶的飞猴，但很可能有"痛点"阻止我们的客户获得故事的圆满结局。绘图项目需要对（客户与产品、商店或服务互动时的）客户体验进行非常精确的跟踪。一个重要的目标是确定他们在交易过程中遇到的"痛点"，以减少消费者经历的摩擦。客户地图绘制过程包括几个基本步骤：

1. 确定买方的角色，正如我们在第 7 章中讨论的。
2. 确定客户的目标，即他们与组织互动时想要达到的目标。这些目标可以包括：轻松找到正确的产品；一键订购；获得包含正确商品信息的订单；如果客户遇到问题，可获得服务帮助，如退款服务；每次重复这个购买过程都有愉快体验。

3. 确定买家接触点可能出现的地方。这包括口头交流、公司网站、实体店、传统媒体、订单确认收据或电子邮件、公司网站应用程序、送货服务、电话、电子邮件等公司用来与客户沟通的社交媒体平台。

4. 确定客户遇到的具体痛点。例如，"没有开放足够多的收银台。"

5. 优先考虑并消除这些障碍。

6. 亲身体验客户之旅，不要只是"想象问题可能是什么"。从客户的角度体验过程，而不仅是从你的角度。

7. 更新和改进。最后请记住：你的最终目标不仅仅是满足客户的需求，还更应该是取悦客户，如果你不这么做，你的竞争对手就会这么做。

学习目标总结

营销人员不能再仅靠价格合理的优质产品来满足客户了，客户满意度来自客户的所有体验，从他们第一次接触公司广告到产品的安全交付。绘制客户旅程地图意味着识别客户体验的所有单个接触点，并评估每个接触点。这个过程使营销人员能够让客户保持满意。

营销的真相

12.2

零售业——21 世纪的模式

零售：一个混合（购物）袋

2019 年，美国的零售总额约为 21 万亿美元，而电子商务销售额占其中的近 3.8 万亿美元。超过 100 万家零售企业雇了将近 1600 万名员工，约占美国员工总数的 1/10。虽然我们倾向于将沃尔玛和西尔斯等大型商店与零售活动联系起来，但实际上，大多数零售商都是小型企业。某些零售商，如家得宝和开市客，既是批发商又是零售商，因为它们既为企业又为最终消费者提供商品和服务。

零售业在世界各地有着不同的面貌。在一些欧洲国家，你不能捏一个西红柿来看看它是否太软，或者拿起一个哈密瓜来闻闻它是否成熟。这样的行为会让你受到店员的谴责，因为这些挑选工作应该是店员做的，在这里店员会为你挑选橘子和香蕉。在亚洲、非洲和南美洲的发展中国家，零售业通常包括许多小型肉店，在那里你找不到密封的牛排和羊排包装。取而代之的是牛肉和羊肉自豪地挂在商店的橱窗里，这使每个人都会确信这些肉来自健康的动物，使每个人都可以放心。今晚不想做饭吗？你可以网上订餐，麦当劳、哈迪斯或肯德基的送货车就在几分钟路程的地方。你甚至可以通过埃及的 Otlob.com 或孟买的 Foodkamood.com 等网站在线订购巨无霸或辣味蔬菜龙卷。

西尔斯百货连锁店于 1892 年开始作为一家邮购目录公司成立，其目录到 1895 年已厚达 532 页，在全国各地都很有名，特别是在农村地区满足了很多消费者的需求（那些消费者所在的社区实体店数量不多）。第一批西尔斯实体零售店直到 1925 年才开业。

2020 年的新冠疫情再次改变了零售业，商家争相满足消费者对卫生购物环境的需求。

零售业的发展

随着时间的推移，零售业呈现多种形式，包括坐着马车兜售商品的小贩，宏伟的城市百货公司，私人精品店，以及销售薯片乃至雪地轮胎的巨型超级市场。但现在，在当地巨大的购物中心，你将看到手推车已经取代了马车；现在你已经把当地的大卖场换成了你的电脑、平板电脑或智能手机。随着经济、社会和文化的变化，不同类型的零售商出现了，它们挤掉了老旧的、过时的零售商。既然零售行业一直变更，那营销人员如何知道明天或 10 年后零售业的主导类型是什么呢？

关于这个问题，最古老和最简单的解释之一是**零售转轮假说（wheel-of-retailing hypothesis）**。图 12 - 1 显示，新型零售商在进入阶段以低端战略开始，他们以低于竞争对手的价格提供商品。在他们站稳脚跟后，随着设施的改善和商品的升级，他们会逐渐升级，然后再以高端战略进一步提升。但是，这使得他们在面对（那些有能力收取较低价格的）新进入者时很脆弱。就这样，轮子转了起来。新冠疫情后，更便宜的在线商店和**直接面向消费者的零售（direct-to-consumer retail，D2C）**企业进入了这一体系，这是最新的转变。

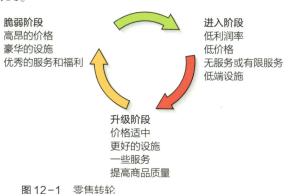

脆弱阶段
高昂的价格
豪华的设施
优秀的服务和福利

进入阶段
低利润率
低价格
无服务或有限服务
低端设施

升级阶段
价格适中
更好的设施
一些服务
提高商品质量

图12-1 零售转轮
零售转轮解释了零售商随时代变迁的演进规律

学习目标总结

零售是将商品和服务出售给消费者供其个人使用的过程。零售转轮假说表明，新零售商在价格上进行竞争，随着时间的推移，他们变得更加高端，从而为其他新的低价进入者留出空间。推动零售商发展的 4 个因素是不断变化的经济条件、人口结构、技术和全球化。不断变化的人口结构导致了移动商务、体验式营销和目的地零售的发展，而技术则为零售业带来了信标营销、数字钱包和全渠道营销。营销人员还必须认识到，与营销相关的规范在全球范围内可能有所不同。

营销的真相

12.3

零售商的类型

零售涵盖了很多领域，从大型百货商店到像 Massage Envy 这样的**服务零售商（service retailers）**、像亚马逊这样的网站，以及像多米诺比萨这样的餐馆。商品和服务的零售商都需要了解他们在市场上提供产品的方式，他们也需要一种方法来衡量（自己和其他类似零售商的）表现。表 12 - 1 列出了许多不同的零售方式，以及零售商销售的产品和服务的信息。

表 12-1　不同的零售商提供不同的商品、服务水平、商店规模和价格

类型	商品	服务水平	规模	价格	例子
便利店	选择有限，产品线数量少；日常用品和紧急用品	自助服务	小	低价商品，以高于平均水平的价格出售	7 - 11
超级市场（超市）	种类繁多的食品；一般商品选择有限	有限服务	中等	中等	美国大众超级市场、克罗格超市
限量超市或超值食品零售商	食品种类有限；许多商店品牌	自助服务	中等	低	奥乐齐
专卖店	在一个或几个产品线中有大量的产品选择	全方位服务	中小型	中到高	扬基蜡烛公司、Alex and Ani
转售商店（旧货店和寄售店）	二手衣服、家具、家居用品和乐器	自助服务	中小型	低	善意与救赎军队商店
品类杀手	在一个或几个产品线中有大量的产品选择	全方位服务	大	中等	家得宝、百思买
租赁部门	在单一产品线中仅有有限的产品选择	通常是全方位服务	小	中到高	沃尔玛超市的 PictureMe 肖像工作室

MARKETING 营销的真相（原书第11版）
REAL PEOPLE, REAL CHOICES

类型	商品	服务水平	规模	价格	例子
杂货店	在单一产品线中仅有有限的产品选择；低价商品；可能只有一个价格点	自助服务	小	低	达乐、美元树
百货折扣店	在广泛的产品线中有大量的选择项目	有限服务	大	低到中	沃尔玛、塔吉特
折扣零售店	在有限的产品线中有适量的产品选择；可以购买零售商卖不掉的商品	有限服务	中等	低到中	T.J.Maxx、马歇尔
仓储式商店	在有限的产品线中有适量的产品选择；许多产品尺寸大于正常尺寸	自助服务	大	低到中	开市客、山姆俱乐部、BJ's
折扣直销店和厂家直销店	有限的选择，产品只是来自单一制造商或零售商	有限服务	小	低到中	Gap Outlet、Nike Outlet、诺德斯特龙货架、萨克斯第五大道折扣购物商店
百货商店	大量产品线，许多产品选择	全方位服务	大	中到高	梅西百货、诺德斯特龙百货、布鲁明戴尔百货
特大型超市	食品种类繁多；日用百货产品线种类繁多	自助服务	非常大	低到中	家乐福
快闪店、闪购	单一的产品线或品牌；适合出售季节性产品	自助服务	非常小	低到中	万圣节服装快闪店
概念店	新的零售方式，通过客户互动、发现和体验，去寻求特定目标受众，并向目标受众销售一种生活方式	全方位服务	小	非常高	潘多拉商店

按销售的产品对零售商分类

为了避免关于零售商的讨论陷入混乱，我们需要用两种不同方式来讨论服务和服务商。首先，有些零售商的主要产品是服务——为你清洗衣服的干洗店，为你理发的沙龙，以及为你修车的修车厂。我们也用服务这个词来指代我们在购买商品时得到的额外服务（例如，你买的新洗衣机的送货和安装，指导你如何设置新的家庭安全系统，以及在超市为你的杂货装袋）。

在根据零售商销售的商品对零售商进行分类时，我们将首先区分主要销售商品的零售商和主要销售服务的零售商。对于一个以商品为导向的零售商来说，最重要的战略决策之一是销售何种**商品组合（merchandise mix）**。服务零售商同样决定他们将为消费者提供哪些服务。例如，Massage Envy 为客户提供专门的按摩疗程、个性化拉伸疗程和面部护理。亚利桑那州的峡谷牧场健康度假村（Canyon Ranch Health Resort）提供锻炼、营养指导、室内和室外游泳池以及水下跑步机、美甲、修脚、美容护理，甚至按摩服务。运动服装零售商露露乐蒙（Lululemon）除了销售“酷感”商品外，还提供瑜伽课程。在本章的后面，我们将更多地讨论这样的零售商，他们的主要业务是为消费者提供优质服务和满足他们需求的其他无形资产。

正如我们在第 9 章中所了解到的，制造商的产品线由满足单一需求的产品组成，但在零售业中，产品线是零售商提供的一系列相关产品，如厨房用具或皮革制品。

随着营销人员尝试不同的零售商品组合，在零售商之间进行直接比较变得越来越困难。例如，尽管营销人员喜欢区分食品和非食品零售商，但实际上，这些界限是模糊的。**组合商店（combination stores）**在同一家商店为消费者提供食品和一般商品。**购物中心（supercenters）**，例如沃尔玛超级购物中心和超级塔吉特商店，将经济型超级市场与其他低价商品相结合。像 CVS、来德爱和沃尔格林药店这样的零售商只提供有限数量的食品。

我们还可以根据零售商的**商品组合（merchandise assortment）**或销售的产品对其进行分类。商品组合有两个维度：广度和深度。**商品广度（merchandise breadth）**或种类，是指可供选择的不同产品系列的数量。狭窄的产品线就像我们在便利店里遇到的那样，购物者只能在里面找到有限的产品系列，如糖果、香烟和软饮料。广泛的产品线，意味着种类繁多，从比萨饼到汽车的新轮胎，例如开市客或山姆会员店等仓库商店提供的商品。

商品深度（merchandise depth）是每条具体的产品线中的多种选择。产品线浅意味着产品类别中的选择是有限的，因此一家门店可能只销售白色和蓝色男士正装衬衫（当然都是由同一制造商生产）并且只有标准尺寸。相比之下，产品线深意味着产品类别中的选择是丰富的，一家男装专卖店可能会有各种不同颜色和罕见尺寸的礼服衬衫。图 12－2 说明了一种产品（科幻小说书籍）的分类。

深度 \ 广度	狭窄	宽阔
浅	**机场书店：** 一些《权力的游戏》书籍	**山姆会员店：** 一些《权力的游戏》书籍和数量有限的T恤、玩具
深	**传奇英雄官网：** 仅销售《权力的游戏》、《汉兰达》、《Zena:Warrior Princess》、《传奇之剑》、《柯南》和《大力神》的互联网零售商	**亚马逊官网：** 字面上的数以百万计的一般书籍和绝版书籍以及一长串其他产品线，包括电子产品、玩具、服装、乐器、珠宝、摩托车和全地形车

图 12－2　图书零售商的商品组合

营销人员经常根据商品的广度和深度对零售店进行分类。在这个图中，我们使用两个维度来对出售科幻小说的书店进行分类。

按服务水平对零售商进行分类

除了根据销售的商品对零售商进行分类外，我们还根据他们提供给顾客的额外帮助和帮助的数量——也就是（其他类型的）服务——来对他们进行分类。公司意识到服务和低价之间存在权衡，因此他们根据所提供的服务水平调整定价。要求更高水平服务的客户更愿意为该服务付费，而那些想要更低价格的客户会自愿放弃服务。

像山姆会员店这样承诺低价的零售商往往是自助服务企业。当顾客在自助服务零售商处购物时，他们得不到任何帮助，必须自己带着袋子或容器来购买。

消费者甚至需要用自助扫描仪自助完成结账过程。从出售比萨到销售汽车，零售商们更进一步，在（新冠疫情期间）居民自我隔离的情况下，为顾客提供非接触式送货服务。

现在有许多零售商提供全方位服务，比如布鲁明代尔等百货公司和巴恩斯－诺布尔（Barnes Noble）等专卖店会提供礼品包装等配套服务，同时它们提供训练有素的销售人员，

专卖店是只出售一种或几种产品的零售商。因为它们销售的商品在普通零售店很难找到，所以它们满足了目标客户（比如身材高大的男性）的需求。

像塔吉特和沃尔玛一样，科尔士百货（Koh's）被归类为价格低廉、服务有限的折扣店，科尔士百货满足了那些想要品种繁多、价格低廉、愿意接受最低限度服务的顾客的需求。

可以帮助你选择完美的礼物。诺德斯特龙是一家高档百货公司，因其卓越的服务而闻名。被称为"Nordies"的销售人员甚至可以从其他零售商那里为购物者购买到其所需的商品。

有限服务零售商介于自助服务零售商和全方位服务零售商之间。沃尔玛、塔吉特、老海军和科尔百货等商店提供信用卡和商品退货的服务，但其他服务就没有了。

在我们结束（按照服务水平）对零售商分类的讨论之前，我们必须提到自动售货机，它被称为无服务零售商，投币式自动售货机是一种行之有效的销售（便利品的）方式，尤其是零食和饮料。这些机器很有吸引力，因为它们需要最少的空间和人员来维护和操作。现在自动售货机非常先进，它的销售范围是从乐高到指甲油。中国顾客可以从自动售货机购买活螃蟹，在日本，顾客可以购买生啤。在美国，使用触摸屏并接受信用卡或移动支付的自动售货机会售卖昂贵的物品，如德雷博士的 Beats 耳机和 Ray Ban 太阳镜。

主要的实体零售业态

既然我们已经了解了零售商在商品种类宽度和深度上的差异，让我们回顾一下这些零售商采用的一些主要形式。表 12-1 列出了这些类型及其特征。其中一些已经存在很长

时间了，而另一些则是相当新的。首先，我们将讨论一些不仅成功且正在增长的零售业态。我们还将讨论那些中途倒下的零售商，他们是电子商务的受害者，无法重塑自己。

继续蓬勃发展的零售业态

便利店

便利店（convenience stores），提供数量有限的一般用品，包括零食、软饮料、糖果、非处方药、洗漱用品和应急产品，如下水道清洁剂。便利店通常为消费者提供快速结账服务，以便他们快速进出。2019 年，15 万多家美国便利店的总销售额达到 6543 亿美元。美国最大的便利连锁店是 7 - 11，拥有近 8000 家店铺。为了继续满足消费者的需求，许多便利店现在为消费者提供啤酒、葡萄酒、咖啡、新鲜三明治、糕点和其他食品。

限量超市

限量超市或**超值食品零售商（limited assortment supermarkets or extreme value food retailers）**，如德国限量超市奥乐齐（Aldi）和利德（Lidl），虽然其销售的产品种类与大型超市几乎相同，但其库存单位仅有 500 个左右。这些商店只出售一两个品牌的商品，而不是普通超市可能提供的众多选择。奥乐齐能够收取更低的价格（该公司表示，比传统超市低 50%），是因为它在肉类、农产品、牛奶和其他易腐品方面做到了显著的节省，而且没有免费的购物袋子。

超级市场

超级市场（supermarkets） 出售各种可食用和非食用产品。典型的超市大约有 3 万个库存单位，其中一半是利润率较高的商品——肉类、农产品、烘焙食品和乳制品。虽然这样的大型超市在美国很受欢迎，但在世界其他地区却没有受到同样的欢迎。例如，在许多（小而紧凑的城镇占主导地位的）欧洲国家，消费者通常步行或骑自行车前往家附近的小店。

随着药店、在线零售商和折扣店开始提供食品，超市也增加了非食品供应，它们与其他类型零售商之间的界限正在模糊。现在，许多超市都有自己的绿色（有机、公平贸易、天然或民族商品）产品，并提供"自制沙拉"和其他类似的可以带回家的食品。自 1988 年以来，传统超市的零售食品市场份额（从 90% 到 44%）减少了一半以上，取而代之的是有限品类零售店（其份额从 2% 升到 44%）和便利店（其份额从 8% 上升到 16%）。

专卖店

专卖店（specialty stores），包括许多服装专卖店，销售的产品线不多，但在专卖店销售的产品范围内提供很好的品牌选择。对于一个体型更大、个子更高的男人来说，在普通百货商店里找不到适合他的西装，但在专卖店里有很多适合这类消费者的选择。专卖店可以根据目标消费者的需求定制产品，并且通常提供高水平的服务。许多专卖店都设在购物中心，当百货公司离开购物中心时，专卖服装零售商就会失去消费者。专业服装店也是亚马逊效应的受害者，**亚马逊效应（Amazon effect）** 是消费者倾向于在线购物和在巨头市场购物的趋势。

概念店

概念店（concept stores）是零售店业态的最新进入者。营销人员利用画廊、杂志和酒店行业的创意来推销生活理念。概念店可能包括咖啡馆、讲座和展现独特生活理念的影院。对这些元素的使用有助于建立一个消费者社群。

概念店的首要目标是创造一个消费者游玩、与朋友见面、闲坐、工作的空间。与每周或每月更换内容的杂志一样，概念店的主题也会定期更新和更换，以鼓励消费者积极回购。

实体店之所以专注于建立社区感和实体体验，是因为它们能提供电子商务所不能提供的东西，并且可以在未来蓬勃发展。实体店可以作为消费者聚集、学习、发现和享受的场所。概念店创造诱人的体验可以吸引消费者进行与品牌相关的真实体验，这也削弱了推销的感觉。购买感觉很有趣，很随意，消费者可以比以往任何时候都更接近品牌。

快闪零售或快闪商店

快闪零售或**快闪商店**（flash retailing or pop-up stores and pop-up retailing），是指一天内突然出现，然后在一天到几个月内就消失的零售体验。除了是一种低成本的创业方式外，快闪店还有许多其他的优势，包括培养消费者的兴趣、创造轰动效应以及测试营销产品和地点。季节性的快闪店经常开张出售万圣节服装、圣诞礼物和装饰品以及烟花。

转售商店（再交易商店）

在包括消费者希望采取可持续做法等各种因素的推动下，美国的**再交易**（recommerce）行业在 2016 年创造了约 170 亿美元的销售额。再交易，或**转售商店**（resale stores），包括**二手店**（thrift stores）（如 Goodwill 和 Salvation Army 商店）、附属于慈善机构的非营利性二手店、营利性二手店、二手唱片店、当铺和**寄售商店**（consignment stores），以及少量的古董店。转售商店接受二手商品，并出售人们曾拥有的服装、烟酒、家庭用品、体育用品和音乐设备。

再交易行业最近的一项创新是**升级改造**（upcycling），即利用废弃物品来生产更高质量或更高价值的产品。虽然大多数升级是由初创公司完成的，但像艾琳·费希尔（Eileen Fisher）这样的传统零售商要求客户带回不需要的物品，然后将其清洗并作为"更新"品牌转售，或者将损坏的物品升级为新的物品。巴塔哥尼亚以其"重新制作"的品牌形象转售升级产品。

一元杂货店

一元杂货店（dollar and variety stores）起源于 19 世纪末开始的五分或一角商店。在这些早期的杂货店中，如具有代表性的伍尔沃斯（Woolworth's），所有商品都以五分钱或一角钱出售。现在的一元店和杂货店出售各种廉价商品，从厨房小工具到糖果和蜡烛。现在用一角钱买东西是很困难的，但许多杂货店仍然坚持一个单一的价格点，有些只提供不超过一美元的产品。如今还存在这样的一些杂货店，如达乐、家多乐和美元树。

百货折扣店

百货折扣店（general merchandise discount stores），如塔吉特、科尔士（Kohl's）和沃尔玛，都是提供广泛产品类别组合的零售商，其提供的商品价格低廉，但该类零售商提供很少的服务，百货折扣店是许多产品的主要销售渠道。百货折扣店正在破坏零售业的格局，因为它们吸引了那些（希望轻松获得大量商品的）价格敏感型购物者。这些商店越来越多地以低廉的价格出售设计师品牌的服装，因为生产设计师品牌的公司专门为折扣店创造了新的产品线。一些百货折扣商店的光芒可能已经褪去。2016 年初，沃尔玛宣布它将关闭 269 家商店，其中 154 家位于美国，原因是来自亚马逊等在线零售商的激烈竞争。从那时起，沃尔玛更加专注于自己的在线业务，现在它是亚马逊的主要竞争对手。

折扣零售店

当知名制造商生产的商品过多，或者百货公司取消了不"流动"的商品订单时，**折扣零售店**（off-price retailers）就会以非常低的价格购买商品。TJX Companies, Inc. 在其网站上这样写道："我们的商店不断变化，因为我们可以提供新鲜感和快速更新的商品。低价商店的商品提供了一种'零售娱乐'的形式。顾客经常光顾这些商店，只是为了看看有什么新东西他们可能没有。"

仓储式商店

开市客和 BJ's 等**仓储式会员店**（warehouse clubs）是折扣店的较新形式。这些机构并不是全方位服务的，没有全方位服务商店的任何便利设施。顾客购买的许多产品的包装和数量都比正常的大，比如三年供应的纸巾或五磅重的椒盐饼干，使你不得不在家里多留一个房间来存放这些东西！这些俱乐部经常向消费者和小企业收取会员费。仓储式会员店依然符合零售业的转轮假设，在未来，购物者可以在许多仓储式商店购买精美的珠宝和其他奢侈品。

苦苦挣扎的零售业态

为什么一些零售商苦苦挣扎，而另一些零售商却在增长，并且新的商店也在进入市场？原因有很多：市场发生了变化，随着时间的推移，新一代的消费者希望有不同类型的零售选择；文化变化创造了新的趋势。百货公司正在苦苦挣扎以挽救衰败，其衰败的原因也许是大型百货公司未能投资于技术并重塑自己。

换句话说，它们未能理解不断变化的消费者信号，也未能适应不断变化的竞争性零售环境。如今的消费者在种族、经济和代际上都更加多样化。他们的购物旅程扩展到了更多的渠道，但他们的忠诚度几乎不存在。如果今天光鲜亮丽的新零售商不能发展和保持与消费者的联系，那么他们很容易成为明天的老旧零售商。即使在快节奏的数字和电子商务世界中，消费者也受多种因素影响，如商品的点击量或商品评论。

百货商店

百货商店（department stores）销售的商品范围很广，并在商店的不同区域提供了丰富的选择。在 20 世纪早期，大型百货商店左右着城市的中心。在其鼎盛时期，这些

MARKETING
REAL PEOPLE, REAL CHOICES
营销的真相（原书第11版）

商店出售飞机和拍卖艺术品。泰勒勋爵甚至为顾客提供了一匹机械马。百货商店为顾客提供种类繁多的产品。百货商店被分为不同的部门以有效地展示商品。美国最大的连锁百货商店是梅西百货和诺德斯特龙百货。

从历史上看，百货商店既销售**非耐用品（soft goods）**（如衣服、化妆品和床上用品），又销售**耐用品（hard goods）**（如电器、家具和电子产品）。

在许多国家，百货商店继续蓬勃发展，它们仍然是消费者购物的主要场所。在日本，百货商店总是挤满了消费者，他们购买寿司乃至精美的珍珠饰品。在西班牙，单一的百货连锁店 El Corte Ingles 占据了市场。它的商店包括电子商品、书籍、音乐和美食等巨大部门，每个部门都有一个巨大的超市，覆盖了商店的一两层。

在全盛时期，百货商店有吸引顾客的宏大设施，例如在白雪覆盖的仙境中参观圣诞老人或机械公牛，但对于现今的许多消费者来说，这不能是支付更多钱的理由。它们的业务正在被专卖店所取代，专卖店向折扣店、目录店和网上商店提供相同的商品，但价格较低。中档零售业正在衰落，低端折扣店或杂货店和高端专业零售业日益流行，这被称为**分岔零售（bifurcated retailing）**。事实上，高档的诺德斯特龙连锁店的成功表明，至少对于那些腰缠万贯、重视服务的消费者来说，百货商店还是有前途的——尽管只有最好的百货商店才能生存。

租赁部门

租赁部门（leased departments）是指外部公司租用的大型零售店（如百货商店）内的空间或部门。这种安排使大型商店能够比其他零售商提供更多种类的产品和服务。租赁部门的一些例子包括店内银行、摄影工作室、宠物部门、高级珠宝部门以及手表和鞋子修理店。

厂家直销店和折扣直销店

厂家直销店（factory outlets）始于 20 世纪 30 年代，当时是制造商从有缺陷或库存过剩的产品中挽救一些收入的一种手段。这些"产品"先是卖给员工，后来在制造工厂所在地的零售店（往往是在制造工厂内）卖给公众。后来通过 TQM 和六西格玛等项目提高了产品的质量，有缺陷的商品数量减少了。

今天，厂家直销店是制造商拥有的实体店或网上零售店，只销售一个品牌，几乎总是与其他类似的商店一起位于直销中心。工厂专门为该网点生产的商品，在价格较高的大型零售网点无法买到。

直销折扣店（outlet stores）通常由零售商拥有，提供不好卖的商品或以非常低的进价从供应商处购进的商品。例如，萨克斯第五大道（Saks Fifth Avenue）经营的 Saks Off 5th，诺德斯特龙经营的诺德斯特龙货架（Nordstrom Rack）。正如最初的折扣直销店是（制造商可以从消费者难以接受的商品中）获得一点额外收入的地方一样，今天的厂家直销店和折扣直销店为公司提供了增加收入或提供额外渠道的机会。

品类杀手

品类杀手或**品类专家（category killers or category specialists）**，是近年来变得尤为

重要的一类专卖店。这个标签意味着这是一家非常大的专卖店，里面有种类繁多的产品。品类杀手的一些例子是家得宝、百思买和史泰博。为什么叫这个名字？因为它们在一个类别中提供所有的品种，"杀死"了其他零售商的某个类别。大多数此类店铺采用自助服务的方式，但有时也提供一些帮助。

由于亚马逊和沃尔玛等大型在线卖家的高度竞争，以及品类杀手无法快速响应消费者转向网上购物的需求，品类杀手正因销售额和利润的萎缩而被迫停业。其中一些已经或预计申请破产，比如玩具反斗城、克莱尔公司、西尔斯公司、金宝贝、大卫新娘和通用营养中心（GNC）。

特大型超市

特大型超市（hyper markets）结合了仓储式商店和超市的特点。这是一项欧洲发明，巨大的设施比其他商店大几倍。一个超市可能有 4000 平方米，而一个特大型超市则需要 3 万平方米的面积，相当于四个足球场。他们提供一站式购物和美食、美容院和儿童游乐区。法国家乐福公司在全球 33 个国家拥有 1 万多家门店，其中包括约 1500家特大型超市，每家都有 2 万 ~ 8 万种食品和非食品商品。最近，家乐福已扩展到发展中国家，曾中国拥有 236 家特大型超市，那里快速增长的人口和大型零售商的缺乏为其发展提供了很好的机会。

学习目标总结

零售商按照基于产品线的 NAICS 代码进行分类。然而，新的零售模式，如组合商店，为消费者提供了不止一条产品线。商品分类以宽度和深度来描述，分别指的是销售的产品线的数量和每个产品线的可用品种数量。零售商也可以根据提供的服务水平（自助服务、全方位服务和有限服务零售商）和提供的商品组合进行分类。因此，商店被归类为：便利店；限量超市或超值食品零售商；超级市场；专卖店；概念店；快闪店；转售商店（旧货店和寄售店）；一元杂货店；百货折扣店；折扣零售商；仓储式商店；百货商店；折扣直销店和厂家直销店；品类杀手和特大型超市。

B2C 电子商务和其他
类型的无店铺零售商

像露露乐蒙这样的商店之所以成功，是因为他们把炫酷的独一无二的商品送到了年轻购物者手中。但是争夺消费者金钱的竞争来自很多方面，从传统商店到商品目录再到电子商务网站。迪比克城的黛比可以很容易地在凌晨 3 点访问城市服装公司官网，足不出户地订购最新的露腹时装。

正如尼曼－马库斯（Neiman Marcus）百货公司创始人曾经指出的那样："如果顾客不愿意去你的商店购物，你就得主动上门找他们。"的确，许多产品可以在商店以外的地方买到。雅芳女士（Avon Lady）、Fuller Brush man 和特百惠（Tupperware）派对都是零售业丰富历史和现实的一部分。**无店铺零售（nonstore retailing）**的部分业务也和电子商务世界一起快速发展。

当然，现在已经很难将电子商务与传统零售商区分开来，尤其是随着越来越多的商家积极转向全渠道战略的情况下。从蒂芙尼（Tiffany's）等高档专卖店到沃尔玛折扣店，再到仓储式商店开市客，大多数零售商都发现为想要在网上购买商品的顾客提供无店铺网站至关重要。对于其他公司，如互联网零售商亚马逊，无店铺零售几乎是他们的全部业务（尽管该公司收购全食超市后已进入实体店领域）。在第13章中，我们将讨论直销零售商通过邮件、电话和电视进行的业务。在本节中，我们会看到图 12-3 所示的不同类型的无店铺零售：**B2C 电子商务（B2C e-commerce）**、直销和自动贩卖机。

自动贩卖机上售卖的东西远不止罐装饮料和糖块。

直销
- 门到门
- 缔约方和网络
- 多级网络和活动

自动贩卖机　　　　B2C电子商务

图 12-3　无店铺零售的类型
传统零售商必须与各种无店铺零售商竞争，从自动贩卖机到动态网站。

B2C 电子商务

B2C 电子商务是公司和个人消费者之间的网上交易。2019 年，美国 B2C 电子商务总额为 3652.07 亿美元。消费者越来越频繁地使用智能手机进行**移动商务（m-commerce）**的购买。手机和平板电脑等移动设备预计将产生 2840 亿美元的销售额，占 2020 年零售电子商务总销售额的 45%。

福雷斯特研究公司估计，到 2022 年，超过一半的美国零售销售会以某种方式涉及网络——这意味着要么消费者直接在网上购买产品，要么是**数字化影响购买（digitally influenced purchases）**——即消费者在传统商店购买产品之前先在网上进行调查。

B2C 电子商务的好处

对于消费者和营销人员而言，B2C 电子商务提供了许多好处，同时也带来一些限制。表 12-2 列出了其中的一部分。

表 12-2　电子商务的好处和限制

好处	限制
对于消费者	对于消费者
全天 24 小时营业，少出行	缺乏安全性
快速地、无区域限制地接收到相关信息	存在欺诈的可能性
更多产品选择	不能触摸或品尝物品

好处	限制
对于消费者	对于消费者
有关产品评估的更多信息	计算机上可能无法再现准确的颜色
实时聊天	退货的成本可能很高
无须开车前往全国各地的某个商店	可能会破坏人际关系
可以查看你的购买历史，决定是否购买相同的商品	
大多数网站将商品保存在你的在线"购物车"中，因此你可以稍后再结算	
向欠发达国家提供更多产品	
通过在线客服获得更多价格信息	
参与 eBay 和类似网站上的虚拟拍卖	
快速且（通常）免费送货	
更多产品供应	
对于营销人员	对于营销人员
世界就是你的市场	缺乏安全感
降低经营成本	必须维护站点才能获得收益
专门化的商店	品牌产品的完全透明导致激烈的价格竞争
实时定价	与传统零售商的冲突
	法律存在漏洞

从消费者的角度来看，电子商务增加了便利性，因为它打破了时间和地点造成的许多限制。你可以足不出户全天候购物，而且你可以确保你得到尽可能低的价格。即使是小城市的消费者也可以像大城市的居民一样从布鲁明戴尔官网上购买时髦的鞋子或热门的泳装。在我们之前谈到的 D2C 零售商 WarbyParker.com 上，你可以上传你的照片，在购买之前虚拟试戴不同的太阳镜。如果你拿不定主意，公司甚至会寄给你几双，你只要把你不想要的产品退还就行了。

在欠发达国家，消费者可以通过互联网购买当地市场根本买不到的产品。因此，互联网可以提高生活质量，而无须开发昂贵的基础设施，例如在偏远地区开设零售店。

多年前，当大型购物中心刚刚成为消费者的购物选择时，许多青少年（和他们的父母）喜欢周六在购物中心闲逛。同样，越来越多的在线体验式购物者可能会无休止地在网上"购物"，即使他们没有任何购物计划。

希望吸引这些客户的在线营销人员必须设计出能够提供惊喜、独特性和刺激性的网站。如今，营销人员在使用增强现实、虚拟现实、人工智能和大数据分析等技术提供独特的品牌体验，从而提供**虚拟体验营销（virtual experiential marketing）**。由于超过一半的零售客户表示朋友会影响他们的购买决策，一些在线零售商建立"品牌朋友"小组，他们会分享来自零售商的消息。

营销人员也意识到电子商务的其他重大优势：一个组织可以在线接触到如此大量

的消费者，而互联网可以将拥有过剩商品的商家和寻找廉价商品的消费者聚集在一起。例如：当零售商意识到由于经济衰退或其他因素，消费者可能无法购买足够的商品时，他们可能会使用某些网站，例如 Overstock 和蓝飞，为消费者提供服装和配饰的超值优惠。这些物品被零售商称为**不良库存（distressed inventory）**。同时，互联网为消费者提供了透明的价格，使在线零售商更难以高于其竞争对手的价格进行竞争。

就连与洛杉矶罗迪欧大道（Rodeo Drive）、纽约第五大道（Fifth Avenue）和芝加哥壮丽大道（Magnificent Mile）相关的高级时装设计师也在互联网上开店，销售 3000 美元的裙子和 5000 美元的西装。到 2019 年，全球消费者每年在网上购买价值 33.3 亿欧元（约 37 亿美元）的个人奢侈品。根据谷歌的数据，100% 的富裕购物者每天都在使用科技产品，其中 75% 的人在购买前进行在线调查。奢侈时尚网站 Net-a-Porter 出售纪梵希（Givenchy）、吉米·周（Jimmy Choo）、维多利亚·贝克汉姆（Victoria Beckham）和其他顶级设计师设计的服装和配饰。葆蝶家的博莱罗夹克售价为 5600 美元，奥斯卡·德拉伦塔（Oscar de la Renta）蕾丝和薄纱礼服的售价为 9290 美元。

正如我们在第 11 章中讨论的那样，电子商务的优势之一是很容易获得价格信息，无论是你想买一个新的地狱男爵人偶、一辆山地自行车、一个虚拟现实头盔，或者其他你能想到的任何东西。许多网络冲浪者不再费力地从一家商店去到另一家商店比较价格，而是使用搜索引擎或"比价代理系统"，例如 Ask.com，比较来自多个供应商的价格（回想我们在第 6 章中对比价代理系统的讨论）。借助现成的定价信息，购物者可以浏览品牌、功能、评论以及在哪里购买特定产品的信息。

电子商务也使企业能够降低成本。与传统的实体零售商相比，电子零售商的成本极低，因为它无须维护昂贵的销售点，也无须支付销售人员费用。而且，对于某些产品，例如计算机软件和数字化音乐，电子商务提供了快速、即时的交付。新的娱乐下载已经更进一步，亚马逊官网、奈飞、迪士尼和 iTunes 等网站为在线购物者提供了购买或租借电影的机会。只需将电影下载到你的高清 LED 智能电视上，然后准备上一些爆米花，你就可以过一个愉快的夜晚了。

B2C 电子商务的限制

但在虚拟世界中，并非一切都是完美的。电子商务确实有其局限性，与在商店购物相比，其中一个缺点就是客户必须等待几天才能收到大多数产品，这些产品通常是通过私人送货服务送达的。许多公司现在正在试验使用无人机和自主机器人来加快交付速度。

当然，一些电子商务网站仍然存在一些糟糕的设计，这让消费者感到沮丧并导致**购物车放弃（shopping cart abandonment）**，即客户离开网站时购物车中有未购买的物品。为什么人们最后会放弃购买筛选了那么久的商品？可能是客户不太可能返回难以访问的网站或不能方便访问客服的网站，比如不提供在线聊天服务的网站。

在线安全是消费者和营销人员都非常关心的问题。我们经常听到另一家零售连锁店的数据系统遭到黑客攻击导致数百万消费者信用卡信息被盗的消息。尽管在美国，个人在大多数盗窃案件中承担的财务风险是有限的，因为信用卡公司通常会承担大部分或全部损失，但对其个人信用评级的损害可能会持续数年。因为网络窃贼有可能窃取你的身份并以你的名义进行各种恶作剧。

消费者还担心网络欺诈。我们大多数人都觉得有能力通过实体店的地点、营业时间以及在那里购物的朋友和邻居的聊天来评价当地的实体店，但我们对数以百万计（出售其产品）的网站知之甚少，尽管 eBay 和商业改善局等网站在试图解决这些问题，但我们几乎没有任何信息来判断这些在线零售商的可靠性。而且，尽管大多数在线公司都有宽松的退货政策，但依然有些公司不支付退货运费，因此消费者可能会因商品不合身或颜色不合适而被禁止退货。

以现金经济为主的发展中国家是 B2C 电子商务在全球取得成功的又一障碍。在这些国家或地区很少有人使用信用卡，因此他们无法轻易地通过互联网购买物品。此外，银行不太可能为消费者提供保护以防止他们的卡被盗用。对于这些国家或地区的消费者来说，现在已经有越来越多的安全支付在线购物的替代方案。贝宝是在线支付领域的全球领导者。贝宝成立于 1998 年，并于 2002 年被 eBay 收购，在 200 多个国家或地区拥有超过 2.37 亿活跃客户和服务客户，客户可以使用 100 多种货币接收付款。正如我们在第 10 章中讨论的那样，新的数字钱包提供了一种安全的解决方案，使欠发达国家的消费者能够参与不断增长的数字市场。

随着营销商加强了他们在网络上的影响力，他们担心在线销售额会蚕食线下商店销售额。这一点对于像巴诺书店这样的书商来说是一个大问题。在引导客户进入其网站并远离其库存爆满的连锁店时，巴诺书店一直小心谨慎。因为线上版的巴诺书店必须与亚马逊等竞争对手打交道（亚马逊在全球拥有 3 亿客户，2019 年销售额超过 2800 亿美元，它销售的不仅有书籍，还包括从服装到手机的无数产品）。今天的书籍不仅仅是纸质版的了，包括你现在正在阅读的这本很棒的书也能数字化并且你可以在线购买和下载。平板电子书阅读器，例如亚马逊的 Kindle 和苹果的平板电脑使电子书更具吸引力。

B2C 电子商务的快速发展是否意味着实体店的消亡？不要过早地为当地的商店宣判死刑。尽管有人认为虚拟分销渠道因其成本优势将完全取代传统渠道，但这种可能性不大。例如，虽然银行在客户使用家用电脑进行网上交易时节省了 80% 的成本，但富国银行发现它不能强迫其客户使用基于 PC 的银行服务。对于许多产品，人们在购买前需要得到"触摸和感觉"信息，目前仅靠"点击"还获得不了这种信息。

然而，这并不意味着实体零售商可以高枕无忧。据我们所知，实体商店将继续发展，以吸引消费者远离电脑屏幕。未来的趋势将是目的地零售，也就是说，消费者访问零售商与其说是为了购买产品，不如说是为了从整体体验中获得娱乐。正如我们在零售业的讨论中所看到的那样，许多零售商已经提供了让实体店购物成为一种体验而不仅仅是一个购物场所的方法。

Bass Pro Shops 是一家集商店、博物馆和艺术画廊于一体的商店。手绘壁画、水族馆、野生动物展览、提供全方位服务的餐厅、自然中心，以及礼品吸引着消费者流连忘返。事实上，Bass Pro Shops 的顾客平均要开 80 千米的车才能到达那里，但他们在店里平均要花两个半小时！

直销作为一种零售商业模式继续受到欢迎，特别是在疫情导致许多购物者更喜欢在更私密的环境中购物之后。

直销

直销（direct selling）发生在销售人员向一个人或一小群人展示产品、接受订单并交付商品时。直销协会报告称，2019 年，680 万人在美国从事全职或兼职直销，这些活动产生了 352 亿美元的销售额。直销的主要产品类别包括家庭护理产品（如清洁产品）、健康产品（如减肥产品）、个人护理产品（如化妆品）、服装和配件，以及服务。这个庞大行业的主要参与者包括安利、玫琳凯、雅芳、罗敦与菲特、埃德沃护理、Scentsy 和特百惠。

在家庭购物集会（也称家访推销）上，被称为顾问、分销商或广告代理商的公司代表向聚集在朋友家中的一群人进行销售演示。这些集会很有效，一是因为参加集会的人可能会陷入"群体精神"，即购买他们通常不会购买的东西，如注射肉毒杆菌来消除那些持久的皱纹。我们称这种销售技巧为**派对计划系统**（party plan system）。最著名的家庭购物集会是 20 世纪 50 年代流行的特百惠集会。不过现在，你更有可能参加"31 岁集会"或"情景集会"。

以安利公司为代表的一种直销形式是**多层次营销**或**网络营销**（multilevel or network marketing），在这个系统中，总分销商招募其他人成为分销商。总分销商将公司的产品销售给这些分销商，然后分销商销售产品，总分销商从这些产品的销售中收取佣金。如今，安利拥有超过 300 万名独立企业主，他们在 100 多个国家和地区分销个人护理、家庭护理、营养品和商业产品。

尽管这种技术很流行，但某些网络营销系统是非法的。它们实际上是**传销**（pyramid schemes），是一个骗局，他们向消费者或投资者承诺，他们可以获取利润，但是他们获取利润的方式不是通过投资和向公众销售产品而是通过恶性循环的招募。通常，大量处于传销基层的人会花钱晋升到顶端，从而可以从新加入者那里获利。在招聘会上传销人员会营造出一种狂热、热情的氛围，并承诺可以轻松赚钱。发起人还使用高压策略让人们报名，暗示如果他们现在不报名，机会就没了。一些传销伪装成多层次营销，也就是说，进入传销的人不预付费用，但他们被迫购买大量昂贵的不可退货商品，这也是传销和合法网络营销的关键区别之一。

学习目标总结

两种更常见的无店铺零售类型是 B2C 电子商务和直销。B2C 电子商务（即公司和消费者之间的在线交流）正在迅速增长。对于消费者来说，B2C 的好处包括更大的便利性、更多的产品种类和更多的价格信息。对于营销人员来说，B2C 提供了一个世界市场，降低了经营成本，为专业企业提供了机会以及实时定价的能力。B2C 电子商务对消费者的不利影响包括必须等待接收产品、安全问题以及无法触摸和感受产品。对于只使用互联网（不结合线下实体零售）的营销人员来说，在互联网上取得成功可能很难实现，而传统零售商的在线业务可能存在同类相食的问题，即自身的线下零售服务和线上零售服务争夺同一个市场。在直销中，销售人员向一个人或一小群人展示产品、接受订单并交付商品。直销包括上门销售、集会和多层次或网络营销。

营销的真相

12.5

发展仍在继续：未来"即将"推出什么

　　随着世界的快速变化，零售商争相跟上。经济环境、不断变化的人口结构、消费者偏好、技术以及全球化是促使创新型商人重塑经营方式的几个因素。

经济进化

　　最近，经济环境的变化对消费者和零售商都特别重要。2007 年开始的经济衰退意味着全世界的消费者不太愿意花掉他们的可支配收入。零售销售，包括最重要的圣诞销售，几乎所有零售部门销售额都有所下降。大多数高端零售店的销售尤其脆弱，而 J. Maxx、马歇尔、多来店和在线零售商亚马逊等为消费者提供低价或折扣商品的商店蓬勃发展。许多零售商申请破产，包括尖端印象、电路城、康普萨和瓦尔登图书。

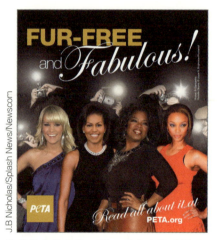

像其他营销人员一样，零售商需要紧跟影响其商品需求的文化趋势，比如无皮草、素食或可持续产品。

　　2020 年，新冠疫情再次改变了经济环境，因为州和地方政府要求消费者待在家里，以限制病毒的传播。这导致了失业，企业被关闭，一些人说，这是大萧条以来最严重的经济衰退。很多零售商申请破产，包括杰西潘尼、周二上午、梅西百货、杰克鲁和壹号码头。世界和美国再次面临经济不确定性。

客户进化

　　正如我们在第 7 章中提到的，跟上人口特征（包括人口统计和产品偏好）的变化是许多营销人员努力的核心。一些不断变化的消费者人口结构和偏好正在改变着零售业的面貌，零售商不能再袖手旁观并假设他们的客户群不会变化。例如，开市客的成功是由于把握了婴儿潮一代中的精英和拥有自己房屋的 X 世代的喜好。随着 Y 一代和千禧一代的消费者在亚马逊网站上购物，像开市客这样的商店开始重塑自己。

- 随着越来越多时间紧张的消费者（尤其是女性）加入劳动力大军，他们需要更大的便利性。作为回应，零售商调整其营业时间和服务，以满足购物时间较少的消费者的需求。其他零售商，包括银行、干洗店和药店，增加了自助服务窗口，以满足在职消费者和老年消费者的需求。沃尔玛和许多其他零售商（从大型连锁杂货店到独立的葡萄酒店），都增加了杂货店提货功能，消费者可以在网上订购，并安排提货时间。一旦你抵达，商店店员会将你订购的新鲜的杂货送到车上，甚至帮你装载！许多消费者涌向商业街、购物中心或药店的无预约医疗诊所，在那里，零售商提供便利，还为患者和保险公司节省日常护理费用。
- 在新冠疫情期间，消费者寻求卫生、安全的体验。许多商店和服务提供商创造了更加卫生的环境，为消费者提供隔板、洗手液和预约购物的服务。传统的服务，如去看医生或治疗师（甚至体检）都被虚拟预约所取代。
- 每个族群的成员通常都能找到满足其特定需求的当地零售商，当大型公司参与该市场的竞争时，大型公司必须根据特定地区的文化构成制定策略。例如，在得克萨斯州、加利福尼亚州和佛罗里达州，那里有大量只会说西班牙语的消费者，因此许多零售商需要确保有销售人员会说西班牙语。
- 我们都喜欢娱乐。娱乐可以治愈无聊，满足我们对刺激的需求。许多零售商认识到人性的这一点，并知道购物不仅仅是购物。现在有了**体验型购物者**（experiential shoppers），或者人们购物是因为它满足了他们的体验需求，即他们对乐趣的渴望。当零售体验包括惊喜、兴奋和独特体验时，体验型购物者更有可能做出冲动的购物决定。因此，实体零售商需要为人们提供更多的理由，让他们换掉睡衣，关掉电脑，真正去实体店购物。零售商可能会选择**体验式营销**（experiential merchandising），将购物从被动活动转变为更具互动性的营销策略。毕竟，如果你在商店只是拿起一件物品并将其扔进购物车，那还不如躺在家里用鼠标点击几下。

零售娱乐化（retailtainment）是关于提升购物体验的营销策略。从迪士尼到 Bass Pro Shops 的零售商都开发了店内购物体验，这些体验可以创造兴奋感，鼓励冲动购物，并与品牌建立情感联系。2016 年，三星在纽约市肉库区（meat-packing district）开设了三星 837 "单位商店"（Un-Store）（你唯一能买到的东西是顶层咖啡馆的咖啡），三星 837 被《福布斯》杂志称为"世界三大品牌体验之一"。837 体验包括多个动手产品区、互动艺术、虚拟现实、舒适的休息区以及录音室，客户可以在那里录制表演和直播现场表演。

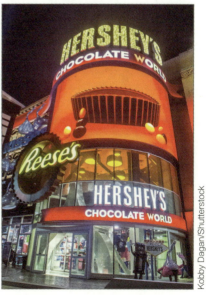

好时在时代广场的大型概念店是游客的热门目的地，也是对该品牌的有力宣传。

这种对购物体验的关注甚至使一些营销人员成为**目的地零售商（destination retailer）**——消费者认为这家商店足够独特，可以尽情地在那里购物。例如，奢侈时装设计者爱马仕创建了爱马仕方巾俱乐部，为消费者提供零售娱乐机会，让他们享受好莱坞的魅力。每一位消费者在享受俱乐部专属服务的同时，都会感到与众不同。爱马仕方巾俱乐部旨在成为一种快闪零售，在全球范围内从一座大城市移动到另一座。

由于新冠疫情的爆发，2020年初全球普通消费者的生活发生了根本性变化。这让我们都想知道"后疫情时代"的零售世界将是什么样子。患者和医疗提供者是否喜欢他们的远程医疗，是否能使其继续成为标准的医疗方式？消费者和零售商会继续认为零售娱乐很重要吗？还是零售业的转轮会转向其他新方向？这些只有时间才能告诉我们答案。

技术进化

与颠覆我们生活中的其他一切一样，技术正在颠覆零售商开展业务的方式——无论是在幕后还是作为购物体验的一部分。一旦我们学习了一项新技术，就会有再创新。零售商一直在使用最新的技术，包括销售时点系统（POS），永续盘存单位控制系统，自动再订货系统和邻近营销（也称信标营销）。

- 先进的**销售时点系统**［point-of-sale（POS）system］收集销售数据并直接连接到商店库存控制系统的计算机大脑。商店可以使用销售时点系统来创建**永续盘存单位控制系统**（perpetua linventory unit control system），实时地记录产品库存变化（包括产品销售、产品退货、向其他商店转移产品等变化）时产生的数据。这项技术允许商店开发计算机化的**自动再订货系统**（automatic reordering system），当库存下降到某一水平时激活该系统。**邻近营销，也称信标营销**（proximity marketing or beacon marketing），为零售商提供了一个机会，在顾客逛商店时刺激他们。信标是使用蓝牙技术根据位置将信息传输到消费者智能手机的一种小型设备，使营销人员能够提供具有高度针对性的促销活动，从而推动冲动购买并提高商店流量和转化率。但是等等，它变得更先进了，包括优衣库、罗德与泰勒和塞克斯在内的一些零售商已经尝试了嵌入在商店模特内部的信标版本。当你在过道上徘徊或经过商店橱窗时，这些本没有生命的躯体可以通过手机与你交谈，甚至还会把它们所穿衣服的照片发给你。

试衣间的智能镜子可以在你试穿时与你互动，还能化身私人健身教练。

- 未来的商店将使用射频识别（RFID）标签（和其他技术）以我们从未想过的方式为购物者提供帮助。例如，一瓶葡萄酒上的射频识别（RFID）标签可以触发附近的等离子屏幕，该屏幕将投射百味来意大利面的广告，并提供意大利宽面条配青椒和虾的巧妙配方。这项创新还增加了餐厅的销售额——谁能对令人垂涎欲滴的八层巧克力蛋糕（上面还有薄荷冰淇淋）视而不见呢？

- 正如我们在第 10 章中所看到的，数字钱包让你不用现金甚至不用刷信用卡就可以购买物品，这使得你更容易花光你的薪水。我们中的许多人已经习惯使用谷歌钱包、贝宝、方块、LevelUp 和 Venmo 等应用程序支付小额购物。个别零售商也通过自己的应用程序提供支付机会。福乐鸡允许消费者将钱存入他们的账户，并通过扫描他们的应用程序进行支付。
- **全渠道营销** [omnichannel（omni-channel）marketing] 是一种提供无缝购物体验的策略，无论客户是通过台式机或移动设备进行在线购物，还是通过电话或实体店进行购物。新技术使商店的销售人员能够访问客户的偏好、购买记录、退货、购物频率和许多其他数据。当购物者从台式机转移到平板电脑再到智能手机时，他们的搜索历史记录和在线购物车记录将保持不变，如果他们选择好了商品，他们可以在当天到他们选择的商店中提取他们在网上订购的商品。

如今，技术发展也为零售商带来了以下好处：

- **扩展现实**（extended reality，XR）为消费者提供了浏览商品和虚拟"试穿"的机会。
- 我们在第 1 章中首次讨论的**推荐引擎**可以访问消费者以前的购物行为，以便为消费者将来的购物提出建议。亚马逊、奈飞和 Spotify 已经在使用推荐引擎。
- 零售商与"亚马逊效应"竞争的另一种方式是通过使用**订单履行自动化**（order fulfillment automation），或在仓库中使用自主移动机器人（AMR）来完成订单。据估计，到 2025 年底将有 58 万个自主移动机器人。
- 人脸识别技术使零售商有机会更成功地打击入店行窃和零售犯罪，并更好地满足消费者的独特需求。
- 物联网（IoT）和智能设备预计将通过为消费者提供个性化服务和决策信息来改变购物体验。智能设备，如嵌入传感器的货架，可以跟踪库存，将节省零售商的资金，并提供更好的体验。

学习目标总结

推动零售商发展的 4 个因素是不断变化的经济条件、人口结构、技术和全球化。不断变化的人口结构导致了移动商务、体验式营销和目的地零售的增长，而技术则为零售业带来了邻近（或信标）营销、数字钱包和全渠道营销。

零售业中的伦理问题

不诚实行为

现在，你应该更好地理解了客户体验的重要性。当然，没有什么东西总是完美的，零售业也是如此。在本节中，我们将讨论零售商及其客户面临的一些道德问题，包括实体店和在线零售店。

零售商必须处理涉及其客户和员工的道德问题。**损耗（shrinkage）** 是一个日益严重的问题。损耗是零售商用来描述由于入店行窃、员工盗窃、商品损坏和各种错误造成库存损失的专业术语。2019 年零售商因损耗损失 617 亿美元，高于 2018 年的 506 亿美元。大多数损耗可分为四类：**入店行窃（shoplifting）**，即个人冒充顾客从零售商那里偷商品，不诚实的员工，退货欺诈，以及管理和文书工作错误。

入店行窃

在美国，入店行窃占总损耗（2016 年为 489 亿美元）的 36.5%。2016 年，零售商在每次入店行窃事件中的平均损失为 798.48 美元，大约是 2015 年平均损失的两倍。这些盗窃行为反过来推动价格上涨，损害了经济，有时甚至导致规模较小的零售商停业。

入店行窃越来越成为一种有组织的犯罪活动。实施**有组织的零售犯罪（ORC）** 的团伙通过掌握商店平面图和利用内衬箔纸的袋子躲避安全传感器，并在一天内带走数千美元的货物。全国零售联合会（NRF）对 59 名零售主管进行的调查发现，他们在过去一年中都经历过有组织的零售犯罪（ORC）。2016 年，有组织的零售犯罪导致每 10 亿美元的销售额中零售商会损失 700259 美元。有组织的零售犯罪是由盗窃商品的**窃贼（boosters）** 和出售商品的**转卖窃贼（fencers）** 组成的。虽然一些窃贼独自工作，偷了相对少量的商品，但其他窃贼与合作伙伴或其他犯罪团伙合作，在地区甚至全国范围内开展活动。较小的转卖窃贼直接向消费者转售产品，例如街角市场或跳蚤市场中的摊位。较大的转卖窃贼重新包装被盗产品（通常在出租屋或储藏室），然后转售给转卖人，转卖人再将被盗产品卖给零售商。

全国零售联合会的调查还发现**电子围栏（e-fencing）** 有所增加。犯罪分子现在可以在 eBay 和 Etsy 等在线拍卖网站上出售物品，而不是在街角出售偷来的手表或 T 恤。在接受全国零售联合会调查的零售商中，超过一半（58%）零售商表示他们能够在在线拍卖网站上识别出被盗的商品。除了在线拍卖网站之外，小偷还在亚马逊、Craigslist 等在线分类网站，LetGo 等移动应用程序以及你无法访问的**"隐藏网络"（deep Web）** 网站上出售偷来的零售商品。

员工盗窃

零售店损耗的第二个主要来源是员工盗窃商品和现金。全国零售联合会（NRF）零售犯罪调查发现，不诚实的员工平均给零售商造成 19228 美元的损失，中位数为 962.6 美元，而 2015 年报告的损失中位数较低，为 622 美元。员工不仅可以接触到产品，还熟悉商店的安全措施。"甜心"（sweethearting）是一种员工行为，收银员故意少收钱、退还现金或允许朋友不付钱就走人。有时，不诚实的员工会将商品从后门送到朋友等候的汽车上。

零售退货欺诈

零售萎缩的另一个原因是**零售退货欺诈（retail return fraud）**。零售退货欺诈发生在有人退回他们未购买的商品（几乎总是被盗的商品）以获得退款时。无论是业余爱好者还是职业罪犯，退货欺诈都是零售商日益关注的问题。全国零售联合会零售犯罪研究报告称，2017 年零售退货欺诈将使零售商损失 15 亿美元，平均成本为 1766.27 美元，中位数为 171 美元。在服装行业，2016 年每起退货欺诈事件的平均成本为 968.81 美元，几乎和入店行窃一样高。

据全国零售联合会估计，客户每年退回的零售额高达零售总额的 11%，其中超过 10% 的退货是具有欺诈性的。零售欺诈窃贼经常使用自助结账，并且伪造商店收据的能力越来越强。

许多零售商面对零售欺诈问题而采取的一种解决方案是要求退货时出示身份证明，从而使零售商能够跟踪经常退货的个人。另一种策略则是仅以商店积分的形式退款。面部识别等技术的进步将增强对零售退货欺诈的防范。

零售借用

还有一个损耗来源是一种被称为**零售借用（retail borrowing）**的不道德消费行为。近几十年来，商家制定了宽松的政策，接受客户退货，如果产品性能不尽如人意，或者客户只是改变主意。零售借用是指在达到购买目的后退回无缺陷的商品以获得退款的行为。零售借用的热门对象包括高中舞会礼服、面试新正装，以及大型足球比赛的大屏幕电视。对于消费者来说，这种做法免费为特定场合提供产品的短期使用。对于零售商而言，这种做法导致总销售额下降，商品受损，不适合转售。

对待客户的道德问题

零售道德问题的另一面是零售商及其员工如何对待顾客。虽然零售商为不同种族的消费者提供不平等的服务是违法的，但阻止那些（在经济上处于不利地位或在社会上不可接受的）顾客在商店购物的行为并不违法。例如，一项研究表明，餐厅服务员会根据感知到的顾客支付能力和给小费能力来确定他们的服务水平。

当销售人员进行**客户概况（customer profiling）**分析时，客户服务水平是根据客户的支付能力来定制的，一些客户（在商店被服务人员追着服务）可能感到非常不舒服，所以他们在购物之前就离开了；有时另一些客户被完全忽视了，客户离开商店时感到厌恶和愤怒。正如朱莉娅·罗伯茨（Julia Roberts）主演的电影《风月俏佳人》（*Pretty Woman*）中的一个经典场景所描绘的那样，试图保持精英形象的商店可能对那些看起来不属于那里的顾客冷眼相待。

许多评论家认为，如果产品可能有害，零售商有义务不向客户出售产品。例如，多年来，一些年轻人滥用可能有害的非处方药，尽管近年来政府法规将许多此类药品从商店货架上撤下，但仍保留了一些这样的药物，零售商仍需谨慎监管其分销。酒精和香烟等产品也是如此，根据法律，这些产品只能卖给成年顾客。

B2C 和 C2C 零售中的其他道德问题

由于 B2C 和 C2C 电子商务中的一些不道德参与者的活动，消费者和合法的电子销售商都受到了影响。以下列表列出了一些常见的（发生不道德行为的）领域。

- 欺骗性发布：在 C2C 零售网站（包括 eBay、Etsy、脸书商城、亚马逊商城和 Craigslist）上虚假发布待售商品，为卖家提供了列出残次商品的机会。例如，如果消费者从一个网站上订购商品，该网站显示了一盒 12 支钢笔的图片，并使用了"钢笔"这个词，当消费者收到商品时，他们可能会感到惊讶，这根本不是钢笔，只是钢笔样子的圆珠笔。消费者也可能被 C2C 平台上描述为复古或古董的物品所吸引。如果同一件物品被三家、五家或十家供应商列为古董，并且他们使用相同的照片以不同的价格出售同一件物品，则表明它更有可能是复制品。

- 侵犯知识产权：侵犯知识产权可能是无知的也有可能是故意的。一些常见的违规行为包括使用其他公司的徽标、图像或在线内容。电子商务卖家出售（电影、音乐、书籍、计算机软件或其他受版权保护的）非法复制内容的行为也是侵权行为。

- 信息安全漏洞：电子商务中常讨论的道德问题之一是信息安全。在线销售商品和服务的公司会收集信用卡或银行账户信息以及买家的姓名、地址、电话号码和电子邮件地址。网络犯罪分子可以入侵这些公司的计算机并收集信息，从而使消费者的账户被盗。

- 虚假的产品质量：由于你无法查看或触摸电子商务产品，客户可能会拆开一个与广告宣传不符的商品，其质量没有广告宣传得那么好。如果卖家在其他国家，可能没有办法解决这个问题。

- 供应商违规行为：为了保护品牌价值，某些消费品只能通过特定渠道销售。但有时个人会通过不同渠道销售这些产品，而这些渠道往往与供应商的渠道不符。例如，在新冠疫情期间，专业品牌的护发产品在 eBay 和亚马逊上随处可见，但这些商品并非官方分销商放置在那里的。

- 欺诈：欺诈活动对于电子商务网站来说可能是一个更为严重的问题。例如，消费者可能会遇到引诱投资的虚假广告。巧妙的书面沟通可以引诱消费者汇出大量资金来购买这些不存在的投资机会。在新冠疫情期间，这些投资机会呈指数级增长。

- 价格欺诈：如第 10 章所述，价格欺诈在 C2C 电子商务中非常常见。价格欺诈不仅是不道德的，也是非法的。

公平贸易：零售与全球责任

正如我们在第 1 章中所了解到的，许多消费者和营销人员都采用了三重底线导向。这意味着包括零售商在内的营销组织都关注他们的社会底线，即他们对公司运营所在社区的贡献。有时你会在产品标签上看到"**公平贸易（fair trade）商品**""经公平贸易认证"或类似字样。提供公平贸易认证的美国公平贸易协会这样定义公平贸易："该运动由生产者、公司、购物者、倡导者和组织组成的多元化网络组成，旨在促进国际贸易伙伴关系更加公平，鼓励可持续发展，并确保发展中国家边缘化生产者和工人的权利。"因为他们认识到许多消费者更喜欢购买公平贸易商品，包括开市多、阿尔迪、雄狮食品、克罗格、山姆会员店、西夫韦、塔吉特、豆芽农贸市场、沃尔玛、全食超市和 EarthFare 等零售商。

MARKETING 营销的真相
REAL PEOPLE, REAL CHOICES（原书第 11 版）

学习目标总结

零售商面临的道德问题之一是（入店行窃、员工盗窃和零售借用导致的）商品损耗。许多入店行窃行为都是有组织的零售犯罪，其中窃贼窃取商品，转卖窃贼将其出售给消费者和包括零售商在内的企业，或通过在线拍卖网站的电子围栏。零售商及其员工还必须认识到对待客户的道德问题并避免对客户概况分析。

出售不存在的东西：
服务和其他无形资产

正如我们在本章开头所说，零售就是向消费者销售商品和服务以供他们使用。因此，要了解零售业，我们还必须了解服务以及营销人员如何为消费者提供满足其需求的优质服务（以及其他无形资产）。

蕾哈娜的演唱会、大学教育、小熊队（Cubs）的棒球比赛和华特迪士尼世界之旅有什么共同点？答案很简单——这些都是产品，将体验与实物商品结合起来，以供买家消费。你不可能去听没有乐器（或者像蕾哈娜那样戴上粉色假发）的音乐会，不可能去上没有课本的大学（周四晚上的派对不算在内），不可能去看没有热狗的小熊队比赛，不可能去没有"老鼠耳朵"的迪士尼。但是这些有形的东西是次要的，在这些情况下，主要产品是一些产生乐趣、知识或兴奋的行为。

在本节中，我们将考虑营销人员面临的一些挑战和机遇，这些营销人员的主要产品是**无形资产**（intangibles）——服务和我们无法触及的（基于体验的）产品。服务是一种无形资产，恰好也是经济中增长最快的部分。正如我们看到的，所有服务都是无形的，但并非所有无形资产都是服务。

正如我们在第 1 章中讨论的那样，服务是生产者与用户之间交换的行为或表现，并且不涉及所有权。美国劳工统计局（U. S. Bureau of Labor Statistics）报告称，每 10 名就业人员中就有 8 人参与服务业。如果你从事营销职业，你很可能会在服务行业工作，请问你有兴趣吗？

营销服务

服务业包括许多面向消费者的服务，从干洗到打耳洞。它还包括大量面对组织的服务。一些更常见的商业服务包括车辆租赁、信息技术服务、保险、安保、法律咨询、餐饮服务、清洁和维修。此外，企业客户还购买一些消费者同样享受的服务，如电力、电话服务和天然气。

服务的特征

服务有多种形式，从为你提供的服务（例如按摩或洗牙）到为你拥有的东西提供的服务（例如为你改装电脑或为你的汽车重新喷漆）。无论它们是否影响我们的身体或财产，所有服务都具有 4 个特征，如图 12-4 所示：无形性、不可储存性、可变性和不可分割性。下面的讨论展示了营销人员如何解决与这些服务特征相关的问题，这些问题在他们处理有形商品时不会出现。

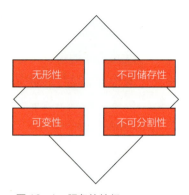

图 12-4　服务的特征
与产品相比，服务有 4 个特征。

1. **无形性**：服务营销可能被称为"营销不存在的产品"。服务的本质与一瓶 Izze 苏打水或一台三星 60 英寸 4K 超高清电视（两者都具有物理、有形属性）不同，服务没有有形形式。**不可感知性（intangibility）** 意味着消费者看不到、摸不到或闻不到。这使得消费者很难评估许多服务。

　　因为他们购买的是不存在的东西，所以消费者在购买之前会寻找令人放心的标志，因此营销人员必须确保这些标志随时可用。这就是为什么他们试图通过提供物理提示来安抚消费者来克服无形性问题。这些对服务提供商（例如银行）的提示可能是设施的"外观"——它的店铺装修、标识、文具、名片、员工的外观，或者精心设计的广告和网站。

2. **不可储存性（perishability）**：该术语指的是服务的特性，无法储存起来以供日后销售或消费；这是一个要么用要么丢的问题。比如你预约了牙医，当天却迟到了，这项服务不会给你储存起来以供日后使用。**产能管理（capacity management）**，组织调整其服务以试图使供应与需求相匹配的过程。这个策略可能意味着调整产品数量，也可能意味着调整价格。在夏季（没有雪的日子里），科罗拉多州的冬季公园（Winter Park）滑雪场为了解决服务不可储存的问题，向山地车爱好者开放了电梯，让他们可以在阳光充足的山坡上骑行。

3. **可变性（variability）**：一个国家橄榄球联盟的四分卫可能在某个星期天炙手可热，而在下一个星期天可能会无人问津，大多数服务也是如此。可变性意味着随着时间的推移，即使是同一个人为同一客户提供的相同服务也会发生变化，即使变化很小。

　　服务标准化很难，因为服务提供商和消费者各不相同。想想你在大学课堂上的经历，学校可以在一定程度上对其课程进行标准化——课程目录、课程内容和教室都是相对可控的。然而，教授们的训练、生活经历和个性各不相同，因此能够让教学标准化的希望很小。

　　事实上，你想一想，我们在购买服务时并不一定要标准化。大多数人都希望拥有适合自己脸型和个性的发型，以及能够满足我们独特健身锻炼需求的私人教练。

4. **不可分割性（inseparability）**：这意味着不可能将服务的生产与消费分开。以这种方式思考不可分割性的概念：一家公司可以在某个时间点制造商品，分发它们，然后再出售（可能在与原始制造设施不同的地点），生产者制造的时间和消费者消费的时间不同。而就服务的不可分割性而言，服务只能在实际服务提供商对消费者或其财产采取行动时发生。

服务接触

　　很难甚至不可能将供应商的专业知识、技能和个性，或公司员工、设施和设备的质量与服务本身分离开来。员工在服务好坏中发挥着核心作用，这强调了**服务接触**

MARKETING: REAL PEOPLE, REAL CHOICES　营销的真相（原书第 11 版）

（service encounter）或客户与服务提供者之间互动的重要性。如果一个粗暴或无能的服务员将菜品端上桌，那么美味的菜肴也可能会索然无味。

为了最大限度地减少不良服务接触的负面影响并节省人力成本，一些服务企业转向我们在第 11 章中讨论过的去中介化。通过去中介化，公司从服务接触中移除"中间人"，从而消除了对客户与人互动的需求。例如，在超市或家居店的自助结账、自助加油站和银行 ATM。

早些时候，我们说过当客户与组织接触时会发生服务接触，这通常意味着客户与代表该组织的一名或多名员工进行互动。服务接触有几个营销人员需要看重的维度，首先是社会接触维度，一个人与另一个人互动。物理维度也很重要，客户通常会密切关注他们接受服务的环境。

我们与服务提供者的互动范围很广，从表面的互动（例如我们购买电影票时）到告诉精神科医生（或调酒师）我们的秘密。不过，在每种情况下，服务接触的质量都会对我们的服务感受产生重大的影响。换句话说，服务质量取决于最差的员工。

然而，客户也在提升服务接触体验中发挥着作用。当你去看医生时，你获得的医疗效果不仅取决于医生的能力，它还受到你（准确、清晰地描述你的症状）的能力以及你对医生治疗方案遵守程度的影响。

正如我们之前提到的，由于服务是无形的，营销人员必须注意与之相伴的有形证据。这种实物证据的一个重要部分是**服务场景（servicescape）**——提供服务的环境以及公司与客户互动的环境。服务场景包括设施外部元素，例如建筑物的结构、标牌、停车场，甚至景观。它们还包括室内元素，例如办公室或商店的设计、设备、颜色、空气质量、温度和气味。对于旅馆、餐馆、银行、航空公司，甚至学校来说，服务场景是相当复杂的。但对于其他服务，例如快递、干洗或自动取款机，这些服务场景可能是非常简单的。

营销人员知道，精心设计的服务场景可以对客户的购买决策、服务质量的评价以及对服务的最终满意度产生积极的影响。因此，对于职业篮球比赛之类的服务，不仅要设计实际的球场，还要设计体育场的外观和入口、景观、座位、洗手间、特许摊位和售票区。

我们如何提供优质服务

如果服务体验不佳，它很快就会变成一种伤害，并带来严重的后果。优质的服务可确保客户对所支付的费用感到满意。然而，满意是比较出来的，是一个相对值，服务接受者会将当前体验与先前的一些期望进行比较。这就是提供优质服务变得棘手的原因。对一个客户来说看似优质的服务对另一个人来说可能是平庸的，另一个人有这种感受是因为早先遇到了卓越的服务提供商而被"宠坏"了。因此，营销人员必须确定客户的期望，然后努力超越它们。

公司可以做些什么来提高客户选择其服务（并成为忠实客户）的可能性？由于服务在很多方面与商品不同，决策者很难推销那些不存在的东西。但是，就像商品营销一样，第一步是制定有效的营销策略。表 12-3 说明了三种不同类型的服务组织如何制定有效的营销策略。

当然，没有人是完美的，错误时有发生。有些失误在公司提供服务时很容易被发现，例如干洗店在你的新白色毛衣上留下明显的红点。类似的服务失误总会发生，重要的是公司迅速采取行动解决问题。

表 12-3 服务组织的营销策略

	干洗店	城市歌剧院	州立大学
营销目标	通过增加现有客户的业务和获得新客户，在一年内将总收入增加 20%	两年内将歌剧季度会员增加到 1000 人	下一学年申请本科和研究生入学的人数增加 10%
目标市场	住在公司方圆五千米范围内的中青年白领	参加单场演出但不购买季度会员的客户；其他喜欢歌剧但通常不观看地方歌剧演出的本地居民	一级市场：该州居民的潜在本科生和研究生；二级市场：居住在其他州和国外的潜在本科生和研究生
提供的服务	在 24 小时或更短时间内出色且安全地清洁衣服	体验专业的歌剧表演，同时帮助当地歌剧公司发展	以学生为中心的高质量的教育
策略	向现有客户提供激励优惠，例如以正常价格清洗 10 套衣服后，可以免费清洗一套；使用报纸和直邮广告向所有客户传达限时折扣优惠	与前会员和观看单场演出的消费者联系，鼓励他们购买新一季会员；安排歌剧团人员及演员作为当地电视台及广播台脱口秀节目的嘉宾	增加对当地高中的招生访问次数，或为高中辅导员安排一个特殊的活动日来参观校园；与校友交流，鼓励他们向他们认识的学生推荐这所大学

为确保将服务失误率降至最低，并确保在发生失误时能够快速恢复，管理人员应首先了解服务以及最有可能发生失误的地方，以便他们能够提前计划如何恢复。此外，应培训员工应对投诉，并授权员工立即采取适当行动。

为了始终如一地提供高质量的服务，许多服务机构使用**服务质量测量表（SERVQUAL scale）**，这是一种衡量客户对服务质量感知的流行工具。服务质量测量表确定服务质量的 5 个维度或组成部分：

- 可感知性：服务质量的有形证据，如有形设施设备、人员专业仪容、网站外观和功能等。
- 可靠性：可靠、准确地向客户提供承诺的能力。
- 响应性：愿意帮助客户并提供及时服务的能力。
- 可信性：员工的知识和礼貌，传递信任和信心的能力。
- 移情性：服务提供商真正关心客户并从客户角度提供服务的程度。

服务质量测量表是可靠且有效的，服务企业通常通过书面、在线或电话问卷的调查形式得到服务质量测量表。

人员营销、地区营销和理念营销

到目前为止，你已经了解服务是营销人员努力销售的无形资产了。但正如我们之前所说，服务并不是组织需要推销的唯一无形资产。诸如员工、地点和理念等无形资产往往需要被某人"出售"，并由其他人"购买"。接下来让我们探讨一下营销如何关联这些无形资产。

人员营销

正如我们在第 1 章中看到的，人也是产品。如果你不相信，你一定从来没有参加过工作面试！我们中的许多人都觉得将人等同于产品是令人反感的。但实际上，在现实中，相当多的人聘请个人形象顾问为他们制定营销策略，还有一些人接受整形手术、身体调理或美容改造，以提高他们的"市场地位"或将自己"推销"给潜在雇主、朋友或恋人。让我们简要地谈一谈人员营销的几个重要类别。

经验丰富的顾问会"包装"政客（客户），推销政客（客户），然后这些政客（客户）进行竞争，并以选票衡量这些产品（政客）的"市场份额"。

从演员、音乐家到运动员和超模，这些人在流行文化中占据市场地位。经纪人精心包装名人，这些名人在电视上曝光，在电影中担任主角，努力将自己变成一个产品品牌。

除了这些努力之外，人员营销还使用其他策略来"推销"名人，如表 12-4 所示。其中包括：

1. **纯销售方法**：经纪人向潜在"买家"展示名人的资质，直到将名人"售出"。
2. **产品改进方法**：代理商与客户合作修改某些特性，以增加其市场价值。
3. **市场填充方法**：代理商观察市场以识别未满足的需求。在确定需求后，代理商会找到满足这些需求的个人或团体，并开发新的"产品"。

表 12-4　推销名人的策略

营销方法	执行
纯销售方法	经纪人向以下对象提供名人： 唱片公司 电影制片厂 电视制作公司 脱口秀主持人 广告公司 星探
产品改进方法	经纪人对名人进行改造： 新名字 新形象 语音课 舞蹈课 整容手术 新伴奏乐队 新音乐流派
市场填充方法	经纪人寻求新市场： 确定未满足的需求 开发符合消费者需求的新产品（乐队或歌手）

地区营销

地区营销（place marketing） 策略将城市、州、国家或其他地区视为一个品牌。营销人员使用营销组合为地区创建一个合适的身份，以便消费者在众多旅游景点中选择该地区。由于旅游业产生巨额收入，导致吸引游客的竞争非常激烈。比如营销人员为了邀请潜在游客前来参观"纯粹的密歇根"制作了一个地区广告片，在广告中，演员蒂姆·艾伦（Tim Allen）声音平静而舒缓，展示了密歇根州人迹罕至的户外美景以及大城市冒险。然而，也有失败案例，2016 年一场不幸的营销活动发生在了罗得岛州。该营销活动在社交媒体上引发了激烈的批评，并迫使该州首席营销官辞职，因为她花了 50 多万美元却只开发了一个不受欢迎的口号——"更冷和更暖"。

理念营销

人员营销最起码可以让你看到人，地区营销最起码可以让你看到一座城市，但**理念营销（idea marketing）** 连人和城市都看不到，那么你如何推销你看不到、闻不到或感觉不到的东西呢？理念营销是指为概念、哲学、信仰或问题赢得市场份额的营销策略。即使是宗教组织，也会采用世俗的营销手段来吸引年轻人，推销有关信仰和理想行为的理念。但是请不要搞错了，理念营销可能比商品营销和服务营销更难。比如，消费者常常没有意识到，他们回收垃圾，以及他们为减缓全球变暖而节约的行为是值得的。在新冠疫情期间，相关理念营销活动并不那么容易奏效，保持社交距离这个理念并不被很多人接受，因为他们认为这带来的好处并不值得付出（保持社交距离的）代价，因此病例激增。

服务业的未来

展望未来，我们认识到服务业将继续在美国和全球经济的增长中发挥关键作用。图 12 - 5 提供了几个趋势供我们思考，这些趋势将为未来的服务商提供机遇和挑战。

当然，他们也会为未来的营销人员提供许多令人兴奋的新工作机会。这些趋势包括：

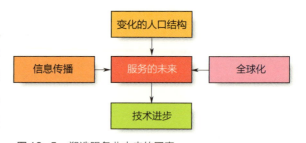

图 12-5　塑造服务业未来的因素

变化的人口结构、全球化、技术进步和信息传播都会影响服务。

- 变化的人口结构：随着人口老龄化，满足老年消费者需求的服务行业将大幅增长。为老年人提供娱乐机会、医疗保健和生活援助的公司将很受欢迎。
- 技术：服务业中一些令人兴奋的变化与共享经济的爆炸式增长有关，共享经济利用技术让普通人能够提供服务和消费服务。最近的一项重大调查报告称，44% 的美国成年人（超过 9000 万人）参与了共享经济，扮演着贷款人和借款人、司机和乘客、主人和客人的角色。需要用车吗？去吉普卡租车公司按小时租一辆。需要用相机、电钻或搅拌机吗？去 SnapGoods 租一个。在 DogVacay，将你的宠物交给"狗保姆"而不是放在冰冷的狗窝里。你甚至可以从借贷俱乐部那里获得低息贷款。共享经济正在革新行业,包括出租车(优步和来福车)、酒店业(爱彼迎)、旧书(BookMooch),甚至跑腿(TaskRabbit)。

- 全球化:商业的全球化将增加对物流和分销服务的需求,使得跨国运输业和跨国会计和法律服务业兴起。此外,全球放松管制将影响银行、经纪公司、保险和其他金融服务行业的服务供应,因为全球化意味着更激烈的竞争。例如,许多"医疗游客"现在前往泰国和印度等国家进行普通外科手术,费用可能少一半。与此同时,美国医院通常看起来更像豪华水疗中心,因为它们提供便利的设施,例如为家庭成员提供相邻的宿舍,提供互联网服务和不同的美食。在酒店行业,全球对豪华物业的需求正在增长。凯悦环球正在积极拓展其华尔道夫和康莱德品牌,在中国,到 2020 年至少有 16 家豪华酒店开业或计划开业。

零售业的颠覆

在过去十年中,零售业面临着许多极具颠覆性的力量。这给许多人留下了一个问题,那就是他们未来将面临什么。以下是对零售商的一些预测和建议。

无限制

互联网不仅催生了电子商务,也成了一股均衡的力量。互联网创造了一个在信息、访问、产品选择、便利性和连接方面没有限制的零售环境。零售商和客户是平等的。

我们不再上网,我们生活在网上

如今,智能手机已普及。这重新定义了客户旅程。它改变了人们对零售地点的看法。零售商不再需要担心交通模式和社区零售。最好的位置是智能设备。在这里,客户可以全天购物,可以了解朋友和社交媒体上其他人的想法,并比较零售产品的设计和价格。

赋权客户

没有客户愿意变得平庸或接受平庸,他们想要最好的。凭借当今可用的选择和信息,再加上产品的非稀缺性,客户拥有了权力,客户说了算。

大灾难? 不

专家们宣布零售业已消亡近十年,而电子商务正在敲响丧钟。商场里空无一人,每周似乎都有申请破产的消息。是的,一些零售店已经消失,接下来还会有更多。但许多零售商仍然有很多实体店。正如一位作家所说,零售业并未消亡,而是"正在经历颠覆和重塑"。对于许多零售商而言,实体店对于其在线业务的成功至关重要。最成功的两类零售商是那些提供强大价值和便利的零售商,例如折扣零售店或一元店,以及那些高档零售商,例如露露乐蒙。

许多失败的零售商所犯的错误是捍卫现状。他们没有设想和尝试新的零售模式,而是关闭了商店并削减了成本,以保持偿债能力。在未来,创新和乐于接受新事物的组织文化必须成为零售业的常态。

学习目标总结

服务是无形的产品，是由生产者直接交付给消费者但没有所有权的产品。一般来说，服务是完成某个目标的行为，可以直接针对人或对象。重要的服务特征包括：①无形性；②不可储存性；③可变性；④不可分割性。

营销人员知道，服务接触的社会元素（即员工和客户）和物理证据（包括服务场景）对于积极的服务体验很重要。为衡量服务质量，营销人员使用服务质量测量表，该量表衡量服务质量的五个维度：可感知性、可靠性、响应性、可信性和移情性。差距分析是一种相关的测量方法，衡量客户对服务质量的期望与实际发生的情况之间的差异。

管理者在营销其他无形资产时也遵循营销计划的步骤。人，尤其是政客和名人，经常被包装和宣传。场所营销旨在创造或改变特定场所的市场地位，无论是城市、州、国家、度假胜地还是机构都可进行营销。创意营销（为一个概念、理念、信念或问题赢得市场份额）旨在创造或改变目标市场的态度或行为。服务的未来将取决于不断变化的人口结构、全球化、技术进步和信息传播。

营销的真相

12.8

打造你的品牌：评估和确定你的工作

泰勒在打造他的个人品牌方面做得很好。他利用自己的优势和劣势来开发他的核心产品。他在求职面试中取得了成功，并收到了入职通知书。现在他需要学习如何评估和接受一份工作。

你需要学会评估和接受一份工作，你已经给未来的雇主留下了深刻的印象，你即将收到一份工作邀请。但不要因为沉浸在兴奋中而错过重要的事情。毕竟你也不想在工作时感到失望。

薪资讨论

对于大多数人来说，薪水是评估工作机会的一个重要因素，但它不应该是唯一的考虑因素。大多数人只有在工作能提供个人职业满意度、灵活性和他们想要的生活方式时才会感到快乐。

为了获得最佳报价，有两个重要的考虑因素：

- 你需要知道你的价值。
- 你需要尽可能推迟薪资讨论。

如何知道你的价值

首先，你应该计算你的市场价值。研究你正在考虑的工作的一般工资。然后想想职位描述，以及像你这样的合格人员可以为公司的目标及其盈利能力增值多少。你还应该考虑你对这份工作的准备程度。如果你通过实习获得了从事这份工作所需的相关经验，那么你的价值可能更高（对比那些需要培训才能工作的求职人员）。同样重要的是，在你讨论薪水之前，你心里要有一个你愿意接受的最低数字。

为什么要推迟薪资讨论

这个问题的答案可以从优秀的销售人员如何销售产品中找到。当销售人员希望客户购买高端产品时，他们会展示所有功能和优点，以确保客户购买该产品。只有在那个时候，他们才会报出价格。换句话说，你需要等待以确保公司有强烈的兴趣雇用你。

有时你根本无法延迟薪资讨论，因为你可能会在第一次面试中被问及薪资期望。请记住，你通常不能从你心中的最低薪酬开始谈判。在这种情况下，你可能会这样说："我正在寻找一个有竞争力的入门级薪酬方案，但我最感兴趣的是加入适合我的公司。"如果要求你提供更具体的答案，你可以尝试这样说，"我知道我可以为你的组织贡献价值，但我想等到我们都确定我是这份工作的合适人选时再讨论"或者"我对你们提供的薪资范围很满意，但是我想在我对工作职责了解更多时再讨论具体细节"。如果你被迫要求说出一个实际数字，请回答一个广泛的范围，并且对这个范围内的最低薪酬感到满意。

如果面试官在面试结束时提供了这份工作，适当的回应应该是："谢谢您给我这个职位。在详细了解贵公司和工作职责后，我很高兴有机会在××公司工作。我相信我能产生积极的影响，我准备考虑您的这个最佳 offer。"

无论薪资提议是在面试中提出的，还是稍后通过电话提出，你都不要过于感激，以至于在没有给自己时间评估薪水的情况下就答应了。这对你和雇主来说都是一个重要的决定。你想要这份工作，他们想要一个热情的员工。雇主不希望你立即回答，如果你要求花点时间考虑，他们不会撤回邀请。所以，花点时间评估一下这份工作是否适合你。如果邀约是通过电话来的，你需要手边有纸和笔，以便你可以做笔记（在你拿笔和纸时，可以让对方等待一下）。

提出报价后，不要害怕询问有关报价的问题。重要的问题可能包括：

- 包括福利在内的整个薪酬方案是什么？
- 福利计划具体包括什么？
- 个人发展和晋升机会有哪些？
- 你的工资什么时候审核？你需要做什么才能获得更高的收入？
- 你预计三到五年内的薪资涨幅是多少？

无论你是在面试中还是在电话中被录用，都不要立即接受。告诉提供这份工作的人："谢谢您给我提供贵公司的职位，我想花点时间考虑一下您的提议。我们可以在本周晚些时候再谈吗？"此外，现在也是收集问题的好时机，这样你就可以确切地知道在接受工作之前需要了解哪些信息。

评估工作报价

应届毕业生经常犯的一个错误是没有考虑公司所提供的福利。尽管你可能认为自己永远不会生病，但健康和人寿保险非常重要且昂贵。健康保险和其他福利实际上占了薪酬的相当大的一部分，可能相当于你的工资的 30%。其他常见的福利包括：

- 假期、病假和休假。
- 健康保险。大多数公司为员工及其家人支付一定比例的健康保险费用，员工支付其余部分。
- 人寿保险。
- 401（k）或养老金计划。401（k）计划可让你建立一个延税退休储蓄。如果公司提供养老金计划，一些雇主会按照你的贡献或部分贡献将钱存入你的退休基金里。
- 股票期权（ESOP）。该期权允许员工以折扣价购买一定数量的公司股票。
- 签约奖金。奖金一直是吸引员工加入公司的流行方式。它们通常在经济景气时期提供给员工或提供给公司的急需人才。
- 儿童看护/老人护理援助。一些公司为员工的孩子提供现场日托服务。
- 学费报销。如果你打算攻读研究生学位，这是一个重要的好处。
- 搬迁费用。如果你要搬迁到另一座城市去工作，许多公司都会提供搬迁津贴。金额因公司、地点和职位而异。

但这份工作适合你吗

在你确定这份工作的价值后，花几分钟时间考虑一下这份工作的利弊。薪酬并不总是你接受这份工作的决定性因素。除了薪酬之外的一些其他要素是：

- 通勤距离和时间。
- 是否可以远程工作。
- 工作环境。
- 你将与谁一起工作以及为谁工作。
- 公司文化。
- 着装要求。
- 员工流失率。
- 个人发展和职业发展的机会。
- 工作职能（它会引导你去做你想做的事吗？）。
- 公司的社会责任。
- 公司的社区参与。
- 公司声誉。
- 公司的稳定性。
- （员工的）旅游需求/机会。
- （员工的）搬迁需求/机会。

报价谈判

既然公司已经提供了工作并且你已经决定想要它，那么你就可以进行谈判了。在协商好你将接受这份工作之前，你不应正式接受这份工作。

大约一半的求职者接受了第一个工作机会，但一些雇主希望求职者能还价。请记住，雇主不会因为你反驳而撤回工作机会。所以，大胆地去问你想要什么，你没有什么可失去的，也许还能得到很多。还价，包括工资和福利。你可能无法就 offer 的每个方面进行谈判，因此请选择对你来说最重要的一两件事。你谈判前的目标是那些你认为会"破坏交易"的事情；如果你得不到这些，你就不会接受这份工作。但你还价时，你的还价应该比谈判前的目标高一些，留出一些谈判空间。

在谈判中保持积极的态度。先解决工资问题，再谈福利。有时对于入门级职位，薪水谈判的余地不大，但签约奖金、额外一周的休假时间或提前的薪水审查都可以给你带来丰厚的待遇。

你可以参考以下几点进行谈判：

- 额外休假时间。
- 在开始日期是否提供医疗保险（一些公司有 30 ~90 天的等待期）。
- 免除一两个月的医疗保险费。
- 签约奖金。
- 绩效奖金。
- 股票期权。

接受工作 offer

一旦你同意了最终 offer，你应该口头重述 offer 的所有要素。然后你应该要一封录用函。每份实习和全职工作都应该有正式的录用函。如果公司不提供录用函，请不要接受这份工作。

录用函是对录取条款的同意书，通常包含以下内容：

- 你的职位名称。
- 你将向谁报告（可选）。
- 办公地点（可选）。
- 起薪（时薪或年薪）。
- 奖金、佣金、签约奖金、差旅津贴或任何额外补偿。
- 股票期权数量、期权价格和行使时间表。
- 假期（可参考公司福利待遇）。
- 其他福利（可参考公司福利待遇）。
- 开始日期。
- 附带条件。

你应该在被录用后的一到两天内收到录用函。如果录用函是通过电子邮件发送的，只要它使用公司信笺抬头即可。

录用函

实习和全职职位的员工一般是有录用函的。确保你在口头被录用后的一到两天内收到录用函。如果你已经在工作了。在你收到新工作的录用函之前，不要辞掉你现在的工作。

当你收到录用函时，请仔细阅读它以确保它包含你同意的所有要素。如果没有，请立即致电这封信的发件人，以获得有关该问题的澄清和解决方案。一些公司要求你在录用函上签字并将其交还给公司。最好在交还之前复印一份已签名的录用函。将你的录用函与公司的其他信息一起保存好。

是时候享受你的职业生涯了！开始真正打造个人品牌吧。

个人风格

接受邀请后，最好向面试过你的每个人发送一封手写的感谢信。感谢每个人的支持并告诉面试者你对加入公司有多兴奋，这是一种很好的感觉。每个人都会感谢你的来信，并且你将以正确的方式开始你的新工作。

泰勒现在知道接受 offer 的重点了。他认识到，许多出色的工作都能提供（对员工来说）非常有价值的薪水和福利。他还准备进行谈判，以确保他能得到尽可能多的东西。

学习目标总结

在你得到了这份工作之后，你仍然需要参加一场（关于这份工作和工作报价的）成功面试。虽然薪水很重要，但大多数人只有在工作能提供个人职业满意度、灵活性和他们想要的生活方式时才会感到快乐。

要获得最好的报价，你需要知道自己的价值，一个合格的员工能为公司带来多少价值，以及你对这份工作的准备程度，你可以得出一个最低工资估值。

薪资问题的讨论应该尽可能地推迟。当不能再拖延的时候，给出一个你满意的最低工资范围。如果工作机会来了，给自己一些时间去评估它，问一些问题，以确保它适合你。你应该协商你将接受的报价。

在接受工作之前，你应收到一封包含详细说明的录用函。接受工作后，给每一个面试过你的人送一封手写的感谢信。

MARKETING
REAL PEOPLE,
REAL CHOICES

营销的真相（原书第11版）

第 13 章
促销 I：规划和广告

学习目标

- 了解沟通过程和传统的促销组合。
- 描述传统促销和多渠道促销规划的步骤。
- 解释什么是广告，描述广告的主要类型，讨论对广告的一些批评，并且描述开发广告活动的过程以及营销人员如何评价广告。
- 了解直接营销的元素。
- 了解如何通过编写一份有效的简历和求职信来增加你获得一份好工作或实习的机会，了解如何将这些简历和求职信交给合适的人，以及了解如何让自己在众多求职者中脱颖而出。

真实的人，真实的选择：萨拉·巴莫西

▼Pitch 机构的决策者

萨拉·巴莫西（Sara Bamossy）是一名战略执行官，拥有 17 年工作经验，曾在多个领域推动一些全球最大品牌的增长，如丰田、宝洁、百事可乐、罗氏、微软、奈飞、汉堡王、科乐美和 Westfield。

在进行这个案例研究的时候，萨拉是 Pitch 的首席战略官，Pitch 是一家位于洛杉矶的创意公司。此前，她在盛世长城（Saatchi & Saatchi Worldwide）的洛杉矶、伦敦、巴黎和悉尼办事处工作了 10 年。

萨拉的专长之一是研究数据和创造力之间的关系。《广告时代》（*Ad Age*）等出版物曾向她咨询专业知识，她还曾在戛纳创意节（Cannes Festival of Creativity）上就创意设计如何释放现代数据的力量发表演讲。萨拉获得了包括戛纳金狮奖（Cannes Lions）、埃菲斯奖（Effies）和奇亚特奖（Chiat）在内的行业荣誉，并被评为年度国际主义创新者之一。

萨拉的信息

我不工作的时候做什么：

我喜欢出门旅行，也喜欢在家，两种生活帮助我用新的眼光和思维来看待一切。

毕业后的第一份工作：

高中时，我在盖洛普民意调查公司做市场调查。

职业生涯巅峰：

作为一个热爱这份工作的人，这很难选择！我还记得我第一次被派到日本试驾原型车的情景，当时我还是一名年轻的战略研究员，负责举办一场汽车发布会。那是一个仿佛在梦境中的职业时刻，我甚至掐了一下自己确保这是真的。

希望自己没有犯过的一个（与工作相关的）错误：

没有尽早离开不适合自己的特定职位；三个月后，我知道我不适合这个工作，但我还是坚持了太久。

我正在读的商业类书籍：

《战略就是你的语言》，马克·波拉德著。

我心目中的英雄：

如果能转世成为鲁斯·巴德·金斯伯格、格温·史蒂芬尼和蒂娜·菲的超人组合，那就太棒了。

我的座右铭：

做一支箭，而不是一块砖。

我的动力：

解决复杂问题的刺激感。

我的管理风格：

变色龙教练——因材施教。我更喜欢基于员工优势的管理方式，这种方式最适应每个人的需要。

与我面谈时不要这样做：

告诉我你认为这个职业角色只是你职业生涯的一个短暂片段。

我最讨厌的是：

浪费时间（另外还有准备不足、找借口、指手画脚）。

萨拉的问题

在促销、运营和菜单创新等一系列极其成功的商业决策之后，即便竞争对手纷纷失败或停滞不前，汉堡王在美国的销售额却出现了增长。到 2015 年中旬，汉堡王的销售额大幅超过麦当劳和 Wendy's。然而，该品牌在形象方面落后于其主要竞争对手。在第三季度，萨拉和她的团队将注意力转向了改进广告策略和优化沟通。

快餐行业（QSR）的大众传播必须快速吸引客流量，通常是通过促销特定的菜单餐品以实现立竿见影的销售收益。萨拉需要找到一种方法，在这个快速发展行业的商业现实中制定并实施长期品牌规划。她的职责是制定一项战略，使汉堡王能够讲述一个一致的品牌故事，并能够灵活地支持各种新的与核心的菜单餐品。汉堡王一直以"我选我味"、火焰烧烤和皇堡而闻名和受喜爱，随着品牌的发展，国王形象（The King）被引入，吸引了更年轻的顾客，但后来被取缔了，转而开展更广泛的"品味为王"活动。但问题是，汉堡王的下一步营销计划是什么？

作为 Pitch 的首席战略官（CSO），萨拉与汉堡王北美公司合作制订了一项行动计划，通过数据挖掘、消费者研究和竞争分析制定了最终的战略。在这个过程中，萨拉和她的团队需要为汉堡王品牌做出一个关键的决定：他们是要让国王形象回归，还是另辟蹊径？以及汉堡王新的长期战略是否应该利用过去品牌的潜在资产？

她的方案 1、2

把国王留在过去。自2011年汉堡王停止使用国王形象以来，快餐的格局、经济状况和消费者对快餐的态度都发生了变化。休闲餐饮选择（如奇波雷墨西哥烧烤）的兴起、健康宏观趋势（清洁饮食、有机饮食）以及快餐行为的改变（如星巴克和代餐酒吧）都对快餐行业产生了影响。此外，即使在汉堡王最受欢迎的时候，国王作为公司"发言人"也有点棘手。如果国王的形象不精心雕琢，就会变得"令人毛骨悚然"并且只能吸引千禧一代的男性（狭小受众）。虽然它前卫的性格使他脱颖而出，作为一个品牌符号，他已经是流行文化的一部分。很明显，在"统治期间"，国王是一个公认的广告偶像，但他不是一个引导者。有些人认为国王形象与他们要去哪儿吃午饭无关。

但是，从零开始创建一个全新的品牌符号是很困难的。如果一个快餐品牌没有高度可识别的品牌符号（想想麦当劳或Wendy's），顾客很容易将其大众传播误认为是其他类似的产品。汉堡王就像一块巨大的海绵，吸走了媒体的报道（曝光是自然宣传而非付费的结果），让汉堡王一直处于流行文化的聚光灯下，这种曝光是很难复制的。

让国王重新成为一眼就能认出的符号。即使在远离聚光灯几年之后，国王仍然有很高的知名度。使用国王可以提高品牌归属感，特别是在促销活动中。作为一个符号，当它真正地、有机地融入流行文化时，它有潜力推动公关和舆论的发展。使用品牌符号是优化媒体影响的快速方法之一，因为品牌符号会带来即时的品牌效果。

另外，品牌代言人（即使是想象出来的）需要非常精心地制作，严格遵循指导方针，否则它们就会成为噱头。到2011年他的"统治"结束时，"国王"不再直接与商业和品牌需求联系在一起，而是被用于传递信息。有一种看法认为国王在退休时已经过度曝光了，为了充分利用国王赢得的媒体潜力，该品牌必须愿意在不断变化的互联网周期中非常迅速地做出决定并采取行动。这将意味着复活一个新的、经过改进的国王，将能够统治一个由不可预测的社交媒体趋势塑造的王国，而不是过去由可预测的"电视竞选"塑造的王国。现在站在萨拉的角度想想。你会选择哪一个方案，为什么？

做出你的选择

你会选择哪一个选项？为什么？

☐ 方案 1　　　☐ 方案 2

"永远在线"的数字世界——数字世界中的传播模式

测试你的广告记忆：

1. 哪家比萨店的口号是"更好的配料，更好的比萨"？约翰爸爸还是小凯撒？
2. 哪家快餐店的口号是"我就喜欢"？麦当劳还是汉堡王？
3. 哪家保险公司说"15 分钟可以为你节省 15% 或更多的车险费用"？前进保险公司还是政府雇员保险公司（GEICO）？
4. 哪个汽车制造商称其汽车为"对完美的不懈追求"？梅赛德斯还是雷克萨斯？

答案：①约翰爸爸；②麦当劳；③政府雇员保险公司；④雷克萨斯。

你都答对了吗？你对这些问题以及其他上千个小问题的了解都要归功于那些专门从事营销传播人员的努力。当然，如今，这些口号都是"老派的"，因为营销人员已经跟随消费者登录社交网站，并进入虚拟世界与他们的客户交谈。

到目前为止，我们已经讨论了创造、管理、定价和交付产品。但是仅凭以上这些生产出出色的产品是不够的，成功的营销计划还必须提供有效的营销传播策略。正如我们在第 1 章中所说，促销是对营销传播努力的协调，以影响态度或行为。这个功能是著名营销组合 4P 中的最后一个，它起着至关重要的作用——不管你的目标是卖比萨、鸡肉、保险还是汽车。

假设你要推销一款新的自动驾驶汽车。让我们考虑一下你可以使用的工具。当然，你有可靠的传统广告可选择——电视、广播、杂志、户外广告牌等，你需要个体销售员向潜在客户介绍汽车的优点并回答他们的问题。但在 Web 2.0 世界中，你还拥有许多不同类型的数字广告和社交媒体营销，再加上一点促销活动、公共关系和直接营销，瞧，你就卖了很多车。

当然，一个组织所说的和所做的一切都是一种营销传播形式。它制作的广告、设计的包装以及员工穿的制服，都导向人们对公司及其产品的看法和感受。其他消费者在脸书或在亚马逊网站上对品牌体验的评价也是如此。如今，随着消费者花在传统媒体上的时间越来越少，公司和其他人在数字世界中的言论的重要性呈指数级增长。

我们所说的沟通是什么意思？今天，信息呈现出多种形式——古怪的电视广告、创新的网站、病毒式传播的视频、博客、互联网广告、移动应用程序、社交媒体网站、复杂的杂志广告、时髦的 T 恤、天上闪烁信息的飞艇，甚至是在社交媒体上自己动手做以及定制的广告。一些营销传播推动特定产品（如苹果平板电脑 iPad）或行动（如献血），而另一些则试图创造或强化代表整个组织的形象（如通用电气）。

营销传播通常扮演以下 4 种角色中的一种或多种：

1. 它向消费者介绍新的商品和服务。
2. 它提醒消费者继续使用某些品牌。
3. 它说服消费者选择这个品牌而不是其他品牌。
4. 它与客户建立关系。

今天，营销专家认为成功的促销策略应该协调多种营销传播的形式以传递一致的信息。**整合营销传播（integrated marketing communication，IMC）**是营销人员用来"在一定时间内，针对目标客户，计划、开发、实施和评估（协调的、可衡量的、有说服性的）品牌传播活动的一种战略商业过程"。IMC 方法认为，消费者在购买之前、之后和期间以多种不同方式与公司或品牌接触。消费者将这些接触点——电视广告、公司网站、脸书上发布的照片、公司应用程序、优惠券、公司的实体设施、公司送货卡车或商店中的展示——融合成一个整体，就好像是一家公司在不同地方以不同方式与他们进行交谈。

为了达到他们的营销传播目标，营销人员必须有选择性地使用其中的一部分或全部，通过**多渠道推广策略（multichannel promotion strategy）**向客户传递一致的信息。在多渠道促销策略中，他们将传统的营销传播活动（广告、促销、公共关系和直接营销）与社交媒体和其他互联网蜂鸣活动相结合。这与过去大多数传统的营销传播方案有很大不同，传统的传播沟通计划很少努力协调消费者收到的不同信息。如果一个电视广告活动独立于抽奖活动而进行，而该抽奖活动与公司网站又没有关系，消费者往往会得到相互矛盾的信息，使他们对品牌的定位感到困惑和不确定。我们将在本章后面更多地讨论多渠道策略。

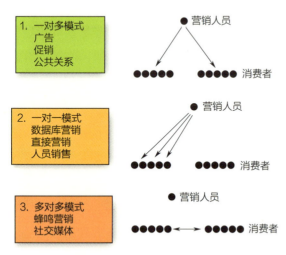

图 13-1 营销传播的 3 种模式

今天的营销人员利用传统的一对多传播模式和更新的多对多传播模式，以及与消费者和企业客户进行的一对一交谈。

为了更好地理解当今的营销传播，让我们看一下 3 种不同的营销传播模式，如图 13-1 所示。第一种是传统的传播模式，是"一对多"模式，在这种模式下，一个营销人员同时向许多，甚至可能数百万的消费者制作和发送消息。"一对多"模式涉及传统的营销传播形式，例如广告，广告包括传统大众媒体（电视、广播、杂志和报纸）；户外设施，例如广告牌；数字或互联网资产，例如横幅、弹出窗口、搜索引擎和电子邮件广告。这种模式还受益于消费者促销活动——例如优惠券、样品、回扣、游戏或竞赛——以及公共关系专业人员组织的新闻发布会和特别活动。

我们还需要扩展传统的传播模式，包括"一对一"模式，即营销人员分别与消费者和企业客户交谈。一对一的营销传播形式包括人员销售、支持人员销售的促销，以及包括直接营销在内的各种数据库营销活动。

在今天，我们认为：新型的"多对多"营销传播模式的重要性呈指数增长。这种新的观点认识到社交媒体的巨大影响及其在**口碑传播（word-of-mouth communication）**中的应用，消费者可以在社交媒体中寻找信息和建议。我们中的许多人更有可能根据在 Yelp 上阅读的用户评论来选择一家新餐厅，而不是因为在电视上看到了哪家店的一则很酷的广告。

在新型的传播模式中，营销人员在他们的传播工具箱中添加了新工具，包括使用（病毒式营销和狂热式营销的）蜂鸣效应建立活动，以及使用新的社交媒体平台，例如为消费者与消费者之间进行交谈提供场所的品牌社区、产品评论网站和社交网站（你很可能已经在使用其中的许多平台）。在大致了解了基本的传播流程之后，我们将分别研究这 3 种不同的与消费者进行更密切沟通的方式。

在本章中，我们主要关注广告（一对多的传播模式），并讨论直接营销（一对一的传播模式）。在第 14 章，我们将探讨社交媒体营销、消费者和 B2B 促销、人员销售和公共关系。但首先，我们需要了解**传播过程（communication process）**和 Web 2.0 沟通。

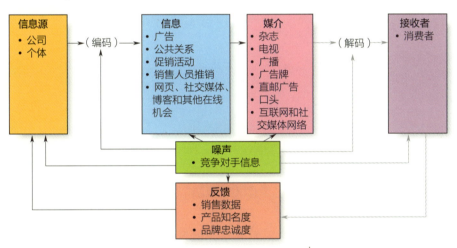

图 13-2　传播过程
传播过程解释了组织或个人如何创建信息并将信息从营销人员（信息源）传递给愿意了解营销人员意图的消费者（接收者）。

传播过程

只有当我们能够让消费者理解我们想要表达的意思时，促销策略才能成功。图 13-2 所示的传播过程是了解任何类型信息工作原理的好方法。从这个角度来看，信息源通过某种媒介向接收方传递消息，接收方听到、注意并理解消息。营销人员需要了解每个元素的功能和重要性。

源编码

让我们从一个合适的起点来探索这个基本的传播过程：从一开始。首先有一个人或组织——**信息源（source）**——有某个想法要传达给接收者，例如潜在客户。为此，信息源必须将想法转化为物理上可感知的形式（如电视广告），以传达所期望的含义，这种**编码（encoding）**过程意味着信息源可以将想法转化成不同的形式以传达所需的含义。我们可能会使用文字、音乐、名人，甚至是与消费者聊天的动画形象。

信息

信息（message），是从信息源发送给接收者的（物理上可感知的）传播形式的实际内容。信息的形式可以是传统的广播或平面广告、公关新闻稿、优惠券、不同的销售促进计划、销售人员的宣传、直接营销信息广告、脸书帖子、YouTube 上的视频，或客户在博客上的评论，它包括说服、告知、提醒或建立关系所必需的信息。营销人员必须仔细选择广告元素，以使信息与目标市场中的最终消费者或企业客户联系起来。

媒介

无论信息源如何对信息进行编码，它都必须通过一种**媒介（medium）**（一种沟通工具，借以与目标群体沟通）来传递该信息。对于营销人员来说，这种工具可以是电视、广播、杂志、社交媒体网站、公司网站、互联网博客、广告牌，甚至是印有产品标志的咖啡杯。营销人员在选择媒介时面临两大挑战：一是目标市场能够接触到媒介，二是产品的特点和形象要与媒介不冲突。

接收者解码

如果森林里有一棵树倒下了，但没有人听到，那是否意味着这棵树没有倒下？撇开禅宗的奥秘不谈，除非有**接收者（receiver）**接收信息，否则传播是不可能发生的。接收

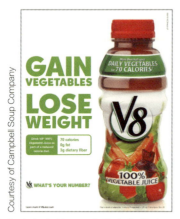

金宝汤公司的 V8 蔬菜汁出现于 1933 年，它通过简单明了的信息继续留住忠实的追随者。

者是拦截和解释消息的任何个人或组织。**解码（decoding）**是接收者赋予信息含义的过程。也就是说，他或她将看到或听到的信息转化为对他或她有意义的想法。

营销人员希望目标消费者能够按照他们的意图解读信息，但只有当信息源和接收者有相似的经历并因此拥有共同的参考框架时，有效的传播才会发生。很多时候，信息源和接收者意见不一致，当信息源和接收者不具有相同的文化背景、经验、价值观或语言时，特别容易出现不匹配的情况。

噪声

传播过程中的**噪声（noise）**——任何能够干扰到有效传播的东西——可能会阻碍信息的传播。正如图 13-2 中噪声和（沟通过程中的）其他元素之间的许多箭头所示，这种干扰可能发生在传播的任何阶段。

反馈

为了完成传播循环，信息源从接收者处获得**反馈（feedback）**。当然，营销传播最

好的反馈是消费者购买产品，其他类型的反馈发生在给制造商的电话或电子邮件中。如果有消费者自发地将公司广告发布在社交媒体上，并迅速传播，将信息传递给数百万其他消费者，那将是更好的反馈。这就是为什么刺猬 Atticus、猴子 Yeti Kong 和三磅重的救援犬 Ella Bean——这些都是狗狗经纪公司（TDA）的动物客户——在 Instagram 上努力经营，并获得了总共 125 万粉丝。这些"动物博主"是社交网站上有效的信息传播者。狗狗经纪公司已经帮助这些"动物博主"争取到了谷歌、戴森、20 世纪福克斯、纽约巴尼斯、雅高酒店、普瑞纳和尼康等品牌的工作机会。

更新的 Web 2.0 沟通

我们刚刚回顾的传播过程仍然描述了许多营销人员与客户联系的基本过程，但只有与世隔绝的人才会意识不到，我们与公司以及彼此之间的联系方式正在发生深刻的变化。这些重要的变化可以追溯到我们在第 1 章中讨论过的 Web 2.0 的出现。交互技术的不断发展促使营销人员从根本上重新考虑他们应该如何接触消费者。我们不会把婴儿连同洗澡水一起倒掉，声称传统传播已经死亡。但是，我们确实需要做一些重要的更新，以反映你今天如何与营销人员接触。

今天，作为消费者，我们是游戏的积极参与者。我们通过电子邮件或留言讨论我们所看到的，我们中的许多人还会以视频、博客的形式发布自己的原创内容，也许还会发布一些搞笑的猫咪照片。因此，我们现在生活在一个媒体环境中，就谁可以发送和接收信息而言，这是非常自由的环境。此外，营销人员可以创建针对特定个人的广告（比如他们根据你本周早些时候浏览的网站，在你的购物软件上显示相应的广告），或者营销人员只需点击一下便可将相同的内容发送给数百万人。这一根本性的变化意味着营销人员必须（在如何与客户建立联系并对其做出回应方面）修正他们的思维。

你认为这与你无关吗？可以肯定的是，无论你是去政府或非营利机构、大型零售商（如沃尔玛）或小型企业（如比萨店）、制造商（如耐克）或像医院这样的服务提供商，你都将大量参与在线营销传播，在线营销传播也不再是（任何渴望成功的）组织的秘密。Web 2.0 如何改变我们看待传播过程的方式？为了简化问题，假设它促使我们重新审视我们之前讨论的三种不同的营销传播模式。

首先，正如我们之前在图 13-1 中看到的，我们根据受众的具体类型来区分沟通：

1. 一对多模式：这种模式是一种传统的大众传播形式，即广播者向大量观众发送信息。
2. 一对一模式：这种形式描述的是近距离的个人信息。这是最古老的传播方式，但它在今天的许多营销环境中仍然很重要。当你看到一对普通情侣约会时，你可能会怀疑这一传统传播方式的必要性，因为他们整晚都在给朋友发短信，而不是真正地与对方交谈。但无论何时都会通过一些传统的方式做事，比如当你与销售人员、婚礼顾问或财务规划师共事时。
3. 多对多模式：这种模式描述了社交媒体变革，几乎每个人都可以进行持续的对话！我们将在第 14 章更深入地讨论这个问题。

其次，我们要区分营销人员发起的传播和非营销人员发起的传播。**出站营销（outbound marketing）**描述了我们在最初的一对多模式中确定的许多活动；它指的是来自组织的消息将发送给那些同意接收它们的人（除非它们是垃圾邮件）。正如我们稍后将看到的，我们并不总是清楚这些消息的实际来源以及它们的准确性（想想"假新闻"），但作为一种促销形式，它们的目标是告知、提醒、说服和/或与接收者建立关系。

相比之下，**入站营销（inbound marketing）** 是指从外部其他人到组织的联系。也许你正在浏览一个网站，然后单击一个链接来接受**道德贿赂（ethical bribe）**，例如免费电子书或产品样本。通过这样做，你向公司发送了关于他们链接的反馈。或者，也许你在谷歌上搜索"家庭影院"之类的关键词，然后点击了搜索页面上出现的几家公司。同样，你也正在传达对他们消息的回应。正如我们稍后将看到的，组织会花数百万美元调整其网站，使其网站能最大限度地提高你联系他们（而不是竞争者）的可能性。

促销组合

正如我们之前所说，促销或营销传播是著名的四个 P 之一。营销人员使用术语**促销组合（promotion mix）** 指代营销人员控制的传播元素。传统促销组合的元素包括广告、促销、公共关系、人员推销和直接营销，表 13-1 列出了传统促销组合中每个元素的优缺点。因为这些都是信息源创造和管理的，这些促销组合元素大部分是付费媒体或自有媒体，还有一部分促销组合元素，比如公共关系。

今天，互联网增加了其他强大的广告和营销传播形式，营销人员现在必须将数字媒体和社交媒体添加到他们可以使用的传播元素列表中。新的促销组合包括：

- 媒体广告
- 促销
- 公共关系，包括活动营销和赞助
- 人员推销
- 直接营销
- 户外广告
- 购买点广告
- 社交媒体
- 数字/互联网广告（我们将在第 14 章讨论这些添加到营销组合中的数字内容）

表 13-1　传统促销组合元素的比较

促销元素	优点	缺点
广告	• 营销人员可以控制消息的内容、出现时间以及可能看到消息的人	• 由于制作和发行的成本很高，它可能不是与某些目标受众进行沟通的有效方式 • 一些广告可能可信度低或被观众忽略
促销活动	• 鼓励零售商支持其产品 • 引起零售商和消费者的兴趣 • 鼓励消费者立即购买和试用新产品 • 以价格为导向的促销迎合对价格敏感的消费者	• 短期强调即时销售，而不注重提升品牌忠诚度 • 竞争促销活动的繁多可能会使你很难从杂乱的促销活动中脱颖而出 • 如果营销人员使用太多与价格相关的促销活动，消费者会对品牌价格的公平性产生疑问

（续）

促销元素	优点	缺点
公共关系	• 相对低的成本	• 对最终传递的消息缺乏控制，无法保证消息一定会到达目标 • 衡量公共关系工作的有效性相对困难
人员销售	• 与客户的直接联系使销售人员有机会灵活修改销售信息以符合客户的需求 • 销售人员可以立即得到客户的反馈	• 与客户的联系成本高 • 当消息由许多不同的公司代表传递时，很难确保消息的一致性 • 销售人员的可信度通常取决于他们公司的形象，这是由其他促销策略创建的
直接营销	• 针对特定的潜在客户群体提供不同的优惠 • 营销人员可以轻松衡量营销效果 • 在一次沟通中提供广泛的产品信息和多种优惠 • 为公司在内部数据库中收集（有关其消息有效性的）反馈提供了一种方法	• 消费者可能对某些类型的直接营销有负面看法 • 每次沟通成本高于大众营销

当营销人员巧妙地结合促销组合的所有元素来传递关于品牌的单一一致信息时，促销效果最佳。此外，促销组合必须与整体营销组合协调一致，将促销元素与价格、产品和渠道相结合，从而将公司的产品定位在人们的脑海中。例如，营销人员必须为劳力士手表或捷豹汽车等奢侈品设计广告，以传达产品的奢华特性，并且这些广告应该出现在可以强化这种高档品牌形象的地方。

营销人员对某些类型营销传播信息的控制要比对其他类型信息的控制强得多。如图 13-3 所示，大众媒体广告和促销活动处于连续体的一端，在那里营销人员完全控制他或她所传递的信息。另一端是口碑传播（word-of-mouth，简称 WOM），在这种营销传播中，是普通人而不是公司在操纵一切。口碑营销包括（当今消费者用来与朋友以及潜在的数百万消费者保持联系的）社交媒体，谁知道他们会对一个产品或服务发布什么样的帖子？夹在两者之间的是人员销售和直接营销，营销人员对他们所传递的信息有部分控制权，而在公共关系中，营销人员的控制权更小。

图 13-3　控制连续体

企业及产品信息在消费者端的触达效果，取决于营销人员对信息的控制程度。

大众传播：一对多模式

促销组合的一些元素包括旨在同时到达许多潜在客户的信息，比如一对多的营销传播模式。无论一家公司是向客户提供 50 美分的优惠券还是向数百万人播放电视广告，它都是在向大众宣传自己。以下是利用传统**大众传播（mass communication）**方式——电视、广播、杂志和报纸——进行宣传的组合元素：

- 广告：对于许多人来说，广告是促销组合中最熟悉和最明显的元素。广告一次性触及大量消费者，可以传达丰富而充满活力的形象，从而建立和加强独特的品牌形象，广告还可用于传达有关产品的真实信息或提醒消费者购买他们喜欢的品牌。近年来，互联网广告呈指数级增长，随着我们的小屏幕上充斥着越来越多的营销信息，互联网广告已成为一对多沟通模式的重要组成部分。我们将在本章后面和第 14 章详细讨论互联网广告和社交媒体。
- 促销：消费者促销包括竞赛、优惠券或营销人员设计的其他激励措施，以在特定时期内增加消费者对产品的兴趣或鼓励他们购买产品。与其他形式的促销不同，促销旨在刺激立即行动（通常以购买的形式），而不是培养长期忠诚。
- 公共关系：公共关系描述了各种各样的传播活动，旨在创造和维护组织及其产品在各种公众（包括客户、政府官员和股东）中的正面形象。公共关系计划还包括努力以最积极的方式呈现和处理公司的负面消息，公共关系使得这些信息的破坏性小一些。

个人传播：一对一模式

有时，营销人员希望与消费者进行一对一的私人交流。营销人员与客户接触的直接方式就是告诉你他们的产品有多棒，这是我们之前提到的促进组合中人员销售元素的一部分，它是公司代表与客户之间的直接交互，可以通过面对面、电话甚至交互式计算机进行。

营销人员还使用直邮、电话营销和其他直接营销活动来创造个人吸引力。与人员销售一样，直接营销提供与消费者或企业客户的直接沟通。

我们将在本章中讨论广告及其所有形式，然后在第 14 章中讨论促销和公共关系，继续加深我们对一对多沟通模式的理解。同样在第 14 章中，我们将概述一对一传播模式中非常重要的人员销售功能，我们还将研究社交媒体和蜂鸣营销提供的多对多传播模式。

学习目标总结

公司使用促销和其他形式的营销传播，向消费者介绍新产品或使他们想起熟悉的产品，说服他们选择一种产品而不是另一种，并建立牢固的客户关系。认识到消费者通过许多不同的方式接触品牌，今天的公司经常采用整合营销传播，通过多渠道促销策略接触消费者。因为营销人员了解口碑传播的影响，他们可能会用更新的多对多模式来补充传统的一对多传播模式，并与消费者进行一对一的交流。

传统的传播过程包括一个信息源，它创建一个想法，将想法编码成信息，并通过某种媒介传输信息。信息被传递给接收者，接收者解码信息并向信息源提供反馈。任何干扰传播的东西都被称为"噪声"。

促销组合是指营销人员控制的营销传播元素。广告、促销和公共关系利用大众媒体在同一时间接触到许多消费者，而人员销售和直接营销则使营销人员与消费者进行一对一的沟通。

MARKETING REAL PEOPLE, REAL CHOICES 营销的真相（原书第 11 版）

促销规划概述

在探讨过营销传播工具及其客户触达方式之后，我们接下来需要了解如何实现这一切。我们该如何制订一个复杂的促销计划，以最有效和最具效益的方式，向不同的目标受众（在他们需要的时间与地点）传递正确的信息？

如图 13－4 所示，与任何其他战略决策过程一样，该计划的制订包括几个步骤。在本节中，我们首先学习促销规划的步骤，然后我们将了解当今营销人员如何制定多渠道促销策略。

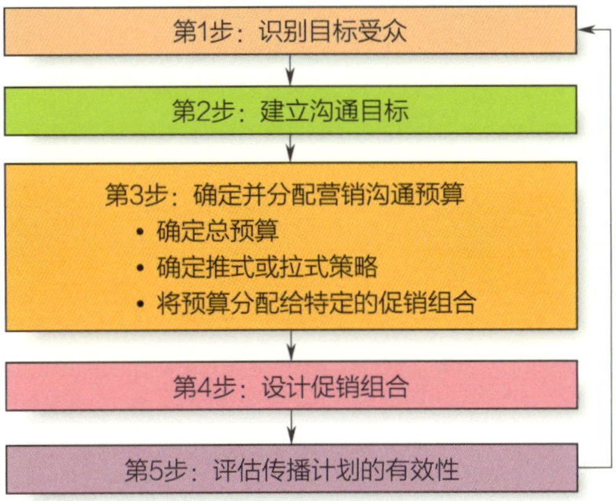

图 13－4　制订促销计划的步骤
制订成功的促销计划需要将复杂的过程分解成 5 个有序的步骤。

第 1 步：识别目标受众

整体促销计划的一个重要部分是确定你想要触及的目标受众。整合营销的营销人员认识到，我们必须与目标市场的成员以及影响该目标市场的各种利益相关者进行沟通，毕竟，消费者不仅从生产该产品的公司那里了解新产品，还从新闻媒体、朋友和家人，甚至从竞争产品的生产商那里了解新产品。当然，目标客户是最重要的目标受众，也是营销人员最关注的对象。

第 2 步：建立沟通目标

正如我们所说，营销人员为不同的目标受众制订不同的沟通计划。与客户和潜在客户（最重要的目标受众）沟通的全部意义在于，让他们以及时且负担得起的方式知道该组织拥有能满足他们需求的产品。提供给人们不想要或不需要的产品，这已经够糟糕的了，一个更大的营销错误是拥有消费者确实想要的产品，但你却没有让消费者知道。当然，我们很少能够通过简单的信息将消费者变成忠实的客户。在大多数情况下，它需要一系列信息，将消费者的认知划分为几个阶段。

我们将此过程视为一个上坡过程，如图 13－5 所示，从最初的产品知晓到品牌忠诚，营销人员"推动"消费者经历一系列步骤，或**效果层次（hierarchy of effects）**。几乎在任何时间点上，目标市场的不同成员都可能达到效果层次的每个阶段。营销人员制定了不同的沟通目标，以"推动"每一级目标市场的成员到下一级。

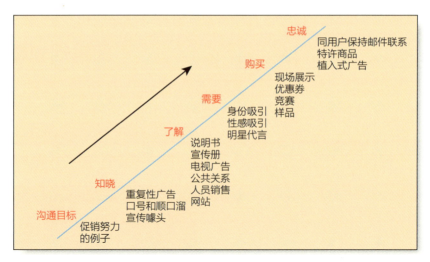

图 13-5 效果层次

沟通目标通过效果层次来推动消费者。营销人员有大量的促销选项可供选择，以将消费者从不了解产品转变为对品牌忠诚。

要理解这个过程是如何运作的，想象一下一家公司（在试图为一种新的男士古龙香水 Hunk 确定市场地位时）如何调整其沟通目标。假设这款古龙水的主要目标市场是 18~24 岁的单身男性，他们关心自己的外表，关注身体健康，喜欢健身、锻炼，并且他们看起来有很多肌肉。公司希望更多地关注某些特定的促销方法（例如广告），而不是其他方法（例如人员销售）。接下来，我们将讨论公司可能会为 Hunk 促销制定的一些沟通目标。

创造知晓度

效果层次的第一步是让目标市场的成员知晓市场上有一个古龙香水的新品牌，促销目标可能是"在两个月内，让 80% 的 18~24 岁男性知晓 Hunk 古龙香水"。

请注意该目标的表述方式：当目标是定量的（80%）、明确了目标消费者或商业群体（18~24 岁的男性）以及预期达到目标的时间框架（两个月）时，这样的目标表述方式是最好的。为达到这一目标，香水的营销人员可能会在杂志、电视、广播、社交媒体和其他网站上投放大量简单的广告来宣传该品牌。

告知市场

对于那些听说过"Hunk"这个名字但并不真正了解它的消费者来说，面临的挑战是提供某些关于新产品好处的信息，将它与其他古龙香水进行比较（见第 7 章）。此时的目标可能是"传播 Hunk 和健身之间的联系，使 60% 的目标市场在沟通计划运行的前六个月对该产品产生一些兴趣"。为了达到这一目标，促销会将精力集中在传统和在线广告以及其他与健身有关的沟通方式上。

创造需求

层级结构的下一步是需求。营销传播的任务是创造对产品的好感，并说服这一群体中的一部分人，他们愿意喷一些 Hunk 香水，而不是其他古龙香水。具体目标可能是"在活动的第一年，在 40% 的目标市场中创造对 Hunk 古龙香水的积极态度，在 30% 的目标市场中创造品牌偏好"。这个阶段的传播可能包括杂志上引人注目的广告，也许还有名人的代言。

鼓励购买和试用

俗话说："不试一下怎么知道呢？"该公司需要让一些对古龙香水感兴趣的男性试一试。现在的具体目标可能是"鼓励 10% 的 18～24 岁男性在一年内试用 Hunk"。促销计划可以鼓励消费者试用，比如向目标市场的成员邮寄 Hunk 的样品，买健身杂志附赠样品，在商店里精心陈列样品，发放省钱优惠券，甚至赞助一场比赛，获胜者可以请 WWE 摔跤手布劳恩·斯特罗曼做一天的私人教练。

建立忠诚

忠诚度是效果层次的最后一步，意味着客户在用完第一瓶后决定继续使用 Hunk。目标可能是"在活动的头两年内，让 5% 的 18～24 岁男性定期使用 Hunk 古龙香水"。促销的工作主要是与当前消费者保持沟通，以加强他们与产品的联系。

第 3 步：确定并分配营销传播预算

似乎为营销传播设定预算很容易，你只需计算达到目标所需的费用，但实际上，事情并没有那么简单。图 13-6 展示了确定预算所需的 3 个不同决策。

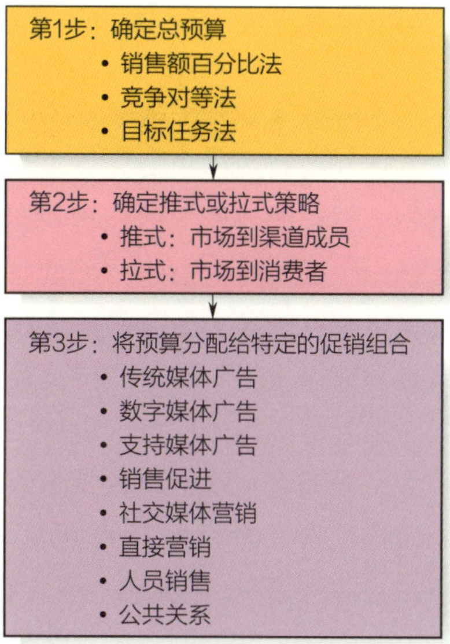

预算决策 1：确定总预算

为了确定用于营销传播的总预算，大多数公司有两种预算方法可选择：自上而下和自下而上。通过**自上而下预算法（top-down budgeting techniques）**，管理人员可以确定组织将分配给促销活动的总金额。

最常见的自上而下预算法是**销售额百分比法（percentage-of-sales method）**，其中营销传播预算基于去年的销售额或对今年销售额的估计，这种方法的优势在于它将促销支出与销售额和利润挂钩。不幸的是，这种方法可能意味着销售会导致促销支出，而不是将销售视为营销传播努力的结果。

竞争对等法（competitive-parity method）是"攀比"的一种华丽说法，换句话说，要与竞争对手的支出相匹配。除了竞争对等法，还有一种方法是从头开始确定促销目标，并分配足够的资金来达到它们，这就是**自下而上预算法（bottom-up budgeting techniques）**所尝试的方法。这种自下向上的逻辑是**目标任务型方法（objective-task method）**的核心，当使用这种方法时，该公司首先确定其希望达到的具体沟通目标，

第1步：确定总预算
- 销售额百分比法
- 竞争对等法
- 目标任务法

第2步：确定推式或拉式策略
- 推式：市场到渠道成员
- 拉式：市场到消费者

第3步：将预算分配给特定的促销组合
- 传统媒体广告
- 数字媒体广告
- 支持媒体广告
- 销售促进
- 社交媒体营销
- 直接营销
- 人员销售
- 公共关系

图 13-6 确定营销传播预算的步骤
预算决策允许营销人员系统地规划 IMC 支出。

例如将了解该品牌的消费者数量增加 20%。然后试图计算出需要多少广告、促销、口碑营销等才能达到这个目标。尽管这是最合理的方法，但它很难实现，因为它迫使管理者明确其目标，并附上相应的金额，这种方法需要仔细地分析和一点幸运的"猜测"。

预算决策 2：确定推式或拉式策略

营销传播预算的第二个重要决策是公司将使用推式或拉式策略。推拉策略直接决定如何为不同类型的促销活动分配营销传播预算。**推式策略（push strategy）** 意味着公司希望通过说服渠道成员提供产品并诱导客户选择这些产品来推动其销售，它通过渠道来推动产品销售。这种方法假设如果消费者在商店货架上看到产品，他们将有动机进行试购。在这种情况下，营销人员将促销预算用于人员销售、贸易广告和贸易促销活动，这些活动通过分销渠道将产品从生产商"推"到消费者手中。

相比之下，依赖**拉式策略（pull strategy）** 的公司则指望通过针对消费者的营销传播来创造消费者对其产品的需求，产品的受欢迎程度将说服零售商囤积这些商品。在这种情况下，大部分沟通预算用于传统的和在线的媒体广告和消费者促销，以激发终端消费者的兴趣，消费者会把产品"拉"到商店的货架上，然后把产品放入他们的购物车。

预算决策 3：将预算分配给特定的促销组合

规划沟通预算的最后一步是在促销组合元素中分配总预算。在当今的动态媒体环境中，对于如何分配促销这块蛋糕，几乎没有明确的指导方针——尽管我们正在见证传统广告媒体向所谓的"新媒体"稳步转型。在某些情况下，预算分配可能凭管理者的喜好来，管理人员可能更喜欢广告，而不是其他促销组合的元素。此外，消费者对各种沟通做出回应的可能性也存在很大差异。

尽管传统媒体广告（电视、报纸、广播、杂志和户外）曾经占据促销预算的最大份额，但如今互联网广告支出几乎占广告总支出的 1/3。例如，2019 年美国主要媒体的总体广告支出约为 2489 亿美元，比 2018 年增长 4.0%，其中互联网广告支出增长 18%，达到 1086 亿美元，高于电视总支出 657 亿美元。其他营销服务（促销、电话营销、直邮、活动赞助、目录营销和公共关系）的支出为 2491 亿美元，其中约 1/3 用于促销。

第 4 步：设计促销组合

设计促销组合是营销传播计划中最复杂的一步。它包括确定要使用的特定传播工具、要传播的信息以及将用于发送消息的传播渠道。

在互联网出现之前的"旧时代"，这是一个简单的过程，主要是决定广告计划和促销计划，而今天的决定要复杂得多。我们需要回答以下问题，我们将继续使用传统的大众媒体广告吗？我们将如何进行数字传播？口碑营销？促销？更重要的是，我们如何确保将这些都整合在一起，为我们的客户提供无缝的、一致的体验？这些问题不仅复杂，而且对于每种产品和每个目标受众来说都各不相同。

第5步：评估传播计划的有效性

由于营销人员有更大的问责需求，他们经常需要记录营销传播和其他营销活动的营销投资收益，评估沟通计划的有效性比以往任何时候都更重要。如果营销经理能简单地报告："我们对革命性的夜光冲浪板投入的300万美元宣传费带来了1500万美元的新销售额！"那就太好了，但这并不容易。营销环境中的许多随机因素都不受营销人员的控制，并且可能会影响销售，比如，竞争对手制造的问题；或者是热门电影引发了消费者对冲浪的兴趣。

正如我们在第4章中讨论的那样，营销人员使用各种不同的方法来监控和评估公司的传播工作，问题在于确定某些传播形式的有效性比较容易，但是确定另一些传播形式的有效性比较困难。通常各种类型的促销活动是最容易评估的，因为它们发生在固定的、很短的时间内，因此更容易与销量联系起来。另外，传统广告具有滞后或延迟效应，因此人们本月看到的广告可能会影响下个月甚至一年后的汽车销量。通常，研究人员会测量品牌知名度、（通过广告传播的）产品优势的回忆程度，甚至是广告活动前后的品牌形象，他们使用类似的方法来评估人员销售和公共关系活动的有效性。

多渠道促销策略

正如我们在本章前面所说的，今天的营销人员认识到，传统的一对多的传播模式，即他们花费数百万美元向大众播放广告，正越来越没有效果。专家认为这有两个原因：首先，由于许多消费者在看电视时使用了第二块屏幕，广告商不再有大量的电视观众。此外，社交媒体影响了很多消费者的购买决策。与此同时，目前还不清楚多对多模式的有效性，也不清楚我们应该使用什么营销指标来衡量新媒体的效果。

因此，许多营销人员选择多渠道促销策略，将传统广告、促销、公共关系和直接营销活动与社交媒体或其他数字传播活动结合起来。选择多渠道营销会带来很多的好处，首先，这些策略提高了单独使用的线上或线下策略的有效性，多渠道策略使营销人员能够在各种渠道重复信息，从而增强品牌知名度并提供更多转化客户的机会。

也许真正了解营销人员如何制定多渠道策略的最好方法是看看一些人是如何做到并做得很好的。HBO电视网推出了《权力的游戏》电视连续剧，它采用的多渠道策略是有史以来最好的多渠道策略之一，这项全球活动包括传统媒体、电视、广告牌和印刷品。此外，还包括夸张的活动和新潮的媒体。这些活动展示了线下和线上活动如何无缝结合，为客户提供独特的体验。在《权力的游戏》的八季中，HBO一直在寻找创新的方法，让《权力的游戏》的消费者在每一个体验阶段都能参与其中，从在剧集开播前产生认知度，到保持高水平的参与度，最后，培养消费者的忠诚度。值得注意的是，HBO 在这部广受欢迎的电视剧的第八季中，继续采用了非常成功的多渠道营销策略。

在最后一季中，所有营销活动都围绕"夺取王座"这一主题展开。在西南偏南音乐节"为王座流血"活动的体验中，如果粉丝们想一睹维斯特洛的风采，他们需要献血，此次活动吸引粉丝远道而来前往得克萨斯州奥斯汀市，参加美国红十字会的献血活动。一场名为"创造王座"（Create the Throne）的活动是艺术家们对剧中 18 个道具的重新创造。"王座大寻宝"是一场全球寻宝游戏，旨在寻找六个隐藏的铁王座，奖品是一顶王冠，当然还有向朋友吹嘘的机会。其他活动包括 NowTV 提供免费的《权力的游戏》文身，以及约会应用程序 OK 丘比特（OKCupid）提供的《权力的游戏》个人资料徽章，以便粉丝识别其他单身粉丝并找到约会对象。此外，还有限量版奥利奥、100 美元的 T 恤以及纽约市和洛杉矶的《权力的游戏》主题餐车，这些餐车在网上受到了关注，赢得了 1.2 亿的点击量，《纽约时报》还跨页刊登了虚构的《权力的游戏》新闻报道。

在本章的剩余部分和下一章中，我们研究在本章已经讨论过的多渠道促销策略中可能包含的各种营销传播活动。在本章中，我们研究支持一对多传播模式的广告，我们从消费者通过传统媒体获得的传统广告开始，还将讨论直接营销。在第 14 章中，我们将讨论多对多社交媒体营销，以及消费者促销和 B2B（企业对企业）促销的一些细节。我们继续研究剩余的传播工具，包括人员销售和公共关系。

根据你的日常经验中，你知道你与品牌有许多不同的互动方式。也许你看到了一则电视广告，看到了一件印有品牌标志的 T 恤，看到了高速公路上的广告牌，看到了脸书上某个人对某件产品大加赞赏！今天，成功的营销人员知道他们必须使用多渠道的营销传播活动，既提供信息，又增强效果。多渠道营销可以包括传统媒体、社交媒体、移动应用程序、电子邮件、公司网站、直邮、呼叫中心和销售人员，最大限度地发挥各自的优势。这不仅仅是关于传播更多的信息，多渠道营销活动需要提供一种能够吸引客户的体验，并为客户的生活增加一些（除了产品本身之外）有价值的东西。

学习目标总结

营销人员认识到与影响目标市场的各种利益相关者进行沟通的重要性，通过确定目标受众开始促销规划的过程。接下来，他们建立沟通目标。目标通常是创造知晓度、告知市场、创造需求、鼓励购买和试用、培养品牌忠诚。

营销人员根据经验法则制定促销预算，例如销售百分比法、竞争对等法和目标任务法。然后他们决定采用推式还是拉式策略，并将总预算中的资金分配给促销组合的各个元素。

接下来，营销人员通过决定如何使用广告、促销、人员销售和公共关系来最有效地与不同的目标受众进行沟通，设计促销组合。

MARKETING REAL PEOPLE, REAL CHOICES 营销的真相（原书第11版）

今天的营销人员经常选择多渠道促销策略，将传统广告、促销活动和公共关系活动与社交媒体和在线宣传活动结合起来。多渠道策略提高了单独使用的线上或线下策略的有效性，并允许营销人员在各种渠道重复信息，从而加强品牌知名度并提供转化客户的机会。

广告

今天，营销的方方面面似乎都在发生变化，而且是同时发生的，这一点在广告中表现得最为明显。广告已经伴随我们很长时间了，在古希腊和古罗马，广告信息出现在墙上，刻在石碑上，或被喊话者大声喊出，存在于军事战斗胜利、奴隶丢失或政府公告中。随着（可以将我们与公司和其他消费者联系起来的）技术不断发展，我们看到广告也在不断发展。随着广告公司找到了新的方法来利用（可用的）令人兴奋的沟通方式，广告和其他类型的营销传播之间的区别已经变得模糊。

传统上，我们把**广告（advertising）**定义为由确定的赞助商使用大众媒体进行的非个人沟通。广告是市场营销的重要组成部分，许多人认为广告就是市场营销（但请记住，产品、价格和分销策略也很重要）。而且，正如我们之前看到的，除了广告，还有很多方法可以将信息传递给目标受众，但毫无疑问：传统广告仍然很重要，特别是互联网已经给营销人员提供了一种重要的媒介，便于营销人员使用广告同时与大量客户交谈。2019 年，《广告时代》前 200 名广告商的美国测量媒体广告总支出约为 690 亿美元，约占所有广告商测量媒体广告支出的 40%。在所有产品类别中，零售广告位居榜首，零售广告在测量广告（互联网、杂志、报纸、广播、电视和电影）上的支出为 155 亿美元。

有一件事是肯定的：随着媒体格局的不断变化，广告也会不断变化。可上网的智能电视的销售量正在增加，拥有数字录像机（DVR）家庭的数量也在增长，这种录像机可以让观众跳过广告。通过移动设备看电视的趋势也在上升，因为许多有线电视和卫星电视提供商现在允许你使用应用程序来播放你喜欢的电视剧，这种趋势很受欢迎以至于有了一个名字：**电视无处不在，或经过认证的流媒体（TV Everywhere，or authenticated streaming）**。"电视无处不在"指的是用平板电脑或智能手机等可上网的设备从有线电视或卫星电视提供商那里接收内容。数字流媒体正在迅速发展，85% 的美国互联网用户使用流媒体服务在线观看数字内容，34% 的美国电视观众使用流媒体服务在电视上观看内容。Hulu2019 年的收入包括超过 6.7 亿美元的广告收入和12.7 亿美元的订阅费用。随着越来越多的消费者订阅流媒体服务，传统有线电视的广告收入将下降，广告商将向流媒体服务投入更多资金以吸引流媒体的观众。

在几乎每个人都花这么多时间盯着小屏幕，而不是电视、广告牌和报纸的情况下，难道传统广告已经消亡了吗？先别下定论，大众媒体传播仍然是接触大量受众的最佳方式。因此，快速消费品（我们在第 8 章中讨论过）的生产商，如宝洁和联合利华，将继续依靠这些传统的沟通渠道来联系客户。

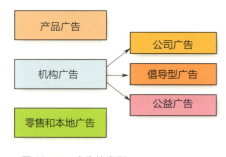

图 13 -7　广告的类型
一个组织经营的广告可以有许多不同的类型。

基于营销目标的广告类型

由于营销人员在广告上的花费如此之多，他们必须根据组织目标和营销目标来决定哪种类型的广告最能让他们的钱花得值。如图 13 - 7 所示，一个组织经营的广告可以有多种形式，所以让我们回顾一下常见的类型。

产品广告

提到广告，你首先想到的是什么？是 37 年后 E. T. 回来再次见到埃利奥特的那则暖心的 Xfinity 广告吗？还是耐克的"去做吧"（Just do it）系列广告之一？或者是美国家庭人寿保险公司（Aflac）的鸭子广告？这些都是**产品广告（product advertising）**的例子，其中的信息集中在特定的商品或服务上。

机构广告

机构广告（institutional advertising）不是专注于一个特定的品牌，而是宣传一个组织或公司的活动、个性或观点。机构广告包括三种形式：

- 公司广告（corporate advertising）宣传的是整个公司，不是公司的个别产品。宝洁的 Always 品牌女性卫生产品在 2015 年推出了一项开创性的活动，名为"像个女孩"，旨在开启一场关于人们如何看待这个短语的讨论。这则广告在超级碗期间首次亮相，以女孩、男孩、女人和男人为主角，展示了"像女孩一样"做一些事情对他们来说意味着什么，目的是赋予女性权力。这个大获成功的活动在 2018 年被重新定义为"继续前进"的信息，重点是"失败"如何成为学习和成长的一部分。该活动的目的是颂扬女孩们真正的自我——在旅途中学习如何做自己想做的事，并从中获得乐趣，你不会看到产品推荐，它的目的是将 Always 品牌与女孩们的积极信息联系起来。

- 倡导型广告（advocacy advertising）旨在影响公众对特定问题的舆论，以维护公众或特定群体的利益。美国电话电报公司的"离家近"（Close to Home）广告是多年来"可以等等"（It Can Wait）活动的一部分，旨在向消费者表明，他们在开车时使用手机收发邮件、浏览社交媒体和其他活动可能造成死亡。在"离家近"广告中，一位母亲开车时，孩子坐在后座，她快速翻阅手机上的社交媒体帖子，导致了毁灭性的后果。来自得克萨斯州、肯塔基州和其他州交通部的数据表明，"可以等等"运动与车祸的减少有一定的关系。在 2020 年春夏期间，由于种族歧视和警察杀害有色人种，美国许多城市都发生了"黑人的命也是命"抗议活动。对此，许多公司用支持受害者的倡导型广告取代了原来的产品广告。

在新冠疫情期间，线下和线上广告收入有所下降。企业很快意识到，通过宣传活动来推销他们的商品和服务很容易被理解为麻木不仁。于是广告中不再销售卫生纸和啤酒，而是鼓励消费者待在家里，宣传非接触式配送，向消费者保证他们正在努力生产更多人们需要的东西，并承诺他们正在帮助那些因疫情而遭受痛苦的人。有一种类型的流行广告冲击了电视台，这些广告通常包括令人振奋的音乐和空荡荡的街道图片，或者戴着口罩的人们隔着玻璃触碰双手的图片，伴随着鼓励的画外音信息。例如，在圣帕特里克节（St.Patrick's Day）的前几周，啤酒公司健力士（Guinness）发布消息称，为了安全起见，庆祝活动取消了，随后播放了一段游行庆祝的视频，画外音说："别担心，我们会再次游行庆祝的。"这些广告传递的信息与产品无关，只是在说："我们是一个在乎消费者的品牌。"

- **公益广告**（public service advertisements，PSAs）是指由媒体免费投放的、以公众利益为目的的信息，旨在改变人们对某个社会问题的态度和行为。当电视刚出现的时候，负责监管广播和电视的联邦通信委员会（FCC）制定了一系列"公益"法规。委员会认为，既然地方电视台利用公共频道牟利，那么它们应该为其社区做些事情作为回报。多年来，所有城镇的地方电视台都被要求播放与当地社区重要的社会或健康问题有关的广告。虽然这一要求多年前被取消了，但许多电视台仍在播放公益广告。

零售和本地广告

无论是大型零售商还是小型本地企业都在做广告，以鼓励顾客在特定的商店购物或使用当地服务。本地广告告诉我们商店的营业时间、位置以及有哪些产品正在出售。虽然在过去报纸一直是**零售和本地广告（retail and local advertising）**的首选媒介，但如今这些广告更有可能采取在线弹出广告或移动设备的短信形式。

谁创作广告

广告活动（advertising campaign）是一项协调的、全面的计划，旨在达到促销目标，并在一段时间内在各种媒体上投放一系列具有创造性的相似广告。例如，政府雇员保险公司（GEICO）多年来赞助了多个广告活动，而且往往是同时进行的。它的五个比较知名的活动是：①政府雇员保险公司壁虎活动；②穴居人活动，该活动甚至衍生了一个短命的电视情景喜剧；③"你本可以省下的钱"的宣传活动；④"反问"活动，包括埃尔默·福德、沃尔顿夫妇和查理·丹尼尔斯的广告；⑤小猪麦克斯韦（Maxwell the pig）。最近，政府雇员保险公司播放了"我简直不敢相信"的宣传信息。尽管这些活动都在宣传同一家公司及其产品，并且都使用同样的口号——"15分钟可以为你节省15%或更多的汽车保险"——但每一个活动在创意上都是不同的。每一个活动都包含多个广告（已经有至少22个穴居人电视广告），但显然每一个都是独特的、协调的广告活动的一部分。

尽管一些公司在内部制作自己的广告，但在大多数情况下，公司会聘请外部广告代理机构（如萨拉·巴莫西的 Pitch）来开展广告活动。为公司提供广告支持的代理机构有三种主要类型：全方位服务代理、有限服务代理和内部代理机构。

- **全方位服务代理**（full-service agency）提供活动所需的大部分或全部服务，包括调研、广告文案和美术的创作、媒体选择以及最终信息的制作。
- **有限服务代理**（limited-service agency）提供一种或多种专门服务。其中最重要的是互动代理商、创意精品店和媒体购买代理商。创意精品店为客户提供创意服务；媒体购买代理商为客户购买媒体并收取费用；**互动代理或数字代理**（interactive agency, or digital agency）是提供各种数字营销服务的有限服务代理。全球互联网用户数量的增长和越来越多的社交网络的发展显著增加了营销人员为消费者提供个性化在线体验的需求。广告代理商和互动代理商的任务是支持公司的营销工作，一家广告代理商可以提供传统的印刷、电视或广播广告，而互动代理商可以设计和开发网站，设计和实施 SEO 策略，为在线出版物创作文章，并提供在线营销、电子邮件营销和社交媒体策略。
- **内部广告代理**（in-house agency）由公司员工组成，采用代理模式为公司提供外部代理机构的传统营销服务。近年来，随着越来越多的公司利用**程序化广告或程序化广告购买**（programmatic advertising, or programmatic ad buying）的优势，内部代理机构的使用激增。程序化广告购买是使用算法和软件购买数字广告，此外，该系统将监控客户的广告支出并寻找可以改进的领域。转向内部代理机构和程序化广告购买为公司提供了更高的效率、速度和控制能力，并节省了约 25% 的成本。奈飞、家乐氏、宝洁和联合利华等一些顶级公司已经通过内部代理机构来做数字广告。程序化广告使公司能够与个人进行一对一对话，并更好地了解他们在数字媒体中的行程。

一个广告活动有很多组成部分，广告代理机构为不同人提供服务，并把它们组合在一起：

- 客户管理：**客户经理**（account executive）或账户经理是运营的"灵魂"。此人监督客户的日常活动，是代理机构与客户之间的主要联络人。客户经理必须确保客户满意，同时核验代理机构内的人员是否执行了所需的策略。**客户企划**（account planner）将调研内容和客户策略结合起来，在创建有效广告时充当消费者的声音。客户企划的工作是使用市场数据、定性研究和产品知识来了解消费者，并将客户的需求转达给制作广告的创意团队。
- 创意服务：创意是沟通工作的"核心"。**创意服务**（creative services）部门包括真正构思和制作广告的人员，他们包括该机构的创意总监、艺术总监、撰稿人和摄影师，创意人员是艺术家，他们为营销目标和信息注入生命，并希望能引起消费者的兴趣。
- 研究和营销服务：在**研究和营销服务**（research and marketing services）中，

研究人员是活动的"大脑"。他们收集和分析信息，帮助客户经理制定明智的策略。他们帮助创意人员了解消费者对不同版本广告的反应，或者向撰稿人提供目标群体的详细信息。

- 媒体策划：**媒体规划师（media planners）**是活动的"腿"。他或她帮助确定哪种沟通工具是最有效的，并通过决定广告出现的地点、时间和频率来推荐最有效的广告投放方式。

今天，越来越多的机构实行整合营销，其中广告只是整个沟通计划的一个元素。客户团队由来自客户服务、创意服务、媒体策划、数字和社交媒体营销、市场研究、公共关系、促销和直接营销的人员组成，他们可以共同制订一个最能满足每个客户沟通需求的计划。

用户生成的广告内容

最近的促销创新之一就是用户生成内容（UGC），或消费者生成媒体，包括数百万的在线消费者评论、意见、建议、消费者与消费者的讨论、图像、视频、播客和网络广播，以及通过数字技术面向其他消费者提供的产品故事。

一些营销人员鼓励消费者贡献自己的 **DIY广告（do-it-yourself ads）**，对于广告商而言，DIY 广告提供了多种好处，首先，消费者制作的广告成本仅为专业电视和互联网广告的 1/4 ~1/3——大约 6 万美元，而企业制作传统的30 秒广告则需要 35 万美元或更多，这对于小型企业和新兴品牌尤其重要。同样重要的是，即使对财力雄厚的大公司来说，DIY 也可帮助大公司得到消费者如何看待品牌的反馈，以及收集更多创意来讲述品牌故事。

出于两个原因，营销人员需要监控（有时鼓励）UGC。首先，与来自公司的信息相比，消费者更可能相信来自其他消费者的信息。其次，社交媒体无处不在地扩散，一个在网上搜索公司或产品名称的人肯定会访问任意数量与产品制造商无关的博客、论坛、本土广告或在线投诉网站。

简而言之，这是一种将商业问题的解决方案从"人群"变成"来源"的方法，即"把大众当成灵感来源"。营销人员使用这种技术来提出新的产品创意、品牌名称和产品重新设计，但在许多情况下，他们希望客户为他们创造广告信息。

你可能听说过把花生或其他东西放进可乐瓶里会有奇怪的效果。健怡可乐 – 曼妥思挑战是一项由消费者创造的科学实验，它成为一种 DIY 广告，并成为互联网上主要话题的基础。这个实验能够将健怡可乐中的可乐射向高空，并最终在世界各地的电视上和电视外进行表演。

TOLBERT PHOTO/Alamy Stock Photo

广告中的道德问题

几十年来，广告比市场营销的任何其他方面都被更强烈地批评为不道德。很多批评可能不是基于实际的不道德广告，而是更多地基于广告的高可见度和消费者的消极态度，他们认为广告侵扰了他们的生活。正如我们在第 2 章中讨论的那样，对广告的反对与一些人对市场营销的反对是相似的。以下是主要的几点：

- 广告具有操纵性。广告使人们像机器人一样行事，做一些违背自己意愿的事情——如果不是因为广告，他们是不会购买的。但是，消费者不是机器人。事实上，几乎所有的消费者在看到广告时都能认出它们是广告，并且知道广告的目的是说服他们购买广告所销售的任何东西。此外，一些消费者就是不信任广告商。当然，消费者经常做受广告影响的错误决定，但这与操纵不同。
- 广告是不真实的。根据联邦贸易委员会（FTC）的主张，欺骗性广告是指广告错误地代表了产品，消费者相信了错误的信息并据此采取了行动。的确，存在少量的虚假或欺骗性广告，但总的来说，广告商试图在保证真实的同时以最好的方式呈现他们的品牌。

当然，欺骗性广告并不局限于传播虚假信息。它也包括真话不全说。例如，企业很容易受到隐性费用或**水滴定价（drip pricing）**的指控。水滴定价指的是，公司开始宣传某一价格，但当消费者准备支付时，额外的费用已经"滴落"到总额中，最后，向客户收取的价格明显高于广告宣传的价格。2018 年，包括 StubHub 和 Ticketmaster 在内的几家在线售票公司遭到了集体诉讼。美国电话电报公司因在客户账单中增加隐藏的"行政费用"而遭到集体诉讼。其他类似的诉讼还包括精神航空（Spirit Airlines）（隐藏随身行李费用）、万豪（Marriott）和希尔顿（Hilton）酒店（在酒店客房中增加度假费用）以及 JustFly 公司（在其在线机票预订服务中增加隐藏费用）。

为了保护消费者不受误导，联邦贸易委员会制定了针对不公平或欺骗性广告的具体规定。如果联邦贸易委员会发现一则广告是欺骗性的，它可以对违规公司和广告代理处以罚款。此外，联邦贸易委员会有权要求公司发布**更正广告（corrective advertising）**，澄清或修正先前的声明。2016 年，联邦贸易委员会宣布与 Lumos Labs 达成 200 万美元的和解协议，该公司为 Lumosity "大脑训练"游戏制作的广告被认为具有欺骗性。联邦贸易委员会表示，Lumosity "利用了消费者对认知能力下降的担忧，暗示他们的游戏可以延缓记忆丧失，甚至预防阿尔茨海默病"。

其他广告，虽然不是非法的，但当他们使用**吹捧式广告（puffery）**——做出对产品优越性的声明，且无论广告的赞助商还是批评者都无法证明这是真是假时，可能会造成对产品的偏见。例如，纯果乐声称它拥有"世界上最好的水果和蔬菜汁"，必胜客声称它拥有"美国最好的比萨"，Simply Lemonade 则表示其他人可以说它是"有史以来最好的柠檬水"。

MARKETING REAL PEOPLE, REAL CHOICES 营销的真相（原书第 11 版）

现在许多消费者都很关心**"漂绿"（greenwashing）**，即企业宣传其产品对环境友好，而实际上该品牌没有提供多少生态效益。杰西潘尼（J. C. Penney）、诺德斯特龙、Bed Bath & Beyond 和 Backcountry. com 被联邦贸易委员会罚款130万美元，原因是它们将某些产品标为"竹制"面料误导消费者，这些织物实际上并不包括竹纤维，它们只是在加工人造丝材料时接触了竹子中的一些化学元素。联邦贸易委员会的裁决表明，重要的是要让消费者知道，作为"绿色"替代品销售的纺织品可能并不像他们所相信的那样"绿色"。

- 广告是冒犯的且品位糟糕的。要回应这种批评，我们需要认识到，对一个人来说是冒犯或品味糟糕的东西对另一个人而言可能就不是。尽管广告商们试图通过幽默、性感或恐惧元素吸引顾客的注意力，但大多数都避免呈现冒犯（想要购买他们产品的）消费者的信息。
- 广告导致人们购买并不真正需要的东西。这种批评的真实性取决于你如何定义"需求"。如果我们相信消费者所需要的只是产品的基本功能，那么广告可能是有罪的。如果你认为你需要一辆展示酷炫形象的汽车、美味的食物，以及让你的头发闪闪发亮、闻起来非常好闻的洗发水，那么广告只是一种传播无形利益的工具。

广告开发流程

广告开发不仅仅是制作一个很酷的广告并希望人们注意到它，应该与组织的整体传播目标密切相关。这意味着公司必须清楚地知道它想接触谁，怎样才能吸引市场，以及应该在何时何地发布信息。执行此操作所需的步骤如图 13 - 8 所示。

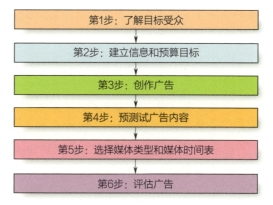

| 第1步：了解目标受众 |
| 第2步：建立信息和预算目标 |
| 第3步：创作广告 |
| 第4步：预测试广告内容 |
| 第5步：选择媒体类型和媒体时间表 |
| 第6步：评估广告 |

图 13-8　广告开发流程
广告开发包括一系列步骤，以确保广告达成既定传播目标。

第 1 步：了解目标受众

与受众交流的最佳方式是尽可能了解他们，了解他们喜欢什么、不喜欢什么。使用在青少年中流行的短信俚语的广告可能与青少年有关，但与他们的父母无关，如果广告文案读起来像一个"古老的"40 岁的中年人，而目标受众是 20 岁的年轻人，那这种广告可能会适得其反。

第 2 步：建立信息和预算目标

广告目标应与整体传播计划相一致。这意味着广告信息（包括潜在信息）的传递需要与整体营销目标一致，广告支出需要与整体营销传播预算相协调。因此，广告目标通常包括信息目标和预算目标。

1. 设定信息目标。正如我们之前提到的，因为广告是市场营销中最明显的部分，许多人认为市场营销就是广告。事实上，单靠广告所能达到的效果是相当有限的，广告所能做的就是告知、说服和提醒。因此，一些广告旨在使顾客了解产品的特点或如何使用它。另一些广告试图说服消费者喜欢一个品牌，或在竞争中选择一个品牌。但还有许多广告只是为了让品牌的名字一直出现在消费者面前，提醒消费者在寻找软饮料或洗衣液时，应该选择这个品牌。

2. 设定预算目标。广告是昂贵的，康卡斯特（Comcast Corp.）在广告支出方面领先所有美国公司，其在 2018 年花费了 61 亿美元。广告支出排名第二、第三和第四的美国电话电报公司、亚马逊和宝洁公司各花费了超过 60 亿美元。

许多公司的目标是根据公司可以负担的广告费用和广告类型，将总预算的一部分分配给广告。本章前面讨论过设定总体促销预算的主要方法和技术，例如销售额百分比法和目标任务法，也可以设定广告预算。

第 3 步：创作广告

用传播过程的术语来说，这是指信息的发送者将想法编码成一种物理上可感知的形式，即信息。广告的创作开始于代理商制定的**创意策略（creative strategy）**，这给了广告创意人员开始创作过程所需要的方向和灵感。这个策略被总结在一个被称为**创意简报（creative brief）**的书面文件中，这是一个指导创意过程的粗略蓝图。一份有创意的简报提供了有关营销情况、广告目标、竞争对手以及最重要的——广告必须传递的信息的相关情报和见解。

知道一家公司想对自己或其产品说些什么是一回事，弄清如何说又是另一回事。创意简报的作用是提供灵感的火花，帮助广告公司想出"大创意"，即以引人注目、令人难忘和相关的方式传达信息的视觉或语言概念。在此基础上，广告人将已知的事实、文字、图片和想法以新的和意想不到的方式结合起来制作广告。具体来说，为了完成广告，他们必须考虑图 13-9 所示的广告的 4 个元素：诉求、格式、调性、创意策略和技巧。

广告诉求

广告诉求（advertising appeal）是广告的中心思想，是广告信息的基础。它是用来影响消费者的方法，一般来说，我们认为诉求是信息型的（也被称为理性的）或感性的。通常情况下，信息型诉求基于一个**独特销售主张（unique selling proposition，USP）**，它给消费者一个明确的、一致的理由，说明为什么广告商的产品比其他产品更能解决问题。因为消费者经常根据社交需求或心理需求购买产品，广告商也使用情感诉求，关注消费者从产品中可能获得的情感或社交利益，如安全、爱、兴奋、快乐、尊重或认可。当然，并不是所有的广告都符合这两种诉求类别。像可口可乐和百事可乐这样的知名品牌经常使用**提示性广告（reminder advertising）**，只是为了将名字留在人们的脑海中。有时广告商使用**悬念广告**或**神秘广告（teaser ads or mystery ads）**，以引起人们对即将推出产品的好奇和兴奋。

MARKETING
REAL PEOPLE, REAL CHOICES
营销的真相（原书第11版）

创意元素	元素选项	描述	例子
广告诉求:广告的中心思想	信息型的/理性的	满足客户对信息的实际需求,强调产品的特性或优点	自20世纪40年代以来,独特销售主张(USP)诉求一直是一种非常成功的理性诉求。USP诉求解释了产品对客户有意义的独特利益,并使其在竞争对手中脱颖而出。GEICO的USP诉求体现在它的广告口号中,"15分钟可以为你节省15%的汽车保险"
	感性的	试图影响我们的情绪,"拨动我们的心弦"	让我们哭泣的广告可能是非营利组织制作的,他们希望我们为受虐待的动物、生病和饥饿的儿童或受伤的退伍军人捐款。贺卡广告也能触动我们的心
	提示性广告	只是将品牌名称留在人们的脑海中,以便人们购买	可口可乐和百事可乐确保它们的名字出现在电视节目、电影、大学和专业体育场馆以及零售店内的广告中——几乎无处不在
	悬念广告,或神秘广告	对尚未推出的产品产生好奇和兴趣	这些广告经常被用来让消费者渴望看到即将上映的电影和电视节目
格式:信息的基本结构	比较	明确地命名和展示或以某种方式清楚地标识一个或多个竞争对手	花生酱广告经常说一个品牌比另一个好。"积富花生酱(Jif)尝起来更像真正的花生"
	演示	展示正在使用的产品或使用产品的结果	演示广告经常用于地板清洁、汽车抛光、健身器材或饮食广告
	叙事	以故事为特色——例如一部30秒的短片——以更外围的方式涉及产品	第50届超级碗比赛的90秒丰田普锐斯混合动力车广告讲述了两个银行劫匪开着普锐斯逃脱警察追捕的故事
	推荐	展示名人、专家或"路人"的评价,说明产品的好处	最近流行的名人代言广告包括泰勒·斯威夫特代言健怡可乐,勒布朗·詹姆斯代言耐克,迈克尔·菲尔普斯代言安德玛,艾伦·德杰尼勒斯代言封面女郎
	生活片段	呈现日常生活中的戏剧化场景,展示"真实的人"购买和使用该产品	可口可乐播放了生活片段的广告,其中包括一位父亲教女儿在婚礼上跳舞的广告

图13-9　广告的创意元素

创意元素	元素选项	描述	例子
	生活方式	在展示某种生活方式的场景中，展示对目标消费者有吸引力的人物	随着汽车功能越来越同质化，斯巴鲁通过专注于满足（拥有或想要某种生活方式的）人们的期望而取得了成功
调性：广告传达的情绪或态度	直白	许多直白的广告包括以下信息，诸如产品是什么、价格是多少以及在哪里可以买到。一些流行的类型侧重于解决方案、稀缺性和统计数据	稀缺广告的标题通常包括"限时特卖""不要错过""分享11月13日至17日的欢乐"和"不容错过的节日优惠"
	幽默	打破"杂乱"，因为人们往往喜欢幽默的广告；然而，幽默对于不同的人来说是不同的，虽然一个人可能会觉得一则广告很幽默，但另一个人可能会觉得它令人反感；幽默可能会压倒广告的其他元素，因此消费者会记住广告，但想不起来它是哪个品牌的	激浪在第50届超级碗的广告中因其小猴宝宝而获得大量好评
	戏剧性	通常以令人兴奋和有悬念的方式呈现问题和解决方案的戏剧性	泰国潘婷播放了一则广告，讲述了一个聋哑女孩克服重重困难学会拉小提琴并在音乐比赛中获得最高奖的故事
	浪漫	呈现一种浪漫的情境，有效地吸引人们的注意力，并销售让人联想到约会和性行为的产品	豪华度假胜地、邮轮和婚恋网站的广告经常使用浪漫元素，如果你购买这些产品，它们似乎会向你承诺浪漫
	性感	看起来和性行为相关；当性和产品之间有联系时，就能有效地吸引注意和进行销售	维多利业的秘密为其性感模特所穿的内衣做广告
	忧虑/恐惧	强调不使用产品的负面后果，可能是社会不认可或身体受到伤害	这些广告被营销人员用于除臭剂、去屑洗发水、汽车保险和家庭安全系统
创意策略和技巧	动画和艺术	使用艺术、插图或动画来吸引注意力并赋予广告独特的"外观"	GEICO的壁虎是一个动画角色
	名人	以名人为特色来吸引注意力，并可能影响人们对产品的好感度	电影演员、前健美冠军、加州前州长阿诺德·施瓦辛格出演了游戏的广告
	顺口溜/广告歌和标语	以原创文字和/或音乐为特色，使广告令人难忘；标语将品牌与令人难忘的语言技巧联系起来	"15分钟可为您节省15%或更多的汽车保险费用"

图 13-9 广告的创意元素（续）

优质广告创作需要围绕四大核心要素进行决策。

MARKETING REAL PEOPLE, REAL CHOICES 营销的真相（原书第11版）

执行格式

执行格式（execution format）描述了信息的基本结构。一些比较常见的格式包括：

- 比较：比较广告（comparative advertising）明确指出一个或多个竞争对手。比较广告可能非常有效，但有把不喜欢负面基调的消费者拒之门外的风险。这种格式最适合市场份额较小的品牌，以及那些能够专注于某一特定功能，使其优于主流品牌的公司。

- 演示：演示广告的形式是展示一个产品"在使用"，以证明它的性能正如所宣称的那样。当消费者除了亲眼看到产品的使用情况外无法确定产品的重要好处时，演示广告是最有用的。

GEICO 壁虎是这家保险公司极具辨识度的品牌动画形象，通过拟人化手法传递企业特质。

- 叙事：在第 9 章中，我们介绍了品牌叙事的概念。从广告执行的角度来看，讲故事的品牌广告就像 30 秒的电影，情节以更外围的方式涉及产品。一个例子是斯巴鲁的广告，描述了一位慈爱的父亲把车钥匙交给他 6 岁的女儿，并告诉她要小心。最后我们得知她女儿已经十几岁了，只不过她的父亲仍然像照顾小孩一样照顾已长大的女儿。广告结尾我们才看到斯巴鲁品牌的标志和标语显示出来。

- 推荐：展示人们讲述使用某种产品体验的广告。比如一对幸福的夫妻把他们的关系归功于交友网。

- 代言：由名人、专家或"路人"代言产品功效的广告。

- 生活片段：生活片段的形式呈现了日常生活中的（戏剧化的）场景。**生活片段广告（slice-of-life advertising）**对日常产品很有效，比如花生酱和头痛药，如果消费者看到"真实"的人购买和使用这些产品，他们可能会感觉良好。

- 生活方式：**生活方式广告（lifestyle advertising）**展示了一个或几个对目标市场有吸引力的人在一个有吸引力的环境中生活的场景。广告中的产品是"场景的一部分"，暗示购买它的人将获得这种生活方式。也许最成功的生活方式品牌是功能饮料红牛，凭借其独特的标语"红牛给你翅膀"，红牛将自己与极限运动赛事联系在一起。

- 富媒体：我们在第 6 章中讨论过的富媒体广告提供了具有高级功能的数字广告，如视频、音频、游戏或其他元素，为消费者提供更多的参与方式和互动方式，从而产生更多的用户响应。例如，一个国际连锁酒店的简单网站广告包含以下交互机会：使用不同语言的链接；一个"翻页了解更多"的链接；"查看独家优惠"链接；10 个城市/国家的位置链接（每个城市的不同物业都有多个链接）；各物业网站的链接（以获得特别折扣）；在线图书链接；注册特殊电子邮件优惠的链接。你可以轻松地花（浪费）一个小时或更多时间在这个富媒体广告上。

调性

调性（tonality） 是指消息传达的情绪或态度。一些常见的调性包括：

- 直白：直白的广告只是以清晰的方式向观众展示信息。
- 幽默：一般来说，消费者喜欢幽默、诙谐或反常的广告，因此这些幽默广告往往提供了一种突破广告混乱的有效途径。但幽默可能很棘手，因为对一个人来说有趣的事情可能对另一个人来说是冒犯性的或愚蠢的。此外，幽默可以覆盖信息，一个人记住一则滑稽的广告但不知道它宣传的是什么产品的情况并不少见。
- 戏剧性：像戏剧一样，以一种令人兴奋和悬疑的方式呈现一个问题和解决方案。但在 30 或 60 秒内展现这些是相当困难的挑战。
- 浪漫：呈现浪漫情境的广告在吸引消费者的注意力，以及销售与约会相关的产品尤其有效。这就是香水广告经常使用浪漫形式的原因。

一些创意广告使用其他文化形式来表达戏剧性的观点，例如这个看起来像电影宣传海报的广告。

- 性感：众所周知，虽然性感广告能吸引观众的注意力，但它们有些方面可能有效，也可能无效。当产品与性（或浪漫）有联系时，性感广告可能更有效。例如，性吸引力对香水很有效，但当你试图出售割草机时就不太可能有效了。
- 忧虑/恐惧：**恐惧诉求（fear appeals）** 强调不使用产品的负面后果。一些恐惧诉求广告关注身体伤害，而另一些则试图引起人们对社会伤害的关注。漱口水、除臭剂、去屑洗发水制造商和人寿保险公司成功地利用了恐惧诉求。旨在改变人们行为的广告也同样如此，比如劝阻人们吸毒或吸烟的信息。一般来说，如果受众认为恐惧诉求的强度水平适合所宣传的产品，那么恐惧诉求是可以成功的。例如，青少年遇车祸后躺在高速公路上的照片，可以在公共服务广告中相当有效地说服青少年不要一边开车一边发短信，但如果保险公司试图借此来恐吓人们购买人寿保险，这些照片很可能适得其反。

疫情给了广告商一个独特的机会来发挥创意。带商标的口罩是一个创新的解决方案。

图 13 – 9 提供了（关于各种广告诉求、执行格式、调性选择和创意策略的）更多信息和其他示例。

创意策略和技巧

除了广告格式和调性之外，创意过程还包括许多创意策略和技巧。其中一些如下：

- 动画和艺术：并不是所有的广告都是通过摄影来实现的，有时人们会做出创造性的决定，使用插图或动画来吸引消费者的注意力，或实现平面广告或电视广告的预期外观。

MARKETING 营销的真相（原书第 11 版）
REAL PEOPLE, REAL CHOICES

Goutlies

Jane Barlow/PA Images/Alamy Stock Photo

- 名人：有时名人会出现在推荐或代言中，例如杰西卡·辛普森为慧俪轻体拍的广告。
- 顺口溜/广告歌：顺口溜/广告歌（jingles）是专门为广告而写的原创文字和音乐。很多人都记得经典的广告顺口溜，如"我希望我是奥斯卡·梅尔维也纳香肠"和"我被贴在创可贴上，创可贴贴在我身上"。如今，顺口溜的使用频率比过去低了。
- 标语：标语（slogans）将品牌与一种令人难忘但无须音乐的简单语言联系在一起。我们通常能毫不费力地背诵出成功的标语（有时在活动结束好几年后）。想想那些经典的标语，比如"吮指留香"（肯德基）、"喝牛奶吗？"（加州牛奶加工委员会）、"去做吧"（耐克），以及"即使是穴居人也能做到"（政府雇员保险公司）。

第 4 步：预测试广告内容

既然创意人员已经施展了魔法，那么广告公司如何知道广告活动是否会奏效呢？广告商试图通过预先测试广告来尽量减少错误，也就是说，在实际投放广告信息之前，先获得人们对广告信息的反馈。这种**预测试（pretesting）**大多发生在活动开发的早期阶段，它以收集基本信息为中心，这些信息将帮助策划人员确保他们准确地定义了产品的市场、消费者和竞争对手。正如我们在第 4 章中看到的，这些信息通常来自定量调研（如调查），以及定性调研（如焦点小组）。

第 5 步：选择媒体类型和媒体时间表

媒体规划（media planning）是一个解决问题的过程，它以最有效的方式将信息传达给目标受众。就沟通过程而言，它是选择传递信息的媒介。规划决策包括受众选择以及曝光的地点、时间和频率。因此，媒体规划师的首要任务是找出目标市场中人们最有可能接触到的沟通时间和地点。许多大学生在早上阅读校报，因此广告商可能会选择在早上投放校报（其中包含针对大学生的广告信息）。

为了使广告活动有效，媒体策划者必须将目标市场的概况与特定的媒体工具相匹配。例如，许多西班牙裔美国消费者，都是西班牙语媒体的狂热用户。为了触及这一细分市场，营销人员可能会分配相对较大的广告预算份额给西班牙语报纸、杂志、电视和互联网上的西班牙语网络广播。

选择正确的媒体组合绝非易事，因为新的选择（包括视频和 DVD、电子游戏、个人电脑、通过互联网的流媒体电视和电影、社交媒体、数以百计的新电视频道，甚至卫星广播）在争夺我们的注意力。在 1965 年，电视信号通过电视和房子顶部的一个高高的天线或电视顶部的"兔子耳朵"进入大多数消费者的客厅。然而，想想看，在当时广告商只要在 ABC、CBS 和 NBC 这三家电视网投放三个 60 秒的电视广告，就能接触到美国 80% 的 18～49 岁人群，而在当今高度分散的媒体市场中，这种效率只是白日梦。稍后，我们将讨论营销人员的多种媒体选择。

第 6 步：评估广告

费城著名零售商约翰·沃纳梅克曾抱怨说："我敢肯定，我花在广告上的钱有一半浪费了。问题是，我不知道是哪一半。"现在我们已经了解了广告是如何创作和执行的，让我们退后一步，看看我们如何确定广告是否有效。

毫无疑问，许多广告是无效的。在如此多的信息竞相吸引顾客的注意力的情况下，企业评估自己（提高信息影响力）所做的努力就显得尤为重要，但它们如何才能做到这一点呢？

事后测试（posttesting） 意味着对消费者（在看到或听到广告信息后）做出的反应进行研究（事后测试与预测试相反，预测试是在信息真正被放置在"现实世界"之前收集人们对信息的反应）。具有讽刺意味的是，许多稀奇古怪的创意广告让广告公司在业内出名，但那些创意是不成功的，因为它们没有传达出公司要说的内容。衡量广告影响的三种方法是非辅助回忆、提示回忆和态度测量：

1. 通过电话调查或个人访谈的 **非辅助回忆（unaided recall）** 测试，在不透露品牌名称的前提下，询问一个人是否记得在特定时间段内看过广告。

2. **辅助回忆（aided recall）**，测试消费者是否记得品牌名称，有时使用其他线索来提示答案。例如，研究人员可能会向一组消费者展示品牌列表，并要求他们选择在过去一周内看到过哪些品牌的广告。

3. **态度测量（attitudinal measure）** 通过测试消费者接触相关信息之前和之后对该产品的信念或情感来进行更深入的探索。例如，如果百事可乐关于"新鲜度约会"的信息能让足够多的消费者相信软饮料的新鲜度是很重要的，那么营销人员就可以认为百事可乐的广告活动是成功的。

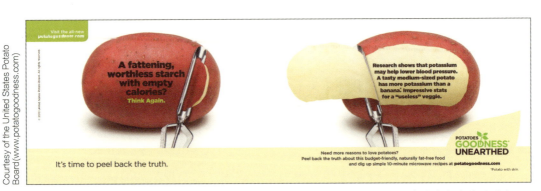

传播目标可能侧重于向消费者宣传一种产品，如土豆。赞助商可以通过评估人们在信息发布前后对产品的了解程度来衡量活动的有效性。

渠道选择：传统大众媒体

在你的三星 85 英寸 TU800D 系列 4K 超高清液晶电视上观看专业足球比赛与在《体育画报》上看比赛报道有什么共同之处？每一个都是允许广告商与潜在客户沟通的媒体工具。在本节中，我们将了解传统大众媒体、互联网广告和几种不太传统的间接广告形式。表 13-2 总结了每种类型的一些优缺点。

表 13-2　媒体工具的优缺点

工具	优点	缺点
电视	• 电视极具创造性和灵活性 • 网络电视是吸引大量观众的最经济有效的方式 • 有线和卫星电视允许广告商以相对较低的成本接触选定的群体 • 一种有声望的广告方式 • 可以演示产品的使用情况 • 可以提供娱乐和刺激 • 由于使用了视觉和声音，信息具有很大的影响力	• 除非经常重复，否则信息很快就会被遗忘 • 观众越来越分散 • 尽管接触受众的相对成本很低，但绝对价格很高，对于小公司来说往往太高了。黄金时段电视情景喜剧中，30 秒的广告费用可能超过 25 万美元 • 收看网络电视的人越来越少 • 人们从一个电视台切换到另一个电视台，这样他们就能跳过广告 • 成本上升导致广告越来越多、越来越短，从而造成了更多的混乱
广播	• 有利于选择目标受众 • 可以在户外收听 • 可以在私人和亲密的层面上接触客户 • 可以利用当地的特色 • 制作广告和重复播放广告的成本相对较低 • 由于广告交付周期短，可以快速修改广播广告以反映市场变化 • 音效和音乐的使用让听众可以发挥他们的想象力来创造一个生动的场景	• 听众通常不会全神贯注于他们所听到的内容 • 难以购买广播时间，特别是对全国性广告商而言 • 不适用于必须被看到或被展示才能欣赏的产品 • 单个电台的听众人数很少，这意味着广告必须被投放到许多不同的电台，并且必须经常重复播放
报纸	• 广泛的曝光提供了更广的市场覆盖 • 灵活的格式允许使用各种颜色、不同尺寸和具有针对性的版本 • 可以使用详尽的文案 • 允许当地零售商与全国广告商合作 • 读者在正确的心理状态下处理关于新产品、促销等的广告 • 及时性，即投放广告和运行广告之间的间隔时间很短	• 大多数人不会花太多时间阅读报纸 • 青少年和年轻人的读者群尤其少 • 寿命短，人们很少反复看一份报纸 • 杂乱无章的广告环境 • 图像的复制质量相对较差 • 无法有效地触及特定受众
杂志	• 专业杂志可以精准地瞄准受众 • 较高的可信度和吸引力为广告提供了良好的环境 • 广告有很长的生命周期，经常会传递给其他读者 • 视觉质量非常好 • 能够提供权威的详细产品信息	• 除直邮外，它是最昂贵的广告形式。在面向大众的杂志上，刊登一整版四色广告的成本通常超过 10 万美元 • 更新周期过长，灵活性低 • 广告商通常必须使用多个杂志来触达目标市场的大部分顾客
目录 （大黄页）	• 客户会积极寻求广告 • 由于优先放置大型广告，因此广告商可以确定广告位置的质量	• 有限的创意选择 • 可能缺乏色彩 • 广告通常要购买一整年，并且不能更改
户外媒体	• 大多数人都可以以较低的成本接触到 • 适合补充其他媒体 • 当标志位于交通繁忙的区域时，曝光频率很高 • 几乎覆盖所有人群 • 灵活的地理位置	• 由于曝光时间短，难以传达复杂的信息 • 难以衡量广告的受众 • 在许多社区备受争议 • 无法确定具体的细分市场

工具	优点	缺点
互联网网站	• 可以针对特定受众发送信息 • 网络用户注册和 cookie 允许营销人员跟踪用户偏好和网站活动 • 具有互动性——消费者可以参与广告活动，可以自制广告 • 一种允许消费者玩游戏、下载音乐等的媒体 • 消费者是沟通过程中的积极参与者，控制着他们接收信息的种类、数量和速度 • 网站可以促进营销传播和交易 • 消费者访问网站是为了获取信息 • 即使没有点击，横幅广告也能获得人们的关注	• 仅限互联网用户 • 横幅广告、弹出广告、垃圾电子邮件等是不受欢迎的 • 横幅广告的点击率正在下降 • 如果网页加载时间过长，消费者将放弃该网站 • 网络钓鱼是由犯罪分子发送的电子邮件，目的是诱使消费者访问虚假网站，以获取信用卡号等个人信息 • 由于广告商的成本通常基于点击量，竞争对手可能会通过雇"水军"点击赞助链接来进行点击欺诈 • 难以衡量有效性
基于地点的媒体	• 对某些行业（例如制药公司）有效，帮助企业触达其目标受众 • 在零售场所，它可以在消费者购买之前触达客户；这提供了影响消费者购买决策的最后机会 • 在机场等候点，由于缺乏其他媒介，它会受到高度关注	• 有限的受众 • 难以衡量有效性 • 投放成本高
品牌化娱乐	• 以积极的方式呈现品牌 • 品牌信息以隐蔽的方式呈现 • 侵入性较小，因此不太可能被有意识地避免 • 与流行的电影情节或电视节目以及有趣的人物建立联系可以帮助提升品牌形象 • 可以与观众建立情感联系 • 可以创建一个令人难忘的联想，用于增强品牌回忆	• 品牌定位的控制权很少掌握在总监手中 • 难以衡量有效性 • 投放成本可能非常高
广告游戏	• 公司可以定制自己的游戏或将品牌整合到现有的流行游戏中 • 一些游戏制作商现在积极寻求与品牌的合作 • 数以百万计的游戏玩家在厌倦游戏之前平均每个游戏玩 40 个小时	• 受众仅限于游戏玩家
手机	• 数以百万计的消费者都有手机 • 使用不同手机型号适用不同的应用程序	• 消费者可能不愿意通过手机接收广告消息

资料来源：Adapted from J. Craig Andrews；Terence A. Shimp, Advertising, Promotion and Supplemental Aspects of Integrated Marketing Communications, 10th ed.（Cengage Learning 2018）；Sandra Moriarty；Nancy Mitchell；Charles Wood；William D. Wells, Advertising & IMC, 11th ed.（Upper Saddle River, NJ：Pearson 2019）

电视

由于电视能够同时覆盖如此多的人，因此它通常是地区性和全国性公司的首选媒体。然而，在电视上做广告可能非常昂贵。在一个热门的黄金时段网络电视节目中播放一次 30 秒广告的成本通常在 7.5 万美元到 20 万美元之间，收视率最高的节目成本更高。在 2019—2020 播放季，**电视广告预购定价（upfront TV ad pricing）**最高的节目是《我们这一天》（359413 美元）、《蒙面歌手》（201683 美元）、《周日橄榄球之夜》（685227 美元）和福克斯的《周四橄榄球之夜》（540090 美元）。2020 年一个 30 秒的超级碗广告定价为 560 万美元。当然，就像消费者购买一样，一些广告商不支付全价，因为他们可以协商更好的价格，或者等到播放季开始后再购买"打折"的广告位。

由于 30 秒的电视广告价格非常高，是否所有的广告都需要 30 秒就成了一个问题。在一些国家，商业广告的标准长度为 20、40 和 60 秒，以前经常看到的 60 秒广告，如今在美国市场上非常罕见。最近的一项研究发现，15 秒的商业广告在理性和情感上可能与传统的 30 秒广告一样有效。较长的广告确实具有更强的引发情感的能力，并且对于传达复杂的信息更有用，例如用于推出新品牌的信息。不过，越来越多的 15 秒广告被使用也不足为奇。

广播

广播作为一种广告媒体可以追溯到 1922 年，当时纽约市的一位公寓经理通过广播为出租物业做广告。广播广告的优势之一是灵活性，营销人员可以快速更改广告，通常由播音员和录音工程师当场更改。随着卫星广播越来越受欢迎，传统广播广告近年来有所减少。

报纸

报纸是最古老的交流平台之一。特别是零售商，从 20 世纪开始前就开始依靠报纸广告来告知读者新商品的销售和发货情况。虽然大多数报纸都是地方性的，但《今日美国》、《华尔街日报》和《纽约时报》在全国都

杂志等印刷媒体可以向读者提供生动的信息和图像。

有发行量，读者人数达数百万。在过去的 25 年里，地方报纸的发行量下降了。报纸读者群体的减少始于电视的引入，并随着 24 小时电视新闻服务和在线新闻的出现而持续减少，广告收入也在下降。今天，大多数新闻报纸也提供在线版本的报纸，以增加曝光，但其中大多数不含有我们在纸质版中看到的广告。有些报纸，如《纽约时报》，向在线订阅者提供报纸下载服务，该形式的报纸含有我们在纸质版中看到的广告，但其价格远低于纸质版。报业的未来并不明朗，因为越来越多的人选择在网上获取新闻。

比较传统媒体工具

在制订媒体计划时，营销人员需要了解他们正在考虑的媒体工具（如不同的杂志或电视节目）的内容，这样，他们就能确定这些工具和所期望的品牌形象是否兼容。

媒体规划师还使用许多量化因素来评估不同的媒体工具，从而制定最佳的媒体时间表。**覆盖率**或**收视率（reach or rating）**，也称电视或广播媒体工具的收视率，是指在给定时间段（通常是四周）内，该媒介将至少有一次暴露在目标市场中的百分比。

到达率以整数表示，例如，如果目标市场有 500 万 18 岁及以上的成年人，并且一个特定的电视节目有 25 万不可重复的观众（在此期间至少接触过一个广告的人数），那么该节目的覆盖率为 5%，或表示为 5。

当信息需要传达给尽可能多的消费者时（比如广泛使用产品的信息传播），制定一个高覆盖范围的媒体计划尤为重要。**频率（frequency）**是个人或家庭接触信息的平均次数，请注意是平均次数。因此，如果目标观众中有 10 万人在四周中有两周观看（每周一次的）电视节目，并且另外的 10 万人在四周内都观看该节目，则平均频率为三次。高频率对于复杂的产品或利基市场的产品很重要，因为对于这些产品来说，必须多次接触信息才能产生影响。

总收视点（gross rating points，GRPs）是衡量媒体计划中媒体数量的指标。媒体规划师谈论的媒体时间表包括购买 250 毛点击率的广播和 700 毛点击率的电视。营销人员通过将媒体工具的到达率乘以计划的广告插入次数来计算毛点击率。如果 30% 的目标观众观看了《周四橄榄球之夜》，并且你在四周内在该节目中投放了 12 个广告，那么你购买了该节目的 360 毛点击率（30×12）。

尽管一些媒体工具可以为你提供更多的目标受众，但它们可能不具有成本效益。与在凌晨三点重播的泰山电影相比，更多人会在超级碗期间看广告。但广告商可能会投放一年的深夜商业广告（每晚都有），而费用还不到一个 30 秒的超级碗广告的成本。因此，媒体购买者还需要知道哪些工具是"最划算的"。以下是 2019—2020 播放季中 30 秒广告的一些预售价格。

周日橄榄球之夜	$685227
周四橄榄球之夜	$540090
我们这一天	$359413
实习医生格蕾	$286026

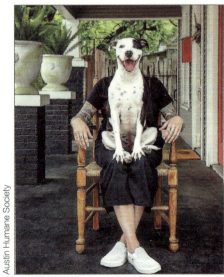

平面广告是视觉传达观点信息的理想媒介。奥斯汀动物保护协会的这则广告无须诉诸文字便传达了强烈的信息。

虽然图中广告价格已经很高了，但是广告商依然很乐意为超级碗 30 秒的广告支付更高的费用——560 万美元，每秒超过 18.6 万美元。

为了比较不同媒体的相对成本效益，以及在同一媒介中的不同工具上投放广告的成本，媒体规划师使用了一种被称为**千人成本（cost per thousand，CPM）**的衡量标准，这个数字反映了向 1000 个人传递信息的成本。

假设在像《小谢尔顿》这样的热门节目中，每 30 秒的广告成本是 40 万美元，但该节目所触及的目标观众数量是 2000 万，或者说 2 万个 1000（在 CPM 中，所有内容都被分解为以 1000 为单位）。因此《小谢尔顿》的 CPM 是 40 万美元/2 万＝20 美元 CPM。

将此与《财富》杂志的广告成本进行比较，整版四色广告的成本约为 11.5 万美元，目标读者群大约有 200 万成员或 2000 个单位，每单位 1000 人。因此，《财富》的每千人成本为 11.5

MARKETING
REAL PEOPLE, REAL CHOICES
营销的真相（原书第 11 版）

万美元/2000 = 57.5 美元 CPM。由于这种以 1000 为单位的标准化，你最终会进行"同类比较"，比较表明总成本更高的《小谢尔顿》反而是更划算的选择！

杂志

2015 年至 2020 年间，全球杂志业整体下滑了 3.9%。这一趋势与杂志业加速数字化转型的步伐同步显现。报摊销量下降，而出版商以大幅折扣维持订阅数量。未来，发达国家的杂志数量预计将继续下降，而发展中国家将有显著增长。

今天，除了像《人物》《滚石》和《名利场》这样的大众杂志外，还有从《醇酒》到《花园铁路》等成千上万种特殊兴趣杂志。技术的发展使得出版商可以将本地的商业广告和杂志的本地化版本选择性捆绑。

对广告商而言，杂志媒体具有独特优势，不仅可提供跨版连页广告版面，还能搭载香水等产品的实物样品插页，特别是那些可刮闻式香氛广告页。

渠道选择：品牌娱乐化营销

如今，越来越多的营销人员依靠**产品植入**或**嵌入式营销（product placement or embedded marketing）**、**品牌娱乐**或**品牌内容（branded entertainment or branded content）**来吸引消费者的注意力，因为消费者一看到传统的广告信息就会立即将其拒之门外。前面提到的这些术语都是指品牌在娱乐场所和零售场所的付费投放。

虽然相似，但产品植入和品牌娱乐化之间存在显著差异。产品植入是将品牌、标志或产品插入电影和电视节目等娱乐项目中。而通过品牌娱乐化，品牌被融入电视节目或电影的故事情节中。例如，乐高大电影和漫威产品只是品牌娱乐形式的两小时广告。

产品植入和品牌娱乐化是可靠的策略吗？该理论认为，当消费者看到一个受欢迎的名人在他们最喜欢的电影或电视节目中使用特定的品牌时，他们可能会对该品牌产生更积极的态度。在获得 2020 年奥斯卡最佳影片奖提名的 9 部电影中，有超过 350 个广告植入。这些品牌包括苹果、大富翁游戏、至少五个汽车品牌（林肯、法拉利、雪佛兰、福特和凯迪拉克），以及加拿大干式软饮料等。

除了电影和电视节目，还有什么推广方式比在电子游戏中植入品牌更好呢？业内称这种技术为**广告游戏（advergaming）**。如果你是一名电子游戏玩家，请注意现实生活中的品牌的投放，如《极限竞速5》中的奥迪 R7S Sportback 或《GT 赛车》中的日产 Leaf 电动汽车。然而，汽车营销人员并不是唯一将产品植入电子游戏的人，游戏内置广告产业每年的产值约为 78 亿美元，这几乎是 2006 年的 100 倍！

我们之前提到过，传统广告与其他促销形式之间的界限正迅速变得模糊。这种趋势在营销人员称为**原生广告（native advertising）**技术的发展过程中最为明显。该术语指的是模仿媒体正常内容的广告信息。该广告看起来像是电视节目或杂志文章正常内容的一部分，比如一篇关于特斯拉电动汽车的文章被插入到一本关于绿色产品新进展的杂志中。

原生广告最常出现在互联网上，但也会出现在其他类型的媒体中，如印刷杂志或电视。例如，情景喜剧中的演员也可能出现在广告中，虽然本质上是广告，但是消费者就像看了一个短的情景喜剧。

即使"赞助内容"标签通常出现在消息的某处，消费者也可能不会注意到。例如，作为 AMC《广告狂人》系列的固定赞助商，美国全国保险公司（Nationwide）播放了一个类似于电视节目的特别广告，在广告中，美国全国保险公司的首席营销官讨论了公司的广告历史。广告中，首席营销官提到了一份 1964 年的备忘录，该备忘录导致美国全国保险公司的口号从"为人民服务"变成了"美国全国保险公司的人站在你这边"，后来又缩短为"美国全国保险公司站在你这边"。事实上这是一个难以察觉并且成功的广告，消费者最终记住了公司的口号，"美国全国保险公司站在你这边"。

我们在第 7 章中提到的内容营销，也称品牌内容，是品牌娱乐化的一种形式，营销人员在其中提供对客户具有教育意义和实用意义的信息，但这些信息的重点不在品牌、商品或服务，而是在于客户——为客户提供对他们有价值的信息。

内容营销可以涵盖教育类文章、电子书、视频、娱乐内容和网络研讨会，精准回答人们提出的特定问题，从而培养出更具产品认知的消费者群体。

内容营销的成效在于使你的产品在竞争中脱颖而出，因为你的产品为客户提供了真正的价值。例如，销售石榴或牛油果的公司通常会制作实用的视频，来演示将这些产品用在美味的点心或牛油果酱中的最佳方法，以及如何取出麻烦的果核。一家生产婴儿用品的公司可能会开设一个博客，新手妈妈可以在里面提出问题并分享她们的解决方案。你不再只是一家销售产品的公司，而是成为相关领域的权威，提供相关领域的知识，而这些知识对客户和潜在客户是有价值的，从而赢得他们的信任。这会加强与客户的关系并增加利润。

了解内容营销的最好方法是看实例。创建一个由（与产品相关的）实用链接组成的资源页面，是制作有价值内容的有效方法。口腔护理公司高露洁就采用了这样的内容营销策略，创建一个资源页面，这个页面包括了超过 2400 条与"牙龈疾病"这一主题相关的内容和资源，有了这么多内容，很容易将其分成实用的子类别，比如牙龈疾病原因、牙龈疾病治疗和牙龈疾病症状等。

渠道选择：辅助媒体

虽然营销人员（和消费者）通常认为广告是在电视、杂志和广播中弹出的信息，但实际上，我们今天看到的许多广告也会出现在其他地方，例如洗手间这样的公共场所、餐馆和酒吧的杯垫上。这些辅助媒体（support media）可以触达大众媒体广告可能未触达的人群，这些平台也强化了传统媒体传递的信息。下面我们将看看广告商使用的一些重要的辅助媒体。

目录广告

目录广告（directory advertising）是"最接地气"的、以信息为核心的广告媒介。1883 年，怀俄明州的一位印刷商在印制电话簿时用完了白纸，临时改用黄纸代替——"黄页"由此诞生！消费者经常在准备购买之前浏览广告目录，广告商就把广告放在目录上。2018 年数据显示，美国目录广告支出仍达 80 亿美元。

户外媒体

户外媒体（out-of-home media），包括各种各样的广告位置和形式，消费者在公共场所接触到的广告信息。美国户外广告协会报告称，2019 年户外广告支出为 87 亿美元，其中 63.8% 用于**广告牌（billboards）**，18.6% 用于交通广告，11.5% 用于基于地点的媒体广告，6.1% 用于街道设施广告。

广告牌是标准化的大幅面户外广告，可以从很远的地方看到，通常超过 15 米。广告牌有大尺寸的，也有最小的八页海报。

街道设施广告（street furniture advertising） 被放置在靠近行人和购物者的位置，与视线平齐或位于路边，以供车辆中的消费者观看。公共汽车候车亭、人行道长椅等城市设施和购物中心都可以看到街道设施广告。

交通广告（transit advertising） 在机场、公共汽车、地铁和火车站里都有。交通广告还包括地铁和轨道车辆、公共汽车和出租车外部和内部的广告。

场所媒体

场所媒体（place-based media），如 CNN 的机场频道，将信息传递给在机场候机区等公共场所等待的观众。这个频道出现在美国 50 个主要机场的 2000 多个登机口和其他观看区，提供即时新闻和娱乐节目。类似的场所媒体的视频屏幕现在遍布全国数千家商店、办公室和健身俱乐部，包括百思买、Foot Locker 和塔吉特等商店。

场所媒体还包括竞技场和体育馆的广告、空中广告（飞机和飞艇）、各种摩托艇和帆船上的海上广告以及电影院屏幕上的广告。

近年来，户外广告推动了数字标牌技术的发展，使信息源能够随意更改信息。瑞典汽车制造商沃尔沃在英国各地的火车站和公共汽车站为其新型 V40 车型放置了交互式**数字标牌（digital signage）**。标语调侃道"你想更多地了解自己吗"，并让路人使用触摸屏定制属于自己的 V40。当然，许多消费者不喜欢户外媒体，尤其是户外广告，因为觉得它没有吸引力。

渠道选择：数字媒体

我们已经讨论了传统广告和传统媒体，但正如我们之前所说，营销人员越来越少地依赖这些传统的营销传播形式，而将更多的沟通转移到数字媒体上。虽然我们可以列举出很多传统媒体，但也有许多不同形式的数字媒体。

数字媒体（digital media） 这个术语指的是任何数字媒体，而不是老式的模拟媒体，如用于固定电话和非数字手表的技术。如今广告商使用的流行的数字媒体类型包括电子邮件、官方网站、社交媒体网站、搜索引擎，以及通过各种设备播放的数字视频。营销人员还通过手机向消费者发送广告短信。

数字媒体可以采用多种不同的形式。有些需要营销人员投入大量资金来创建。对于在线营销传播，我们将根据营销人员为创建消息必须执行的操作，将媒体分为 3 类。

图 13 - 10 总结了这些类别。

1. 公司可以创建**自有媒体（owned media）**，包括官方网站、博客、脸书页面、YouTube 频道和推特账户。这些自有媒体的优势在于，它们是企业在保持对内容控制的同时，与客户建立关系的有效手段。

2. **付费媒体（paid media）**是与传统媒体最相似的形式，包括广告投放、赞助和在谷歌等搜索引擎上的付费关键词搜索。消费者通常不喜欢付费广告，从而降低了它们的有效性。

3. **赢得媒体（earned media）**是指消费者在社交媒体上制造的口口相传或口碑传播。免费媒体的好处在于它对消费者来说是最可信的，就像他们的朋友和家人是最可信的一样。挑战在于营销人员几乎无法控制免费媒体，那里的信息可能是正面的，也可能是负面的，他们只能倾听和回应。

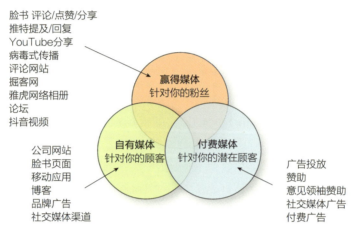

图 13-10　自有、付费和赢得数字媒体
要想实现成功的数字沟通，营销人员需要了解并使用 3 种媒体：
自有媒体、付费媒体和赢得媒体。

网站广告

在线广告不再是新鲜事物。公司现在每年花费超过 780 亿美元通过数字媒体进行宣传，这是因为如今美国人花在移动设备上的时间（每天五个多小时）多于看电视的时间（每天四个半小时）。

与其他媒体平台相比，在线广告具有多项优势。首先，互联网为精准定位客户提供了新的途径。网络用户注册和 cookie 允许网站跟踪用户偏好并根据以前的互联网行为投放广告。此外，由于网站可以跟踪广告被"点击"的次数，广告商可以实时测试人们对特定在线消息的反应。

互联网广告的具体形式包括横幅、按钮广告、弹窗广告、搜索引擎、目录以及电子邮件等：

横幅广告（banners）是网页顶部或底部的矩形图形，是网络广告的一种形式。

按钮广告（buttons）是公司可以放置在网页任何位置的小型横幅广告。

弹窗广告（pop-up ads）是在网页加载时或加载后出现在屏幕上的广告。许多上网者觉得弹出窗口很讨厌，因此大多数互联网接入软件都提供了阻止所有弹出窗口的选项。

前置广告（pre-roll ads）是在播放用户选择的内容之前播放的广告。这些广告的时长通常在 10 ~ 15 秒，为广告商提供了被动的受众。有些是无法跳过的，有些在经过一定的秒数后可以跳过。

电子邮件广告

将消息传输到大量收件箱的电子邮件广告是与消费者沟通的简单方式之一，无论发送 10 条还是 10000 条，价格基本相同。这个平台的一个缺点是**垃圾邮件（spam）** 的激增，垃圾邮件的定义是向五个或更多（发件人不认识的）人发送未经请求的电子邮件。许多提供电子邮件的网站给予浏览者允许或拒绝电子邮件的机会，这种**许可营销（permission marketing）** 策略赋予消费者选择加入或退出的权力。美国的营销人员每年向消费者发送大约 2580 亿封电子邮件，他们希望大部分邮件将被打开阅读，而不是直接被扔进回收站。

社交媒体广告

社交媒体广告（social media advertising） 是在社交媒体渠道投放的广告。营销人员意识到他们需要去客户所在的任何地方（包括线上）——他们发现客户经常出现在各种在线社交社区中。每 10 个美国人中就有 7 个使用某种形式的社交媒体来联系、参与、分享或娱乐。付费广告会在用户滚动浏览正常信息流时出现，可以根据人口统计和心理行为或社交媒体收集的用户数据对其进行定位。我们将在第 14 章详细讨论社交媒体广告。

搜索引擎

搜索引擎（search engines） 是使用指定关键字搜索文档的互联网程序。消费者越来越多地使用互联网搜索有关产品的信息。如谷歌（www. google. com）和必应（www. bing. com）等搜索引擎网站可以帮助我们定位有用的信息，因为它们会在数百万网页中搜索关键词并返还一个包含这些关键词的网站列表。

当然，营销人员面临的问题是，消费者在这些搜索结果中浏览的内容很少会超过一到两页。如今，我们都经受着信息轰炸，看不完所有的信息，这使得营销人员开发了复杂的**搜索营销（search marketing）** 技术。通过搜索引擎优化（SEO），我们在第 5 章中讨论过，营销人员首先找到消费者在搜索中使用最多的关键词，然后，他们编辑网站的内容或 HTML 以增加与这些关键词的相关性，这样他们就可以尝试把他们的网站放在（搜索产生的）数百万个网站的前列。通过**搜索引擎营销（search engine marketing，SEM）**，搜索引擎公司向营销人员收取费用，让他们在搜索结果的顶部或旁边展示**付费搜索广告（sponsored search ads）**。谷歌的全球总营收超过 950 亿美元，占美国网络搜索市场的一半以上，你今天在谷歌上搜索了什么？

虽然搜索引擎广告（SEA）可以为广告商提供巨大的帮助，但它也有自己的一系列问题。大多数企业都梦想自己的网站能迅速吸引数百万的访问者。然而，仅仅为了获得更多点击量和印象量而增加 SEA 预算可能不会带来好结果。公司应该专注与公司目标相关的流量；点击是不同的，应该给予不同的重视。同样重要的是要确保你使用谷歌分析来跟踪你的营销活动并准确地跟踪投资回报率。

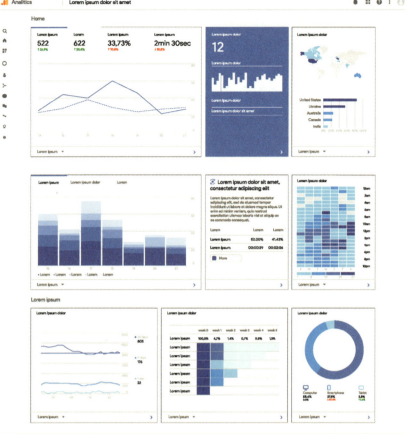

art, em. po/Shutterstock

谷歌分析是跟踪 SEM 活动有效性的宝贵工具。这是一个报告模板，谷歌可为任一选择谷歌分析的企业定制。

移动广告

移动营销协会将**移动广告（mobile advertising）**定义为"一种通过手机传达给消费者的广告形式"。移动营销为广告商提供了多种与客户交流的方式（最好是在客户允许的情况下），包括移动网站、移动应用程序、**短信广告（text message advertising）**以及移动视频和电视。

配备 GPS 功能的新型手机可以精确定位你的位置，从而提供更多的移动广告机会。这项技术支持智能手机地理定位，如第 7 章所述，它能够识别客户所在位置并投放与该位置相关的广告，从而提高信息的相关性。地理定位也被用于（带位置签到功能的）社交媒体应用，如 Swarm、Instagram 地理定位和 Facebook Places，这使营销人员能够在正确的时间和地点提供促销优惠，也可以用于商店发送优惠券。餐馆和其他零售商可以使用地理定位技术来联系消费者，让他们知道最近的销售点在哪里。在商店里，只要你站在商品前，广告商就可以把广告发送到你的智能手机上。

MARKETING: REAL PEOPLE, REAL CHOICES 营销的真相（原书第 11 版）

大多数智能手机用户更喜欢免费的应用程序，许多人拒绝为任何应用程序付费。因此，移动应用程序的开发人员必须找到一些方法来**变现（monetize）**产品，**应用内广告（in-app advertising）**通常是达到这一目标的最佳方式。

二维码广告（QR code advertising）提供了一种通过手机吸引消费者的方式。营销人员在杂志和其他形式的媒介、商店甚至院子里的"待售房屋"标志上打印二维码。智能手机用作二维码扫描器，并将代码转换为可用的形式，例如网站的 URL。对于消费者来说，这是访问品牌网站的一种更简单、更快捷的方式。对于营销人员来说，因为消费者选择访问网站，所以（我们在第 5 章中了解到的）转化率（联系消费者并最终完成销售的机会）会高得多。

视频分享：在 YouTube 上观看

视频分享（video sharing）指的是将视频录像或**视频日志（Vlogs）**上传到互联网网站的策略。尽管 YouTube 是受欢迎的视频分享网站，但它并不是唯一的。在 YouTube 之后，排名前七的视频分享网站包括 Vimeo、Wistia、Brightcove、Facebook Live、Instagram Live and Stories、Periscope 和 Snapchat。

对于营销人员而言，YouTube 和其他视频平台提供了与消费者建立关系的大量机会。美膳雅和其他家电制造商发布视频，向消费者展示如何使用他们的新产品。耐克为世界杯开赛做准备，发布了一部以世界杯为主题的五分钟短片，展示了一些世界上最好的足球运动员的动画版本。在最初的三个月里，超过 1860 万观众观看了这段名为"冒一切险"的视频。

数字媒体广告中的伦理问题

互联网是一场开源革命，每个人都可以以前所未有的方式参与创造和分享无限的娱乐、新闻、信息和商业活动。这就像一个童话故事，美好得令人难以置信。就像任何美好的童话故事一样，有一个反派威胁着自由网络的未来，反派的名字是**广告欺诈**或**点击欺诈（ad fraud or click fraud）**，他的搭档是**广告屏蔽（ad blocking）**。

广告商制作数字广告，向阅读在线《纽约时报》文章的潜在客户、在网站上搜索一双新鞋的潜在客户以及使用搜索引擎的潜在客户投放广告。但以上提到的地方也是广告欺诈出现的地方，在线广告网络（广告商和你的手机或平板电脑之间的中介）力求尽可能多赚钱，但因为它们是按观看次数或点击次数付费的，所以在线广告网络产生的点击量越多就赚得越多。网络犯罪分子使用欺诈机器人，这是一种自动浏览的程序，这种程序会自动打开出现广告的页面，然后在设备的后台点击广告，在这种情况下，广告不会与真正的消费者接触（但会增加点击量），从而伪造观看量或点击量。一项针对这种**移动劫持（mobile hijacking）**的研究发现，消费者在 10 天内不知不觉地将"僵尸应用程序"下载到 1200 万台设备上，每台设备都可以在手机后台运行多达 16000 个广告，而手机主人却毫不知情。虽然这可能只会让消费者损失一些电池寿命，但据估计，广告欺诈每年给广告商造成的损失超过 70 亿美元，也有一些人估计损失高达 130 亿美元。

有一种方案是使用强大的广告拦截软件，在网络层面上采取措施，从网站上剥离广告来阻止广告欺诈。据估计，在 2019 年，全球 30% 的互联网用户使用某种类型的广告拦截软件。但是这是正确的方法吗？

就像电视节目经费离不开电视广告费一样，在线广告为开放的互联网发展提供动力，让消费者可以免费享受无限的内容。当然，个人可以在自己的设备上屏蔽广告，这是他们的选择。网络广告拦截剥夺了消费者控制他们看到和看不到内容的能力，而这种能力正是万维网的基础。反对网络广告屏蔽的一个论点是，它会形成审查制度并破坏新闻自由，最终将意味着消费者为越来越少的信息支付越来越多的钱。换句话说，这会导致开放和自由网络的终结。

谷歌现在屏蔽了（投放特别烦人广告的）网站上的所有广告。许多人认为，谷歌的业务规模（Chrome 在台式机和移动端浏览器市场中占有 59.23% 的份额）赋予了谷歌太多的权力。

有一些专家认为广告和内容屏蔽是不可避免的。随着网络内容的数量每年呈指数级增长，消费者最终会希望屏蔽广告和其他内容。

投放排期策略：媒介排期与频次规划

在营销人员选择了广告媒体之后，策划者就会创建一个**媒体排期表（media schedule）**，具体说明活动将使用的具体渠道，以及信息出现的时间和频率。图 13 – 11 所示是一款新电子游戏的假想媒体排期表。请注意，大部分广告都是在圣诞节前的几个月内到达目标受众，而昂贵的电视预算主要集中在节日季前的特价广告上。

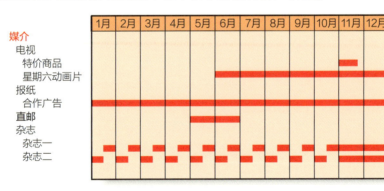

图 13 –11 电子游戏的假想媒体排期表
媒体规划包括决定在何处、何时以及投放多少广告。媒体排期表，例如这张电子游戏的排期表，直观地显示了规划进度。

媒体排期表概述了策划者的最佳估计，即哪种媒体（例如电视或杂志）将最有效地达到广告目标以及哪种特定的媒体载体将最有效。媒体策划者会考虑一些定性因素，例如目标受众的人口统计和心理特征与媒体所触及的人群类型的匹配、竞争对手的广告模式以及媒介充分传达所需信息的能力。策划者还必须考虑产品与编辑内容的兼容性等因素。例如，当观众观看像《与卡戴珊同行》这样的"有趣的"节目时，他们可能不会对一个有关防止虐待动物的严肃广告产生良好反应。

在决定了广告的地点和时间之后，策划者必须决定他/她想要发送信息的频率。一天中的什么时间？广告将遵循怎样的总体模式？

连续的排期表使广告在一年中源源不断地投放，这最适合定期购买的产品，例如洗发水或面包。脉冲进度根据产品可能有需求的时间来改变全年的广告数量。一种防晒霜可能会全年做广告，但在夏季广告力度会更大。飞行式排期（flighting）是脉动式排期的一种极端形式，其特点是广告在短期内高强度密集投放，随后转入几乎零投放的间歇期。

广告业的颠覆与变革

广告，特别是电视广告市场在过去 90 年里的颠覆性变革，充分展现的不仅是广告行业的演变，还有生活方式的演变。以下是这段旅程中的一些关键节点。

- 《广告时代》杂志创刊于 1930 年，许多人认为它是广告业的权威。1941 年 7 月 1 日，宝路华（Bulova）公司在纽约 WNBT 电视台播出了第一个美国联邦通信委员会（FCC）批准的正规电视广告。
- 1983 年，《广告时代》的头条标题宣称："雅达利创始人研发了革命性的电视。"这是一个可寻址广告，在该广告中，广告商将广告瞄准具有特定人口统计和心理特征的家庭，这将彻底颠覆传统电视收视率测量体系。
- 1993 年 4 月 19 日，《广告时代》刊登了一则新闻，称美国全国广播公司（NBC）正在寻找另一种收入来源，计划直接向消费者销售产品，从而成为一家直销商。
- 1993 年 5 月 24 日，《广告时代》发布了时代华纳电子高速公路的信息，这是"第一个全面服务的互动网络"，将通过有线电视提供互动游戏、家庭购物、影视点播和电话服务，但没有提到"互联网"这个词。
- 2020 年的新冠疫情为广告业和电视业提供了新一轮变革的契机。随着有史以来最大规模的居家工作和虚拟教育实践，电视业和整个广告行业必将谱写新的篇章。

学习目标总结

广告是（来自确定的）赞助商使用大众媒体说服或影响观众的非个人交流。广告告知和提醒消费者并创造消费欲望。产品广告旨在说服消费者选择特定的产品或品牌。机构广告用于为组织或公司塑造形象（企业广告）、表达意见（倡导型广告）或支持某项事业（公益广告）。零售和本地广告告知顾客去哪里购物。大多数公司依靠广告机构的服务来开展广告活动。全方位服务代理机构的服务包括客户管理、创意服务、调研和营销服务以及媒体策划，而有限服务代理机构仅提供以上的一项或几项服务。

用户生成内容，也称消费者生成的媒体，包括数百万的在线消费者议论、意见、建议、消费者与消费者的讨论、评论、照片、图像、视频、播客和网络广播，以及通过数字技术面向其他消费者的产品相关的故事。为了利用用户生成内容，一些营销人员鼓励消费者动手做 DIY 广告。众包是公司将营销活动外包给一个用户社区的做法。

广告被批评为具有操纵性、欺骗性和不真实、令人反感和品位低下、制造和延续刻板印象，以及导致人们购买自己并不需要的东西。尽管有些广告可能会证明其中的一些批评是合理的，但大多数广告商都试图提供诚实的广告，不冒犯他们想要吸引的目标人群。

广告活动的开发始于了解目标受众，制定广告信息和广告预算的目标。为了制作广告，负责机构制定了一个创意策略，并在创意简报中进行了总结。为了制作出完整的广告，他们必须确定广告的诉求、格式、调性以及创意策略和技巧。在将广告投放到媒体之前对其进行预测试，可以避免出错。

媒体规划以最有效的方式向目标受众传达信息。媒体规划者必须决定是在传统大众媒体还是数字媒体上投放广告。数字媒体分为自有媒体、付费媒体以及赢得媒体。网站广告包括横幅广告、按钮广告和弹窗广告。其他类型的数字媒体包括电子邮件和搜索引擎。移动广告包括短信广告、应用内广告和二维码广告。视频分享允许营销人员将视频上传到网站。植入式广告是一种品牌娱乐化，将产品融入电影、电视节目、电子游戏、小说甚至零售环境中。广告游戏、原生广告和内容营销是品牌内容的其他类型。辅助媒体包括目录、户外媒体和基于地点的媒体。媒体排期表指定活动将使用的媒体以及消息出现的时间和频率。

任何广告活动的最后一步都是评估其有效性。营销人员通过事后测试评估广告，事后测试研究可能包括提示回忆或非辅助回忆测试，以核查信息是否对目标市场产生影响。

直接营销

你是那种喜欢收集大量商品目录，或者花几个小时在网上浏览商品目录，然后足不出户订购商品的人吗？也许你从家庭购物网络上订购了 Donatella Hrpaia 多功能比萨烤箱，每期仅需 29.98 美元分期付款，或者对电视上的 DashCam Pro 行车记录仪或 Pedi Paws 宠物指甲修剪器的广告做出了回应。这些都是直接营销的例子，这是增长最快的营销传播形态。

直接营销（direct marketing） 是一对一营销传播的一种形式，是指与消费者或企业客户的任何直接沟通，该种沟通旨在产生一系列响应，该响应通常以下列形式展现：下订单、获取进一步信息或访问商店或其他营业场所购买产品。直接营销的支出持续增加，2019 年的直接营销和数字广告支出为 3634 亿美元，预计到 2020 年将增长到 3895 亿美元。

为什么这么多营销人员喜欢直接营销？其中有一个简单有力的原因：你可以立即知道你的宣传是否奏效。与传统广告不同，每条信息都可以直接链接到回应（因此称为直接营销）。出于这个原因，想要查看宣传投资回报率的组织可以获得非常具体的反馈。

让我们看看图 13 – 12 中列出的 4 种最流行的直接营销类型：邮购（包括目录和直接邮寄）、电话营销、直效广告和移动商务。我们将从最古老的方式开始讨论，它现在仍然非常受欢迎！

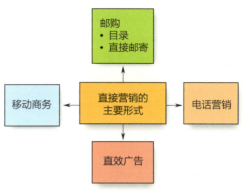

图 13 – 12　直接营销的主要形式
直接营销的主要形式是邮购（包括目录和直接邮寄）、电话营销、直效广告和移动商务。

邮购

1872 年，亚伦·蒙哥马利·沃德和两个合伙人出资 1600 美元邮寄了一页传单，上面列出了他们的商品及其价格，希望通过邮寄方式将商品卖给农民。邮购行业由此诞生了，今天消费者可以通过邮购购买任何东西。邮购有两种形式：目录和直接邮寄。

目录（catalog）是以书籍形式出售产品集合，通常包括产品描述和产品照片。零售商中的革新者蒙哥马利·沃德、西尔斯和杰西潘尼率先将目录作为一种接触额外目标市场（那些处于偏远地区的消费者）的方式。

今天，尽管在线购物在增长，但目录仍然存在并且可能会卷土重来。对于许多品牌而言，目录推动了在线销售和实体店内的销售。根据大数据和营销协会的报告，2016 年约有 1.007 亿美国人通过目录进行了购买，当然，很多目录都可以在网上找到，通常是在移动设备上。为什么零售商认为目录仍然如此重要？答案是因为它们推动了销售。当 Lands'End 减少其分发的目录数量时，销售额减少了 1 亿美元。

与通过邮件提供各种商品的目录零售商不同，**直接邮寄**（direct mail）是在某个时间点提供某个特定商品或服务的小册子或活页。与目录相比，直接邮寄有一个优势，发件人可以将它个性化。慈善机构、政治团体和其他非营利组织也大量使用直接邮寄。

就像电子垃圾邮件一样，美国人被直接邮寄的"垃圾邮件"淹没了，这些邮件可能会被扔进垃圾桶。当然，许多消费者不仅打开直邮，还以现金回应。数据和营销协会（DMA）研究发现，2017 年直接邮寄的家庭回复率增至 5.1%，其中 18 ~ 21 岁的消费者回复率为 12.4%。直接邮寄行业一直在研究如何监控公司通过邮件发送的内容，并且允许消费者"选择退订"一些邮件。

电话营销

在之前的第 4 章讨论过的电话营销是组织通过电话进行的直接营销。你可能会惊讶地发现电话营销实际上在企业市场（与消费者市场相比）上更有利可图。当企业对企业（B2B）营销人员使用电话与较小的客户保持联系时，它的成本远低于面对面的生意交谈，但仍然可以让这些客户知道他们对公司很重要。

联邦贸易委员会（FTC）建立了美国谢绝来电计划，以允许消费者限制他们接听的电话营销来电的数量。其理念是，电话营销公司至少每 31 天检查一次登记表并清理他们的电话名单。消费者对该规定反应非常积极，超过 2.2 亿人在登记处登记了他们的家庭电话号码和手机号码。虽然谢绝来电计划可能限制了一些电话营销来电，但不幸的是，它并没有筛选出绝大多数的供应商。

直效广告

直效广告（direct-response advertising） 允许消费者（通过直接与供应商联系询问问题或是订购产品）直接对信息做出响应。尽管对于许多公司来说，互联网已成为直接营销的首选媒介，但这种技术在杂志、报纸和电视上仍然很流行。

早在 1950 年，电视百货频道就把零售环境带进了电视观众的客厅里，当观众打电话给广告公司时，它提供了有限数量的产品。20 世纪 70 年代，当朗科股份有限公司和 K-Tel International 这两家公司开始在世界各地的电视机上兜售诸如"厨房魔术师"、"口袋渔夫""Mince-O-Matic"和"奇迹扫帚"等产品时，电视零售的销量开始回升。

直复电视营销（direct-response TV，DRTV） 包括少于 2 分钟的广告短片、30 分钟或更长的电视广告，以及 QVC、HSN 等家庭购物网播出的节目。畅销的 DRTV 产品类别包括健身器材、饮食和保健产品、厨房用具等。当然，现在连家庭购物网都上线了，所以如果你错过了节目，仍然可以订购产品。

过去那种原始的推销方式已经让位于我们今天所熟知和喜爱的华丽的**商业信息广告（infomercials）**。这些长达半小时或一小时的广告类似于脱口秀，往往有大量的产品演示和热情的观众参与，但当然它们的实际目的还是销售。尽管一些商业信息广告仍然带有低级庸俗的刻板印象，但多年来许多重量级公司都使用过这种形式，比如苹果电脑、大众汽车等品牌。

移动商务

正如我们在第 12 章中了解到的，最后一种直接营销类型是移动商务（m-commerce）。"m"代表"移动（mobile）"，但它也可以代表"大规模（massive）"——因为这个平台的市场规模很大。移动商务是指通过移动电话和其他移动设备（例如具有电话功能的智能手机和平板电脑）进行的促销和其他电子商务活动。全球有超过 70 亿部手机在使用中，其中越来越多的手机可以上网，所以营销人员想要触及这个占世界人口 85% 以上的庞大受众群体是有道理的。

通过短信进行的移动商务营销被称为短信服务（SMS）营销。就不受欢迎的"垃圾邮件"而言，移动商务与其他形式的直接营销（例如蜗牛邮件和电子邮件）具有相同的潜在弊端。（用户全天候参与社交网络的）一体式智能手机的兴起，创造了一个新兴的（社交网络活动）跟踪和分析行业，比如我们在第 5 章中讨论过的谷歌分析和类似的程序。

学习目标总结

直接营销指的是任何旨在引起消费者或企业客户反应的直接营销传播。直接营销包括以下类型：邮购（目录和直接邮寄）、电话营销、直效广告和移动商务。

打造你的品牌：制订
个人营销传播计划

泰勒在打造他的个人品牌方面做得很好。他明确了自己的个人优势和劣势，并研究了工作环境，确定了对他来说最好的机会在哪里。他列出了一些意向行业和公司，这些行业和公司可能会在市场上招聘像泰勒这样的员工。他完善了自己作为产品的概念（他的"核心产品""实际产品"和"延伸产品"），并了解了他可以从潜在雇主那里获得多少报酬。

现在是制订个人品牌传播计划的时候了，这将使泰勒找到一份好工作。为此，他知道他必须首先确定正确的"媒体"，以便在正确的时间将他的简历发送给正确的人。他还必须明确他可以为雇主提供的重要好处，并打造一个让自己脱颖而出的品牌故事。然后，他将能够向他首选的潜在雇主提供有效的广告（简历和求职信），获得面试机会，并有望获得 offer。

就像任何其他产品一样，成功地营销一个人（在这种情况下，就是你）需要一个出色的营销传播计划。

第 1 步：求职：使用哪些"媒介"

为了最大限度地提高你获得实习或全职工作的机会，你需要使用所有可以选择的方法来宣传你的品牌。你需要制订一个覆盖面广、频率高的传播计划，这意味着要经常使用多种媒介发送简历。你应该使用所有可用的媒介，包括：

- 人际网络
- 在线招聘网站
- 社交网站
- 公司网站
- 直接邮寄
- 招聘会

人际网络

人际网络是获得实习或第一份工作的有效方式之一。永远不要低估人际网络的重要性，这不仅是为了获得一份工作，而且是为了你以后的职业生涯。事实上，许多成功人士表示，他们有多达 80% 的工作都是人脉关系的结果。这就像消费者购买其他东西一样——如果你认识的人推荐了一家餐馆或一家健身房，甚至是新品牌的袜子，（相比于其他途径获得的推荐）你更有可能尝试别人推荐的产品。大多数管理者发现，如果可以的话，询问他们认识和信任的人会更有效率。

建立和维护成功的人际关系网不仅仅是让你认识的人成为你的脸书好友。人际网络需要定期培养，因此请记住：

- 与人际网络中的人保持联系。
- 当你的人际网络中的人寻求帮助或你有他们可能喜欢的工作的信息时，即使不方便，也要帮助他们。
- 通过与人际网络中的人发展关系来扩大你的人脉。

不管你知不知道，你已经拥有了一个好的人际网络的基础。你有家人和朋友，你家人的朋友，你朋友的家人。当然，你的学校里还有教授、同学和职业顾问。当你遇到新的人时，比如课堂上的演讲者和在校园活动或专业会议上遇到的人，你很容易扩大你的人际关系网。以下是一些有用的社交建议：

- 加入并在领英上创建个人资料，并邀请其他人加入你的领英网络。
- 制作专业的名片，上面有你的名字和联系方式。
- 加入一个专业协会，通常你能以较低的会费加入。
- 通过脸书和其他社交网络向人们寻求帮助。
- 在毕业前开始建立人际关系。
- 考虑实习或做志愿者，你会认识一些专业人士。
- 始终保持专业。
- 想象一下，某一天你可能会遇到一个适合你的人。一定要清理掉你在社交媒体上留下的任何数字污点，比如不恰当的对话和图片。

在线招聘网站

在线招聘公告栏和招聘网站通常是最不可能给你提供面试机会的。很多时候，招聘广告只是为了满足法律要求，让公众知道这个职位和何时已经有人了。尽管如此，招聘公告栏作为众多营销传播计划的渠道之一，也是一个不错的选择（但可能是最后的选择）。一些比较受欢迎的招聘网站有 ZipRecruiter、CareerBuilder、Monster 和 Nexxt。你所在地域的国家、地区和地方专业组织也可能有职位发布。

社交网站

许多公司使用脸书招聘初级职位。专业的社交网站可以为你提供目标行业或目标公司的联系人。

公司网站

许多公司不会在招聘公告栏上发布，也不会在招聘人员那里发布，但大多数公司在官网上发布招聘信息，所以你应该访问目标公司的网站。你可能希望首先找到一个公司列表，再从列表中筛选自己的目标公司，例如 100 家发展最快的公司的列表。《商业周刊》和《财富》等出版物会定期发布此类名单。你可以查看出版物，并挑选出最好的。

直接邮寄

如果你对特定的公司感兴趣，你应该给公司写一封信，让公司了解你和你的价值主张。就像零售商向你发送电子邮件或在线目录以向你展示他们的产品一样，你也可以在职位发布之前，给公司的合适人选发一封求职信和一份简历，让他们知道你能做什么。如果你正在寻找实习机会，这一点尤为重要，因为许多公司不会宣传他们的实习项目。一封信件可能会让你从杂乱的电子邮件中脱颖而出。由于直接邮寄回复率非常低——在 1% ~ 2% 之间——你需要向尽可能多的目标公司发送信件。此外，如果你使用软件个性化你的信件，它会帮助你从人群中脱颖而出。你还应该向每家公司的不同经理发送多封个性化信件，邮件接收者应该是目标工作部门的副总裁、主管或经理、人力资源总监、招聘经理以及实习经理。同样，请确保你的信中没有任何语法错误或拼写错误。

招聘会

招聘会非常有成效，尤其是当你制订了行动计划后。首先，查看一下将要参加面试的雇主名单，并列出你最感兴趣的交谈对象。然后拜访尽可能多的公司，一定要带上你的"广告"复印件，即你的简历和求职信。最后，确保你穿着得体，向目标公司的每一位代表做自我介绍，索要一张名片，并给他们一张你自己的名片。

第 2 步：广告：制定你的营销传播信息

求职过程中最重要的信息是能脱颖而出并引起招聘人员或经理注意的简历和求职信。把这些看作是你的直接邮寄广告——你发送给潜在买家以获得面试机会。

大学通常设有职业中心，在那里有人可以帮助你制作简历和求职信。但是你不能等到最后一刻，因为那时可能没有人会有时间帮助你。

以下是关于简历的一些建议：

- 诚实。不要在简历中撒谎或夸大其词。
- 你需要的不仅仅是列出你所做过的事情。为了有效地做广告，你需要概述你能为潜在雇主提供的好处，你需要描述你从每次经历中获得的技能、知识和能力。即使你只是在一家餐馆当过服务员，这也说明你可以以顾客为中心并且可以同时处理多项任务。
- 你还可以列出你从课程中获得的技能和知识。大多数学生都参加过团队项目，这使你获得了团队合作的经验。
- 为你所说的信息提供证据。如果你是一个优秀的学生，列入你的平均绩点和你所获得的认可。
- 列入雇主（可能想要的）对你的个人特征的诚实评估。你注重细节吗？积极性高吗？是优秀的沟通者吗？遵守职业道德吗？有领导经验吗？有社区服务经验吗？

精通什么软件？

- 把你的简历内容控制在一页纸范围内。简历是为了让你受到关注，并在众多求职者中脱颖而出。你可以在面试期间添加有关你自己的其他信息。
- 确保你的简历包括身份信息（姓名、地址等）和适当的标题，以便面试官更容易找到他想要的东西。建议的标题是求职目标（第一个标题）、教育程度、荣誉和奖学金、工作经验（简历中最重要的部分）、领导经验、课外活动和技能。
- 确保简历看起来不错；没有拼写、标点符号或语法错误；选择白色或中性色的简历纸。
- 不要在简历中附上参考资料。它们应仅在需要时提供。

求职信为你提供了一个让自己脱颖而出的绝好机会，并且是工作的必要条件。它应该总结你为什么要发送求职广告，是什么让你与众不同，以及你将如何为公司带来价值。它应该简短、简洁、专业，简历是写给个人的，而不是一个部门。它还应该包括一个内部地址。再说一次，确保你没有写错字、拼错词或名称及其他错误。注意：如果你要向许多不同的组织发送求职信，请确保你没有使用错误的公司名称——这是一个容易犯的错误，而且经常发生。

当然，找工作要做的事情还有很多。

泰勒正在制订一个出色的营销传播计划。他开始建立人际交往网络，并定期浏览在线求职公告栏、招聘网站、社交网站和公司网站。他的简历和求职信已经完成，可以直接通过邮件发送，也可以在他回复各种网站或参加招聘会时发送。泰勒对自己找到一份好工作更有信心了。

学习目标总结

在制订个人品牌传播计划时，你的计划既要提供更广的覆盖范围，又要提供高频率。最好的方法是使用多媒介渠道，包括人际网络、在线招聘网站、社交网站、公司网站、直接邮寄和招聘会。

在个人品牌营销战略中，简历和求职信是最核心的营销传播载体。为最大化职业成功概率，建议你尽早完善这些材料，它们将为你的整个职业发展规划提供持续助力。

MARKETING
REAL PEOPLE,
REAL CHOICES

营销的真相 （原书第11版）

第 14 章　促销Ⅱ：社交媒体平台和其他促销要素

学习目标

- 了解营销人员如何使用最新的传播模式，包括新型社交媒体和蜂鸣营销活动。
- 解释什么是促销，并描述不同类型的消费者与 B2B 促销活动。
- 了解人员销售的重要作用、不同类型的销售工作和创造性销售过程。
- 解释公共关系的角色和发展公共关系活动的步骤。
- 了解人际关系在成功职业生涯中的重要性。

真实的人，真实的选择：安德鲁·米切尔
▼Brandmovers 的决策者

安德鲁·米切尔（Andrew Mitchell）博士在全球数字营销领域拥有超过 20 年资深经验，曾与一些优秀的营销人员合作。他曾为万事达卡、迪士尼、百事可乐、箭牌、万豪、希尔顿酒店及度假村和欧莱雅等多元化全球客户进行数字促销。他的专业领域涵盖多个行业，包括消费品、娱乐、零售、旅游和金融服务。安德鲁拥有博士学位，其研究方向是识别和开发（可以在各种数字和社交媒体渠道中应用的）数字技术。

安德鲁毕业于曼彻斯特大学和哈佛商学院并获得了营销人员资格认证，他于 2003 年在一个企业孵化基地创立了 Brandmovers，此后公司业务扩展到多个大洲和多个行业。

安德鲁的信息
我不工作的时候做什么：
潜水、垂钓。

毕业后的第一份工作：
推销员。

职业生涯巅峰：
获得博士学位。

希望自己没有犯过的一个（与工作有关的）错误：
误认为放手式管理是发展业务的最佳策略。

我正在读的商业类书籍：
埃米·威尔金森的《创新者的密码：未来企业家必备的 6 大技能》。

我心目中的英雄：
安德鲁·卡耐基。

我的座右铭是：
寻找你身上的"阿甘"精神，并实践它。

我的动力：
当一些消极的话语出现，比如"任务不可能完成"的时候。

我的管理风格：
协作、自我驱动和授权。

与我面谈时不要这样做：
告诉我你从未失败过。

安德鲁的问题

安德鲁将 Brandmovers 打造成了一家大型数字促销公司。其总部位于佐治亚州的亚特兰大，并在英国与印度设有办公室。Brandmovers 专门进行数字化促销，其中包含：

- 比赛、抽奖、现场立即抽奖（instant wins）
- 社交/UGC 营销
- 数字化奖励和亲和力计划
- 产品发布活动

例如，该机构为曼彻斯特联合足球队建立了一个名为 www.unitedinhistory.com 的社交推广网站。该网站允许用户通过个性化的时间线探索俱乐部的历史。Brandmovers 已成功为数百个世界领先品牌推出创新推广活动。

然而，经过 14 年的成功发展，安德鲁和他的团队意识到企业的未来不能完全依赖于他们过去使用的战略和策略。促销推广业务面临"不是大好就是大坏"的困境：有可能前一个月 Brandmovers 的业务比安德鲁的资源多（包括人才资源），而下个月安德鲁的资源可能多于业务。此外，随着数字生态系统变得越来越复杂，大量增加的营销渠道导致（本来就存在的）数字化人才稀缺问题雪上加霜，并使得企业成本增加。与此同时，新的竞争者在底端开始侵蚀利润率。绝大多数业务都是基于项目的（这些项目通常从 1.5 万美元到 25 万多美元不等）。项目的复杂性决定了需要什么样的人才和资源执行这个项目，所以规划长期增长变得越来越困难。

安德鲁开始思考怎样才能让公司更上一层楼。在理想的情况下，他的客户会承诺每年支付一笔费用（大多数广告公司都采用这种模式），这使得该机构可以根据批准的预算对服务时间收费。从本质上讲，Brandmovers 在一个项目上投入的时间越多，该公司赚的钱就越多。此外，该机构可以根据预算聘请新的人才，并根据客户的需求扩大业务规模。

但是很难找到愿意以这种方式合作的客户（毕竟是理想的情况），客户更偏好聘请像 Brandmovers 这样的机构来进行特定的促销活动项目。Brandmovers 已经建立了一个庞大的技术组合，可以提供出色的在线促销活动。公司该怎么利用这些洞察进一步扩展公司业务，更好地匹配资源和客户需求？

他的方案 1、2、3

营销的真相

方案1

探索可以从数字化促销中受益的其他市场。例如，Brandmovers 尚未在金融服务行业开发客户，或与潜在出口市场的其他公司成为合作伙伴/建立合资企业。该公司拥有相关专业知识，有利于提供这些新可能性，这使得它可以先于竞争对手占据优势。然而，这些努力很可能会导致需要完成更多的项目工作。在这种情况下，同样的不可预测性问题（"不是大好就是大坏"）仍然存在，在任何给定的时间都有更多的项目在进行。

构建数字化忠诚度营销平台。安德鲁看到了线上空间中的许多活动都以培养客户忠诚为中心。数字技术正在不断发展，可以鼓励人们更多地重复购买。在美国航空公司多年前发明的"飞行常客"模式的基础上，航空公司和酒店集团正在开发更复杂的项目，为购买各种商品的顾客提供免费机票和酒店住宿。Brandmovers 团队当然可以复制该方法，因为他们已经知道如何建立促销活动，让客户准确跟踪哪些个人或群体购买了他们的产品。从本质上讲，这种方法很像设计在线促销活动，因为它涉及在线/移动注册、整合交易环节和数字沟通渠道。这样的平台可以获得更稳定的收入来源，因为客户会为这项服务定期支付订阅费，而不是在特定需求出现时排队购买。出于这个原因，扩展这种商业模式的成本会更低——安德鲁可以预测他需要的资源。当他将员工与客户的需求结合起来时，效率会更高。但安德鲁不清楚这种产品是否有强劲的市场。此外，作为忠诚度领域的新人，安德鲁不确定这个领域的竞争是否激烈。如果他判断错误，他可能会承担比较大的损失。

利用公司迄今为止的成功，将 Brandmovers 挂牌出售。该机构在其利基市场中占据强势地位，它可能对潜在买家非常有吸引力。它最近为客户办了许多非常成功的促销活动，包括万事达、雀巢、迪士尼，在业界享有很高的知名度。安德鲁可以在公司保留主要客户并拥有非常好的现金流的情况下套现。然而，出售将迫使安德鲁暴露其专有技术，这将使他很难复制团队过去 14 年的努力，在这些努力的基础上创办一家新公司。而且目前尚不清楚所有者是否会收回 Brandmovers 的全部价值，因为在这种情况下，所有者通常会以员工的身份为公司工作，直到随着时间的推移他们收回销售成本。

现在，请设身处地为安德鲁着想。你会选择哪个选项，为什么？

做出你的选择

你会选择哪一个选项？为什么？

☐ 方案 1　　　☐ 方案 2　　　☐ 方案 3

社交媒体营销

在第 13 章中，我们学习了广告是如何遵循一对多营销传播模式的。在本章中，我们将首先介绍那些提供多对多营销传播的社交媒体营销。然后我们来看看促销活动，另一种一对多的沟通工具。接下来，我们将讨论一种一对一的沟通方式——人员销售。最后，我们将了解公共关系。公共关系是促销组合的最后一个因素，它包括各种传播活动。

似乎大多数人都每周 7 天、每天 24 小时"保持在线"（"on" 24/7 these days），比如我们在度假时查看电子邮件，走在校园里玩着智能手机上的游戏，在推特上为奈飞的新剧狂欢，或看抖音视频练习最新的舞蹈挑战。夏琳·李（Charlene Li）和乔希·伯诺夫（Josh Bernoff）将不断变化的传播环境称为**风潮（groundswell）**："一种社会趋势，人们利用技术从彼此那里获得他们需要的东西，而不是从公司这样传统的机构。"换句话说，今天的消费者越来越多地通过与朋友、家人甚至陌生人的社交互动来获得他们的信息和新闻。

你可能不记得以前没有社交媒体的时候了，但信不信由你，这一切对这个世界来说都是相对较新的。脸书是第一个也是最受欢迎的社交媒体平台，成立于 2004 年，但当时只对大学生开放，直到 2006 年才向公众开放。现在，脸书是全球最大的单一社交媒体平台，拥有 25 亿活跃用户。推特成立于 2006 年，拥有超过 3.86 亿活跃用户。2010 年 Instagram 上线，现在用户已达到 10 亿。而直到 2012 年才推出的 Snapchat 已拥有 3.98 亿使用者。世界各地的人们通过电脑、智能手机、智能手表或平板电脑上网冲浪、与朋友聊天、看电视，并从传统营销人员、线上营销人员那里购买产品。这些用户都有可能相互联系并分享反馈——无论是今天早上的统计学测试有多困难，还是他们在哪里买了一个漂亮的手机壳，以及他们花了多少钱。

新的多对多传播模式已经改变了市场营销的面貌。正如我们在第 13 章中提到的，市场营销人员不再是唯一谈论产品的人。数以百万计的消费者也有能力——而且显然是渴望——传播关于他们所购买的商品和服务（好或坏）的消息。

2019 年，美国广告商在互联网广告上的支出约为 1080 亿美元，比在电视广告上的支出多出 400 多亿美元。就在新冠疫情之前，《广告时代》预计，全球广告商将把超过一半的预算花在互联网广告上，总计 3260 亿美元，增长率为 11.1%。

电视曾经是最受欢迎的广告媒体，但现在已经不能与处于第一名的互联网相提并论了。预计到 2023 年，互联网广告支出将超过 1600 亿美元，比电视多出 900 亿美元。广告商在传统媒体上的支出越来越少，因为他们在与客户交谈时认为传统媒体不再有效。消费者，尤其是年轻的消费者，花越来越多的时间在**媒体多任务处理**或**第二屏幕（media multitasking or second screening）**上，并同时使用多种形式的媒体。当一个较长的电视广告出现时，你有没有先玩会儿手机？如果你这样做的话，你是一个多任务处理者（mutitasker）！

截至 2018 年秋季，杂志消费总额达到了 16.4 亿美元。与前几年相比涨了 0.6%，因为消费者转向使用更多的移动和视频内容。

尽管在数字广告上的部分支出将来自广告商之前花在电视上的资金，但大部分资金将来自他们专门为数字广告分配的新资金。从 2019 年到 2020 年，美国的付费电视订阅用户总数下降了 270 万。越来越多的消费者选择通过付费和免费的流媒体服务观看节目和电影，如 Hulu、奈飞、亚马逊 Prime、迪士尼 +、苹果电视 + 和孔雀（Peacock）。流媒体服务提供丰富的选择，使得许多消费者**退订有线电视服务（cord-cutting）**——消费者取消在传统设备上的订阅并转而观看流媒体所提供的电视转播节目。这使得进入大众市场的营销工作变得更加复杂和昂贵。

Geoff Smith/Alamy Stock Photo

从 2016 年到 2020 年的五年内，全球手机用户数量从 25 亿增加到 38 亿，预计还将继续增长。对于市场营销人员来说，这意味着争夺眼球的竞争要激烈得多。

但是，毫无疑问，传统的电视广告短期内并不会消失。在新冠疫情初期，电视收视率增加了 28.4%，这论证了这一点。电视仍然是一种接触广泛、受众多样化的可行方式，也是当今市场营销人员可以用来接触消费者的几种工具之一。

我们在第 12 章中谈到的在线零售商也发现，他们的在线业务正在增长，但互联网客户更难取悦，忠诚度也更低。这并不奇怪，因为人们可以很容易地获得竞争价格，以及其他在线购物者对产品和卖家的评论。互联网 C2C 购物网站的增长（如 eBay、Etsy、Pinterest 和 Craigslist）意味着越来越多的消费者不再从零售商那里购买产品。为了更好地理解这种新的沟通模式及其后果，我们首先需要看看营销人员是如何鼓励消费者在"蜂鸣"营销活动中谈论他们的产品的。然后，我们将看一些特定的新媒体趋势。

社交媒体

社交媒体（social media） 是最新传播模式的重要组成部分。这个术语指的是基于互联网的平台，用户不仅可以修改现有内容，还可以创建自己的内容，并与访问这些网站的其他人分享自己的内容。我们很难理解这些新形式会在多大程度上改变我们与营销人员的互动方式；平台使信息"民主化"，因为平台给个人消费者提供了一个"席位"。在过去，常常只能由公司塑造品牌，而现在公司可以招募忠实消费者与其他消费者沟通，使公司更容易通过这些**品牌大使**或**品牌传道者（brand ambassadors or brand evangelists）** 传播信息。但是负面的消息传得更快，可以更快地到达人们的手中：在一

MARKETING REAL PEOPLE, REAL CHOICES 营销的真相（原书第 11 版）

项调查中，36% 的受访者表示，他们会在社交媒体上抱怨一家公司，因为公司提供了不好的服务。

毫无疑问，社交媒体是当今营销传播的好地方。美国的社交媒体广告支出预计将从 2019 年的 337 亿美元增长到 2023 年的 471 亿美元。社交媒体包括社交网站、博客或微博、图片和视频分享网站、产品评论网站、维基和其他合作项目、虚拟世界。在我们强调这些平台如何用于社交化商务之前，让我们简要介绍一下针对营销人员的一些重要的社交媒体平台。

社交网络

社交网络（social networks） 是一种连接人们与其他用户的网站。成功的社交网站要求用户开发"个人档案"，以便让那些具有相似的背景、兴趣、爱好、信仰、身份与政治观点的人可以在网上"相遇"。像脸书和领英这样的社交网络是互联网上最受欢迎的网站，它们拥有来自全球的数百万用户。一旦用户创建了一个个人档案，就很容易与新旧用户建立联系。

那么，这些社交网络对市场营销人员来说是什么呢？首先，通过监控社交网络，营销人员了解消费者的看法，以及他们对品牌和竞争对手的看法。这些信息对于改进广告信息，甚至对于改进产品而言，都是无价的。

通过追踪和参与对话，市场营销人员可以接触到有影响力的人，如记者和消费者，他们是意见领袖。但更重要的是，社交网络提供了创建一个 **品牌社区（brand community）** 的机会，这是一群分享对产品或品牌依恋的社交网络用户。品牌社区的成员互动，分享有关品牌的信息，或表达他们对品牌的喜爱。因此，消费者和品牌之间的关系变得更加牢固。

社区成员以各种方式展示了他们之间的联系。欢乐绿巨人的粉丝可能会从亚马逊购买服装，这样他们就可以进行 **角色扮演（cosplay）**。你可曾想过红黄 M&M 豆在不拍广告的时候会做什么？你并不是唯一一个问这个问题的人。消费者聚集的力量是巨大的，别忘了热门美剧《丑闻》的粉丝们是如何寻找并购买主角的标志性酒杯的。

有时，品牌社区会在消费者中自发地发展起来，而在其他时候，品牌的营销人员会创造它们，或者至少是一起培育它们。品牌社区成功的一个原因是，上网成了一种"我们"的体验，而不是我们与他们的对抗——营销人员与客户。品牌社区允许营销人员倾听客户的意见，并利用他们获得的信息来开发新的营销策略，甚至开发一种成员要求的新产品。

丝芙兰是一家法国化妆品连锁店，它鼓励其 Beauty Insider 品牌社区的用户提问、分享想法，并从其他社区成员那里获得建议。他们还可以发布照片和视频与其他社区成员分享。除了创建这个平台，丝芙兰不用动一根手指，就获得了忠实的品牌大使，他们为丝芙兰销售产品。

现在我们已经讨论了品牌社区，让我们来看看几个最受欢迎的社交媒体网站。

脸书

脸书（Facebook）是所有社交网站中最受欢迎的网站，正如我们之前所说的，在我们写这本书的时候，它在全世界有超过 17 亿的日活跃用户——毫无疑问，即使是在你阅读这本书的时候，也有大量的新用户在注册脸书。脸书的用户首先开发一个私人档案，除非他们选择向"朋友"开放，否则该资料将被隐藏。虽然这个社交媒体网站最初是为了让大学生与他们的朋友保持联系而创建的（在那个时候，你的电子邮件地址必须有".edu"才能加入），但现在它不再只适用于学生。今天，有许多重要的用户群体，包括婴儿潮时期的女性，甚至是祖父母都会使用脸书，他们利用这个平台来寻找失散已久的朋友（并密切关注他们的孙辈）。尽管脸书在世界范围内广受欢迎，但它仍在不断流失大量的大学生用户。现在大学生用户在其他网站上花费了更多时间。在 2020 年夏天，脸书由于处理网站上的仇恨性言论而遭到抵制，开始失去一些广告客户。而大学生访问社交媒体网站的方式也发生了变化。许多人更喜欢使用手机访问社交媒体网站、接收和发送电子邮件，以及在社交媒体上进行其他互动。

Instagram

Instagram 是一个专门分享照片和短视频的社交网站，深受美国青少年的喜爱。Instagram 成立于 2010 年，在 2012 年以 10 亿美元的价格出售给脸书，截至 2018 年 6 月，其全球日活跃用户已超过 5 亿。Instagram 除了作为消费者相互关注的地方之外，有 47% 的美国 Instagram 用户使用该网站进行娱乐，而 34% 的用户使用它来关注品牌和公司。品牌通过自己的账户和名人的账户与消费者建立联系——品牌向名人支付费用，让他们通过个人账户分享品牌内容。明星们可以从一个帖子中赚到数万美元，在 2019 年像凯莉·詹纳和巨石强森这样的超级明星，一个**赞助帖子（sponsored posts）**能赚到 100 万美元

2016 年，Instagram 推出了限时动态功能，允许用户发布 24 小时后消失的内容——这个功能是从 Snapchat 等竞争对手平台"借"来的。目前，该功能每天吸引 5 亿 Instagram 用户。Instagram 于 2018 年推出了 IGTV。这是 Instagram 的应用内的视频功能，允许用户发布长视频。然而，它尚未变得流行，因为用户似乎更喜欢在 YouTube 上观看长视频。

YouTube

YouTube 是一个免费的在线视频平台，于 2005 年推出，并于 2006 年被谷歌收购。该平台已被全球 16.8 亿用户使用，并提供了来自消费者和企业的渠道。信不信由你，每分钟都有 500 个小时的视频被上传到 YouTube 上。

YouTube 也是我们前面提到的关于产品评论的热门网站，特别是开箱视频。这些视频的特色是消费者将产品从原始包装或快递盒中拿出来，这类视频非常热门。从 2013 年到 2014 年，这一趋势增长了 57%，而且在送礼季节尤其普遍。从孩子到成年人，消费者都会通过观看开箱视频来填写他们的假期和节日愿望清单。事实上，瑞安世界的

瑞安·卡吉是 2018 年收入最高的 YouTube 博主，收入为 2200 万美元，而且他只有 7 岁！他的 YouTube 频道主要以玩具开箱为特色，在我们写这篇文章的时候，它拥有超过 2550 万订阅用户和 390 亿点击量。

TikTok

TikTok 是一个提供短视频的社交网站。这些视频可能会持续 15 秒，通常还伴有音乐。继 2016 年抖音在中国成功推出后，TikTok 于 2017 年在美国发布，此前其母公司收购了对口型应用 Musical. ly. 。在 2019 年被下载 7.38 亿次之后，抖音在 2020 年初成为世界上增长最快的社交媒体。

凭借其舞蹈挑战和快速扩大的用户群，抖音对品牌和网红都非常有吸引力。该平台提供了许多品牌推广机会，如动态视频广告和标签挑战，这些设计都是为了吸引 8 亿月活跃用户的注意力。你参与了奇波特（Chipotle）赞助的 2019 年#瓶盖挑战赛（# LidChallenge）？还是参加了叛逆舞蹈挑战赛？这个舞蹈挑战是由 14 岁的贾莱亚·哈蒙（Jalaiah Harmon）创作的，他后来与华纳兄弟合作编排#ScoobDance，为电影 *SCOOB !* 宣传。

当谈论短视频平台时，我们不要忘记 TikTok 的前身 "Vine"。Vine 在 2012 年至 2016 年期间非常活跃。在最初的运行中，Vine 允许其 2 亿用户发布不超过 7 秒的视频。该平台被认为推动了用户的创造力和改变了故事叙述的方式。尽管 Vine 很受欢迎，但它却从热门的新事物一下子变得销声匿迹。一些分析人士将 Vine 的消亡归因于某些名人网红无力或不愿意在 Vine 上进行商业化。这不仅是品牌的问题，也是网红的问题。就像 2010 年的勒布朗·詹姆斯一样，这些有影响力的巨头们决定把他们的才能运用到其他地方——也就是像 YouTube 这样的竞争平台上。

Snapchat

Snapchat 于 2011 年发布，它标榜自己是分享生活瞬间的最快方式。它是一个社交网站，允许用户分享一些视频和照片——这些视频和照片只能在有限的时间内查看。所有收件人查看完快照后影像就会被删除，但可以添加到用户的 SnapchatStory 中，并在 24 小时内使用。虽然这款应用最初专注于私人交流，但它已经扩展到包括视频聊天、虚拟形象和一个 "发现" 区域，该区域展示了来自主要品牌和媒体机构的内容。该区域是该平台的一个关键创新，因为它将品牌和媒体内容与朋友和家庭内容分开，允许用户在不同的空间访问每个内容。

Snapchat 是在美国青少年中最受欢迎的社交网络，拥有包括滤镜和地理位置滤镜（Geofilter）等流行的功能。用户可以在照片或视频上叠加滤镜，然后将它们作为快照进行分享。位置滤镜（Geofilter）允许消费者和品牌创建自定义滤镜，并根据用户的地理位置使用它们。当我们讨论社交媒体对消费者购买的影响时，我们将在本章后面重点介绍 Snapchat 的其他几个功能。该网站的日活跃用户持续增加，从 2015 年 5 月的 1 亿日活跃用户增长到 2020 年第一季度的 2.29 亿日活跃用户。

Twitch

Twitch 是一个社交媒体网站，也是播放电子游戏最常用的流媒体平台。游戏玩家访问 Twitch 不仅是为了观看比赛，也是为了了解游戏，这样他们就可以通过观赏游戏比赛来决定他们是否有兴趣购买这款游戏。Twitch 的独特设置允许观众通过不同的视频画面观看游戏和玩家。一些 Twitch 用户，例如美国科幻作家和游戏玩家 N. K. 杰米欣（Jemisin），雇 "版主" 来管理观众和维持空间秩序。杰米欣好像立过一个规矩，不允许爱指挥玩家的观众参与进来。观众只能看主播玩，让主播自己想办法通关。

Twitch 不仅仅是游戏玩家的首选。该平台还拥有来自厨师、艺术家、视频博主和音乐家的视频，他们已经能够使用该平台的某些功能并产生巨大影响。2020 年 3 月，电子音乐二人组乔希·加布里埃尔（Josh Gabriel）和戴夫·德雷斯登（Dave Dresden）通过 Twitch 推出了他们自己的 ClubQuarantine，其中一些节目持续了 10 多个小时。当 DJ D－Nice 想要结束节目，不得不要求他的 Instagram 直播观众观看其他艺术家的节目时，加布里埃尔和德雷斯登可以简单地使用平台的 raid 功能将观众从他们的 Twitch 频道送到他们选择的另一个 Twitch 频道——他们的粉丝适应了这种惯例，这样做可以帮助那些不太知名的艺术家。在新冠疫情期间，Twitch 平台看到用户在寻找多样化的内容，并且平台比黄金时段的电视巨擘（如《单身汉》和《美国偶像》）吸引了更多的观众。2020 年第二季度，Twitch 的观看时长达到 5000 亿小时，这意味着任何时候都有超过 7.7 万名观众在观看。

许多消费者喜欢在 Pinterest 上制作能反映他们兴趣的主题看板，而其中不乏一些颇为另类的主题，比如相扑、蓝色糖果和可食用的昆虫。尽管如此，这个平台对于某些（想要满足 "某些" 消费者需要的）营销人员来说非常有价值。

推特

推特（Twitter） 是一种免费的微博服务，允许用户发布简短的文本消息。订阅某人推特信息的人被称为 "关注者"。用户可以关注从朋友到政客的任何人。而且，从 2019 年开始，用户还可以关注话题。能够证明其受欢迎程度的事情是，推特现在拥有 1.66 亿可盈利的每日活跃用户（mDAU），比 2019 年增长了 24%。在 2017 年底，推特将 140 个字符的限制改成 280 个字符，让粉丝有更多的机会表达自己，他们可以上传照片、视频、标签、GIF 图片等。

由于这种活动的风靡，对于市场营销人员来说，监控推特以了解消费者对其产品的看法尤为重要。类似于其他的社交媒体，推特是一种传播度更广的媒体载体。这意味着营销人员可以一次向成千上万的人发送信息，当他们鼓励用户使用各位熟知的#（标签）时，营销人员可以鼓励用户集中在一个话题（或品牌）上。如今，从运动员到音乐和电影名人，似乎每个人都在使用推特。事实上，推特似乎在娱乐业中扮演着特别重要的角色。

2016 年 5 月，前 NFL 球员马修·切里在推特上发布了他想要制作一部"奥斯卡奖级"动画短片的想法，并且他还需要一名 3D 动画师。2017 年，切里再次通过推特宣布在 Kickstarter 上为他的想法筹款，最终该活动为"头发之爱"筹集了超过 28.4 万美元。2019 年，企鹅兰登书屋发行了《头发之爱》一书，索尼影视动画公司发行了一部动画短片。2020 年 2 月，这部电影获得了奥斯卡最佳动画短片奖。

虚拟世界

虚拟世界（virtual worlds）是在线的、高度吸引人的数字环境，其中**化身**（avatars）——虚拟世界中用户的形象——实时地与其他虚拟形象互动。大片《阿凡达》让许多人接触到了这个基本想法，该片讲述了一个受伤的士兵在潘多拉世界里拥有新身份的故事。

在虚拟世界中，居民可以在虚拟俱乐部闲逛，购买服装和配件，购买家具来装饰虚拟家庭，甚至在虚拟学院上大学。这些虚拟世界可能会显得错综复杂。例如，2003 年推出的《第二人生》是一个 3D 虚拟世界，用户可以在其中购买土地并创建房产，而 2020 年成立的《在线小镇》则是一个 2D 空间，看起来更像一个 8 位的电子游戏，它戏称自己是一个免费的视频通话空间。《第二人生》的用户或居民可以设计自己的虚拟形象，而《在线小镇》的用户只能使用一组预先构建好的虚拟形象。我们也不要忘记像《堡垒之夜》这样以虚拟世界为背景的（多人在线角色扮演）游戏。虽然有些人很难相信，但人们的确在花真金白银购买现实世界中不存在的数字产品。事实上，**虚拟商品**（virtual goods）市场正在蓬勃发展。虚拟商品是一个价值 500 亿美元的市场，预计到 2025 年，消费者对电子游戏和虚拟世界的消费将增长到 2500 亿美元。这些都是为了只能虚拟使用的物品！IMVU 被宣传为"基于虚拟形象的最佳社交体验"，而且它确实提供了无与伦比的 3D 动画。游戏的中心世界是一个满是椅子的房间，你在那里等待其他用户加入，你可以和其他用户发文字聊天，你可以限制别人接近你，也可以使用类似于在线约会的"匹配"功能。游戏里有属于玩家的"房间"，基本房间是免费的，但你需要购买新的服装、姿势、宠物和家具。

大多数虚拟商品，无论是在虚拟世界还是通过其他社交媒体网站销售，只卖极低的价格，大约是 1~3 美元；但其他的虚拟商品，比如《堡垒之夜》中的舞蹈或表情，可能需要 5~10 美元。那么，这对现实世界的营销人员有什么好处呢？一些公司进入虚拟商品市场是为了与消费者保持联系，改善品牌形象。而价格低的商品，比如虚拟形象的数字服装，当你卖出成千上万件时，收益自然就开始增加。

社交化商务

社交化商务（social commerce）是指消费者在其社交网络中进行消费决策的相关活动，或在社交网络的影响下进行消费决策——在线社交网络对消费者的影响最大。这里的相关活动，我们在第 6 章中曾讨论过，包括问题识别、信息搜索、替代品评估、产品选择和购买后评估。社交媒体对消费者决策的影响是不可否认的。全球 16~24 岁的互联网用户中，超过 50% 的用户通过社交媒体搜索产品信息，70% 的消费者表示，他们是在观看 YouTube 视频后购买的。

从 Pintrest 可购买的大头针到 YouTube 可购买的广告，社交网络不断更新其产品，希望鼓励更多的人在应用内购买。例如，2020 年 6 月，Snapchat 宣布了第一个可购物节目"TheDrop"。在 Drop 中介绍的产品将在节目中直接销售，并允许观众"向上滑动购买"。虽然消费者已经可以通过一些帖子和广告直接购买产品，但在 2020 年 5 月，Instagram 和脸书为了让用户更容易看到他们喜欢的产品，引入了"商店"，实现了购买流程不需离开平台。现在，消费者可以浏览、保存并最终购买（他们在企业上传目录中找到的）产品。Snapchat 还更新了其增强现实场景，提供了一个可购物的选项，允许 Snapchat 用户试用产品，然后通过"立即购买"按钮直接从场景中购买。

产品评论网站

产品评论网站（product review sites）是一种社交媒体网站，人们可以在这里发布他们使用商品和服务的心得，作为购买后评估的一部分。这些网站是社交化商务的一个方面，并为可能处于决策过程早期阶段的消费者提供资源。市场营销人员希望产品评论网站能在消费者和品牌之间建立一种联系。产品评论网站为用户提供了关于公司的正面和负面信息。

- TripAdvisor 提供公正的酒店评论、照片和建议。该网站让消费者有机会对他们最近住过的一家酒店进行评级和评论，或者利用其他消费者的评论为即将到来的旅行选择一家酒店。消费者还可以评价当地的景点。
- Yelp 是一个产品评论网站，提供对当地商业活动（如吃饭、购物、喝酒或玩耍的地方）的评价。消费者可以通过互联网或手机访问 Yelp。企业可以创建页面来发布照片和向客户发送信息。Yelp 关注的是本地商务，而 Trustpilot 则允许消费者发布对大大小小公司的评论。它的目标是帮助消费者与企业建立联系和影响企业，同时为企业提供一个与消费者接触和合作的地方。
- Angie'sList 和 HomeAdvisor 是为那些"厌倦了糟糕服务"的消费者提供服务的网站。Angie'sList 的成员不能保持匿名，他们对 700 多个类别的服务公司进行评级，并且经过认证的数据收集过程，确保公司不会对自己或竞争对手评级。
- 虽然 Yelp、TripAdvisor 和 Angie'sList 等网站给评论者发放酬劳，但有越来越多的网站，如 Swagbucks 和 ReviewStream，它们帮助消费者找到通过写评论获得报酬的方法。

Glassdoor 是一个求职和招聘网站，也是增长最快的评论网站之一。Glassdoor 除了为雇主提供免费的职位列表外，还拥有一个数据库，其中包含数百万条公司评论、高管支持率、薪资报告和办公室照片，可以帮你了解哪些公司正在招聘以及在那里工作的真实情况。想找一个离家更近的地方吗？看看 Handshake 吧，这是一家成立于 2014 年的就业服务平台，在大学市场占据主导地位。该平台已与 800 多所大学建立了合作伙伴关系，现在任何拥有.edu 电子邮件地址的学生都可以使用该平台。当你认为新工作机会听起来好得令人难以置信时，登录 Handshake 阅读评论，看看其他人对职位和雇主的评价。Handshake 认为评论是帮助学生探索职业、获得建议和收获洞察的良好方式。

基于位置的社交网络和移动应用程序

就像我们在第 13 章中提到的，**基于位置的社交网络**（location-based social networks）集成了先进的GPS 技术（就像车里可能拥有的导航系统一样）。与优步和谷歌地图一样，这些基于位置的社交网络允许用户根据自己当前的位置进行互动，用户可以通过手机向朋友通报自己的确切位置。

2016 年，**增强现实**（**augmented reality，AR**）手机应用游戏《宝可梦 GO》（也依赖于智能手机中的 GPS 技术）席卷全球，吸引了数百万用户。增强现实展现了现实世界的情景，但是这些情景被计算机生成的声音、视频、图形或 GPS 数据所增强或改变。《宝可梦 GO》发行之初似乎没什么发展，但在 2020 年之初，玩家在《宝可梦 GO》上的花费比之前任何一年都要多，大约为 4.45 亿美元。2019 年，玩家花费了

True Images/Alamy Stock Photo

《宝可梦 GO》热潮再造了一款流行多年的电子游戏，更重要的是，它是增强现实应用的一个突破，因为世界各地的玩家争相在现实世界中寻找虚拟卡通形象。

8.94 亿美元，使《宝可梦 GO》成为顶级的增强现实游戏，并在所有手机游戏中排名前五名。在新冠疫情期间，开发者为了让游戏更容易在家玩，设置了一些在家里就可以完成的任务和活动。使用增强现实技术的游戏的流行为广告商创造了一个机会，可以接触到高度参与游戏的消费者。

Foursquare 是一个使用 GPS 的社交网络，也是流行的基于位置的网络之一，2014 年 5 月，Foursquare 的人宣布他们将应用程序一分为二：Foursquare 用于发现新地点，Swarm 用于在你去过的地方签到。与 Foursquare 一样，Swarm 应用程序也有很受欢迎的 Mayor 功能，但它不是与所有使用 Swarm 的人竞争签到次数，而是与你的朋友竞争。尽管拆分存在争议，但 Foursquare 和 Swarm 仍然在 60 天内保持着大约 5000 万用户。2019 年，Foursquare 推出了一项名为 Hypertrending 的新功能。此功能可让你了解人们在特定城市的分布情况。可以把它想象成一张热图，让你可以看到人们聚集在哪里，而无须识别任何个人。

企业可以利用这一浪潮，为到店签到的人提供折扣或免费服务。例如，波士顿的墨西哥卷饼连锁店 Boloco 使用了 LevelUp 应用程序的一项功能，初阶奖励——顾客购买价值 10 美元的食品和饮料，可以享受 5 美元的优惠。进阶奖励——顾客二次消费满 25 美元减 10 美元。顶级奖励——三次消费满 45 美元减 14 美元。该策略成功实现 26% 的顾客复购率。

几乎所有人都知道，营销传播的未来在于你睡觉时都要放在身边的神奇小设备——智能手机（Z 世代平均每天花在手机上的时间为 4 小时 15 分钟）。将网络浏览功

能与内置摄像头相结合，一场让世界触手可及的竞赛已经开始。苹果公司在推出 iPhone 时点亮了这个市场，现在每个人都在争先恐后地通过销售铃声、点播视频、在线优惠券以及娱乐或教育应用程序来从移动市场中"变现"。一些值得关注的部分如下。

- Instacart 允许你从你所在地区的零售商订购杂货和日常必需品，这些都可以通过手机、平板电脑或台式电脑完成。消费者能够阅读食品的营养标签，同时还能指定缺货产品的数量和可接受的替代品。Instacart 用户还可以在当天安排提货或送货。

- Bitmoji 是表情符号爱好者的梦想应用软件。这款应用可以让你自定义虚拟形象的服装和配饰，还包括一个巨大的资源库，你可以通过短信或其他能复制/粘贴的应用程序定制和发送个人表情符号。你也可以将它链接到 Snapchat，让你的帖子活跃起来，甚至可以制作一个卡通形象！

新的社交媒体平台会定期出现。TikTok 广受年轻消费群体喜爱，对于想要触及这一年龄段的公司来说，TikTok 作为一种广告媒介越来越受欢迎。

- Signal Private Messenger 可用于移动设备和桌面装置，并允许用户发送和接收加密的信息和呼叫。Signal 不会跟踪你或你的联系人，它被吹捧为最安全和最私密的通信应用。

物联网

如果我们在结束对社交媒体的讨论时没有提到我们在第 6 章中提到的物联网，那就太过分了。物联网指的是物理事物的网络——手表、车辆、设备、建筑物等——设计师在其中嵌入了传感器、电子设备和网络连接。通过这种技术，"事物"可以收集数据并相互通信，进行多对多联系。

许多分析师认为，随着越来越多的设备变得"智能"，物联网将主导营销的未来。互联网服务供应商已经开始提供将你家与你的手机"连接"起来的服务，这样通过手机就可以关闭你的电视、锁上你的门、调节你的供暖温度等。如果让 AmazonAlexa 跟踪你的购物清单或转换相关的测量方法，它就可以为你准备新食谱。正如互联网掀起了营销传播革命一样，物联网也将再次改变我们的生活。

叙事革命：颠覆传统的内容传播范式

所有的交流——无论是史诗般的小说还是电视真人秀带来的快感——都是基于一个故事。故事可能是快乐的、悲伤的、戏剧性的、喜剧的。在最基本的层面上，**讲故事（storytelling）**的艺术通常包括人物、背景、情节、冲突和解决方案。例如，在电视连续剧中，最终的解决方案可能要等到故事线结束甚至系列结束时才会出现。

MARKETING REAL PEOPLE, REAL CHOICES 营销的真相（原书第11版）

正如我们在第 13 章中提到的，15 秒的广告比那些一分钟的广告更常见。消费者忙于生活，同时进行媒体多任务处理——我们在前面介绍过这个概念——他们充分利用投入广播、印刷媒体和社交媒体中的时间。

对于我们中的一些人来说，我们第一次尝试公开**短篇故事**（short-term storytelling）的讲述是俳句。你还记得吗？它们是一些三行诗，只有 17 个音节。但对越来越多的消费者来说，他们的第一个公开短篇故事是一条推特、一张照片，或者一段 15 秒的抖音视频。

由于消费者注意力的减弱和社交媒体的激增，通过营销传播讲故事的方式已经被打破。记住一个核心道理，当一家资源匮乏的小公司成功改变了整个行业时，这可能意味着颠覆性创新的出现。有些人会说，Vine 就是这么做的。Vine 压缩时间促使讲故事的人更有创造力和效率——用更少的时间说更多。而 Vine 的继任者，如抖音和 Snapchat，则继续受益于用户对创新故事叙述方式的需求。想起 GIF 图片了吗？它们也是短篇故事，并出现在各种平台上。

我们不会在这里对社交媒体营销喋喋不休，但请记住：保持你的营销传播简短而有趣。同时也不要眨眼，否则你可能会忽视不断变化的现状。

学习目标总结

由于消费者花在网上的时间越来越多，而看电视或阅读杂志的时间越来越少，传统广告作为一种与消费者交流的方式已经减少了。技术的发展增强了消费者口碑的传播，如今的消费者越来越多地从彼此而不是从公司那里获取有关产品的信息。

社交媒体作为基于互联网的多对多传播平台，其核心特征是允许用户自主创作并共享内容。包括品牌社区、脸书、Instagram、Snapchat、TikTok、YouTube、推特等社交网站，以及虚拟世界、产品评测平台、移动应用和基于位置的社交网络在内的各类社交平台，正在构建以产品/品牌情感联结为基础的用户社群。值得注意的是，物联网技术正在实现设备间的多对多智能交互。

营销的真相

14.2

促销

当你在校园里路过学生会举办的活动时，你可能会被一群希望你参加比赛的人环绕，或是邀请你品尝新的糖果棒，甚至让你带一件印有当地银行名字的免费 T 恤回家。这些都是**促销**（sales promotions）的例子——由市场营销人员设计的项目，目的是在特定时期内建立对商品或服务的兴趣或鼓励购买。正如我们在本章开头看到的 Brandmovers 面对的挑战那般，促销还包括新的、更复杂的在线活动。

促销和广告有什么不同？这是个很好的问题！上述两者都是由可识别的赞助商提供的付费促销活动，旨在改变消费者的行为或态度。通常，传统的广告媒体的确可以用来宣传促销活动，比如 Applebee 餐厅在退伍军人节这天用电视广告告诉军人和退伍军人，餐厅会向他们免费提供主菜。

虽然营销人员精心设计广告活动，以营造对品牌、公司或商店的长期好感，但如果公司有一个近期目标，例如快速提高品牌销量或鼓励消费者尝试新产品，那么促销会更有用。事实上，许多类型的促销活动目的都是为了诱导消费者采取行动。例如，Applebee 也可以采取这样的促销活动——向退伍军人分发优惠券，他们可以在假期内兑换免费餐点。

如今，营销人员将越来越多的营销传播预算用于促销。促销活动增多有几个原因。第一个原因，由于大型连锁杂货店和沃尔玛等大型商品销售商的增长，渠道的权力已经发生了转变。这些大型连锁店可以迫使制造商提供交易和折扣。促销活动增多的第二个原因是消费者品牌忠诚度的下降。这意味着消费者更有可能根据成本、价值或便利性来购买产品。一个特别的促销活动更有可能促使对价格敏感的顾客更换品牌。

营销人员将促销活动定位在最终消费者或渠道成员，比如销售其产品的零售商。因此，我们将促销分为两大类：消费者导向的促销和贸易导向的促销。我们会先讨论消费者导向的促销，然后再讨论贸易导向的促销。你将在表14-1中看到一些常见的面向消费者的促销示例。

表14-1 消费者促销技术

技术	描述	示例
优惠券（报纸、杂志、邮寄、产品包装、实体店和互联网）	选定产品的折扣通常带有有效期，用于鼓励产品试用	佳洁士对购买 Whitestrips 敏感牙齿焕白牙贴套装的消费者提供 5 美元优惠券
降价包装	特别标记的包装，以折扣价提供产品	装在一个有特别标记盒子里的 Tide 汰渍洗衣粉，有 50 美分的折扣
销售返款/退款	购买者在提交购买凭证时会收到现金补偿	Uniroyal 为购买四个新 Tiger Paw 轮胎的购买者提供 40 美元的邮寄折扣
常客/忠诚度计划	消费者会因重复购买而获得积分奖励，用于使产品降价或获得免费商品	航空公司为飞行常客提供积分兑换免费航班服务；一家洗车店为消费者提供洗车 10 次后的半价洗车服务
特别/奖励包装	购买时赠送额外数量的产品奖励用户	每次购买高露洁全效白牙膏时都会免费赠送一管旅行装
抽奖/竞赛	为消费者提供赢取现金或商品的机会。抽奖活动完全由运气决定获胜者。竞赛需要一些竞争和技巧以赢得游戏	出版商信息交换所（Publisher's Clearing House）宣布其亿万抽奖活动
赠品	购买产品时，消费者可以获得免费礼物或低成本商品；强化产品形象并奖励用户	购买价值 50 美元的倩碧产品可免费获赠化妆包
小样（通过直邮、报纸和杂志、上门、产品包装以及店内交付）	给消费者实际或试用容量的产品，以提升新产品的试用量	寄给消费者一小瓶免费的伊卡璐草本精华洗发水

MARKETING 营销的真相（原书第11版）REAL PEOPLE, REAL CHOICES

直接面向消费者的促销

促销增加的原因之一是因为它有效。对于消费者而言，接受促销的主要原因是大多数促销活动暂时改变了价格与价值的关系。一瓶西红柿酱的 50 美分优惠券降低了价格，而一罐特殊的"多 25%"花生酱会增加价值。如果你在买一瓶洗发水时得到一把免费的梳子，这也增加了价值。如图 14 - 1 所示，我们通常将消费者导向的促销归类为基于价格或吸引注意力的促销活动。

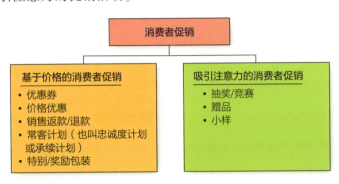

图 14 - 1　消费者促销的类型
消费者促销通常分为价格促销或吸引注意力的促销。

基于价格的消费者促销

许多促销活动针对的是消费者的钱包。它们强调短期降价或销售返款，以鼓励人们选择一个品牌——至少在交易期间如此。然而，基于价格的消费者促销与包含价格折扣的贸易促销有相似的缺点。如果一家公司过于频繁地使用这种促销方式，就会"训练"其客户只以较低的促销价格购买产品。以价格为基础的消费者促销包括以下内容：

- **优惠券**。你可以在阅读任何周日报纸的时候尝试尽量拿到上面的每一张优惠券。这些优惠券可在购物时替代部分现金，这是最常见的价格促销。事实上，优惠券是最受欢迎的促销形式。2017 年，各类公司通过报纸和杂志、邮件、商店、电子邮件和互联网分发了近 3000 亿份优惠券。

  尽管移动优惠券的数量持续增长，Slickdeals.net 等网站也很受欢迎，但消费者仍然更喜欢通过邮寄方式接收优惠券。甚至从未尝试过这种方法的制药行业也开始大量使用它。该行业提供优惠券，客户可以兑换免费的药物供应，公司希望患者向他们的医生要求特定的品牌，而不是竞争品牌或更经济的仿制药。

  一些具有创新思维的营销人员发现，疫情期间口罩的广泛使用催生了一种全新的品牌推广载体。

- **价格交易、退款和销售返款**。除了优惠券，制造商通常会提供临时降价来刺激销售。这个价格交易优惠印在包装上，也可能是商店货架上的降价旗帜或横幅。或者，公司可以提供退款或**返利**（rebates），允许消费者通过现场回扣或邮寄给制造商的方式收回部分购买价格，赎回率在40%~60%。

- **常客计划**（frequency programs）。也称忠诚度计划或承续计划，针对一段时间内多次购买产品的顾客提供折扣或免费产品。美国航空公司前营销副总裁迈克·冈恩（Mike Gunn）在20世纪80年代初创造了"飞行常客"里程这一概念，并广受赞誉。所有的航空公司都迅速效仿，许多其他行业的公司也是如此，包括零售商、汽车租赁公司、酒店、餐馆等。
- **特别/奖励包装**。这是另一种形式的价格促销，向购物者提供更多产品而不是降低价格。你去当地的超市，发现一罐正常的16盎司的Planters花生酱增加了4盎司或25%的免费量，这是多么美好的事情啊！一些产品也可以采用独特包装的形式，例如，可重复使用的洗手液容器，如果制作足够精美，甚至可以作为装饰品。

吸引注意力的消费者促销

吸引注意力的消费者促销活动激发了消费者对公司产品的兴趣。一些典型的吸引注意力的促销活动包括：

- **竞赛和抽奖**。根据商家制定的规则，竞赛是对技巧的考验，而抽奖或赠品则基于运气。家乐氏通过与绘儿乐（Crayola）的合作，鼓励其澳大利亚客户"涂色并赢取"每日奖品包。该公司发布了其最受欢迎的口味的黑白版本，消费者可以通过增强现实技术为这些口味着色并赋予其生命力。

  为了推出新的Axe Apollo男士美容产品，品牌做了一些史诗般的尝试，Axe Apollo举办的大型游戏抽奖活动的奖品是将22名普通人送入太空，在那里他们将体验长达六分钟的失重状态。所有参赛者所要做的就是陈述他们为什么想成为宇航员。大众投票将决定前100名决赛选手，而品牌和运输公司将决定获胜者。品牌也会在社交媒体中发放赠品，参与者可能会被要求关注一个账户、转发内容，甚至标记其他用户作为他们的参赛条件。

- **赠品**。赠品（premium）是你在购买产品时免费获得的物品。美国通用磨坊食品公司General Mills Cheerios品牌麦片在12年期间赠送了数以百万计装在Cheerios盒子里的双语儿童读物。2015年，该公司转而提供免费电子书，消费者可以通过Cheerios盒子中提供的代码进行下载。

短信媒介
促销活动也越来越依赖技术。一些营销人员利用SMS技术（通过短信）向购物者的手机发送个性化优惠信息。

- **小样**。你最后一次在当地杂货店领取免费食品样品是什么时候？一些商店，例如Publix和山姆俱乐部，在他们的广告中将星期六作为样品日进行宣传。**产品小样**（product sampling）鼓励人们通过商店里分发的试用版和常规版来试用一种产品；除了可以在商店试用产品外，还可

MARKETING REAL PEOPLE, REAL CHOICES 营销的真相（原书第11版）

以在其他公共场所（如学生会组织的活动）甚至是通过邮件试用。当美国杂货店因新冠疫情而暂停店内试用时，品牌不得不寻找其他方式将样品送到消费者手中。可口可乐等品牌开始在网上发布其新型功能饮料的样品，Pipcom 通过其网站提供免费的样品。

贸易促销：瞄准 B2B 客户

正如我们所说，促销活动还针对位于供应链某处的 B2B 客户。因此，**贸易促销（trade sales promotions）** 的重点是供应链成员，其中包括我们在第 11 章中讨论过的分销渠道成员。

贸易促销采取以下两种形式之一：①以折扣和促销的形式；②旨在提高公司能见度的形式。让我们更详细地了解这两种类型的贸易促销。为了帮助你理解，图 14-2 介绍了几个重要的传统促销方法，表 14-2 提供了有关每种方法的更多详细信息。你会注意到，有些技术虽然主要针对贸易商，但也吸引了消费者。

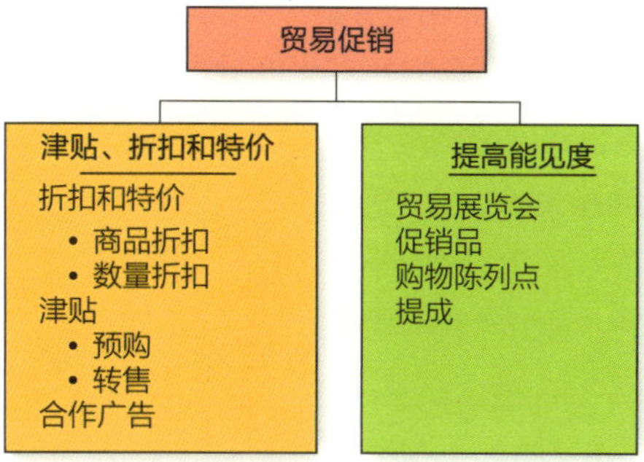

图 14-2　贸易促销
贸易促销有多种形式。有些是为渠道成员设计的折扣和交易，有些是为了提高行业能见度。

表 14-2　贸易促销方式的特点

技术	主要目标	描述	示例
津贴、折扣和特价	贸易	零售商或其他组织客户因大量购买或提供特殊销售协助而获得折扣	零售商若使用非凡农庄（Pepperidge Farm Stuffing Mix）的特殊感恩节展示装置可获得折扣
合作广告	贸易和消费者	制造商支付零售商在广告中展示制造商产品的部分广告费用	托罗公司支付了布拉德五金店报纸广告费用的一半，这些广告重点展示托罗公司的割草机
贸易展览会	贸易	许多制造商向与会者展示他们的产品	美国厨卫展让制造商向厨房和浴室改造商店的店主展示他们的最新产品
促销品	贸易和消费者	公司通过发放印有公司名称的"赠品"来建立知名度并强化其形象	Coors 经销商为酒吧老板提供广受欢迎的"CoorsLight"霓虹灯标志。Caterpillar 为客户提供带有 Caterpillar 徽标的帽子
购物陈列点	贸易和消费者	在店内陈列商品吸引消费者的注意力。许多商品的陈列点还具有推销功能	家得宝商店的 Behr's 油漆展示让消费者从 1600 多种颜色中进行选择，其中包括 160 种迪士尼色彩
激励计划	贸易	为达到预先指定销售目标的员工或在特定时期内表现最佳的员工提供奖励	玫琳凯化妆品公司为其最杰出的销售代表赠送与众不同的粉红色汽车
提成	贸易	一种特殊类型的激励计划，其中零售商或分销商的销售人员因销售指定制造商的产品而获得奖金	化妆品柜台的零售人员每卖出一瓶 JLo 的 Glow 香水就能得到 5 美元

折扣促销

折扣促销（特价）降低了经销商或零售商的产品成本或帮助其支付广告费用。公司设计这些促销活动是为了鼓励商店进货并确保它得到更多公众的关注。营销人员在有限的时间内提供折扣，所以不应将折扣促销看作定价策略一部分，避免与长期提供的折扣相混淆。

贸易促销的一种形式是短期价格优惠。制造商可以通过对其产品的打折促销来降低渠道合作伙伴的成本。例如，制造商可以提供**商品陈列津贴（merchandising allowance）**，以酬谢零售商对产品的支持（如商店为某个品牌提供现成展示）。制造商降低渠道合作伙伴成本的另一种方法是根据零售商或批发商从制造商订购的产品的数量，制造商在规定的时间内向零售商或批发商提供**批量折扣（case allowance）**。

然而，折扣和交易也有不利的一面。与所有促销活动一样，制造商希望这些活动是有限的，之后分销渠道合作伙伴将再次为商品支付全价。不幸的是，一些渠道成员采取了一种被行业内称为**预购（forward buying）**的做法：他们在折扣期间大量购买产品，将它们储存起来，直到制造商提供另一个折扣才再次购买。一些大型零售商和批发商将这一点发挥到了极致，并衍生出了一种叫作**转售（diverting）**的做法（这种做法在道德上是有问题的），即零售商以折扣促销价购买产品并将其储存起来。然后，在促销期满后，零售商将囤积的库存以低于制造商未折扣价但足以获利的价格出售给其他零售商。显然，无论是预购还是转售都违背了厂商促销的初衷。

合作广告

有一种贸易津贴是**合作广告（co-op advertising）**。这种方案让制造商支付一部分（通常是50%）广告费用，但是广告要着重体现制造商的产品特色。合作广告对制造商来说是双赢的，因为大多数地方媒体向当地企业提供的价格低于向全国广告商提供的价格。零售商和制造商都只支付部分广告费用，而且制造商支付的费用率较低。通常，零售商可用于合作广告的金额被限制在（零售商在一年内从制造商处购买额度的）一定百分比内。这种类型的程序也被用于抵押贷款行业，比如抵押贷款销售代表和房地产经纪人合作投放广告。

进行促销以提升行业影响力

其他类型的贸易促销活动提高了制造商产品在行业内渠道合作伙伴中的影响力。无论是贸易展上精心制作的展品，还是制造商向渠道合作伙伴赠送的印有公司徽标的咖啡杯，这些促销活动的目的是，在分销商和零售商决定进货和推销哪些产品时，先想到这个制造商。这些促销形式包括：

- **贸易展览会**。每年在美国和世界各地举行的数以千计的行业**贸易展览会（trade shows）**是制造商和服务提供商向批发商和零售商展示其产品线的主要渠道。通常，大型贸易展览会在大型会议中心举行，许多公司会在那里精心设计展品，来展示产品、赠送样品、分发产品资料、联系新的业务。我们也看到了越来越多的在线贸易展，它们允许潜在客户远程预览制造商的产品。新冠疫情迫使许多此类线下展会在线进行，越来越多的营销人员开始意识到虚拟展会尚未开发的优势。例如，超过 900 万人观看了苹果 2020 年 6 月开发者大会的主题演讲，比通常（举办该活动的会议中心容纳的）人数要多得多。

- 促销品（promotional products）。我们都见过咖啡杯、遮阳板、T 恤、球帽、钥匙链，甚至更昂贵的物品，如高尔夫球包、沙滩椅和印有公司徽标的行李箱。这些是促销产品的示例。与我们在商店购买的特许商品不同，赞助商会赠送这些好东西来为他们的组织或特定品牌建立认知度。

- 购物陈列点。购买点展示［point-of-purchase（POP）display］包括标牌、手机、横幅、货架广告、地板广告、灯、产品的塑料复制品、永久和临时商品展示、店内电视和购物卡广告。营销人员会使用购物陈列点，因为可以将品牌的名字呈现在消费者面前，强化大众媒体广告，引起对其他促销活动的注意，并刺激消费者冲动消费。 通常，制造商必须为零售商提供一些促销津贴，以补偿卖场的一些材料费用。 对于零售商而言，如果购物陈列点能够促进销售并增加品牌收入，那么它们就很有用。事实上，许多零售商都认为购物陈列点是很有价值的。

- 激励计划。除了激励经销商和客户之外，一些促销活动还点燃了公司销售队伍的热情。这些激励措施或提成（push money）可能以现金红利、旅行或其他奖品的形式出现。玫琳凯公司是一家化妆品的销售商，它因奖励卓越经销商粉红色汽车而闻名。另一家采用零售店销售模式的化妆品倩碧（Clinique）向百货公司的化妆品店提供推广费，以展示和销售倩碧全系列产品。这种类型的激励被称为 SPIF，即"促销激励基金"。

学习目标总结

解释什么是促销，并描述不同类型的消费者与 B2B 促销活动。

促销是营销人员设计的计划，旨在特定时期内建立对商品或服务的兴趣或鼓励消费者购买商品或服务。营销人员将促销活动瞄准最终消费者或渠道成员，例如销售其产品的零售商。基于价格的消费者促销活动包括优惠券、价格优惠、退款、销售返款、常客（忠诚度/承续）计划和特别/奖励包装。吸引注意力的消费者促销活动包括竞赛和抽奖、赠品和小样。贸易促销有多种形式。有些旨在为渠道成员提供折扣和交易，包括合作广告，还有些旨在提高行业影响力的方法，包括贸易展览会、促销品、购物陈列点、激励计划和提成。

营销的真相

14.3

人员销售：将个人风格融入促销组合中

现在我们把注意力转向一种最明显、最昂贵的营销传播形式——人员销售。和直接营销一样，人员销售属于一对一营销传播的一种。

当公司代表直接与客户或潜在客户沟通产品或服务时，就会发生**人员销售（personal**

selling）。这种促销形式是与客户交谈，是一种更为亲密的方式。人员销售的一个优势是，销售人员是公司在市场上的耳目。他们了解哪些竞争对手与客户交谈，他们提供什么，以及新的竞争对手正在推出哪些产品和服务，这些都是有价值的竞争情报。

许多组织严重依赖人员销售，因为有时"个人风格"比大众媒体材料更重要。对于 B2B 市场来说，个人接触可以转化为与客户建立重要关系。此外，许多工业产品和服务过于复杂或昂贵，无法以非个人的方式（例如通过大众广告）有效地进行营销。市场营销的一个公理是：产品越复杂、技术性越强、越无形，公司就越倾向于依赖人员销售来推销它。

人员销售对学生特别重要，因为许多具有市场营销背景的毕业生将从事专业销售工作。美国劳工统计局估计，2016 年至 2026 年期间，各领域销售代表的工作岗位增长率约为 3%。如果你成功的话，销售和销售管理方面的工作会有很多的晋升机会，因为公司重视那些了解客户并能够与客户相处得很好的员工。有一句商业格言是"东西售出之前什么都不会发生"，现在已经转化成公司越来越重视人员销售在出售前的作用。在经济困难时期，人员销售的角色更为重要，因为公司希望他们的销售人员能够开拓新业务并维持现有业务。

接下来让我们仔细看看人员销售是如何运作的，以及专业销售人员是如何与客户建立长期关系的。

人员销售在营销组合中的作用

当一位女士拨打拉斯维加斯米高梅大酒店的电话预订假期旅行房间时，她不仅订到了房间，还拿到了演出门票、酒店水疗中心的按摩预订单和在 Emeril's 餐厅用餐的晚餐预订单，这归因于她与一名销售人员的沟通。当她旁听一位网站顾问的工作汇报时，这位顾问为她的网站提出了一个新的内容管理系统，这也归功于她与销售人员的沟通。当她在一家高档服装店购买几套新衣服并在重要的商务会议上穿时，她需要与一名销售人员沟通。当这位女士在一家豪华餐厅吃饭并同意将她的部分积蓄投资于财务经理推荐的基金时，她也需要与一名销售人员沟通。

对于许多公司而言，人员销售的某些要素对于达成购买承诺或合同至关重要，因此这种类型的营销传播是其整体营销计划成功的关键。为了正确看待人员销售的使用，图 14-3 说明了使其成为组织推广中重要元素的一些因素。

图 14-3　影响公司重视人员销售的因素

有多种因素会影响人员销售在组织整体促销组合中的重要性。

MARKETING: 营销的真相（原书第11版）REAL PEOPLE, REAL CHOICES

一般来说，当公司采用推式策略时，人员销售更为重要，其目标是通过分销渠道"推广"产品，以便消费者可以买到。正如 Hallmark Cards 的一位副总裁曾经观察到的那样："我们不是向零售商销售，而是通过零售商销售，我们将零售商视为通向消费者的管道。"

　　在 B2B 环境中，人员销售也可能至关重要，因为公司必须直接与客户的管理层进行互动，以敲定一笔大交易——通常是在客户签字之前，就价格和其他因素进行了激烈的谈判。在消费者市场中，没有经验的顾客可能需要专业销售人员提供实际的帮助。销售消费者不常购买的商品和服务的公司——房屋、汽车、电脑等——往往严重依赖人员销售。同样，产品或服务很复杂或非常昂贵的公司通常需要销售人员来解释、证明和销售它们——无论是在商业市场上还是在消费者市场上。

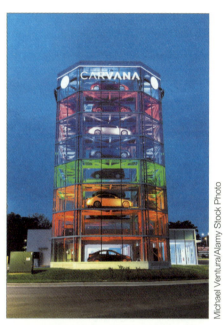

Carvana 将整栋建筑变成汽车的"自动售货机"以吸引买家。

Michael Ventura/Alamy Stock Photo

　　如果人员销售如此有用，为什么公司不直接砍掉广告和促销预算，并雇更多的销售人员呢？有一些缺点限制了人员销售在营销传播组合中的作用。首先，当个人购买的金额较低时，使用人员销售是没有意义的，人员销售与每个客户的平均接触成本超过 300 美元，比其他形式的促销成本要高得多。相比之下，全国电视广告的每次接触成本微不足道。一个 30 秒的黄金时段商业广告平均成本为 10.4 万美元，但是对于数百万观众来说，每次接触的成本可能仅为每 1000 名观众 25 或 35 美元。对于像多力多滋薯片（Doritos）或啤酒这样的低价消费品来说，面向终端用户的人员销售根本没有经济意义。

科技和人员销售

　　人员销售应该是"个人的"。根据定义，当一个人（销售人员）与另一个人（客户或潜在客户）直接互动，就商品或服务进行沟通时，公司使用人员销售进行营销传播。各种各样的科技都可以增强人员销售流程，如今智能手机显然是销售人员与客户之间关系的沟通枢纽。然而，任何拨打销售电话的人都知道，技术本身不能也不应该取代人员销售。人员销售的一个关键作用是管理客户关系。请记住，关系发生在人与人之间，而不是计算机之间。

　　毫无疑问，一系列技术进步使销售人员更容易、更有效地完成工作。其中一项技术进步是我们在第 5 章中介绍的客户关系管理软件。多年来，ACT 和 GoldMine 等客户管理软件一直在帮助销售人员管理客户和潜在客户群。这些软件价格低廉且易于操作，并且允许销售人员跟踪与客户交互的所有方面。目前，许多公司转向云计算客户关系管理应用程序，这些应用程序比 ACT 或 OnContact 更具可定制性和集成性，并且比主流的公司型客户关系管理软件安装成本更低。此类产品的市场领导者是 SalesForce.com，它对销售人员特别友好。云计算版本的客户关系管理系统的一个主要好处是，公司可以按每月固定费用"租用"它们，因此避免了重大的资本支出。

最近，一些销售组织转向了被称为**伙伴关系管理（partner relationship management，PRM）**的新一代系统，该系统将买卖公司之间的信息联系起来。伙伴关系管理与客户关系管理的不同之处在于，供应商和买方公司会共享一些数据库和系统，以最大限度地利用数据进行决策。共享信息的公司更有可能共同努力找到双赢解决方案。

除了客户关系管理和伙伴关系管理之外，还有许多其他技术应用程序可以增强人员销售，包括电话会议、视频会议和改进的公司网站，这些网站提供常见问题（FAQ）页面来回答客户的查询。许多公司还使用内部网和博客来促进内部和外部交流。

网络协议通话技术（voice-over internet protocol，VoIP）——一种依靠数据网络进行语音通话的系统——在销售人员和客户之间的日常通信中得到大量的使用。有了 VoIP，在路上的销售人员只需插入高速互联网连接，就可以像在办公室一样接听和拨打电话。不像手机，没有不良的接收区域；也不像酒店电话，没有隐藏的费用。

一种流行的 VoIP 产品是 Skype。多亏了 Skype、内置的笔记本电脑和平板电脑网络摄像头、即时通讯等，所有类型的客户都越来越适应了与不在同一房间的销售人员做生意。因此，未来很大一部分面对面的销售电话可能会出现在你的计算机屏幕上。Skype 自 2011 年被微软收购后，推出了商务 Skype（Skype for Business），它提供 Skype 技术，最多可召开 250 人的会议，该技术的使用按月收费。

Zoom 是另一种使远程通信更容易的工具。这家提供基于云的 VoIP 解决方案的公司成立于 2011 年——同年微软收购了 Skype——并在 2020 年新冠疫情期间被广泛应用。Zoom 的使用量从 2019 年 12 月的每日 1000 万会议参与者飙升至 2020 年 4 月的 3 亿。然而，Zoom 和 Skype 并非没有竞争者。例如，苹果公司的 FaceTime 和谷歌的 Meet 以及我们在本章前面提到的虚拟世界都是消费者可行的选择。

VoIP 等技术使销售工作的吸引力发生了重大变化。过去，销售人员每周要出差和离家多达四个晚上，招待客户的费用又很高。这种工作对有家庭的销售人员来说很辛苦，因为员工几乎没有时间陪伴家人。如今，公司及其销售人员使用计算机网络、智能手机、电子邮件和视频会议。这些技术进步和不断变化的文化价值观使得销售人员越来越重视生活，这意味着越来越多的销售人员在**虚拟办公室（virtual office）远程办公（telecommute）**。长期以来，远程办公一直被视为"双赢"，在新冠疫情之后的工作场所可能会变得更加普遍。公司在办公空间和差旅方面的支出减少，销售人员能够平衡工作和家庭之间的时间，并能够承担家庭责任。

假设有一次交易，涉及为房屋顶部购买一套太阳能电池板，这是一项复杂而昂贵的购买决策。销售顾问在约定的时间来电。你打开电子邮件，点击一个链接开始演示，

MARKETING 营销的真相（原书第11版）REAL PEOPLE, REAL CHOICES

你的屋顶的照片出现了，这是卫星成像的结果。彩色图表显示了过去的电费账单和太阳能电池板系统的节省额度。一系列电子表格检查可用的融资选项——这些是动态文档，而不是静态图像，因此销售人员可以直接修改数字。你思考着更多的太阳能板是否合理。敲击几下键盘后，新的图表显示了成本和节省。你问太阳能板可以转移到屋顶的另一面吗？销售顾问用鼠标将一些黑色面板从东侧移到西侧。你再询问如果预付更多的现金会得到哪些服务？鼠标滚动到电子表格，突出显示了三个付款选项，并计算了未来 15 年的花费。不到一个小时，交易结束。

也许你用了几天或一周的时间，仔细考虑了各种选择并研究了合同中的细则，但在你挂断电话时，交易基本上已经结束。你做了一项重大的、复杂的、价值数千美元的购买决策，但没有面见过任何人，也没有拿过任何产品。与许多购买经历不同的是，尽管你是在网上买的，但你不会后悔。

社交销售是使用社交媒体参与销售过程的实践。从寻找客户到跟进客户，**社交销售（social selling）**是一种可用于接触跨世代客户的做法。对于一些销售人员来说，社交销售已经取代了推销电话。社交销售已被证明可以提高转化率并缩短销售周期。社交销售非常有效，78%从事社交销售的销售人员的销售量超过了他们的同行。

然而，无论使用何种社交网络平台，销售人员都必须建立自己的个人资料并加入相关群组，同时关注和分享相关内容。

多年来，我们都在网上购物，享受便宜的商品和广泛的选择，购买相对简单的商品和服务，除非订购技术出现问题，否则无须任何人工接触。新开创的虚拟销售方式为社交销售增加了一个维度，这也是互联网改变业务和重塑职位描述的又一个例子。这些更复杂的虚拟销售功能不会取代面对面的销售人员与客户的接触，就像电子商务不会完全取代实体零售商一样。但精明的销售组织可以找到技术和个人风格的正确结合，为他们的特定客户提供量身定制的产品，以建立最牢固的客户关系。

专业销售的未来趋势

专业销售不断发展。新技术的巨大进步继续震撼着销售行业。4 个值得注意的趋势包含人工智能（AI）的影响、千禧一代作为买家和卖家的影响力不断上升、**基于客户的销售（account-based selling）**以及消费者日益关注多样性和包容性。

人工智能和机器学习是销售中非常令人兴奋的趋势。人工智能意味着优先考虑客户。这会告诉销售人员他/她最有可能每天与哪些客户达成交易。人工智能还有一个重要好处是它对销售人员生产力的意义。除了自动处理记录电子邮件和生成发票等耗时的任务，AI 还可以花更多时间做其他事情，例如预测客户需求。现在使用聊天机器人与客户联系的方式越来越受欢迎。

千禧一代正以买家和卖家的身份进入专业销售领域。千禧一代充分感受到科技的力量。他们喜欢与客户互动，但与生活的其他方面一样，许多人更愿意在网上进行互动，而不是通过面对面的销售电话。因此，我们可能会看到更多的销售活动通过文本、视频等方式进行，并且可能会减少（现实生活中）办公室拜访客户的实际出差量。然而，这一销售趋势焦点很快会将转移到 Z 世代。

基于账户的销售，通常用于 B2B 营销。基于账户的销售摒弃了"一刀切"的做法，并从特定账户的角度进行销售。销售组织根据个人客户成为大客户的潜力对其进行评估。然后，他们选择发展关系的最佳方式，并向这些首选客户销售产品。

从日益可见的平权，到年轻一代（包括千禧一代和 Z 世代）的日益多样化，我们看到销售和买家双方都越来越多样化。

销售工作的类型

也许你渴望有一天从事销售工作，或者你可能已经从事过销售工作。如果你未来希望从事销售工作，你可以从不同类型的销售工作中进行选择，每种都有其特点。让我们仔细地看看不同类型的销售职位。图 14-4 总结了几种重要的销售类型。

正如你所想象的那样，销售工作千差万别。在 DSW 接听电话的人主要是**接单员（order taker）**——处理客户发起交易的销售人员。许多零售销售人员是接单员，

图 14-4　销售工作的类型
有多种不同类型的销售工作可供选择，每种工作都有不同的工作要求和职责。

但批发商、经销商和分销商通常也雇销售人员来帮助他们的商业客户。因为接单员很少需要创意销售，所以这种类型的销售工作通常是收入最低的销售职位。

相比之下，**技术专家（technical specialist）**在产品演示、提出对复杂设备的购买建议和机械设置方面贡献了大量的专业知识。技术专家提供销售支持而不是实际完成销售。技术专家宣传公司并试图刺激对产品的需求，使同事更容易真正达成交易。

然后是**企业宣导员（missionary salesperson）**，其工作是刺激客户购买。就像技术专家一样，企业宣导员推销公司并鼓励对其商品和服务产生需求，但不接受订单。当辉瑞销售人员呼吁医生向病患介绍辉瑞最新研发的最好药物时，就是在做企业宣导员的工作。但是，在医生或他们的患者将处方拿到药房之前，他们不会进行药品销售，药房随后会通过批发商或直接从药品制造商处订购药品。

新业务销售员（new-business salesperson）负责寻找新客户，并介绍公司的产品。正如你所想象的那样，获得新客户的业务通常意味着该客户停止与公司的某个竞争对手开展业务。新业务拓展销售员需要高度的创造力和专业精神，因此这类销售人员的薪水通常很高。

一旦新业务的销售人员与客户建立了关系，只要客户继续从公司购买，销售人员通常会继续作为主要联系人为该客户提供服务。在建立长期关系的角色中，这种类型的销售人员叫作**订单获取者（order getter）**。订单获取者通常是特定客户业务的直接负

责人；他们也可能拥有客户经理的头衔。

越来越多的公司发现，**团队销售（team selling）** 最能发挥销售职能。销售团队可能由销售人员、技术专家、工程和设计人员以及其他人员组成，他们共同开发满足客户需求的产品和程序。团队销售意味着有多个人加入一个销售团队，所有人都面对一个客户，所以团队销售成本非常大。因此，团队销售通常仅限于大客户或**关键客户（key accounts）**，对于向这些客户销售，由于他们拥有巨大的潜在销售收入，因此投入额外的人力资源是合理的。当公司的销售团队人员来自不同领域时，这个群体通常被称为**跨职能团队（cross-functional team）**。

人员销售的两种方法

人员销售是古老的营销传播形式之一。遗憾的是，多年来，为了促成销售，花言巧语的推销员已经"玷污"了它的形象。幸运的是，人员销售已经从一种交易式的硬推销方式转变为一种基于与客户关系的方式。让我们看看怎么做。

交易型销售（transactional selling）：硬性销售

能说会道的推销员采用高压、硬推销的方法。我们都曾遇到过咄咄逼人的电子产品销售人员，他们告诉购物者如果他们在别处购买产品，他们会买到劣质的家庭影院系统，而这种系统会在六个月内坏掉，他们以这种方式来打压竞争对手。你是否遇到过狡猾的二手车推销员，这个推销员一会儿唱黑脸一会儿唱白脸，他给你一个很棒的价格，但遗憾地告诉你，老板和销售经理不会接受赔本的交易。这些硬推销策略反映了交易型销售，一种专注于立即销售而不关心与客户建立长期关系的方法。

作为客户，强行推销让我们感到被操纵和怨恨，它降低了我们的满意度和忠诚度。这是一种短视的销售方法。正如我们在本书前面所说的那样，不断寻找新客户比让已有客户成为回头客要昂贵得多。交易型销售所展现的行为（即不惜一切代价获得订单）造成了许多人对销售人员的负面印象，认为他们令人讨厌且不值得信任。此类销售人员之所以会做出这些行为，是因为他们不在乎是否有机会再卖产品给你。这真是糟糕的生意！

关系型销售（relationship selling）：建立长期客户

关系型销售是销售人员与有利可图的客户建立、发展和维持长期关系的过程。今天的专业销售人员更可能实行关系型销售，而不是交易型销售。这意味着销售人员试图与客户建立一种相互满意、双赢的关系。维护客户关系意味着将感兴趣的潜在客户转变为确信商品或服务对他/她有价值的人。发展客户关系意味着确保你和客户共同努力，找到更多的方式来增加交易的价值。维护客户关系意味着建立客户满意度和忠诚度，你可以指望客户提供未来的业务，并长期与你保持联系。如果与客户做生意对你来说无利可图，除非你是慈善组织，你可能更希望看到该客户去其他地方购买产品。

创意销售过程（creative selling process）

许多人认为销售是一种伟大的职业，部分原因是总有不同的事情发生。每个客户、每个销售人员都是独一无二的。一些销售人员之所以成功，主要是因为他们非常了解自己所销售的产品。另一些销售人员之所以成功，是因为他们与客户建立了牢固的关系，这样他们就能够为客户和自己的公司增加价值，这是一种双赢的销售方式。成功的销售人员理解创造性销售过程并参与一系列活动，以使销售过程互惠互利。

无论他们采用交易式销售还是关系式销售方式，销售人员如果遵循下面的一系列系统的步骤——我们称之为创造性销售过程，成功的机会就会增加。创意销售过程的步骤要求销售人员寻找潜在客户，分析他们的需求，确定产品能给带来的好处，然后决定如何与潜在客户沟通。如图 14 - 5 所示，该过程有 7 个步骤。让我们来看看每一个步骤代表的含义。

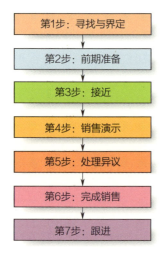

图 14 - 5 营销组合
在创造性销售过程中，销售人员遵循一系列步骤与客户建立关系。

第 1 步：寻找与界定

潜在客户开发（prospecting） 是销售人员识别和开发潜在客户或销售线索列表的过程。潜在客户来自现有的客户名单、电话簿、商用数据库、社交媒体，当然还有网络搜索引擎的使用。有时，公司通过广告或促销活动鼓励客户索取更多信息，从而产生销售线索。正如我们在本章前面讨论过的，展会也是销售线索的重要来源。

一种产生潜在客户的方法是通过打给潜在客户的电话，销售人员在没有事先介绍或安排的情况下"冷不防"地联系潜在客户。了解潜在客户总是有帮助的。销售人员也可以转而依靠推荐来获得客户。对自己的购买感到满意的现有客户通常会向其他人推荐销售人员，这是维持优质客户关系的一个原因。

然而，仅仅有人愿意与销售人员交谈并不能保证销售成功。在确定潜在客户后，销售人员需要对这些潜在客户进行资格审查，以确定他们成为客户的可能性。为此，他们提出诸如以下问题：

- 潜在客户可能对我销售的产品感兴趣吗？
- 他们是否可能改变对其他供应商或产品的忠诚度？
- 潜在的销售量是否大到足以使这段关系有利可图？
- 他们买得起吗？
- 如果他们必须借钱购买产品，他们的信用情况怎么样？

第 2 步：前期准备

在**前期准备（preapproach）** 阶段，你需要收集有关潜在客户的背景信息并计划销售访谈。采购方不会轻率地进行重要采购，并且销售方通常很难约见潜在客户。销售人员盲目地拜访一个合格的潜在客户是愚蠢的，因为销售人员要承担失去客户的风险。销售人员要尽早尝试并尽可能多地了解合格的潜在客户。他们可能会调查潜在客户之前的购买历史或当前需求，或者在某些情况下，尝试了解他们的兴趣爱好。客户是喜欢销售人员花时间非正式地谈论高尔夫球或足球，还是喜欢销售人员很快就说到点子上然后离开？不管客户喜欢哪种方式，销售人员知道客户支持哪支球队总是不会出错的。

销售人员可以从各种渠道获取潜在客户的信息。对于较大的公司，他们可以从标准普尔500指数等渠道找到财务数据、高管姓名以及有关企业的其他信息。他们还可以在客户的网站上找到大量的信息。而关于潜在客户的内幕消息通常来自非正式的渠道，例如以前与潜在客户打过交道的非竞争性销售人员。

当然，如果销售人员的公司有客户关系管理系统，销售人员可以使用它来查看数据库是否存储了这个潜在客户的信息。例如，迈克自行车公司（Mike's Bikes）的销售人员计划拜访格瑞格假日租赁（Greg's Vacation Rentals）的采购人员，看能否出售一些新自行车，供客人在格瑞格的各种度假酒店使用。如果迈克自行车公司的客户关系管理系统已经运行了一段时间，那么任何与客户和潜在客户的联系都会被记录在数据库中。销售人员可以简单地查询到格瑞格假日租赁公司，幸运的话，客户关系管理数据库将提供该公司的信息，比如之前从迈克自行车公司购买过的商品、客户停止从该公司购买的时间和原因，甚至可能是特定买家的偏好。

第3步：接近

销售人员通过先期策划做好铺垫之后，是时候**接近（approach）**或联系潜在客户了。在销售人员接触潜在客户的几分钟之内，一些重要的事情就会发生。销售人员试图更多地了解潜在客户的需求，创造良好的印象，并建立融洽的关系。如果销售人员通过艾尔·史密斯的推荐找到潜在客户奥黛丽·赖特，他可能会首先对奥黛丽说："普伦蒂斯工业公司的艾尔·史密斯建议我拜访你。"

在接近的过程中，客户首先判断销售人员是否能够提供具有潜在价值的东西。俗话说"永远不会有第二次机会给人留下良好的第一印象"，这句话在这里应验了。专业的外表告诉潜在客户，销售人员是认真的、有能力处理销售事务的。当然，什么是合适的服装取决于行业规范。时至今日，你仍然可能会穿着西装打领带拜访一些客户，因为"便装星期五"在销售界不太流行。

第4步：销售演示

许多销售电话都涉及正式的**销售演示（sales presentation）**，它列出了产品的好处和竞争优势。在可能和适当的情况下，销售人员应该通过平板电脑或笔记本电脑在他们的销售演示中加入出色的多媒体演示，使演示变得生动起来。多亏了Zoom和Skype等工具，即使每个人都在不同的地方，也可以进行这种多媒体演示！一张图片胜过1000个字，一段视频展示了购物车里的每个焊缝是如何三次焊接的——虽然展示的方式越来越先进，但是我想你应该知道：

销售演示的重点应始终放在销售人员、产品和公司如何为客户增加价值的方面。

对销售人员来说，清楚地展示这个价值主张并邀请客户参与对话是很重要的。让客户提出问题、提供反馈并讨论他/她的需求。对于想要建立长期关系的销售人员来说，像放录音一样的销售演示方法是糟糕的选择。事实上，销售经理在雇销售人员时，更加看重倾听技巧而非谈话技巧。在销售电话中，运用80/20法则是个好主意，也就是说，花80%的时间倾听客户的意见并评估他/她的需求，只花20%的时间交谈。

自动化正变得越来越普遍。新冠疫情加快了自动化的速度。在疫情期间，许多购物者不愿意与商店员工有身体接触，我们离机器人销售员的时代可能已经不远了。

第5步：处理异议

很少有潜在客户会毫无疑问地接受销售人员提供的一切。好的销售人员会预料到反对意见——潜在客户不愿意做出承诺的原因——并准备好以额外的信息或有说服力的论据来回应。销售人员应该欢迎反对意见，因为这表明潜在客户至少有足够的兴趣考虑这个提议，并认真权衡利弊。

若销售人员成功处理异议，就可以将潜在顾客推向决策阶段。例如，销售人员可能会说："史密斯先生，你之前说过你们没有地方销售我们的新款越野自行车，但你也提到过你们只销售一个品牌的自行车（型号很少）可能会损失一些销量。如果我们能弥补你们损失的生意，我敢打赌你们会考虑为我们的产品腾出空间，难道不是吗？"

第6步：完成销售

关系销售双赢的本质应该可以减少销售人员做出"糟糕销售"的一些行为。但在销售过程中仍然会有一个时间点，在这个时间点上，一方或另一方必须努力获得对购买或出售的承诺。这就是决策阶段，或称**成交**（**close**）。

销售人员直接向客户询问消费者是否购买并不总是痛苦或尴尬的：如果销售人员在创造性销售过程的前五个步骤做得很好，那么完成交易应该是买卖双方对话的自然进展。

销售人员使用多种方法来完成销售：

- 在消除消费者最后一个顾虑时询问他是否愿意购买，前提是销售人员可以解决他们对产品的顾虑。此时销售人员会询问："如果我们能保证交货时间符合您的期望，您准备订购吗？"
- 销售人员表现得像是消费者一定要买或购买是不可避免的，只有一两个小问题需要解决。此时销售人员会直接询问："您想要订购多少？"
- 当销售人员暗示客户如果犹豫可能会错失良机时，例如说出"仅剩最后几个"或"立即购买"会给消费者带来一些紧迫感。销售人员会说："这个价格只在周六有效，所以为了节省20%费用，我们应该现在就订货。"在进行此类交易时，销售人员必须确保他们所说的立即购买的依据是真实的，否则他们会因为一次性销售而失去宝贵的关系！

MARKETING
REAL PEOPLE, REAL CHOICES
营销的真相（原书第11版）

第 7 步：跟进

我们要明白，销售人员赢得客户业务后，创造性销售过程并没有结束，这是（强调长期满意度重要性的）关系销售的基础观点。**跟进（follow-up）**包括安排交货、付款和购买条款。后续工作甚至可能包括在社交媒体上发布一篇文章，强调一笔成功的交易，或者分享一位客户的好评。这也意味着销售人员确保客户收到货物并感到满意。跟进还可以让销售人员过渡到下一次购买。一旦建立关系，销售过程才刚刚开始。如果销售人员做得出色，虽然一个采购周期已经接近尾声，但也为下一个采购周期奠定了基础。

学习目标总结

当公司代表直接与潜在客户或客户就商品或服务进行交流时，就会产生人员销售。许多组织高度依赖这种方法，因为有时"个人接触"比大众媒体材料更有分量。一般来说，当公司在 B2B 环境中使用推销策略时，当公司销售复杂或非常昂贵的商品或服务时，人员销售工作更为重要。新技术加强了人员销售，包括客户关系管理和伙伴关系管理、软件系统和视频会议系统，例如 Zoom，它们允许客户和销售人员通过互联网进行互动。

专业的销售工作是多种多样的，包括接单员、技术专家、企业宣导员、新业务拓展销售员、订单获取者，以及团队销售。交易销售侧重于即时销售，很少考虑与客户建立长期关系。相反，关系销售涉及与有利可图的客户建立、发展和维持长期关系。

创造性销售过程的步骤包括寻找与界定、前期策划、接近、销售演示、处理异议、完成销售和后续工作。

公共关系是什么

公共关系作为战略性传播管理职能，旨在构建组织与多元利益相关方的良性互动关系；其目标受众包括消费者、股东、立法者和组织中的其他利益相关者。现代营销实践中，公关活动的应用范畴已从企业品牌形象管理，延伸至政治人物、公众人物及非营利组织的认知塑造领域，通过系统性传播策略影响各群体态度。

公共关系（public relations，PR）的旧规则是"让组织做些好事，然后谈论它"。现在，公共关系是一种比过去更有意识、更有目的性、更有持续性的活动。随着每天24 小时、每周 7 天的新闻循环，消费者留意社交媒体上的每一个点赞、评论和关注，品牌必须接受一个事实：他们所做的一切都会影响他们与公众建立的关系。一个组织努力成为众人瞩目的焦点——并持续获得大众关注——可以实施人道主义行动，也可以赞助乐队巡演。举例来说，美国国家篮球协会（NBA）球员凯文·勒夫（克利夫兰骑士队）在 2018 年的一场比赛中恐慌症突然发作。他选择公开自己的故事并试图帮助他人，他写了一篇题为"每个人都在经历一些事情"的文章。他亲笔写下"每个人都在经历他人看不到的事情"来谈论恐慌症。凯文·勒夫的故事被多家媒体转载，他也成为美国恐慌症的"代言人"。这种沟通方式的一大优势在于，当公关信息被成功释放时，它们比同时出现的其他信息更可信。正如一位营销主管所观察到的："从推销员那里听说的产品和从你信任的当地主持人那里听说的产品有很大的不同。"

公关策略十分考验一个组织建立和维持良好形象的能力。**主动式公共关系（proactive PR）** 源于公司的营销目标。例如，营销人员创建和管理**公共宣传（publicity）**、（媒体对组织的）免费传播。有趣的是，随着社交媒体不断发展，公关的这一方面正在融入其他促销策略。从本质上讲，蜂鸣营销也是一种公关形式，因为它试图激励消费者相互宣传品牌或服务。

由于公关的许多其他功能融入了蜂鸣营销活动，因此也许公关仍然"拥有"的最重要功能是**危机管理（crisis management）**。危机管理是指当一些负面事件威胁到组织形象时，管理公司声誉的过程。你还记得那个视频吗？视频中美国联合航空公司在超额订票的航班上粗暴地将乘客拖下飞机。联合航空在危机管理上犯了错误，它一开始并未表态，后来又冷漠地道歉。最后，航空公司承担了全部责任，并真诚地道歉，但太晚了。在该事件和美联航的处理之后，美联航的消费者认知度降至 10 年来的最低水平。

在这种情况下，我们的目标是管理信息流，以消除人们的担忧，这样消费者就不会恐慌，分销商也不会放弃产品。尽管有一些组织似乎没有吸取这一教训，但通常最好的策略是诚实对待问题，并迅速承担纠正问题的责任。嘉年华邮轮公司（Carnival Cruise Lines）"凯旋"号机舱发生火灾时吸取了这一教训，此次事故导致 3100 名乘客和船员在海上滞留了五天，没有空调，也没有厕所。在社交媒体的传播下，"便便游轮"上的情况迅速传开。随后，嘉年华邮轮的危机管理团队立即采取行动，通过社交媒体发布最新消息，并动员了 200 多名嘉年华邮轮员工，在游轮最终靠岸时协助乘客下船。嘉年华邮轮还向乘客全额退款，报销了他们在船上的大部分费用，并提供了返程机票、500 美元现金，以及未来邮轮的积分，以减轻这次意外产生的影响。

公关专业人士知道，当一家公司处理好危机时，它可以最大限度地减少损失，并帮助公司纠正错误。因此，公关的一个至关重要的作用是准备一个危机管理计划。这是一份文件，详细说明了组织在危机发生时应该怎么做——谁将担任该组织的发言人、该组织将如何与媒体打交道，以及它将向媒体和公众传递什么样的信息。

策划公关活动

公关活动（public relations campaign） 是与公司面对的公众进行沟通协调的努力。这是一个开发、执行和评估公关目标的 3 步过程。让我们回顾一下每个步骤，然后我们将研究一些更常用的目标和策略，这些目标和策略如图 14-6 所示。

MARKETING 营销的真相（原书第 11 版）REAL PEOPLE, REAL CHOICES

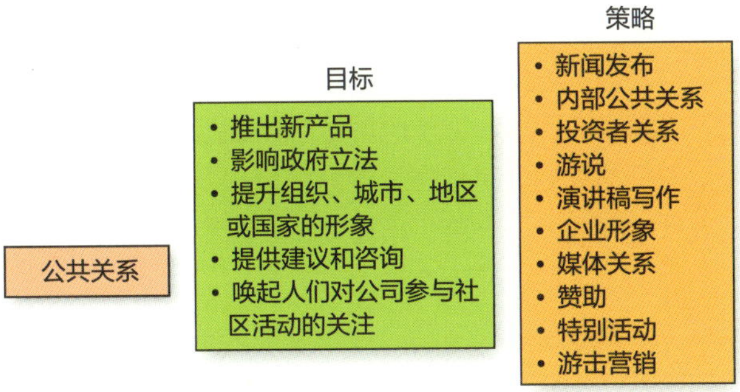

図 14-6 公共关系策略和目标
成功的公关活动包括明确定义的目标和精准匹配的公关策略。

像广告活动一样，组织必须首先为公关计划制定明确的目标，定义它希望人们听到的信息。例如，国际苹果协会（International Apple Institute）是一个致力于增加苹果消费的行业组织，它必须决定一项活动的重点，是应该把重点放在鼓励消费者更多地使用苹果作为食材、喝更多的苹果汁，还是仅购买更多的新鲜水果上。由于新鲜苹果给种植者带来的每磅收益远远高于做成苹果酱或苹果汁的苹果，该组织决定推动消费者对新鲜水果的购买。它的主题是"一天一个苹果……"（是不是听起来很熟悉），它发起了一场重点宣传活动，鼓励人们多吃苹果，在消费媒体上刊登文章，颂扬苹果的健康益处。

营销沟通专家知道，公关策略最好与广告、促销和人员销售一起使用，以传递一致的信息给客户和其他利益相关者。作为整个营销传播计划的一部分，他们经常依靠公关来达到以下目标：

- 向零售商和消费者介绍新产品。当亚马逊首席执行官杰夫·贝佐斯宣布该公司在 Prime Air 上的工作时，消费者表现出极大的兴趣，Prime Air 是一种新的快递系统，可以使用无人机在 30 分钟或更短的时间内将包裹送到顾客手中。当然，几个月后，当美国联邦航空管理局（Federal Aviation Administration）规定亚马逊和其他公司不能使用无人机运送包裹时，这种兴奋情绪平复了下来。对亚马逊来说幸运的是，这一裁决后来被推翻了，2019 年，该公司获得了美国联邦航空管理局的许可，可以研究和测试其无人机送货服务。

- 影响政府立法。飞机制造商波音公司（Boeing）花了十多年的时间进行公关活动，以说服监管机构"即使是在直飞国际航班上，双发客机也和三、四发客机一样安全"（有些航班的飞行时间长达 16 小时）。

- 提升组织形象。女子职业高尔夫协会在其"摇滚女孩"活动中使用了各种各样的公共关系和其他推广活动——从产品代言到球员博客。随着参加比赛的人数和电视观众人数的增加，将女子高尔夫的形象转变为时尚运动的计划似乎正在发挥作用。

- 提供建议和咨询。基于他们的专业知识和对营销传播如何影响公众舆论的理解，公关专家也为高层管理人员提供建议和咨询。当一家公司需要关闭一家工厂或新建一家工厂，停止生产一种产品或增加生产线，解雇一位副总裁，或奖励一位每年在社区里花数百小时做志愿者工作的员工时，它需要公关人员的建议。处理这种情况的最好方法是什么？该如何宣布呢？应该先告诉谁？该说什么，怎么说？

- 提升城市、地区或国家的形象。位于明尼苏达州明尼阿波利斯郊区的布鲁克林公园市聘请了一家公关公司来重塑其形象。这座曾经以高犯罪率而闻名的城市饱受"乏味郊区"（suburban blah）之苦。布鲁克林公园希望新的公关能够扭转这座城市的形象，使其成为一个人们想要停留的地方。
- 处理危机。公关专家负责在出现问题时与利益相关者进行沟通，这是一项至关重要但往往很困难的任务，比如英国石油公司（BP）卷入大规模漏油事件，通用汽车（GM）大规模召回点火开关有问题的汽车，或者大众汽车（Volkswagen）被发现在汽车排放测试中作弊。
- 唤起人们对公司参与社区活动的关注。美国的营销人员每年花费 242 亿美元赞助体育赛事、摇滚音乐会、博物馆展览和芭蕾舞。公关专家在幕后工作，以确保赞助活动得到充分的报道和曝光。我们将在本节后面讨论更多关于赞助的内容。
- 引起对社会问题的关注。Ben & Jerry's 将其可自由支配的营销资金的 20％ 用于**企业行动主义或社会营销（corporate activism, or social marketing）**。这些努力旨在通过影响消费来改善社会。该公司关注的问题主要包括全球气候、转基因标签、种族平等和平权等。

公关策略

活动的执行意味着决定如何准确地将信息传达给目标公众。一个组织可以通过很多方式来传达积极的信息，比如新闻发布会，慈善活动的赞助，以及其他吸引眼球的促销活动。

为了达到目标，公关专业人员从各种策略中进行选择。这些活动包括新闻发布、针对特定内部和外部利益相关者群体的活动、演讲写作和企业沟通、赞助和特别活动，以及游击营销活动。

新闻通稿

公关专家最常用的沟通方式是**新闻通稿（press release）**，一个组织写关于一些事件或活动的报告并寄给媒体，希望媒体能免费发布。由于阅读报纸和杂志的消费者越来越少，新闻通稿的重要性已经降低。这个想法的一个新版本是**视频新闻稿（video news release，VNR）**，它以视频的形式讲述故事。一些常见的新闻稿类型包括：

- 及时话题处理的是最近流行的新闻话题，比如李维斯（Levi Strauss）推出"星期五便装日"，通过强调美国各地不同的公司如何采用宽松的着装要求，来促进其 Dockers 和 Slates 休闲裤的销售。
- 大学发布研究项目，以强调研究人员的突破性进展。
- 消费者信息发布会提供有助于消费者做出购买决策的信息，比如 Butterball 提供的关于如何为感恩节晚餐准备菜肴的小贴士。

内部公关和外部利益相关者

针对员工的**内部公关活动（internal PR）**，包括公司通讯（通常是数字化的）和闭路电视，让人们了解公司的目标、成就，甚至是"裁员"的计划。通常，公司通讯也会在公司外部分发给供应商或其他重要的公众。

投资者关系（investor relations）活动的重点是与那些至关重要的投资人进行沟通，这对上市公司而言尤其重要。公共关系部门的职责是编写和分发年度和季度报告，并为个人和公司股东、投资公司和资本市场组织提供必要的沟通。

游说（lobbying）是指与政府官员交谈，并向他们提供信息，说服他们对悬而未决的立法投票，甚至启动对组织有利的立法或法规。

演讲撰稿和企业传播

公司公关部门的一项重要工作是**演讲撰稿（speech writing）**。公关专家为公司高管提供演讲稿。虽然有些高管确实会自己写演讲稿，但更常见的情况是由公关人员中的演讲稿撰写人起草演讲初稿，高管可能会在草稿中加入自己的意见。公关专家还提供提高**企业形象（corporate identity）**方面的意见，如商标、宣传册、建筑设计，甚至是传达公司积极形象的文具。

公关专业人员的任务之一是发展**媒体关系（media relations）**，以确保组织的积极消息获得最好的媒体曝光，如宣传员工的成就，谁做了一些著名的慈善工作或公司开发的产品挽救了某人的生命。正如我们所看到的，当事情出错时，良好的媒体关系可能更加重要。新闻编辑如果与公司的公关人员关系良好，他们就不太可能以最负面的方式呈现危机故事。

赞助和特别活动

赞助（sponsorships）是一种公关活动，公司通过提供财政支持来资助一项活动，以换取对公司贡献的公开认可。如今，许多公司发现，他们的促销资金花在赞助高尔夫锦标赛、纳斯卡赛车手、交响音乐会、奥运会以及世界杯足球赛等全球性活动上是物有所值的。这些赞助特别有效，因为它们使得营销人员可以在闲暇时间接触到客户；消费者也会感激这些广告活动，因为有了广告费用的支持才使这些赛事活动成为可能。

例如，美国电话电报公司是西南偏南（SXSW）的独家"超级赞助商"，SXSW是每年在得克萨斯州奥斯汀举行的流行音乐节、电影节和互动交流盛会。为了这次活动，美国电话电报公司安装了网络资源，以便粉丝无论走到哪里都能保持网络连接状态。这意味着整个奥斯汀地区有 215 个 Wi-Fi 热点，包括 Wi-Fi 热点区和充电站。但这仅仅是个开始，美国电话电报公司还为 MOFILM 社区举办了一场竞赛活动，为移动应用程序开发者举办了"美国电话电报公司黑客马拉松"，并通过 AT&T teleporter 向与会者展示了奥斯汀周围最酷的地方。

赞助的相关任务是计划和实施**特别活动（special events）**。公司发现特殊事件有利于达到各种目的。例如，一家公司可能会举行新闻发布会，以增加消费者对新产品或其他公司活动的兴趣。一个城市或州可能会举办一年一度的活动以促进旅游业，如佛罗里达州和加利福尼亚州的草莓节或华盛顿特区的美国国家樱花节。公司还会举办特别的活动或郊游，比如哈雷戴维森旗下的哈雷车主集团（Harley Owners' Group，HOG）赞助的大型公路集会，以增强消费者对现有产品的忠诚度。其他特别事件的目的只是制造轰动效应和提高能见度。针对纽约的消费者，联合利华推出了 "All Small & Mighty clothing Bus"，这是一辆12米长的巴士，上面盖满了超浓缩 All 洗衣粉能洗的衬衫、短裤和袜子。在为期12天的活动中，遇见这辆巴士的消费者可以参加抽奖，可能赢得5000美元的购物狂欢卡或200美元的礼品卡。

与其他领域的同行一样，公关部门也在利用技术来帮助自己提高效率。除了客户关系管理软件外，PR 人员还使用事件管理专用软件，如 Eventbrite 和 Cvent。Eventbrite 是一个基于 Web 的活动管理程序和票务应用程序，策划者可以使用它来宣传活动、销售门票、管理与会者和沟通活动后续。客户可以轻易地将他们的 Eventbrite 和社交媒体账户连接起来，从而更好地开展推广工作。由于免费活动不收取费用，因此对于举办活动的非营利组织或个人来说，这是一个可行的选择。另一个软件 Cvent 是一个基于云的解决方案，内含的工具可以解决在线活动注册、场地研究、营销和与会者参与等问题。

品牌大使和传播者

许多营销人员招募忠实的客户作为品牌大使或品牌传道者，帮助他们宣传产品的信息。这些热心的消费者可能是公司所能找到的最好的 "销售人员"，而且他们通常是免费的。他们是重度使用者，会认真对待产品，并希望产品获得成功。此外，他们比任何人都更了解目标受众，因为他们是其中的一部分。

那么，营销人员如何识别并激励这些忠实客户成为品牌大使呢？有时，他们会寻找那些已经在博客上谈论产品并分享他们对该品牌的喜爱的客户。激励品牌大使的一种方法是给予他们接触公司及其营销策略的特权。有些人可能会通过品牌竞赛被招募和推荐。

游击营销

广告预算很少的组织需要用创新和廉价的方式来吸引消费者的注意力。**游击营销（guerrilla marketing）**活动是达到这一目标的一种流行方式。这个术语并不是指那些把自己变成猴子的营销人员（"大猩猩营销"）。游击营销策略包括在消费者意想不到的地方用促销内容 "伏击" 消费者。

环境媒介广告（ambient advertising） 是一种流行的游击营销。这个术语描述了将信息放置在非传统媒体中，环境广告的一些例子包括停车场、超市购物车后面的屏幕、电梯门上的标志，等等。

如今，大公司大量采用游击式营销策略。想想新加坡的 "钱包投放" 活动，该活动帮助汉堡王推出平价食品——价格如此之低，就像汉堡王把钱放回你的钱包里。该活动为了吸引顾客，把装满汉堡王优惠券的钱包丢在公园长椅上、晾衣架下以及其他地方，这可不是每天都能看到的。

公司利用游击式营销来推广新饮料、新汽车、新服装风格，甚至是新电脑系统。IBM 在人行道上画了数百个 "Peace Love Linux" 的标志，以宣传该公司采用 Linux 操作系统，这让旧金山和芝加哥的市政官员非常恼火。尽管该公司为清理 "企业涂鸦" 支付了一笔巨额费用，但一位营销记者指出，他们 "得到了他们想要的宣传效果"。鉴于此类小预算活动的成功，许多公司也走上了游击战的道路，届时会看到更多的此类策略。

口碑营销

当你可以让你的客户为你工作时，为什么你自己还要做这些繁重的工作呢？多对多模型可能会帮助你做到这一点，多对多沟通模型依赖于消费者相互谈论商品、服务和组织。营销人员认为，当人们与朋友和邻居分享自己的观点时，**口碑（buzz）** 会帮助他们做营销工作。这个想法并不新鲜。这就是所谓的 "办公室饮水机效应"，比如同事们会在周一早上谈论最新的电视剧。

实际上，你每天在社交媒体帖子上接触到许多网络营销，比如《走进好莱坞》（*Access Hollywood*）等电视节目，它不停地报道 Cardi B 在 Met Gala 上穿的 "令人发指" 的礼服，这属于公共关系的标题，而不是广告。因为这些消息不是通过付费媒体传递给你的，一个很酷的新品牌消息很可能是从你的社交网络的网友那里非正式地传递给你的。而且你更有可能认真对待这条信息，因为它来自你认识的人，他们并没有收到报酬来说服你购买这件东西，这就是为什么公共关系的口碑营销元素使公共关系成为促销组合中重要的一部分。

创造口碑的诀窍在于，创造对你有利的讨论，而不是不利的讨论。具体来说，**口碑营销（buzz marketing）** 指的是专门为创造对话、刺激和热情而设计的营销活动，也就是关于品牌的口碑。口碑营销是如何发生的，或者更具体地说，营销人员如何确保让它发生？让我们来看看捷豹路虎，路虎汽车的制造商。为了制造轰动效应，该公司将价值 9 万英镑的新款路虎揽胜（Range Rover）豪华 SUV 停在伦敦著名百货公司哈罗德（Harrods）外面。车上用大红色喷漆写着 "骗子" 和 "希望她值得你这么做" 的话语。结果不仅在网上引起了成千上万人的关注，而且这一噱头也登上了新闻，甚至连BBC 都报道了这一 "事件"。

如今的公司花费数百万美元来制造有利的消费者口碑。像苹果这样的公司专门雇口碑营销经理来跟踪、参与和利用口碑技术来鼓励消费者传播有关公司及其产品的信息，这些信息有各种各样的名称，比如口碑营销、病毒式营销和布道者营销。

亨氏利用 **Facebook 电商（f-commerce**，社交化商务的一个版本）设计了一个弹出式（临时的）**试销广告（tryvertising）** 页面，以推出其最新的番茄酱，用香醋调味的新的限量版番茄酱，在亨氏公司传统商店销售超过 100 万瓶之前，公司已经在网上向 3000 名亨氏的忠实粉丝提供了这种产品。结果呢？粉丝们很活跃，每条积极的产品

亨氏（Heinz）推出了新的醋味番茄酱，借助"口碑营销"策略，为这种新口味带来了人气。

评论都会被聚合到大约 130 个 Facebook 涂鸦墙上，从而产生更多的讨论。

正如我们所注意到的，口碑营销并不是什么新事物。事实上，我们可以指出《蒙娜丽莎》的画像正是口碑营销的第一个例子。1911 年，这幅画在巴黎卢浮宫博物馆被盗。这次盗窃在全球范围内引起了轰动，同时也使达·芬奇的杰作成为人们关注的焦点。

最令人兴奋的是现代科技对话题传播的放大效应：想象一下一个世纪前消费者一对一谈论《蒙娜丽莎》被盗的效果，再想象一下如今个人消费者"连接器"或"网上影响者"的影响力呈指数级增长，他们使用脸书、博客和其他社交媒体来增加影响力，你在网上有多少"朋友"？与传统的广告和公共关系活动相比，这些朋友的"代言"更可信，因此对品牌更有价值。

人们喜欢和别人分享他们的经历，不管是好的还是坏的。真正快乐的顾客会分享他们对品牌的喜爱。不幸的是，不快乐的人会更渴望告诉他们的朋友那些不愉快的经历。对于一些品牌来说，"好"口碑和"坏"口碑的分化很明显，而对于另一些品牌来讲，分化并不明显。例如，当被问及他们对亚马逊品牌的感受时，56% 的消费者是"品牌爱好者"，而只有 3% 的消费者是"品牌厌恶者"。相比之下，33% 的消费者是麦当劳的"品牌爱好者"，而 29% 的消费者是"品牌厌恶者"。然而，**品牌两极分化（brand polarization）**并不总是一件坏事。坏消息比好消息传播得更快；此外，它还会引发争议，导致产品爱好者激烈地捍卫他们深爱的品牌。当然，营销人员并不一定要为他们的产品制造口碑讨论；有时他们只需引导正在形成的讨论，就可以"水到渠成"。

病毒式营销

一种流行的建立口碑的方式是病毒式营销。这个术语指的是提高品牌知名度或销售额的营销活动，因为消费者会将很酷的信息传递给他们关系网中的其他人，并且（希望）这些接收者也会这样做，直到成千上万甚至数百万的人接触到这些内容。因此，如果这种策略有效，信息就会"像病毒一样传播"。

当苹果在电子邮件中插入"从我的 iPad/iPhone 发送"的选项时，它就实现了病毒式营销。如今，大多数病毒式营销策略包括营销人员使用视频片段、互动游戏或其他消费者觉得有趣或独特的活动——并希望通过数字技术与朋友分享。

你最近最喜欢的表情包或梗图是什么？**模因（memes）**是那些可以从一个人传到另一个人，并在这个过程中争夺注意力的想法或观念。尽管正确使用模因不容易，但

MARKETING: REAL PEOPLE, REAL CHOICES 营销的真相（原书第11版）

模因是品牌一直使用的一种策略。

口碑营销的伦理问题

正如企业发现有无数的机会进行口碑营销一样，不道德或有问题的营销行为也有可能出现。其中包括以下内容：

- 旨在欺骗消费者的活动：当公司让消费者无偿传播公司的信息时，口碑营销效果最好——毕竟消费者认为来自朋友的支持更可信。但为避免和减少口碑营销中的欺骗，美国联邦贸易委员会关于在广告中使用代言和测试的指南要求代言人向消费者披露其品牌关系，包括确认收到的任何报酬，如金钱或免费产品。例如，代言信息必须在每一条 Instagram 帖子或推文中披露，不能隐藏在代言人的简介中。
- "马甲营销"：近年来，我们目睹了一种操纵消费者认知的新尝试，有些人称之为 "马甲营销"（sock puppeting）。这个词描述的是公司高管或其他有偏见的人冒充别人在社交媒体上推销产品。例如，全食超市的首席执行官在没有透露真实身份的情况下发表了对竞争对手 Wild Oats 的贬损评论。马甲营销的另一种形式是所谓的付费影响者计划（paid influencer programs），通过鼓励博主撰写有关品牌的文章，试图引起关于品牌的讨论。作为一个典型的例子，梅赛德斯给一位博主提供了一辆 SUV 一周的使用权，以换取有关它的帖子。这些"赞助对话"可能是有效的，但如果博主没有透露他或她实际上收到了现金或免费产品来推广赞助商的产品，那么它们就是不道德的。
- 针对儿童或青少年进行口碑营销：一些评论家认为口碑营销不应该针对儿童和青少年，因为这些年轻的消费者比成年人更容易受影响，也更容易被欺骗。
- 口碑营销活动损害财产：彪马鼓励消费者在巴黎各处画彪马美洲豹的标志。这样的行为会破坏环境，公司最终将不得不为此付出代价。此外，个人消费者可能会发现自己陷入法律纠纷，这一问题最终可能适得其反，损害公司形象。
- 扰乱消费者和合作伙伴的社会营销：虽然企业选择参与社会营销或企业行动主义，但这种做法并非没有缺点。Ben & Jerry's 等公司因其所采取的立场而面临消费者和零售商的强烈反对。此外餐饮品牌温蒂汉堡最近因没有兑现承诺而面临审查。

公关活动的评估

阻碍公司更依赖公关营销活动的障碍之一是评估。与许多其他形式的营销传播相比，公关活动很难设计出衡量其有效性的指标。谁能准确地说出塞斯·罗根（Seth Rogen）在《今夜秀》（*The Tonight Show*）上露面宣传他的新电影对票房产生了什么影响，或者维珍航空（Virgin）对伦敦马拉松赛（London Marathon）的赞助是否提高了机票的销售量？我们可以判断公关活动是否获得了媒体曝光，但与广告相比，评估公关活动的影响要困难得多。表 14-3 描述了一些常见的公关测量技术。

表 14 -3　衡量公共关系（PR）策略的有效性

方法	描述	例子	优点	缺点
个人（主观）对公关活动的评价	上级对公关活动的评估可能发生在组织的各个层面	员工年度评审中的指标与公关角色的成功履行有关	简单且成本低;可以确保每年评估	评价的主观性可能导致有偏见的评价 员工可能会把注意力集中在年度评估上，而忽略了一些重要的公关目标
公关活动成果与活动目标的匹配	将实际完成的公关活动与期间设定的活动目标进行简单的比较	目标：今年第一季度在主流报纸上发表三篇专题文章 结果:发表文章四篇	将注意力集中于量化的公关活动目标和成就目标;测量简单且成本低	专注于活动目标，而不是形象或沟通目标 忽略了对公司形象的感知或态度
通过对公众进行调查来评估沟通目标	调查用于确定关键群体是否达到了形象目标或沟通目标	目标：在至少30%的金融界利益相关者中改善组织形象	使公关人员关注活动的实际沟通结果	可能很难衡量公众对公司看法的变化 不受公关从业者控制的因素可能会影响公众的认知 评价的花费相对高 评估可能需要几个月的时间，因此在公关活动中无法采取纠正措施
测量印刷和广播媒体的覆盖率，特别是公关活动产生的覆盖率	系统测量印刷媒体（栏/页）和广播媒体（播出时间/分钟）的覆盖范围	公关发布的报纸文章的总栏/英寸数 非公关部门发表的文章的总数 正面报道的刊物和广播报道的总数 负面报道的刊物和广播报道的总数 印刷刊物和广播报道的负面报道与正面报道的比例	非常客观的测量，几乎没有偏差 相对便宜	不涉及组织的观念、态度或形象问题
展示测量	测量所有印刷和广播报道的受众规模。通常情况下，评估包括对产生相同展示次数的广告成本进行比较	在此期间，网络新闻报道的总阅读数超过了1500万。通过广告获得如此多的印象的成本是450万美元	客观，测量无任何潜在偏见；提供了一种以金钱为标准的衡量措施来证明公关办公室或顾问支出的合理性 相对便宜	不区分负面和正面的新闻报道 不考虑公众对报道的反应 假设广告和公关传播活动是等同的

学习目标总结

公共关系的核心使命是构建组织与多元利益相关方之间的良性互动关系。危机管理是当一些负面的、计划外的事件威胁到组织的形象时，管理公司形象的过程。

公共关系的步骤是设定目标、创建和执行活动策略，以及评估公共关系计划。公关有助于介绍新产品；影响立法；提升城市、地区或国家的形象；美化组织形象；提供意见和建议；引起人们对公司的社区参与的关注。公关专家经常使用印刷品或视频新闻稿来传达新的话题、研究故事和消费者信息。与员工的内部沟通包括公司通讯和内部电视节目。其他公关活动包括投资者关系、游说、撰写演讲稿、开发企业形象材料、媒体关系、安排赞助和特别活动，以及游击营销活动，包括环境广告。

社交媒体对于成功的公关活动也非常重要。营销人员使用口碑营销来鼓励消费者与朋友和邻居分享他们对产品的看法。当营销人员使用旨在欺骗消费者的活动时，当他们直接针对儿童或青少年进行口碑营销时，以及当口碑营销活动鼓励人们破坏财产时，口碑营销可能是不道德的。病毒式营销指的是通过消费者向其他消费者传递信息来提高品牌影响力或销售额的活动。营销人员可能会招募那些非常关心产品并希望产品成功的忠实客户，他们作为品牌大使或品牌传道者来帮助制造轰动效应。由于难以评估公共关系的有效性，公共关系的重要性有所降低。

营销的真相

14.5

个人品牌建设：人际网络赋能职业发展

泰勒在规划他的个人品牌方面做得很好。他利用自己的长处和短处来开发他的"核心产品"。他了解自己在薪水和其他方面对潜在雇主的潜在价值，以及有效面试和谈判的关键。是时候考虑一下现在和未来的人际网络了。

人际网络——它是如何运作的

"你认识的人越多，能帮助你的人就越多，这就是社交的意义。"

——Stephen Facenda，Vimark 广告公司总裁

你如何获得有关营销课程的信息？营销教授的教学风格适不适合自己？镇上新开的汉堡店怎么样？对于大多数人而言，关于大多数事物的信息来自我们的朋友和家人。而这个道理同样适用于工作。

尽管80%的职位通过人际网络完成招募，但企业仍持续发布在线实习和职位信息。

你或许以为大多数岗位是通过公开招聘填补的，实则不然——多数招聘经理厌恶发布职位信息，因为这往往意味着要处理数百份简历。对招聘经理而言，通过既有信任关系询问潜在人选是更高效（且有效）的方式。这正是人际网络的价值所在：没有什么比他人推荐更能助你获得实习或工作机会。

尽管建立人际网络可能让你感到不安，但这其实是你已经掌握的技能——就像你在学校里建立的社交圈，当缺课或需要作业帮助时可以求助的同学网络。人际网络建设不在于认识多少人，而在于建立真正的关系。

有效建立人际网络的三大准则：

1. 保持联系。
2. 即使不便也要帮助网络中的人。
3. 先与网络中的人建立牢固关系，再通过他们的网络扩展你的人脉。

记住：人际网络是用来分享信息和互相帮助的，而不是直接用来求职的。

从哪里开始发展人际网络

发展职业人际网络的第一步是关注你已经认识的人。首先列出人际网络中已有的人——你的家人和朋友。然后，列出家人的朋友以及朋友的家人。比如课堂上的演讲嘉宾和你在专业会议上遇到的人。

不要忘记校园里的人，包括你的同学、教授、职业顾问，以及你在校园俱乐部遇到的人和校友。

你还可以通过其他方式来加强你的人际网络：

- 制作印有名字和联系方式的名片。
- 加入一个专业协会。
- 通过大学的职业中心或校友办公室与校友联系。
- 在课堂上、会议上与演讲者交谈。
- 给行业期刊或杂志的作者发电子邮件或打电话。

通过社交网络向你认识的人询问你在寻找实习或工作方面应该联系的人。当然，你首先需要确保你的社交网络页面适合商务联系。春假旅行的照片可能不是你希望未来雇主看到的。而招聘经理会查看你的社交网络信息。

领英如何帮助你建立人际网络

领英等专业社交网络可以帮助你联系到专业人士。超过 3000 万家公司拥有领英账号，仅在美国，每月就有 300 万个职位发布到该平台上。专业社交网络是你与合适的人建立人际关系的好伙伴。

MARKETING
REAL PEOPLE, REAL CHOICES
营销的真相（原书第11版）

领英是最大的职业社交网络。截至 2020 年 3 月 9 日，领英每月拥有 6.75 亿用户，自 2018 年底以来增长了 14%。其中 40% 的用户每天使用该网络。

使用领英的第一步是创建个人资料。填上你的工作经历，包括实习、志愿者经历，以及校园活动、体育活动和社区服务组织活动。然后，你可以使用领英搜索你理想工作的职位和公司。尝试在你感兴趣的公司中找到与你有联系的人，并询问他们是否可以把你介绍给在那里工作的人。

招聘者会寻找由权威人士推荐的人。领英是一个与人联系的好地方，比如你可以联系到以前在校园工作或实习的主管、运动教练或志愿者经理，并请求他们写一份关于你的职业道德、技能和性格的推荐信。

你也可以加入领英上的群组。例如，如果你对公共关系感兴趣，你可以找到一些社会团体，包括美国公共关系协会（PRSA）。一旦你成为某个小组的成员，你就可以参与小组讨论。

拓展人际网络的其他方法

当然，领英并不是确保你最大限度地发挥人际网络潜力的唯一平台。我们有其他建议，像是：

- 制作名片，上面有你的名字和联系方式。名片不贵，但可以让你从其他年轻的专业人士和学生中脱颖而出。
- 加入一个专业协会，你的教授可能有这类组织的信息。
- 在脸书和其他社交网络上向人们寻求帮助
- 在毕业前开始建立人际关系，越早越好。
- 考虑实习或志愿服务，你会结识一些专业人士。根据你对他们的了解程度，你可以询问他们是否可以在以后的职业生涯中向他们寻求建议。
- 始终保持专业；想象在某天的某种情况下，你遇到某个人，她/他可能会帮你找到一份完美的工作。
- 请务必清除你在社交媒体上留下的污点，例如不恰当的对话、图片和视频。

学习目标总结

多达 80% 的工作是通过人际网络获得的，这印证了熟人推荐在求职中的独特价值。为建立人际网络，首先列出你的家人和朋友；然后列出家人的朋友和朋友的家人。建立有效人际关系的三件"必须做的事情"是：

1. 保持联系。
2. 即使不便也要帮助网络中的人。
3. 先与网络中的人建立牢固关系，再通过他们的网络扩展你的人脉。

开始建立人际关系时，先列一张人际关系网名单，包括你的家人和朋友。然后，列出这些人的朋友和家人、校园里的人，以及你遇到的其他专业人士。制作印有你的名字和联系方式的名片。专业的社交网络可以帮助你联系到专业人士。招聘者会寻找由权威人士推荐的人。领英是一个与人联系的好地方，比如你可以联系以前在校园工作或实习的主管、运动教练或志愿者经理，并请求他们写一份关于你的职业道德、技能和性格的推荐信。

术语表

第 1 章

[1] **消费者（consumer）**：产品或服务的最终使用者。

[2] **客户体验（customer experience，CX or CEX）**：从浏览公司网站到与客服人员交谈，再到产品到达，对客户与企业的每一次互动进行全面评估。

[3] **市场营销（marketing）**：营销是为消费者、客户、合作伙伴和整个社会创造、传播、传递和交换有价值的产品的活动、制度和过程。

[4] **市场营销组合（marketing mix）**：由产品、产品价格、推广活动及销售渠道的组合，它能够在一组目标消费者群中塑造预期反响。

[5] **4Ps（four Ps）**：产品、价格、促销、渠道。

[6] **产品（product）**：物品、服务、创意以及以上各项的组合，能够通过交换满足消费者或企业客户的需求，包含特征、功能、利益和用途等一系列属性。

[7] **促销（promotion）**：营销人员为影响态度或行为而开展的沟通活动。

[8] **渠道（place）**：在期望的时间和地点，产品对于顾客的可得性。

[9] **分销渠道（channel of distribution）**：为产品在生产商与最终消费者之间的流动提供便利的一系列企业或个人。

[10] **价格（price）**：价值的分配，或消费者为获得产品必须支付的金额。

[11] **交易（exchange）**：买方与卖方之间进行价值交换的过程。

[12] **消费品（consumer goods）**：个体消费者为个人或家庭使用而购买的有形产品。

[13] **服务（services）**：消费者支付并且使用但是却无法拥有的无形产品。

[14] **B2B 营销（business-to-business marketing）**：一个组织向另一个组织开展的产品和服务的营销活动。

[15] **工业品（industrial goods）**：由个体或组织为进一步加工或在进行交易时使用而购买的有形产品。

[16] **电子商务（e-commerce）**：有形产品或服务通过电子化的方式，通常通过因特网进行购买和销售。

[17] **非营利组织或非政府组织（not-for-profit organizations or nongovernmental organiza-tions，NGOs）**：以慈善、教育、社区和其他公共服务为目标的组织，它们购买产品和服务来维持自身的职能同时也用来吸引和服务于自己的成员。

[18] **营销理念（marketing concept）**：一种以识别和满足消费者的需求为核心的管理导向，旨在确保组织的长期盈利能力。

[19] **需要（need）**：是指感知到的顾客的实际状态与理想或期望状态之间的差别。

[20] **欲望（want）**：是指用特定的方式来满足需求，这样的方式会受到文化和社会因素的影响。

[21] **利益（benefit）**：顾客者追求的结果，它能够刺激购买行为，满足欲望或需要。

[22] **需求（demand）**：顾客在有资源获取产品的条件下对产品的渴望。

[23] **市场（market）**：所有通过某种特殊产品满足同一种需要的顾客和潜在顾客，他们拥有资源进行交换，并愿意进行交换，而且有权利进行交换。

[24] **交易平台（marketplace）**：用于进行交易活动的地点或媒介。

[25] **效用（utility）**：顾客通过产品本身、价格、分销以及与之相关的营销传播所获得的有用性或利益。

[26] **利益相关者（stakeholders）**：买方、卖方或公司的股东、社区居民，甚至是生产和销售产品和服务的所在国家公民——换句话说，就是与成果有利益关系的任何个人或组织。

[27] **生产导向（production orientation）**：强调用最有效率的方法来生产和分销产品的管理哲学。

[28] **推销导向（selling orientation）**：将营销视为一种销售职能，或者是保证库存不会积压的方法。

[29] **消费者导向（customer orientation）**：优先考虑满足消费者需求的管理方针。

[30] **全面质量管理（total quality management，TQM）**：一种管理理念，从生产线开始，所有员工都参与到产品质量的持续改进中。

[31] **三重底线导向（triple-bottom-line orientation）**：一种着眼于财务利润、组织运营所在社区以及创造可持续商业实践的商业导向。

[32] **社会营销观念（societal marketing concept）**：认为营销人员在满足消费者需求的同时必须有益于社会，同时也要为企业获利。

[33] **可持续性（sustainability）**：一种设计和制造理念，旨在满足当前需求的同时，又不能损害后代满足其需求的能力。

[34] **绿色营销（green marketing）**：通过在消费者头脑中形成一个建立在环境基础上的级差效益来支持环境管理。

[35] **责任（accountability）**：一种评估组织的营销活动创造的价值及其对最终业绩的影响的过程。

[36] **投资回报率（return on investment，ROI）**：指公司花费了多少营销费用以及营销活动的实际效果。

[37] **用户生成内容**或**消费者生成内容（user-generated content** or **consumer-generated**

content）：由品牌消费者或用户创建的营销内容和活动，如广告、在线评论、博客、社交媒体、新产品开发建议，或作为批发商或零售商参与。

[38] **品牌内容（branded content）**：品牌内容由某一个特定的品牌生产，即便有的时候品牌可能只是一个赞助商，但品牌依然试图通过这些内容表明品牌的象征含义，而不仅仅是售卖产品。

[39] **企业公民**或**企业社会责任（corporate citizenship** or **corporate social responsibility）**：企业对经营所在的社区和整个社会的责任。

[40] **服务主导逻辑（service-dominant logic）**：关注服务的交换而不是价值。在服务主导逻辑中，顾客成为关注的焦点，而不是价值。

[41] **顾客共创（customer co-creation）**：公司和客户一起工作，共同开发一种产品来满足客户的需求。

[42] **价值主张（value proposition）**：一种市场供应物，公平而准确地总结了如果购买产品顾客将实现的价值。

[43] **品牌盛会（brandfests）**：公司为感谢客户的忠诚而举办的活动。

[44] **竞争优势（competitive advantage）**：企业超越竞争对手的能力，它允许企业有更高的销售额、更高的利润和更多的顾客，并且年复一年地享受更大的成功。

[45] **独特能力（distinctive competency）**：公司相对它的直接竞争对手表现得更出色的能力。

[46] **差异化利益（differential benefit）**：顾客想要但是竞争对手没有提供的价值。

[47] **价值链（value chain）**：价值是所有人一起创造出来的，这一术语包含设计、生产、营销、传递和支持任何产品的一系列活动。

[48] **开箱视频（haul videos）**：顾客在 YouTube 上发布的视频，详细介绍了他们购买的最新商品。

[49] **互联网 1.0 时代（Web 1.0）**：以网站创建者提供的静态内容为代表，企业和机构几

乎不允许顾客参与网站创建过程。

[50] **互联网 2.0 时代（Web 2.0）**：提供脸书等社交网站，为营销人员提供了双向交流的渠道。

[51] **社交网络平台（social networking platforms）**：在线平台用户在网站上发布个人资料并提供和接收网络中其他成员的链接，以交流彼此共同的兴趣爱好。

[52] **推荐引擎（recommendation engine）**：一种计算机系统，通过分析客户以前的购物行为，为其未来需求提供个性化推荐。

[53] **大众分类法（folksonomy）**：一种依赖用户而不是预先设定的系统来对内容进行分类的体系。

[54] **群体智慧（wisdom of crowds）**：在适当的情况下，群体智慧要胜过群体中最聪明的个体，意味着大量消费者能够预测成功产品。

[55] **众包（crowdsourcing）**：企业将营销活动（如广告选择）外包给用户社区的一种实践。

[56] **消费者上瘾（consumer addiction）**：对商品或服务的生理或心理依赖。

[57] **反消费（anticonsumption）**：人们故意污损或以其他方式损坏产品。

[58] **大众市场（mass market）**：包括市场中所有的潜在消费者，不考虑这些消费者的具体需求和需要方面的差异。

[59] **细分市场（market segment）**：一个大市场上，彼此之间在某些方面具有相似性，但需求又与其他消费者有所差异的明确的顾客群。

[60] **颠覆性营销（disruptive marketing）**：市场营销人员通过了解顾客的需求和发现他们所缺少的东西，"跳出框框"来取代既定产品的过程，例如用一种全新的产品来满足需求。

第 2 章

[1] **温室效应（greenhouse effect）**：工厂和汽车排放到空气中的二氧化碳（最重要的温室气体）变多，同时由于滥伐雨林，植被释放到空气中的氧气量减少。

[2] **气候变化（climate change）**：气候指标的重大变化，包括几十年或更长时间内发生的温度、降水或风向的重大变化。

[3] **国际贸易（world trade）**：货物和服务在不同国家间的流动——世界各国进出口的价值总和。

[4] **对等贸易（countertrade）**：相互交易（或易货）产品，甚至提供商品以换取当地政府的税收优惠的贸易形式。

[5] **关税及贸易总协定（General Agreement on Tariffs and Trade，GATT）**：减少进口税水平和贸易限制的国际条约。

[6] **世界贸易组织（World Trade Organization，WTO）**：取代 GATT 的国际组织，为其成员方制定贸易规则，并调整国家（地区）之间的争端。

[7] **世界银行（World Bank）**：一家国际贷款机构，目标是通过改善经济和促进可持续发展，来减少贫困和改善人民生活。

[8] **国际货币基金组织（International Monetary Fund，IMF）**：通过控制外汇汇率的波动来确保国际货币汇率的稳定的国际组织。

[9] **外汇汇率（foreign exchange rate，or forex rate）**：一种货币对另一种货币的价格。

[10] **国际收支（balance of payments）**：一个国家贸易出口量与进口量的比值，如果一个国家买的比卖的多，它的国际收支就会是负的。

[11] **贸易保护主义（protectionism）**：政府为使国内企业获得优势而采取的政策。

[12] **进口配额（import quotas）**：一国政府对允许进入该国的产品数量所设定的限制。

[13] **禁运（embargo）**：一种极端配额，完全禁止与特定国家的商业和贸易。

[14] **关税（tariffs）**：对进出口商品征税。

[15] **经济共同体（economic communities）**：国家联合起来促进彼此之间的贸易，并使成员国更容易在其他地方竞争。

[16] **英国脱欧（Brexit）**：指英国退出欧盟。

[17] **外部环境（external environment）**：由企业外部的因素组成，这些因素可能会对其产生积极或消极的影响。

[18] **国内生产总值（gross domestic product，GDP）**：一个国家一年内在其境内生产的商品和服务的总价值。

[19] **经济基础设施（economics infrastructure）**：一个国家的分销、金融和通信系统的质量。

[20] **经济发展水平（level of economic development）**：国家的大体经济状况。

[21] **生活标准（standard of living）**：衡量一个国家消费的有形商品和服务的平均质量和数量的指标。

[22] **欠发达国家（least developed country，LDC）**：经济发展处于最低层次的国家。

[23] **发展中国家（developing countries）**：正从农业经济向工业经济转型的国家。

[24] **金字塔底部（bottom of the pyramid，BOP）**：全世界每天生活费不足 2 美元的消费者的统称。

[25] **一次性（sachet）**：向最不发达国家和发展中国家的消费者出售价格合理的一次性清洁产品、织物柔软剂、洗发水和其他物品。

[26] **金砖国家（BRICS countries）**：指巴西、俄罗斯、印度、中国和南非，是发展中国家中增长最快的经济体，总人口超过 30 亿，占全球人口的 41% 以上，约占全球总产出的 22%。

[27] **发达国家（developed counties）**：拥有先进的营销系统、强大的私营企业和承载丰富商品和服务的市场潜力的国家。

[28] **七国集团（Group of 7，G7）**：七个经济最发达国家的非正式论坛，每年举行一次会议，讨论国际社会面临的主要经济和政治问题。

[29] **商业周期（business cycle）**：一个经济的变化或波动的总体模式，包括繁荣期、衰退期、萧条期和复苏期，会影响消费者和企业的购买力水平。

[30] **竞争情报（competitive intelligence，CI）**：收集并分析来自互联网、新闻媒体和公开的政府文件的关于竞争对手的公开信息。

[31] **可任意支配收入（discretionary income）**：人们在支付了房屋、煤气水电、食物和服饰等生活必需品后留下的钱。

[32] **产品竞争（product competition）**：组织提供不同的方式来满足相同消费者的需求。

[33] **品牌竞争（brand competition）**：竞争对手提供类似的商品或服务，争夺消费者的美元、欧元或英镑。

[34] **垄断（monopoly）**：一种市场格局，一个卖家控制整个市场。

[35] **寡头垄断（oligopoly）**：一种市场结构，在一个拥有许多买家的市场中，卖家数量相对较少，每个卖家都拥有大量的市场份额。

[36] **垄断竞争（monopolistic competition）**：一种市场结构，在这种市场结构中，许多卖家在市场上争夺买家。

[37] **完全竞争（perfect competition）**：有许多小卖家，每个卖家都提供基本相同的商品或服务，没有一家企业对质量、价格或供应有重大影响的市场结构。

[38] **自动驾驶汽车（self-driving/autonomous vehicle）**无人驾驶汽车或自动驾驶汽车（也称为无人驾驶汽车或机器人汽车）和无人驾驶地面车辆是一种能够感知其环境并无须人工输入即可导航的车辆。

[39] **专利（patent）**：防止竞争对手生产或销售发明的法律机制，旨在在一段时间内减少或消除市场竞争。

[40] **国有化（nationalization）**：政府接管在其境内开展业务的外国企业。政府没收私人资产后，通常会将其宣布为国有资产。这种行为不会伴有补偿，因为国家或州认为其符合最佳利益。

[41] **征用（expropriation）**：政府没收外国企业的资产并对企业所有者进行补偿（通常不是全额）。

[42] **本地化含量规则（local content rules）**：保护主义的一种形式，规定了产品中必须有一定比例由东道国或经济共同体内的产业提供的组件构成。

[43] 美国普惠制（U. S. Generalized System of Preferences，GSP）：国会为促进发展中国家经济增长而设立的一项制度。

[44] 人口统计资料（demographics）：衡量人口中可观察方面的统计数据，如人口规模、年龄、性别、民族、收入、教育、职业和家庭结构。

[45] 文化价值观（cultural values）：一个社会所拥有的关于正确或错误生活方式的根深蒂固的信念，并在成员中广泛流传。

[46] 集体主义文化（collectivist cultures）：在这种文化中，人们将个人目标置于稳定的社会目标之下。

[47] 个人主义文化（individualist cultures）：在这种文化中，人们往往更重视个人目标，而不是更大的群体目标。

[48] 社会规范（social norms）：社会中划分对错之分以及可接受或不可接受的具体准则。

[49] 消费者媚外主义（consumer xenocentrism）：消费者认为另一个国家生产的产品优于自己国家生产的产品。

[50] 消费者民族中心主义（consumer ethnocentrism）：消费者认为本国生产的产品更好，或者认为购买其他国家生产的产品是错误的、不道德的或不爱国的。

[51] 出口商（export merchants）：企业使用的、用来在国外代表自身的中间代理商。

[52] 许可协议（licensing agreement）：一家公司（许可方）给予另一家公司（许可经营方）在特定国家或地区生产和销售其产品的权利，以换取所销售商品的专利使用费。

[53] 特许经营（franchising）：一种许可形式，赋予特许经营商在东道国采用其完整的经营方式。

[54] 战略联盟（strategic alliance）：试图在国外市场上寻求更多发展的企业与其目标国所在地的国内企业间建立起的关系。

[55] 合资企业（joint venture）：一种战略联盟，两家或两家以上的公司创建一个新的实体。

[56] 直接延伸策略（straight extension strategy）：一个企业为国内外市场提供相同产品的产品策略。

[57] 产品适应策略（product adaptation strategy）：一种产品策略，即企业为外国市场提供类似但经过调整的产品。

[58] 产品创新策略（product invention strategy）：企业为外国市场开发全新产品的策略。

[59] 逆向创新（backward invention）：企业开发一种不太先进的产品，以满足生活在落后地区的人们的需求的产品策略。

[60] 民族中心定价（ethnocentric pricing）：一种定价策略，同一种产品的全球价格是一样的。

[61] 多中心定价（polycentric pricing）：一种定价策略，全球子企业或分销商会根据他们对自己市场环境的理解来设定价格。

[62] 全球中心定价（geocentric pricing）：一种定价策略，制定了全球价格底线或最低价格，但也认识到在每个全球市场定价时必须考虑独特的当地市场条件。

[63] 自由贸易区（free trade zones）：指定的区域，外国公司可以在这里储存货物，而无须缴纳税款或关税，直到货物进入市场。

[64] 灰色市场产品（gray market goods）：未经商标持有人同意而进口的商品。

[65] 倾销（dumping）：公司以低于其国内市场价格的价格出售产品。

[66] 功利主义方法（utilitarian approach）：一种伦理哲学，主张做出最有利或最不利的决定。

[67] 权利方法（rights approach）：一种伦理哲学，提倡保护所有人的道德权利。

[68] 公平或正义方法（fairness or justice approach）：一种伦理哲学，提倡平等对待所有人。

[69] 共同良好方法（common good approach）：提倡保护社区所有人的利益。

[70] 德行方法（virtue approach）：一种伦理哲学，提倡符合某些理想价值观的决定。

[71] 伦理相对主义（ethical relativism）：一种文化中的伦理内容不一定与另一种文化中的伦理内容相同。

[72] **商业道德（business ethics）**：指导商业组织内部的个人行为的基本价值观。

[73] **道德准则（codes of ethics）**：组织中的每个人都必须遵守的书面的道德标准，并将其纳入计划过程。

[74] **贿赂（bribery）**：某人自愿出钱得到非法的好处。

[75] **勒索（extortion）**：有权利的人通过强迫榨取金钱。

[76] **绿色客户（green customers）**：那些最有可能积极寻找和购买环保产品的消费者。

[77] **公平贸易供应商（fair trade suppliers）**：将生产只外包给向发展中国家工人支付公平/生活工资的企业。

[78] **地方主义（locavorism）**：购物者积极寻找来自他们居住地点 50~100 英里范围内的农场的产品的趋势。

第3章

[1] **战略（strategy）**：基于目的和目标的计划要素的执行，以实现理想的未来。

[2] **商业规划（business planning）**：一个持续的决策过程，可以在短期和长期内指导企业。

[3] **商业计划（business plan）**：包含着指导整个组织或其业务部门的决策的计划。

[4] **营销计划（marketing plan）**：一份描述营销环境、概述营销目标和策略并明确公司将如何实施和控制（内含在计划中的）策略的文件。

[5] **战略规划（strategic planning）**：将组织的资源和能力与其市场机会相匹配，以实现长期增长的管理决策过程。

[6] **战略业务单元（strategic business units，SBUs）**：公司内像独立企业一样运作的独立单元，每个单元都有自己的使命、业务目标、资源、管理者和竞争对手。

[7] **职能规划（functional planning）**：一种专注于为短期策略和战术制定详细计划的决策过程，旨在支持组织的长期战略规划。

[8] **市场规划（market planning）**：市场规划通常包括支持公司战略规划的三至五年广泛营销计划以及来年的详细年度计划。

[9] **运营规划（operational planning）**：侧重于职能计划的日常执行，包括详细的年度、半年度或季度计划。

[10] **使命（mission）**：一个公司存在的核心理由。

[11] **使命陈述（mission statement）**：一份正式文件，描述了组织的总体目标以及组织打算在顾客、产品和资源方面实现的目标。

[12] **愿景（vision）**：公司渴望在未来做什么或成为什么。

[13] **愿景陈述（vision statement）**：公司对其愿景的表述。

[14] **组织价值观（organizational values）**：公司所重视的最能反映其文化的核心属性。

[15] **情景分析（situation analysis）**：评估公司的内部和外部环境。

[16] **内部环境（internal environment）**：影响运营状况的（组织内的）所有可控的因素。

[17] **SWOT 分析（SWOT analysis）**：对组织的优势和劣势以及外部环境的机会和威胁进行的分析。

[18] **灵活的组织（nimble organization）**：公司的文化、领导力和运营能力可以根据外部条件的要求迅速改变。

[19] **战略转型（strategic pivot）**：企业快速调整其商业模式、业务方向、产品线或市场焦点的操作化过程，包括快速提升产能以满足（意想不到的）新的或不同的需求。

[20] **业务组合（business portfolio）**：组织拥有的不同产品或品牌的集合，具有不同的收入生成和增长能力特征。

[21] **组合分析（portfolio analysis）**：管理层用来评估公司业务组合潜力的工具。

[22] **波士顿增长—市场份额矩阵（BCG growth-market share matrix）**：波士顿咨询集团（Boston Consulting Group）建立的组合分析模型，侧重于确定公司当前战略业务单元产生现金流的潜力。

[23] **明星类（stars）**：其产品在高增长潜力的市

场中占据支配性市场份额的战略业务单元。

[24] **现金牛类（cash cows）**：低增长潜力的市场中占据支配性市场份额的战略业务单元。

[25] **问题类（question marks）**：在快速增长市场中市场份额较低的战略业务单元。

[26] **瘦狗类（dogs）**：在增长缓慢的市场中占有很小份额的战略业务单元。

[27] **市场渗透策略（market penetration strategies）**：旨在通过向当前用户、非用户以及竞争品牌用户销售更多现有产品，以增加在所服务的市场上的销售额的增长策略。

[28] **市场开发策略（market development strategies）**：将现有产品引入新市场的增长策略。

[29] **产品开发策略（product development strategies）**：通过在现有市场上销售新产品来创造增长的策略。

[30] **多元化策略（diversification strategies）**：同时强调新产品和新市场的增长策略。

[31] **控制（control）**：衡量实际绩效，将绩效和设定的营销目标进行比较，然后在分析的基础上对策略和目标进行调整的过程。

[32] **营销指标（marketing metrics）**：帮助营销人员观察其营销活动（包括创意和渠道）绩效的具体衡量标准，并在适当时作为一种控制机制。

[33] **活动指标（activity metrics）**：侧重于衡量和跟踪公司内作为不同营销过程一部分的具体活动的指标。

[34] **结果指标（outcome metrics）**：侧重于衡量和跟踪营销过程中确定为关键业务结果的特定事件的指标。

[35] **营销投资回报率（return on marketing investment，ROMI）**：在给定风险水平（风险水平由管理层对特定计划的分析决定）下，特定营销活动或计划投资产生的收入或利润率（两者都被广泛使用）除以该计划的成本（支出）。

[36] **行动计划（action plans）**：包括在营销计划中的、单独的支持计划，它能够对计划中的多种营销策略的执行和控制提供指导。行动计划有时也被称作"营销计划/方案"。

[37] **领先指标（leading indicators）**：提供对当前工作绩效的洞察，允许营销人员调整相关营销活动，（希望）根据当前行动计划实现绩效改进。

[38] **滞后指标（lagging indicators）**：反映了已实现成果的行动计划绩效。

[39] **运营计划（operational plans）**：关注营销计划的日常执行的计划。包括要开展的具体活动的详细指示，谁将负责这些活动，以及完成任务的时间表。

[40] **敏捷性（agility）**：能够快速轻松地应对快速变化和新挑战。

[41] **敏捷营销（agile marketing）**：指的是使用数据和分析，来不断地实时地寻找有希望的机会或解决问题的方案，快速开展测试，评估结果，并快速迭代（反复做）。

[42] **迭代式增量软件开发过程（Scrum）**：执行敏捷营销的流行方法，接受软件开发的不确定性和创造性。

[43] **数字颠覆（digital disruption）**：数字技术和数字商业模式对组织的价值主张及其在竞争市场中最终地位的影响。

[44] **数字漩涡（digital vortex）**：行业向"数字中心"发展的不可阻挡的趋势，在这个"数字中心"中，商业模式、产品和价值链都被最大限度地数字化。

[45] **应急规划（contingency planning）**：评估各种可能的（主要是外部环境因素）风险，以及这些风险对公司能力的潜在影响的规划。

[46] **情景（scenarios）**：企业在应急计划中发展的多种战略路径。

第 4 章

[1] **市场调查（market research）**：收集、分析和解释有关客户、竞争对手和商业环境的数据，以提高营销效率的过程。

[2] **GIGO（garbage in，garbage out）**：无用输入，无用输出。

[3] **市场研究伦理（market research ethics）**：研

究人员采取不损害参与者的道德、光明正大的方式进行市场研究。

[4] **数据隐私（data privacy）**：组织或个人确定收集的数据可与第三方共享的能力。

[5] **保密（confidentiality）**：研究人员知道研究对象的身份，但采取措施保护该身份不被他人发现的情况。

[6] **匿名（anonymity）**：研究人员不知道个体身份的情况。

[7] **风险管理（risk management）**：预先识别潜在风险后进行分析，并采取预防措施来减少或遏制风险的做法。

[8] **数据安全（data security）**：公司必须保护从消费者处收集的信息不受未经授权的访问、使用、泄露、破坏、修改或破坏，以提供保密性、完整性，并最终获得消费者对公司的信任。

[9] **数据库（database）**：通常是一个电子的、可以搜索和查询数据的集合，其可以提供有关联系人、产品、客户、库存等的信息。

[10] **营销信息系统（marketing information system，MIS）**：包括分析和交互软件，通常可使营销经理甚至是那些不懂计算机的人，通过企业内联网来获取营销信息系统中的数据进行分析。

[11] **企业内联网（intranet）**：使用互联网技术把企业的部门、员工和数据库连接起来的内部沟通网络。

[12] **营销仪表板（marketing dashboard）**：一个为企业人员提供决策所需最新信息的综合的显示和访问系统。

[13] **营销情报系统（market intelligence system）**：一种营销人员获取与其业务相关的全球动态信息的方法。

[14] **神秘顾客（mystery shoppers）**：由零售商和其他服务提供商雇用的个人，以体验和报告实际客户的处理方式。

[15] **逆向工程（reverse engineering）**：拆解竞争对手的产品以确定其组合方式的过程。

[16] **辛迪加调研（syndicated research）**：一些专业的综合信息公司规律性地收集资料并转卖给其他公司的研究方式。

[17] **定制研究（custom research）**：为研究更多小众主题提供一种量身定制的方法。

[18] **营销决策支持系统（marketing decision support system，MDSS）**：由数据、分析软件和交互软件构成的、允许管理人员进行分析和搜索所需信息的系统。

[19] **数据（data）**：没有经过整理的原始的、无组织的事实。

[20] **信息（information）**：经过解释和处理的数据。

[21] **循证决策（evidence-based decision making）**：营销人员利用所有可用信息（"证据"）来做出最佳营销决策的能力。

[22] **数据分析（data analytics）**：检查原始数据以发现趋势、回答问题并获得见解以做出基于证据的决策的过程。

[23] **客户洞察力（customer insights）**：信息的收集、部署和解释，允许企业获取、开发和保留其客户。

[24] **研究设计（research design）**：一种具体说明营销人员要收集何种信息以及要做何种研究的计划。

[25] **二手数据（secondary data）**：为某些目的而非为手头问题而收集的资料。

[26] **原始数据（primary data）**：直接从受访者那里收集到的能解决手头具体问题的信息。

[27] **探索性研究（exploratory research）**：通常规模较小、成本较低，所以营销人员可在没有太大风险的情况下利用该技术检验他们的部分市场预测。

[28] **定性研究（qualitative research）**：研究项目的结果往往是不是量化的，而可能是关于消费者的态度、感受和购买行为详细的语言或视觉信息。

[29] **定量研究（quantitative research）**：产生的结果可以采用各种统计程序进行分析。

[30] **深度访谈（in-depth interview）**：一种相对无结构化的个人访谈，需要一个技术高超的采访者来采访受访者。

[31] **焦点小组（focus group）**：营销研究人员在

MARKETING 营销的真相（原书第11版）
REAL PEOPLE, REAL CHOICES

收集探索性数据时最常用的技术。由一个受过训练的主持人引导一小组消费者进行的以产品为导向的讨论。

[32] **市场研究在线社区（market research online community，MROC）**：由市场研究公司或部门私下召集一群人，用以深入了解客户的情绪和倾向。

[33] **案例研究（case study）**：对某一特定企业或组织所进行的全面研究。

[34] **民族志研究（ethnographic study）**：一种不同类型的深度研究，基于对自己家或社区中人的观察的研究方法。

[35] **描述性研究（descriptive research）**：这类研究系统地探究营销问题，并基于大样本得出研究结果。

[36] **横截面设计（cross-sectional design）**：通常是及时从某地的一个或多个样本对象中系统地收集消费者对一些调查工具的反馈信息。

[37] **问卷（questionnaire）**：一种调查研究工具（纸质或电子版），由一系列问题组成，目的是收集受访者的信息。

[38] **纵向设计（longitudinal design）**：在一段时间内对同一个样本中的受访者的回答进行追踪的技术。

[39] **因果性研究（causal research）**：试图确定两个或两个以上事物之间的因果关系的调研。

[40] **实验（experiments）**：在一个可控的环境中检测变量之间预先设定的关系是否正确的技术。

[41] **神经营销学（neuromarketing）**：一种大脑研究，使用功能磁共振成像（fMRI）等技术来测量被试的大脑活动，以便更好地理解消费者做出决策的原因。

[42] **调查研究（survey research）**：一种更为传统的方法。调查法包括某种形式的访谈或其他与受访者直接接触的形式。

[43] **电话营销（telemarketing）**：企业通过电话直接将产品卖给消费者。

[44] **自动答录电话（robocall）**：就像机器人一样，使用计算机自动拨号器发送预先录制的信息。

[45] **伪造号码（spoofed numbers）**：那些看起来很熟悉但实际上是假的号码。

[46] **拦截研究（intercept research）**：研究者在商场或其他公众场合召集购物者来回答问题。

[47] **非干扰性测量（unobtrusive measures）**：测量在某些活动发生后遗留下来的可用于测量目的的物理证据。

[48] **机械观测（mechanical observation）**：一种依赖非人类设备记录行为的原始数据收集方法。

[49] **眼动追踪技术（eye tracking technology）**：该方法依赖于可携带式或固定设备，以跟踪被测者的眼球运动，从而更深入地了解他们所看内容及观看时间。

[50] **网络志（netnography）**：一种跟踪在线消费者消费模式和对话的定性研究形式。

[51] **猫鱼（catfish）**：在网上假装是别人的人。

[52] **缓存（cookies）**：由网站赞助商插入到所有浏览者的硬盘驱动器的文本文件，允许网站跟踪浏览者的动作。

[53] **预测技术（predictive technology）**：利用大部分人的购物模式来确定其他人可能购买哪类商品。

[54] **跨浏览器数字指纹（cross-browser digital fingerprinting）**：一种通过将使用多个浏览器的特定计算机进行关联来识别对在线问卷的虚假回答的方法。

[55] **效度（validity）**：研究实际上在多大程度上测量了它想测量的东西。

[56] **内部效度（internal validity）**：在当前研究设计方式下，是否能在不混淆其他因素的情况下，进行准确的测量。

[57] **外部效度（external validity）**：研究结果是否能实际适用于目标市场（而不仅仅是旨在代表该目标市场的特定研究参与者）。

[58] **信度（reliability）**：研究测量技术在多大程度上没有误差。

[59] **代表性（representativeness）**：某一研究中

的消费者群体与那些组织感兴趣的更大群体的相似程度。

[60] **抽样（sampling）**：为某研究选取受访者的过程。

[61] **概率抽样（probability sample）**：每一样本单元都以某一已知概率入选的样本。

[62] **非概率抽样（nonprobability sample）**：在选择受访者的过程中加入了个人判断的一种抽样方法。

[63] **便利抽样（convenience sample）**：一种非概率样本，由在收集数据的时间和地点恰好出现的若干个人组成。

[64] **回译（back-translation）**：将资料翻译为外文，然后再将该外文翻译为原文语言的过程。

第 5 章

[1] **客户关系管理（customer relationship management，CRM）**：一种系统化的方法，用于长期跟踪消费者的偏好和行为，以便尽可能为每个个体的独特需求和愿望量身定制价值主张。

[2] **营销技术（MarTech）**：营销和技术的融合。特别关注通过数字技术进行营销的应用。

[3] **高管层（C-suite）**：公司高层管理团队的一个流行术语，因为每个管理人员的头衔都是"首席"，比如首席执行官（CEO）。

[4] **首席客户官（chief customer officer，CCO）**：作为一个越来越受欢迎的高管角色，CCO 被定位为公司所有与客户相关的事务的领导力量。

[5] **一对一营销（one-to-one marketing）**：在客户关系管理的帮助下，一对一营销允许组织定制其向每个客户提供的商品或服务的某些方面。

[6] **接触点（touchpoint）**：客户与公司之间的任何直接接口点（在线、电话或当面）。

[7] **营销自动化（marketing automation）**：一组系统和技术，组织可以使用这些系统和技术制定一组规则，以在无须人工干预的情况下

处理不同的流程。

[8] **潜在客户（lead）**：对购买你出售的产品有潜在兴趣的个人或公司。

[9] **销售漏斗（sales funnel）**：公司寻找、确认并将产品销售给买家的过程。

[10] **潜在客户培育（lead nurturing）**：向潜在客户发送个性化和相关内容以建立信任的自动化过程，使他们更有可能进行最终购买。

[11] **SMART 目标（SMART goals）**：满足具体的、可衡量的、可实现的、相关的和有时限的目标。

[12] **使用者采纳指标（user adoption metrics）**：侧重于员工按预期使用客户关系管理系统的程度，包括各种 IT 指标，如登录次数和数据完整性。

[13] **客户感知指标（customer perception metrics）**：与客户体验因客户关系管理而得到增强的程度有关的衡量标准，如满意度。

[14] **业务绩效指标（business performance metrics）**：直接评估与公司盈利能力相关的结果。

[15] **关键绩效指标（key performance indicators，KPIs）**：实现预期结果的关键进展指标。

[16] **大数据（Big Data）**：一个流行术语，用于描述难以或无法使用传统数据库技术处理的指数级增长的大量结构化和非结构化数据。

[17] **物联网（Internet of Things，IoT）**：一个系统，在该系统中，日常对象连接到互联网，从而能够在整个互联系统中传递信息。

[18] **网页抓取（web scraping）**：用计算机软件从网站提取大量数据。

[19] **感官分析（sentiment analysis）**：通过评估上下情景来确定追随者对产品或品牌的态度（例如积极、消极或中立）的过程或他们发表的评论的情感。

[20] **扫描数据（scanner data）**：数据来源于您使用积分卡结账时在收银台扫描的项目。

[21] **渠道合作伙伴模型（channel partner model）**：

MARKETING 营销的真相（原书第11版）
REAL PEOPLE, REAL CHOICES

在该模型中，采购组织与其供应商之间通过共享或集成信息技术系统进行双向信息交换。

[22] **信息过载（information overload）**：一种状态，在这种状态下，营销人员被大量数据所淹没，以至于几乎无法确定哪些数据提供了有用的信息，哪些数据不提供有用的信息。

[23] **数据挖掘（data mining）**：分析师筛选大数据（通常以泽字节衡量，比吉字节甚至太字节大得多）以识别不同客户群体之间独特的行为模式的过程。

[24] **数据仓库（data warehouse）**：存储和处理数据的系统。

[25] **边缘计算（edge computing）**：更快地处理和存储数据，这意味着实时应用程序（例如特斯拉的自动驾驶功能）变得更加高效。

[26] **结构化数据（structured data）**：这些数据集通常是数字的或分类的；它们通常以易于计算机阅读、组织和理解的方式存在；可以将它们无缝插入计算机的数据库中；而且它们通常可以很容易地放置在行和列中。

[27] **非结构化数据（unstructured data）**：包含非数字信息，这些信息的格式通常是针对人眼的，而计算机不容易理解。

[28] **情感分析（emotion analysis）**：在特定品牌或产品背景下，对社交媒体传播内容进行分析，并确定适合的情感类别。

[29] **数据科学家（data scientist）**：使用数学、计算机科学和趋势分析方面的技能来探索多个不同的数据源，以发现隐藏的见解，从而提供竞争优势的个人。

[30] **人工智能（artificial intelligence，AI）**：机器能够以人类认为聪明的方式执行任务。

[31] **机器学习（machine learning）**：基于机器可以且应该访问数据，并为自己进行学习的人工智能应用。

[32] **增强智能（augmented intelligence）**：通过更高效的自动化来创建使人类变得更好、更聪明、更快乐的系统。

[33] **网络安全（cybersecurity）**：公司对保护数字数据（如电子数据库中的数据）免受破坏力和未经授权用户的不必要行为的承诺。

[34] **网络攻击（cyberattack）**：试图非法访问计算机或计算机系统以造成损害或伤害。

[35] **黑客（hacker）**：非法获得访问权限并篡改计算机系统信息的人。

[36] **数据泄露（data breach）**：有意或无意地将安全或私人/机密信息发布到不受信任的环境中。

[37] **深度学习（deep learning）**：机器学习的一个子集，它允许机器解决复杂问题，即使在使用非常多样化、非结构化和互连的数据集时也是如此。

[38] **深仿（deepfake）**：显示人们在做或说他们实际上没有做或说的事情的一张逼真的照片或视频。

[39] **区块链（blockchain）**：一种同时存在于多台计算机上的数据库，包含由不可变数据"链"链接在一起的数据"块"。

[40] **营销分析（marketing analytics）**：一组使营销人员能够收集、衡量、分析和评估营销工作有效性的技术和流程。

[41] **数字营销渠道（digital marketing channels）**：通过一些特定的分销方式向当前和潜在客户进行传播。

[42] **A/B测试（A/B test）**：一种测试改变营销资产（例如，网页、横幅广告或电子邮件）某一特征的有效性的方法。

[43] **点击率（click-through rate，CTR）**：一种指标，表示已决定点击广告以访问关联网站或网页的网站用户所占的百分比。

[44] **每次点击成本（cost-per-click，CPC）**：广告的费用仅在个人每次点击广告时收取，并指向营销人员放置在广告中的网页的一种在线广告购买。

[45] **每次展示成本（cost-per-impression，CPI）**：在每次广告出现在用户查看的页面上时收取广告费用。

[46] **搜索引擎优化（search engine optimization，SEO）**：一个系统化的过程，可确保你的公

司在与你的业务相关的典型搜索短语列表中位于或接近顶部。

[47] **登录页（landing page）**：网站上为特定直接营销机会而构建的单个页面。

[48] **预测分析（predictive analytics）**：预测未来，从而在实施营销活动之前更好地了解其价值。

[49] **预期装运（anticipatory shipping）**：一个数据驱动的系统，可在客户下订单之前将产品交付给客户，利用预测分析来确定客户的需求，然后自动发货。

第6章

[1] **消费者行为（consumer behavior）**：个人或者组织经过选择、购买、使用以及处置产品、服务、概念或体验，以满足自己需求和欲望的过程。

[2] **参与度（involvement）**：对消费者而言，购买的感知结果的相对重要性。

[3] **感知风险（perceived risk）**：认为选择的产品有一些潜在的负面影响结果（不论是经济、物质或者是社会方面）的一种信念。

[4] **问题识别（problem recognition）**：当消费者看到其某一现有状态与其期望或理想的状态之间存在显著差距时，就开始了识别问题这一过程，这样的识别会引发决策制定过程。

[5] **信息搜集（information search）**：决策过程的一个步骤，在这个过程中，消费者进行回忆并调查环境以确定哪些选项可以解决他们的问题。

[6] **激活域（evoked set）**：消费者在做出决定时意识到的所有替代品牌。

[7] **考虑域（consideration set）**：消费者在做出决定时认真考虑的替代品牌。

[8] **比较购物代理／购物机器人（comparison-shopping agents／shopbots）**：一种网络应用程序，可以帮助在线购物者以最低的价格找到他们想要的东西。

[9] **决定性属性（determinant attributes）**：在选择中区分和比较产品最重要的功能。

[10] **评价标准（evaluative criteria）**：消费者使用的、在不同竞争性产品之间进行评价的标准。

[11] **补偿决定规则（compensatory decision rules）**：允许以某种方式平均竞争产品的属性的决策方法。

[12] **启发式（heuristics）**：一种心理经验法则，通过简化过程达到快速决策。

[13] **品牌忠诚（brand loyalty）**：一种伴随着对于品牌隐含的积极态度而进行的产品的重复购买模式，通常是基于该品牌让产品优于竞争对手这一理念。

[14] **消费者满意度/不满意度（consumer satisfaction/dissatisfaction）**：一个人在购买产品后对产品的整体感受或态度。

[15] **买家懊悔（buyer's remorse）**：消费者在几个相似的诱人选择中做出选择后可能感到的焦虑或后悔。

[16] **ZMOT**：谷歌对消费者决定购买（通常是在智能手机、平板电脑或笔记本电脑上）时的零时真相的称呼。

[17] **过度选择（hyperchoice）**：研究表明，与只有少数几个选择相比，当消费者有很多选择时，他们实际上会做出更糟糕的决定并且感到更沮丧。

[18] **食物挑逗照（food porn）**：在社交媒体上发布消费者用餐照片。

[19] **聊天机器人（chatbots）**：使用语音或文本的计算机程序，允许消费者使用人工智能与计算机交谈。

[20] **知觉（perception）**：人们选择、组织和解释从外界获得信息的过程。

[21] **曝光（exposure）**：一种刺激能够被人们的器官感知到的程度。

[22] **潜意识广告（subliminal advertising）**：营销人员在广告里隐藏的信息。

[23] **注意力（attention）**：我们将心理处理活动用于特定刺激的程度。

[24] **多任务处理（multitasking）**：在各种活动之间来回切换，例如查看电子邮件、观看电视节目、发送即时消息等等。

[25] **富媒体（rich media）**：一种数字广告术语，指的是包含高级功能（如视频和音频元素）的广告，鼓励观众与内容互动。

[26] **解释（interpretation）**：人们根据自己先前的相关经验和他/她所做的假设而给一个物品赋予意义的过程。

[27] **动机（motivation）**：驱使我们通过实施以目标为导向的行为来满足需求的一种内在状态。

[28] **需求层次（hierarchy of needs）**：通过重要性不同的五个层次来对动机进行分类的方法，基本的需求在底层，高级的需求在顶层。

[29] **游戏化（gamification）**：营销人员将游戏设计技术应用于非游戏体验以吸引消费者的策略。

[30] **学习（learning）**：由信息或经验引起的行为改变。

[31] **行为学习理论（behavioral learning theories）**：关注消费者行为是如何被外部事件或刺激因素改变的学习理论。

[32] **经典条件反射（classical conditioning）**：一个人几乎在同一时间感知到两个刺激。过一会儿，这个人将其对一个刺激的反应转移到了另一个刺激上。

[33] **操作性条件反射（operant conditioning）**：当人们了解到他们的行为会导致奖励或惩罚时，就会发生这种情况。这种反馈影响人们对以后相似境况的反应方式。

[34] **认知学习理论（cognitive learning theory）**：一种学习理论，将人视为问题解决者，他们在主动吸收新信息时进行学习。

[35] **观察学习（observational learning）**：人们观察他人的行为并注意到该行为所带来的结果。

[36] **态度（attitude）**：对人、物或事件的持久性评价。

[37] **ABC 态度理论（ABC Theory of Attitude）**：一个表示态度的术语，它使人想到态度的三个组成部分——情感、认知和行为。

[38] **情感（affect）**：个人对一款产品的整体情绪反应，是态度的感情组成部分。

[39] **悲伤广告（sadvertising）**：广告商试图唤起更多的负面情绪来引起我们的注意并与他们的产品建立联系。

[40] **认知（cognition）**：一个人对产品及其重要特征的看法或认识。

[41] **行为（behavior）**：行动组成部分，涉及消费者采取行动的意图。

[42] **个性（personality）**：那些不断影响个人对环境状况反应方式的独特心理特征的集合。

[43] **自我概念（self-concept）**：一个人对自己的态度。由对个人能力的看法，对个人行为的观察以及对个人属性（例如体型或面部特征）的感受（正面和负面）组成。

[44] **家庭生命周期（family life cycle）**：家庭成员在逐渐变老的过程中经历的各阶段。

[45] **生活方式（lifestyle）**：决定人们选择如何使用自己的时间、金钱和精力并能反映人们的价值观、品位和偏好的一种生活模式。

[46] **活动、兴趣和意见（activities，interests，and opinions，AIOs）**：消费者活动、兴趣和意见的衡量标准，用于将消费者纳入考虑维度中。

[47] **感官营销（sensory marketing）**：将独特的感官体验（如独特的香味）与产品或服务联系起来的营销技巧。

[48] **感官烙印（sensory branding）**：独特的感官体验不仅可以吸引顾客，还可以提升品牌。

[49] **时间贫穷（time poverty）**：消费者认为他们比以往任何时候都更加赶时间。

[50] **展厅销售（showrooming）**：消费者在实体店中通过移动设备浏览产品。

[51] **反展厅现象（webrooming）**：消费者通过智能设备在线搜索最低价格的产品。

[52] **混合现实头戴式显示器（HoloLens）**：微软的混合现实头戴式显示器是硬件和人工智能的结合。

[53] **完美不完美（flawsome）** 一个由 "flaws"（缺点）和 "awesome"（令人惊叹）两个词组成的新词。flawsome 描述了一个人不

顾自己的缺点接受自己，并知道自己是了不起的。这是一个最能描述一个人及其相关细节的词。

[54] **社交图谱（social graph）**：绘制每个人在社交网络中的关系，以更好地理解社交媒体的重要性。

[55] **数据驱动的颠覆性营销（data-driven disruptive marketing）**：利用数据和营销内容建立信任的关系导向营销。

[56] **居家（in-homing）**：一种几乎所有活动都在家中进行的生活模式。

[57] **文化（culture）**：群体所产生或经历的价值观、信仰、习惯和品味。

[58] **亚文化（subculture）**：在更大的文化中与其他群体共存的群体，但其成员具有一套独特的信仰或特征。

[59] **微文化（microcultures）**：认同特定活动或艺术形式的消费者群体。

[60] **消费者保护主义（consumerism）**：旨在保护消费者免受有害商业行为侵害的社会运动。

[61] **自觉消费主义（conscientious consumerism）**：消费主义运动的延续，消费者在日常购物中更加关注环境问题，营销人员遵循消费主义的行动号召。

[62] **社会阶层（social class）**：一个人在社会中的等级。处于同一阶层的人们在职业、教育背景和收入水平方面有相似性，并且他们在衣着、装修风格和休闲活动方面都有相似的品位。

[63] **身份象征（status symbols）**：一种炫耀其较高社会阶层成员身份（或至少让他人相信他们是这一阶层中的一员）的可视标识。

[64] **大众阶层（mass class）**：全球范围内数以亿计的、具有足以支付高品质产品（住宅或者豪华汽车等高价位产品除外）的购买力水平的消费者。

[65] **参照群体（reference groups）**：消费者想取悦或模仿的一组人。

[66] **意见领袖（opinion leader）**：影响他人态度或行为的人，因为他们相信这个人有产品

方面的专门知识。

[67] **性别角色（gender roles）**：社会对男性和女性应该表现出的"合适"态度、行为和外表的期望。

[68] **B2B 市场〔business-to-business（B2B）markets〕**：由生产商、批发商、零售商和其他组织组成的客户群。

[69] **组织市场（organizational markets）**：B2B市场的另外一个名称。

[70] **生产商（producers）**：购买产品用于生产其他商品和提供服务，然后将这些产品出售以赚取利润的个人或组织。

[71] **中间商（resellers）**：为了转卖、出租或出租给消费者和其他企业而购买产成品的个人或组织。

[72] **政府市场（government markets）**：为了完成公共的目标和支持自身的运转来购买有形产品和服务的中央、省、市和地方政府。

[73] **北美产业分类系统（North American Industry Classification System，NAICS）**：美国、加拿大和墨西哥开发的行业的数字编码，它依据公司的商业活动把它们分入不同的类别。

[74] **衍生需求（derived demand）**：由对消费品或服务的需求所引发的对企业或组织产品的需求。

[75] **联合需求（joint demand）**：对于为了制造一件产品而必须同时使用的两种或多种有形产品的需求。

[76] **采购分类（buyclass）**：确定了做出决定所需的时间和精力的程度。应用于三种不同采购情境当中的分类是直接重购、修正重购和全新采购。

[77] **直接重购（straight rebuy）**：指企业例行购买 B2B 客户定期需要的产品。

[78] **修正重购（modified rebuy）**：企业决定寻找一家有更优的价格、质量或运输时效更有保障的供应商。

[79] **新购任务（new-task buy）**：企业间的一种采购行为，通常是复杂或具有风险的，并且需要广泛的决策过程。这种采购通常发

MARKETING REAL PEOPLE, REAL CHOICES 营销的真相（原书第11版）

生在企业首次购买某种产品或服务时，因此需要更多的信息收集和评估。

[80] **采购中心（buying center）**：组织中参与采购决策过程的一群人。采购中心并不是一个地点，而是决策者组成的"跨职能小组"。

[81] **产品规格（product specifications）**：对购买的质量、尺寸、重量、颜色、特性、数量、培训、保修、服务条款和交付要求的书面说明。

[82] **客户参考计划（customer reference program）**：一种正式的流程，通过该流程，客户正式分享成功店铺，并积极向其他潜在客户推荐产品，通常通过在线社区进行。

[83] **单一货源（single sourcing）**：从唯一一家供应商处购买特定产品的商业行为。

[84] **多货源（multiple sourcing）**：从多个不同的供应商处购买产品的商业行为。

[85] **利益互惠（reciprocity）**：买卖双方通过必要的说明即"我从你那里购买，你从我这里购买"，都同意成为对方的客户。

[86] **外包（outsourcing）**：公司利用外部供应商提供那些本可以自己提供的产品或服务。

[87] **离岸经营（offshoring）**：美国公司与中国或印度等偏远地区的公司或个人签订合同，以执行他们过去在国内开展的工作的过程。

[88] **逆向营销（reverse marketing）**：一种商业行为，采购企业努力识别那些愿意依据采购企业的规定来生产产品的供应商。

[89] **B2B 电子商务（business-to-business e-commerce）**：两个或多个企业或组织之间通过互联网的信息、商品、服务和支付交易。

[90] **外联网（extranet）**：允许组织外部的特定供应商、客户和其他人进入公司的内部系统。

[91] **恶意软件（malware）**：专为损坏或破坏计算机系统而设计的软件。

[92] **间谍软件（spyware）**：在未经个人或组织同意或知道的情况下从个人或组织的内联网秘密收集信息的软件。

[93] **防火墙（firewall）**：一种硬件和软件的组合，可确保只有经过授权的个人才能进入计算机系统。

[94] **加密（encryption）**：对消息进行加扰，所以使得只有拥有正确"密钥"的人或计算机才能够使信息恢复。

第 7 章

[1] **市场分化（market fragmentation）**：现代社会中由于独特需求和需要的多样性而产生出的许多不同的消费者群体。

[2] **目标市场营销战略（target marketing strategy）**：根据客户特征将整个市场划分为不同的细分市场，选择一个或多个细分市场，开发产品来满足这些特定细分市场的需求。

[3] **市场细分（segmentation）**：根据一个或多个有意义的共同特征将一个大市场划分为更小的市场的过程。

[4] **过度分割（oversegmentation）**：如果一个组织提供了太多的选择，消费者可能因为太多的选择而感到困惑。

[5] **细分变量（segmentation variables）**：将全部市场细分为几个同质市场时所使用的维度，使各同质市场间的需求和偏好有所不同。

[6] **世代营销（generational marketing）**：专门针对某一代人进行营销，他们通常有相同的世界观、价值观和偏好。

[7] **Z 一代（generation Z，iGen）**：在 1994 年之后出生的消费者群体。

[8] **数字原住民（digital natives）**：花费大量时间上网，因此他们希望品牌能与他们进行双向数字对话。

[9] **Y 一代（generation Y，millennials）**：在 1979 年到 1994 年之间出生的消费者群体。

[10] **X 一代（generation X）**：在 1965 年到 1978 年之间出生的消费者群体。

[11] **婴儿潮（baby boomers）**：指 1946 年至 1964 年之间出生的消费者群体。

[12] **性别认同（gender identity）**：个人对自己

性别的感觉。

[13] **购买力（buying power）**：这是一个细分概念，可以让营销人员基于消费者收入中可自由支配支出和非自由支配支出的认识，决定如何更好地将不同的产品和不同的产品版本与不同的消费者群体相匹配。

[14] **内容营销（content marketing）**：以署名、博客、评论机会、视频、可共享社交图片等形式建立思想领导力或者意见领袖的策略，以期与特定客户群体产生共鸣。

[15] **文化多元化（cultural diversity）**：努力在组织的员工、客户、供应商和分销渠道合作伙伴中吸纳不同性别、民族、种族和宗教信仰的一种管理行为。

[16] **地理细分（geographic segmentation）**：市场营销人员根据特定地理区域定制产品的一种方法，因为人们的偏好往往因居住地而异。

[17] **地理信息系统（geographic information system，GIS）**：一种将地理地图与数字存储的特定地理区域消费者数据相结合的系统。

[18] **地理人口学（geodemography）**：将地理与人口统计学进行结合的一种细分技术。基本的假设是"物以类聚，人以群分"——居住地彼此临近的人们会具备类似的特点。

[19] **地理定位（geotargeting）**：基于用户当前的实时位置向一组特定用户进行营销。

[20] **微观营销（micromarketing）**：一种识别和瞄准微小的地理区域的能力。

[21] **心理特征因素（psychographics）**：根据心理和行为相似性（如共同的活动、兴趣和意见等）对消费者进行细分。

[22] **价值和生活方式调查（Values and Lifestyles Survey，VALS™）**：一种心理分类系统，把美国的成年人划分成八个群体，这种划分是基于人们的心理驱动力和资源拥有量的不同来进行的。

[23] **玩家细分市场（gamer segment）**：将心理/生活方式变量与世代营销相结合的细分市场。

[24] **徽章（badge）**：玩家通过游戏化应用程序在进步时获得的某种里程碑或奖励。

[25] **行为细分（behavioral segmentation）**：根据消费者对产品的感觉或使用方式对消费者细分。

[26] **80/20 法则（80/20 rule）**：20% 的购买者占产品销售额的 80%（这个比例是一个近似值）。

[27] **顾客忠诚度（customer loyalty）**：客户转向竞争对手产品的可能性。

[28] **客户黏性（customer stickiness）**：指的是通过精心培养，使客户对品牌或产品产生高度忠诚，从而更有可能完成预期购买、重复购买并向他人推荐该产品或服务。这种黏性反映了客户与品牌之间的紧密联系和长期互动。

[29] **体验忠诚（experiential loyalty）**：客户忠诚度不仅会增加购买量，还会为客户带来更广泛的体验。

[30] **使用率（usage rate）**：反映了消费者对特定产品或服务的购买数量或使用频率。

[31] **长尾（long tail）**：一种新的市场细分方法，它是基于这样一种观念：企业也可以通过销售少部分人需要的少量级产品来获利，只要企业卖出足够多不同类型的产品。

[32] **使用情景（usage occasions）**：一种用于行为市场细分的指标，基于消费者何时使用产品最多。

[33] **组织人口统计（organizational demographics）**：营销人员用于描述、分类和组织不同组织的特定维度，以便对 B2B 市场进行细分。

[34] **个人细分（segment of one）**：跟踪单个潜在客户的活动和偏好，然后根据他们的行为为该个人定制产品或广告。

[35] **选择目标市场（targeting）**：市场营销人员评估每个潜在细分市场的吸引力，并决定他们将在其中的哪些群体中投入资源，来试图将他们转化为客户。

[36] **目标市场（target market）**：一个组织将其营销计划重点放在其上的细分市场，并将

其营销工作引向该细分市场。

[37] **细分市场轮廓（segment profile）**：对细分市场中"典型"客户的描述，比如可能包括客户人口统计信息、位置、生活方式信息以及客户购买产品的频率。

[38] **人物角色（personas）**：营销人员创造的虚构角色，代表了产品不同的关键潜在用户类型。

[39] **无差异目标市场战略（undifferentiated targeting strategy）**：吸引广泛人群的战略。

[40] **差异化目标市场战略（differentiated targeting strategy）**：为具有不同产品需求的多个客户群体中的每一个开发一种或多种产品。

[41] **集中化目标市场战略（concentrated targeting strategy）**：一家公司向一个细分市场提供一种或多种产品。

[42] **定制化营销战略（custom marketing strategy）**：制造商通常与一个或几个大客户合作，开发只有这些客户才会使用的产品。

[43] **大规模定制（mass customization）**：制造商修改基本商品或服务以满足个人的特定需求。

[44] **定位（positioning）**：通过制定营销战略，来影响特定细分市场对企业产品或服务相对于竞争者的产品和服务的感知。

[45] **直接竞争对手（direct competitors）**：与公司的产品非常相似的竞争对手。

[46] **间接竞争对手（indirect competitors）**：竞争对手的产品与你的产品不同，但可能会提供相同的好处并满足相同的客户需求。

[47] **定位声明（positioning statement）**：帮助公司在内部确定产品的定位，以便任何相关的营销传播都集中于向消费者阐明产品所提供的特定价值。通常包括产品所针对的细分市场，目标细分市场中产品最重要的主张（差异化因素），以及支持产品主张的重要证据。

[48] **重新定位（repositioning）**：根据市场的变化重新进行定位。

[49] **怀旧品牌（retro brand）**：指在怀旧风潮的影响下，曾经流行一时现在又重新受到大众青睐的品牌。

[50] **感知地图（perceptual map）**：通过一种形象的方法来构建一幅图片，描述产品或品牌在消费者头脑中的位置。

[51] **被忽视的细分市场（neglected segment）**：指的是一个未被现有产品或服务充分覆盖或完全未开发的市场群体，可能存在新产品的进入机会。这类市场通常具有潜在的需求，但尚未被有效满足。

第 8 章

[1] **属性（attributes）**：指的是产品的特征、功能、用途以及与之相关的各种要素。营销人员将产品视为一系列属性的组合，这些属性不仅包括实物产品本身，还涵盖包装、品牌名称、产品带来的利益以及附加的支持性功能等。

[2] **供应物（offering）**：营销人员常用的通用术语，表示产品属性和产品价值来源的广泛可能性。

[3] **有形产品（good）**：我们可以看到、触摸、闻到、听到、尝到或拥有的东西。

[4] **核心产品（core product）**：产品将为消费者或商业客户提供的所有好处或利益。

[5] **实际产品（actual product）**：满足预期收益的实物商品或交付的服务。

[6] **延伸产品（augmented product）**：也叫附加产品，实际产品加上其他支持功能，例如保修、维修、安装和售后服务。

[7] **耐用品（durable goods）**：指的是能够长期使用并为消费者提供持续利益的消费品，例如汽车、家具和家用电器等。这类产品通常使用寿命较长，消费者不需要频繁更换。

[8] **非耐用品（nondurable goods）**：指的是短期内被消耗或使用后失去效用的消费品，例如食品、报纸等。这类产品通常使用寿命较短，消费者需要频繁购买。

[9] **便利产品（convenience product）**：通常是非耐用品或消费者经常购买的产品和服务。

[10] **日常必需品（staple products）**：基本或必要的物品，几乎随处可见。

[11] **包装消费品或快速消费品（consumer packaged good or fast-moving consumer good，CPG or FMCG）**：一种快速消费并经常更换的低成本商品。

[12] **冲动产品（impulse products）**：消费者受一时冲动购买的产品。

[13] **地理围栏营销（geofencing marketing）**：使用全球定位系统（GPS）或无线射频（RFID）技术来创建虚拟地理边界，使软件能够在移动设备进入或离开特定区域时触发响应。

[14] **应急产品（emergency products）**：当人们急需的时候才会去购买的产品。

[15] **选购产品（shopping products）**：消费者会花费时间和精力收集价格、产品属性和产品质量信息的商品或服务。

[16] **特色产品（specialty products）**：是指具有独特特性、对购买者非常重要，并且消费者愿意投入大量精力去获取的商品或服务。

[17] **非渴求品（unsought products）**：消费者不熟悉，或虽然熟悉但不感兴趣，不主动寻求购买的商品。

[18] **设备（equipment）**：一个组织在日常运作中长期使用的昂贵物品。

[19] **维护、维修和运营产品（maintenance，repair，and operating products，MRO）**：指企业客户在相对较短的时间内消费的商品。

[20] **原材料（raw materials）**：渔业、木材业、农业和采矿业的产品，组织客户购买这些产品用于生产他们的成品。

[21] **加工材料（processed materials）**：指原材料经过加工，改变其原有状态所形成的产品。

[22] **特殊服务（specialized services）**：这些服务对于组织的运营至关重要，但不是产品生产的一部分。

[23] **零部件（component parts）**：组织完成自己的产品所需的制成品或成品的子组件。

[24] **创新（innovation）**：是指消费者认为新颖且与现有产品不同的产品。

[25] **创造力（creativity）**：是指创造出某种新颖且有价值的事物的现象。

[26] **设计思维（design thinking）**：利用逻辑、想象、直觉和系统推理来探索事情发生的可能性，并创造出有利于最终用户的预期结果的过程。设计思维也被称为以人为本的设计。

[27] **意念（ideation）**：通过以发散和收敛思维交替为特征的过程来产生想法。

[28] **发散思维（divergent thinking）**：提出尽可能多的新想法，并探索新的"开箱即用"替代方案。

[29] **收敛思维（convergent thinking）**：在成功的发散思维之后，转向分析不同的想法，以便做出最佳选择。

[30] **连续创新（continuous innovation）**：对现有产品的改造，使得一个品牌与其竞争者品牌区分开来。

[31] **翻版产品（knockoff）**：对原创产品的设计稍加修改复制而产生的新产品。

[32] **动态连续创新（dynamically continuous innovation）**：对现有产品的明显修改，需要适度的学习或改变行为才能使用它。

[33] **间断性创新（discontinous innovation）**：指彻底改变人们生活方式的全新产品，将引发社会行为模式的重大变革。

[34] **融合（convergence）**：把两种或多种技术结合在一起，创造出可以比原始技术提供更大利益的新系统。

[35] **颠覆性创新（disruptive innovation）**：创造新的市场和价值链并最终破坏现有市场和价值链，取代已建立的市场领先公司、产品和联盟的创新。

[36] **先发优势（first-mover advantage）**：作为第一家以新产品进入市场的公司，也许是一个颠覆性的创新者。

[37] **新产品开发（new product development，NPD）**：公司开发新产品的阶段，包括创意产生、产品概念开发和筛选、制定营销策

略、业务分析、技术开发、市场测试和商业化。

[38] **价值共创（value co-operation）**：组织通过顾客和其他利益相关者在新产品开发过程中的协作参与来创造价值的过程。

[39] **产品概念开发和筛选（product concept development and screening）**：新产品开发的第二个阶段，营销人员测试产品的技术和商业可行性。

[40] **技术成功性（technical success）**：表明一个产品概念是可行的，无论它是否被认为是商业可行的，纯粹从是否有可能实际开发的角度来看。

[41] **商业成功性（commercial success）**：表明从开发产品的公司是否相信或将有足够的消费者需求来保证其开发和进入市场的角度来看，产品概念是可行的。

[42] **业务分析（business analysis）**：新产品开发过程的一个阶段，在这个阶段中营销人员评估新产品的商业可行性。

[43] **技术开发（technical development）**：新产品开发过程的一个阶段，在这个阶段，公司的工程师与营销人员合作完善设计和生产过程。

[44] **产品原型（prototypes）**：推荐产品的测试版。

[45] **市场测试或测试市场（market test, or test market）**：是指在一个与公司希望进入的更大市场相似的小型地理区域内，对完整的营销计划进行测试。

[46] **模拟市场测试（simulated market test）**：是指应用特殊的计算机软件来模拟将产品引入市场的过程，使公司能够看到降价和新包装可能产生的影响，甚至可以确定产品在商店中的最佳摆放位置。

[47] **商业化（commercialization）**：新产品开发过程的最后一个阶段，即新产品投放到市场上。

[48] **众筹（crowdfunding）**：在线平台允许成千上万的个人每人捐出少量资金，资助一家初创公司的新产品。

[49] **产品采用（product adoption）**：消费者或企业客户开始购买和使用新商品、服务或想法的过程。

[50] **扩散（diffusion）**：一种产品的使用在整个人群中传播的过程。

[51] **引爆点（tipping point）**：在产品扩散的过程中，产品销售改变缓慢上升的趋势，达到前所未有的水平的那一点。这通常伴随着价格的急剧下降。

[52] **采用金字塔（adoption pyramid）**：反映了一个人从对某项创新一无所知，到最终采纳并确认该创新的过程。这个过程通常包括以下几个阶段：从底部的知晓（awareness）、兴趣（interest）、评估（evaluation）、试用（trial）、采用（adoption）到最终的确认（confirmation）。

[53] **媒体闪电战（media blitz）**：在一个相对较短的时间段内营销人员开展大规模的广告活动。

[54] **冲动购买（impulse purchase）**：事先没有计划或者搜寻行动而进行的购买行为。

[55] **贝塔测试（beta test）**：限量发布产品，尤其是创新技术，以允许少数愿意在正常、日常使用条件下测试产品的客户使用和反馈。

[56] **前沿技术（bleeding-edge technology）**：指的是一种尚未完全准备好面向市场发布的创新技术，通常可能因为可靠性和稳定性等问题还未完全解决。然而，这种技术已经处于适合进行"贝塔测试"的阶段，以便评估消费者对其性能的感知，并发现使用中可能存在的潜在问题。

[57] **创新者（innovators）**：约占采用者的前2.5%。这一细分市场非常具有吸引力，他们愿意为新产品承担风险。

[58] **早期采用者（early adopters）**：这部分人在创新扩散过程中较早采用创新，但时间上晚于创新者（innovators）。

[59] **早期大众（early majority）**：这部分人采用

新产品标志着该创新已经获得了普遍的接受。

[60] **晚期大众（late majority）**：这部分采用者愿意尝试新产品，但通常是在购买几乎没有风险、购买成为经济上的必需品，或者在社会压力下不得不购买时才会采取行动。他们比早期采用者更加谨慎，倾向于等待产品成熟并被广泛接受后再做出购买决策。

[61] **落伍者（laggards）**：人群中最后一批采用新产品的人。

[62] **相对优势（relative advantage）**：消费者认为新产品提供卓越利益的程度。

[63] **兼容性（compatibility）**：新产品与现有文化价值观、习俗和实践的一致性程度。

[64] **复杂性（complexity）**：消费者发现新产品或其用途难以理解的程度。

[65] **可试用性（trialability）**：对新产品进行试用，并了解其优势的难易程度。

[66] **可观察性（observability）**：对可能采用它的人来说，新产品及其优势的可见度。

第9章

[1] **产品管理（product management）**：营销人员为其产品确立的方向和重点，旨在最终支持业务单元更广泛的营销目标，并与企业的整体使命保持一致。

[2] **产品线（product line）**：公司为满足一组目标顾客需求而提供的全部产品。

[3] **产品线长度（product line length）**：由同一类别中独立产品的数量决定，反映了企业在该产品线中提供的产品种类的多少。

[4] **最小库存单位（stock-keeping unit，SKU）**：每个不同产品的唯一标识符。

[5] **全线产品策略（full-line product strategy）**：针对许多顾客细分市场，目的是提高销售潜力。

[6] **有限产品策略（limited-line product strategy）**：一种产品线策略，其产品变化较少，以向市场传递排他性或专业化的信号。

[7] **产品线延伸策略（product line extension strategy）**：组织通过添加更多品牌或产品型号来延伸特定产品线的策略。

[8] **产品线向上延伸（upward product line stretch）**：一种产品线延伸策略，在价格较高的一端增加新的产品。

[9] **产品线向下延伸（downward product line stretch）**：一种产品线延伸策略，在价格较低的一端增加新产品。

[10] **双向产品线延伸（two-way product line stretch）**：一种产品线扩展策略，同时向市场的高端和低端两个方向推出新产品。

[11] **填充式产品策略（filling-out product strategy）**：一种通过增加产品类别中之前未提供的尺寸或款式来丰富产品线的策略。

[12] **蚕食效应（cannibalization）**：指的是当企业推出产品线或产品系列中的新商品时，导致现有品牌销售额下降的现象。

[13] **产品组合（product mix）**：企业的整个产品系列。

[14] **产品组合的宽度（product mix width）**：公司生产的不同产品线的数量。

[15] **产品质量（product quality）**：产品满足客户期望的总体能力。

[16] **内部客户（internal customers）**：企业内部相互协作的同事，他们秉持一种态度和信念，认为所有活动最终都会影响外部客户。

[17] **内部客户心态（internal customer mindset）**：一种组织文化，其中所有组织成员都将彼此视为有价值的客户。

[18] **ISO 9000**：在欧洲，国际标准化组织为了监管产品质量而制定的标准。

[19] **六西格玛（Six Sigma）**：一种管理流程和方法，旨在通过严格的质量控制和流程优化，将产品缺陷率限制在每百万次机会中不超过 3.4 个缺陷。

[20] **产品生命周期（product life cycle，PLC）**：这一概念揭示了产品如何经历从产生到死亡的四个不同的阶段：引入期、成长期、成熟期和衰退期。

[21] **引入期（introduction stage）**：产品生命周

MARKETING 营销的真相（原书第11版）
REAL PEOPLE, REAL CHOICES

期的第一个阶段，此时市场上伴随着新产品引入的是销售的缓慢增长。

[22] **产品重新发布（product relaunch）**：公司使用细分、目标市场营销和定位原则来重新定位现有产品，以便重新进入产品生命周期。

[23] **成长期（growth stage）**：产品生命周期的第二阶段，在这一阶段中产品获得了认可，销售额快速增长，利润也增长并达到峰值。

[24] **成熟期（maturity stage）**：产品生命周期中的第三个也是最长的一个阶段，在这一阶段，销售额达到顶峰，然后开始趋于平稳，甚至利润率开始下降。

[25] **衰退期（decline stage）**：产品生命周期的最后一个阶段，在此阶段，整个产品类别的销售额下降。

[26] **品牌（brand）**：一种产品的名称、术语、符号或独特的元素，可以用于识别一家公司的产品，并使其在竞争中脱颖而出。

[27] **商标（trademark）**：品牌名称、品牌标志或商业角色的法律术语。商标在政府注册后，可以获得在该国独家使用的法律保护。。

[28] **品牌资产（brand equity）**：一个品牌价值高于该产品一般价值的部分。

[29] **品牌意义（brand meaning）**：消费者对品牌的信念和联想。

[30] **品牌个性（brand personality）**：能够抓住有形产品或服务的特征的利益的一种独特形象。

[31] **品牌拟人化（brand anthropomorphism）**：将人类特征和品质赋予一个品牌。

[32] **品牌故事（brand storytelling）**：营销人员讲述的吸引消费者的品牌故事。

[33] **品牌延伸（brand extensions）**：以相同的品牌名称销售新产品。

[34] **品牌稀释（brand dilution）**：指的是品牌价值的下降，通常是由于推出了与消费者当前对品牌认知属性相冲突的品牌延伸产品所导致。这种冲突可能会削弱品牌的独特

性和市场定位，从而影响消费者对品牌的信任和忠诚度。

[35] **子品牌（sub-branding）**：是指在主品牌下创建一个次级品牌，以帮助针对特定的目标群体区分产品线。

[36] **家族品牌（family brand）**：一组单个产品或单个品牌所共有的品牌。

[37] **国家品牌或制造商品牌（national or manufacturer brands）**：生产商拥有的品牌。

[38] **自有品牌（private-label brands）**：零售店或连锁店的独家商标。

[39] **通用品牌（generic brands）**：一种不为产品打品牌并以最低价格销售的策略。

[40] **许可（licensing）**：一种协议，其中一家公司向另一家公司出售在特定目的和特定时间内使用某一品牌名称的权利。

[41] **联合品牌（cobranding）**：两个品牌之间达成的一项协议，旨在推销一种新产品。

[42] **生活方式品牌（lifestyle brands）**：旨在激励、引导和激励人们的品牌，目标是为消费者的生活方式做出贡献。

[43] **成分品牌化（ingredient branding）**：品牌材料成为其他品牌产品的"组成部分"。

[44] **重塑品牌（rebranding）**：采用一个已确立的品牌，并有意图地和战略性地创造一个新的名称、概念、符号、设计、形象和信息，以便在消费者和其他利益相关者的心目中形成一个新的、与众不同的身份。

[45] **包装（package）**：指产品的外壳或容器，旨在提供产品保护、便于产品的使用和储存，并提供重要的营销传播信息。

[46] **通用产品代码（universal product code, UPC）**：印在杂货店和其他大众商品销售点出售的大多数商品侧面或底部的一组黑色条形码，对应一个唯一的10位数字。

[47] **可持续包装（sustainable packaging）**：包装涉及以下一种或多种：可以使用可回收材料，需要较少资源投入的材料，以及通常对环境危害较小的材料和工艺。

[48] **山寨包装（copycat packaging）**：模仿外观相似或功能相同的全国性品牌产品设计的包装，通常旨在让消费者认为这两种产品具有可比性。

[49] **品牌经理（brand manager）**：负责协调品牌的所有营销活动的个人。

[50] **产品品类经理（product category managers）**：负责协调一般的产品类别内的产品线组合，并根据客户需求考虑添加新的产品线。

[51] **市场经理（market manager）**：负责制定和实施向特定顾客群销售产品的营销计划的个人。

[52] **创新攻坚小组（venture teams）**：组织内专门针对新产品开发而一起工作的跨职能协作团队。

[53] **电梯演讲（elevator pitch）**：在平均乘坐电梯的 30 秒时间内与他人分享你的价值主张。

第 10 章

[1] **市场份额（market share）**：特定公司、产品线或品牌所占市场的百分比（以销售单位或收入定义）。

[2] **竞争效应定价（competitive-effect pricing, or market-based pricing）**：基于（高于、低于或等于）竞争对手的定价对产品进行定价。。

[3] **声望产品（prestige products）**：有很高的价格、用以吸引那些注重社会地位的消费者的产品。

[4] **需求价格弹性（price elasticity of demand）**：价格变化的百分比所引起的销售单位变化百分比，测量消费者对价格变化的敏感程度。

[5] **弹性需求（elastic demand）**：价格的变化仅对需求量产生很小的影响或者没有影响。

[6] **无弹性需求（inelastic demand）**：价格的变化仅对需求量产生很小的影响或者没有影响。

[7] **需求交叉弹性（cross-elasticity of demand）**：

其他产品价格的变化也可能影响产品的需求。

[8] **可变成本（variable costs）**：生产成本（原材料和加工材料、零件和劳动力）与生产单位数量有关并随生产单位数量的变化而变化。

[9] **固定成本（fixed costs）**：不随着产量变化而变化的成本。

[10] **平均固定成本（average fixed cost）**：单位产品的固定成本。

[11] **总成本（total costs）**：一定数量的生产单位的可变成本和固定成本之和。

[12] **盈亏平衡分析（break-even analysis）**：一种用于确定公司必须以给定价格生产和销售多少单位产品才能覆盖其所有成本的方法。

[13] **盈亏平衡点（break-even point）**：总收入与总成本相等的点，超过该点公司开始盈利；低于该点，公司将遭受亏损。

[14] **单位边际贡献（contribution per unit）**：产品价格（单位收入）和可变成本之间的差额。

[15] **2017 年《减税与就业法案》（The Tax Cuts and Jobs Act of 2017，TCJA of 2017）**：2017 年，美国对美国企业的海外收入征税方式做出了重大调整。

[16] **加成（markup）**：添加到产品成本上的金额，以确定渠道成员销售产品的价格。

[17] **毛利率（gross margin）**：加在产品成本上的加价金额，以弥补零售商或批发商的固定成本，并留出一定的利润。

[18] **零售商利润（retailer margin）**：零售商基于产品成本的利润。

[19] **批发商利润（wholesaler margin）**：批发商加在产品成本上的金额。

[20] **标价或制造商建议零售价（list price or manufacturer's suggested retail price, MSRP）**：制造商设定的、建议终端消费者支付的合适价格。

[21] **共享经济（sharing economy）**：消费者通

MARKETING 营销的真相
REAL PEOPLE, REAL CHOICES（原书第 11 版）

过在线平台分享商品和服务的一种消费活动。

[22] **优步（Uber）**：一种点对点共享服务，通过网站和移动应用程序在全球范围内提供共享乘车、食品配送和交通服务。

[23] **爱彼迎（Airbnb）**：为消费者提供的一种共享服务，可租赁或租用短期住宿，包括度假别墅、公寓、民宿、旅社床位和酒店房间。

[24] **为掌控感而购物（shopping for control）**：面对充满恐怖主义和政治动荡的世界，消费者更看重那些能提供一定程度掌控感的产品和服务，例如智能家居技术或封闭式社区。

[25] **成本加成定价法（cost-plus pricing）**：基于成本的产品定价方法。商家将产品成本进行加总，然后加上一定数额的加成（或者生产商标价）形成售价。

[26] **梯形法零售定价（keystoning）**：零售商通过将商品的成本翻倍（100%加价）来确定价格。

[27] **需求导向定价法（demand-based pricing）**：企业基于不同市场、在不同价格水平下所能销售的产品数量来确定售价。

[28] **拥堵定价（congestion pricing）**：一种定价策略，通过在交通高峰时段对行驶车辆收取高额费用来减少交通拥堵。

[29] **目标成本（target costing）**：一种过程，企业在设计产品之前确定满足客户需求的质量和功能，并了解他们愿意支付的价格；只有在企业能够控制成本以达到目标价格时，才会进行产品生产。

[30] **收益管理定价（yield management pricing）**：对不同的顾客收取不同的价格来管理承载能力，同时实现收入最大化。

[31] **价格领导（price leadership）**：一家企业首先制定自己价格，行业内的其他企业紧随其后制定相同或相似价格的定价策略。

[32] **价值定价**或**每日低价策略（value pricing or everyday low pricing，EDLP）**：企业每天以合理的价格提供高质量和耐用的产品。

[33] **高/低定价**或**促销定价（high/low pricing or promo pricing）**：零售商的价格高于每日低价的连锁店，通常以厂商建议零售价或标价出售商品，但他们会进行频繁的（通常是每周）促销，对某些产品推出大幅折扣活动。

[34] **撇脂定价（skimming price）**：公司对新产品收取高溢价，其目的是为了在以后能降低价格以应对市场压力。

[35] **渗透定价（penetration pricing）**：企业把新产品价格定得很低，以在短期内争取更多销量，并获得市场份额。

[36] **试销定价（trial pricing）**：在有限的时间里保持低价，以引起顾客的高度兴趣。

[37] **价格细分（price segmentation）**：对同一产品在不同的细分市场收取不同的价格。

[38] **旺季定价（peak load pricing）**：当一种产品的需求在可预测的时期内有所不同时，卖方通常会制订一个定价计划，在需求较高的时期将价格定得更高。

[39] **动态定价（surge pricing）**：在需求上升时提高产品价格，在需求下降时降低价格。

[40] **金字塔底层定价（bottom-of-the-pyramid pricing）**：一种创新的定价策略，旨在进入金字塔底层国家的品牌通过吸引最低收入消费者来获得市场立足点。

[41] **分部定价（two-part pricing）**：对某一产品的两个分开的部分实行两种不同的价格。

[42] **支付定价（payment pricing）**：将总价格分解成更小的支付金额，让消费者认为价格是"可以接受的"。

[43] **订阅定价（subscription pricing）**：一种由卖家提出的要求顾客定期支付使用产品的费用的策略。

[44] **引诱定价（decoy pricing）**：一种卖家至少提供了三种类似产品以供对比和选择的策略。

[45] **清仓出售（clearance sale）**：收尾或清仓销售是零售商或批发商对库存的折扣销售。清仓旨在帮助销售可能是季节性或过时的

不需要的库存，以便为新商品腾出空间，并将不受欢迎的产品的财务影响降至最低。

[46] **捆绑定价（price bundling）**：将两件或多件产品或服务打包销售并对这些产品组合索取一种价格。

[47] **附带产品定价（captive pricing）**：当企业生产两种必须一起使用才能有效的产品时会采取的定价策略。

[48] **F.O.B 工厂价格或离岸原始价格（F.O.B factory pricing or F.O.B origin pricing）**：从产地到顾客方之间的产品运输费用由顾客承担。

[49] **离岸运输价格（F.O.B delivered pricing）**：供应商承担产品的装载和运输费用，这些费用都会包含在销售价格之内。

[50] **统一交货定价（uniform delivered pricing）**：一种定价策略，公司对所有客户收取标准运费，无论其地理位置如何。

[51] **运费补贴定价（freight absorption pricing）**：销售商负责部分或全部运输费用。

[52] **贸易折扣（trade discounts）**：对实施了多种营销职能的分销渠道成员在产品定价基础上给予的一定折扣。

[53] **数量折扣（quantity discounts）**：在大量购买时适当降低价格。

[54] **现金折扣（cash discounts）**：为吸引顾客迅速付款而提供的折扣。

[55] **季节性折扣（seasonal discounts）**：只在一年中的特定时间降价。

[56] **动态定价（dynamic pricing）**：一种定价策略，其中价格可以轻松调整以适应市场变化。

[57] **网上拍卖（online auctions）**：一种电子商务形式，允许购物者通过在线竞标购买商品。

[58] **免费增值定价（freemium pricing）**：一种商业策略，其中最初始版本的产品是免费提供的，但公司对具有更多、更强大功能或更大容量的产品升级版本收取费用（溢价）。

[59] **互联网价格歧视（internet price discrimination）**：一种互联网定价策略，根据订单大小或地理位置对同一产品的不同买家收取不同的价格。

[60] **数字加密货币（cryptocurrency）**：一种使用加密技术来保证安全的数字货币。

[61] **比特币（Bitcoin）**：最受欢迎和增长最快的加密货币。

[62] **数字钱包（digital wallet）**：一个金融账户，消费者可以使用它来存储资金、进行交易并通过计算机来跟踪支付。

[63] **移动钱包（mobile wallet）**：智能手机上的应用程序，它可以存储信用卡、借记卡、回馈卡信息以及优惠券等。

[64] **先买后付（buy-now-pay-later，BNPL）**：允许消费者先购买产品并在三四个月内付款的服务。

[65] **先攒钱后付款（save-now-buy-later，SNBL）**：一种付款过程，通过该过程自动从客户的银行账户中提取付款；当保存了约定的金额后，客户可以订购该项目。

[66] **合作储蓄和消费（collaborative savings and consumption）**：一种储蓄计划，将成员分成小组，按月付款。每30天随机抽取一名成员提取每月供款。

[67] **点对点借贷或社会借贷［peer-to-peer（P2P）lending or social lending］**：允许个人向其他个人借款。P2P借贷公司向借款人和贷款人提供帮助，提高了投资者的回报率，降低了借款人的借贷成本。

[68] **先租后买（rent-to-own）**：在固定的租期结束后，买家就买下并拥有这件商品。

[69] **无现金社会（cashless society）**：一种经济状态，在这种状态下，金融交易通过数字信息的传输来完成——通常以信用卡、借记卡、移动钱包或比特币等数字货币的形式——而不是用纸币。

[70] **内部参考价格（internal reference price）**：基于过去的经验，消费者在评估产品价格时，会在头脑中设定的一个固定价格或是

MARKETING 营销的真相（原书第11版）
REAL PEOPLE, REAL CHOICES

价格范围。

[71] **价格排列（price lining）**：一种定价策略，即为产品线中的商品设定有限数量的不同具体价格，称为价格点。

[72] **声望定价或溢价定价（prestige pricing，or premium pricing）**：奢侈品营销人员使用的一种定价策略，他们人为地抬高价格，以保持产品的良好形象。

[73] **诱售法（bait-and-switch）**：一种非法的营销手段，即利用广告中的特价作为诱饵吸引顾客进店，目的是诱导他们购买价格更高的商品。

[74] **亏本定价（loss-leader pricing）**：将价格定得很低甚至低于成本的定价策略，以吸引顾客进入商店。

[75] **不公平销售法案（unfair sales acts）**：州法律禁止供应商以低于成本的价格销售产品，以保护小企业免受大型竞争对手的侵害。

[76] **哄抬物价（price gouging）**：卖家试图利用紧急情况或极端需要来对物品收取高价的非法行为。

[77] **操纵价格（price-fixing）**：两家或两家以上公司合作制定价格，通常是为了使价格保持在较高水平。

[78] **掠夺性定价（predatory pricing）**：一种非法的定价策略，公司设定一个非常低的价格，目的是将竞争对手赶出市场。

第11章

[1] **实体分销（physical distribution）**：将成品从制造商运送到最终客户的活动，包括订单处理、仓储、物料搬运、运输和库存控制。

[2] **直销渠道（direct channel）**：一种分销渠道，其中产品的制造商或服务的创建者直接向最终客户分销。

[3] **间接渠道（indirect channel）**：公司通过第三方分销产品。

[4] **渠道中间商（channel intermediaries）**：公司或个人，如批发商、代理商、经纪人和零售商，他们以某种方式帮助将产品推向消费者或企业用户。

[5] **分装（breaking bulk）**：将大批量的货物分割成较小的批次，以满足买家的需求。

[6] **创建产品组合（create assortments）**：在一个地方提供各种各样的产品，这样顾客可以方便地从一个卖家那里购买许多不同种类的商品。

[7] **运输和储存（transportation and storage）**：当零售商和其他渠道成员将货物从生产地点运送到其他地点，并在消费者需要之前进行储存的过程。

[8] **便利功能（facilitating functions）**：渠道中间商的功能，使客户和制造商的购买过程更容易。。

[9] **风险承担功能（risk-taking functions）**：零售商从制造商处购买产品时所冒的风险，因为如果没有顾客想要，该产品可能只是放在货架上。

[10] **通信和交易功能（communication and transaction functions）**：渠道成员通过这些功能开发和执行渠道成员之间的促销和其他类型的沟通。

[11] **去中介化（disintermediation）**：消除分销渠道中的某些层级，以降低成本并提高渠道效率。

[12] **知识管理（knowledge management）**：一种收集、组织、存储和检索公司信息资产的综合方法。

[13] **在线分销盗版（online distribution piracy）**：通过互联网盗窃知识产权和未经授权重新利用知识产权。

[14] **侵犯版权（copyright infringement）**：未经版权持有人许可而使用受版权法保护的作品。

[15] **批发中间商（wholesaling intermediaries）**：将产品从制造商流通到零售或企业用户手中的公司。

[16] **独立中间商（independent intermediaries）**：不被制造商所控制的渠道中间商，能够在保持低价的同时为世界各地的消费者提供

服务。

[17] **商业批发商（merchant wholesalers）**：独立的中间商，他们从制造商那里购买商品，然后卖给零售商和其他 B2B 客户。

[18] **所有权（take title）**：对产品具有法律上的所有权，拥有相应的权利并承担由所有权带来的责任。

[19] **全方位服务批发商（full-service merchant wholesalers）**：为客户提供广泛的服务，包括物流、信贷、产品使用协助、维修、广告和其他支持，甚至包括市场研究。

[20] **有限服务批发商（limited-service merchant wholesalers）**：拥有商品的所有权，但不太可能向零售商提供送货、信贷或营销协助等服务。

[21] **代理商和经纪人（merchandise agents and brokers）**：提供服务的渠道中介，以换取佣金，但从不取得产品的所有权。

[22] **渠道层次（channel levels）**：分销渠道中有多少不同类别的中间商。

[23] **双重或多重分销系统（dual or multiple distribution systems）**：生产商、经销商、批发商、零售商和客户参与的多种类型的渠道。

[24] **混合营销系统（hybrid marketing system）**：利用很多不同的渠道和沟通方式来服务目标市场的营销系统。

[25] **订阅盒子（subscription boxes）**：一种新的分销商业模式，每月寄出一个装满你从未想过需要但一见钟情的物品的盒子，带来惊喜。

[26] **上架费（slotting allowance）**：制造商为使零售商同意在店内货架上摆放自己的产品而支付给零售商的费用。

[27] **产品转移（product diversion）**：在某些情况下，产品最终通过一个或多个未经制造商授权的渠道销售。

[28] **分流渠道（diverter）**：通过一个或多个未经产品制造商授权使用的渠道促进产品分销的实体。

[29] **分销规划（distribution planning）**：制定分销目标、评估内部和外部环境对分销的影响以及选择分销策略的过程。

[30] **分销密度（distribution intensity）**：渠道每一层级中介的数量。

[31] **传统营销系统（conventional marketing system）**：一个多层次的分销渠道，其中成员彼此独立工作。

[32] **垂直营销系统（vertical marketing system，VMS）**：在这个渠道中，渠道成员在（两个或两个以上）不同的层次上进行正式的合作。

[33] **管理式垂直营销系统（administered VMS）**：一种垂直营销系统，其中渠道成员保持独立，但由于单一渠道成员的权力而自愿合作。

[34] **公司式垂直营销系统（corporate VMS）**：一种垂直营销系统，其中单一公司拥有制造、批发和零售业务。

[35] **合同式垂直营销系统（contractual VMS）**：一种垂直营销系统，在这种系统中，合作是通过合同（法律协议）来强制执行的，合同规定了每个成员的权利和责任，以及他们将如何合作。

[36] **零售商合作社（retailer cooperative）**：一组零售商建立的批发业务，以帮助他们更有效地与大型连锁店竞争。

[37] **特许经营组织（franchise organization）**：合同式垂直营销系统，包括特许人（制造商或服务提供商），特许人允许企业家（被特许人）使用特许经营名称和营销计划并收取费用。

[38] **水平营销系统（horizontal marketing system）**：两家或两家以上在同一渠道层次的公司同意合作、共同努力，将产品提供给客户。

[39] **密集分销（intensive distribution）**：通过所有愿意储存和销售产品的合适批发商或零售商销售产品。

[40] **独家分销（exclusive distribution）**：将分销

限制在特定地区的单一销售点。

[41] 灰色市场（gray market）：一种分销渠道，其中产品对客户的销售在技术上可能是合法的，但至少被相关产品的制造商认为是不合适的。灰色市场通常围绕通过独家分销销售的高端奢侈品出现。

[42] 选择性分销（selective distribution）：一种分销方式，使用的销售点比密集分销少，但比独家分销多。

[43] 渠道领导者或渠道船长（channel leader, or channel captain）：控制渠道的主导企业。

[44] 渠道权力（channel power）：一个渠道成员基于一个或多个权力来源影响、控制和领导整个渠道的能力。

[45] 渠道合作（channel cooperation）：生产商、批发商和零售商相互依赖以取得成功。

[46] 渠道冲突（channel conflict）：同一分销渠道中不同层级的企业之间目标不一致、沟通不畅以及在角色、责任和功能上的分歧，可能威胁到制造商的分销策略。

[47] 物流（logistics）：设计、管理和改进产品在供应链中的流动的过程。物流包括购买、生产、储存和运输。

[48] 逆向物流（reverse logistics）：有关产品退货、回收和材料再利用以及废物处理的物流。

[49] 订单处理（order processing）：从订单进入组织到产品出厂之间发生的一系列活动。

[50] 企业资源规划系统［enterprise resource planning（ERP）systems］：一个集成整个公司信息的软件系统，包括财务、订单履行、制造和运输，然后促进整个公司的数据共享。

[51] 仓储（warehousing）：储存货物以备销售或转移给其他渠道成员。

[52] 配送中心（distribution center）：一种仓库，用于短期储存货物，并提供其他功能，如拆零。

[53] 物料装卸（materials handing）：将产品移

入、保存和移出仓库的过程。

[54] 运输（transportation）：产品在渠道成员之间流动的方式。

[55] 库存控制（inventory control）：确保货物随时可用以满足客户的需求。

[56] 库存周转率或存货周转率（inventory turnover or inventory turns）：公司库存在给定时间内（通常在一年内）完全循环的次数。

[57] 无线射频识别（radio frequency identification, RFID）：带有微型芯片的产品标签，其中包含有关商品内容、产地和目的地的信息。

[58] 均衡生产（level loading）：一种制造方法，旨在通过实施一致的生产计划来平衡制造商对特定产品的库存持有能力和生产能力限制，在需求高峰期间和高峰之后都采用这种方法。

[59] 缺货（stock-outs）：零库存导致销售损失和客户不满。

[60] 准时制（just-in-time，JIT）：按照生产现场的需要来安排原料的采购。这样可以最大限度地降低库存成本，同时确保产品（在客户需要时）随时可用。

[61] 供应链（supply chain）：将原材料转化为商品或服务并将其交给消费者或商业客户所需的所有活动。

[62] 交叉对接（cross-docking）：一种供应链效率技术，将产品从供应商卡车直接转移到前往下一配送点（如零售店）的买方卡车上。

[63] 供应链管理（supply chain management）：协调供应链中各公司之间的流动以最大化总利润。

[64] 内包（insourcing）：公司与一家专业性公司签订合同，由它代为执行公司全部或部分的供应链运营事务。

第12章

[1] 零售业（retail）：分销渠道的最后一个环

节，组织将商品和服务出售给消费者供其个人使用。

[2] **客户旅程地图（customer journey mapping）**：识别客户接触点并跟踪客户在与品牌或商店互动时的体验的过程，从他们意识到、考虑和评估到决定购买产品，以改善客户体验。

[3] **零售轮转假说（wheel-of-retailing hypothesis）**：阐述零售商在其生命周期内如何发生变化并扩大规模的一套理论。

[4] **直接面向消费者的零售（direct-to-consumer，D2C）**：在没有中间商的情况下生产、销售和运输产品的电子商务公司。

[5] **服务零售商（service retailers）**：提供消费者服务而非商品的组织，例如银行、医院、健康水疗中心、医生、法律机构、娱乐公司和大学。

[6] **商品组合（merchandise mix）**：零售商出售的所有产品的系列，包括向所有消费者群体出售的所有产品线。

[7] **组合商店（combination stores）**：在同一家商店为消费者提供食品和一般商品。

[8] **购物中心（supercenters）**：将经济型超级市场与其他低价商品相结合的大型组合商店。

[9] **商品组合（merchandise assortment）**：所售产品的范围。

[10] **商品广度（merchandise breadth）**：可用的不同产品线的数量。

[11] **商品深度（merchandise depth）**：每个特定产品线可用的选择种类。

[12] **便利店（convenience stores）**：社区零售商提供有限数量的经常购买的商品，迎合愿意为在家附近方便购物而支付溢价的消费者。

[13] **限量超市或超值食品零售商（limited assortment supermarkets or extreme value food retailers）**：这些商店销售食品及相关产品，但品种数量远少于超市，平均约 1500 个库存单位（SKU），且价格更低。

[14] **超级市场（supermarket）**：出售品种广泛的可食用产品或相关产品的食品商店。

[15] **专卖店（specialty stores）**：只在少数几种产品线内提供优质产品的零售商。

[16] **亚马逊效应（Amazon effect）**：消费者倾向于在线购物和在巨头市场购物的趋势。

[17] **概念店（concept stores）**：一种新颖且富有启发性的零售方式，旨在通过顾客互动、探索和体验而非单纯销售产品，向特定目标受众推销一种生活方式。

[18] **快闪零售或快闪商店（flash retailing or pop up stores and pop up retailing）**：这是一种开设短期销售店铺的趋势，这些店铺仅在几天或几周后关闭。零售店铺，例如万圣节服装店，会突然"出现"一天，然后在一段时间后（从一天到几个月不等）消失。

[19] **再交易（recommerce）**：向公司或消费者转售店出售二手产品或多余库存的过程。

[20] **转售商店（resale stores）**：接收和销售二手商品的零售商店，包括服装、家具、家居用品和乐器。

[21] **二手店（thrift stores）**：将利润捐献给慈善机构的转售商店。

[22] **寄售商店（consignment stores）**：将使用过的商品转售，并将部分收益返还给原所有者的转售商店。

[23] **升级改造（uncycling）**：这是一种新的服装趋势，指的是利用废弃产品来创造出质量更高、价值更高的新物品。

[24] **一元杂货店（dollar and variety stores）**：出售各种廉价商品的商店。

[25] **百货折扣店（general merchandise discount stores）**：提供广泛产品类别组合的零售商，其提供的商品价格低廉，但该类零售商提供很少的服务。

[26] **折扣零售店（off-price retailers）**：那些从知名的生产商手中购买过量的产品然后把这些储存转移给消费者的零售商。

[27] **仓储式会员店（warehouse clubs）**：这是一种折扣零售商，向消费者收取适度的会员费，消费者可以在仓库环境中批量购买种

类繁多的食品和非食品商品。

[28] 百货商店（department stores）：一种零售商，销售种类繁多的商品，并在每条产品线内提供丰富的选择。。

[29] 非耐用品（soft goods）：非耐用商品，如衣服、化妆品和床上用品。

[30] 耐用品（hard goods）：耐用商品，如电器、家具和电子产品。

[31] 分岔零售（bifurcated retailing）：由于低端折扣店和高档专业零售的日益普及，中端市场零售的衰落。

[32] 租赁部门（leased departments）：外部公司租用的大型零售店内的空间或部门。

[33] 厂家直销店（factory outlets）：制造商拥有的实体店或网上零售店，只销售一个品牌，几乎总是与其他类似的商店一起位于直销中心。

[34] 直销折扣店（outlet stores）：零售商拥有的实体店或网上商店，在那里可以以较低的价格购买到常规零售店不提供的多余商品或从供应商那里购买的特价商品。

[35] 品类杀手或品类专家（category killers or category specialists）：非常大的专卖店，里面有种类繁多的产品。

[36] 特大型超市（hyper markets）：兼有仓储式商店和超级市场特点的零售商；超级市场比其他商店大几倍，几乎提供从杂货到电子产品的所有商品。

[37] 无店铺零售（nonstore retailing）：用来完成与产品最终使用者之间交易的任何手段，但不需要消费者去商店购买。

[38] B2C 电子商务（B2C e-commerce）：公司和个人消费者之间的网上交易。

[39] 移动商务（m-commerce）：通过移动电话和其他移动设备（如智能手机和个人数字助理）传输的促销和其他电子商务活动。

[40] 数字化影响购买（digitally influenced purchases）：指消费者在传统商店购买产品之前进行在线研究的行为。

[41] 虚拟体验营销（virtual experiential market-ing）：一种在线营销策略，使用包括颜色、图形、布局和设计、互动视频、竞赛、游戏和赠品在内的增强功能来吸引在线体验式购物者。

[42] 不良库存（distressed inventory）：用于表示不能出售并出售给在线清算人的零售商库存的术语。

[43] 购物车放弃（shopping cart abandonment）：指电子商务顾客在离开电子商务网站时，购物车中仍有未购买商品的情况。

[44] 直销（direct selling）：销售人员向一个人或一小群人展示产品、接受订单并交付商品。

[45] 派对计划系统（party plan system）：一种销售技巧，主要依赖于人们沉浸在"群体氛围"中，购买他们在独自一人时通常不会购买的东西。

[46] 多层次营销或网络营销（multilevel or network marketing）：一种系统，其中主分销商招募其他人成为分销商，将公司的产品销售给被招募者，并从被招募者销售的所有商品中获得佣金。

[47] 传销（pyramid schemes）：一种非法的销售手段，承诺消费者或投资者通过招募其他人加入该计划而不是通过任何真正的投资或向公众销售商品来获得巨额利润。

[48] 体验型购物者（experiential shoppers）：购物者购物是因为它满足了他们的体验需求，即他们对乐趣的渴望。

[49] 体验式营销（experiential merchandising）：一种营销策略，通过让顾客参与店内的体验，将购物从被动活动转变为更具互动性的活动。

[50] 零售娱乐化（retailtainment）：指使用零售策略来增强购物体验，创造兴奋感、冲动购买以及与品牌的情感联系。

[51] 目的地零售商（destination retailer）：在消费者看来足够独特而成为其忠实顾客的商店。消费者不厌其烦地去那里购物。

[52] 销售时点系统 [point-of-sale（POS）sys-

tem]：收集销售数据并直接连接到商店库存控制系统的零售计算机系统。

[53] **永续盘存单位控制系统（perpetual inventory unit control system）**：实时记录产品库存变化（包括产品销售、产品退货、向其他商店转移产品等变化）时发生的数据。

[54] **自动再订货系统（automatic reordering system）**：当库存达到一定水平时自动激活的零售再订货系统。

[55] **邻近营销或信标营销（proximity marketing or beacon marketing）**：一种零售营销策略，信标是使用蓝牙技术根据位置将信息传输到消费者智能手机的一种小型设备，使营销人员能够提供具有高度针对性的促销活动，从而推动冲动购买并提高商店流量和转化率。

[56] **全渠道营销〔omnichannel（omni-channel）marketing〕**：一种提供无缝购物体验的策略，无论客户是通过台式机或移动设备进行在线购物，还是通过电话或实体店进行购物。

[57] **扩展现实（extended reality，XR）**：用于描述可以将物理世界和虚拟世界融合的技术的术语。

[58] **订单履行自动化（order fulfillment automation）**：使用技术和机器来提高订单履行的速度和准确性，尤其是 B2C 电子商务。

[59] **损耗（shrinkage）**：零售商由于入店行窃、员工盗窃、商品损坏和各种错误造成的库存损失。

[60] **入店行窃（shoplifting）**：个人冒充顾客从零售商那里偷窃商品的犯罪行为。

[61] **有组织的零售犯罪（organized retail crime，ORC）**：有组织的小偷团伙在一天内偷走价值数千美元的商品。

[62] **窃贼（boosters）**：通过盗窃商品为有组织零售犯罪提供便利的个人。

[63] **转卖窃贼（fencers）**：通过将商品出售给消费者或企业来助长有组织零售犯罪的个人。

[64] **电子围栏（e-fencing）**：通过 eBay 和 Etsy 等在线拍卖网站出售被盗商品的犯罪活动。

[65] **隐藏网络（deep Web）**：大多数搜索引擎无法访问的地方，这些地方为犯罪分子提供了一种连接方式，可以买卖被盗或非法物品。

[66] **零售退货欺诈（retail return fraud）**：有人退回他们未购买的商品以获得退款的犯罪活动。

[67] **零售借用（retail borrowing）**：消费者购买产品，并打算在产品达到购买目的后退回无缺陷商品以获得退款的行为。

[68] **客户概况（customer profiling）**：根据顾客的支付能力来调整顾客服务水平的行为。

[69] **公平贸易（fair trade）**：由生产者、公司、消费者、倡导者和组织组成的多元化网络组成的运动，促进国际贸易伙伴关系更加公平，鼓励可持续发展，并保障发展中国家边缘化生产者和工人的权利。

[70] **无形资产（intangibles）**：服务和其他我们无法触及的（基于体验的）产品。

[71] **不可感知性（intangibility）**：服务的一个特征，意味着客户看不到、摸不到或闻不到服务。

[72] **不可储存性（perishability）**：服务的一个特征，无法储存起来以供日后销售或消费。

[73] **产能管理（capacity management）**：企业调整其服务以试图使供应与需求相匹配的过程。

[74] **可变性（variability）**：服务的一个特征，随着时间的推移，即使是同一个人为同一客户提供的相同服务也会发生变化。

[75] **不可分割性（inseparability）**：服务的一个特征，即不可能将服务的生产与消费分开。

[76] **服务接触（service encounter）**：客户与服务提供者之间的互动。

[77] **服务场景（servicescape）**：提供服务的环境以及公司与客户互动的环境。

[78] **服务质量测量表（SERVQUAL scale）**：一种衡量客户对服务质量感知的流行工具。

[79] **地区营销（place marketing）**：将城市、州、国家或其他地区视为一个品牌。营销人员使用营销组合为地区创建一个合适的

身份，以便消费者在众多旅游景点中选择该地区。

[80] **理念营销（idea marketing）**：通过利用营销组合的要素来创造或改变目标市场的态度或行为，寻求为某种概念、理念、信仰或问题获得市场份额的营销活动。

第13章

[1] **整合营销传播（integrated marketing communication，IMC）**：营销人员用来计划、开发、执行和评估协调的、可衡量的、有说服力的品牌传播计划的战略业务流程。

[2] **多渠道推广策略（multichannel promotion strategy）**：一种营销传播策略，营销人员将传统的广告、促销和公共关系活动与网上的热议活动相结合。

[3] **口碑传播（word-of-mouth communication）**：消费者向其他消费者提供产品信息的行为。

[4] **传播过程（communication process）**：将信息从来源转移到接收者的过程。

[5] **信息源（source）**：发送信息的组织或个人。

[6] **编码（encoding）**：将一个想法转化为一种能够传达意义的交流方式的过程

[7] **信息（message）**：从发送者到接收者的物理形式的通信。

[8] **媒介（medium）**：一种通信工具，通过它将信息传递给目标受众。

[9] **接收者（receiver）**：拦截和解释消息的任何个人或组织。

[10] **解码（decoding）**：接收者赋予信息含义的过程。

[11] **噪声（noise）**：任何能够干扰到有效沟通的东西。

[12] **反馈（feedback）**：接收者对信息的反应。

[13] **出站营销（outbound marketing）**：来自组织的信息，发送给同意接收这些信息的人

[14] **入站营销（inbound marketing）**：从外部传入组织的消息。

[15] **道德贿赂（ethical bribe）**：这是一个奇特的术语，指的是选择加入电子邮件列表的

激励机制。

[16] **促销组合（promotion mix）**：营销人员控制的沟通元素。

[17] **大众传播（mass communication）**：利用电视、广播、杂志和报纸进行宣传。

[18] **效果层次（hierarchy of effects）**：从最初的产品意识到品牌忠诚度，潜在客户要经历一系列的步骤。

[19] **自上而下预算法（top-down budgeting techniques）**：在确定全部营销传播预算的基础上分配各项促销预算。

[20] **销售额百分比法（percentage-of-sales method）**：以去年销量或今年销量估计值的一定比例为基础的促销预算法。

[21] **竞争对等法（competitive-parity method）**：组织按照其竞争对手的广告费用来计划本公司的广告预算的方法。

[22] **自下而上预算法（bottom-up budgeting techniques）**：建立在识别促销目标和分配完成这些目标所需资金的基础上的促销预算分配方法。

[23] **目标任务型方法（objective-task method）**：一种促销预算方法，公司首先确定其希望实现的具体沟通目标，然后试图计算出需要多少广告、促销、口碑营销等才能达到这个目标。

[24] **推式策略（push strategy）**：公司通过说服渠道成员（如批发商、零售商）来提供其产品，从而推动产品在渠道中的流通。

[25] **拉式策略（pull strategy）**：公司通过在消费者中建立对产品的需求，从而说服零售商响应这一需求并备货，进而拉动产品在渠道中的流通。

[26] **广告（advertising）**：由确定的赞助商使用大众媒体进行的非个人沟通。

[27] **电视无处不在，或经过认证的流媒体（TV Everywhere，or authenticated streaming）**：用平板电脑或智能手机等可上网的设备从有线电视或卫星电视提供商那里接收内容。

[28] **产品广告（product advertising）**：聚焦于

特定商品或服务的广告信息。

[29] **机构广告（institutional advertising）**：用来宣传一个组织或者企业的活动、个性或观点的广告。

[30] **公司广告（corporate advertising）**：宣传公司整体而非个别产品的广告。

[31] **倡导型广告（advocacy advertising）**：一种公共服务广告，组织因其在某个议题的结果中具有利益关系，试图通过广告影响公众对该议题的看法。

[32] **公益广告（public service advertisements，PSAs）**：由媒体为非营利组织或支持某一特定事业而免费投放的广告。

[33] **零售和本地广告（retail and local advertising）**：告知消费者商店营业时间、地点以及有哪些商品可供购买或正在出售的广告。

[34] **广告活动（advertising campaign）**：一种协调的、全面的计划，以实现促销目标，并在一段时间内在媒体上投放一系列广告。

[35] **全方位服务代理（full-service agency）**：提供发起广告活动所需的大部分或全部服务的机构，包括研究、广告文案和艺术创作、媒体选择和最终信息的制作。

[36] **有限服务代理（limited-service agency）**：提供一种或多种专业服务的机构，如媒体购买或创意开发。

[37] **互动代理或数字代理（interactive agency，or digital agency）**：为数字营销提供多种服务的有限服务机构。包括创建网站，设计和实施 SEO 策略，为在线出版物创建文章，以及创建在线电子邮件和社交媒体策略。

[38] **内部广告代理（in-house agency）**：内部营销是指公司的营销活动由公司内部的员工处理。有时，公司决定建立内部营销团队，但希望复制外部广告代理的模式，因此设立了所谓的"内部广告代理"。

[39] **程序化广告或程序化广告购买（programmatic advertising or programmatic ad buying）**：使用算法和软件购买数字广告，从而提供更高的效率、控制和成本节约。

[40] **客户经理（account executive）**：客户管理部门的成员，负责监督客户的日常活动，是代理机构和客户之间的主要联络人。

[41] **客户企划（account planner）**：客户管理部门的成员，他将研究和客户策略结合起来，在创造有效的广告时代表消费者的声音。

[42] **创意服务（creative services）**：构思和制作广告的代理人员（创意总监、文案和艺术总监）。

[43] **研究和营销服务（research and marketing services）**：广告代理公司的一个部门，负责收集和分析信息，以帮助客户主管制定合理的策略，并协助创意团队了解消费者对不同版本广告的反应。

[44] **媒体规划师（media planners）**：代理人员，他们决定哪种传播工具最有效、最有效地传播广告。

[45] **DIY 广告（do-it-yourself ads）**：由消费者创建的产品广告。

[46] **水滴定价（drip pricing）**：一种非法行为，指广告中宣传一个价格，但在交易完成时，总价中却包含了额外隐藏费用，这些费用像"滴水"一样逐渐增加。

[47] **更正广告（corrective advertising）**：一种广告形式，用于澄清或修正之前具有误导性的广告声明。

[48] **吹捧式广告（puffery）**：在广告中对产品的优越性所做的不能被证实为真实或不真实的宣传。

[49] **漂绿（greenwashing）**：一种企业行为，指公司将其产品宣传为环保，但实际上该品牌对生态环境的益处微乎其微。

[50] **创意策略（creative strategy）**：把概念转换为广告的过程。

[51] **创意简报（creative belief）**：指导创意过程的营销传播计划的指导方针或蓝图。

[52] **广告诉求（advertising appeal）**：广告的中心思想或主题。

[53] **独特销售主张（unique selling proposition，USP）**：给消费者一个明确的、一致的理

由，说明为什么广告商的产品比其他产品更能解决问题。

[54] **提示性广告（reminder advertising）**：广告的目的是让人们记住一个品牌的名字，以确保消费者在必要时购买该产品。

[55] **悬念广告或神秘广告（teaser ads or mystery ads）**：通过在未提及产品的情况下引起对即将推出的广告活动的关注，从而对即将推出产品产生好奇心和兴趣的广告。

[56] **执行格式（execution format）**：信息的基本结构，如比较、示范、证言、生活片段和生活方式。

[57] **比较广告（comparative advertising）**：明确指出一个或多个竞争对手的广告。

[58] **生活片段广告（slice-of-life advertising）**：以生活片段的形式呈现了日常生活中的（戏剧化的）场景。

[59] **生活方式广告（lifestyle advertising）**：展示了一个或几个对目标市场有吸引力的人在一个有吸引力的环境中生活的场景。

[60] **调性（tonality）**：信息传达的情绪或态度（直率、幽默、戏剧性、浪漫、性感或忧虑/恐惧）。

[61] **恐惧诉求（fear appeals）**：一种广告策略，通过强调不使用某产品可能带来的负面后果（如身体伤害或社会排斥）来促使消费者采取行动。

[62] **顺口溜/广告歌（jingles）**：专门为广告执行而写的原创文字和音乐。

[63] **标语（slogans）**：将品牌与一种令人难忘但无须音乐的简单语言技巧联系在一起。

[64] **预测试（pretesting）**：在广告信息出现在媒体之前，通过获取消费者对广告信息的反应来减少错误的一种研究方法。

[65] **媒体规划（media planning）**：为广告活动制定媒介目标、策略和战术的过程。

[66] **事后测试（posttesting）**：针对消费者对已观看或收听的实际广告信息的反应所进行的研究。

[67] **非辅助回忆（unaided recall）**：一种调查方法，通过电话调查或个人访谈，询问一个人是否记得在特定时期看过广告，而不告诉他品牌的名称。

[68] **辅助回忆（aided recall）**：一种研究技术，通过提供线索来帮助受访者回忆他们可能看过的广告，从而获取相关信息。

[69] **态度测量（attitudinal measure）**：一种研究技术，用于探测消费者在接触某产品的相关信息前后，对该产品的信念或情感的变化。

[70] **电视广告预购定价（upfront TV ad pricing）**："预购"是指在全国电视广告时间购买和销售中，针对整个广播年度（通常从10月到次年9月）提前进行的交易行为。通过预购，广告主可以锁定价格并获得最佳的广告时段。

[71] **覆盖率或收视率（reach, or rating）**：指目标市场中会接触到某一媒体载体的受众所占的百分比。

[72] **频率（frequency）**：目标群体中每个人接触该信息的平均次数。

[73] **总收视点（gross rating points, GRPs）**：一种用于比较不同媒体载体效果的衡量标准，计算公式为：平均覆盖率 × 频率。

[74] **千人成本（cost per thousand, CPM）**：一种用于比较不同曝光率的媒体载体相对成本效益的衡量标准，指将广告信息传递给1000人或1000户家庭所需的成本。

[75] **产品植入或嵌入式营销（product placement or embedded marketing）**：将品牌、标志或产品本身放入娱乐场所。

[76] **品牌娱乐或品牌内容（branded entertainment or branded content）**：营销人员将产品融入娱乐场所故事情节的一种广告形式。

[77] **广告游戏（advergaming）**：电子游戏中植入品牌。

[78] **原生广告（native advertising）**：一种广告执行策略，其内容设计与广告所投放的网站内容风格一致，以自然融入的方式呈现。

[79] **媒体支持（support media）**：可用于接触大

众媒体广告无法接触到的人群的诸如目录或户外媒体之类的媒体。

[80] **目录广告（directory advertising）**：印刷目录中的广告，如黄页。

[81] **户外媒体（out-of-home media）**：消费者在公共场所接触到广告信息。

[82] **广告牌（billboards）**：可远距离观看的大幅面户外广告。

[83] **交通广告（transit advertising）**：在机场、公交地铁站、火车站等场所投放的广告，以及在地铁、火车、公交车和出租车内外展示的广告。

[84] **街道设施广告（street furniture advertising）**：靠近行人和购物者，在视线高度或路边设置的广告。

[85] **场所媒体（place-based media）**：在公共场所（如电影院、机场等）传递信息的广告媒体，这些场所通常聚集了特定类型的人群。

[86] **数字标牌（digital signage）**：使用数字技术随意改变信息的户外媒体。

[87] **数字媒体（digital media）**：数字媒体，而不是模拟媒体，包括网站、移动电话或蜂窝电话，以及数字视频，如 YouTube。

[88] **自有媒体（owned media）**：由广告主拥有的互联网平台，例如网站、博客、Facebook和 Twitter 账号等。

[89] **付费媒体（paid media）**：由广告主付费使用的互联网媒体，例如展示广告、赞助内容和付费关键词搜索等。

[90] **赢得媒体（earned media）**：通过社交媒体产生的口碑或话题传播，广告主无法直接控制其内容。

[91] **横幅广告（banners）**：位于网页顶部或底部的矩形图形广告，是互联网广告的一种形式。

[92] **按钮广告（buttons）**：小型横幅式广告，可以放置在网页的任何位置。

[93] **弹窗广告（pop-up ads）**：在网页加载时或加载后出现在屏幕上的广告。

[94] **前置广告（pre-roll ads）**：在用户选择的内容播放之前出现的促销视频广告。

[95] **垃圾邮件（spam）**：通过电子媒体批量发送未经请求的消息的行为。

[96] **许可营销（permission marketing）**：一种电子邮件广告形式，在线消费者可以选择接受或拒绝未经请求的电子邮件。

[97] **社交媒体广告（social media advertising）**：在社交媒体渠道范围内投放的广告。

[98] **搜索引擎（search engines）**：使用指定关键字搜索文档的互联网程序。

[99] **搜索营销（search marketing）**：涉及使用互联网搜索引擎的营销策略。

[100] **搜索引擎营销（search engine marketing, SEM）**：搜索引擎公司向营销人员收取费用，让他们在搜索结果的顶部或旁边展示付费搜索广告。

[101] **付费搜索广告（sponsored search ads）**：出现在互联网搜索引擎结果顶部或旁边的付费广告。

[102] **移动广告（mobile advertising）**：一种通过手机传达给消费者的广告形式。

[103] **短信广告（text message advertising）**：以手机短信的形式向消费者投放广告。

[104] **变现（monetize）**：将资产转化为金钱的行为。网站和移动应用程序通过广告主将其内容变现。

[105] **应用内广告（in-app advertising）**：为了将免费手机应用程序变现，开发者通过广告创造收入并与消费者互动。

[106] **二维码广告（QR code advertising）**：利用智能手机的 GPS 技术，在商店和其他场所向消费者传递广告和其他信息的二维码（快速响应码）广告。

[107] **视频分享（video sharing）**：将视频上传到 YouTube 等互联网站点，以便成千上万甚至数百万其他互联网用户观看。

[108] **视频日志（vlogs）**：在互联网上共享的视频记录。

[109] **广告欺诈**或**点击欺诈（ad fraud or click**

MARKETING: REAL PEOPLE, REAL CHOICES 营销的真相（原书第11版）

fraud）：使用自动浏览器伪造广告商必须支付的浏览次数或点击次数。

[110] **广告屏蔽（ad blocking）**：使用强大的广告拦截软件，在网络层面从网站中移除广告，以阻止广告欺诈。

[111] **移动劫持（mobile hijacking）**：使用自动化浏览器伪造广告主需要支付的广告展示次数或点击次数的行为。

[112] **媒体排期表（media schedule）**：指定要使用的确切媒体以及何时使用它的计划。

[113] **直接营销（direct marketing）**：指与消费者或企业客户进行的任何直接沟通，旨在通过订单、进一步信息请求或访问商店或其他营业场所购买产品的形式产生回应。

[114] **目录（catalog）**：以书面形式出售产品集合，通常包括产品描述和产品照片。

[115] **直接邮寄（direct mail）**：在某个时间点提供某个特定商品或服务的小册子或活页。

[116] **直效广告（direct-response advertising）**：一种直接营销的方法，允许消费者（通过直接与供应商联系询问问题或是订购产品）直接对信息做出响应。

[117] **直复电视营销（direct-response TV，DRTV）**：在电视上寻求直接回应的广告，包括少于 2 分钟的短广告，30 分钟或更长时间的电视商业广告，以及家庭购物网络。

[118] **商业信息广告（infomercials）**：半小时或一小时的广告，类似于脱口秀，但实际上是推销。

第 14 章

[1] **风潮（groundswell）**：一种社会趋势，指人们利用技术从彼此那里获取所需，而不是从传统机构（如企业）获得。

[2] **媒体多任务处理或第二屏幕（media multi-tasking or second screening）**：同时使用多种形式的媒体。

[3] **退订有线电视服务（cord-cutting）**：消费者取消了传统的有线电视订阅，转而依赖流媒体服务提供电视娱乐。

[4] **社交媒体（social media）**：基于互联网的平台，用户不仅可以修改现有内容，还可以创建自己的内容，并与访问这些网站的其他人分享自己的内容。

[5] **品牌大使或品牌传道者（brand ambassa-dors or brand evangelists）**：指被招募的忠实顾客，他们为自己非常关心的品牌与其他消费者进行沟通和销售。

[6] **社交网络（social networks）**：允许用户通过网站上的个人资料展示自己，并提供和接收与其他网络成员的链接，以分享关于共同兴趣的交流的在线平台。

[7] **品牌社区（brand community）**：一群对某个产品或品牌有共同情感依恋的社交网络用户，他们相互交流并分享关于该品牌的信息。

[8] **角色扮演（cosplay）**：装扮成品牌、电影、电子游戏、书籍等里面的角色。

[9] **脸书（Facebook）**：一个社交网站，用户可以在该网站上创建个人资料，并可以选择与"朋友"联系。

[10] **Instagram**：一个专门分享照片和短视频的社交网站。

[11] **赞助帖子（sponsored posts）**：品牌付费让名人通过其个人账号分享的内容。

[12] **YouTube**：一个免费的在线视频平台，于2005 年推出，并于 2006 年被谷歌收购。全球有 16.8 亿用户使用该平台，包括消费者和企业频道。

[13] **TikTok**：一个提供 15 秒或更短视频的社交网站，通常配有音乐。

[14] **Snapchat**：一个社交网站，允许用户分享"快照"——即仅在有限时间内可查看的图片和视频。通过"镜头"和"地理滤镜"，用户可以创建带有独特元素的照片。

[15] **Twitch**：一个社交媒体网站，是播放视频游戏最常用的流媒体平台，用于播放厨师、艺术家、视频博主和音乐家的视频。

[16] **推特（Twitter）**：一个免费的微博客服务，允许用户发布最多 280 个字符的短文本消息。

[17] **虚拟世界（virtual worlds）**：在线的高度互动数字环境，用户通过虚拟形象（化身）实时生活并与其他化身互动。

[18] **化身（avatars）**：虚拟世界用户的图形化表示。

[19] **虚拟商品（virtual goods）**：消费者购买并在在线环境中使用的数字产品。

[20] **社交化商务（social commerce）**：发生在某人的社交网络中或受其影响的消费者决策活动，尤其是在线社交网络。

[21] **产品评论网站（product review sites）**：允许人们分享他们对商品和服务使用体验的社交媒体网站。

[22] **基于位置的社交网络（location-based social networks）**：集成了先进的 GPS 技术的网络，使用户能够通过手机向朋友发送其确切位置信息。

[23] **增强现实（augmented reality，AR）**：由计算机生成的声音、视频、图形或 GPS 数据增强或改变的物理、现实世界的视图。

[24] **讲故事（storytelling）**：所有沟通的基础，通常包括角色、背景、情节、冲突和解决方案。品牌讲故事是营销人员常用的一种方式。

[25] **短篇故事（short-term storytelling）**：由于当今消费者更喜欢简短的信息，成功的营销传播通常包括 15 秒的电视广告、一条推文、一条快照、一张无标题的 Instagram 帖子或一段 TikTok 视频。

[26] **促销（sales promotions）**：由市场营销人员设计的项目，目的是在特定时期内建立对商品或服务的兴趣或鼓励购买。

[27] **返利（rebates）**：一种销售促销方式，允许顾客从制造商处收回部分产品成本。

[28] **常客计划（frequency programs）**：一种消费者销售促销计划，通过多次购买提供折扣或免费产品；也称为忠诚度计划或连续性计划。

[29] **赠品（premiums）**：向购买产品的人免费提供的物品。

[30] **产品小样（product sampling）**：向消费者分发产品的免费试用版。

[31] **贸易促销（trade sales promotions）**：针对"行业"成员的促销活动，包括分销渠道成员，如零售销售人员或批发分销商，公司必须与他们合作才能销售其产品。

[32] **商品陈列津贴（merchandising allowance）**：制造商因零售商给予产品店内支持而对其所做的补偿。

[33] **批量折扣（case allowance）**：零售商或批发商享受的、建立在产品订货量基础上的折扣。

[34] **预购（forward buying）**：在零售商在有折扣期间大量购买产品，直到下一次折扣时才再次购买的可疑做法。

[35] **转售（diverting）**：零售商以促销价购买产品，并在促销期结束后出售的做法。

[36] **合作广告（co-op advertising）**：制造商和零售商共同承担成本的促销活动。

[37] **贸易展览会（trade shows）**：许多公司设置精美展台以展示其产品、发放样品、分发产品资料并寻找新业务联系的活动。

[38] **促销品（promotional products）**：如咖啡杯、T 恤和磁铁等赠品，用于提高赞助商的知名度。一些赠品直接分发给消费者和企业客户；另一些则针对渠道合作伙伴，如零售商和供应商。

[39] **购买点展示［point-of-purchase（POP）display］**：店内的展示和标志。

[40] **提成（push money）**：制造商向销售人员、客户或分销商支付的销售其产品的奖金。

[41] **人员销售（personal selling）**：公司代表直接与客户或潜在客户就产品或服务进行沟通。

[42] **伙伴关系管理（partner relationship management，PRM）**：类似于客户关系管理（CRM），PRM 系统允许销售和购买公司共享部分信息。

MARKETING 营销的真相（原书第11版）
REAL PEOPLE, REAL CHOICES

[43] **网络协议通话技术（voice-over Internet protocol，VoIP）**：使用数据网络传输语音通话的通信系统。

[44] **远程办公（telecommute）**：使用互联网通信技术，如 VoIP，有时被称为 WFH 或在家工作，与远距离的同事一起工作。

[45] **虚拟办公室（virtual office）**：利用互联网技术在远离实体办公室的地方工作和参与。

[46] **社交销售（social selling）**：利用社交媒体参与销售过程。

[47] **基于客户的销售（account-based selling）**：选择最佳方式向 B2B 个人客户销售的做法。

[48] **接单员（order taker）**：处理客户发起的交易的销售人员。

[49] **技术专家（technical specialist）**：具有高水平技术专长的销售支持人员，协助进行产品演示。

[50] **企业宣导员（missionary salesperson）**：推广公司并试图刺激产品需求，但实际上不完成销售的销售人员。

[51] **新业务销售员（new-business salesperson）**：负责寻找新客户并向他们介绍公司产品的销售人员。

[52] **订单获取者（order getter）**：致力于与特定客户建立长期关系或产生新销售的销售人员。

[53] **团队销售（team selling）**：由销售人员、技术专家和其他人员组成的团队处理的销售职能。

[54] **关键客户（key accounts）**：具有提供显著销售收入的潜力的非常大的客户组织。

[55] **跨职能团队（cross-functional team）**：一种销售团队形式，团队成员来自公司的各个领域。

[56] **交易型销售（transactional selling）**：一种人员销售形式，专注于立即完成销售，几乎不尝试与客户建立关系。

[57] **关系型销售（relationship selling）**：一种人员销售形式，涉及与有利可图的客户建立、发展和维护长期关系。

[58] **创意销售过程（creative selling process）**：寻找潜在客户、分析需求、确定产品属性如何为客户提供利益，然后传达这些信息的过程。

[59] **潜在客户开发（prospecting）**：销售过程的一部分，包括识别和开发潜在客户名单。

[60] **前期准备（preapproach）**：销售过程的一部分，包括开发潜在客户的信息并规划销售访谈。

[61] **接近（approach）**：实际销售演示的第一步，销售人员试图更多地了解客户的需求，建立良好的印象并建立融洽关系。

[62] **销售演示（sales presentation）**：销售过程的一部分，销售人员直接向客户传达价值主张并邀请双向沟通。

[63] **成交（close）**：销售过程中的一个阶段，销售人员请求客户购买产品。

[64] **跟进（follow-up）**：销售后为客户提供重要服务的活动。

[65] **公共关系（public relations，PR）**：一种沟通职能，旨在与组织的公众（包括消费者、股东和立法者）建立良好关系。

[66] **主动式公共关系（proactive PR）**：基于公司营销目标的公共关系活动。

[67] **公共宣传（publicity）**：出现在大众媒体上有关组织的非付费传播。

[68] **危机管理（crisis management）**：当一些负面事件威胁到组织形象时，管理公司声誉的过程。

[69] **公关活动（public relations campaign）**：与公司面对的公众进行沟通协调的努力。

[70] **企业行动主义或社会营销（corporate activism or social marketing）**：旨在通过影响利益相关者改变行为来改善社会的营销努力。

[71] **新闻通稿（press release）**：组织分发给媒体的信息，旨在赢得宣传。

[72] **视频新闻稿（video news release，VNR）**：类似于新闻稿，组织以影片形式发送给媒体的信息。

[73] **内部公关活动（internal PR）**：针对组织员工的公共关系活动。

[74] **投资者关系（investor relations）**：针对公司投资者的公共关系活动，如年度和季度报告。

[75] **游说（lobbying）**：与政府官员交谈并提供信息，以影响他们与组织相关的活动。

[76] **演讲撰稿（speech writing）**：为公司高管撰写关于某个主题的演讲稿。

[77] **企业形象（corporate identity）**：传达组织形象的材料，如标志、宣传册、建筑设计和文具。

[78] **媒体关系（media relations）**：旨在与媒体建立密切关系的公共关系活动。

[79] **赞助（sponsorships）**：公司提供财务支持以帮助资助某项活动，作为回报，公司获得对其贡献的公开认可的公共关系活动。

[80] **特别活动（special events）**：由公共关系部门策划和实施的活动——从外国投资者的访问到公司野餐。

[81] **游击营销（guerrilla marketing）**：一种营销活动，公司在消费者意想不到的地方"伏击"他们，提供促销内容。

[82] **环境媒介广告（ambient advertising）**：放置在通常没有或从未见过广告的地方的广告。

[83] **口碑（buzz）**：顾客视为真实的口头传播。

[84] **口碑营销（buzz marketing）**：旨在围绕品牌创造对话、兴奋和热情——即口碑——的营销活动。

[85] **试销广告（tryvertising）**：通过样品试用进行的广告宣传，旨在为产品制造话题和热度。

[86] **Facebook 电商（f-commerce）**：在 Facebook 平台上进行的电子商务活动。

[87] **品牌两极分化（brand polarization）**：指品牌在正面口碑和负面口碑之间的差距。

[88] **模因（memes）**：具有持久传播力的创意或概念，通过人与人之间的传播争夺注意力。品牌常利用模因作为一种营销策略。

[89] **马甲营销（sock puppeting）**：一种公司高管或其他有偏见的人伪装成他人，在社交媒体上推广产品的行为。

[90] **付费影响者计划（paid influencer programs）**：另一种形式的马甲营销，博主通过付费或其他奖励方式，试图在线上引发关于品牌的讨论。